요한복음 연구
목격자의 참 증언

이 책은 임성실 장로님(한국유기농유통 대표)의 후원으로 집필, 출판되었습니다

요한복음 연구
목격자의 참 증언

초판 1쇄   2025년 2월 14일

발 행 인   김학유
지 은 이   이복우
디 자 인   김민정
펴 낸 곳   합동신학대학원출판부
주   소   16517 수원시 영통구 광교중앙로 50 (원천동)
전   화   (031)217-0629
팩   스   (031)212-6204
홈페이지   www.hapdong.ac.kr
출판등록번호   제22-1-2호
인 쇄 처   예원프린팅 (031)902-6550
총   판   (주)기독교출판유통 (031)906-9191

ISBN 979-11-93395-07-3(94230) / 978-89-97244-63-8 (세트)
값은 뒤표지에 있습니다.

이 책에 실린 글의 무단전재, 복제를 금합니다. 내용의 일부 및 전체를 재사용하려면
반드시 출판사와 저자의 동의를 받아야 합니다. 파본은 구입처에서 교환해드립니다.

A Study of the Gospel of John

요한복음 연구

목격자의
참 증언

이복우

합신대학원출판부

이 책을
나의 사랑하는 어머니
고(故) 민귀자(閔貴子) 집사님께
헌정(獻呈)합니다

머리말

프레임(frame)의 뜻은 다양하다. 가장 기본적인 의미는 창틀과 같은 사물의 틀이나 어떤 대상의 전체적인 구조를 의미한다. '프레임을 씌운다'라는 말은 어떤 대상이나 사건, 글 등을 해석하는 방식을 뜻한다. 즉, 어떤 대상에 대해 객관적 사실보다는 해석자의 의도를 따라 생각하고 말하는 것이다. 이러한 일은 주로 정치권에서 상대방을 공격하고 대중을 선동하는 데서 많이 나타나지만, 성경 이해에서도 예외는 아니다. 사람들은 오랫동안 요한복음에 표적이라는 프레임을 씌웠다. 어떤 이는 요한복음에 표적(요 2장~12장) 과 수난(13장~20장) 이라는 프레임을 씌웠고, 또 어떤 이는 표적(2장~12장) 과 영광(13장~21장) 이라는 프레임을 씌웠다. 이러한 프레임 씌우기는 20세기 중반부터 지금까지 계속되고 있다.

그러나 과연 요한복음을 표적 중심이라고 할 수 있을까? 요한복음 1-12장에는 예수의 표적뿐 아니라 그의 수난과 영광이 함께 기록되어 있다. 마찬가지로 요한복음 13-21장 또한 예수의 수난이나 영광만 다루지 않고, 예수의 표적과 다른 다양한 내용을 포함하고 있다.¹ 따라서 요한복음을 뭉뚱그려 표적과 수난, 표적과 영광으로 나누는 이분법과 이를 맹목적으로 따르는 것은 프레임 씌우기의 폐해라고 할 수 있다. 본문에 대한 객관적 분석 없이 맹목적인 동조나 답습은 스스로 프레임에 갇히는 불행을 낳는다. 이것은 요한복음 이해에 큰 장애물이다. 이 외에도 소위 요한공동체 이론은 역사적으로 확인되지 않은 가설일 뿐이다. 그럼에도 이 이론은 오랫동안 마치 기정사실처럼 학계에 받아들여졌다. 이 또한 하나의 프레임이다. 이 가설은 근래에 와서야 사람들의 관심에서 사라지고 있다.

요한복음의 주요 내용은 표적이 아니라, 목격자의 증언이다. 이 사실은 요한복음 기록 목적에서 분명하게 나타난다.

> 그러므로 예수께서 제자들 앞에서 다른 표적들도 많이 행하셨다. 그것들은 이 책에 기록되지 않았다. 그러나(δέ) 이것들이 (ταῦτα) 기록되었다. 너희가 예수께서 하나님의 아들 그리스도이심을 믿게 하려고, 그리고 너희가 그의 이름을 믿어 생명을 얻게 하려고.(요 20:30-31) (나의 직역)

요한복음에서 표적은 매우 제한적으로 기록된 반면, "이것

---

¹ 이에 대한 자세한 설명은 이복우, 『내 뒤에 오시는 이』 (수원: 합신대학원출판부, 2011, 2013), 153, f. n. 486을 보라.

들"(ταῦτα)이 기록되었다. "이것들"은 제한적으로 기록된 표적을 포함한 요한복음 전체 내용이다. 또한 요한복음은 "예수께서 행하신 일이 이 외에도 많으니 만일 낱낱이 기록된다면 이 세상이라도 이 기록된 책을 두기에 부족할 줄 아노라"(요 21:25)라고 말씀한다. 그러므로 요한복음 기자는 예수의 활동도 요한복음 기록 목적에 맞추어 매우 제한적으로 기록했다. 나아가서 요한복음은 이 기록에 대해 "이 일들을 증언하고 이 일들을 기록한 제자가 이 사람이라 우리는 그의 증언이 참된(ἀληθής) 줄 아노라"(요 21:24)라고 말씀하며, 또한 "이를 본 자가 증언하였으니 그 증언이 참이라 그가 자기의 말하는 것이 참인(ἀληθῆ) 줄 알고 너희로 믿게 하려 함이니라"(요 19:35)라고 말씀한다. 요한복음 기자는 예수를 직접 보고, 증언하고, 기록한 자이다. 그는 예수에 대한 목격자이자 증인이며 기자(記者)이다. 그러므로 그의 증언과 기록은 틀림이 없다(ἀληθής).² 따라서 요한복음은 목격자의 참된 증언을 기록한 성경이다. 다시 말해 요한복음은 '기록된 목격자의 참된 증언'이다. 본서의 이름을 '목격자의 참 증언'으로 정한 이유가 여기에 있다. 결국, 직접 예수를 보거나 그에게서 듣지 못한 사람도 목격자의 참된 증언의 기록인 요한복음을 읽

---

² 요한복음에서 ἀληθής는 모두 14회(요 3:33; 4:18; 5:31, 32; 6:55, 56; 7:18; 8:13, 14, 17, 26; 10:41; 19:35; 21:24) 나타난다. 독특하게도 이들은 모두 증언과 관련되며, 특히 그중에 여덟 번(요 3:33; 5:31, 32; 8:13, 14, 17; 19:35; 21:24)은 '증언'을 의미하는 단어인 μαρτυρία와 함께 사용되었다.

음으로써 기자가 만난 바로 그 예수를 만나고, 그 예수를 보고, 그 예수에게서 듣게 된다. 그리하여 마침내 예수를 하나님의 아들 그리스도로 믿어 영생을 얻을 수 있게 된다. 이에 관한 자세한 설명이 본서 1장의 내용이다.

제2장은 요한복음의 '초점 맞추기'(focusing)이다. 요한복음은 독특한 문학 장치(literary device)들을 사용한다. 그중에서도 초점 맞추기는 요한복음 전체에서 상황, 공간, 인간, 시간 등과 관련하여 다양하게 나타나는 핵심적인 문학 장치이다. 제3장은 요한복음의 프롤로그(prologue)와 몸말(body)과의 관계를 규명한다. 현대 신학자 중 많은 이가 이 둘의 기원이 다르며 서로 간에 문학적, 신학적으로 큰 차이가 있다고 주장한다. 본 장은 이에 대해 비판하고 프롤로그와 몸말이 한 저자에 의해 기록된 하나의 통일체라는 사실을 증명한다. 제4장은 로고스(λόγος)의 기원 문제를 다룬다. 오랫동안 많은 사람이 로고스의 기원을 종교사적 배경에 근거하여 이해해 오고 있다. 그 중 대표적인 것이 헬레니즘 철학과 영지주의와 유대주의, 그리고 이들을 함께 섞은 혼합종교이다. 본 장은 이들 각각의 주장을 소개하고 비판한 뒤, 요한복음 로고스의 참된 기원을 밝힌다. 제5장은 로고스 신학이다. 이것은 요한복음의 핵심 신학이다. 로고스 기독론은 네 복음서 중에 오직 요한복음에만 나오며, 그것도 시작 부분(요 1:1-18)에서 중요하게 언급된다. 그럼에도 로고스 기독론은 요한복음 전체를 이끌어 가는 중심 신학이다. 제6장은 예수 그리스도의 충만

(πλήρωμα)에 관해 논한다. 이 주제는 바울서신뿐 아니라 요한복음에서도 매우 중요하게 다루어진다. 예수는 충만자이시면서 동시에 충만케 하시는 이시다.

제7장은 세례자 요한의 정체와 역할에 관해 논한다. 많은 사람이 세례자의 정체와 역할을 단지 예수를 위한 증언자로만 이해한다. 하지만 이렇게 단정 짓는 것은 지나친 단순화이며, 이는 분명 잘못이다. 본 장은 세례자 요한의 정체와 역할의 다양성을 논증하여 이러한 오류를 바로잡는다. 제8장은 첫 표적(ἀρχὴ τῶν σημείων)의 신학적 의미를 문맥과 표적 사건 자체에 근거하여 확인한다. 제9장은 물(ὕδωρ)의 신학적 의미와 기능에 관해 진술한다. 요한복음에서 물은 요한복음의 시작부에서 발원하여 종결부까지 끊이지 않고 흐른다. 요한복음은 물로 풍성하며, 물은 여러 사건과 관련된다. 물은 요한복음의 신학 이해에 매우 중요하며, 물의 신학적 의미와 기능은 주요 쟁점이 된다. 제10장은 요한복음의 선교에 관해 진술한다. 요한복음에는 선교에 관한 용어들이 다른 어떤 성경보다 많이 나오며 다양하게 언급된다. 또한 선교에 관한 사상도 요한복음 전체에 골고루 널리 배어 있다. 요한복음의 선교적 특징들을 연구하는 것은 매우 흥미로울 뿐 아니라 중요한 과제이다. 제11장은 NPP(The New Perspective on Paul)에 대한 비판이다. 본 장은 종교개혁자들의 바울 해석에 반기를 든 NPP의 바울 재해석을 요한복음을 근거로 비교 평가한다. 이를 위한 근거로 사도 요한의 자격과 요한복음의 문헌적 권위와

그 내용의 특성을 제시한다.

본서는 하루아침에 쓰이지 않았다. 나는 10년이 훨씬 넘는 시간 동안 여러 곳에 기고한 논문들을 수정하고 보완하여 이 한 권의 책으로 묶었다. 하지만 이보다 앞서 10여 년의 지난(至難)한 학습이 있었다. 이 모든 일이 가능했던 것은 무엇보다 삼위일체 하나님께서 크고 놀라운 은혜를 베풀어 주셨기 때문이다. 하나님께서 창세 전에 죄인인 나를 선택하시고, 역사 속에서 예수 그리스도의 십자가 죽으심과 부활로 말미암아 나를 구원해 주셨다. 그리고 지금까지 인도하시고 돌보시며 나의 모든 필요를 채워 주셨다. 하나님은 언제나 나에게 가장 자비하시며 나를 긍휼히 여기신다(약 5:11). 그러므로 나의 그 어떤 노력이나 시도도 하나님의 은혜보다 우선할 수 없다. 나의 모든 것 이전에 하나님의 은혜가 있다. 은혜보다 앞선 것은 없다. 존귀하신 삼위일체 하나님께 감사와 찬송과 영광을 올려드린다.

또한 본서는 긴 세월 동안 인내하시며 나를 이끄시고 가르쳐 주신 탁월한 성경/신학 교사가 계셨기 때문에 세상에 나올 수 있었다. 그분은 바로 조병수 교수님(합신 전 총장, 합신 명예교수, 뤼그노연구소 소장)이시다. 조 교수님은 인격과 경건과 실력에서 탁월한 스승님이시다. 교수님이 없었다면 오늘의 나도 없고 이 책도 없었을 것이다. 존경하고 사랑하는 스승님께 머리 숙여 깊은 감사를 드린다.

나아가서 본서는 합동신학대학원대학교의 교과서 프로젝트를 위해 거액을 서슴없이 쾌척해 주신 임성실 장로님(한국유기농유통 대표)의 헌신으로 만들어졌다. 임 장로님의 헌신으로 합동신학대학원대학교 여러 분과(分科)의 신학 교과서가 출판되었고, 지금도 집필과 출판이 진행 중에 있다. 이것이야 말로 진실로 '하나님의 큰 일'(τὸ μεγαλεῖον τοῦ θεου) 이 아닐 수 없다. 다시 한 번 임 장로님께 깊은 감사를 드린다.

이와 함께 본서의 출판을 위해 많은 분들이 수고해 주셨다. 원고를 읽고 바로 잡아줌으로써 책의 완성도를 높여 주신 합신 연구실적심의위원회 위원장 안상혁 교수님과 위원인 김진수, 이승진, 이남규 교수님께 심심(甚深)한 감사를 표한다. 출판의 전 과정을 책임지고 수고하신 합신출판부장 권호 교수님께도 감사를 드린다. 디자인과 편집은 책의 인상과 품격(品格)에 큰 영향을 준다. 바쁜 중에도, 무엇보다 건강이 염려되는 형편에서도 본서의 디자인과 편집을 위해 수고를 아끼지 않으신 북 디자이너 김민정 선생님께 고마움을 전한다.

나를 낳고 길러주신, 지금은 천국에 계신 사랑하고 자랑스러운 나의 어머니 고 민귀자 집사님께 이 책을 헌정한다. 어머니는 일평생 자식들을 위해 숱한 고난을 온몸으로 버텨내는 험악한 삶을 사셨다. 어머니는 단 한 번도 호화롭고 편안한 삶을 누리지 못하셨지만, 그럼에도 자식들에게 더 잘해 주지 못한 것에 늘 미안해

하시고 마음 아파하셨다. 어머니는 언제나 내 마음의 아픔이며 하늘같은 은혜이시다. 그래서 - 불가능한 일인 줄 잘 알지만 - 이 책을 천국에 가져갈 수만 있다면 어머니께 꼭 전해 드리고 싶다.

끝으로 사랑하는 아내 정은경에게 고마움을 전한다. 내가 가장 오랫동안 함께 산 사람, 나의 흉과 허물을 가장 잘 아는 사람, 나 때문에 많은 아픔을 겪으면서도 참아야만 했던 사람, 그럼에도 언제나 나를 지지하고 믿어주며 살뜰히 아껴주는 미안하고 고마운 사람, 이런 아내가 있기에 나는 오늘도 위에서 맡기신 사명의 길을 간다. 아내는 하나님께서 맺어 주신 참으로 정이 깊고 사랑스런 나의 배필이다.

2024.11.19.

유다른 무더위 사그라지고
고운 빛깔 가을 스미는 날에

이복우

ὁ ἑωρακὼς μεμαρτύρηκεν, καὶ ἀληθινὴ αὐτοῦ ἐστιν ἡ μαρτυρία
본 사람이 증언하였다. 그러므로 그의 증언은 틀림이 없다.
(요 19:35)

머리글 ···006
약 어 ···024

제1장 요한복음은 어떤 성경인가?

I. 요한복음에서 증언의 중요성 ···032

II. 각 증언 해석 ···034
   1. 세례자 요한의 증언 ···034
   2. 예수 그리스도의 증언 ···036
   3. 성령의 증언(요 15:26) ···041
   4. 제자들의 증언 ···042
   5. 사마리아 여자의 증언(요 4:7-30, 39-42) ···047
   6. 사람들(무리)의 증언 ···048
   7. 빌라도의 증언(요 18:38-19:16) ···053
   8. 막달라 마리아의 증언(요 20:11-18) ···054

III. 증언의 특징 ···056
   1. 증언 공식(witness formula) ···056
   2. 증언의 내용과 방법 ···058
   3. 보는 것(목격)과 말하는 것(증언)의 관계 ···060
   4. 보는 것과 말하는 것의 결과 ···064

IV. 도마의 두 가지 역할(요 20:24-29) ···070
  1. 본 자의 증언을 믿지 않는 자 ···070
  2. 보고, 증언한 자 ···071

V. 증언과 요한복음 ···074
  1. 목격자 증언의 기록인 요한복음(요 20:29-31) ···074
  2. 요한복음과 구약 성경 ···079

VI. 맺음말 ···080

〈심층연구1〉 사마리아 여자는 예수를 그리스도로 믿었는가? ···086
〈심층연구2〉 도마는 예수의 상처를 만졌는가? ···092

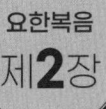

요한복음 제2장 문학 장치 - 초점 맞추기(focusing)

I. 상황 ···097
  1. 요한복음 6:1-15 ···097
  2. 요한복음 6:16-21 ···099

II. 공간 ···101
  1. 요한복음 1:1-18 ···102
  2. 요한복음 2:13-4:53 ···103
  3. 요한복음 14:31-19:37 ···105

III. 사람(인간) ···106
  1. 요한복음 1:19-34 ···106
  2. 요한복음 2:1-11 ···109

    3. 요한복음 3:22-30 ··· 111
    4. 요한복음 4:7-29 ··· 113
    5. 요한복음 9:1-41 ··· 114
    6. 요한복음 12:1-8 ··· 116

IV. 공간에서 인간으로 ··· 119

V. 시간(날짜) ··· 121
    1. 때(ὥρα) ··· 121
    2. 요한복음 1:29-2:11 ··· 123
    3. 요한복음 7:1-39 ··· 128
    4. 요한복음 11:55-19:30 ··· 131
    5. 요한복음 20:1-29 ··· 135

VI. 맺음말 ··· 138

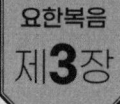

요한복음 제3장 프롤로그(요 1:1-18)와 몸말의 관계

I. 프롤로그의 기원 ··· 148
    1. 프롤로그의 구약 기원 ··· 149
    2. 구약 기원과 프롤로그와 몸말의 관계 ··· 155

II. 문학적 관계 ··· 157
    1. 문체 ··· 157
    2. 문맥 ··· 159
    3. 구성 ··· 161

III. 세례자 요한 ··· 166

IV. 신학적 관계 ··· 168

V. 맺음말 ··· 171

요한복음 제4장 로고스의 기원

I. 헬레니즘(Hellenism) 철학 ··· 178
   1. 고대 그리스 자연철학 ··· 179
   2. 플라톤(Platon) 철학 ··· 180
   3. 스토아(Stoa) 철학 ··· 181

II. 영지주의 ··· 183
   1. 로고스의 영지주의 기원설 ··· 184
   2. 헤르메스 문서(Hermetica) ··· 185
   3. 만다교(Mandaean) 문서 ··· 186

III. 유대주의 ··· 188
   1. 유대 지혜 사색 ··· 189
   2. 필로(Philo) ··· 190
   3. 랍비 문서 ··· 193
   4. 탈굼(Targums) - 메므라(Memra) ··· 194

IV. 구약 성경 ··· 196
   1. 요한복음의 구약 성경 인용과 의존성 ··· 196

2. 요한복음의 예수 정체 이해의 근거 ··· 197
  3. 예수의 자기 정체와 활동에 대한 이해 근거 ··· 200
  4. 기독론적 명칭 ··· 201
  5. 요한복음의 구약 모티브 ··· 204
  6. 프롤로그(요 1:1-18)의 구약 성경 암시 ··· 205
  7. 구약의 말씀(רבד)과 요한복음의 말씀(λόγος) ··· 210
  8. 구약 성경의 지혜 ··· 212

V. 맺음말 ··· 214

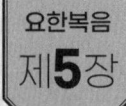

로고스 신학

I. 로고스(λόγος) 명명(命名) 이유 ··· 220
  1. 구약 성경과의 관련성 ··· 221
  2. 선재하는 하나님 ··· 222
  3. 계시의 내용이자 계시자인 예수 ··· 223
  4. 생명인 예수 ··· 225
  5. 하나님의 말씀 증언자인 예수 ··· 227
  6. 창조자와 구원자인 예수 ··· 228
  7. 종말론적 심판자인 예수 ··· 230

II. 로고스의 존재 ··· 232
  1. 전제적(Presupposed) 존재 ··· 232
  2. 존재 방식 ··· 232
  3. 성육신 ··· 240
  4. 독생자(μονογενής) ··· 248

Ⅲ. 로고스의 활동 ⋯ 251
   1. 창조 ⋯ 252
   2. 하나님의 자녀 ⋯ 257
   3. 하나님을 나타내심 ⋯ 261

Ⅳ. 맺음말 ⋯ 264

예수 그리스도의 충만(πλήρωμα)

Ⅰ. 요한복음의 충만(πλήρωμα) ⋯ 271

Ⅱ. 예수 그리스도의 충만 ⋯ 274
   1. 신성의 충만(요 1:1-3) ⋯ 274
   2. 생명과 빛의 충만(요 1:4) ⋯ 280
   3. 은혜와 진리로 충만(요 1:14, 16-17) ⋯ 283
   4. 기쁨으로 충만 ⋯ 288
   5. 소유 충만, 권세 충만 ⋯ 294
   6. 성령 충만(요 3:32-34; 7:37-39) ⋯ 296

Ⅲ. 예수 그리스도의 충만의 표현 ⋯ 299
   1. 부요한 생명, 충만한 구원 ⋯ 299
   2. 부요하고 풍성한 은혜 ⋯ 302
   3. 예수 그리스도의 '많은 선한 일'(요 10:32) ⋯ 313
   4. 예수의 '다 이루심'(τελειόω, τελέω / πληρόω) ⋯ 316

Ⅵ. 맺음말 ⋯ 324

〈심층연구 3〉 하나님의 사랑(요 3:14-16) ⋯ 329

요한복음 제7장 — 세례자 요한('Ιωάννης ὁ βαπτιστής)의 정체와 역할

I. 세례자 요한에 대한 기존의 이해 ··· 344

II. 세례자 요한 종파 논박(polemic)설 ··· 347
   1. 세례자 요한 종파 논박설 ··· 347
   2. 세례자 요한 종파 논박설 비판 ··· 350

III. 세례자 요한의 정체와 그의 역할 ··· 357
   1. 증언자 ··· 357
   2. 세례자 ··· 360
   3. 선행자(predecessor) ··· 371
   4. 믿음의 중개자 ··· 372

IV. 맺음말 ··· 378

요한복음 제8장 — 첫 표적(ἀρχὴ τῶν σημείων)의 신학적 의미

I. '첫 표적'에 대한 여러 해석과 이에 대한 평가 ··· 385
   1. 대체(replacement) ··· 386
   2. 구속사적 성취 ··· 394
   3. 성례전적 해석 ··· 397

II. 첫 표적의 신학적 의미 ⋯ 398
  1. 문맥에서 나타난 첫 표적의 의미 ⋯ 398
  2. 첫 표적 자체가 보여 주는 의미 ⋯ 406
  3. 첫 표적의 갈릴리 관련 의미 ⋯ 414

III. 맺음말 ⋯ 422

요한복음 제9장 물(ὕδωρ)의 신학적 의미와 기능

I. 요한복음의 물 ⋯ 428

II. 물의 신학적 의미와 기능 ⋯ 431
  1. 세례자 요한의 자신에 대한 증언(요 1:19-28) ⋯ 431
  2. 세례자 요한의 예수 정체 인식(요 1:29-34) ⋯ 434
  3. 예수가 물을 포도주를 만듦(요 2:1-11) ⋯ 438
  4. 예수와 니고데모의 대화(요 3:1-21) ⋯ 442
  5. 예수와 세례자 요한(요 3:22-30) ⋯ 452
  6. 예수와 사마리아 여자의 대화(요 4:1-26) ⋯ 454
  7. 예수가 왕의 신하의 아들을 고치다(요 4:46-54) ⋯ 460
  8. 예수가 38년 된 병자를 고치심(요 5:1-9) ⋯ 462
  9. 생수의 강(요 7:37-39) ⋯ 469
  10. 예수가 제자들의 발을 씻음(요 13:1-20) ⋯ 473
  11. 예수의 옆구리에서 피와 물이 나옴(요 19:31-37) ⋯ 479

III. 맺음말 ⋯ 486

〈심층연구 4〉 "영(πνεῦμα)과 진리로"(요 4:24) – 누구의 영인가? ⋯ 490

요한복음 제10장 | 선교 신학

I. 요한복음의 기록 목적과 선교 ··· 499

II. 요한복음의 선교 관련 용어들 ··· 502

III. 요한복음의 선교의 기원과 동인 ··· 506
   1. 선교의 기원 ··· 506
   2. 선교의 동인 ··· 510

IV. 선교의 실행 ··· 511
   1. 세례자 요한 ··· 512
   2. 예수 그리스도 ··· 515
   3. 성령 ··· 529
   4. 제자들 ··· 531

V. 선교의 범위와 구원의 대상 ··· 538

VI. 선교의 목적 ··· 542

VII. 맺음말 ··· 546

요한복음 제11장 — NPP에 대한 요한복음의 평가

I. NPP에 대한 요한복음의 평가의 정당성 ··· 556
   1. 사도 요한 개인의 자격 ··· 556
   2. 요한복음의 문헌적 권위 ··· 557
   3. 요한복음의 내용적 특징 ··· 560
   4. 소결론 ··· 563

II. NPP에 대한 요한복음의 평가 ··· 564
   1. 바울의 칭의와 요한의 영생 ··· 564
   2. 언약적 율법주의(Covenantal Nomism)에 대한 요한복음의 평가 ··· 569
   3. NPP의 칭의에 대한 요한복음의 평가 ··· 577
   4. NPP의 현재 칭의와 미래 칭의에 대한 요한복음의 평가 ··· 588

III. 맺음말 ··· 602

참고문헌 ··· 607

약 어(Abbreviation)

1. 일반 약어

bis = twice, 두 번
cf. = confer, 참조하라
ed(s). = editor(s), 편집자(들)
esp. = especially
f. = following
ff. = followings
f. n. = foot note, 각주
par. = parallel, 병행
ter = thrice, 세 번
vol(s). = volume(s), 권(들)
§ = section

2. 자료 약어

AB	Anchor Bible
ABD	Freedman, D . N. (ed.), The Anchor Bible Dictionary, 6 vols. New York: Doubleday, 1992.
ABR	Australian Biblical Review
Adv. Haer.	Irenaeus, Against Heresies
AJT	Asia Journal of Theology
AnBib	Analecta Biblica
AncB	Anchor Bible Commentary
ANTC	Abingdon New Testament Commentary
BDAG	Bauer, Walter. Danker, F. W. Arndt, W. F. Gingrich, R. W.

	(eds.), A Greek-English Lexicon of the New Testament and Other Early Christian Literature, 3rd ed., Chicago: University of Chicago Press, 2000.
BDF	Blass, F. Debrunner, A. Funk, R. W. A Greek Grammar of The New Testament and Other Early Christian Literature, Chicago: University of Chicago Press, 1961.
BDT	Harrison, Everett F. (ed.), Baker's Dictionary of Theology, Grand Rapids: Baker Book House, 1983.
BETL	Bibliotheca ephemeridum theologicarum lovaniensiom
BETS	Bulletin of the Evangelical Theological Society
BHS	Biblia Hebraica Stuttgartensia
Bib	Biblica
BSac	Bibliotheca Sacra
BT	The Bible Translator
BZNW	Beihefte zur ZNW
CBQ	Catholic Biblical Quarterly
CJT	Canadian Journal of Theology
DJG	Green, J. B. Mcknight, S. Marshall, I. H. (eds.), Dictionary of Jesus and the Gospels, Leicester, England: Inter-Varsity Press, 1992.
DK	Die Fragmente der Vorsokratiker, Griechisch und Deutsch von Hermann Diels, Herausgegeben von Walter Kranz, Weidmann, 1974.

DRev	Downside Review
ECNT	Baker Exegetical Commentary on the New Testament
EcumRev	Ecumenical Review
EvQ	Evangelical Quarterly
ExAud	Ex Auditu
ExpT	Expository Times
Fri.	Friberg, Timothy. Friberg, Barbara. Miller, Neva F. Analytical Lexicon of the Greek New Testament, Trafford Publishing, 2018.
GOTR	Greek Orthodox Theological Review
GNT	Greek New Testament
HTR	Harvard Theological Review
HTS	Hervormde Teologiese Studies
HUCA	Hebrew Union College Annual
IBS	Irish Biblical Studies
Int	Interpretation
JBL	Journal of Biblical Literature
JETS	Journal of the Evangelical Theological Society
JSNT	Journal for the Study of the New Testament
JSNTSup	Journal for the Study of the New Testament Supplement Series
JTSA	Journal of Theology for South Africa
LEH	Lust, J. Eynikel, E. Hauspie, K. (eds.), A Greek-English Lexicon of the Septuagint, Stuttgart: Deutsche

	Bibelgesellschaft, 2004.
LSJ	Liddell, Henry George. Jones, Henry Stuart. Scott, Robert. Mckenzie, Roderick. Liddell and Scott Greek-English Lexicon, Oxford: Clarendon Press, 1996.
LXX	Septuagint(Greek translation of the OT)
MT	Masoretic Text
NA28	Novum Testamentum Graece, Aland, Barbara. Aland, Kurt. Karavidopoulos, Johannes. Martini, Carlo M. Metzger, Bruce M. (eds.), 28th rev. ed., Stuttgart: Deutsche Bibelgesellschaft, 2012.
NASB	New American Standard Bible
NBD	Douglas, J. D. Organizing Editor, New Bible Dictionary, Grand Rapids: Eerdmans, 1962.
NCBC	New Century Bible Commentary
NDBT	Alexander, T. Desmond and Rosner, Brian S. (eds.), New Dictionary of Biblical Theology, Leicester: Inter-Varsity Press, 2000.
Neot	Neotestamentica
NIDCC	General Ed. J. D. Douglas, The New International Dictionary of the Christian Church, Grand Rapids: Eerdmans, 1974.
NIDNTT	New International Dictionary of New Testament Theology
NovT	Novum Testamentum
NTG	New Testament Guides Commentary Series

NTM	New Testament Monographs
NTS	New Testament Studies
ÖBS	Österreichische Biblische Studien
RevBib	Revue Biblique
RExp	Review and Expositor
RSR	Recherches de Science Religieuse
RTR	Reformed Theological Review
SBT	Studies in Biblical Theology
Semeia	Semeia
SJT	Scottish Journal of Theology
SNTSMS	Society for New Testament Studies Monograph Series
SPS	Sacra Pagina Series
StudEvan	Studia Evangelica
StVTQ	St. Vlamimir's Theological Quarterly
TDNT	Kittle, G and Friedrich, G (eds.), Theological Dictionary of the New Testament, trans. G. W. Bromiley, Grand Rapids: Eerdmans.
Thayer	Thayer, Joseph H. Thayer's Greek-English Lexicon of the New Testament, Peabody: Hendrickson Publishers, 2019.
TNTC	Tyndale New Testament Commentary
TR	Theologische Rundschau
TrinJ	Trinity Journal
TS	Theological Studies

TTS	Theology Today Series
TZ	Theologische Zeitschrift
VGNT	Moulton, J. H. and Milligan, G. The Vocabulary of the Greek New Testament, Peabody: Hendrickson Publishers, 1997.
WBC	Word Biblical Commentary
WTJ	Westminster Theological Journal
WUNT	Wissenschaftliche Untersuchungen zum Neuen Testament
ZNW	Zeitschrift für die Neutestamentliche Wissenschaft
ZTK	Zeitschrift für Theologie und Kirche

요한복음 연구

목격자의
참 증언

The True Testimony from the Eyewitness

1

요한복음은 어떤 성경인가?*

> 예수께서 제자들 앞에서 이 책에 기록되지 아니한 다른 표적도 많이 행하셨으나 오직 이것을 기록함은 너희로 예수께서 하나님의 아들 그리스도이심을 믿게 하려 함이요 또 너희로 믿고 그 이름을 힘입어 생명을 얻게 하려 함이니라(요 20:30-31).

이 말씀은 요한복음의 기록 목적이다. 요한복음의 목적은 믿음과 생명이다. 그러면 요한복음이 이 목적을 이룰 수 있는 이유는 무엇이며 또 어떻게 이룰 수 있는가? 이 질문들에 대한 답은 요한복음의 핵심 주제인 '증언'(μαρτυρία)과 깊이 관련되어 있다.

I. 요한복음에서 증언의 중요성

요한복음에는 증언이 매우 자주 등장한다. 동사 '증언하다'(μαρτυρεῖν)가 33회,[1] 명사 '증언'(μαρτυρία)이 14회[2] 나타나 모두 47번 언급된다. 이것은 세 복음서(공관복음)를 모두 합쳐서 20회 진술된 것과 비교하면 두 배가 훨씬 넘는 아주 많은 횟수다.[3] 또한 요한 복음에는 증언을 실행하는 데 사용된 일종의 '짝 말'인 '보다-말하다',[4] '보다-증언하다',[5] '말하다-믿다'[6], '증언하다-믿다'[7]도 자주 등장한다. 이 모두는 증언이 요한복음의 매우 중요한 주제임을 의미한다. 무엇보다 요한복음이 사도들의 증언을 소개할(요 1:40-46; 20:19-25 등) 뿐 아니라 예수를 '증언하는 자'로 묘사한 점에서 증언의 중요성은 더욱 두드러진다(요 3:11, 26, 32, 33; 4:44; 8:13-14, 18; 13:21; 18:37 등). 나아가서 요한복음은 증언으로 시작하고(요 1:7, 15) 증언으로 끝난다(요 21:24). 요한복음은 증언으로

---

* 본 장은 「신학정론」 39 (2021/06): 153-208에 실린 나의 논문을 수정 보완한 것이다.

[1] μαρτυρεῖν (31 verses, 21 forms, 33 hits) - 요 1:7, 8, 15, 32, 34; 2:25; 3:11, 26, 28, 32; 4:39, 44; 5:31, 32bis, 33, 36, 37, 39; 7:7; 8:13, 14, 18bis; 10:25; 12:17; 13:21; 15:26, 27; 18:23, 37; 19:35; 21:24.

[2] μαρτυρία (14 verses, 2 forms, 14hits) - 요 1:7, 19; 3:11, 32, 33; 5:31, 32, 34, 36; 8:13, 14, 17; 19:35; 21:24.

[3] 공관복음에는 '증언'에 관한 단어가 요한복음에 나타난 μαρτυρέω 2회, μαρτυρία 4회, 그리고 요한복음에는 나타나지 않는 μαρτύριον 9회, μάρτυς 5회 등 총 20회 나타난다. 이 외에도 요한복음에 없는 ψευδομαρτυρία 2회, ψευδομαρτυρέω 5회, ψευδόμαρτυς 1회, καταμαρτυρέω 3회, διαμαρτύρομαι 1회 사용된다.

[4] '보다'를 위해 ὁρᾶν, θεωρεῖν, θεᾶσθαι, βλέπειν, ἐμβλέπειν, ἀναβλέπειν이 사용되었다. '말하다'에는 λέγειν과 λαλεῖν이 있다. *는 시제와 품사에서 이 단어들의 변화 가능한 모든 경우를 예시한 것이다. (1) *εωρα* + *λεγ* : 요 3:11; 19:35; 20:25, 29, (2) *εωρα* + *λαλ* : 요 3:11, (3) *εωρα* + *ειπ* : 요 6:36, (4) *θεα* | *λεγ* : 요 1:32, (5) *θεωρ* | *λεγ* . 요 4:19; 9:8, (6) *βλε* + *λεγ* : 요 1:29, 36, (7) *βλε* + *ειπ* : 요 1:42, (8) *ιδ* + *λεγ* : 요 1:47; 6:14; 19:4, (9) *ιδ* + *ειπ* : 요 1:50; 4:28-29, 48; 6:30; 12:41; 20:20.

[5] (1) *εωρα* + *μαρτ* : 요 1:34; 3:11, 32; 19:35, (2) *θεα* + *μαρτ* : 요 1:32.

[6] (1) *λεγ* + *πιστ* : 요 2:22; 4:42; 8:45, 46bis; 13:19; 19:35; 20:29bis, (2) εἶπ* + *πιστ* : 요 1:50bis; 3:12(4회); 4:39, 48; 6:30, 36; 20:25, (3) *λαλ* + *πιστε* : 요 4:42; 8:30, (4) λόγος + πιστεύειν : 요 4:39, 41; 17:20.

[7] 요 1:7; 4:39; 10:25; 19:35

*inclusio*를 이루어 하나의 통일된 묶음이 된다. 마지막으로 요한복음의 저자는 "이 일들"(περὶ τούτων)을 증언하고 기록한 자이다(요 21:24). 결국 요한복음은 증언의 기록이다.[8] 그러므로 '증언'은 요한복음을 형성하는 핵심 주제이다.[9]

II. 각 증언 해석

1. 세례자 요한의 증언

세례자 요한은 "증언하기 위하여"(εἰς μαρτυρίαν) 하나님으로부터 보냄을 받았다(요 1:6-7). 그는 증언자이다. 세례자 요한의 증언은 요한복음 1:6-8, 15, 29-34, 35-36; 10:40-42에 있다. 이 증언들의 특징을 정리하면 다음과 같다.
1) 세례자 요한은 "빛에 대하여"(περὶ τοῦ φωτός) 증언했다(요 1:4-7a). 그의 증언의 내용은 예수 그리스도이다(요 1:15, 29-34, 35-36).

---

[8] D. A. Carson, *The Gospel according to John* (Grand Rapids: Eerdmans, 1991), 660: "The witness theme in the book has not been lost to view." 나의 번역: "이 책에서 증언 주제는 시야에서 사라지지 않는다."

[9] 조병수, "ΜΑΡΤΥΡΙΑ와 ΓΡΑΦΗ로서의 요한복음", 「신학정론」 22 (2004): 78: "요한복음에는 크게 두 가지 종류의 증언이 제시된다. 첫째로 하나님의 계시에 대한 예수 그리스도의 증언이며, 둘째로 예수 그리스도에 대한 여러 가지 증언이다. 요한복음의 독특함은 전체에 퍼져 있는 예수 그리스도에 대한 다양한 증언의 배열에 있다."

2) 세례자 요한은 모든 사람이 그로 말미암아 믿게 하기 위해(ἵνα πάντες πιστεύσωσιν δι' αὐτοῦ) 증언했다(요 1:7b). 그의 증언의 목적은 믿음이다. 3) 세례자 요한은 '말'로 증언했다. 다음의 말씀들이 이를 잘 증명한다. "요한이 그에 대하여 증언하여 외쳐 말하되" (μαρτυρεῖ … καὶ κέκραγεν λέγων, 요 1:15, cf. 요 1:29, 30, 36). "요한이 또 증언하여 말하되"(καὶ ἐμαρτύρησεν Ἰωάννης λέγων, 요 1:32). 그의 증언의 수단은 말이다.[10] 4) 그런데 세례자 요한이 예수를 하나님의 아들로 증언할 수 있었던 것(요 1:34)은 하나님이 그에게 말씀하신 대로 성령이 예수 위에 내려와 머무는 것을 그가 '보았기' 때문이다. 이 사실은 "내가 보매(τεθέαμαι, 요 1:32) … 보거든(ἴδῃς, 요 1:33c) … 내가 보고(ἑώρακα) … 증언하였노라"(요 1:34)에서 연속적으로 나타나는 '보다'라는 말에서 잘 나타난다. 그의 증언의 근거는 그의 목격이다.[11] 5) 나아가서 세례자 요한의 증언으로 말미암아 많은 사람이 예수를 믿었다. 그는 오직 진리만 증언했고(요 5:33), 그가 예수에 대해 말한 모든 것은 다 참이었다. 그리하여 많은 사람이 예수를 믿었다(요 10:41-42). 그의 증언의 결과는 그의 증언의 목적이 이루어졌다는 것을 알려 준다.

요한복음 1:35-41은 이에 대한 실례(實例)이다. 세례자 요한이 예수를 보고(ἐμβλέψας) 자기와 함께 서 있던 두 제자에게 다음과

---

[10] 이에 대한 자세한 내용은 이복우, 『내 뒤에 오시는 이』(수원: 합동신학대학원 출판부, 2013), 312-313을 보라.

[11] 물론 세례자 요한의 이 '봄'은 육체의 눈으로 볼 수 있는 것이 아니었다. 성령은 영적 존재이기 때문이다. Cf. Richard Bauckham, *Jesus and the Eyewitnesses: The Gospel as Eyewitness Testimony* (Grand Rapids: Eerdmans Publishing Co. 2006), 406.

같이 말했다(λέγει). "보라 하나님의 어린 양이로다"(요 1:35-36). 세례자 요한은 예수를 보았다. 이것은 그의 목격이다. 그리고 그는 제자들에게 예수에 대해 말했다. 이것은 그의 증언이다. 이 증언 때문에 두 제자가 예수를 따라갔다. 이 중의 한 사람은 시몬 베드로의 형제 안드레였다. 그는 자기 형제 시몬을 찾아 "우리가 메시야를 만났다"고 말했다(요 1:40-41). 이 말은 안드레가 예수를 메시야로 믿은 것을 의미하며, 이는 세례자 요한이 증언한 결과이다. 세례자 요한은 예수를 목격했고, 그를 제자들에게 증언하였으며, 그의 증언을 들은 제자가 예수를 믿었다. 따라서 세례자 요한의 증언은 다음과 같은 과정을 형성한다: 보는 것(목격) → 말하는 것(증언) → 믿는 것(결과).

2. 예수 그리스도의 증언

1) 나다나엘에게 한 증언(요 1:50)

예수는 "어떻게 나를 아시나이까"라고 묻는 나다나엘에게 "빌립이 너를 부르기 전에 네가 무화과나무 아래에 있을 때에 보았노라"(ἀπεκρίθη Ἰησοῦς καὶ εἶπεν αὐτῷ, Πρὸ τοῦ σε Φίλιππον φωνῆσαι ὄντα ὑπὸ τὴν συκῆν εἶδόν σε. 요 1:48)고 말씀했다. 예수는 무화과나무 아래에 있는 나다나엘을 '보았고', 이 목격 사실을 '말했다.' 이것은 목격자인 예수의 증언이다. 그 결과 나다나엘이 예수를 하나님의 아들과 이스라엘의 임금으로 믿고 고백했다(요 1:49). 예수는 이 모든 내용을 한 문장으로 요약했다. "내가 너를 무화과나무 아래에서 **보았다** (말)하므로 **믿느냐**"(ὅτι εἶπόν σοι ὅτι εἶδόν σε ὑποκάτω τῆς συκῆς, πιστεύεις; 요 1:50). 예수는 본 것을 증언했고 그 결과는 믿음이다. 이 과정은 세례자 요한의 증언 과정과 똑같다.

2) 니고데모에게 한 증언(요 3:1-21)

예수는 니고데모에게 거듭남에 관하여 말씀했다(요 3:3, 5). 그러나 이를 알지 못하는 니고데모는 "어찌 그러한 일이 있을 수 있나이까"(요 3:9)라고 반문했다. 이에 대해 예수는 "우리는 아는 것을 말하고 본 것을 증언하노라"(ὃ οἴδαμεν λαλοῦμεν καὶ ὃ ἑωράκαμεν μαρτυροῦμεν, 요 3:11)라고 말씀했다. 이 말씀에서 문장 구조상 '말하다'와 '증언하다'가 동의어이므로 안다는 것은 곧 본 것을 의미한다.[12] 예수에게 있어 아는 것은 본 것이며, 보지 못한 것은 알지 못하는 것이다. 예수는 자신이 아는 것, 즉 '본 것'을 증언한다. 예수의 증언은 철저히 자신의 목격에 근거한다. 그러므로 예수의 증언은 참이며, 절대적인 권위와 법적인 효력을 가진다.[13] 하지만

---

[12] ὃ οἴδαμεν λαλοῦμεν καὶ ὃ ἑωράκαμεν μαρτυροῦμεν(요 3:11a)에서 καί를 설명을 위한 보어로 볼 수 있다. 이 경우에 이 문장은 "우리는 아는 것을 말한다. 즉 우리는 본 것을 증언한다."는 의미가 된다. 아는 것은 본 것에 근거하며, 증언은 말하는 것으로 이루어진다.

[13] H. N. Ridderbos, The Gospel of John: A Theological Commentary, translated by John Vriend (Grand Rapids: Eerdmans, 1997), 133: "This discourse is further described as 'bearing witness' on the basis of 'what we have seen' and, therefore, as eyewitness testimony has judicially valid, faith-claiming force." 나의 번역: "이 담화는 '우리가 본 것'에 근거하여

그의 증언의 결과는 얼마든지 부정적일 수 있다. "그러나 너희가 우리의 증언을 받지 아니하는도다"(καὶ τὴν μαρτυρίαν ἡμῶν οὐ λαμβάνετε, 요 3:11b)라는 예수의 평가가 이를 잘 보여준다. 본 자가 참된 증언을 해도 들은 자가 언제나 믿음으로 반응하는 것은 아니다. 니고데모의 경우도 이와 같다. "본질에서 니고데모의 실패는 지성의 실패가 아니라, 예수의 증언을 믿는 것의 실패였다."[14]

3) 위로부터 오시는 이의 증언(요 3:31-36)

위로부터 오시는 이는 하늘로부터 오시는 이시다. 그래서 그는 만물 위에 계신다. 그는 자기가 본 것과 들은 것을 증언한다(ὃ ἑώρακεν καὶ ἤκουσεν τοῦτο μαρτυρεῖ, 요 3:32a). 이 문장을 원문에서 직역하면 "그가 보고 들은 바 그것을 그가 증언한다."이다. 여기서 본 것과 들은 것은 하나의 관계대명사 ὃ의 지배를 받으며, 접속사 καί로 연결되어 있다. 따라서 '본 것'과 '들은 것'은 하나이다. 이 사실은 ὃ가 중성 단수(!) 관계대명사라는 것에서도 분명하다. 또한 요한은 이것을 강조하기 위해 본 것과 들은 것을 받는 관계대명사 ὃ가 이미 있음에도 본 것과 들은 것을 가리키는 중성 지시대명사 τοῦτο(단수)를 추가하였다. 따라서 예수의 증언에서 보는 것과 듣는 것은 같은 목격이요 체험이다. 위로부터 오시는 이, 즉 하늘로

'증언하는 것'으로 설명되므로 목격자의 증언은 사법적으로 타당하고 신앙을 주장하는 힘을 가지고 있다."

[14] Carson, *The Gospel according to John*, 199.

부터 오시는 이는 증언하는 분이다. 그는 아버지로부터 보고 들은 것을 증언하기 위해 세상에 왔다. 이런 이유로 "그는 하나님의 말씀들을 말한다."(τὰ ῥήματα τοῦ θεοῦ λαλεῖ, 요 3:34). 그의 증언은 '말하는 것'(λαλεῖν)으로 실현된다. 이것은 예수의 증언 방법이다.

하지만 예수의 증언에 대한 사람들의 반응은 매우 부정적이다. 예수가 자기 땅에 왔지만 자기 백성이 그를 영접하지 않은(οὐ παρέλαβον, 요 1:11) 것처럼, 그가 하나님으로부터 보고 들은 것만을 말하지만 그의 증언을 받는 자가 한 사람도 없다(οὐδεὶς λαμβάνει, 요 3:32b). 증언자와 증언의 내용이 참되다고 해서 사람이 반드시 그 증언을 받는 것은 아니다.

4) 아버지에게서 본 것과 하나님께 들은 진리를 증언

(요 8:30, 38, 40, 45, 46)

예수는 아버지에게서 본 것을 말한다. "나는 아버지에게서 본 것들을 말한다."(ἃ ἐγὼ ἑώρακα παρὰ τῷ πατρὶ λαλῶ, 요 8:38a). 또한 예수는 하나님께 들은 진리를 말한다. 예수는 "하나님께 들은 진리를 너희에게 말한 사람"(ἄνθρωπον ὃς τὴν ἀλήθειαν ὑμῖν λελάληκα ἣν ἤκουσα παρὰ τοῦ θεοῦ, 요 8.40a)이다. 예수는 하나님 아버지에게서 보고 들은 것을 사람들에게 말했다. 이때 사람들의 반응은 두 가지로 나타난다. 하나는 예수를 믿는 것이다. "그가 이것들을 말할 때에 많은 사람이 그를 믿었다"(요 8:30). 다른 하나는 예수를 믿지 않고 배척하는 것이다. "그러나 내가 진리를 말하기 때문에, 너희가 나를 믿지 않는다."(ἐγὼ δὲ ὅτι τὴν ἀλήθειαν λέγω, οὐ πιστεύετέ μοι, 요 8:45). "내가 진리를 말하는데도, 왜 너희는 나를 믿지 않느냐?"(εἰ ἀλήθειαν λέγω, διὰ τί ὑμεῖς οὐ πιστεύετέ μοι; 요 8:46b). 사람들은 예수가 진리를 말하기 때문에 오히려 그를 믿지 않았다. 그들은 하나님께 속하지 않고(요 8:47) 그들의 아비 마귀에게서 났기 때문이다. 마귀는 거짓말쟁이요 거짓의 아비이다(요 8:44). 예수는 하나님 아버지에게서 보고 들은 진리를 사람들에게 증언하지만, 사람들은 도리어 그가 진리를 말하기 때문에 불신한다. 여기서 멈추지 않고 사람들은 진리를 증언한 예수를 죽이려 한다. "내 말이 너희 안에 있을 곳이 없으므로 나를 죽이려 하는도다"(요 8:37b). "지금 하나님께 들은 진리를 너희에게 말한 사람인 나를 죽이려 하는도다"(요 8:40a). 이처럼 진리를 증언하면 그 반응은 믿음일 때도 있지만, 불신과 살인일 수도 있다.

5) 예수의 기도에 나타난 증언(요 17:20)

요한복음 17장은 예수가 십자가 죽음을 앞에 두고 아버지 하나님께 드린 기도이다. 그는 9-19절에서 제자들을 위한 기도를 한다. 이어서 20-26절은 속(續) 제자들을 위한 그의 기도이다. 그는 20절에서 "내가 비옵는 것은 이 사람들만 위함이 아니요 또 <u>그들의 '말로 말미암아'</u> 나를 믿는 사람들도 위함이니"라고 기도한다. 이 문장은 "οὐ … μόνον, ἀλλὰ καὶ …"(… 뿐만 아니라, 그러나 …도)로 구성되어 있다. 이것은 예수가 1세대 제자들뿐 아니라 속 제자들을 똑같이 중요하게 여겼다는 사실을 보여 준다. 예수는 이 둘 모두를 위해 기도했다.

예수는 이 기도에서 속 제자들이 어떻게 예수를 믿게 되는지에 관해 언급한다. 1세대 제자들은 그들의 눈으로 예수를 보았고 그들의 손으로 예수를 만졌으며 그들의 귀로 예수에게서 직접 듣고 배웠다(cf. 요일 1:1-2).[15] 그러나 예수가 부활 승천한 후에는 이렇게 하는 것이 불가능하다. 그래서 예수는 이에 대한 대책을 마련했다. 그것은 바로 예수를 직접 보고 그에게서 직접 듣고 배운 1세대 제자들의 '말로 말미암아'(διὰ τοῦ λόγου), 즉 그들의 '증언'으로 말미암아 예수를 직접 보지 못한 사람들이 믿도록 하는 것이다. 이런 까닭에 예수는 제자들에게 "너희도 처음부터 나와 함께 있었으므로 증언하라"(καὶ ὑμεῖς δὲ μαρτυρεῖτε, ὅτι ἀπ' ἀρχῆς μετ' ἐμοῦ ἐστε, 요 15:27)고 말씀한 것이다.[16]

3. 성령의 증언(요 15:26)

성령은 '진리의 영'(τὸ πνεῦμα τῆς ἀληθείας, 요 14:17a; 15:26; 16:13)이다. 그 이유는 '성령이 진리를 전하기 때문이다(cf. 요 14.26, 16:12-

---

[15] 요일 1:1 ὃ ἦν ἀπ' ἀρχῆς, ὃ ἀκηκόαμεν, ὃ ἑωράκαμεν τοῖς ὀφθαλμοῖς ἡμῶν, ὃ ἐθεασάμεθα καὶ αἱ χεῖρες ἡμῶν ἐψηλάφησαν περὶ τοῦ λόγου τῆς ζωῆς.

[16] μαρτυρεῖτε는 현재 직설법 또는 명령법이다. 문맥과 "너희도 처음부터 나와 함께 있었으므로"라는 말에 의하면, 이 단어는 명령법으로 이해하는 것이 합당해 보인다. Cf. Carson, *The Gospel according to John*, 529.

15). 또한 예수가 자기를 진리라고 말씀한 것(요 14:6)과 관련할 때, 보혜사가 진리인 예수를 증언하는 성령이라는 의미이다.[17] 그래서 예수는 "내가 아버지께로부터 너희에게 보낼 보혜사 곧 아버지께로부터 나오시는 진리의 성령이 오실 때에 그가 나를 증언하실 것이요"(요 15:26)라고 말씀했다. 따라서 보혜사 성령은 증언의 영이며, 그의 증언의 내용은 예수에 관한(περὶ ἐμοῦ) 것이다. 보혜사는 "다른 보혜사"(ἄλλος παράκλητος, 요 14:16)로서,[18] 아버지께서 "내 이름으로 보내실 성령"이다. 그는 제자들에게 모든 것을 가르치고 예수가 제자들에게 '말한 모든 것'을 생각나게 한다(요 14:26). 또한 성령은 그들을 모든 진리 가운데로 인도한다(요 16:13). 왜냐하면(γάρ) 그는 스스로 말하지 않고 들은 것들을 말하기 때문이다(요 16:13). 요컨대, 보혜사 성령은 증언하는 분이다. 그의 증언은 '들은 것'에 근거하고 진리 안으로 인도한다.

4. 제자들의 증언

1) 안드레의 증언(요 1:40-42)

안드레는 예수에 관한 세례자 요한의 증언을 듣고 예수를 따라간

---

[17] Carson, *The Gospel according to John*, 500.
[18] 요일 2:1. "παράκλητον ἔχομεν πρὸς τὸν πατέρα Ἰησοῦν Χριστὸν δίκαιον."

두 제자 중의 한 사람이다(요 1:35-40). 안드레는 예수를 보았고,[19] 예수를 따라갔다. 그리하여 그는 예수가 있으신 데를 보았고 (εἶδαν) 그날을 그와 함께 머물렀다(요 1:39). 그 후에 그는 자기 형제 시몬을 찾아가 "우리가 메시야를 만났다"(εὑρήκαμεν τὸν Μεσσίαν)라고 '말한다'(λέγει, 요 1:41). 이것은 안드레의 증언이다. 안드레는 예수를 보았고 예수를 만났다. 여기서 '만나다'(εὑρίσκειν)라는 말은 본 것을 전제한다.[20] 그러므로 안드레 사건(요 1:35-41)은 예수가 메시야라는 사실을 강조함과 동시에 안드레가 예수를 만나 그를 직접 본 사실을 강조한다. 안드레는 이 사실에 기초하여 예수를 증언했다. 안드레의 증언은 전적으로 그의 목격(체험)에 근거한다.

2) 빌립의 증언(요 1:44-46)

빌립이 나다나엘을 찾아 "모세가 율법에 기록하였고 여러 선지자가 기록한 그이를 우리가 만났으니 요셉의 아들 나사렛 예수니라"(요 1:45)라고 말했다. 빌립이 요셉의 아들 나사렛 예수를 이처럼 증언할 수 있었던 이유는 "우리가 만났다"(εὑρήκαμεν)는 사실, 즉 그 자신이 예수를 만났다는 사실 때문이다. 빌립은 예수를 만

---

[19] 요 1:36-37. 세례자 요한이 예수를 보고서(ἐμβλέψας) 두 제자에게 '보라'(῎Ιδε) 하나님의 어린 양이로다'라고 말했다. 그러므로 두 제자는 당연히 예수를 그들의 눈으로 보았다. 세례자의 말을 듣고(ἤκουσαν) 두 제자가 예수를 따라갔다는 사실도 이를 확인해 준다.

[20] Thayer, εὑρίσκειν, tropically, "to find by inquiry, thought, examination, scrutiny, observation, hearing; to find out by practice and experience," i. e. *to see, learn, discover, understand*: ... Passive εὑρίσκομαι *to be found*, i. e. *to be seen, be present*.

났고 나다나엘에게 예수에 관해 말한다(λέγει, 요 1:45a). 만난 사실이 증언의 근거가 된다. 그리고 만난 것은 본 것을 전제한다. 결과적으로 빌립은 예수를 만났고 보았고 증언했다. 빌립은 이 증언에 부정적인 반응을 보인 나다나엘에게 "와서 보라"(ἔρχου καὶ ἴδε, 요 1:46)고 말한다. 세례자 요한이 제자들에게 "보라"고 말한 것처럼(요 1:35), 빌립도 나다나엘에게 '보라'고 말함으로써 그를 증인으로 세우는 초청을 하고 있다. 왜냐하면 본 자만이 증언하는 자가 될 수 있기 때문이다.

3) 나다나엘의 증언(요 1:47-51)

예수는 나다나엘을 보고(εἶδεν) "보라(ἴδε) 이는 참으로 이스라엘 사람이라 그 속에 간사한 것이 없도다."(요 1:47)라고 말씀했다. 이에 대해 나다나엘은 "어떻게 나를 아시나이까"(요 1:48a)라고 질문했다. 이에 예수가 대답했다. "빌립이 너를 부르기 전에 네가 무화과나무 아래에 있을 때에 내가 너를 보았노라"(요 1:48b). 예수의 이 증언 때문에 나다나엘은 예수를 하나님의 아들과 이스라엘의 임금으로 고백했다(요 1:49). 나다나엘은 예수를 직접 보았고 그와 대화했다. 그리고 그는 예수를 하나님의 아들과 이스라엘의 임금으로 믿고 고백했다(요 1:49).[21]

---

[21] Craig R. Koester, "Hearing, Seeing, and Believing in the Gospel of John," *Biblica* 70/3 (1989): 330: "Jesus identifies Nathanael's response as a confession faith, and promises that Nathanael and the other disciples will see even greater things."

그런데 이 고백은 나다나엘의 증언이기도 하다. 왜냐하면 나다나엘이 어떤 사람에게 예수를 증언한 것은 아니지만, 그의 이 신앙고백이 요한복음을 읽는 모든 독자에게 예수의 정체를 증언하는 것이기 때문이다. 물론 그 결과는 믿는 자와 믿지 않는 자로 나누어질 것이다. 나아가서 나다나엘이 예수의 증인이라는 사실은 예수가 나다나엘에게 "보았다 하므로 믿느냐 이후에 더 큰 일을 보리라(50)"고 약속한 것에서도 분명하다. 예수는 나다나엘에게 "믿느냐"라고 말씀함으로써 그의 신앙고백을 인정함과 동시에 이후에 더 큰 일을 "보리라"(ὄψη)고 말씀함으로써 장차 그가 목격자로서 예수 증인이 될 것임을 예고하고 있다. '볼 자'인 나다나엘은 증언하는 자가 될 것이다.[22]

4) 부활한 예수에 관한 제자들의 증언(요 20:19-25)

제자들이 유대인들을 두려워하여 모인 곳의 문들을 잠갔다. 그곳

---

[22] 이어지는 "'Ἀμὴν ἀμὴν λέγω ὑμῖν, ὄψεσθε τὸν οὐρανὸν ἀνεῳγότα καὶ τοὺς ἀγγέλους τοῦ θεοῦ ἀναβαίνοντας καὶ καταβαίνοντας ἐπὶ τὸν υἱὸν τοῦ ἀνθρώπου"(요 1:51)는 예수가 나다나엘에게 하는 말씀이다. 그럼에도 예수는 그 대상을 1인칭 단수가 아니라 2인칭 복수로 표현하여 "너희에게 말한다. 너희가 볼 것이다"라고 말하였다. 이는 예수가 나다나엘을 포함하여 제자들을 증인으로 세울 것을 의미하는 표현이다. 이 사실은 곧바로 첫 표적(요 2:1-11)에서 확증된다. 예수는 제자들 '앞에서'(cf. ἐνώπιον τῶν μαθητῶν [αὐτοῦ] 요 20:31) 첫 표적을 행하였는데, 이는 제자들을 증인으로 세우기 위한 것이었다. 이에 대한 자세한 내용은 본서 '제8장 요한복음의 첫 표적의 신학적 의미'를 보라. Cf. Leon Morris, *The Gospel according to John* (Grand Rapids: Eerdmans, 1971), 855: "Notice that he speaks of the signs as having been done 'in the presence of the disciples.' That is to say the disciples were witnesses of them"; Ridderbos, *The Gospel of John*, 651.

에 예수가 와서 그들 가운데 서서 "너희에게 평화가 있을지어다"라고 말씀했다. 그리고 예수는 자기의 손들과 옆구리를 제자들에게 보여 주었다. 이에 제자들이 주님을 '보고'(ἰδόντες) 기뻐했다(요 20:19-20). 이 일 후에 제자들이 예수가 그들에게 왔을 때 함께 있지 않았던 도마에게 "우리가 주를 보았다"(ἑωράκαμεν τὸν κύριον)"고 말했다(ἔλεγον, 요 20:25). 그러나 도마는 예수 손의 못 자국을 '보며'(ἴδω), 손가락을 그 못 자국에 넣으며(βάλω), 손을 예수의 옆구리에 넣어 보지(βάλω) 않으면 절대로 믿지 않겠다고 말했다(요 20:25).

다른 제자들은 부활한 예수를 '보았다'(ἰδόντες, 요 20:20; ἑωράκαμεν, 요 20:25). 이들은 복수의 목격자들이다. 그들은 도마에게 부활한 주님을 보았다고 증언했다. "다른 제자들이 그에게 말했다(ἔλεγον). 우리가 주님을 보았다"(요 20:25a). ἔλεγον은 미완료 시제이다. 이는 제자들이 반복해서 도마에게 "우리가 주님을 보았다"고 증언한 것을 의미한다. 한 사람이 반복하여 증언했다기 보다 제자들이 각각 같은 증언을 했을 것이다. 이것은 그들이 강력하게 증언했다는 뜻이다. 하지만 도마도 '나는 절대로 믿지 않을 것이다'(οὐ μὴ πιστεύσω, 요 20:25c)라며[23] 강한 불신으로 반응했다. 증언이 강한 만큼 불신도 강하다. 물론 도마가 예수를 주님으로 믿는 것 자체를 부인한 것은 아니다. 그는 단지 예수의 부활을 불신한 것이다. 제자들은 자신들이 목격한 사실을 진실하게 증언했다. 그러나 도마는 이 증언을 믿지 않았다. 도마는 '본 자(들)'의

---

[23] οὐ μὴ πιστεύσω은 이중 부정이다. 이는 미래 사실에 대한 매우 강한 부정을 나타낸다.

진실한 증언을 믿지 않는 '보지 못한 자'이다. 참 증언도 얼마든지 불신앙의 결과를 낳을 수 있다.

5. 사마리아 여자의 증언(요 4:7-30, 39-42)

사마리아 여자 한 사람이 수가에 있는 야곱의 우물가에서 예수와 긴 대화를 나누었다(요 4:7-26). 이 대화는 "여자가 이르되 메시야 곧 그리스도라 하는 이가 오실 줄을 내가 아노니 그가 오시면 모든 것을 우리에게 알려 주시리이다 예수께서 이르시되 네게 말하는 내가 그라 하시니라"(요 4:25-26)에서 절정에 이른다. 예수는 사마리아 여자에게 자신이 메시야 즉 그리스도라는 사실을 밝혔다. 이것은 요한복음에서 예수가 직접 자신의 정체를 밝힌 첫 번째 일이다.

사마리아 여자는 동네로 들어가서 사람들에게 예수에 대하여 '말한다'(λέγει, 요 4:28, cf. διὰ τὸν λόγον, 요 4:39). 그녀가 말한 내용은 "내가 행한 모든 일을 내게 말한 사람을 와서 보라 이는 그리스도가 아니냐"(요 4:29)이다. 이 말은 39절에서 "내가 행한 모든 것을 그가 내게 말하였다"로 반복된다. 사마리아 여자는 "내가 행한 모든 것을" 말하는 예수, 자기가 그리스도라고 말하는 예수를 직접 보았고 그에게서 들었다. 그녀는 예수를 목격한 자요 체험한 자이다. 그래서 그녀가 한 말은 곧 그녀의 증언이 되었다. "여자의 말이 … 증언하므로"(요 4:39). 여자의 이 증언 때문에 그 동네에서 많은 사마리아인이 예수를 믿었다(요 4:39). 요약하면, 사마리아 여자가 예수를 보았고, 목격자인 그녀의 말, 즉 증언 때문에 많은 사마리아 사람이 예수를 믿었다.

6. 사람들(무리)의 증언

1) 사마리아 사람들(요 4:42)

사마리아 여자의 말로 많은 사마리아인이 예수를 믿었다. 나아가서 예수의 말로 더욱 많은 사마리아 사람이 예수를 믿었다. 그래서 사마리아 사람들이 그 여자에게 말했다(τῇ τε γυναικὶ ἔλεγον). "우리가 믿는 것은 더는 너의 말 때문이 아니다. 왜냐하면 우리 자신이 들었고 그리하여[24] 우리 자신이 그가 참으로 세상의 구주시라는 것을 알기 때문이다"(οὐκέτι διὰ τὴν σὴν λαλιὰν πιστεύομεν· αὐτοὶ γὰρ ἀκηκόαμεν καὶ οἴδαμεν ὅτι οὗτός ἐστιν ἀληθῶς ὁ σωτὴρ τοῦ κόσμου, 요 4:42).

"우리가 들었다"(ἀκηκόαμεν)는 것은 그들이 예수에게서 직접 말씀을 들었다는 사실을 의미한다. 그들은 예수와 멀리 떨어져서 어떤 사람이 전해주는 소식을 들은 것이 아니라, 예수와 함께 있으면서(요 4:40) 예수로부터 직접 말씀을 들었다. 그들은 예수를 보았고 그에게서 들었다. 그들은 예수를 목격하고 체험했다. 또한 그들은

---

[24] Fri., καί (4) to introduce a result from preceding circumstances *and then, and so* (MT 4.19).

예수가 참으로 세상의 구주이신 줄 안다고 "말했다"(ἔλεγον). 이것은 예수에 대한 그들의 증언이다. "우리가 안다"(οἴδαμεν)는 말 자체가 이미 일종의 증언이다. 여자의 말로, 즉 그녀의 증언 때문에(요 4:39) 많은 사마리아인이 믿었다. 그런데 이제는 반대로 사마리아인들이 예수에 관해 그 여자에게 말했다(요 4:42). 이는 사마리아인들이 그 여자에게 예수가 누구인지를 증언한 것이다. 하지만 본문은 이 증언을 들은 여자의 반응에 대해서는 침묵한다. 이 사실은 그녀가 이미 예수를 메시야로 믿고 있었다는 사실을 시사(示唆)한다.[25]

2) 무리 중의 어떤 사람들(요 7:40-44)

예수가 초막절 끝날 곧 큰 날에 서서 외쳐 말씀했다. "누구든지 목마르거든 내게로 와서 마시라 나를 믿는 자는 성경에 이름(εἶπεν)과 같이 그 배에서 생수의 강들(ποταμοί)이 흘러나오리라"(요 7:37-38). 이 말씀을 들은 사람들에게서 세 가지 반응이 나타났다. 첫째, 무리 중의 어떤 사람들(ἐκ τοῦ ὄχλου, 요 7:40a)은 예수를 "참으로 그 선지자"(ἀληθῶς ὁ προφήτης, 요 7:40b)라고 말했다(ἔλεγον). 둘째, '다른 사람들'(ἄλλοι)은 예수를 "그리스도"(ὁ Χριστός, 요 7.41b)라고 말했다(ἔλεγον). 셋째, '어떤 이들'(οἱ)은 "그리스도가 갈릴리에서 나오겠느냐?"(μὴ ἐκ τῆς Γαλιλαίας ὁ Χριστὸς ἔρχεται; 요 7:41c)고 말했다

---

[25] 이에 대한 자세한 설명은 본서의 '부록 1 사마리아 여자는 예수를 그리스도로 믿었는가?'를 보라.

(ἔλεγον). 이 말은 곧 갈릴리 출신인 예수는 절대로 그리스도일 수 없다는 뜻이다.[26]

이들은 모두 예수가 초막절 끝날에 서서 외쳐 말하는 것을 '들었다.' "이 말씀을 들은 자들"(ἀκούσαντες τῶν λόγων τούτων, 요 7:40a). 여기서 '들었다'는 '보았다'는 말과 다르지 않다. 왜냐하면 예수가 서서 외쳐 말씀할 때, 그들이 말씀하는 예수를 보았고 동시에 그의 말씀을 들었기 때문이다. 그들은 모두 예수를 보고, 그의 말씀을 들은 목격자들이다. 또한 이 사람들은 모두 말하였다 (ἔλεγον). 예수를 목격한 세 부류의 사람들은 긍정적이든 부정적이든 하나같이 예수가 누구인지에 대해 증언한 것이다. 그리하여 무리 안에 분열(σχίσμα)이 일어났다(요 7:43). 무리가 예수의 말을 듣고 증언한 결과에 관해서는 본문이 말하지 않는다. 하지만 본 자들이 믿는 자와 믿지 않는 자로 분열된 것처럼,[27] 이들의 증언을 들은 자들도 이와 같은 반응을 보였을 것으로 우리는 능히 짐작할 수 있다.

---

[26] μὴ ἐκ τῆς Γαλιλαίας ὁ Χριστὸς ἔρχεται; 는 "그리스도가 갈릴리에서 나오겠느냐?" 정도로 직역할 수 있다. 이 질문은 μή 때문에 이미 부정적 대답을 전제하고 있다. 따라서 문장의 형식은 의문문이지만 실제 의미는 "그리스도가 갈릴리에서 나올 수 없다"라는 뜻이다.

[27] S. S. Smalley, *John: Evangelist and Interpreter* (Downers Grove: Inter Varsity Press, 1998), 176: "they are regularly used in association with the idea of faith."

3) 아랫사람들(요 7:32, 45-49)

대제사장들과 바리새인들이 예수를 잡으려고 아랫사람(ὑπηρέτης)들을 보냈다(요 7:32). 그들은 예수가 말씀하는 것을 들었고(εἶπεν οὖν ὁ Ἰησοῦς, 요 7:33ff.), 돌아와서 제사장들과 바리새인들에게 증언했다. 여기서 "들었다"는 말에는 '보았다'는 사실이 전제되어 있다. 그들은 예수에 대한 목격자이며 체험자이다. 그들의 증언은 "그 사람이 말하는 것처럼 말한 사람은 이때까지 없었다."(οὐδέποτε ἐλάλησεν οὕτως ἄνθρωπος, 요 7:46)이다. 그러나 이 증언은 참된 믿음에서 나온 것이 아니다.[28] 이에 대한 바리새인들의 반응은 믿음이 아니라 미혹(요 7:47)과 불신(요 7:48)과 저주(요 7:49)였다.

4) 마리아에게 와서 예수가 행한 표적을 본 유대인 중의 많은 자들(요 11:45-46, 53)

마리아에게 와서 예수가 죽은 나사로를 살린 일을 본 유대인 중의 많은 사람이 예수를 믿었다(요 11:45). 그러나 이 일을 본 유대인 중에 어떤 자들은 바리새인들에게 가서 예수가 한 일을 말했다(요 11:46). 이들은 마리아에게 '온 자들'(ἐλθόντες)이며, 예수가 죽

---

[28] Carson, *The Gospel according to John*, 331: "The witness of the guards was not borne of genuine faith, but John intends his readers to perceive that the guards spoke better than they knew."; J. Ramsey Michaels, 『요한복음』 (*John*, Understanding the Bible Commentary Series), 전의우 옮김 (서울: 한국성서유니온선교회, 2016), 202: "경비병들은 당혹감을 안고 자신들을 보낸 종교 당국자들에게 전할 뿐이다."

은 나사로를 살리신 일을 '본 자들'(θεασάμενοι)이다(요 11:45).²⁹ 그들은 예수가 행한 표적을 본 목격자들이다. 그러나 그들은 표적을 보고도 바리새인들에게 가서 예수가 행한 일들을 알렸다(εἶπαν, 요 11:46). 저자 요한이 이 사람들을 45절의 '믿은 자'들과 '그러나'(δέ)로 대조하는 점에 근거할 때, 아마도 이들은 표적을 보고도 믿지 않은 자들이었을 것이다.³⁰ 그들이 바리새인들에게 알린 것은 목격자의 증언이다. 이 증언을 들은 바리새인들은 예수를 죽이려는 모의를 하였다(요 11:53). 불신 목격자의 증언에 대한 반응은 믿음이 아니라 살인으로 나타났다.

5) 나사로를 살렸을 때 예수와 함께 있던 무리(요 12:17-18)

예수가 나사로를 무덤에서 불러내어 죽은 자들 가운데서 살렸을 때, 예수와 함께 있던 무리가³¹ 다른 무리에게 증언했다(ἐμαρτύρει, 요 12:17). 예수가 나사로를 살릴 때 예수와 함께 있었던 무리는 이

---

²⁹ 요 11:45 Πολλοὶ οὖν ἐκ τῶν Ἰουδαίων οἱ ἐλθόντες πρὸς τὴν Μαριὰμ καὶ θεασάμενοι ἃ ἐποίησεν ἐπίστευσαν εἰς αὐτόν·

요 11:46 τινὲς δὲ ἐξ αὐτῶν ἀπῆλθον πρὸς τοὺς Φαρισαίους καὶ εἶπαν αὐτοῖς ἃ ἐποίησεν Ἰησοῦς.

46절의 ἐξ αὐτῶν은 45절의 ἐκ τῶν Ἰουδαίων을 가리킨다. 따라서 46절의 '어떤 사람들'(τινές)은 마리아에게 와서 예수가 나사로를 살리는 표적을 본 유대인 중의 어떤 사람들이다.

³⁰ 조석민, 『요한복음』(고양: 도서출판 이레서원, 2019), 319-320: "요한복음에서 '유대인들'의 정체는 명확하게 정의될 수 없지만 때때로 부정적인 모습, 즉 예수의 적대자로 묘사된다."; Michaels, 『요한복음』, 552: "해설자는 바리새인들에게 예수님의 행동을 '알린' 유대인들과 '믿은' 유대인들을 대조한다." Cf. Carson, *The Gospel according to John*, 419.

³¹ 이들 중에 많은 자가 예수를 믿었으나, 그렇지 않은 이들도 있었다(요 11:45-46, cf. 요 12:11).

표적을 직접 '본' 자들이다. 이들이 이 표적을 보지 못한 다른 무리에게 자신들이 본 표적을 증언했다. 이 증언 때문에(요 12:18) 표적을 보지 못한 무리가 예수를 맞으러 나갔다. 하지만 이 행동이 그들의 믿음을 확증해 주는 것은 아니다. 이 무리 중에 많은 사람이 얼마 지나지 않아 예수를 십자가에 못 박으라고 외치는 자들이 되었을 것이다. 특히 무리가 예수를 맞은 이유는 예수가 표적을 행한 것을 들은 데 있지만, 예수는 그의 표적을 보고 그의 이름을 믿은 자들을 신뢰하지 않았다(요 2:23-24). "요한복음 전체에 비추어 볼 때, 무리가 예수님의 왕권의 참된 성질이나 '표적'의 참된 의미를 파악하지 못한 것은 분명하다. 해설자가 12:37에서 설명하듯이, 심지어 이 기적들을 그들 앞에서 행한 후에도 사람들은 예수님을 믿지 않았다."[32]

7. 빌라도의 증언(요 18:38-19:16)

예수를 심문한 빌라도는 유대인들에게 나가서 "나는 그에게서 아무 죄도 찾지 못하였노라"(ἐγὼ οὐδεμίαν εὑρίσκω ἐν αὐτῷ αἰτίαν, 요 18:38L)고 말하였다. 그는 이와 같은 말을 두 번 더 반복했다(요 19:4, 6). 이것은 빌라도가 예수를 심문한 후, 예수의 무죄를 명백히 확인한 것이다. 그는 예수의 무죄를 발견했다(εὑρίσκω, 요

---

[32] Michaels, 『요한복음』, 584.

18:38b). 이것은 빌라도의 '예수 목격(체험)'이다. 빌라도는 이 목격의 결과를 유대인들 앞에서 '말했다.' "다시 유대인들에게 나가서 이르되(πάλιν ἐξῆλθεν πρὸς τοὺς Ἰουδαίους καὶ λέγει αὐτοῖς, 요 18:38a). "빌라도가 다시 밖에 나가 말하되"(ἐξῆλθεν πάλιν ἔξω ὁ Πιλᾶτος καὶ λέγει αὐτοῖς, 요 19:4). "빌라도가 이르되 … 나는 그에게서 죄를 찾지 못하였노라"(λέγει αὐτοῖς ὁ Πιλᾶτος, ... ἐγὼ γὰρ οὐχ εὑρίσκω ἐν αὐτῷ αἰτίαν, 요 19:6). 또한 빌라도는 유대인들에게 예수를 가리켜 "보라 너희 왕이로다"(ἴδε ὁ βασιλεὺς ὑμῶν, 요 19:14)라고 '말했다'(λέγει). 이들은 모두 빌라도가 유대인들에게 예수에 관하여 증언한 것이다. 그러나 이 증언에 대한 유대인들의 반응은 예수를 십자가에 못 박으라는 것이었다(요 19:6, 15). 불신자(빌라도)의 예수 목격(체험)이 증언으로 이어졌으나 그 결과는 불신과 살인이었다.

8. 막달라 마리아의 증언(요 20:11-18)

막달라 마리아는 부활한 예수가 서 있는 것을 보았으나(θεωρεῖ τὸν Ἰησοῦν) 그가 예수인 줄 알지 못했다(요 20:14). 예수가 그녀에게 어찌하여 울며 누구를 찾느냐고 말했다(λέγει, 요 20:15). 또한 예수는 그녀를 "마리아야"(Μαριάμ)라고 불렀으며(λέγει, 요 20:16), "나를 붙들지 말라"고 말했다(λέγει, 요 20:17). 이어 예수는 마리아에게 "내 형제들에게 가서 이르라"(πορεύου δὲ πρὸς τοὺς ἀδελφούς μου καὶ εἰπὲ αὐτοῖς, 요 20:17)고 명령했다.

따라서 본 사건(요 20:11-18)은 마리아가 부활한 예수를 본 사실을 분명히 한다(θεωρεῖ, 요 20:14). 또한 이 사건은 "예수가 그녀에게 말한다."(λέγει αὐτῇ Ἰησοῦς)라는 표현을 세 번이나 반복한다(요 20:15, 16, 17). 이것은 막달라 마리아가 예수의 말씀을 직접 들은 사실을 강조한다. 따라서 비록 마리아가 부활한 예수를 인지하는데 약간의 시간이 걸리기는 했지만(요 20:14, 15), 그녀는 부활한 예수를 직접 보았고 그의 말씀을 직접 들었다. 막달라 마리아는 부활한 예수를 목격한 자이다.

그 후에 막달라 마리아는 예수의 지시를 받아 "내가 주를 보았다"는 것과 주께서 그녀에게 이것들을 말씀하셨다는 것을 제자들에게 알리기 위해 간다(요 20:18). 여기서도 앞과 같이 막달라 마리아가 주님을 보았다(ἑώρακα τὸν κύριον)는 사실과 주님이 그녀에게 말씀하셨다(εἶπεν)는 사실이 언급된다. 막달라 마리아는 주님을 직접 보았고 주님으로부터 직접 말씀을 들었다. 그러므로 그녀는 예수에 관한 목격자로서 두 가지 사실을 알리기 위해(ἀγγέλλουσα) 제자들에게 간다(요 20:18). 막달라 마리아는 제자들에게 증언자로 가는 것이다.

III. 증언의 특징

앞에서 행한 각 증언 해석의 결과들을 종합하여 분석하면, 요한복음의 증언에는 다음과 같은 특징들이 있다.

1. 증언 공식(witness formula)

먼저, 요한복음의 증언은 일정한 과정(process)을 통해 이루어진다. 첫째, 증언하는 자가 어떤 인물이나 사건을 '본다.' 이것은 목격이며, 듣거나 만나는 것 등의 체험도 여기에 포함된다. 둘째, 목격자는 자신이 본 것을 어떤 사람(들)에게 말한다. 이것은 증언이다. 셋째, 이 증언을 들은 자(들)에게서 믿음이나 불신 등의 여러 반응이 나타난다. 이것은 증언의 결과이다. 물론 본문이 결과에 대해 침묵하는 때도 있다.

세례자 요한은 성령이 예수 위에 내려와 머무는 것을 '보았다.' 이것은 목격이요 체험이다. 그는 이 목격에 근거하여 예수에 관하여 말하였다(μαρτυρεῖ ... καὶ κέκραγεν λέγων, 요 1:15, 32, cf. 요 1:29, 30, 36). 이것은 증언이다. 그리고 그의 증언을 들은 사람들 중의 많은 사람이 예수를 '믿었다.' 이것은 증언의 결과이다. 예수는 나다나엘에게 그를 본 것을 말했다. 그 결과 나다나엘이 예수를 이스라엘의 왕으로 믿고 고백했다(요 1:47-50). 예수는 니고데모에게 자기가 아는 것을 말하고 본 것을 증언했다. 예수는 자신이 목격한 것을 말로 증언했다. 하지만 사람들은 그의 증언을 받지 않았다(요 3:11). 안드레는 예수를 보았고, 시몬을 찾아가 메시야를 만났다고 말했다(요 1:35-41). 빌립도 예수를 보았고, 나다나엘에게 그에 대해 말했다(요 1:45). 그 결과, 베드로와 나다나엘 모두 예수를 믿고 그의 제자가 되었다. 사마리아 여자는 예수를 보았고 그의 말을 들었다. 그리고 자기가 경험한 예수에 관해 사마리아 사람들에게 말했다. 그리하여 많은 사마리아인이 예수를 믿었다(요 4:39). 이와 같은 증언의 과정을 도해(圖解)하면 아래와 같다.

보는 것(체험) → 말하는 것(증언) → 믿음, 불신 등(반응/결과)
(ὁρᾶν)[33]   (λέγειν)[34]   (πίστις, ἀπιστία ...)

따라서 요한복음의 증언은 일반적으로 '보는 것', '말하는 것', '반응/결과'라는 증언 과정(witness process)으로 진행하며, 이는 요한복음의 증언 공식(witness formula)이다. 예수는 이 증언 공식을 다음과 같은 한 문장으로 말씀했다. "내가 너를 무화과나무 아래에서 <u>보았다 말하므로 믿느냐</u>"(ὅτι εἶπόν σοι ὅτι εἶδόν σε ὑποκάτω τῆς συκῆς, πιστεύεις; 요 1:50a). 또한 요한복음의 저자도 "이를 <u>본 자가 증언</u>하였으니 … 그가 자기의 <u>말하는 것</u>이 … 너희로 <u>믿게 하려</u> 함이니라"(ὁ ἑωρακὼς μεμαρτύρηκεν, … καὶ ἐκεῖνος οἶδεν ὅτι ἀληθῆ λέγει, ἵνα καὶ

---

[33] 이 외에 θεωρεῖν, θεᾶσθαι, βλέπειν, ἐμβλέπειν, ἀναβλέπειν
[34] 이 외에 μαρτυρεῖν, ἀγγέλλειν

ὑμεῖς πιστεύ[σ]ητε, 요 19:35)고 말함으로써 이 증언 공식을 압축적으로 나타내었다.

2. 증언의 내용과 방법

요한복음의 증언 내용은 예수 그리스도에 관한 것이다.[35] 증언의 방법은 표적과 일들(τὰ ἔργα, 요 5:36, 10:25)과 말과 기록(요 20:31; 21:24, cf. 요 1:45; 6:46)이다. 표적과 일은 사건으로 증언하는 방법이며, 주로 예수의 정체(identity)와 그가 이루시는 구속 사역을 증언한다.[36] 요한복음의 대표적인 증언 방법은 '말하는 것'(λέγειν)이다. '증언하다'(μαρτυρεῖν)[37]와 '알리다'(ἀγγέλλειν, 요 20:18)가 이와 동의어로 사용된다. 저자는 예수에 관한 세례자 요한의 증언을 "그에 대하여 증언하여 외쳐 이르되"(μαρτυρεῖ ... καὶ κέκραγεν λέγων, 요 1:15, cf. 요 1:29, 30, 36), "요한이 또 증언하여 이르되"(καὶ ἐμαρτύρησεν Ἰωάννης λέγων, 요 1:32)라고 설명한다. 이처럼 세례자 요한은 말로 증언했다. 안드레도 시몬에게 메시야를 만났다고 말한다(λέγει

---

[35] Carson, *The Gospel according to John*, 530: "This witness must always be about Jesus."

[36] Carson, *The Gospel according to John*, 261-262: "These 'works' include all of Jesus' ministry, including the 'signs' (cf. notes on 2:11) which point to the climactic work, the work of redemption achieved in the cross and exaltation of the Lamb of God. ... The witness the Father bears to Jesus in Jesus' works is of course indirect."

[37] 요 3:11 ὃ οἴδαμεν λαλοῦμεν καὶ ὃ ἑωράκαμεν μαρτυροῦμεν;

αὐτῷ, 요 1:41). 빌립도 나다나엘에게 예수에 대하여 '말'로 증언했다(요 1:45). 제자들도 도마에게 주를 보았다고 말했다(ἔλεγον, 요 20:25). 사마리아 여자도 사마리아인들에게 예수에 대해 말했다(요 4:28). 예수는 나다나엘에게도(요 1:48) 니고데모에게도(요 3:1-15) 말로 증언했다. 위로부터 오시는 이의 증언은 말하는 것으로 실현된다(요 3:34). 성령도 들은 것을 말함으로써 증언한다(ὅσα ἀκούσει λαλήσει, 요 16:13). 이 외에도 요한복음의 증언은 대체로 말로 시행된다(요 1:50; 4:39, 41, 42; 6:14; 12:41; 17:20; 19:4; 19:35 등).

나아가서 이후에 다시 말하겠지만, 증언의 최종 방법은 기록하는 것(γράφειν)이다. "이 일들을 증언하고 이 일들을 기록한 제자가 이 사람이라 우리는 그의 증언이 참된 줄 아노라"(οὗτός ἐστιν ὁ μαθητὴς ὁ μαρτυρῶν περὶ τούτων καὶ ὁ γράψας ταῦτα, καὶ οἴδαμεν ὅτι ἀληθὴς αὐτοῦ ἡ μαρτυρία ἐστίν, 요 21:24). '이 사람'은 이것들(τούτων)에 관한 증언자이자 동시에 이것들을(ταῦτα) 기록한 자이다.[38] 목격자의 증언은 마침내 기록되어야 한다. 본 자의 증언만이 참된 증언이지만, 그의 생명은 유한하다. 그러므로 그의 증언이 오고 오는 모든 세대에게 계속되려면 반드시 기록되어야 했다(요 1:45; 5:46; 6:45; 12:16). 말로 하는 유한한 증언은 기록됨으로써 변하지 않는 영원한 증언이 된다.

---

[38] 조병수, "ΜΑΡΤΥΡΙΑ와 ΓΡΑΦΗ로서의 요한복음", 74: "이 구절은 기록자를 예수 사건의 목격자적 증인으로 소개하여 익명성에서 벗어나게 함으로써 요한복음이 사도적 선포로서 정경화 되는 데 이바지한다."; 같은 책, 75: "사랑받은 제자는 증언자일 뿐 아니라 기록자이다."

3. 보는 것(목격)과 말하는 것(증언)의 관계

그러면 증언 과정에 있는 목격인 보는 것(ὁρᾶν)과 증언인 말하는 것(λέγειν)은 어떤 관계인가? 세례자 요한이 예수를 하나님의 어린 양으로 증언할 수 있었던 근거는 하나님이 그에게 지시하신 것과 같이 성령이 예수 위에 내려와 머무는 것을 그가 '보았기' 때문이다. 그는 '보았다'라는 말을 반복함으로써 이 사실을 매우 강조한다.

> Τεθέαμαι τὸ πνεῦμα καταβαῖνον … καὶ ἔμεινεν ἐπ' αὐτόν(요 1:32b).
> Ἐφ' ὃν ἂν ἴδῃς τὸ πνεῦμα καταβαῖνον καὶ μένον ἐπ' αὐτόν(요 1:33c)
> κἀγὼ ἑώρακα καὶ μεμαρτύρηκα(요 1:34a)

세례자 요한은 하나님의 계시가 예수에게 이루어지는 것을 '보았다.' 이 목격 사실에 근거하여 그는 예수를 메시아로 증언했다(ἐμαρτύρησεν, 요 1:32, 34, cf. 요 1:29, 36). 특히 그는 '내가'(κἀγώ, 요 1:31a, 34a)를 반복함으로써 자신의 증언이 자신의 직접 목격에 의한 것임을 강조한다.[39] 또한 예수도 본 것을 증언한다."(ὃ ἑωράκαμεν μαρτυροῦμεν, 요 3:11a). 위로부터 오시는 이는 본 것과 들은 것을 증언한다(ὃ ἑώρακεν καὶ ἤκουσεν … μαρτυρεῖ, 요 3:32a). 그는 아버지에게서 본 것을 말한다(ἃ ἐγὼ ἑώρακα παρὰ τῷ πατρὶ λαλῶ, 요 8:38a). 나아

---

[39] Francis J. Moloney, *The Gospel of John*, SPS Vol. 4 (Minnesota: A Michael Glazier Book, 1998), 53: "On the basis of what he has seen the Baptist bears witness (v. 34)."

가서 사람들도 예수가 행한 표적을 보고 예수의 정체에 대해 말했다(ἰδόντες ··· ἔλεγον, 요 6:14). 마리아에게 와서 예수가 한 일을 본 많은 유대인 중에 어떤 자들이 바리새인들에게 예수께서 한 일을 알렸다(θεασάμενοι ··· εἶπαν, 요 11:45-46). 막달라 마리아는 예수를 보았고(θεωρεῖ, 요 20:14) 이 사실을 제자들에게 알렸다(요 20:18). 마지막으로 제자들도 "우리가 주를 보았노라"고 말하였다(ἔλεγον ··· ἑωράκαμεν τὸν κύριον, 요 20:25).

그런데 요한복음의 증언에는 '보았다'[40]는 사실을 전제하거나 내포하는 표현들도 자주 등장한다. 첫째는 '들었다'(ἀκούειν)이다. 예수는 보고 '들은 것'(ὃ ἑώρακεν καὶ ἤκουσεν)을 증언한다고 했다(요 3:32a). 그러므로 본 것과 들은 것은 하나의 사건이다. 예수는 아버지에게서 본 것을 말하고(요 8:38a) 하나님께 들은 진리를 말한다(요 8:40a). 사마리아 여자는 "내가 행한 모든 것을 그가 내게 말하였다"(요 4:29, 39)고 했다. 이 말은 그녀가 예수를 직접 보았다는 뜻이기도 하다. 사마리아 사람들도 예수가 말하는 것을 들었다(요 4:42). 세 무리의 사람들이 초막절에 예수가 하는 말씀을 들었다(요 7:40-44). 대제사장들과 바리새인들이 예수를 잡으려고 보낸 아랫사람들도 예수의 말을 들었다(요 7:46). '다른 보혜사'이신 성령은 스스로 말하지 않고 오직 '들은 것'을 말한다(요 16:13). 예수를 심문하고 그의 무죄를 세 번씩이나 선언한(요 18:38; 19:4, 6) 빌라도도 예수에게서 들었다(요 18:33-38; 19:11). 막달라 마리아는

---

[40] 요한복음에서 '보다'를 위해 사용된 그리스어는 ὁρᾶν, θεωρεῖν, θεᾶσθαι, βλέπειν, ἐμβλέπειν, ἀναβλέπειν이다.

부활한 예수를 보았고(요 20:14, 18) 그의 말씀을 들었다(요 20:15, 16, 17). 이렇게 예수에게서 '들은' 모든 것은 곧 예수를 '본 것'을 의미한다. 어떤 사람에게서 직접 들었다는 것은 말하는 자를 직접 보았다는 사실을 전제하기 때문이다. 예수에게서 '들음'은 곧 그를 '본 것'이요 목격한 것이다.

'보았다'는 사실을 전제하는 두 번째 표현은 '만나다'(εὑρίσκειν) 이다. 안드레는 그의 형제 시몬을 찾아가 "우리가 메시야를 만났다"(εὑρήκαμεν τὸν Μεσσίαν, 요 1:41)고 말했다. 이것은 그가 예수를 '본' 사실을 말하는 것이다. 빌립은 나다나엘을 찾아 "모세가 율법에 기록하였고 여러 선지자가 기록한 그이를 우리가 만났으니(εὑρήκαμεν) 요셉의 아들 나사렛 예수니라"(요 1:45)라고 말했다. 여기서도 '만났다'는 말은 곧 예수를 직접 '본' 사실을 의미한다.

이처럼 말하는 것은 본 것에 근거한다. 본 것이 말하는 것으로 이어진다. 목격이 증언을 위한 전제이다. 참된 증언을 위한 절대적인 조건은 '보는 것'(ὁρᾶν) 즉, 직접 목격이다. 이와 함께 보는 것과 같은 의미를 가진 들은 것, 만난 것도 여기에 해당하며,[41] 이 둘은 보는 것에 통합된다. 그리고 이 모든 것은 체험(personal experiences)이라는 말로 대변할 수 있다.

결국 직접 목격인 보는 것은 말하는 것, 즉 증언의 필수 조건이다. 다시 말해 '보는 것'으로 대표되는 체험이 '말하는 것'(증언)의 필수 불가결한 전제이며 불변의 기반이다. 그래서 예수는 우리는

---

[41] Cf. 행 4:20; 22:14-15.

아는 것을 말하고 "본 것을 증언하노라"(ὃ ἑωράκαμεν μαρτυροῦμεν, 요 3:11a)고 말씀했다(cf. 요일 1:1-3; 계 1:2).[42] 진실한 증언은 본 것, 즉 체험에 근거한다. 본 자의 말은 진실한 말이요 참된 증언이다. 또한 예수는 제자들에게 "너희도 처음부터 나와 함께 있었으므로 증언하라"(καὶ ὑμεῖς δὲ μαρτυρεῖτε, ὅτι ἀπ᾽ ἀρχῆς μετ᾽ ἐμοῦ ἐστε, 요 15:27)고 말씀했다. 제자들이 보혜사 성령과 마찬가지로(καί) 예수를 증언해야 하는 이유는 그들이 처음부터 예수와 함께 있기(ἐστε) 때문이다. 제자들은 처음부터 예수를 보았고, 만났고, 들었다. 그들은 예수를 직접 목격한 자이요 체험한 자이다. 따라서 그들은 예수의 증인이며, 예수를 증언해야 마땅한 자이다.[43]

저자 요한은 이와 같은 보는 것과 말하는 것의 관계를 다음과 같이 한 문장으로 정리했다. "이를 본 자가 증언하였으니 그 증언이 참이라"(ὁ ἑωρακὼς μεμαρτύρηκεν, καὶ ἀληθινὴ αὐτοῦ ἐστιν ἡ μαρτυρία, 요 19:35a). 이런 까닭에 요한복음에는 목격자적 진술이 자주 등장한다.[44] 궁극적으로, 말하는 것은 보는 것에 근거한다. 증언은 반드

---

[42] 안다고 말할 수 있는 것은 보았기 때문이다. 아는 것은 본 것에 기초한다. 보는 것이 아는 것이 된다. 본 것은 곧 아는 것이다(요 1:31-34; 3:11; 4:42; 8:14). 예수는 자신의 말이 참된 증언인 이유에 대해 이렇게 말씀하였다. "내가 나를 위하여 증언하여도 내 증언이 참되니 나는 내가 어디서 오며 어디로 가는 것을 알거니와"(κἂν ἐγὼ μαρτυρῶ περὶ ἐμαυτοῦ, ἀληθής ἐστιν ἡ μαρτυρία μου, ὅτι οἶδα πόθεν ἦλθον καὶ ποῦ ὑπάγω, 요 8:14). 예수의 증언이 참인 이유는 그것이 예수의 '앎'에 근거하고 있기 때문이다.

[43] 행 4:20 "우리는 보고 들은 것을 말하지 아니할 수 없다"(οὐ δυνάμεθα γὰρ ἡμεῖς ἃ εἴδαμεν καὶ ἠκούσαμεν μὴ λαλεῖν)

[44] 조병수, "요한복음의 배경, 구조, 내용, 그리고 신학," 『프로 에클레시아』 7 (2005): 10-33, esp. 15-16. 조병수는 사랑받은 제자가 당시의 관습, 역사, 지리, 숫자 기록, 인물 제시 등에서 목격자로서의 면모를 충실하게 보여준다고 말한다.

시 목격에 기초해야 한다. 목격은 거짓 없는 증언을 위한 필수 조건이다. 본 자의 말이 진실한 증언이며, 본 자만이 참된 증인이다.[45]

4. 보는 것과 말하는 것의 결과

1) 보는 것의 결과

앞에서 밝힌 대로 보는 것, 즉 목격(체험)은 진실한 증언을 위한 필수 조건이다. 보는 것은 증언의 근거이며 기반이다. 그러면 보는 것과 믿는 것은 어떤 관계인가? 즉 보는 것의 결과는 어떠한가? 어느 날 사람들이 예수에게 물었다. "그러면 우리가 보고 당신을 믿도록 행하시는 표적이 무엇이니이까, 하시는 일이 무엇이니이까"(요 6:30). 사람들(요 6:22, 24) 속에는 일반적으로 작동하고 있는 전제가 있다. 그것은 바로 '보면 믿는다.'이다. 이 사실은 "우리가 보고 당신을 믿기 위하여"(ἵνα ἴδωμεν καὶ πιστεύσωμέν σοι, 요 6:30)라는 말이 잘 증명한다. 사람들은 믿음의 조건으로 '보는 것'을 요구한다. 그들은 믿기 위해서는 보아야 한다고 주장한다. 그들은 보지 못했기 때문에 믿지 못하는 것이라고 우긴다. 그들은 불신

---

[45] 행 22:15 "네가 그를 위하여 모든 사람 앞에서 네가 보고 들은 것에 증인이 되리라."(ὅτι ἔσῃ μάρτυς αὐτῷ πρὸς πάντας ἀνθρώπους ὧν ἑώρακας καὶ ἤκουσας). Cornelis Bennema, "The Character of John in the Fourth Gospel," *JETS* 52 (2009): 272: "The Fourth Gospel gives special attention to *eye*witnesses." Cf. Dorothy Lee, "The Gospel of John and the Five Sense," *JBL* 129 (2010): 115-127, esp. 117-120.

의 원인이 자신 안에 있는 것이 아니라 외부의 상황에 있다고 고집한다. 그러면 무리가 믿음의 조건으로 제시한 '보는 것'은 구체적으로 무엇인가? 그것은 바로 표적(σημεῖον)이다. 무리는 믿음의 기반을 기적적인 사건에 두었다. 그들은 그러한 것을 보면, 믿게 된다고 생각했다. 이러한 사람들에게 예수는 다음과 같이 말씀했다. "너희는 표적과 기사를 보지 못하면, 너희는 절대로 믿지 않을 것이라"(요 4:48).

하지만 표적을 보고서 믿는 것에 대한 성경의 평가는 매우 부정적이다. 사람들은 유월절에 예수께서 예루살렘에서 행하시는 표적들(pl.)을 보고 그의 이름을 믿었다(요 2:23). 그러나 예수 자신은 그들에게 자신을 의탁하지 않았다(요 2:24). 왜냐하면 예수 자신이 사람 속에 무엇이 있는지를 알았기 때문이다. "애석하게도 그들의 믿음은 가짜였고, 예수는 그것을 알았다."[46] 표적 자체에 문제가 있는 것이 아니라 표적을 봐야만 믿는 '인간 자신'에게 문제가 있다. 이 사실은 예수가 사람을 신뢰하지 않은 이유인 "그(예수) 자신이 모든 사람을 안다"(요 2:24)와 "그 자신이 사람 속에 무엇이 있는지를 알고 있었다."(요 2:25)는 말씀에서 더욱 강화된다. 예수는 표적을 보고 그의 이름을 믿은 사람들을 신뢰하지 않았다. 인간은 신뢰의 대상이 아니다. 인간 '속'에는 예수가 사람들에게 의탁할 수 없는 그 '무엇'(τί)이 있다(요 2:25b). 인간 불신의 문제는 외부에 있는 것이 아니라 '인간 속에'(ἐν τῷ ἀνθρώπῳ) 있다

---

[46] Carson, *The Gospel according to John*, 184: "Sadly, their faith was spurious, and Jesus knew it."

(요 2:25b).

또한 마리아에게 와서 예수께서 하신 일을 본 많은 유대인이 그를 믿었다(요 11:45). 그러나 그들 중에 어떤 사람들은 바리새인들에게 가서 예수께서 하신 일을 알렸다(요 11:46). 나아가서 예수는 오병이어의 표적을 본 사람들에게 이렇게 말씀했다. "너희는 나를 보고도 믿지 아니하는도다"(요 6:36). 마침내 저자 요한은 이렇게 결론을 내린다. "이렇게 많은 표적을 그들 앞에서 행하셨으나 그를 믿지 아니하니"(요 12:37). 그러므로 보는 것은 믿음을 위한 절대적인 근거가 될 수 없다.[47]

그렇다고 해서 이 사실이 보고 믿는 것 전체를 부정하는 것은 아니다.[48] 예수께서 첫 표적을 갈릴리 가나에서 행하여 그의 영광을 나타내시매 그의 제자들이 그를 믿었다(요 2:11). 또한 예수는 아버지의 뜻은 아들을 보고 믿는 자마다 영생을 얻는 것이라고 말씀했다(요 6:40). 이것은 분명 예수를 보고 믿는 것에 대한 긍정적 평가이다(cf. 요 1:29, 36, 39, 46; 4:29).[49] 마리아에게 와서 예수께서 하신 일을 본 많은 유대인이 예수를 믿었다(요 11:45). 무덤에

---

[47] Carson, *The Gospel according to John*, 184: "To exercise faith on the grounds of having witnessed miraculous signs is precarious." 나의 번역: "기적적인 표적들을 목격한 것에 근거하여 믿음을 행사하는 것은 믿을 수 없다."

[48] Koester, "Hearing, Seeing, and Believing in the Gospel of John," 328: "the gospel refers to signs in both positive and negative ways."; Edward W. Klink III, *John* (Exegetical Commentary on the New Testament) (Grand Rapids: Zondervan, 2016), 879: "It is common for interpreters to suggest that all sight is inappropriate and unrelated to faith, but this is to misunderstand the Gospel." 나의 번역: "해석자들은 일반적으로 모든 보는 것은 부적절하며 믿음과 관련되지 않는다고 주장하지만, 이것은 요한복음을 오해하는 것이다."

[49] 물론 이것은 표적을 보고 믿는 것과는 다르다.

먼저 갔던 그 다른 제자도 들어가 보고 믿었다(요 20:8). 예수는 도마에게 "너는 나를 본 고로 믿느냐"(요 20:29)고 말씀하셨다. 이 말은 도마에 대한 책망이라기보다 도마가 진정으로 믿음에 이르게 되었다는 뜻으로 보는 것이 좋다(cf. 요 50; 20:8).[50]

이처럼 보는 것이 믿음으로 연결되기도 한다. 하지만 그렇지 못한 경우가 많다. 따라서 보는 것은 믿음의 확고한 근거가 아니며, 보는 것이 믿는 것을 보증하지도 못한다.[51] 오히려 보지 못하고도 믿는 자들이 복되다(요 20:29c). "이런 이유로(οὖν) 예수께서 제자들 앞에서 많은 다른 표적들도 행하였으나, 그것들은 이 책에 기록되지 않았다"(요 20:29-30). 따라서 "요한신학에서 보는 것(ὁρᾶν, βλέπειν, θεωρεῖν)은 믿음의 본질을 구성하는 요소이다."라고 말한 Ferdinand Hahn의 주장은 크게 잘못되었다.[52]

2) 말하는 것(증언)의 결과

예수 그리스도를 본 자로부터 증언을 들은 사람들의 반응은 다양하다. 다시 말해 목격자의 증언의 결과는 여러 가지이다. 첫 번째

---

[50] Carson, *The Gospel according to John*, 659: "here Thomas has truly come to faith. It is better to understand the first part of Jesus' response as a statement (and to that extent a confirmation of Thomas's faith)." Cf. Kelli S. O'Brien, "Written That You may Believe: John 20 and Narrative Rhetoric," *CBQ* 67 (2005): 294-295.

[51] Koester, "Hearing, Seeing, and Believing in the Gospel of John," 346.

[52] Ferdinand Hahn, 『신약성서신학 I』 (*Theologie des Neuen Testaments* I), 강면광 외 역 (서울: 대한기독교서회, 2007), 750.

결과는 믿음이다. 세례자 요한의 말로 인해 많은 사람이 예수를 믿었다(요 10:41-42). 나다나엘은 예수의 증언을 듣고 예수를 하나님의 아들과 이스라엘의 임금으로 믿었다(요 1:49-50). 예수가 아버지에게서 본 것과 들은 진리를 말했을 때 많은 사람이 그를 믿었다(요 8:30). 사마리아 여자의 말로 인해 많은 사마리아인이 예수를 믿었다(요 4:39).

두 번째 결과는 불신이다. 예수는 아는 것을 말하고 본 것을 증언하였으나 사람들은 그 증언을 받지 않았다(요 3:11). '받지 않다'(οὐ λαμβάνειν)라는 말은 불신에 관한 다른 표현이다(요 1:12). 또한 예수가 하나님으로부터 보고 들은 것을 말할 때도 그의 증언을 받는 사람이 없었다(οὐδεὶς λαμβάνει, 요 3:32). 예수가 진리를 말하여도 사람들은 그를 믿지 않았다(요 8:45, 46). 도마는 다른 제자들로부터 예수 부활의 증언을 들었을 때 불신했다(요 20:25). 예수를 잡기 위해 갔던 아랫사람들(ὑπηρέται)의 증언을 들은 대제사장과 바리새인들이 보인 반응은 미혹(요 7:47)과 불신(요 7:48)과 저주(요 7:49)였다.

세 번째 결과는 살인이다. 예수가 아버지에게서 본 것과 들은 진리를 말씀했다(요 8:38, 40). 이 말씀을 들은 사람 중에서 어떤 이들은 예수를 믿지 않고 배척했을(요 8:45) 뿐 아니라 진리를 증언한 예수를 죽이려고 했다(요 8:37, 40).[53] 또한 예수가 죽은 나사로를 살린 일을 본 유대인 중에 어떤 이들은 바리새인들에게 가서

---

[53] Cf. 불신자(빌라도)의 예수 목격 → 증언 → 불신과 살인(요 18:38-19:16).

예수가 행한 일을 증언했다(요 11:46). 그 결과 바리새인들은 예수를 죽이려는 모의를 했다(요 11:53).

네 번째 결과는 분열(σχίσμα)이다. 초막절에 예수의 말씀을 들은 사람들은 세 부류로 분열하여 각각 다른 증언을 하였다(요 7:40-44).

다섯 번째 결과는 본문의 침묵이다. 이것은 증언을 들은 사람이 어떤 반응을 보였는지에 대해 본문이 아무 말도 하지 않는 경우이다. 사마리아인들이 사마리아 여자에게 예수가 참으로 세상의 구주이신 줄 알았다고 증언했으나 이에 대한 여자의 반응은 언급되지 않는다(요 4:41-42). 막달라 마리아가 부활한 예수를 만난 뒤, 그의 지시를 받고 제자들에게 가서 증언했다(요 20:18). 그러나 그 결과에 대해서도 본문은 아무 말도 하지 않는다.

이처럼 본 자가 증언했을 때, 그 증언을 들은 자의 반응은 여러 가지이다. 목격에 근거한 참 증언이라고 해서 다 믿음의 결과를 낳는 것은 아니다.

이상에서 예수를 직접 본 자와 본 자의 증언을 들은 이들은 믿음과 불신, 살인과 분열 등 여러 반응을 보였다. 따라서 본 자의 반응과 본 자의 증언을 들은 이의 반응은 획일적이거나 기계적이지 않다.

IV. 도마의 두 가지 역할(요 20:24-29)

부활한 예수가 다시 제자들에게 왔다. 이후에 도마는 예수를 보고 "나의 주 나의 하나님이시니이다"(28)라는 신앙고백을 했다.[54] 이에 대해 예수는 "너는 나를 본 고로 믿느냐 보지 못하고 믿는 자들은 복되도다"라고 말씀했다. 도마는 이 과정에서 (비록 그가 의도한 것은 아니지만) 증언과 관련한 매우 중요한 두 가지 역할을 담당하게 되었다.

1. 본 자의 증언을 믿지 않는 자

먼저, 도마는 본 자의 증언을 듣고 믿어야 하는 사람이었다.[55] 그러나 그는 본 자의 증언을 믿지 않는 이들의 표본이 되었다. 부활한 예수는 유대인들을 두려워하여 문들을 잠그고 모여 있는 제자들에게 와서 자신의 손과 옆구리를 보여주었다(ἔδειξεν). 그러자 제자들은 주를 보고서(ἰδόντες) 기뻐했다(요 20:19-20). 이 일 후에 제자

---

[54] "나의 주 나의 하나님"(ὁ κύριός μου καὶ ὁ θεός μου, 요 20:28)은 도마의 신앙고백이기도 하다. 이 말에서 주격은 동시에 호격이다. 호격인 경우, 도마가 예수님께 말하는 것이 아니라 참된 고백의 방식으로 예수님에 대해 "당신은 나의 주님이시오 나의 하나님이십니다."라고 말하기 때문이다(Klink III, *John*, 878).

[55] O'Brien, "Written That You may Believe," 296: "Thomas represents those who come later, those in the readers' position, who must believe only on the basis of others' testimony." 나의 번역: "도마는 나중에 오는 사람들, 다른 사람들의 증언에 기초해서만 믿어야 하는 독자들의 입장에 있는 사람들을 대표한다."

들은 이 자리에 없었던 도마에게 "우리가 주를 보았노라"(ἑωράκαμεν τὸν κύριον)고 말했다(ἔλεγον, 요 20:25a). 따라서 제자들은 부활한 예수를 본 사실과 그것에 근거하여 도마에게 증언했다. 하지만 도마는 부활한 예수의 목격자인 제자들의 증언을 믿지 않았다. 도리어 그는 "내가 그의 손의 못 자국을 보며 내 손가락을 그 못 자국에 넣으며 내 손을 그 옆구리에 넣어 보지 않고는 믿지 아니하겠노라"(ἐὰν μὴ ἴδω … καὶ βάλω … καὶ βάλω …, οὐ μὴ πιστεύσω, 요 20:25b)고 말했다. 도마는 자신이 직접 보지 못하고 만지지 못하면, 절대로 믿지 않겠다(οὐ μὴ πιστεύσω)는 강한 불신을 나타냈다. 그는 본 자(들)의 진실한 증언을 불신하는(받지 않는) '보지 못한 자'이다. 그는 자신이 보지 못하면 본 자들의 증언까지도 믿지 않는 사람이다. 그러므로 도마는 예수를 직접 목격할 수 없는 세대의 사람 중에 보지 않고는 믿지 못하겠다고 주장하는 이들의 선례가 된다.[56]

2. 보고, 증언한 자

이와 동시에 도마는 보고 증언한 자의 모범이기도 하다. 부활 후

---

[56] Klink III, *John*, 880: "Thomas's absence allowed him to function as an example of a future believer, who had to rely on the testimony of the disciples - one of whom wrote this Gospel! - as eyewitnesses to the person and work of Jesus Christ." 나의 번역: "도마는 그 자리에 없었기 때문에 미래 신자의 본보기 역할을 하게 되었다. 그들은 예수 그리스도의 인격과 사역을 직접 목격한 제자들(그중 한 명이 이 복음서를 썼다.)의 증언에 의지해야 했다."

제자들에게 온 예수는 8일 후에 다시 제자들에게 왔다(요 20:26). 이렇게 함으로써 예수는 자신의 부활에 대한 제자들의 증언이 진실하고도 권위 있는 것임을 도마에게 확증했다.[57] 예수는 도마에게 "네 손가락을 이리 내밀어 내 손을 보고 네 손을 내밀어 내 옆구리에 넣어라 그리하여 믿음 없는 자가 되지 말고 믿는 자가 되라"(Φέρε … καὶ ἴδε … καὶ φέρε … καὶ βάλε … , καὶ μὴ γίνου ἄπιστος ἀλλὰ πιστός, 요 20:27)고 말씀했다. 이 말씀은 20:25b의 도마의 말과 병행을 이룬다.[58] 예수가 이렇게 말씀한 것은 도마의 불신을 믿음으로 바꾸기 위해서이다. 이에 도마는 "나의 주님이시오 나의 하나님이시니이다"라고 말했다(εἶπεν, 요 20:28). 이 진술은 도마의 신앙고백이지만 동시에 그의 증언이기도 하다. 그는 부활한 예수를 보았고, 그 사실에 근거하여 예수가 바로 주님이시고 하나님이시라고 말했기 때문이다.

도마의 고백을 들은 예수는 그에게 "너는 나를 본 고로 믿는다.[59] 보지 못하고 믿는 자들은 복되도다."(요 20:29)라고 말씀했다. 이 말씀은 예수를 본 도마와 예수를 볼 수 없는 미래의 신자

---

[57] Klink III, *John*, 880.

[58] 요 20:25b Ἐὰν μὴ ἴδω … καὶ βάλω … καὶ βάλω … , οὐ μὴ πιστεύσω

요 20:27b Φέρε … καὶ ἴδε … καὶ φέρε … καὶ βάλε … , καὶ μὴ γίνου ἄπιστος ἀλλὰ πιστός

[59] Klink III, *John*, 879: "Jesus makes two statements. The first is concluded with a question mark by NA[28], but because early manuscripts rarely have punctuation, the context suggests this sentence makes more sense as a statement." John MacArthur, 『예수의 신성』(*The Deity of Christ*), 김태곤 옮김 (서울: 아가페북스, 2018), 14: "예수님은 그 고백을 교정하지 않으셨다. 사실 예수님은 도마의 믿음을 칭찬하셨다."

를 비교한다.[60] 도마는 예수를 본 자들의 증언을 듣고 믿은 것이 아니라, 예수를 직접 보고 믿었다. 이에 비해 "보지 못했지만 그럼에도 믿는 자들"(μὴ ἰδόντες καὶ πιστεύσαντες, 요 20:29)이 복이 있다. 문맥에 의하면, 이 사람들은 부활한 예수를 직접 보지 못했지만 그를 본 제자들의 증언(요 20:25)과 도마의 증언(요 20:28)을 듣고 믿는 자들이다.[61] 이렇게 믿는 자가 복 있는 자이다.[62]

---

[60] Klink III, *John*, 879.

[61] Demetrios Metr. Trakatellis, "Seeing and Believing: The Thomas Incident (John 20:24-29)," in Agape and diakonia: essays in memory of Bishop Gerasimos of Abydos (Brookline, MA: Holy Cross Orthodox Press, 1998), 37-52, esp. 45: "Believing after seeing the risen Christ, however, was a way limited only to the apostolic generation. John was fully aware of this fact, thus subtly and powerfully projected another way, namely the way of believing without previously seeing, and more specifically of believing on the basis of the testimony of the apostolic eyewitnesses." 나의 번역: "그러나 부활한 그리스도를 보고 믿는 것은 사도세대에게만 한정된 방식이었다. 요한은 이 사실을 충분히 알고 있었다. 그래서 그는 명민하고 강력하게 다른 방식, 즉 미리 보지 않고도 믿는 방식, 더 구체적으로는 사도적 목격자들의 증언에 기초하여 믿는 방식을 제시했다."

[62] Lee, "The Gospel of John and the Five Senses," 120: "Jesus' beatitude -μακάριοι οἱ μὴ ἰδόντες καὶ πιστεύσαντες ("blessed are those who have not seen yet have believed" [20:29])- may seem to undermine the Gospel's vision imagery, but it is more likely an encouragement to the implied reader who does not have access to the literal sense of sight."; Koester, "Hearing, Seeing, and Believing in the Gospel of John," 346: "it insists that those who believe without seeing are blessed, through a faith engendered by hearing the testimony of others."

V. 증언과 요한복음

1. 목격자 증언의 기록인 요한복음(요 20:29-31)

도마는 보지 못했을 때 믿지 않았다. 그는 보고 난 후에야 믿었다. 이에 대해 예수는 "너는 나를 보았기 때문에 믿었다(믿느냐). 보지 못하고도 믿은 자들이 복이 있다"(요 20:29)고 말씀했다. 이어서 인과관계 접속사 οὖν(그러므로) 함께 요한복음의 기록 목적이 나타난다(요 20:30-31). 이 둘 사이의 논리적 연결을 도식으로 설명하면 75쪽 도식과 같다.

따라서 요한복음 20:24-29과 20:30-31의 연결은[63] 다음과 같은 해석을 제공한다.

"보지 못하고도 믿는 자들이 복이 있다(요 20:29). '그러므로'(οὖν), 예수가 그의 제자들 앞에서 많은 다른 표적들을 행하였지만(καί),

---

[63] D. A. Carson, "Syntactical and Text-critical Observations on John 20:30-31: One More Round on the Purpose of the Fourth Gospel," *JBL* 124/4 (2005): 714: "Even with respect to these verses, a great deal more work needs to be done on their connection with 20:29, with the entire Thomas pericope (20:24-29), and with earlier signs." 나의 번역: "이 구절들에 관해서도 요 20:29, 도마에 관한 이야기 전체(요 20:24-29), 그리고 이전 표적들과의 연관성에 대해 훨씬 더 많은 작업이 필요하다." 조병수, "ΜΑΡΤΥΡΙΑ와 ΓΡΑΦΗ로서의 요한복음", 70, 각주 19: "사건(20:26-29)과 해설(20:30-31)은 다 같이 '제자들'에 대한 말로 시작하여 두 번 '믿는다'는 말로 마친다는 점에서 같은 형식을 가지고 있다."

그것들은 이 책에 기록되지 않았다(οὐκ, 요 20:30). (왜냐하면 표적은 보지 못하고도 믿도록 하는 것이 아니라, '보고 믿도록' 하는 것

μακάριοι οἱ μὴ ἰδόντες καὶ πιστεύσαντες (29b)
(보지 못하고도 믿는 자들이 복이 있다.)

οὖν

30 (그러므로)(30) 31

μέν
Πολλὰ καὶ ἄλλα σημεῖα
ἐποίησεν ὁ Ἰησοῦς
(예수가 행한 많은 다른 표적들)
ἃ οὐκ ἔστιν γεγραμμένα
(그것들은
기록되지 않았다)

δὲ (그러나)
ταῦτα γέγραπται
(이것들이 기록되었다.)
ἵνα πιστεύ[σ]ητε(너희가 믿도록)
ἵνα πιστεύοντες ζωὴν ἔχητε
(너희가 믿고 생명을 갖도록)

예수가 행한 다른 많은 표적은 이 책에 기록되지 않았다. 요한복음은 표적을 제한적으로 기록하였다. 왜냐하면 표적은 보고 믿도록 하려는 것이지만, 요한복음은 보고 믿도록 하기 위한 기록이 아니기 때문이다.	그러나 요한복음은 보지 못하고도 믿도록 하기 위한 책이다. 이 일은 목격자의 진실한 증언을 통해 이루어진다. 그러므로 요한복음에 기록된 '이것들'(ταῦτα)은 곧 목격자의 증언이다. 결국 요한복음은 믿음과 생명을 위한 '목격자의 진실한 증언'이다.[64]

---

[64] 예수를 보지 못한 사람도 요한복음을 읽음으로써 예수를 하나님의 아들 그리스도로 믿고 영생을 얻을 수 있는 것은 요한복음이 예수를 본 목격자의 증언이기 때문이다. 따라서 31절은 요 1:7(οὗτος ἦλθεν εἰς μαρτυρίαν ἵνα μαρτυρήσῃ περὶ τοῦ φωτός, ἵνα πάντες πιστεύσωσιν δι' αὐτοῦ)과 두 가지 주제, 즉 '목격자, 믿음 목적'에서 *inclusio*를 이룬다. 세례자 요한은 목격자로서 증언했고 저자 사도 요한은 목격자로서 증언을 기록했다. 이 둘은 공히 믿음을 목적으로 한다.

이기 때문이다[요 2:11, 23; 4:48; 6:30; 12:37]). 그러나(δέ) 이것들이 (ταῦτα) 기록되었다. (보지 못하고도) 예수를 그리스도 하나님의 아들로 믿어 그의 이름 안에서 생명을 소유하도록 하기 위해"(요 20:31).[65]

'이 책에'(ἐν τῷ βιβλίῳ τούτῳ, 요 20:30) 기록된 '이것들'(ταῦτα, 요 20:31)은 보지 못하고도 믿도록 하기 위한 것이다. 그러면 보지 못하고도 믿는 일은 어떻게 가능한가? 요한복음의 증언 공식(witness formula)에 의하면, 그것은 바로 목격자의 증언을 통해서 이루어진다. 즉 목격자의 증언을 듣거나 그가 기록한 증언을 읽음으로써 성취된다(요 19:35).[66] 그러므로 기록된 '이것들'(ταῦτα)은 표적이 아니라 '목격자의 증언들'이며,[67] 이것이 곧 요한복음이다(요

---

[65] 괄호 안의 작은 글씨는 설명을 위한 내가 추가한 것이다.

[66] Loren L. Johns and Douglas B. Miller, "The Signs as Witnesses in the Fourth Gospel: Reexamining the Evidence," *CBQ* 56 (1994): 533: "Blessed are those, Jesus says, who are satisfied to rely on secondary evidence, the faithful testimony of others (v 29)."; Trakatellis, "Seeing and Believing: The Thomas Incident (John 20:24-29)," 39: "Who are the recipients of such a blessing? Probably a number of the larger circle of the disciples who have not seen the risen Lord with their own eyes but relied on the eyewitness of the other disciples." 따라서 Smalley의 "지상에 있는 예수의 형상을 보든지 못 보든지, 믿음은 궁극적으로 영적 인식의 문제이다"(with or without sight of the figure of Jesus on earth, faith is supremely a matter of spiritual perception.)라는 주장은 틀린 것이다(*John: Evangelist and Interpreter*, 175).

[67] 예수는 사람으로부터 증언을 받지 않지만, 그럼에도 그가 세례자 요한의 증언을 언급한 것은 "너희로 구원을 얻게 하려 함"(ἵνα ὑμεῖς σωθῆτε, 요 5:34b)이었다. 예수의 이 말씀은 증언을 통해 구원을 얻는다는 뜻이다. 이것은 요한복음의 기록 목적과 같다. 요한복음도 증언을 기록한 책이며, 그 증언을 믿어 영생을 얻기 때문이다. 그러므로 "이것들"(ταῦτα, 요 20:31)은 증언들이며 곧 요한복음이다. 조병수, "ΜΑΡΤΥΡΙΑ와 ΓΡΑΦΗ로서의 요한복음", 87: "요한복음 전체는 증언(μαρτυρία)이라고 불릴 수 있다."

21:24).⁶⁸ 결국 요한복음은 소위 '표적의 책'이 아니라 '목격자의 증언의 책'이다.⁶⁹ 요한복음은 사람이 예수를 보지 못하고도 믿도록 하기 위해 목격자의 증언을 기록한 성경(요 21:24)이다.

더 나아가서 요한복음은 "우리는 그의 증언이 참된 것인 줄 안다"(요 21:24b)고 말한다. 저자가 '우리가 안다(οἴδαμεν)'라고 복수로 표현한 것은 '목격자 증언의 기록'인 요한복음이 율법의 교훈에 비추어 봐도 진실하다는 것을 말하기 위해서이다. "너희 율법에도 두 사람의 증언이 참되다 기록되었"(요 8:17)기 때문이다. 그러므로 '우리'는 '목격자 증언의 기록'인 요한복음의 진실함에 대한 법적 보증인들이다.⁷⁰ 그들에 의해 요한복음의 진실성과 권위와 법적 효력이 입증된다. 또한 '우리'는 권위 있는 증언의 '우리'로 불

---

⁶⁸ 요 21:24의 οὗτός ἐστιν ὁ μαθητὴς ὁ μαρτυρῶν περὶ τούτων καὶ ὁ γράψας ταῦτα, καὶ οἴδαμεν ὅτι ἀληθὴς αὐτοῦ ἡ μαρτυρία ἐστίν에서 τούτων과 ταῦτα는 요한복음 전체를 가리킨다. 따라서 이와 병행하는 요 20:31의 ταῦτα도 요한복음 전체를 가리킨다. 이 병행에 관해 Bauckham은 요 20:30-31과 21:24-25이 두 단계 결론을 형성한다고 하면서 다음과 같이 말했다. "This requires that 'written' has the same sense in both 20:30-31 and 21:24. In both cases it refers to the writing of 'this book,' not of a source."(*Jesus and the Eyewitnesses*, 362. 나의 번역: "이것은 20:30-31과 21:24-25에서 '기록된'(written)이라는 말이 같은 의미를 가져야 한다는 것을 요구한다. 두 경우 모두 자료의 기록이 아니라, '이 책'의 기록을 가리킨다."). 또한 만일 '이것들'(ταῦτα, 요 20:31)을 요한복음의 '표적들'로 이해한다면, 31절의 기록 목적은 요한복음 전체의 기록 목적이 아닌 단지 표적의 기록 목적을 의미하게 된다. 정말 그렇다면, 표적 외에 다른 내용은 무엇을 목적으로 기록되었는가? 또한 "이 책에 기록되지 않은 것들"(ἃ οὐκ ἔστιν γεγραμμένα ἐν τῷ βιβλίῳ τούτῳ, 요 20:30b)과 "그러나 이것들이 기록되었다"(ταῦτα δὲ γέγραπται, 요 20:31a)는 대조(δέ) 관계이다. '이 책'은 요한복음을 가리키므로 결국 기록된 '이것들'(ταῦτα)은 요한복음의 전체 내용이다.

⁶⁹ 조병수, "ΜΑΡΤΥΡΙΑ와 ΓΡΑΦΗ로서의 요한복음", 86: "요한복음은 증언(μαρτυρία)이다. … 19:35에 의하면 요한복음이 증언으로 이해되었다는 것이 분명하게 드러난다."

⁷⁰ 이 외에도 요 1:14, 16, 41, 45; 3:11; 4:42; 6:69; 16:30; 20:25을 보라. 이들은 모두 증언 구절이 1인칭 복수로 된 예들이다.

리는 요한의 관용적인 표현으로도 볼 수도 있다.[71] 예수(요 3:11)와 빌립(요 1:45)도 홀로 증언하면서 '우리'라는 복수를 사용하였다.

따라서 예수를 보지 못한 사람은 '목격자의 참된 증언의 기록'인 요한복음을 읽음으로써 예수를 하나님의 아들 그리스도로 믿고, 그의 이름 안에서 영원한 생명을 소유하게 된다(요 19:35; 20:30-31).[72] 이 사실을 생생하게 보여주는 것이 요한복음 21:24의 '증언하는 자'(ὁ μαρτυρῶν)와 '기록한 자'(ὁ γράψας) 사이의 시제 차이이다. '기록한 자'는 과거시제이고, '증언하는 자'는 현재시제이다. 기록은 비록 과거(aor.)에 이루어졌지만, 그 기록이 본 자에 의한 진실한 증언이기에 그 기록은 오늘도 여전히 증언할 뿐 아니라 주님의 재림 때까지 계속하여 증언할 것이다(pre.).

결국, 요한복음은 '본 자'의 진실한 증언을 기록한 성경이며, 따라서 예수를 보지 못한 모든 세대의 사람들에게 참된 믿음의 근거가 된다. 이것은 예수가 십자가에 달리기 전날 밤에 하나님께 드린 기도의 성취이다(요 17:20).

---

[71] Bauckham, *Jesus and the Eyewitnesses*, 370: "the 'we' of authoritative testimony."

[72] 조병수, "ΜΑΡΤΥΡΙΑ와 ΓΡΑΦΗ로서의 요한복음", 80: "요 20:30-31은 도마와 달리 눈으로 보지 않고도 믿음에 도달하는 길이 무엇인지를 설명한다. 그것은 기록된 요한복음을 읽는 것이다."

2. 요한복음과 구약 성경

예수는 "너희가 성경에서 영생을 얻는 줄 생각하고 성경을 연구하거니와 이 성경이 곧 내게 대하여 증언하는 것이니라"(요 5:39)고 말씀했다. 유대인들은 구약 성경 자체가 영생을 준다고 생각하여 열심히 성경을 연구했다. "이와는 대조적으로, 예수는 성경의 진정한 내용과 목적을 이해하지 못한다면, 성경을 연구하는 것이 생명을 주지 못한다고 주장한다."[73] 구약 성경 자체가 영생을 주는 것이 아니다. 구약 성경은 예수에 관한 증언을 기록한 책이다. 따라서 구약 성경은 예수를 증언하며(cf. 요 1:45; 2:22; 3:10; 5:45-46; 20:9), 영생은 구약 성경이 증언하는 예수가 준다.

이와 마찬가지로 요한복음도 예수에 대한 증언을 기록한 책이다(요 21:24-25).[74] 이는 사람이 예수가 그리스도 하나님의 아들이심을 믿고 영생을 소유하게 하려고 기록된 목격자의 증언이다(요 20:30-31). 궁극적으로 구약 성경과 요한복음은 모두 예수에 관한 증언의 기록이며, 이는 둘 다 예수를 믿고 영생을 갖도록 하기 위

---

[73] Carson, *The Gospel according to John*, 263: "by contrast, Jesus insists that there is nothing intrinsically life-giving about studying the Scriptures, if one fails to discern their true content and purpose." 나의 번역: "대조적으로, 예수는 성경의 참된 내용과 목적을 분별하지 못한다면 ,성경을 연구하는 것에는 본질적으로 생명을 주는 것이 없다고 주장했다."

[74] 그래서 요 5:39와 21:24 사이에 다음과 같은 교차 대구가 존재한다.
    요 5:39. "... τὰς γραφάς, ... αἱ μαρτυροῦσαι."
    요 21:24. "... ὁ μαρτυρῶν ... ὁ γράψας."

한 것이다.[75] 따라서 요한복음은 "구약 성경과 마찬가지로 γραφή 의 권위를 가지며",[76] 또한 구약 성경과 요한복음은 연속적이고 동일적이다.

VI. 맺음말

지금까지 논증한 요한복음의 증언 연구는 다음과 같은 몇 가지 결론에 이른다.

1. 증언의 기원은 삼위일체 하나님이다. 증언은 근본적으로 삼위 하나님의 활동이다. 예수 그리스도는 증언하는 분이다(요 3:11, 32 외). 보혜사 성령도 이 땅에서 예수에 대하여 증언한다(요 15:26, cf. 요일 5:6-8). 성령은 증언의 영이다. 이와 함께 성부 하나님도 증언한다(요 5:37; 8:18). 따라서 삼위일체 하나님은 증언하는 하나님이며, 증언은 하나님께 속한 신적 활동이자 영광스러운 활동이다.

2. 요한복음의 증언에는 '증언 공식'(witness formula)이 존재한다.

---

[75] 모세는 예수에 대한 증인으로서 율법에 예수에 관해 기록하였고(γράφω, 요 1:45; 5:46), 선지자들도 그에 관해 기록하였다(요 1:45; 6:45; 12:16). 이처럼 신구약 성경(γραφή)은 모두 예수에 관한 증언을 기록한 책이다(요 5:39).

[76] 조병수, "ΜΑΡΤΥΡΙΑ와 ΓΡΑΦΗ로서의 요한복음", 84-85.

그것은 '보는 것'(목격/체험), '말하는 것'(증언), '믿음/불신 등'(결과)의 순서로 이루어진다. 이 공식이 보여 주는 가장 중요한 점은 증언을 위한 절대적 조건이자 유일한 바탕이며 근거가 되는 것은 바로 '보는 것(듣는 것, 만나는 것)' 즉 목격(체험)이라는 사실이다. 믿음은 증언에 의존하며(cf. 롬 10:17), 증언은 목격에 근거한다. 목격에 기초하지 않은 증언은 증언이 아니다. 목격은 증언의 진위를 결정하는 참된 기준이다. 요한복음은 목격자의 진술, 즉 본 자(ὁ ἑωρακώς, 요 19:35)의 증언이므로 참된 증언이다(ἀληθὴς αὐτοῦ ἡ μαρτυρία ἐστίν, 요 21:24). 바로 이 특징 때문에 요한복음은 그것의 기록 목적을 성취한다. 또한 요한복음이 목격자의 진실한 증언을 기록한 책이라는 사실은 요한복음의 역사성을 확증한다.[77] 역사성은 요한복음의 불변의 기반이자 요동하지 않는 기초이다.

3. 증언의 결과는 하나님의 주권을 강조한다. 예수를 목격한 자들의 반응은 믿음만이 아니라 불신과 살인, 분열과 저주 등 여러 가지이다. 그런데 예수를 목격한 자들로부터 증언을 들은 이들의 반응 역시 이와 다르지 않다. 증언에 대한 반응도 믿음, 불신, 살인, 분열, 저주 등이며, 때로는 아무런 반응도 언급되지 않는다. 이러한 결과의 양상은 무엇을 의미하는가? 혹자는 증언의

---

[77] Deolito V. Vistar, Jr., "Review of Sense Perception in the Gospel of John," *Review of Biblical Literature* 21 (2019): 321: "I do not concur with her refusal (explicit on p. 1) that the Johannine emphasis on sense perception and testimony has nothing to do with the appeal to the historicity or, better, actuality of the gospel record." 나의 번역: "나는 감각 인식과 증언에 대한 요한의 강조가 복음 기록의 역사성, 더 좋게는 사실성에 대한 호소와 아무 관련이 없다는 그녀의 거부(1페이지에 명시됨)에 동의할 수 없다."

결과가 증언을 듣는 자의 뜻에 종속되는 것으로 이해할 수도 있다(cf. 요 5:24; 6:47). 그러나 실제로 증언의 결과는 사람의 뜻에 따라 결정되는 것이 아니다. 하늘에서 주신바 아니면 사람은 아무 것도 받을 수 없고(요 3:27, cf. 요 19:11), 아버지께서 이끌지 않으면 아무도 예수께 올 수 없기 때문이다(요 6:65; 10:44). 영생은 오직 하나님이 주신다(요 10:28-29; 6:37). 증언은 사람이 해도 그 결과는 하나님이 주관하신다. 따라서 증언의 다양한 결과는 오히려 모든 권세가 하나님께 있다는 사실을 나타내는 것이다.

4. 요한복음은 소위 '표적의 책'이 아니라 '증언의 책'이다. 요한복음에는 증언에 관련된 세 부류의 사람들이 존재한다. 첫째는 예수를 직접 본 사람들이다. 대표적으로 사도들이 여기에 해당한다. 둘째는 예수를 본 사람들의 말(증언)을 들은 사람들이다. 초기 교회의 신자들이 여기에 해당할 것이다. 셋째는 예수를 직접 보지 못했을 뿐 아니라 예수를 직접 본 사람들로부터 증언을 듣지도 못한 사람들이다. 그러면 세 번째 부류에 해당하는 사람들은 어떻게 예수를 믿어 영생을 얻을 수 있는가? 요한복음을 기록한 목적(요 20:31)이 바로 여기에 있다.

예수를 직접 보거나 직접 본 사람으로부터 증언을 듣는 일은 매우 제한적이다. 예수는 부활 후에 승천했으며, 예수를 직접 목격한 자들도 한 세기 이상을 살지 못했기 때문이다. 이 한계를 극복하기 위한 하나님의 은혜의 방책이 바로 예수를 본 목격자의 증언을 글로 기록하게 하신 것이다(γράφειν, 요 20:31; 21:24). 증언의 대표적 수단은 말이지만, 그 최종 형태는 기록이다. 이 목격자 증언의 기록이 바로 요한복음이다(요 21:24).

본 자(ὁ ἑωρακώς)의 증언은 참(ἀληθινός, 요 19:35b; ἀληθής, 요 19:35c, cf. ἀληθής, 요 21:24)이므로, 말로 행한 그의 증언과 기록된 그의 증언은 같은 진리이며, 동등한 권위와 효력을 가진다. 따라서 요한복음을 읽는 사람은 기록자가 보았던 '바로 그 예수'를 보며, 기록자가 들었던 '바로 그 예수'의 말씀을 들으며, 기록자가 만난 '바로 그 예수'를 만나게 된다. 다시 말해 예수를 보지 못했거나 본 자의 증언을 듣지 못한 사람도 예수를 본 자가 기록한 증언의 책(요 20:30; 21:24)인 요한복음을 읽음으로써 그와 똑같이 예수를 믿고 영생을 얻게 된다. 이렇게 함으로써 "보지 못하고도 믿는 자들이 복되도다"(요 20:29b)라는 주님의 말씀이 성취된다. 바로 여기서 요한복음이 보고 믿게 하려는 '표적의 책'이 아니라, 보지 못하고도 믿게 하려는 '증언의 책'이라는 사실이 확증된다.[78] 나아가서 궁극적으로는 요한복음이 '목격자의 증언의 기록'이므로 요한복음을 읽는 사람은 기록자가 목격한 그리스도를 목격한다. 그리하여 그는 그리스도의 새로운 증인이 된다(cf. 요 17:20).[79]

5. 요한복음 20:31과 21:24 사이에는 긴밀한 상호작용이 있다. 예수를 보지 못한 사람이 요한복음을 읽어 예수를 그리스도 하나님의 아들로 믿고, 그 이름 안에서 생명을 얻을 수 있는(요

---

[78] 대부분의 요한 학자가 C. H. Dodd를 따라 요한복음을 소위 '표적의 책'과 '수난의 책'으로 나누거나 R. E. Brown을 추종하여 '표적의 책'과 '영광의 책'으로 나눈다. 물론 이는 요한복음의 구조에 대한 말이지만, 요한복음의 근본 성격을 염두에 둔다면 이는 표적의 책이 아닌 '증언의 책'으로 수정되어야 한다. 요한복음 안에 표적이 중요한 내용으로 자리하고 있지만, 이 또한 목격과 증언을 위한 최소한의 기록일 뿐이다(요 20:30).

[79] 이것은 결론 2와 모순되지 않는다. 요한복음은 예수의 존재와 그가 행하신 일들을 직접 목격한 저자의 증언이기에 참된 증언이며(요 19:35; 21:24-25), 따라서 요한복음을 읽고 예수를 믿는 자는 저자가 본 바로 그 예수를 본 것이요 만난 것과 같기 때문이다.

20:31) 이유는 요한복음이 목격자가 기록한 진실한 증언이기 때문이다(요 21:24-25). 이처럼 요한복음 20:31은 요한복음 21:24에 의존하여 성취되며, 요한복음 21:24은 20:31을 목적으로 존재한다. 그러므로 우리는 요한복음의 기록 목적인 요한복음 20:30-31을 강조하기 전에 이 목적을 가능하게 하는 요한복음 21:24에 우선적인 관심을 두어야 한다.

요한복음 20:31과 21:24 사이의 이러한 상호 관계는 요한복음의 중요한 저작 특성을 드러낸다. 요한복음은 원래 20장까지 기록되었는데, 후에 누군가가 21장을 추가하였다고 주장하는 사람이 많다. 그러나 20:31은 21:24을 근거로 하며, 21:24은 20:31을 목적으로 하는 이 불가분리의 관계를 생각하면, 요한복음은 처음부터 지금과 같은 형태(요 1:1-21:25)로 기록되었어야 마땅하다.[80]

6. 요한복음의 증언은 신구약 성경 간의 고유한 특성을 규명한다. 구약 성경은 그 자체가 영생을 주는 것이 아니라 예수를 증언하는 것이며, 이 증언을 받고 예수를 믿는 자가 영생을 얻는다(요 5:39). 요한복음도 예수를 증언하는 목격자 증언의 기록이다. 사람은 이 증언을 읽고 예수를 그리스도와 하나님의 아들로 믿어 영생을 얻는다. 따라서 요한복음의 증언은 구약 성경과 요한복음의 통일성과 연속성을 확증한다. 이와 동시에 반드시 기억할 것

---

[80] Bauckham, *Jesus and the Eyewitnesses*, 363: "Against all such theories that deconstruct the final parts of the Gospel into a series of successive additions, I will argue that the Gospel was originally designed to end just as it does in the version we have and never existed without the claim about its authorship that 21:24 makes."

은 목격자의 증언의 기록이 이제는 완성되었다는 사실이다. 예수를 직접 목격하고 기록으로 증언한 사람은 '이 사람'(οὗτος, 요 21:24)이 마지막이다. 목격에 의한 증언 기록은 그의 기록으로 종결되었다.[81] 따라서 목격자 증언의 기록인 요한복음은 신구약 성경의 종결성을 보여준다.[82]

---

[81] 이 점은 γεγραμμένα(기록되어 있는, 요 20:30), γέγραπται(기록되어 있다, 요 20:31)라는 완료형 표현에서도 잘 드러난다.

[82] 조병수, "ΜΑΡΤΥΡΙΑ와 ΓΡΑΦΗ로서의 요한복음", 80: "요한복음은 예수 그리스도에 대한 다양한 증거들의 연속(succession)이며 종결(conclusion)이다." Cf. 같은 책, 89: "기록으로서의 요한복음은 그리스도를 증언한다는 점에서 구약 성경과 같은 기능을 하면서 구약 성경을 완성하고 있다. 요한복음은 구약 성경의 연속이며(연속성) 구약 성경의 종결이다(종결성). 그러므로 이렇게 볼 때 요한복음은 새로운 성경(γραφή)이다."

심층연구 1

사마리아 여자는 예수를 그리스도로 믿었는가?

사마리아 여자(요 4:9-42)는 예수를 그리스도로 믿었나,[83] 믿지 않았나?[84] 사마리아 여자는 예수와 대화했다(요 4:7-26). 그녀는 예수를 만났고(요 4:7), 그의 말을 들었다(요 4:7, 10, 13, 16, 17, 21, 26). 예수는 사마리아 여자에게 '말한 사람'(ἄνθρωπον ὃς εἶπεν, 요 4:29)이다. 그러므로 사마리아 여자는 예수를 직접 보았고, 예수에 관한 증인 자격을 가졌다. 이어서 그녀는 사마리아 사람들에게 "내가

---

[83] Morris, *The Gospel according to John*, 275; J. Ramsey Michaels, *The Gospel of John*, NICNT (Grand Rapids: Eerdmans, 2010), 259; Colin G. Kruse, *John* (Tyndale New Testament Commentaries) (Leicester: Inter-Varsity Press, 2003), 136-137; Gary M. Burge, "요한복음", 『베이커 성경주석: 신약편』, 정옥배 옮김 (서울: 부흥과 개혁사, 2012), 207: "세겜에서 이 여자가 한 긍정적인 말('이는 그리스도가 아니냐?')로 해서 많은 사람은 우물가에서 스스로 질문을 던지게 된다."

[84] Andreas J. Köstenberger, *John*, ECNT (Grand Rapids: Baker Academic, 2008), 159: "The Greek interrogative particle μήτι (*mēti*) suggests, if not a negative answer, at least a hesitant question."; C. K. Barrett, *The Gospel according to St. John* (Philadelphia: Westminster Press, 1978), 240; G. R. Beasley-Murray, *John*, WBC (Waco, Texas: Word Books, 1987), 58: "μήτι need not imply a negative answer but 'puts a suggestion in the most tentative and hesitating way.'" 나의 번역: "μήτι는 부정적인 대답을 암시할 필요는 없다. 그러나 '가장 잠정적이고 망설이는 방식으로 제안한다.'"; R. Schnackenburg, *The Gospel according to St. John*, vol. 1 (London: Bruns & Oates, 1980), 444; Carson, *The Gospel according to John*, 228; R. E. Brown, *The Gospel according to John I-XII*, vol. I (2 vols.) (New York: Doubleday, 1966), 173: "therefore the woman's faith does not seem to be complete, she does express a shade of hope."; 조석민, 『요한복음』, 138: "이 여성이 예수의 정체에 대해 어느 정도 의심을 하면서 동네 사람들에게 '내가 행한 모든 일을 내게 말한 사람을 와서 보라'라고 증언한다."; 조석민, 『요한복음』, 142: "이는 사마리아 여성이 예수를 올바로 이해하지 못했음을 암시한다."

행한 모든 일을 내게 말한 사람을 와서 보라 이는 그리스도가 아니냐"(요 4:29)라고 말한다(λέγει, 요 4:28). 이것은 그녀의 증언이다. 이 증언으로 말미암아 많은 사마리아인이 예수를 믿었다(요 4:39, 42). 이러한 내용은 사마리아 여자의 믿음을 인정하기에 충분해 보인다.

하지만 이에 반대하는 의견도 강하다. 왜냐하면 사마리아 여자가 "이는 그리스도가 아니냐"(μήτι οὗτός ἐστιν ὁ Χριστός; 요 4:29b)라고 질문했기 때문이다. 여기서 'μήτι'는 주로 부정적 대답을 전제로 한 질문에 사용된다.[85] 이 경우에 사마리아 여자의 질문은 "이 사람은 그리스도가 아니다"라는 의미이다. 또한 μήτι는 때때로 질문자가 그 대답에 대해 의심하고 있다는 것을 나타내는 데 사용된다.[86] 그럴 경우에 이 질문은 '이 사람은 그리스도일지도 모르겠다'는 의미이다. 따라서 이 둘은 정도의 차이만 있을 뿐, 사마리아 여자가 예수를 그리스도로 믿지 않았다는 뜻이 강하다.

이 문제를 해결하기 위한 한 가지 대안이자 매우 적절한 해결책은 사마리아 여자의 질문을 '요한복음 증언'의 틀 속에서 이해하는 것이다. 왜냐하면 그녀의 말이 증언의 문맥에 들어와 있기

---

[85] Fri., μήτι interrogative particle; used when expecting an emphatic negative answer.

[86] Fri., used to express doubt about an answer *perhaps* (MT 12.23); BDAG, Also in questions in which the questioner is in doubt concerning the answer, *perhaps*.; Barrett, *The Gospel according to St. John*, 240: "μήτι introduces a hesitant question: Can this perhaps be the Christ?"; Schnackenburg, *The Gospel according to St. John*, vol. 1, 444: "The μήτι does not demand absolutely a negative answer, but can express a cautious opinion."; Gerald L. Borchert, *John 1-11* (New American Commentary 25B) (Nashville: Broadman & Holman Publishing Group, 2002), 211: "... *mēti* implies a negative answer of at least an element of doubt."; Carson, *The Gospel according to John*, 228: "She asks, with evident excitement but still some hesitation (*mēti*), Could this be the Christ?"

때문이다. 그리고 요한복음의 증언 공식(testimony formula)에 의하면, 사마리아 여자의 증언은 다음과 같은 네 가지 경우 중 하나에 해당한다.

	증언자	증언	결과	요한복음의 예 (증언자)
1	보고, 믿는 자	증언	믿음	세례자 요한(1:7-8; 3:26; 10:41-42) 예수(8:30), 안드레(1:40-42) 등
2	보고, 믿는 자	증언	믿지 않음	예수그리스도(3:11, 32; 8:45-46) 빌립(1:43-46), 도마(20:24-25) 등
3	보고, 믿지 않는 자	증언	믿음	없음
4	보고, 믿지 않는 자	증언	믿지 않음	아랫사람들(7:32, 46-49) 표적을 본 어떤 유대인들 (11:45-46) 빌라도(18:38-19:16)

여기서 만일 사마리아 여자가 믿지 않았다면, 그녀의 증언은 3번과 4번에 해당할 것이다. 그리고 그녀의 증언을 많은 사마리아인이 믿었으므로(요 4:39), 가능한 경우는 최종적으로 3번이 된다. 하지만 3번처럼 예수를 믿지 않는 자가 예수를 증언하고, 그 증언을 들은 자들이 예수를 믿은 경우는 요한복음에 전혀 나타나지 않는다. 즉, 증언에 대한 반응(결과)이 믿음인 경우, 그 증언을 한

증언자가 불신자인 사례는 요한복음에 없다. 따라서 사마리아 여자가 예수를 보았으나 그를 믿지 않는 상태에서 증언을 했다면, 요한복음의 증언 공식에 근거할 때, 그녀의 증언을 들은 사마리아 사람들이 예수를 메시아로 믿는(요 4:39, cf. 42) 결과가 나올 수 없다! 물론 증언 대상에 대해 완벽하게 알거나 그를 확고하게 믿어야만 증인의 역할을 할 수 있는 것은 아니다.[87] 4의 경우가 여기에 해당한다. 그러나 불신 증인의 말을 듣고 믿은 경우는 요한복음에 단 한 번도 나타나지 않는다. 요한복음은 애초부터 이런 경우를 마치 불가능에 속하는 것으로 취급하는 듯하다. 따라서 사마리아 여자가 예수를 믿지 않았다는 주장은 설득력이 없으며, "이 사람이 그리스도가 아니냐"(μήτι οὗτός ἐστιν ὁ Χριστός; 요 4:29)라는 질문도 사마리아 여자의 불신앙을 의미하지 않는다.[88] 오히려 이 구절은 "그는 그리스도임이 틀림없다"로 이해하는 것이 옳다.[89]

---

[87] Borchert, *John 1-11*, 211: "People do not need to be fully convinced in order to be witnesses."

[88] Koester, "Hearing, Seeing, and Believing in the Gospel of John," 335-336: "She told the townspeople 'Can this be the Christ?' (4,29), a question that technically expects a negative answer. The context, however, indicates that she was verging on faith and the evangelist himself speaks of her 'testimony' to Jesus (4,39)." 나의 번역: "그녀는 사마리아 사람들에게 '이 사람이 그리스도가 아니냐' (4,29)라고 말했다. 이것은 학술적으로 부정적인 대답이 예상되는 질문이다. 그러나 문맥은 그녀가 믿음에 가까웠음을 나타내며 복음서 저자 자신도 예수에 대한 그녀의 '증언'에 대해 말한다 (4,39)."

[89] BDF § 427. 2. "4:29 μήτι οὗτός ἐστιν ὁ Χριστός; 'that must be the Messiah at last, perhaps this is the Messiah.'" 나의 번역: "그것은 결국 메시야임이 틀림없으며, 아마도 이 사람이 메시아일 것이다." Michaels, *The Gospel of John*, 259. f. n. 106: "But here the remarkable thing is that she is even raising such a question, so that the effect is not to rule

나아가서 요한복음 4:39은 사마리아 여자의 믿음을 판단하는 중요한 근거가 된다. 이 구절은 그 여자의 증언의 말 때문에(διὰ τὸν λόγον τῆς γυναικὸς μαρτυρούσης) 많은 사마리아인이 예수를 믿었다(ἐπίστευσαν εἰς αὐτόν)고 한다. 사마리아 여자의 증언은 사마리아 사람들이 예수를 믿게 하는 훌륭한 원인이었다(διά+acc.). 이 사실은 예수의 말씀으로 말미암아 믿는 자가 더욱 많았다(요 4:41)는 내용과 병행을 이룬다.

πολλοὶ ἐπίστευσαν εἰς αὐτὸν   διὰ τὸν λόγον τῆς γυναικὸς   (39)
// //
πολλῷ πλείους ἐπίστευσαν   ···   διὰ τὸν λόγον αὐτοῦ   (41)

첫째, 이 둘 사이에 '믿음'이 병행한다. 이 둘의 차이는 믿음과 불신이 아니라 단지 믿은 사람의 많고 적음의 차이일 뿐이다. 둘째, 둘 다 믿음의 원인은 '말'이다. 여자의 말로 말미암아 사람들이 예수를 믿었듯이, 예수의 말씀으로 말미암아 많은 사람이 예수를

---

anything out, but on the contrary to introduce a possibility not considered before." 나의 번역: "그러나 여기서 주목할 만한 점은 그녀가 그런 질문을 제기한다는 것인데, 그 결과가 어떤 것을 배제하는 것이 아니라, 그 반대로 이전에 고려되지 않았던 가능성을 도입한다는 것이다." Kruse, *John*, 136-137: "This question is tentative in form ('this man cannot be the Christ can he?'), but as the narrative unfolds it becomes clear that the woman was testifying to her belief that he was indeed the Christ (4:42)." 나의 번역: "이 질문은 형식상 주저하는 것이지만('이 사람이 그리스도일 리가 없죠, 그렇지 않나요?'), 사건의 전개를 따라가다 보면 그 여자가 예수가 참으로 그리스도라는 믿음을 증언하고 있었다는 것이 분명해진다(요한복음 4:42)." Cf. Morris, *The Gospel according to John*, 275: "It is as though a negative answer might be expected, but a positive one is hoped for." 나의 번역: "부정적인 대답이 예상될 수 있지만, 그러나 긍정적인 대답이 기대된다."

믿었다. 셋째, 여자와 예수 사이에 원인과 결과가 같다. 그렇다면 이 두 가지를 가능하게 한 원인자인 여자와 예수도 병행으로 보는 것이 옳다. 따라서 예수가 믿는 분이시므로 여자 또한 믿는 자이다. 사마리아 여자와 예수 사이에는 차이점보다 공통점이 강조되며, 이러한 병행은 그녀가 예수를 믿었다는 사실을 지지하는 중요한 근거가 된다.

심층연구 2

도마는 예수의 상처를 만졌는가?

도마는 실제로 예수의 손의 못 자국을 만지고 그의 옆구리에 손을 넣었는가?(요 20:26-28) 예수가 도마에게 하신 "너는 나를 본 고로 믿느냐 보지 못하고 믿는 자들은 복되도다"(요 20:29)는 말씀은 책망인가[90] 아닌가?[91] 본문은 도마가 예수의 상처를 실제로 만졌는지에 대해서는 밝히지 않는다. 증언과 증인이라는 맥락에서 보면, 실제로 그는 예수를 만지지 않았을 것이다.[92] 그 이유는 다음과 같다.

첫째, 요한복음에서 증인은 '본 것'에 근거하여 증언한다. 도마도 증인으로서 증언하였는데, 이를 위해서는 그가 예수를 본 사실만으로 충분하다. 예수에 대한 적법한 증언의 본질은 예수를 보는 것이다. 따라서 본문은 도마가 예수를 만졌는지에 대해서는

---

[90] Carson, *The Gospel according to John*, 659; Ridderbos, *The Gospel of John*, 649: "There is undoubtedly present in the contrast here a gentle reproach to Thomas."; Köstenberger, *John*, 580; Morris, *The Gospel according to John*, 854; Beasley-Murray, *John,* 386: "… and curiously both have an admonitory note."; R. Schnackenburg, *The Gospel according to St. John*, vol. 3 (New York: Crossroad, 1990), 334.

[91] Barrett, *The Gospel according to St. John*, 573: "The words do not convey a reproach to Thomas; the beloved disciple and Mary Magdalene also believed when they saw (see especially v.8)."; Klink III, *John*, 879; Borchert, *John 1-11*, 316.

[92] O'Brien, "Written That You may Believe," 296: "There is no indication that Thomas actually does touch the wounds. Instead he is overwhelmed by an encounter with the living Lord."

침묵하지만, 그가 예수님을 본 것은 틀림없는 사실로 밝힌다. 이것은 나머지 제자들이 8일 전에 예수를 보았고, 그 사실에 근거하여 도마에게 증언한 것과 같은 이치이다(25).

둘째, 이 사건의 초점은 만지는 것이 아니라 보는 것이다. "너는 나를 본 고로 믿느냐 보지 못하고 믿는 자들은 복 되도다"(29)라는 말씀은 보는 것과 만지는 것의 비교가 아니라, 보는 것과 믿는 것의 비교다. 만일 도마가 예수의 손에 난 못 자국을 보았고 예수의 옆구리에 손을 넣어 보았기 때문에 "나의 주님이시오 나의 하나님이시니이다"라고 고백했다면, 예수는 도마에게 "너는 나를 본 고로 믿느냐"(29)라고 말씀하면 안 되고 "너는 나의 손의 못 자국을 보고, 나의 옆구리에 너의 손을 넣어 보았기 때문에 믿느냐"고 물었어야 옳다.

그러므로 도마는 부활한 예수를 만진 자가 아니라 본 자이다. 그는 부활한 예수를 본 제자들의 증언을 믿지 아니하였으나, 자신이 예수를 직접 본 후에는 예수를 주와 하나님으로 고백하고 증언하였다. 궁극적으로 도마는 예수를 직접 보지 못한, 또는 볼 수 없는 사람들에게 예수를 주와 하나님으로 증언한 증인이다.[93] 여기에 도마의 긍정성이 있다. 따라서 "너는 나를 본 고로 믿느냐 보지 못하고 믿는 자들은 복되도다"(요 20:29)라는 예수의 말씀은 책망이 아니라 도마의 믿음을 인정하는 것이다.

---

[93] O'Brien, "Written That You may Believe," 296: "Thomas experiences nothing that is not available directly to the reader." 나의 번역: "도마는 독자에게 직접 유효하지 않는 것은 아무것도 경험하지 않는다."

요한복음 연구

목격자의
참 증언

The True Testimony from the Eyewitness

2

문학 장치 -
초점 맞추기
focusing*

✝

요한복음은 목격자의 진실한 증언을 기록한 성경이다.[1] 따라서 요한복음의 저자는 당시의 관습(정결 예식, 초막절 행사, 유월절 금지 사항, 수전절, 유대인과 사마리아인의 관계 등)과 역사(성전 건축 시기, 유대인의 디아스포라 멸시 등)와 지리(베데스다 못, 실로암 못, 프레토리움, 베다니, 살렘 근처 애논, 가나, 수가, 그리심 산 등)에 대해 잘 알고 있었다.[2] 또한 저자는 여러 면에서 목격자라는 증거를 보여준다.

첫째로 그는 숫자를 정확하게 기록한다: 돌항아리 여섯 개(요 2:6), 보리떡 다섯 개와 물고기 두 마리(요 6:9), 제자들이 갈릴리 바다에서 배를 타고 간 거리 25-30 스타디온(stadion = 192m)(6:19), 마리아가 부은 향유의 값어치 300 데나리온(요 12:5), 예수의 장사를 위하여 사용한 향료의 수량 백 리트라(요 19:39), 부활하신 주와 함께 제자들이 바다로 나간 거리 200페구스(πῆχυς = אַמָּה Amma, 45-52cm, 요 21:8)와 잡은 물고기 153마리(요 21:11). 또한 그는 공

---

* 본 장은 「신학정론」 42/1 (2024. 06): 129-176에 실린 나의 논문을 수정, 보완한 것이다.

[1] 이복우, "요한복음의 증언(μαρτυρία)에 대한 연구", 「신학정론」 39/1 (2021): 153-208, esp. 205-206. 본서 '제1장 요한복음은 어떤 성경인가'를 보라.

[2] 조병수, 『신약성경총론』 (수원: 합신대학원출판부, 2024), 123.

관복음에 나오지 않는 여러 이름을 언급한다. 예를 들면 예수의 제자 가운데 나다나엘이 있다는 것(요 1:45), 예수가 만난 니고데모(요 3:1), 마리아가 나사로의 누이(ἀδελφή)라는 것(요 11:3), 베드로가 귀를 자른 종의 이름이 '말고'라는 것(요 18:10) 등이다.[3]

이 외에도 요한복음은 목격자 증언으로서 독특한 문학 장치(literary device)들을 사용한다.[4] 그중에서도 '초점 맞추기'(focusing)[5]는 요한복음 전체에서 상황, 공간, 인간, 공간에서 인간, 시간 등과 관련하여 사용되는 매우 중요한 문학 장치이다.

I. 상황

먼저 요한복음의 '초점 맞추기'는 다양한 상황에서 이루어진다.

1. 요한복음 6:1-15

예수는 보리떡 다섯 개와 물고기 두 마리라는 적은 음식으로 무리 오천 명(요 6:10)이나 되는 많은 사람을 먹여 배부르게 했다. 그

---

[3] 조병수, 『신약성경총론』, 124.

[4] Andreas J. Köstenberger, *A Theology of John's Gospel and Letters* (Grand Rapids: Eerdmans, 2009), 135-167. 여기서 Köstenberger는 요한복음의 다양한 문학 장치를 크게 내러티브 방백, 오해, 추정 이음매, 아이러니, 상징 등으로 구분한다.

[5] '초점 맞추기'는 내가 만든 명칭이다.

러고도 남은 조각이 열두 바구니를 채웠다. 이 표적은 예수가 사람으로 하여금 먹고 죽지 않게 하는(요 6:50) 하늘에서 내려온(요 6:33, 38, 41, 50, 51, 58) 생명의 떡이요(ὁ ἄρτος τῆς ζωῆς, 요 6:33, 35, 48, 58), 세상에 오실 '그 선지자'(ὁ προφήτης, 요 6:14, cf. 신 18:15, 18)라는 사실을 증언한다. 그러므로 이 표적은 예수가 그리스도라는 사실을 확증한다.

그런데 저자 요한은 빌립과 안드레의 대답에 이어 예수가 행한 표적에 초점을 맞춘다. 먼저 "우리가 어디서 떡을 사서 이 사람들을 먹이겠느냐"(요 6:5)라는 예수의 질문에 빌립은 "각 사람으로 조금씩(βραχύ [τι]) 받게 할지라도 이백 데나리온의 떡이 부족하리이다"(οὐκ ἀρκοῦσιν, 요 6:7)라고 대답한다. 이어서 안드레는 "여기 한 아이가 있어 보리떡 다섯 개와 물고기 두 마리를 가지고 있나이다. 그러나 그것이 이 많은 사람에게 얼마나 되겠사옵나이까?"(ταῦτα τί ἐστιν; 요 6:9)라고 말한다. 하지만 예수는 사람들에게 "그들의 원대로(ὅσον ἤθελον) 주었다"(요 6:11). 그리고 "그들이 배부른(ἐνεπλήσθησαν) 후에 … 남은(περισσεύσαντα) 조각 … 남은(ἐπερίσσευσαν) 조각이 열두 바구니에 찼다"(요 6:12-14). 사건의 이 흐름을 도식으로 나타내면 아래와 같다.

빌립	안드레	예수
조금씩 받게 할지라도 … 200데나리온의 떡이 **부족하리이다** (7)	얼마나 되겠사옵나이까 (9)	원대로 (11) 배부른 후에 (12) 먹고 남은 (13)

빌립은 조금씩(βραχύ [τι])이라고 말했지만, 예수는 원하는 대로 (ὅσον ἤθελον) 주었다. 또한 빌립은 부족하다(οὐκ ἀρκοῦσιν)고 말하고, 안드레도 "이것들이 얼마나 되겠느냐?"(ταῦτα τί ἐστιν;)고 말했지만, 예수는 5000명이 넘는 사람들의 배고픔을 만족하게 하고(ἐνεπλήσθησαν)도 열두 바구니가 남게(ἐπερίσσευσαν) 했다. 상황이 빌립의 "부족"에서 안드레의 "얼마나 되겠느냐"로, 안드레의 "얼마나 되겠느냐"에서 예수의 "원대로, 배부르게 그리고 먹고 남았다"로 초점이 맞추어지고 있다.

따라서 이 표적은 제자들의 부정적, 소극적, 가난함이 아닌 예수의 부요함과 풍족함에 초점이 맞추어져 있다. 예수는 풍요로운 분이요 넘치는 분이시다. "우리가 다 그의 충만한 데서 받으니"(요 1:16a). 예수는 충만하기에 충만하게 하며 부요하기에 부요하게 한다.[6] 그래서 예수에게 가는 자는 결코 주리지 아니하며 그를 믿는 자는 영원히 목마르지 않는다(요 6:35).

2. 요한복음 6:16-21

요한복음 6:16-21은 제자들의 상황을 매우 자세하게 묘사한다. 예수는 혼자 산으로 가고(요 6:15b) 제자들만 남았다. 그때 날이 저물었고(ὡς δὲ ὀψία ἐγένετο, 요 6:16) 제자들이 바다에 내려갔다. 그들

---

[6] 요한복음의 예수 그리스도의 충만에 관한 자세한 설명은 이복우, "요한복음에 나타난 예수 그리스도의 충만(πλήρωμα)", 「신학정론」 39/2 (2021): 287-315을 보라.

이 배를 타고 가버나움으로 향하여 가고 있을 때는 이미 어두웠다(σκοτία ἤδη ἐγεγόνει, 요 6:17b). 그런데 큰 바람이 불었고 바다가 뛰놀았다(ἡ θάλασσα διεγείρετο, 요 6:18). 여기서 저자는 바람이 세었다는 것을 강조하기 위해 "큰 바람이 불매"를 독립분사형으로 하여 "바다"와 "뛰놀았다" 사이에 놓았다(요 6:18).[7] 또한 저자는 "뛰놀았다"(διεγείρετο)를 미완료과거시제로 표현함으로써 그 바람이 멈추지 않고 지속해서 불었으며 바다도 계속 뛰놀았다는 사실을 강조한다. 그러므로(οὖν) 제자들은 노를 젓기 시작하여 25-30 스타디온쯤을 나아갔다. 그러나 이것은 그들을 더욱 난처하게 만들었다. 그들은 바다 한가운데 들어가게 되었기 때문이다.[8] 이제 그들은 다시 돌아갈 수도 없는 위치에 있다. 제자들의 상황이 점점 더 어려워지고 있다. 그런데 바로 그때 예수가 뛰노는 바다 위를 걸어서 배에 가까이 나아왔고, 제자들은 두려움에 사로잡혔다.

이처럼 본문은 날이 저묾, 이미 어두워 짐, 큰 바람과 뛰노는 바다, 진퇴양난의 바다 한가운데 도착, 솟구치는 바다 위를 걸어오는 예수의 순서로 설명한다. 이는 상황이 점점 악화하여 제자들이 극도로 불안한 형편에 처하게 된 것을 묘사하기 위해서이다. 이처럼 강화되는 부정적 상황의 절정에 뛰노는 바다 위를 걸어오는 예수가 있다. 따라서 이 표적은 예수에게 초점을 맞추고

---

[7] 요 6:18 ἥ τε θάλασσα ἀνέμου μεγάλου πνέοντος διεγείρετο.

[8] 25-30 스타디온(στάδιον)은 약 5-6km 정도이다. 갈릴리 바다 동서의 길이가 대략 12km이므로 그들은 이미 바다 한가운데 들어가 있는 셈이다.

있다.⁹ 예수는 제자들에게 "내니 두려워하지 말라"(ἐγώ εἰμι, μὴ φοβεῖσθε, 요 6:20)고 말한다. 여기에 언급된 "내니"(ἐγώ εἰμι)는 예수가 구약 성경이 말하는 바로 그 하나님이라는 사실을 의미한다.¹⁰ "이 용어를 통해 … 예수는 자신을 구약의 하나님과 동일시하고 있다."¹¹

II. 공간

요한복음의 '초점 맞추기'(focusing)는 공간과 관련해서도 이루어진다.

---

⁹ Cf. 조석민, 『요한복음의 새 관점』 (서울: 도서출판 솔로몬, 2008), 97-118, esp. 101-104. 조석민은 요한복음의 표적이 모두 6가지라고 주장한다. 왜냐하면 예수께서 물 위를 걸으신 사건(요 6:16-21)은 표적으로 보기 어렵기 때문이다. 그 이유는 첫째, 이 기적 사건에는 표적을 의미하는 'σημεῖον'이 사용되지 않았다. 이것은 이 기적 사건을 표적으로 불리는 다른 기적 사건들과 구별하는 것이다. 둘째, 다른 표적들과 달리 예수께서는 이 기적 사건을 제자들에게만 나타내었다. 이런 의미에서 예수께서 물 위를 걸으신 사건은 기적 사건이지만, 요한복음의 저자가 표적이라고 부르는 다른 기적 사건들과 같은 범주에 넣기는 어렵다. 이 외에 또 다른 이유에 관해서는 같은 책 244-249를 보라.

¹⁰ 요한복음의 ἐγώ εἰμι에 대한 자세한 설명은 이복우, 『내 뒤에 오시는 이』 (수원: 합동신학대학원출판부, 2011, 2013), 204-206을 보라. E. D. Freed, "Ego eimi in John 1:20 and 4:25," *CBQ* 41 (1979): 288-291; R. E. Brown, *The Gospel according to John I-XII*, vol. I (2 vols) (New York: Doubleday, 1966), 536: "… the use of ἐγώ εἰμι … came to be understood … as a divine name"; R. E. Brown, *An Introduction to New Testament Christology* (New York: Paulist Press, 1994), 138: "… so that 'ἐγώ εἰμι' becomes the divine name to be known in the day of the Lord"; R. Kysar, *John, the Maverick Gospel* (Atlanta: John Knox Press, 2007), 60.

¹¹ G. E. Ladd, *A Theology of the New Testament* (Grand Rapids: Eerdmans, 1974), 251.

1. 요한복음 1:1-18

로고스는 태초에 계셨다(ἐν ἀρχῇ ἦν ὁ λόγος, 요 1:1, 2). 태초(ἀρχή)는 창조 이전에 대한 언급이며,[12] 인간이 접근할 수 없는 하나님의 영역이다(cf. 빌 2:6; 골 1:15; 히 1:3).[13] 그래서 태초는 시간적인 연속선에서 최초의 점을 말하는 것이 아니라 시간의 피안(beyond time)을 의미한다.[14] 이 시간은 만물이 창조된 후에 존재하게 된 역사적 시간이 아니라 창조 이전 영원에서의 하나님의 시간을 의미한다.[15] 또한 태초는 공간적인 차원에서도 같은 의미가 있다. 왜냐하면 태초는 로고스가 하나님과 함께 계신(ὁ λόγος ἦν πρὸς τὸν θεόν, 요 1:1b) 신적 공간이기 때문이다.

이처럼 영원의 세계에서 선재(pre-existence)하던 로고스가 세상에 와서(ἐρχόμενον εἰς τὸν κόσμον, 요 1:9) 세상에 있었다(ἐν τῷ κόσμῳ ἦν, 요 1:10). 나아가서 세상에 온 로고스는 자기 땅에 왔다(εἰς τὰ ἴδια ἦλθεν, 요 1:11).[16] 그리고 마침내 그는 우리 가운데 거했다(ἐσκήνωσεν ἐν ἡμῖν, 요 1:14). 따라서 로고스는 선재에서 세상으로, 세상에서 자

---

[12] Brown, *The Gospel according to John I-XII*, 4.

[13] 김문경, "말씀의 성육신(요 1:1-18)",「성서마당」59 (2003): 29.

[14] C. K. Barrett, *The Gospel according to St. John*, second ed. (Philadelphia: Westminster Press, 1978), 152.

[15] 이복우,『내 뒤에 오시는 이』, 239, f. n. 843.

[16] Fri., τὰ ἴδια *one's own home, property, possessions* (JN 1.11a; 19.27); Thayer, εἰς τὰ ἰδίᾳ (German *in die Heimat*), to one's native land, home, John 1:11 (meaning here, the land of Israel).

기 땅으로, 자기 땅에서 우리 가운데 함께 거하게 된 것이다. 초점이 "영원", "세상", "자기 땅", "우리 가운데" 순으로 맞추어지고 있다. 이것은 선재하신 로고스의 성육신과 이에 따른 로고스의 비하와 임재를 강조하기 위한 초점 맞추기이다.

2. 요한복음 2:13-4:53

본문은 예수가 예루살렘에서 갈릴리로 이동하는 경로를 잘 보여준다. 예루살렘에 올라가(요 2:13) 있던(요 2:23) 예수는 유대 땅으로 가서 유(留)한다(요 3:22). 그 후에 예수는 바리새인들이 세례와 관련하여 자신을 오해한 사실을 알고(요 4:1-2) 유대를 떠나 다시 갈릴리로 간다. 이때 예수는 사마리아를 통과한다(요 4:4). 거기서 예수는 한 사마리아 여자를 만나 자신이 메시아 곧 그리스도임을 밝힌다(요 4:25-26). 그리고 사마리아에 이틀을 머물면서 많은 사마리아 사람에게 말씀을 전한다. 이 때문에 많은 사마리아인이 예수를 세상의 구주로 알게 된다(요 4:39-42). 이후에 예수는 사마리아를 떠나 갈릴리에 이르고(요 4:43-45), 다시 갈릴리 가나에 도착한다(요 4:46). 그곳에서 예수는 왕의 신하의 아들의 병을 고쳐준다(요 4:48-53).

따라서 예수의 행로는 예루살렘에서 유대와 사마리아를 지나 "이방의 갈릴리"(마 4:15)에 초점을 맞춘다. 이러한 공간(장소)의 초점 맞추기는 "예루살렘과 온 유대와 사마리아와 땅 끝까지 이르러 내 증인이 되리라"(행 1:8)고 한 예수의 말씀과 일치한다. "땅 끝"과 "갈릴리"는 모두 유대와 사마리아를 넘어 이방을 의미하기 때문이다. 또한 갈릴리의 왕의 신하(τις βασιλικός, 요 4:46)는 이방인 관리이다. 결국 예수의 복음 전도는 유대에 머물지 않고 사마리아를 넘어 갈릴리, 즉 이방을 대상으로 한다. 그러므로 초기교회 선교의 패턴은 이미 예수의 지상 사역에서 나타나고 있다.[17] 성육신한 예수의 지상 활동은 승귀한 예수의 천상활동과 일치한다.[18]

---

[17] Köstenberger, *A Theology of John's Gospel and Letters*, 499: "The conversion of the Samaritans in chapter 4 is also a plank in John's presentation of Jesus' mission as unfolding along the familiar pattern of Jerusalem and Judea/Samaria/Gentiles in chapters 3 and 4." 나의 번역: "4장에 나오는 사마리아인들의 회심은 요한이 3장과 4장에서 예루살렘과 유대/사마리아/이방인들이라는 익숙한 패턴을 따라 전개되는 예수의 선교를 설명하는 데 있어 한 축을 담당한다." Köstenberger, *A Theology of John's Gospel and Letters*, 558: "In chapters 3 and 4, John endeavors to validate, in the mission of the earthly Jesus, the early church's pattern of mission "from Jerusalem and Judea and Samaria to the Gentiles" (Acts 1:8 *et passim*). Hence John shows that Jesus engaged in outreach to Jews (Nicodemus; 3:1-21), Samaritans (the Samaritan woman; 4:1-42), and Gentiles (the Roman centurion; 4:43-54)." 나의 번역: "3장과 4장에서 요한은 지상 예수의 선교에서 "예루살렘과 유대와 사마리아에서 이방인들에게로"(행 1:8 이하) 선교하는 초기 교회의 선교 패턴을 검증하려고 노력한다. 따라서 요한은 예수가 유대인들(니고데모, 3:1-21), 사마리아인들(사마리아 여자, 4:1-42), 그리고 이방인들(로마 백부장, 4:43-54)에게 전도 활동을 펼쳤음을 보여준다."

[18] Cf. Köstenberger, *A Theology of John's Gospel and Letters*, 202: "Hence the activity of the earthly Jesus is consistent with the activity of the exalted Jesus subsequent to the ascension." 나의 번역: "그러므로 예수의 지상 활동은 승천 후에 승귀한 예수의 활동과 일치한다."

3. 요한복음 14:31-19:37

요한복음 14:31-19:37은 예수의 마지막 행적을 공간의 이동을 따라 서술한다. 예수는 유월절 전에 자신이 세상을 떠나 아버지께로 돌아가실 때가 이른 줄 알고 제자들의 발을 씻었다. 이 행위는 예수가 세상에 있는 자기 사람들을 끝까지 사랑한 것이며(요 13:1-11),[19] 제자들이 따라 행해야 하는 사랑의 모범이다(요 13:12-17, 34-35).

이후에 예수는 제자들에게 "일어나라 여기를 떠나자"(ἐγείρεσθε, ἄγωμεν ἐντεῦθεν, 요 14:31)라고 말씀하고, 기드론 시내 건너편으로 나가(Ἰησοῦς ἐξῆλθεν ... πέραν τοῦ χειμάρρου τοῦ Κεδρών, 요 18:1) 동산 안으로 들어갔다(ὅπου ἦν κῆπος, εἰς ὃν εἰσῆλθεν, 요 18:1). 거기서 예수는 붙잡혀 안나스에게로 끌려갔고(요 18:12-13), 안나스는 예수를 그 해의 대제사장인 가야바에게 보냈다(요 18:13, 24). 그리고 새벽에 사람들이 예수를 가야바에게서 관정(πραιτώριον)으로 끌고 가 빌라도에게 넘겼다(요 18:28-30, 33; 19:9). 빌라도는 예수를 심문했으나 그에게서 죄를 찾지 못하고(요 18:29; 19:4, 6) 예수를 재판석이 있는 돌을 깐 뜰(Λιθόστρωτον)로 끌고 나갔다(요 19:13). 그 후에 빌라도는 예수를 십자기에 못 박도록 사람들에게 넘겨주었다. 그리지 예수는 자기의 십자가를 지고 해골의 장소(Κρανίου Τόπος, 요 19:17)라는 곳에 나갔다. 그곳에서 사람들이 예수를 십자가에 못 박아

---

[19] 이복우, "요한복음에 나타난 물의 신학적 의미와 기능 (2)", 「신학정론」 37/2 (2019): 141-179, esp. 165-169.

(ὅπου αὐτὸν ἐσταύρωσαν, 요 19:18) 십자가에(ἐπὶ τοῦ σταυροῦ, 요 19:31) 달았다.

이렇게 함으로써 요한은 마지막 식사 자리에서 기드론 시내 건너편 동산으로, 동산에서 관정으로, 관정에서 돌을 깐 뜰로, 뜰에서 해골의 장소로, 그리고 마지막으로 예수가 못 박힌 십자가에 초점을 맞춘다. 독자가 장소의 이동을 좇아가다 보면 십자가에 못 박혀 있는 예수와 마주친다. 예수는 그 십자가에서 죄인을 위한 구속을 다 이루었다(τετέλεσται, 요 19:30). 예수의 십자가는 다 이룬 십자가이다.

III. 사람(인간)

요한복음에는 많은 사람이 등장한다. 저자는 그들 중에서도 대체로 예수에게 초점을 맞춘다.

1. 요한복음 1:19-34

요한복음 1:19-34은 예루살렘에서 유대인들에 의해 보냄을 받은 제사장들과 레위인들이 세례자 요한에게 "네가 누구냐"(σὺ τίς εἶ;)라고 묻는 질문으로 시작한다(요 1:19). 이 질문은 세례자 요한의 정체(신분)에 관한 일종의 심문이다. 이 질문에 대해 요한은 "나는 그리스도가 아니라"(ἐγὼ οὐκ εἰμὶ ὁ Χριστός, 요 1:20b)고 분명히 밝힌다. 이 사실은 "그가 고백했다. 그리고 그가 부인하지 않았다. 그리고 그가 고백했다"(ὡμολόγησεν καὶ οὐκ ἠρνήσατο, καὶ ὡμολόγησεν, 요 1:20a)는 말에서 잘 나타난다. 요한은 자신이 그리스도가 아니라는 사실을 '신앙고백'으로 증언한 것이다.[20] 그러자 제사장들과 레위인들이 다시 물었다. "그러면 누구냐 네가 엘리야냐"(σὺ Ἠλίας εἶ; 요 1:21c). 이에 대한 요한의 대답은 "나는 아니라"(οὐκ εἰμί, 요 1:21e)이다. 세 번째로 그들이 요한에게 "네가 그 선지자냐"(요 1:21f)라고 묻자, 요한은 "아니다"(οὔ, 요 1:21h)라고 대답했다. 그런데 여기에 나타난 요한의 대답은 매우 특이하다. 질문이 반복될수록 그의 대답은 점점 짧아지다가 마지막 대답에는 "아니다"만 남기 때문이다.

ἐγὼ οὐκ εἰμὶ ὁ Χριστός	(요 1:20b)	나는 그리스도가 아니라
οὐκ εἰμί	(요 1:21e)	나는 아니라
οὔ	(요 1:21h)	아니라

이와 같은 요한의 대답은 자신이 '그리스도가 아니다'라는 사실을 강하게 드러낸다. 그는 자신에게 쏠린 사람들의 이목을 가차없이 차단하고, "내 뒤에 오시는 이"(ὁ ὀπίσω μου ἐρχόμενος, 요 1:27a)

---

[20] Fri., ὁμολογεῖν, in a religious and moral sense, as making a public statement of what one believes *profess, confess, acknowledge* (Rom. 10:9, 10)

를 증언한다. 그는 바로 예수이다. 세례자 요한은 예수를 증언하고 모든 사람이 자기로 말미암아 예수를 믿게 하려고 하나님으로부터 보냄을 받았다(요 1:6-8). 그러므로 그는 자신에게 집중된 관심을 예수에게로 돌린다. 그는 예수를 "세상 죄를 제거하는(αἴρειν) 하나님의 어린 양"(요 1:29)이라고 증언한다. 이와 함께 그는 자신이 예수의 정체를 알게 된 것이 순전히 하나님의 계시에 따른 것임을 증언한다(요 1:33-34). 그도 처음에는 그리스도가 누구인지 알지 못했다(요 1:31a, 33a). 하지만 요한은 그를 보내신 하나님의 계시를 따라 물로 세례를 주었고, 그때 성령이 비둘기같이 하늘로부터 내려와서 예수 위에 머무는 것을 보았다. 그리하여 그는 예수를 하나님의 아들로 증언할 수 있었다(요 1:32-34).[21]

이처럼 세례자 요한은 "나는 그리스도가 아니라"고 말한 뒤에 "예수가 그리스도다"라고 증언했다. 그는 이 증언이 하나님이 주신 계시에 의한 것이라는 사실을 길고도 자세하게 말했다. 이렇게 함으로써 요한은 자신에 맞추어진 초점을 하나님의 아들인 예수에게 옮겨 놓았다.

---

[21] 이복우, "요한복음의 세례자 요한의 정체와 역할",「교회와 문화」29 (2012): 133-164, esp. 149-150. 이처럼 세례자 요한의 물세례는 예수를 이스라엘에 공개적으로 나타내기 위한 것이 아니라, 단지 요한 자신이 예수의 정체를 인식하기 위한 세례였다. 그래서 요한복음에는 공관복음처럼 예수의 정체에 대한 공개적인 확인이 없다. 물론 요한이 하나님으로부터 보냄을 받아 세례를 준 것은 예수를 이스라엘에 나타내기 위함이다(요 1:29-34). 그러나 이것은 요한의 세례의 최종 목적에 대한 언급일 뿐, 그의 '세례 자체'는 그가 예수의 정체를 인식하는 것으로 제한된다. "내가 보았다. 그리고 내가 증언했다"(κἀγὼ ἑώρακα καὶ μεμαρτύρηκα, 요 1:34)에서 "내가 보았다"는 세례를 통한 계시 성취와 그것에 의한 요한의 예수 정체 인식을 가리킨다. 그리고 "내가 증언했다"는 이 인식 후에 요한이 말(요 1:34)로써 예수를 이스라엘에 증언한 것을 의미한다.

2. 요한복음 2:1-11[22]

예수가 물을 포도주로 만들었다. 이 표적의 핵심은 기적 자체가 아니라 이 기적을 행한 예수가 누구냐 하는 것이다.[23] 물을 포도주로 만들 수 있는 것은 창조자의 영역이다. 예수는 창조자만이 할 수 있는 일을 행하였다.[24] 만물을 지은 창조자 예수는 물을 포도주로 변화시킴으로써 "만물이 그로 말미암아 지은 바 되었다"(요 1:3)는 말씀을 생생하게 보여 주었다. 따라서 이 표적은 예수가 창조자임을 증언하는 것이다.[25] 예수는 이 표적을 행하여 창조자의 영광을 나타내었고(ἐφανέρωσεν, 요 2:11a) 그의 제자들이 그를 믿었다(요 2:11b).

그런데 요한은 이 표적을 서술하면서 제자들을 독특하게 언급한다. 요한은 "그의 제자들도 혼례에 청함을 받았다"(요 2:2)고 밝힌다. 따라서 제자들은 처음부터 이 혼인 잔치에 참여했을 뿐 아니라 표적 사건의 자초지종을 지켜보았다. 그랬기 때문에 그들이

---

[22] 요한복음의 첫 표적에 대한 자세한 해석은 이복우, "요한복음의 첫(ἀρχή) 표적의 의미",「신학정론」30/1 (2012): 65-96을 보라.

[23] William Hendriksen, *The Gospel according to John*, vol. I (Grand Rapids: Baker Book House, 1953), 117-110.

[24] A. Schlatter,『요한복음강해』, 김희보 옮김 (서울: 종로서적, 1994), 36.

[25] Stephen S. Kim, "The Significance of Jesus' First Sign-Miracle in John," *Bibliotheca Sacra* 167 (2010): 208: "… the first miracle reveals Jesus as the Creator." R. Schnackenburg, *The Gospel according to St. John*, vol. I (London: Bruns & Oates, 1980), 335: "… is primarily his divine and creative power." Cf. J. C. Ratzinger, "The Sign of Cana," *Communio* 33 (2006): 682: "Jesus' incomprehensible generosity. The generosity, the excess is the sign of God in his creation."

믿을 수 있었던 것이다(요 2:11b). 그럼에도 제자들은 표적 사건이 진행되는 전 과정에 단 한 번도 등장하지 않는다. 예수의 어머니와 하인들과 연회장은 이 표적에 개입하지만, 제자들은 배제된다. 하지만 사건의 배경에서 잠깐 소개된 후(요 2:2), 완전히 사라졌던 제자들이 사건의 결과와 궁극적인 목적을 나타내는 마지막에 다시 등장한다. "그의 제자들이 그를 믿으니라"(요 2:11).

이리하여 제자들은 이 표적의 *inclusio*를 이룬다. 무엇보다 표적에 직접 관련된 사람들은 표적에 아무런 반응도 보이지 않았지만, 표적에 전혀 개입되지 않은 제자들이 예수를 믿었다는 사실이 강조된다. 따라서 표적의 목적인 '믿음'의 반응은 아이러니하게도 표적의 과정에 전혀 관련되지 않은 제자들에게만 나타났다. 이 믿음은 예수의 정체에 대한 제자들의 이전 고백(요 1:40-49)을 상기시킴과 동시에 그 고백이 참된 고백이었음을 확증한다.[26] 또한 이 표적으로 제자들이 예수의 증인으로 세워진다.[27] 이처럼 첫 표적은 예수 못지않게 그의 제자들에게도 초점을 맞추고 있다.

---

[26] 이복우, "요한복음의 첫(ἀρχή) 표적의 의미", 87-88: "예수의 제자들은 첫 표적의 의미를 확증한다. 제자들은 예수가 행한 첫 표적보다 앞서 이미 예수의 신분에 대해 고백을 하였다(요 1:29-51). 그들은 예수를 메시아, 그 선지자, 하나님의 아들, 이스라엘의 왕으로 믿고 있었다. 그런 그들이 첫 표적을 보고 '예수를 믿었다'는 것은 이 표적을 통해 증언된 예수의 정체가 그들이 이미 고백한 것과 다르지 않다는 것을 의미한다. 만일 그렇지 않았다면 그들은 상당한 혼란을 일으켰을 것이고, 믿음의 반응도 보일 수 없었을 것이다. 따라서 제자들의 믿음은 첫 표적이 예수의 메시아 신분을 나타내는 표적임을 확증한 것이다."

[27] 이복우, "요한복음의 첫(ἀρχή) 표적의 의미", 88.

3. 요한복음 3:22-30[28]

예수가 세례를 주고 있었고(요 3:22) 요한도 세례를 주고 있었다(요 3:23). 하지만 예수가 세례를 주었다는 말은 요한의 세례와 대조하기 위한 의도적인 표현이다.[29] 왜냐하면 예수가 세례를 주었다는 기록은 신약 성경 중 오직 여기에만 나타날 뿐 아니라, 예수 자신이 직접 세례를 준 것도 아니기 때문이다(요 4:2). 이 의도적인 대조에서 요한에게 초점이 맞추어지는 듯하다. 본문은 요한이 세례를 주고 있는 애논(Αἰνών)에는[30] 물이 많다고(ὕδατα πολλά, 요 3:23b) 밝히지만, 예수에 관해서는 아무런 언급도 하지 않기 때문이다.[31] 또한 "사람들이 와서"(παρεγίνοντο)와 "세례를 받더라"(ἐβαπτίζοντο, 요 3:23c)는 모두 미완료과거(imperfect)로서 사람들이 요한에게 계속 와서 세례를 받고 있었다는 사실을 강조하기 때문이다. 요한의 세례 사역은 매우 성공적이었으며,[32] 그로 인해

---

[28] 이 본문에 나타난 예수와 세례자 요한의 관계, 세례자 요한의 역할, 그리고 물의 신학적 기능 등에 대한 자세한 설명은 이복우, 『내 뒤에 오시는 이』, 323-329; 이복우, "요한복음에 나타난 '물'의 신학적 의미와 기능", 「신학정론」 32/1 (2014): 105-109을 보라.

[29] 요 3:22-23 ὁ Ἰησοῦς … ἐβάπτιζεν. ἦν δὲ καὶ ὁ Ἰωάννης βαπτίζων ….

[30] BDAG, Αἰνών, Aenon place where John the Baptist was baptizing J 3:23. Ancient church tradition (Eus., Onom. p. 41) places it in the Jordan valley ca. 13 km south of Scythopolis (Bethshan).

[31] Larry p. Jones, *The Symbol of Water in the Gospel of John* (Sheffield: Sheffield Academic Press, 1997), 80: "The narrator … may use the fact that John needed an abundant supply of water to draw a further contrast between them."

[32] C. G. Kruse, *The Gospel according to John* (England: Inter-Varsity Press, 2003), 119.

대중적인 세례 운동이 계속되고 있었다.³³ 따라서 본문의 초점이 세례자 요한에게 맞추어져 있는 것으로 보인다.

그러나 이러한 생각은 요한이 옥에 갈 것이 예고됨으로써 곧 무너진다(요 3:24). 그리고 이어지는 "랍비여 … 선생님이 증언하시던 이가 세례를 베풀매 사람이 다 그에게로 가더이다."(요 3:26)라는 요한의 제자의 증언은 이 사실을 한층 더 강화한다. 이렇게 하여 본문의 초점이 요한에게서 예수에게로 옮겨진다. 나아가서 세례자 요한은 이렇게 되는 것이 "하늘에서 그에게 주신 바"(δεδομένον αὐτῷ ἐκ τοῦ οὐρανοῦ, 요 3:27)라고 단언한다. 요한의 쇠(衰)함은 물이 없어서가 아니라(요 3:23), 그가 하나님으로부터 받은 사명을 다 수행했기 때문이다(cf. 행 13:25). 이러한 상황의 반전은 "그는 흥하여야 하겠고 나는 쇠하여야 하리라"(ἐκεῖνον δεῖ αὐξάνειν, ἐμὲ δὲ ἐλαττοῦσθαι, 요 3:30)는 세례자의 말에서 절정에 이른다. 이 사실은 당위를 나타내는 동사 δεῖ(요 3:30)의 사용 때문에 더욱 분명하다.³⁴ 결국 이야기가 진행되면서 본문의 초점이 요한에게서 예수에게로 완전히 옮겨졌다. 이것은 세례자 요한에게서 메시야 예수에게로 구속사적 전환이 일어난 사실을 잘 보여준다. 세례자 요한은 예수를 증언하였고, 그의 증언을 받은 예수가 구

---

³³ Barrett, *The Gospel according to St. John*, 220.

³⁴ 요한복음에서 δεῖ는 참으로 확정된 하나님의 뜻을 의미하며(D. A. Carson, *The Gospel according to John* [Grand Rapids: Eerdmans, 1991], 212), 하나님이 예정하시고 주관하시는 구속 또는 구속사의 성취를 나타내는 용어이다: 요 3:7, 14, 30; 4:4, 24; 10:16; 12:34; 20:9; 계 1:1; 4:1; 20:3; 22:6 등. 이에 대한 자세한 내용은 이복우, "요한복음에 나타난 물(ὕδωρ)의 신학적 의미와 기능 (2)",「신학정론」37/2 (2019): 141-179, esp. 142-144을 보라.

속역사의 전면에 등장하였다.

4. 요한복음 4:7-29

예수는 갈릴리로 갈 때에 사마리아를 "통과해야만 했다"(ἔδει αὐτὸν διέρχεσθαι διὰ τῆς Σαμαρείας, 요 4:4). 이 행위는 구속을 위한 하나님의 필연과 당위(δεῖ)를 나타낸다. 예수는 사마리아의 수가라 하는 동네의 야곱의 우물 곁에서 한 사마리아 여자를 만났다. 예수의 육체는 피곤하고 배고프고 목마른(요 4:6-8) 상태였지만 이 여자와 대화를 시작했다. 이 두 사람의 대화는 어느 한 초점을 향해 진행한다. 그것은 바로 예수의 정체이다. 예수의 표적이 예수의 정체를 드러내는 것처럼 예수는 대화를 통해서도 자신의 정체를 나타내었다. 예수의 대화가 표적과 같은 기능을 한 것이다.

사마리아 여자는 처음에 예수를 '유대인'(Ἰουδαῖος, 9b)으로, 그 다음에는 '주'(Κύριε, 11b)로 불렀다.[35] 이어서 그녀는 "당신이 야곱보다 더 크니이까"(12a)라고 말함으로써 예수를 야곱보다 작은 자라고 했다.[36] 나아가서 사마리아 여자는 예수를 '선지자'(προφήτης,

---

[35] 이 표현은 신자가 예수를 주님으로 고백하는 표현이 아니라, 단순히 상대방을 높여 부르는 존칭어이다. Carson, *The Gospel according to John*, 219: "'Sir' [an appropriate rendering of *kyrie*, which is not Christologically 'loaded' here or in vv. 15, 19].": Leon Morris, *The Gospel according to John* (Grand Rapids: Eerdmans, 1971), 261: ""Sir" (see on v. 1) is a respectful form of address, and may be meant to put a polite barrier between them."

[36] 요 4:12a μὴ σὺ μείζων εἶ τοῦ πατρὸς ἡμῶν Ἰακώβ; μή로 시작하는 의문문은 부정의 대답을 전제로 한 질문이다.

19b)로 고백한다. 마지막으로 그녀가 "메시야 곧 그리스도라 하는 이가 오실 줄을 내가 안다"(요 4:25)라고 한 말에 예수는 "내가 그로다"(ἐγώ εἰμι, 26)라고 함으로써 자신이 그리스도이심을 직접 밝혔다. 예수가 친히 자신의 정체를 밝힌 것은 요한복음에서 여기가 처음이다. 이에 사마리아 여자는 동네에 들어가 사람들에게 "내가 행한 모든 일을 내게 말한 사람을 와서 보라 이는 그리스도가 아니냐"(요 4:28-29)고 말했다.

이 과정에서 사마리아 여자는 예수를 한 유대인으로 아는 데서 시작하여 주, 야곱보다 작은 자, 선지자, 그리고 마침내 그리스도로 알고 믿게 되었다.[37] 따라서 예수와 사마리아 여자의 대화는 그리스도라는 예수의 정체에 초점이 맞추어 졌다.[38] 이 사실은 사마리아 사람들의 입을 통해 한층 더 강화된다(요 4:42). 예수는 인종과 성과 지역을 초월하여 영원한 생명을 주는 그리스도이다.

4. 요한복음 9:1-41

요한복음 8:12은 예수를 "세상의 빛", "생명의 빛"(cf. 요 1:4, 5, 9)이라고 증언한다. 요한복음 9:5도 예수를 "세상의 빛"이라고 증

---

[37] 사마리아 여자가 예수를 그리스도로 믿었는가? 이 질문에 대한 답은 본서의 '부록 1 사마리아 여자는 예수를 그리스도로 믿었는가?'를 보라.

[38] Köstenberger, *A Theology of John's Gospel and Letters*, 202: "The second narrative, Jesus' encounter with the Samaritan woman in 4:1-42, focuses squarely on the progressive revelation of Jesus' true identity."

언한다. 이 증언에 이어서 예수는 날 때부터 맹인 된 사람의 눈을 뜨게 하는 표적을 행하였다. 그러므로 이 표적은 요한복음 8:12와 9:5의 증언을 극적(dramatic)으로 보여준 사건이다. 예수는 어둠에 사로잡혀 있는 인류에게 빛을 비추기 위해 세상에 왔다(요 1:4, 5, 9; 12:46). 그는 생명의 빛이요 세상의 빛이다. 그는 영적 맹인의 눈을 열어 하나님을 보게 하고 생명을 얻도록 하는 그리스도 구주이다.

이 사실을 증언하기 위해 저자는 날 때부터 맹인 된 사람이 예수의 정체를 알아가는 과정을 상술한다. 그는 맹인의 입을 빌려 예수의 정체를 추적한다. 맹인은 처음에 예수를 '한 사람'(ὁ ἄνθρωπος, 요 9:11, 15)이라고 말한다. 그 후에 그는 예수를 선지자(προφήτης ἐστίν, 요 9:17)로, 다음에는 하나님의 뜻대로 행하는 자(요 9:31)로, 그다음에는 하나님께로부터 온 사람으로(ἦν οὗτος παρὰ θεοῦ, 요 9:33) 증언한다. 그리고 마침내 그는 예수를 인자(요 9:35-38; cf. 요 1:51)와 주님으로 믿고 경배한다(요 9:38).[39] 이리하여 예수의 정체에 대한 추적이 끝난다. 이야기의 초점이 예수가 인자라는 사실에 선명하게 맞추어졌다. 육체적 맹인을 치료한 예수는 영적 맹인을 치료하는 인자, 곧 그리스도이다.

---

[39] 이 과정을 요약하면 다음과 같다: 한 사람 ➡ 선지자 ➡ 하나님의 뜻대로 행하는 자 ➡ 하나님께로부터 온 사람 ➡ 인자, 주.

5. 요한복음 12:1-8

예수를 맞이한 베다니에 잔치가 열렸다. 이때 마르다는 섬기고 있었고, 나사로는 예수와 함께 앉은 자 중에 있었다(요 12:2). 그런데 마리아는 지극히 비싼 향유를 예수의 발에 붓고 자기 머리털로 예수의 발을 닦았다. 마리아가 이와 같은 특이한 행동을 한 까닭은 예수가 그녀의 형제 나사로를 죽음에서 다시 살렸기 때문이다.

첫째, 이 사실은 2절과 3절이 모두 "그러므로"(οὖν)라는 접속사로 시작하는 데서 잘 드러난다. "그러므로" 베다니에서 예수를 위하여 잔치할 새 마르다는 일을 하고 나사로는 예수와 함께 앉은 자 중에 있었다(요 12:2). "그러므로" 마리아는 지극히 비싼 향유를 예수의 발에 붓고 자기 머리털로 그의 발을 닦았다(요 12:3). 둘째, 이 사실은 요한복음 11:2에서도 확인된다. "이 마리아는 향유를 주께 붓고 머리털로 주의 발을 닦던 자요 병든 나사로는 그의 오라버니(ἀδελφός)더라." 요한복음 11장은 예수가 죽은 나사로를 살리신 표적을 기록하고 있다. 그리고 12장에 가서야 마리아가 예수의 발에 기름을 부은 사건이 있다. 그런데도 저자 요한은 마리아가 향유를 주께 붓고 머리털로 주의 발을 닦은 이 사건을 예수가 나사로를 살린 표적의 시작 부분에 끼워 넣었다. 11장의 시점에서 보면 마리아의 기름 부음은 아직 일어나지 않은 미래의 일이다. 그럼에도 요한은 이 사건을 과감하게 앞으로 끌어당겨 예수가 죽은 나사로를 살린 표적의 시작부에 집어넣었다. 이렇게 함으로써 요한은 예수가 나사로를 살린 사건과 마리아가 예수의 발에 기름을 부은 사건을 마치 하나의 사건처럼 묶어 놓았다. 셋째, 이 사실은 12장에서 다시 확인된다. "예수께서 베다니에 이르시니 이곳은 예수께서 죽은 자 가운데서 살리신 나사로가 있는 곳이라"(요 12:1). 이 말씀은 11장의 사건을 가리킨다. 저자 요한은 12장을 시작하면서 도입부에 11장의 사건을 집어넣었다. 이리하여 11장과 12장을 의도적으로 소위 '섞어 짜기'(interweave)를 하였다.

그런데 이 사건에서 특별히 강조되는 것이 있다. 베다니에서 잔치를 한 것은 죽은 나사로를 살린 예수를 위해서이다(요 12:2a). 그러므로 이 사건이 예수와 나사로에게 초점을 맞출 것으로 쉽게 예상할 수 있다. 그러나 실상은 그렇지 않다. 저자는 마르다에 관해서 단 한 마디로 설명한다. "마르다는 일을 하고"(διηκόνει, 요 12:2b). 이어 저자는 "나사로는 예수와 함께 앉은 자 중에 있더라"(요 12:2c)고 설명한다. 이 잔치의 주인공은 예수다. 예수가 나사로를 살렸고 나사로는 살림을 받은 자이다. 그런데도 저자는 예수와 나사로를 단지 식사하기 위해 앉은 여러 사람 중의 한 사람으로 언급할 뿐이다.

이에 반해 마리아의 행동과 그것의 결과와 반응에 관해서는 무려 여섯 절(요 12:3-8)에 걸쳐 매우 자세히 설명한다. 따라서 본문의 초점은 마르다와 예수와 나사로를 지나 마리아에게 맞추어져 있다. 마리아는 향유를 예수의 발에 붓고 자기 머리털로 그의 발을 닦았다(요 12:3). 저자는 마리아가 부은 향유에 대해 무려 다섯 가지로 구분하여 속속들이 설명한다. 첫째는 마리아가 예수의 발에 부은 물품의 종류이다. 그것은 기름(μύρον)이다. 둘째는 기름의 상표(brand)이다. 그것은 나드(νάρδος)이다. 이 기름은 매우 귀하고 비싸다. 셋째는 나드 기름의 품질이다. 이 나드 기름은 순전했다(πιστικός). 이 향유는 최고로 잘 정제되어 불순물이 전혀 없는 맑고 깨끗한 향유였다. 넷째는 이 향유의 양(量)으로서, 1리트라(λίτρα)였다. 1리트라는 325g 정도 되는 적은 양이다. 다섯째는 이 향유의 가격이다. 이 적은 양의 향유 가격은 무려 300 데나리온(요 12:5)으로서 지극히 비쌌다(πολύτιμος, 요 12:3).

본문이 이렇게 향유에 대해 무려 다섯 가지로 구분하여 자세히 설명한 이유는 이 향유가 매우 귀하고 값비싼 제품이라는 사실을 강조하기 위해서이다. 마리아는 이렇게 귀하고 비싼 향유를 조금도 망설임 없이 예수님의 발에 아낌없이 다 쏟고 자기 머리털로 그의 발을 닦았다. 그녀는 생명 주신 예수를 위해 물질과 인격(신분)을 상대화했다. 본문은 이러한 마리아에게 초점을 맞추고 있다.

나아가서 예수는 마리아의 이 행위에 매우 놀라운 의미를 부여했다. "그를 가만두어 나의 장례할 날을 위하여 그것을 간직하게 하라"(요 12:7). 마리아의 행위는 비록 자신이 알고 한 일은 아니었지만,[40] 결과적으로 예수의 장례를 준비하는 일이 되었다. 마

---

[40] Carson, *The Gospel according to John*, 430: "Nor is it necessary to argue, ... that Mary herself intended the anointing to be a prefiguring of Jesus' burial. There is no clear evidence that Mary or anyone else understood before the cross that Jesus had to die. ... but like Caiaphas (11:49-52) she signalled more than she knew." 나의 번역: "마리아 자신이 예수의 장례를 미리 내다보고 그에게 기름을 부었는지를 논쟁할 필요는 없다. 마리아나

리아는 생명 얻음에 대한 감사와 사랑의 행동을 통해 예수가 이루는 구원 역사에 동참하게 된 것이다. 예수의 죽음과 장사됨은 예수 부활의 전제이며 그가 이루는 구속 사역의 필수 과정이기 때문이다.

IV. 공간에서 인간으로

요한복음의 초점 맞추기는 공간에서 인간으로 전환하기도 있다. 요한복음은 5:1-9이 그 대표적인 예이다. 예수는 갈릴리에서 예루살렘으로 올라간다(요 5:1). 이어서 본문은 예루살렘 성곽에 있는 양문을 언급한다(요 5:2a). 그 다음에 본문은 양문 곁에 있는 베데스다 못(요 5:2b)과 베데스다 못 안에 있는 다섯 개의 행각(στοά)을 언급한다(요 5:2b). 계속된 공간의 이동을 통해 초점이 행각 다섯에 맞추어졌다.

그러나 그것도 잠시, 초점은 방향을 틀어 다섯 행각에 모여 있는 많은 병자에게 향한다(요 5:3). 초점이 공간에서 인간에게로 초점이 전환된 것이다. 하지만 초점은 이들도 지나 최종석으로 한 사람에게 맞추어진다. 그는 병에 걸린 지 서른여덟 해 된 어떤 사

어떤 사람이 예수께서 장차 죽어야 한다는 것을 십자가 사건 전에 미리 알았다는 것을 보여주는 분명한 증거는 없다. … 그러나 가야바(요 11:49-52)의 경우처럼 그녀의 그러한 행위는 그녀가 아는 것 이상의 것을 나타내었다."

람(τις ἄνθρωπος)이다(요 5:5).⁴¹ 이처럼 갈릴리에서 시작된 예수의 발걸음은 예루살렘과 양문과 베데스다 못과 행각 다섯(공간)을 지나, 많은 병자를 넘어 가장 악한 상황에 있는(요 5:5-7) 한 사람 병자(인간) 앞에서 멈추어 섰다. 예수의 눈은 갈릴리에서부터 이 한 사람을 향하여 있었다. 이 사실은 예수의 동작을 표현하는 말들에서 잘 드러난다. 예수는 예루살렘으로 올라갔고(ἀνέβη, 요 5:1) 누운 병자를 보았고(ἰδών, 요 5:6a) 그의 병이 오래된 줄 알았다(γνούς, 요 5:6a). 그리고 병자에게 먼저 말을 건넸다(λέγει αὐτῷ, 요 5:6b). "예수가 직접 찾아가고, 보고, 알고, 말을 건넸다. 이 모든 것을 예수가 먼저 했다. 사람은 예수에게 아무것도 하지 않았는데, 예수는 그 사람에게 은혜를 베풀고 있다."⁴² 예수의 이 모든 행위는 그의 관심이 언제나 사람에게 있다는 점을 강조한다(cf. 요 1:4, 9). 예수의 눈은 공간이 아닌 인간에게 초점을 맞춘다.

---

⁴¹ 공간 : 갈릴리(요 4:54) ➡ 예루살렘(요 5:1) ➡ 양문(요 5:2) ➡ 베데스다 못(요 5:2) ➡ 행각 다섯(요 5:2)

인간 : 많은 병자(요 5:3) ➡ 서른여덟 해 된 병자(요 5:5)

⁴² 이복우, "요한복음에 나타난 물의 신학적 의미와 기능 (2)", 156.

V. 시간(날짜)

요한복음의 초점 맞추기는 무엇보다 시간과 관련하여 두드러진다. 시간의 초점 맞추기는 예수의 "때"와 관련하여 요한복음 전체에서 나타날 뿐 아니라, 요한복음 시작부인 1:29-2:11에서도 분명하며, 특히 요한복음 11:55에서 19:30까지 무려 여덟 장에 이르는 큰 분량의 내용이 하나의 시간 초점을 지향하고 있다.

1. 때(ὥρα)

요한복음에서 예수의 전 생애를 관통하는 대표적인 용어는 '때'(ὥρα)이다.[43] 예수는 첫 표적에서 마리아에게 "내 때가 아직 이르지 아니하였다"(οὔπω ἥκει ἡ ὥρα μου, 요 2:4)라고 말했다. 이는 예수가 그의 공생애 시작부터 이 '때'를 바라보고 있었다는 사실을 의미한다. 그러면 이때는 어떤 때인가?

초막절에 사람들이 예수를 잡고자 하였으나 손을 대는 자가 없었다. 저자는 그 이유를 "그의 때가 아직 이르지 않았기 때문이다"(ὅτι οὔπω ἐληλύθει ἡ ὥρα αὐτοῦ, 요 7:30b)라고 밝힌다. 예수는 성전 연보함 앞에서 가르쳤으나 그를 잡는 사람이 없었다. 이 또한 그

---

[43] Fri., ὥρα, for Jesus' redemptive acts (my) *hour*, (my) *time* (JN 17.1); BDAG, a point of time as an occasion for an event, time; Thayer, of the glorification which is inextricably bound up w. it.

의 때가 아직 이르지 않았기 때문이었다(ὅτι οὔπω ἐληλύθει ἡ ὥρα αὐτοῦ, 요 8:20). 마지막 유월절 닷새 전에 예수는 "인자가 영광을 얻을 때가 왔다"(ἐλήλυθεν ἡ ὥρα ἵνα δοξασθῇ ὁ υἱὸς τοῦ ἀνθρώπου, 요 12:23)라고 말씀했다. 예수가 말한 영광은 이어지는 내용(요 12:24-33)에서 그의 죽음을 가리킨다. 예수는 "아버지여 나를 구원하여 이때(τῆς ὥρας ταύτης)를 면하게 하여 주옵소서 그러나 내가 이를 위하여 이때(τὴν ὥραν ταύτην)에 왔나이다"(요 12:27)라고 말씀했다. "이때" 역시 예수의 죽음의 때를 의미한다. 그래서 예수는 "내가 땅에서 들리면(ὑψοῦν) 모든 사람을 내게로 이끌겠노라"(요 12:32, cf. 요 3:14; 8:28; 12:34)고 말씀했다. 요한은 이 말씀이 "자기가 어떠한 죽음으로 죽을 것을 보이심"이라고 설명한다(요 12:33). 이처럼 예수의 '때'는 그의 죽음의 때를 가리킨다.

나아가서 예수는 유월절 전(요 13:1)에 자기가 세상을 떠나(ἐκ) 아버지께로(πρός) 돌아가실(μεταβαίνειν) "그의 때"(αὐτοῦ ἡ ὥρα)가 온 줄 알고 제자들의 발을 씻겼다. 따라서 본 절의 "그의 때"는 예수의 죽음뿐 아니라 부활과 승천의 때를 말한다. 다시 말해 예수의 때는 그의 십자가 죽음뿐 아니라 그의 승귀, 즉 그가 영광스럽게 되는 때를 가리킨다.[44] 이런 까닭에 예수는 체포당함과 수난과 십자가 죽음을 앞에 두고 "때가 오나니 벌써 왔도다"(ἔρχεται ὥρα καὶ

---

[44] George R. Beasley-Murray, 『요한복음』, WBC, 이덕신 옮김 (서울: 도서출판 솔로몬, 2010), 170: "요한복음에서 예수의 "때"란 보통 그의 죽음과 영광스럽게 되심을 나타낸다(참조. 요 7:30; 8:20; 13:1; 17:1). … 그것은 틀림없이 예수께서 이제 착수하신 신적 주권에 대한 봉사와 관계될 것이다. 그런데 그것은 십자가에 "들어 올림"에서 절정에 달할 것이다."

ἐλήλυθεν, 요 16:32)라고 말씀했고, "아버지여 때가 이르렀사오니 당신의 아들을 영화롭게 하사"(Πάτερ, ἐλήλυθεν ἡ ὥρα· δόξασόν σου τὸν υἱόν, 요 17:1)라고 기도한 것이다.

이처럼 예수의 '때'는 그의 공생애 초반부인 첫 번째 표적에서 시작하여 그의 생애 마지막 부분인 '들림'(ὑψοῦν)에서 절정을 이룬다. 예수는 공생애 처음부터 그의 "때", 즉 그의 수난과 십자가 죽음과 부활과 승천의 때를 지향했다.[45] 이때는 그의 '영광의 때'이다.[46] 이리하여 예수의 "때"는 모두 이 '영광의 때'에 초점을 맞춘다.[47]

2. 요한복음 1:29-2:11

첫 표적(요 2:1-11)은 그 앞의 일들(최소한 요 1:29-51)과 분리될 수 없다. 요한복음 2:1이 "그리고"(καί)라는 접속사와 "사흘째 되던 날"(τῇ ἡμέρᾳ τῇ τρίτῃ)이라는 말로 시작하기 때문이다. "그리고"는

---

[45] Bruce B. Barton 외 3인, 『요한복음』, Life Application Bible Commentary (LAB), 전광규 옮김 (서울: 한국성서유니온선교회, 2009), 77: "예수는 그분의 주된 사명에 집중하고 있었음을 보여준다. 예수님의 '때'라는 주제는 이 복음서 전체를 관통해서 흐르고 있으며, 수난기사에서 정점에 달한다(참고. 요 7:30; 8:20; 12:23, 27; 13:1; 17:1)."

[46] 요 2:22 ὅτε ἠγέρθη ἐκ νεκρῶν, ἐμνήσθησαν οἱ μαθηταὶ αὐτοῦ ὅτι τοῦτο ἔλεγεν // 요 12:16 ἀλλ᾽ ὅτε ἐδοξάσθη Ἰησοῦς τότε ἐμνήσθησαν.

[47] Barton 외 3인, 『요한복음』, 77: "요한복음에서 예수님의 '때'는 영화의 때, 즉 그분이 하나님의 아들로서 자신의 진정한 자리와 지위를 얻게 되는 때를 가리킨다. 그리고 이 영화는 그분의 죽음과 부활을 포함한다. 예수께서 말씀하시고 행하신 모든 것은 그 '때'를 가리키고 있었다."

첫 표적을 1장의 사건들과 연결하며, "사흘째 되던 날"은 1:29부터 시작한 연속적인 날짜 표기들의 마지막 표기이다. 따라서 이 시간 표기들은 "사흘째 되던 날"에 초점을 맞춘다. 이 사실은 요한복음 2:12이 "이 일 후에"(μετὰ τοῦτο)라는 말로 시작함으로써 2:12 이하의 내용을 "사흘째 되던 날"과 분리한다는 점에서도 분명하다.[48] 이 흐름을 요약하면 아래와 같다.

> 첫날?(요 1:19-28)
> 이튿날(요 1:29-34)
> 또 이튿날(요 1:35-42)
> 이튿날(요 1:43-51)
> ▶ **사흘째 되던 날**(요 2:1-11)
> 이 일 후에(μετὰ τοῦτο, 요 2:12)

이와 함께 중요한 사실은 각 시간(날짜)마다 증언(μαρτυρία)이라는 공통된 내용이 있다는 점이다. 요한복음 1:19-28에서 세례자 요한이 자신의 정체를 증언한다.[49] 그는 세 번에 걸쳐 자신이 그리스도가 아니라고 강하게 부인한 뒤(요 1:20-21), "내 뒤에 오시는 이"에게 사람들의 관심을 돌린다. "이튿날"(τῇ ἐπαύριον, 요 1:29)에

---

[48] J. Ramsey Michaels, 『요한복음』, 전의우 옮김 (서울: 한국성서유니온선교회, 2016), 77: "여러 날"(a few days)이라는 모호한 표현은 1:29-2:11에서 의도적으로 이어지는 연속된 엿새와 극명하게 대비된다.

[49] 이복우, 『내 뒤에 오시는 이』, 315-317.

세례자 요한은 예수를 세상 죄를 지고 가는 하나님의 어린 양(요 1:29), 내 뒤에 오시는 이(요 1:30), 성령으로 세례를 베푸는 이(요 1:33), 하나님의 아들(요 1:34)로 증언한다. "또 이튿날"(τῇ ἐπαύριον πάλιν, 요 1:35)에 세례자 요한은 예수를 다시 하나님의 어린 양(요 1:36)으로 증언하고, 안드레는 예수를 메시아(Μεσσίας, 요 1:41)로 증언한다. 다음 "이튿날"(τῇ ἐπαύριον, 요 1:43)에는 빌립이 예수를 모세가 율법에 기록하였고 여러 선지자가 기록한 그이(요 1:45)로 증언하고, 나다나엘이 예수를 하나님의 아들과 이스라엘의 임금 (요 1:49)으로 증언한다. 이어 예수는 자신을 인자(요 1:51)라고 말한다. 이상의 내용을 간략하게 정리하면 다음과 같다.

시간 연속	증언 연속
첫째 날?	내 뒤에 오시는 이
이튿날	세상 죄를 지고 가는 하나님의 어린 양
	내 뒤에 오시는 이
	성령으로 세례를 베푸는 이
	하나님의 아들
또 이튿날	하나님의 어린 양
	메시아
이튿날	모세가 율법에 기록한 이
	여러 선지자가 기록한 그이
	하나님의 아들
	이스라엘의 임금
	인자
사흘째 되던 날	물을 포도주로 만듦(첫 표적)

이 일 후에(μετὰ τοῦτο, 요 2:12)

이와 같은 시간의 연속과 증언의 연속에는 다음과 같은 특징들이 나타난다.

첫째, 저자는 세례자 요한과 나다나엘 외에 다른 두 제자가 어떻게 예수의 정체를 알게 되었는지에 관해 침묵한다(나다나엘의 경우도 분명하지는 않다). 그는 제자들이 예수의 정체를 인식하고 믿게 된 과정은 과감히 생략한다. 반면에 예수의 정체에 관한 제자들의 증언에 초점을 맞춘다. 이것은 저자의 관심이 예수의 정체를 증언하는 데 있다는 것을 의미한다.

둘째, 저자는 시간(날짜) 자체의 정확성이나 의미에는 관심이 없어 보인다. 어느 날로부터 시작해서 이튿날인지를 알 수 없다. 또한 "어느 때로부터 계산하여 사흘째인지 그 시작점이 분명치 않다. 요한복음 1:43에 따르면 예수께서 갈릴리로 떠나시기로 정하셨다고 하므로 이날부터 계산하여 사흘째인지, 아니면 갈릴리에 돌아오신 후 사흘째를 말하는 것인지, 혹은 가나에 들어와 계신 지 사흘째를 가리키는지 분명하지가 않다."[50] 이에 반해 저자는 각 날에 있었던 사건들을 자세히 서술한다. 그 사건들은 모두 예수의 정체에 대한 증언이다. 따라서 연속된 시간(날짜) 표기는 날짜 자체에 의미를 부여하는 것이 아니라 "사흘째 되던 날"에 초점을 맞추는 역할을 한다. 그리하여 각 날의 증언을 연속된 증언으로 만들며, 무엇보다 사흘째 되던 날의 표적 역시 예수의 정체를 증언하는 것이라는 사실을 보여준다.

---

[50] 김성수, 『태초에 말씀이 계시니라』 (용인: 마음샘, 2007), 116.

셋째, 첫 표적은 요한복음 1:19에서부터 시작된 예수의 메시아 신분에 대한 연속적인 증언 중 마지막 증언이자[51] 제자들의 증언에 이은 예수 자신의 증언이다. 연속된 시간 표기는 사흘째 되던 날에 초점을 맞추며, 각 날의 증언은 사흘째 되던 날의 표적을 지향한다. 연속된 각 시간(날짜)을 따라 예수의 정체에 대한 증언도 계속된다. 시간의 연속은 예수에 대한 증언의 연속을 이끈다. 그러므로 연속된 시간(날짜)의 절정인 사흘째 되던 날에 있었던 첫 표적은 예수의 정체에 대한 증언의 절정이다.[52] 이리하여 "사흘째 되던 날"은 이전 증언들(요 1:29-51)과 첫 표적을 연결하며,[53] 앞에 있는 모든 증언은 이 표적의 증언에 초점을 맞춘다. 나아가서 첫 표적은 예수의 정체에 대한 제자들의 연속적인 증언(요 1:29-49)과 자신의 인자되심에 대한 예수의 증언(요 1:51)을 확증한다.[54]

---

[51] R. E. Brown, *The Gospel and Epistles of John* (Collegeville, Minnesota: The Liturgical Press, 1988), 28: "His own miracle is the last of a series of witnesses to him."

[52] Carson, *The Gospel according to John*, 167: "More impressive is the running climaxing in the miraculous transformation of water into wine." 김동수, 『요한신학 렌즈로 본 요한복음』 (서울: 도서출판 솔로몬, 2006), 66: "요한복음 1장 19절부터 사건을 연결할 때 시간을 언급하는 것으로 시작하는데(요 1:29, 35, 43) 이 구절에서 시간을 언급한 것도 이러한 방식의 연속이다."

[53] Kim, "The Significance of Jesus' First Sign-Miracle in John," 205-206.

[54] 이복우, "요한복음의 첫(ἀρχή) 표적의 의미", 77-83. Craig R. Koester, *Symbolism in the Fourth Gospel* (Minneapolis: Augsburg Fortress, 1995), 79: "In the Gospel narrative, the wine miracle at Cana confirms the disciples' confession of faith in Jesus as the Messiah"; 김동수, 『요한신학 렌즈로 본 요한복음』, 71.

3. 요한복음 7:1-39

저자 요한은 초막절에 있었던 일을 시간에 의한 초점 맞추기로 서술한다. 하지만 여기서도 그는 시간의 정확성에는 관심이 없어 보인다. 요한은 먼저 "유대인의 명절인 초막절이 가까운지라"(요 7:2)고 밝힌다. 단지 그는 단지 초막절이 가까이(ἐγγύς) 왔다는 사실만 말할 뿐, 초막절 며칠 전인지 정확한 시간(날짜)은 말하지 않는다. 다음으로 그는 "명절 중에"(ἐν τῇ ἑορτῇ, 요 7:11), 그 다음에는 "명절의 중간이 되어"(τῆς ἑορτῆς μεσούσης, 요 7:14)라고 말할 뿐, 정확한 시간을 밝히지 않는다. 요한은 "가까웠다", "중", "중간"이라고 시간 표기를 함으로써 시간의 흐름을 좇아 기술하지만, 시간 자체를 정확하게 표기하려는 의도는 전혀 나타내지 않는다.

반면에 요한은 이 모든 시간의 마지막을 "명절 끝날 곧 큰 날에"(ἐν τῇ ἐσχάτῃ ἡμέρᾳ τῇ μεγάλῃ τῆς ἑορτῆς, 요 7:37)라고 말함으로써 시간을 명확하게 언급한다. 이는 초막절 끝날 이전의 시간들을 불분명하게 표기한 것과 대조적으로 초막절 끝날을 명확하게 밝힌 것이다. 그리고 요한복음 8:2에 가면 "아침에"(ὄρθρου)라고 말함으로써 이전 시간 표기와 단절된 새로운 시간 표기를 시작한다. 이와 같은 시도는 명절 끝날 곧 "큰 날"에 초점을 맞추려는 의도이다. 앞의 내용을 요약하면 다음과 같다.

〈다음 페이지에 도식표 개시〉

나아가서 요한은 흐릿한 시간 표기와 반대로 각 시간(날)에 일

- 초막절이 가까웠다(2)
  - 명절 중(11)
  - 명절의 중간(14)
  - **명절 끝날 곧 큰 날**(37)

아침에(요 8:2, ὄρθρου)

어난 사건은 명확하게 서술한다. 초막절이 가까웠을 때(요 7:2) 예수는 자신을 "나타내지 않고 은밀히"(οὐ φανερῶς ἀλλὰ [ὡς] ἐν κρυπτῷ, 요 7:10) 갈릴리에서 예루살렘으로 올라갔다. "명절 중"에 유대인들이 예수를 찾았다(요 7:11-13). "명절 중간"에는 예수가 성전에 올라가서 가르쳤다(ἐδίδασκεν, 요 7:14). 또한 그는 성전에서 가르치며 외쳐 말했다(ἔκραξεν … διδάσκων … λέγων, 요 7:28). 그리고 "명절 끝날 곧 큰 날"에 예수는 서서 외쳐 말했다(εἱστήκει … ἔκραξεν λέγων, 요 7:37). 이처럼 저자는 각 시간에 발생한 예수의 활동에 초점을 맞춘다.

그런데 예수의 활동은 시간의 흐름에 따라 변화가 생긴다. 예수는 처음에 은밀히 예루살렘에 올라갔다. 그러나 그는 명절 중간에 성전에서 가르침으로써 자신을 공개했다. 은밀함이 공개로 바뀌었다. 또한 그는 성전에서 가르칠 뿐 아니라 '외쳐' 말했다. 가르침에 외침이 더하여졌다. 나아가서 큰 날에는 외치되 '서서' 외쳤다. 외침에 '서서'가 덧붙여졌다. 이는 예수의 활동이 점점 더 강화되어 끝날에 초점이 맞추어져 있음을 잘 보여준다. 이 내용을 도식으로 나타내면 다음과 같다.

시간 표기	예수의 활동	특징
초막절이 가까운지라(2)	갈릴리에 머물러 계심	내 때가 아직 차지 못했다
명절에(10)	자기도 올라가시되 '은밀히'	은밀히 (은닉)
명절 중(11)	유대인들이 예수를 찾음	무리의 반응
명절의 중간(14)	성전에 올라가사 '가르치셨다'	가르치심 (공개)
시간 표기 없음(28)	성전에서 '가르치시며' '외쳤다'	가르치심+외침 (공개)
명절 끝날 곧 큰 날(37)	'서서' '외쳤다' → 생수의 강	절정 : 외침+서서 (공개)

아침에(ὄρθρου, 요 8:2)

초막절이 가까움(2) ➡ 명절 중(11) ➡ 명절의 중간(14)　　　➡　　**명절 끝날(37)**
　은밀히(10)　　➡　　　가르치시니(14) ➡ 가르치시며 외쳐(28) ➡ **서서 외쳐(37)**
　　　　　　　　　　　　　(공개적)　　　　　(+외침)　　　　　(+서서)

그러므로 요한은 시간을 정확하게 밝히는 데는 관심이 없다. 반면에 그는 각 날에 발생한 일에 관심을 둔다. 요한의 관심은 '시간'이 아니라 '사건'이다. 그는 명절 끝날에서 절정을 이루는 시간의 초점 맞추기를 시도하여 각 날의 사건이 명절 끝날의 사건을 지향하게 한다.[55] 이 사실은 예수의 활동에 대한 표현이 끝날을 향해 강화된다는 사실에서도 분명하다. 결국 초막절에 행한 예수의 행위는 "큰 날"에 서서 외치는 내용에 초점이 맞추어져 있다. "누구든지 목마르거든 내게로 와서 마시라 나를 믿는 자는 성경의 이름과 같이 그 배에서 생수의 강들(ποταμοί)이 흘러나오리라"(요 7:37-38). 성전에 서서 외쳐 가르친 예수는 그를 믿는 자들

---

[55] 이러한 문학 장치는 이미 확인한바, 요한복음 1:29-2:11의 방식과 같다.

에게 생수의 '강들', 즉 성령을 충만하게 부어주는 이시다.

4. 요한복음 11:55-19:30

공관복음은 예수의 공생애 기간의 유월절을 한 번으로 기록하고 있다. 하지만 요한복음은 예수가 세 번(요 2:13; 6:4; 11:55) 유월절을 보낸 것으로 기술한다. 요한은 그중에서도 세 번째 유월절 기간에 있었던 예수의 활동에 집중한다. 시간으로 보면, 예수는 세 번째 유월절에 이르기까지 최소한 2년 이상의 활동을 했지만, 세 번째 유월절을 전후로 예수에게 주어진 시간은 2주 정도였다.[56]

시간에 따른 구분

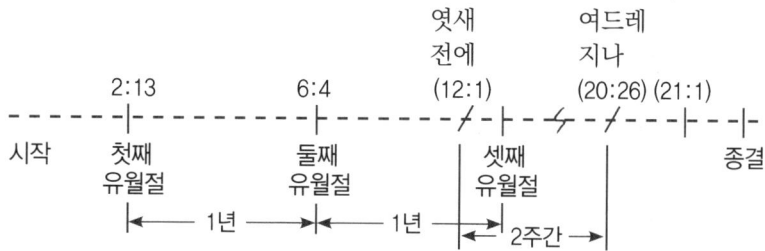

그런데도 분량으로 볼 때, 세 번째 유월절(11:55)을 요한복음 전체의 중간쯤에 두었다. 따라서 요한은 세 번째 유월절에 이르

---

[56] 조병수, 『신약성경총론』, 131.

기까지 최소한 2년 동안의 예수의 활동에 요한복음 절반 정도를 할애했다. 반면에 나머지 절반 정도에는 세 번째 유월절을 전후로 약 2주 동안에 일어난 예수의 수난과 부활을 기록했다.

분량에 따른 구분

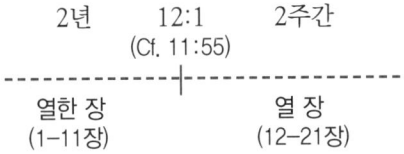

이와 같은 구성은 요한복음의 초점을 예수의 세 번째 유월절에 맞추고 있다는 사실을 명확하게 보여 준다.[57] 세 번째 유월절에 대한 기록은 다음과 같다. 먼저 두 번의 유월절을 지나 세 번째 유월절이 가까웠다고 예고한다(요 11:55). 이것은 연도(절기)에 따른 시간 표기이다. 이어서 저자는 "유월절 엿새 전"(πρὸ ἓξ ἡμερῶν, 요 12:1), "그 다음 날"(τῇ ἐπαύριον, 요 12:12), "유월절 전"(πρὸ τῆς ἑορτῆς τοῦ πάσχα, 요 13:1) 순으로 기록하며, 각 날짜에 있었던 일들을 상술한다. 그리고 저자는 "유월절 전(πρό)"부터 예수가 십자가에 못 박히기까지는 단 하루의 시간을 "저녁"(δεῖπνον, 요 13:2), "밤"(νύξ, 요 13:30), "새벽"(πρωΐ, 요 18:28), "제6시쯤"(ὡς ἕκτη, 요 19:14) 등으로 나눈 뒤, 그 시간에 일어난 일들을 자세히 설명한

---

[57] 조병수, 『신약성경총론』, 131.

다. 그 다음에는 '좀 더 짧은 시간'을 의미하는 "이 일 후에"(μετὰ τοῦτο, 요 19:28)가 언급되며, 마침내 예수가 십자가에서 자신의 영혼을 넘겨주는 "그 때"(ὅτε, 요 19:30) 즉, 바로 그 시점(point)에서 시간 표기는 멈춘다.[58] 이리하여 시간은 절정에 이르고 초점이 최종 사건에 맞추어 졌다. 이상의 내용을 도식화하면 다음과 같다.

```
첫 번째 유월절(2:13) ─────────┐
두 번째 유월절(6:4)           ├─ 년
세 번째 유월절(11:55) ────────┘
유월절 엿새 전(12:1) ─────────┐
그다음 날(12:12)              ├─ 날짜
유월절 전에(13:1)  ───────────┘
저녁(13:2) ───────────────────┐
밤(13:30)                     │
새벽(18:28)                   │
유월절 준비일 제6시쯤(ὡς)(19:14) │
  -십자가에 못 박도록 넘겨줌    ├─ 시간
이 일 후에(μετὰ τοῦτο) - 짧은 시간(19:28) │
▶ 때(ὅτε) - 바로 그 시점(19:30) │
    "영혼을 넘겨주었다"(παρέδωκεν τὸ πνεῦμα) │
       ⋮                      │
안식 후 첫날(요 20:1) ─────────┘
```

---

[58] EDNT, As a conj. (with ind.) ὅτε indicates the point in time when an event occurs, esp. in combination with the aor. (BDF §382.1).

이처럼 요한복음은 연(年), 날짜, 시간, 짧은 시간, 그리고 '바로 그 시간'의 순으로 시간이 점점 짧아지면서 세 번째 유월절 예비일의 어느 한 시점을 향해 지속적으로 시간의 초점을 맞춘다. 그 시점은 바로 예수가 십자가에서 자기 영혼을 넘겨준 시간이다. 이렇게 하여 요한은 요한복음의 초점을 예수의 십자가 죽음에 맞춘다.

그런데 여기서도 시간의 불명확함에 반해 사건은 명확하고 세밀하게 서술되었다. 시간의 불명확함과 사건의 명확함이 대조된다. 저자는 "유월절이 가까웠다", "유월절 전", "저녁", "밤", "새벽", "준비일 제6시쯤(ὡς)", "이 일 후에", "때" 등으로 시간 표기를 함으로써 시간의 정확성이나 시간 자체의 의미에는 관심을 두지 않는다. 이에 반해 저자는 각 날, 각 시간에 일어난 사건은 많은 지면을 활용해 자세히 기록했다. 심지어 그는 유월절 준비일에 해당하는 예수의 생애 마지막 '한 날'에[59] 있었던 일들, 다시 말해 24시간도 채 안 되는 시간 동안에 일어난 일들을 무려 '일곱 장'(13-19장, 요한복음 전체의 1/3)에 걸쳐 자세히 기록했다. 이것은 짧은 시간과 많은 분량의 강한 대조이다.

따라서 요한이 "유월절이 가까웠다"에서 시작하여 예수가 자기 영혼을 건네주는 바로 그 시점(때)으로 시간의 초점 맞추기를 한 것은 각 시간 자체에 어떤 의미를 부여하기 위함이 아니라, 세 번째 유월절, 특히 유월절 준비일에 발생한 사건들을 하나로 묶

---

[59] 마지막 저녁 만찬(요 13:4, cf. 13:30)부터 다음 날 저녁까지.

고, 예수의 십자가 죽음에 초점을 맞추기 위한 문학 장치이다. 이렇게 하여 예수의 십자가 죽음의 의미가 확연히 드러났다. 예수는 '유월절 어린 양'으로 죽임을 당했다. 이 죽음은 세상 죄를 제거하는(αἴρειν, 요 1:29) 죽음이고, 한 사람이 백성을 위하여 죽어서 온 민족이 망하지 않게 되는 죽음이며(요 11:50), 모든 사람을 예수에게로 이끄는 죽음이다(요 12:32).

정리하면, 요한복음 11:55-19:30에 나타난 시간의 초점 맞추기에는 공통적인 특징이 있다. 그것은 바로 시간의 불명확성과 사건의 명확성과 상세성이다. 시간의 연속은 사건을 이어가고, 시간의 정점은 사건을 절정으로 이끈다. 시간에 의한 초점 맞추기는 사건의 초점 맞추기를 하기 위한 수단이다.

5. 요한복음 20:1-29

요한복음 20:1은 "안식 후 첫날 일찍이 아직 어두울 때"(τῇ μιᾷ τῶν σαββάτων … πρωῒ σκοτίας ἔτι οὔσης)라는 시간 표기로 시작한다. 하지만 "아직 어두울 때"가 정확히 몇 시인지는 알 수 없다. 이때에 막달리 마리아와 베드로, 그리고 예수께서 사랑하시던 그 제자가 예수가 사라진 빈 무덤을 목격했다. 특히 두 제자는 빈 무덤에 남겨진 예수의 시신을 쌌던 세마포와 수건의 모양과 위치를 보고 예수의 부활을 믿었다(요 20:5-9). 이어진 요한복음 20:11-18에서 막달라 마리아가 부활한 예수를 만났다. 그리고 제자들에게 가서 자기가 부활한 주님을 보았다고 증언했다. 이 일은 앞(요 20:1-10)과 다른 사건이다. 그럼에도 여기에는 시간 표기가 따로 없다.

요한복음 20:19-23은 다시 "그러므로 이날 곧 안식 후 첫날 저녁 때에"(οὔσης οὖν ὀψίας τῇ ἡμέρᾳ ἐκείνῃ τῇ μιᾷ σαββάτων)라는 시간 표기로 시작한다. 하지만 요한은 단순히 "저녁 때"라고 말함으로써 1절과 마찬가지로 정확한 시간을 말하지 않는다. 반면에 "그러므로"(οὖν)라는 접속사는 이 사건을 앞의 사건과 연결한다. 부활한 예수가 두려워서 모여 있는 제자들에게 나타났다. 그는 손과 옆구리를 제자들에게 보여 주었고, 제자들은 주를 보고 기뻐했다(요 20:20b). 이때 도마는 그 자리에 없었다. 요한복음 20:24-25은 그런 도마가 제자들로부터 "우리가 주를 보았다"(ἑωράκαμεν τὸν κύριον)는 증언을 듣고 보인 반응이다. 여기서도 요한은 이 일이 일어난 시간에 관해 침묵한다. 그는 이 일이 예수가 제자들에게 나타난 그날 밤에 있었는지 아니면 며칠 후에 있었는지에 대해 말하지 않는다. 그의 관심은 시간 자체가 아니다.

부활한 예수가 다시 제자들에게 나타났다. 그리고 도마에게 자신을 보였다(요 20:26-29). 요한은 이 사건의 시작을 "그리고 여드레를 지나서"(καὶ μεθ' ἡμέρας ὀκτώ)라는 말로 시작한다. 하지만 이 8일이 무엇을 기준으로 8일인지는 알 수 없다. 대신에 이 시간 표기는 "안식 후 첫날 일찍이 아직 어두울 때"(요 20:1)에서 시작하여 "이날 곧 안식 후 첫날 저녁 때에"(요 20:19)로 이어지고, 이날에 이르러 절정에 도달했음을 알린다. 그 이유는 요한복음 20:26이 "그리고"(καί)로 시작함으로써 앞의 시간과 연결하는 반면에 요한복음 21:1은 다른 시간과 사건으로의 전환을 알리는 "이 일들 후에"(μετὰ ταῦτα)라는 말로 시작하기 때문이다.[60] 이상의 내용을 도식으로 정리하면 다음과 같다.

- 안식 후 첫날 일찍이 아직 어두울 때(1-10)
- 시간 표기 없음(11-18)
- 안식 후 첫날 저녁 때(19-23)
- 시간 표기 없음(24-25)
- **여드레를 지나**(26-29)
- 이 일들 후에(μετὰ ταῦτα, 21:1)

예수는 도마에게 나타나서 자신의 부활을 확인시켰다. 이로 말미암아 도마는 예수를 "나의 주님이시오 나의 하나님이시니이다"(요 20:28)라고 고백했다. 이것은 예수의 정체에 대한 도마의 신앙 고백이다. 또한 이 고백은 예수의 부활을 '본 자'의 증언이기도 하다.[61] 도마는 "예수를 직접 보지 못한, 또는 볼 수 없는 사람들에게 예수를 주와 하나님으로 증언한 증인이다."[62]

요한은 '시간 자체'의 의미에는 관심이 없다. 절정으로 이어지는 시간 표기는 각 시간에 있었던 시간들을 하나로 묶으며, 마지

---

[60] "이 일 후에"(μετὰ τοῦτο)와 "이 일들 후에"(μετὰ ταῦτα)가 시간의 계속을 의미하는지 또는 시간의 단절을 의미하는지는 문맥이 결정한다.

[61] 이복우, "요한복음의 증언에 대한 연구", 「신학정론」 39/1 (2021): 153-208, esp. 194.

[62] 이복우, "요한복음의 증언에 대한 연구", 197.

막 시간의 사건에 초점을 맞추는 역할을 한다. 각 사건은 모두 예수의 부활에 관한 내용이며, 그중에서도 예수 부활에 관한 '증언'들이 중요하다. 이 증언들은 "여드레를 지나서" 있었던 도마의 증언에서 절정을 이루어 그 증언에 초점을 맞춘다. 왜냐하면 이 증언에 이어 "너는 나를 본 고로 믿느냐 보지 못하고 믿는 자들은 복되도다"(요 20:29)라는 예수의 선언이 있으며, 이 선언이 요한복음의 기록 목적으로 연결되기 때문이다.[63] 또한 요한복음 21:1의 "이 일들 후에"라는 말은 본 단락을 매듭짓고, 새롭게 21장을 시작한다는 사실을 명확하게 보여주기 때문이다.

VI. 맺음말

요한복음은 목격자의 진실한 증언을 기록한 책이다. 이를 위해 저자는 여러 문학 장치들을 사용했다. 그중에서도 '초점 맞추기'(focusing)는 요한복음 전체에서 나타나며, 상황, 공간, 인간, 공간에서 인간, 그리고 시간의 방식으로 이루어진다. 이 사실은 다음과 같은 결론에 이른다.

  1. 요한복음은 언어나 문체뿐 아니라 '초점 맞추기'라는 문학

---

[63] 예수의 선언(요 20:29)과 요한복음의 기록 목적은 "그러므로"(οὖν)라는 인과관계의 접속사로 연결된다. 이에 관한 자세한 설명은 이복우, "요한복음의 증언에 대한 연구", 197-201을 보라.

장치에서도 통일성을 이룬다.⁶⁴ 이처럼 같은 문학 기법이 요한복음 전체에서 나타나는 것은 요한복음이 한 저자에 의해 기록된 단일한 성경이라는 사실을 확증한다.⁶⁵ 요한복음은 1:1-18과 21장을 포함하여 전체가 한 저자의 기록이다.

2. 저자가 초점 맞추기를 통해 강조하려는 것은 대부분 예수의 정체와 관련된다. 예수는 하나님으로서 선재하신 분이나 성육신하심으로 낮아지시고 우리 가운데 거하셨다. 예수는 그리스도시요 하나님의 아들이시며 인자이시다. 그는 부요하신 분으로서 부요하게 하시는 분이다. 따라서 예수를 믿는 자는 영원히 목마

---

⁶⁴ E. Ruckstuhl, "Johannine Language and Style. The Question of Their Unity," in *L'evangile De Jean: Sources, Redaction, Theologie*, Bibliotheca Ephemeridum Theologicarum Lovaniensium, XLIV (Leuven: Leuven University Press, 1987), 125: "Whoever has studied the history of Johannine criticism during the course of this century, including its last three decades, cannot overlook the fact that most experts have acknowledged that the Fourth Gospel gives a strong impression of unity of language and style." 나의 번역: "지난 30년을 포함하여 금세기 동안 요한 비평의 역사를 연구한 사람이라면 전문가 대부분이 제4복음서가 언어와 문체의 통일성에 대한 강한 인상을 준다는 점을 인정했다는 사실을 간과할 수 없다." Köstenberger, *A Theology of John's Gospel and Letters*, 130: "In John's case, scholars are agreed: "One thing is certain: there is an unmistakable 'Johannine' style." B. H. Streeter, *The Four Gospels* (London: Macmillan, 1930), 460: "The three Epistles and the Gospel of John are so closely allied in diction, style and general outlook that the burden of proof lies with the person who would deny their common authorship." 나의 번역: "요한의 세 서신과 요한복음은 어법, 문체, 전반적인 관점에서 매우 밀접하게 연관되어 있기 때문에 증명 책임은 이들의 공동 저작권을 부인하는 사람에게 있다." Köstenberger, *A Theology of John's Gospel and Letters*, 130에서 재인용.

⁶⁵ 이복우, "요한복음의 프롤로그(요 1:1-18)와 '몸말'과의 관계", 「신학정론」 29/2 (2011): 238-416, esp. 401-402, 408; D. A. Carson, Douglas J. Moo, 『신약개론』, 임성욱 옮김 (서울: 은성출판사, 2006), 279: "최근에 포이트레스(Poythress)는 문체의 특징들을 사용하여 제4복음서의 통일성을 연구하면서 접속사 생략(asyndeton)이라는 구문론적 현상, 그리고 헬라어 접속사 δέ, καί, οὖν 등을 통계학적으로 연구했다. 요한복음에서는 접속사의 사용이 유난히 적고, 접속사가 생략되는 경우가 유난히 많다. 그는 이러한 증거들이 제시하는 바는 제4복음서의 저자가 한 사람이며, 요한서신을 쓴 사람과 일치한다는 것이라고 주장한다."

르지 않게 되며 성령으로 충만하게 된다. 이를 위해 예수는 구속사의 전환을 가져왔고, 십자가 죽음을 통해 구속을 성취했다. 예수는 공생애 처음부터 이 "때"를 향해 나아갔다. 또한 예수는 몸소 초기 교회 선교의 패턴을 이루었다. 예수는 한 사람을 소중히 여기고 찾아 나선다. 결국 요한복음의 '초점 맞추기'는 주로 기독론과 관련되며,[66] 이는 기록 목적(요 20:31)을 이루기 위한 핵심적인 문학 전략이다.

3. 요한복음에 나타난 시간의 초점 맞추기는 대체로 시간 자체에는 의미를 부여하지 않는다.[67] 시간 표기는 두루뭉술한 경우가 많다.[68] 일련의(successive) 시간(날짜) 표기는 단지 마지막 시간(날짜)에서 절정을 이루고, 각 시간(날짜)의 사건을 하나로 연결하며, 마지막 시간의 사건에 초점을 맞춘다. 저자의 관심은 시간이 아닌 각 시간에 일어난 사건에 있다. 특히 저자는 마지막 시간을 지

---

[66] Kyle Keefer, 『신약 : 문학으로 읽는 신약성서』 (*The New Testament as Literature: A Very Short Introduction*), 김학철, 이승호 옮김 (서울: ㈜타임교육, 2018), 43: "복음서 저자는 … 예수의 모습 중 중요하다고 생각하는 모습을 묘사하는 데 도움이 될 만한 자료(material), 문체(style of presentation), 구조(structure), 단어(terminology)를 선택했다." 같은 책 100: "요한의 복음서에서 예수는 자신에 관해 이야기하기를 멈추는 법이 없다. 어떤 대화가 예수라는 초점에서 벗어나려 하면 그는 강제로라도 이야기를 본래 위치로 돌려놓는다."

[67] Keefer, 『신약 : 문학으로 읽는 신약성서』, 42: "복음서라고 불리는 이 이야기들은 예수의 연대기에 별다른 관심을 기울이지 않는다. … 네 편의 복음서는 모두 심오한 면모를 보여주며 저마다 독특한 방식으로 예수를 묘사한다."

[68] "이 일 후에"(μετὰ τοῦτο, 요 2:12; 11:7, 11; 19:28). "이 일들 후에"(μετὰ ταῦτα, 요 3:22; 5:1, 14; 6:1; 7:1: 13:7; 19:38; 21:1). "약 몇 시쯤 되었더라"(ὥρα ἦν ὡς …, 요 1:39; 4:6; 19:14). 숫자도 "약"(ὡς)이라는 단서를 붙임으로써 대체로 정확하게 기록하려는 의지가 약하다(요 6:10, 19; 11:18; 19:39; 21:8, cf. 2:6 "두세 통"). 물론 정확성이나 강조를 위해 숫자를 정확하게 표기할 때도 있다(요 2:20 46년; 4:40 두 날; 11:17, 39 나흘; 21:11 153마리 등).

향하는 방식을 취함으로써 마지막 날에 일어난 사건에 최종 초점을 맞춘다. 이것은 요한의 고유한 문학 장치(literary device)이다. 중요한 것은 시간(날짜)이 아니라 사건이며, 그중에서도 마지막 날의 사건이 핵심이다. 저자가 지시하는 것은 사건이지 시간이 아니다.[69]

4. 이와 같은 결론은 요한복음의 시간(날짜) 표기 해석에 새로운 통찰을 준다. 그 좋은 예는 첫 표적의 "사흘째 되던 날"에 대한 해석이 될 것이다. 어떤 이들은 "사흘째 되던 날"을 여섯째 날로 계산하여 새 창조의 완성의 날로 본다.[70] 하지만 만일 이 사건이 새 창조를 암시하는 것이라면 예수는 굳이 물(ὕδωρ)을 포도주를 만들 필요가 없었을 것이다. 그는 물 없이도 빈 항아리를 새 포도주로 넘치게 채울 수 있었다. 그는 무에서 만물을 창조하신 분이기 때문이다. 또 어떤 이들은 "사흘째 되던 날"을 일곱째 날이라 생각하여 메시아가 이루는 영원한 안식을 의미한다고 주장한다.[71] 하지만 요한은 정확하게 7일을 말하는 데 관심이 없다. 이

---

[69] Cf. 조병수, 『신약성경총론』, 65-66: "마태복음은 시간보다는 장소를 훨씬 더 정확하게 진술한다. 마태복음에 시간의 변화를 명확하게 진술하는 경우가 전혀 없는 것은 아니다: "엿새 후에"(17:1), "제6시부터"(27:45). 그러나 이런 몇 번의 경우를 제외하고는 마태복음에는 시간의 변화가 분명하게 설명되지 않는다. 마태복음에서 시간의 변화를 위한 표현은 거의 모두 불특정한 시간을 보여준다. "그때로부터"(4.17, 16.21), "그 시간에"(11.25, 12:1; 14:1), "그 시간에"(ὥρᾳ, 18:1; 26:55), "그날들에"(3:1), "그날에"(13:1; 22:23), "그때"(τότε, 2:7, 16; 3:13; 4:1, 5, 10, 11 etc. 90회). 시간에 대한 이 표현법들은 모두 상당히 불명확한 것이다. 이렇게 마태복음의 시간 구분법은 아주 불명확하므로 이것으로는 단락을 구분하기가 어렵다."

[70] 이필찬, 『요한복음 1: 이 성전을 허물라』 (경기도 고양시: 엔크리스토, 2008), 163-165, 179, 186.

[71] Carson, *The Gospel according to John*, 68.

사실은 그가 정확하게 '일곱째 날에'(τῇ ἡμέρᾳ τῇ ἑβδέμῃ)라고 말하지 않았다는 사실에서도 분명하다. 만일 그가 '7일'이 갖는 의미를 표적과 연결하고 싶었다면 '사흘째 되던 날' 대신에 '일곱째 날에'라고 말함으로써 논쟁의 여지를 남기지 않았을 것이다. 하지만 이렇게 하지 않은 것은 첫 표적을 7일에 맞추려는 의도가 없었으며 또한 7일을 강조하려는 의도도 없었다는 뜻이다.

또 다른 어떤 이들은 "사흘째 되던 날"이 "예수의 부활의 날이며, 새로운 시대가 시작되었음을 알리는 날"이라고 주장한다.[72] Dodd도 이것이 부활에 대한 암시이며, 이 표적은 부활에서 그리스도의 영광의 현현을 미리 내다보는 것이라고 말한다.[73] 이 외에도 같은 주장을 하는 학자들이 많이 있다.[74] 만일 이것이 사실이 되려면 "여드레"(요 20:26)가 무엇을 의미하는지도 설명할 수 있어야 한다. 하지만 이와 같은 해석은 본문에 대한 지나친 알레고리

---

[72] Carson, *The Gospel according to John*, 167: "Some have suggested that 'the third day' is such a stock phrase in the accounts of Jesus' resurrection that John is using the time reference symbolically: on the third day, on the day of Jesus' resurrection, the new age begins, represented here by the wine. This seems overly subtle in a Gospel that does not stress 'the third day' in the resurrection narratives themselves."

[73] C. H. Dodd, *The Interpretation of the Fourth Gospel* (Cambridge: Cambridge University Press, 1953, 1980), 300.

[74] B. Lindars, *The Gospel of John* (Grand Rapids: Eerdmans Publishing Company, 1995), 124; Thomas L. Brodie, *The Gospel according to John: A Literary and Theological Commentary* (Oxford: Oxford University Press, 1993), 172-173; Brown, *The Gospel according to John I-XII*, 97; Barrett, *The Gospel according to St. John*, 297; 최흥진, 『요한복음』(서울: 한국장로교출판사, 2006), 97; 김춘기, 『만남의 복음서: 요한복음 주석』(서울: 한들출판사, 2007), 85 등.

적 해석이다.[75] 핵심은 7일이냐 아니냐 하는 날 자체의 의미가 아니라, 사흘째 되던 날에 일어난 표적이 무엇을 의미하느냐에 있다. 앞에서 본 대로 이 표적은 예수의 정체를 증언하는 것이지 그의 부활을 상징하는 것이 아니다.

무엇보다 지금까지 논한 대로 요한복음에서 시간(날짜) 표기는 그 자체에 아무런 의미가 없다. 단지 각각의 시간 표기는 마지막 시간 표기를 지향하게 한다. 이에 따라 각 날의 사건은 마지막 날의 사건으로 이어진다. 각 날은 마지막 날에서 절정을 이루고, 각 날의 사건은 마지막 날의 사건에 초점을 맞춘다. 그러므로 시간(날짜) 자체에서 어떤 의미를 찾으려는 시도는 지양해야 마땅하다. 날짜와 시간에 의미를 부여하려는 것은 그렇게 하려는 사람의 관심일 뿐, 요한복음 저자의 관심이나 의도는 아니다.[76]

---

[75] 김동수, 『요한신학 렌즈로 본 요한복음』, 66.

[76] 마이클스(Michaels), 『요한복음』, 72-73: "그러나 강조되는 것은 전체 6이 아니라 연속성(sequence)이다. 날이 엿새보다 많거나 적었더라도 핵심은 똑같을 것이다. 이러한 연속성을 창세기 1장에 나오는 6일에 상응하는 "새 창조의 6일"로 보는 해석들은 의문스럽다. 이러한 연속성이 예수님의 사역 끝에 나오는 "유월절 엿새 전"이나(12:1 침조) 예수님이 [변화산에서] 변화되기 이전 엿새에(막 9:2; 마 17:1 참조) 상응하도록 의도되었을 것 같지도 않다. 가나의 기적이 부활 사건의 영광을 내다보듯이, 여기서 "사흘째 되던 날"은 예수님이 죽은 자들 가운데서 부활하신 사건에 사용된 언어를(이를테면, 마 16:21; 눅 24:7, 21; 고전 15:4) 기억나게 한다고 보는 것이 핵심에 더 가깝다. 그러나 이것도 기껏해야 추측일 뿐이다. 사흘째 되던 날은 요한복음에서 예수님의 부활에 분명하게 사용되지는 않는다(2:19에서 "사흘"이란 표현이 사용되기는 하지만). 이 표현은 여기서 더 큰 연속성의 한 부분이며, 따라서 이 표현이 여기서 이런 의미를 내포하리라고 기대하는 것은 저자에게 지나친 창의력을 부여하고 독자들에게 지나친 원숙함(sophistication)을 돌리는 것이다."

요한복음 연구

목격자의
참 증언

The True Testimony from the Eyewitness

3

프롤로그(요 1:1-18)와 몸말의 관계*

현대의 많은 신학자가 요한복음 1:1-18을 요한복음의 '프롤로그'(prologue)[1]라고 부른다. 그 이유는 이 단락이 요한복음의 시작부이기 때문이기도 하지만, 무엇보다도 그들이 프롤로그와 '몸말'[2]의 기원이 서로 다르며, 이 둘 사이에 문학적, 신학적으로 큰 차이가 있다고 생각하기 때문이다. 그래서 그들은 이 둘이 구분되고 분리된다고 주장한다.[3] 실제로 하르낙(Harnack) 이후 많은 신학자가 프롤로그를 본래 요한복음에 속한 것으로 보지 않으며,[4] 요한복음 저자의 기록으로도 보지 않고, 단지 이차적인 가필로 보려는 경향을 강하게 나타낸다.[5] 그 결과 학자들은 프롤로그를 요

---

* 본 장은 「신학정론」, 29/2 (2011): 385-416에 실린 나의 논문을 수정, 보완한 것이다.

[1] 이하에서는 '프롤로그'로 칭한다.

[2] 본 장은 요 1:1-18을 제외한 나머지 부분(요 1:19-21:25)을 '몸말'(body)이라고 칭한다. 이것은 이 둘을 구별하거나 분리하는 신학적 입장을 따르기 위한 것이 아니라, 단지 이 둘을 쉽게 부르기 위한 편의상의 용어일 뿐이다.

[3] M. D. Hooker, "The Johannine Prologue and the Messianic Secret," NTS 21 (1974): 40-58, esp. 40: 요한복음 1:1-18과 요한복음의 나머지 부분 사이의 차이는 명백하다. 이 차이는 너무나 명백해서 자주 독립된 자료에서 기인한 것으로 여겨진다.

[4] C. S. Keener, The Gospel of John: A Commentary, vol. 1 (Peabody: Hendrickson Publishers, 2003), 333.

[5] R. E. Brown, The Gospel according to John I-XII, vol. I (2 vols) (New York: Doubleday, 1966), 19.

한복음의 도입(introduction),[6] 요약(summary),[7] 머리말(preface),[8] 전주곡(prelude),[9] 오페라의 서곡(overture to an opera),[10] 현관(porch),[11] 로비(lobby),[12] 입구(entrée),[13] 소개와 총괄(to introduce ... to sum it up),[14] 뼈대

---

[6] Hooker, "The Johannine Prologue and the Messianic Secret," 40; D. A. Carson, *The Gospel according to John* (Grand Rapids: Eerdmans, 1991), 111; C. K. Barrett, *The according to St John*, second ed. (Philadelphia: Westminster Press, 1978), 150; J. Painter, "Christology and the Fourth Gospel: A Study of the Prologue," *ABR* 31 (1983): 46; S. S. Smalley, *John : Evangelist and Interpreter* (Downers Grove: Inter Varsity Press, 1998), 137.

[7] R. Martin, *New Testament Foundations: A Guide for Christian Students*, vol. 1 (Grand Rapids: Eerdmans Publishing Company, 1975), 273; Carson, *The Gospel according to John*, 111; Brown, *The Gospel according to John I-XII*, 19; R. A. Culpepper, "The Pivot of John's Prologue," *NTS* 27 (1980): 1-31; 홍창표, "로고스, 요한복음 서론(1:1-18)",「신학정론」11/1 (1993): 113-134. Cf. D. Guthrie, *New Testament Theology* (Leicester; Downers Grove, Illinois: Inter-Varsity Press, 1981), 328, f. n. 326; C. K. Barrett, "The Prologue of St. John's Gospel," in *New Testament Essay* (London: SPCK, 1972), 27-48.

[8] J. A. T. Robinson, "The Relation of the Prologue," *NTS* 9 (1962-63): 125; C. H. Dodd, *The Interpretation of the Fourth Gospel* (Cambridge: Cambridge University Press, 1980), 289, 292.

[9] E. D. Freed, "Theological Prelude to the Prologue of John's Gospel," *SJT* 32 no. 3 (1979): 257-269.

[10] Robinson, "The Relation of the Prologue," 122; Smalley, *John*, 137; G. R. Beasley-Murray, *Word Biblical Themes: John* (Dallas: Word Publishing, 1989), 21-22.

[11] Robinson, "The Relation of the Prologue," 120 129, cap. 121.

[12] Carson, *The Gospel according to John*, 111; A. J. Köstenberger, *Encountering John: The Gospel in Historical, Literary, and Theological Perspective* (Grand Rapids: Baker Books, 1999), 48-50.

[13] F. F. Segovia, "John 1:1-18 as Entrée into Johannine Reality: Representation and Ramifications," in J. Painter, R. A. Culpepper and F. F. Segovia (eds.), *Word, Theology and Community in John* (St. Louis: Chalice Press, 2002), 33-64.

[14] Barrett, *The according to St. John*, 151.

(framework),¹⁵ 전제(presupposition),¹⁶ 열쇠(key),¹⁷ 철학적 원리(philosophical rationale)¹⁸ 등 다양하게 이해하고 있다. 하지만 이러한 이해는 정당한 것인가? 프롤로그와 몸말은 참으로 이와 같은 관계인가? 더 근본적으로, 진실로 요한복음에 프롤로그가 존재하는가? 이 문제들을 해결하기 위해서는 가장 먼저 프롤로그의 기원에 관해 살펴보아야 한다.

I. 프롤로그의 기원

프롤로그의 기원 문제는 프롤로그의 로고스의 기원 문제와 직결된다. 비평학자들은 대체로 프롤로그의 로고스가 헬레니즘 철학, 종교사적 배경들, 이들을 한 데 섞은 혼합주의 등에서 기원했다고 주장한다. 그리고 그들은 이것을 근거로 프롤로그와 몸말의

---

¹⁵ B .T. D. Smith, "The Johannine Theology," in *The Parting of the Roads*, ed. F. J. Foakes Jacson, (London: Edward Arnold, 1912), 256, f. n. 1. Robinson, "The Relation of the Prologue," 122-123에서 재인용.

¹⁶ Keener, *The Gospel of John*, 333. E. g., G. S. Sloyan, *John: Interpretation - A Bible Commentary for Teaching and Preaching* (Atlanta: Westminster John Knox Press, 1988), 20-22.

¹⁷ Hooker, "The Johannine Prologue and the Messianic Secret," 49-51; Beasley-Murray, *Word Biblical Themes: John*, 35.

¹⁸ J. H. Bernard, *A Critical and Exegetical Commentary of the Gospel according to St. John*, vol. 1 (Edinburgh: T. & T. Clark, 1928), cxlv; 김동수, "프롤로그: 로고스 찬양서시(요 1:1-18)",『요한신학 렌즈로 본 요한복음』(서울: 도서출판 솔로몬, 2006), 41-54.

일체성을 부정한다.[19] 따라서 프롤로그와 몸말과의 관계 규명을 위해 무엇보다 먼저 이들 각각의 로고스와 프롤로그의 로고스를 비교 분석하는 일이 필요하다. 이에 관해서는 본서의 '제4장 로고스의 기원'에서 자세히 다룰 것이다.[20] 본 장에서는 단지 프롤로그와 구약 성경의 관련성만 확인할 것이다.

1. 프롤로그의 구약 기원

첫째, 70인역(LXX) 창세기의 시작부와 요한복음의 시작부가 일치한다. 창세기는 "태초에"(ἐν ἀρχῇ, LXX. בראשית [MT])로 시작하며, 프롤로그도 "태초에"(ἐν ἀρχῇ)로 시작한다.[21] 프롤로그의 시작 부분은 구약 성경의 시작 부분과 일치한다.[22] "새 이야기는 옛이야기와

---

[19] 이에 관해서는 본서 '제4장 로고스의 기원'을 보라.

[20] 또한 이복우, "프롤로그(요 1:1-18)와 몸말의 관계", 「신학정론」, 29/2 (2011): 385-416을 보라.

[21] Gordon H. Clark, *The Johannine Logos* (Nutley, NJ: Presbyterian and Reformed Publishing Company, 1972), 22: 요한복음의 첫 두 단어는 ἐν ἀρχῇ이며, 이 단어들은 구약 성경 70인역의 처음 두 단어이기도 하다. 구약 성경에 대한 요한복음의 이러한 관련은 요한의 메시지가 이교도의 그리스 철학이나 종교로부터 개작되었다는 주장을 거부하게 하는 많은 이유 중의 하나이다.

[22] Köstenberger, *Encountering John*, 53; P. Borgen, "Creation, Logos and the Son: Observations on John 1:1-18 and 5:17-18," *Ex Auditu* 3 (1987): 88-97, esp. 88; Francis J. Moloney, *The Gospel of John*, SPS Vol. 4 (Minnesota: A Michael Glazier Book, 1998), 35; 조석민, 『요한복음의 새 관점』 (서울: 도서출판솔로몬, 2008), 56; A. J. Köstenberger, "John," in ed. by G. K Beale, and D. A. Carson, *Commentary on the New Testament Use of the Old Testament* (Grand Rapids: Baker Academic, 2007), 415-512, esp. 421; Bruce Milne, *The Message of John: Here is Your King!* (Leicester: Inter-Varsity Press, 1993), 31;

같다."²³

　둘째, 요한복음은 구약 성경을 크게 의존한다. 이 사실은 요한복음의 구약 인용에서 잘 나타난다.²⁴ G. Reim은 Nestle-Aland에 근거하여 요한복음에 24개의 구약 성경 인용이 있고, 구약 성경과 관련된 구절로는 84개가 분명하게, 42개는 개연성 있는 정도로 그리고 16개는 가능성 있는 관련 구절들인 것으로 본다. 또한 그는 21곳에서 유대적 규례가 지시되고, 68개의 구절에서 형태상의 병행구를 발견할 수 있다고 말한다. 그리하여 그는 전체 231개의 구약 전거를 제시한다.²⁵ 이처럼 요한의 구약 의존은 직접 인용과 입증할 수 있는 암시와 주제적 연결에 이르기까지 광범위하게 관련되며,²⁶ 이것은 "요한복음의 구약 신학을 깊이 세우

O. Cullmann, "The Theological Content of the Prologue to John in Its Present Form," in *The Conversation Continues: Studies in Paul and John in Honor of J. Louis Martyn*, ed. R. T. Fortna, B. R. Gaventa (Nashville: Abingdon, 1990), 297; 박형용, 『사복음서 주해』 (수원: 합신대학원출판부, 2009), 29; 김성수, 『태초에』 (용인: 마음샘, 2009), 33-48; M. Endo, *Creation and Christology : A Study on the Johannine Prologue in the Light of Early Jewish Creation Accounts* (WUNT 2, 149) (Tübingen: Mohr Siebeck, 2002), 206: "It is widely accepted that the opening words, ἐν ἀρχῇ (John 1:1), correspond to the beginning words of the Genesis creation account, בראשית (Gen 1:1; ἐν ἀρχῇ [LXX])."

²³ Craig R. Koester, *The Word of Life: A Theology of John's Gospel* (Grand Rapids/ Cambridge: Eerdmans Publishing Company, 2008), 27.

²⁴ Barbara and Kurt Aland ed. *The Greek New Testament*, GNT, 4th edition (D-Stuttgart: Deutsche Bibelgesellschaft, 1994), 887-901; 배종수, "요한복음 1:1-18에 나타난 요한의 로고스 이해",『신학과 선교』14 (1989): 352.

²⁵ 김문경, 『요한신학』 (서울: 한국성서연구소, 2004), 62, f. n. 22에서 재인용. G. Reim, "Studien zum alttestamentlichen Hintergrund des Johannesevangeliums," in *Johanann, Erweiterte Studien zum alttestamentlichen Hintergrund des Johannesevangeliums* (1995), 97-190.

²⁶ 조병수, "요한복음의 구약 성경 인용",『그 아들에게 입 맞추라』: 수은 윤영탁 박사

는 본문 간 관련성의 망(web of intertextuality)을 만든다."[27] 요한은 구약 성경을 심오하게 인용함으로써 그것에 대한 자신의 의존성과 신학을 분명하게 나타내고 있다.[28] 구약 성경은 요한 신학의 자명한 원칙이다.[29]

이러한 요한의 구약 의존은 그가 예수를 전적으로 구약에 근거하여 이해하고 있다는 사실을 잘 보여 주는 것이다. "요한복음에서 구약 성경의 직접 인용이 상당히 큰 의미를 가지는 것은 인용의 빈도가 잦다는 데 있지 않고, 그것이 예수의 생애에서 모든 중요한 순간에 등장한다는 데 있다. 예수의 구속 드라마가 진행되는 모든 중대 국면에 구약 성경이 인용되고 있다는 것은 놀라운 일이다."[30] 결국 요한복음의 구약 의존은 예수의 생애가 구약 성경을 따르고 있다는 것을 증언하기 위한 것이다.[31] "요한은 구약 성경으로 예수 그리스도를 정확하게 설명하려고 했던 것이다.

은퇴기념논문집 (수원: 합동신학대학원출판부, 2005), 407-456; Köstenberger, "John," 415-512, esp. 415.

[27] Köstenberger, "John," 420.

[28] 조병수, "요한복음의 구약 성경 인용", 421.

[29] D. M. Smith, *The Theology of Gospel of John* (New York: Cambridge University Press, 1995), 76: "Scripture and the God of scripture are axiomatic for John's theology"; A. M. Hunter, *According to John* (London: SCM Press, 1968), 26; R. Schnackenburg, *The Gospel according to St. John*, vol. 1 (London: Bruns & Oates, 1980), 124: "This Gospel would be unthinkable without the O.T. basis which supports it."

[30] Richard Morgan, "Fulfillment in the Fourth Gospel: the Old Testament Foundations: an Exposition of John 17," *Interpretation* 11 (1957): 155-165, esp. 156-157.

[31] 조병수, "요한복음의 구약 성경 인용", 417; M. J. J. Menken, *Old Testament Quotations in the Fourth Gospel: Studies in Textual Form* (the Netherlands: Kok Pharos, 1996), 212.

… 구약 성경과 예수 그리스도 사이에 발생하는 상호작용을 전제로 하여 요한은 구약 성경이 그리스도를 지시하고 있다는 확신을 아주 분명하게 보여준다(요 1:45; 5:39; 5:46f.).”[32]

여기서 우리는 요한복음이 예수를 설명하기 위해 이처럼 구약을 크게 의존했다면, 프롤로그도 같은 인물인 로고스를 묘사하는 하는 데 필시 구약을 크게 의존했을 것이라는 사실을 어렵지 않게 짐작할 수 있다.[33] 우리는 요한이 예수에 대한 많은 칭호 중 굳이 '로고스'만 구약 성경이 아닌 이방 철학이나 종교에서 끌어와야만 했을 특별한 이유를 요한복음에서 발견하지 못한다. 예수를 증언하는 것이 구약 성경이라면(요 5:39) 그를 가리키는 칭호도 마땅히 구약 성경에서 와야 한다. 실체와 칭호는 둘이 아니기 때문이다. 요한의 로고스의 유일한 배경은 구약 성경이다.

셋째, 구약의 말씀(דבר)과 프롤로그의 말씀(λόγος)이 일치한다. 프롤로그의 말씀(λόγος)은 구약 성경의 말씀(דבר, 시 33:6; 107:20)의 그리스어적인 의역(LXX. 시 32:6)이다.[34] 이 사실은 이 둘 사이의 중요한 일치들 때문에 확증된다.

먼저 구약 성경에서 말씀은 창조와 관련된다(창 1:3, 6, 9). 하나

---

[32] 조병수, "요한복음의 구약 성경 인용", 435-436.

[33] D. A. Carson, "John and the Johannine Epistles," in *It is Written: Scripture Citing Scripture; Essays in Honour of Barnabas Lindars*, ed. D. A. Carson and H. G. M. Williamson (Cambridge: Cambridge University Press, 1988), 257.

[34] 조병수, 『신약성경총론』 (수원: 합동신학대학원출판부, 2006), 176; Eric May, "The Logos in the Old Testament," *CBQ* 8 (1946): 438-447, esp. 328. 이 사실은 시 33:6에 대한 בִּדְבַר יְהוָה שָׁמַיִם נַעֲשׂוּ와 τῷ λόγῳ τοῦ κυρίου οἱ οὐρανοὶ ἐστερεώθησαν(LXX. 32:6)을 비교해 보면 매우 분명하게 알 수 있다.

님의 말씀과 창조 행위는 창세기 1장 전체에 밀접히 연관되어 있다. 시편 기자는 "주님의 말씀으로"(בִּדְבַר יְהוָה) 하늘이 만들어졌다(시 33:6, LXX. 32:6)고 말함으로써 아주 구체적으로 하늘이 하나님의 말씀으로 지어졌다는 것을 밝힌다(cf. 시 107:20; 147:15-18; 148:5; 사 55:10). 그런데 프롤로그에서 말씀(λόγος)은 만물 창조의 중개자이시다(요 1:3).[35] 창세기는 하나님이 '말씀하심'으로 만물이 창조되었다고 말하며(창 1:3, 6, 9, 11, 14, 20, 22, 24, 26), 프롤로그는 '로고스를 통하여'(δι' αὐτοῦ ἐγένετο, 요 1:3, 10) 만물이 창조되었다고 말한다. 구약의 하나님의 말씀과 프롤로그의 로고스가 같은 사역을 한다.

또한 구약 성경에서 말씀은 계시를 나타낸다. 주님의 말씀은 하나님이 자신의 의도를 그의 백성에게 전달하는 수단이다(예. LXX. 렘 1:4 καὶ ἐγένετο λόγος κυρίου πρὸς με; 겔 1:3; 암 3:1). 프롤로그의 말씀도 하나님을 계시한다(요 1:14, 18, cf. 요 1:4, 5, 7-9). 게다가 구약 성경의 말씀은 영원하며(시 119:89)[36] 프롤로그의 말씀도 하나님으로서 영원하다.

나아가서 구약 성경의 하나님의 말씀은 구원과 심판을 행한다(사 55:11, cf. 시 29:3ff.). 프롤로그의 말씀도 그의 이름을 믿는 자들

---

[35] 구약 성경의 말씀(דָּבָר)에 의한 창조(시 33:6)와 병행되는 신약 성경의 말씀(λόγος)에 의한 창조는 요한복음 외에 다른 곳에서도 찾아볼 수 있다(롬 11:36; 고전 8:6; 골 1:16; 히 1:2; 11:3; 벧후 3:5 등).

[36] David F. Wells, *The Person of Christ: A Biblical and History Analysis of the Incarnation* (Illinois, Westchester: Crossway Books, 1984), 69; Guthrie, *New Testament Theology* (Illinois: Inter-Varsity Press, 1981), 324-325.

을 하나님의 자녀로 만든다(요 1:12, cf. 요 3:18). 이는 말씀의 구원 사역이다.

마지막으로 구약 성경의 말씀은 인격이다. 창세기 1:1은 "하나님이 하늘과 땅을 창조하셨다"고 말씀한다. 그리고 시편 33:6은 "여호와의 말씀(דבר)으로 하늘이 지음이 되었다"고 말씀한다. 따라서 "하나님의 창조 행위에서 하나님의 말씀은 하나님 자신"[37]이며, 하나님이 인격이므로 하나님의 말씀도 인격이다. 프롤로그의 말씀도 하나님이요(요 1:1) 독생자(요 1:14, 18)로서 인격이다.

요약하면 구약 성경에서 하나님의 말씀(דבר)은 인격이며, "창조와 계시와 구원에서 하나님의 강력한 자기표현(self-expression)이다."[38] 프롤로그의 로고스도 선재하신 하나님이며 성육신한 인격으로서 창조와 계시와 구원을 행한다.[39] 따라서 요한의 로고스는 구약 성경의 말씀(דבר)에서 기원한 것이 분명하다.[40]

---

[37] Milne, *The Message of John: Here is Your King!*, 31.

김성수, 『태초에』, 87, f. n. 112: "'בִּדְבַר יְהוָה שָׁמַיִם נַעֲשׂוּ וּבְרוּחַ פִּיו כָּל־צְבָאָם'(시 33:6)은 창조에서 '말씀', 곧 성자의 역사와 '기운, 신', 곧 성령의 역사가 긴밀하게 연결되어 있음을 보여주고 있기도 하다." 창조와 관련된 구약의 '말씀'은 성자이시며, 그는 성령과 마찬가지로 인격이다.

[38] Carson, *The Gospel according to John*, 116.

[39] G. R. Beasley-Murray, *John*, WBC (Waco, Texas: Word Books, 1987), 11: "The divine nature of the Logos is seen in his activity in creation (1-5), revelation (5, 9-12, 18) and redemption (12-14, 16-17); in all these God expresses himself through the Word"; Beasley-Murray, *Word Biblical Themes: John*, 28: "프롤로그에서 말씀의 주된 개념은 중개자(대행자, Mediator)의 개념이라는 것이 명백하다. 그는 창조(1-4a, 10)와 계시(4b, 5, 18)와 구원(12, 13, 16)에서 대행자이다. 시작 구절은 하나님에 대한 말씀의 관계 규정에 따라 말씀이 그러한 역할을 성취할 수 있는 근거를 분명하게 보여준다."

[40] 조병수, "요한복음의 구약 성경 인용", 418-419: "요한복음에서 구약 성경은 성경(γραφή), 글(γράμμα), 말씀(λόγος), 율법(νόμος), 선지자(προφήτης)로 표현된다. 특히

이상의 내용을 종합하면, 요한의 로고스의 진정한 기원은 그리스 철학이나 종교사적 배경이 아니라 구약 성경이다. 프롤로그는 참으로 구약적이다. 요한은 오직 구약 성경을 배경으로 로고스를 증언하였을 뿐, 이 외에 다른 어떤 철학이나 종교나 사상을 근거로 하지 않았다.[41] "말할 필요도 없이, 요한에게 미친 주요 영향은 궁극적으로 유대적인 것도 아니요, 유대-헬레니즘적인 것도 아니요, 오로지 기독교적인 것이다."[42]

2. 구약 기원과 프롤로그와 몸말의 관계

그러면 이러한 프롤로그의 구약 기원은 프롤로그와 몸말의 관계 규명에 어떤 의미가 있는가? 앞의 G. Reim의 연구에서 본 것과 같이 요한복음은 프롤로그뿐 아니라 몸말도 구약 성경을 크게 의존하고 있다. 이 사실은 프롤로그와 몸말이 구약 성경 안에서 하

여기서 로고스(요 12:38; 15:25; 29:9)는 요한이 예수를 로고스라고 칭한 것과 무관하지 않다. 요한이 예수를 로고스(λόγος)라고 칭한 것은 예수가 동일하게 로고스로 칭해지는 구약 성경과 깊은 관련이 있다는 것을 암시하는 것으로 볼 수도 있다"; 김병국, 『설교자를 위한 요한복음 강해』, (서울: 도서출판 대서, 2007), 90: "요한의 사상과 언어의 배경을 그리스 철학에서 찾아서는 안 된다. 로고스의 배경은 구약의 'דבר'에서 찾아야 한다."

[41] Carson, *The Gospel according to John*, 115: "... there is a more readily available background than that provided by Philo or the Greek philosophical schools. Considering how frequently John quotes or alludes to the Old Testament, that is the place to begin." 홍창표, 『신약과 문화』 (수원: 합동신학대학원출판부, 1995), 67.

[42] Smalley, *John*, 74; 변종길, "요한복음에 나타난 비유의 핵심은 무엇인가", 「그 말씀」 (1998. 7): 86-87

나의 통일체라는 것을 잘 보여 준다.

　이와 함께 특히 유의해야 할 것은 구약 성경을 로고스의 유일한 배경으로 보지 않는 학자들은 대부분 위에 언급한 헬레니즘 철학, 종교사적 배경들 중 두 가지 이상, 또는 이들 모두를 프롤로그 로고스의 기원으로 본다는 점이다.[43] 그리하여 이들은 요한의 로고스를 신화[44]와 철학과 종교들의 혼합물로 이해하며,[45] 구약 성경도 그중의 한 요소쯤으로 여긴다. 이것은 요한복음 로고스의 기원을 종교 다원적으로 이해하는 것이며, 이는 요한복음 자체가 증언하는 유일신 사상(요 1:1c; 10:30; cf. 요일 5:8)에 정면으

---

　[43] R. Kysar, *John, the Maverick Gospel* (Atlanta: John Knox Press, 2007), 40-41; Barrett, *The Gospel according to St. John,* 30; Dodd. *The Interpretation of the Fourth Gospel,* 278; 김세윤, 『요한복음 강해』 (서울: 도서출판 두란노, 2002), 33-37: 김세윤은 "요한복음의 머리말은 헬라의 플라톤 철학이나 스토아 사상으로 읽어도 잘 이해할 수 있으며, 구약의 말씀과 지혜의 관점에서 읽어도 잘 이해할 수 있다. 헬라 사상과 유대 사상이 놀랍게 '융화'(integration)되어 있기 때문이다. 이것은 구약과 유대교의 신학적 배경에서 형성된 복음이 헬라적 개념으로 완벽하게 번역되고, 토착화된 가장 좋은 모델이다"라고 말함으로써 이미 한 세기 가까이 지난, 그리고 많은 학자에 의해 비판받은 Bultmann의 주장을 여전히 똑같이 따라 하고 있는 것이다. 그는 아예 프롤로그에 대하여 '헬라 독자를 위한 오리엔테이션', '구약의 말씀 및 지혜 신학 그리고 헬라(Platonism/Stoicism)의 로고스 사상을 함께 배경으로 함'이라는 소제목을 달고 있다. Cf. Beasley-Murray, *John,* lxv: "The breadth of the Evangelist's sympathies is demonstrable above all through his employment of the Logos concept in the prologue. The attempt should never be made to explain it on the basis of Hellenism or Judaism alone. Its roots are in the ancient religions of the nearer Orient in which ancient Israel was set."

　[44] R. Bultmann, "The History of Religions Background of the Prologue to the Gospel of John," in *The Interpretation of John. Issues in Religion and Theology* 9. Ed. John Ashton (Philadelphia: Fortress Press, London: SPCK, 1986): 30.

　[45] Dodd는 요한의 로고스는 유대주의의 신적 지혜와 플라톤의 이데아 세계와 스토아적 로고스라고 주장하였다(*The Interpretation of the Fourth Gospel,* 295).

로 어긋난다.[46] 종교사학파 학자들을 비롯하여 현대의 많은 신학자가 선재하신 로고스 하나님을 이단적이고 신화적이며 종교 혼합적 모조품으로 만들려는 웃지 못 할 일들을 벌여왔다.[47] 하지만 프롤로그와 몸말은 모두 오직 구약 성경에서 기원했으며, 이 사실은 프롤로그와 몸말의 일체성을 잘 보여 준다.

II. 문학적 관계

요한복음의 프롤로그와 몸말의 문학적 관계 비교는 이 둘의 관계를 규명하는 데 유용한 기준이 된다. 이를 위해 프롤로그와 몸말의 문체, 문맥 그리고 구성을 각각 비교할 것이다.

1. 문체

많은 사람이 프롤로그의 문체를 시와 산문(cf. 요 1:6-8, 15)으로 구분한다. 그런 뒤에 어떤 이들은 원래 있던 시에 산문이 삽입(inter-

---

[46] D. A. Carson, D. J. Moo, L. Morris, 『신약개론』, 노진준 역 (서울: 도서출판 은성, 1993), 179.

[47] Cf. Irenaeus, *Against Heresies* 1. pref.; 2.14.1-5, esp. 2; P. Perkins, *Gnosticism and the New Testament* (Minneapolis: Fortress Press, 1993), 179.

polation)되었다고 주장하며,⁴⁸ 또 다른 이들은 산문에 시가 삽입되었다고 말한다.⁴⁹ 순서는 어찌 되었든 이 둘 다 문체에 근거하여 프롤로그에 다른 자료 또는 제3자에 의한 삽입이 있다고 주장하는 것에서는 다르지 않다.

하지만 프롤로그에서 시와 산문을 구분하기는 절대 쉽지 않다. 프롤로그는 시가 아닐 가능성이 크며,⁵⁰ 세례자 요한 구절도 흔히 생각하는 것보다 훨씬 더 리드미컬하여 병행을 이루는 2행 연구(二行聯句, couplet)로 자세히 설명될 수 있기 때문이다.⁵¹ 이런 까닭에 프롤로그를 시와 산문으로 분류함에 학자들 간의 일치가 없으며,⁵² 프롤로그를 리듬이 있는 산문(rhythmical prose)으로 보려는 경향이 강하다.⁵³

나아가서 설령 프롤로그에 시가 있다 하더라도 그것이 삽입을 지지하는 근거는 될 수 없다. 왜냐하면 요한복음의 몸말도 시를

---

⁴⁸ R. Bultmann, J. Painter, R. E. Brown, E. Käsemann, J. H. Bernard, E. Haenchen, R. Schnackenburg, J. Schneider, J. Becker, G. Strecker, G. N. Stanton 등. Barrett, "The Prologue of St. John's Gospel," 29.

⁴⁹ Robinson, "The Relation of the Prologue," 120-129. 이 외에도 B. Lindars, R. T. Fortna, 서동수 등.

⁵⁰ Barrett, *The Gospel according to St. John*, 150; Barrett, "The Prologue of St John's Gospel," 37-39.

⁵¹ Barrett, "The Prologue of St John's Gospel," 39.

⁵² 이에 대한 자세한 내용은 M. Endo, *Creation and Christology*, 184; Brown, *The Gospel according to John I-XII*, 22을 보라.

⁵³ Barrett, *The Gospel according to St. John*, 150-151. Lindars와 Haenchen도 이와 같은 입장이다. Cf. Beasley-Murray, *John*, 3; Keener, *The Gospel of John*, 337: "In Greek rhetoric, even prose was expected to be rhythmic, though not metrical"; Carson, *The Gospel according to John*, 112; 홍창표, "로고스, 요한복음 서론," 113-134, esp. 113.

많이 사용하고 있기 때문이다. 요한복음에서 가장 많이 인용된 것이 시편이다: 요한복음 2:17(시 69:9); 6:31(시 78:24); 10:34(시 82:6); 12:13(시 118:25-26), 34(시 89:37); 13:18(시 41:9); 15:25(시 35:19); 19:24(시 22:18), 36(시 34:20). 이처럼 요한복음의 시편 인용은 그것의 선지서 인용을 다 합한 것만큼 많다. 이것은 요한복음이 시편을 상당히 중요하게 생각했다는 것과[54] 요한이 시편을 인용하여 몸말을 기록하는 데 아무런 문제를 느끼지 못했다는 사실을 잘 보여준다. 요한은 시를 자유롭게 몸말에 인용했으며, 산문과 시 모두 그의 기록에 꼭 필요한 문학적 수단이었다. 따라서 프롤로그에 시가 있다 해도 그것은 산문과 시를 혼용하고 있는 몸말의 문학 형식과 다르지 않으므로 삽입이 아니라 저자의 직접적인 기록이다. 결국 프롤로그와 몸말은 문체에서 하나이다.

2. 문맥

또한 어떤 이들은 프롤로그에 문맥적 단절이 있으며 이것이 삽입의 결과라고 주장한다. 불트만(Bultmann)은 편집자가 로고스 찬양시에 산문인 세례자 요한 구절들(요 1:6-8, 15)을 추가했으며, 거기에 문맥의 단절이 있다고 말한다.[55] 이와 반대로 로빈슨(Robinson)

---

[54] 조병수, 『신약성경총론』, 169-170; 조병수, "요한복음의 구약 성경 인용", 419-420.

[55] Bultmann, "The History of Religions Background of the Prologue," 18-35; Bultmann, *The Gospel of John*, 16-18.

은 요한복음 1:15이 원래의 구절이며, 나머지가 추가되어 문맥의 단층을 이룬다고 주장한다.[56] 하지만 문맥의 단절이 반드시 삽입을 나타내는 것은 아니다. 왜냐하면 저자는 처음부터 어떤 의도와 목적을 가지고 문맥의 단절을 두면서 전체를 기록했을 수 있기 때문이다. 다시 말해, 문맥의 단절로 보이는 것은 삽입의 결과가 아니라 저자의 고유한 기록 방식일 수 있다는 것이다. 몸말에서 자주 나타나는 문맥의 단절이 이에 대한 좋은 증거이다. 단절은 문장과 작은 문맥, 그리고 큰 문맥 모두에서 골고루 나타난다.

문장에서의 단절은 요한복음 19:31을 예로 들 수 있다. 여기서 주어인 "유대인들이"(οἱ οὖν Ἰουδαῖοι)와 동사인 "요구하였다"(ἠρώτησαν) 사이에 세 가지 삽입적인 내용이 들어있다: 예비일이므로, 안식일에 시체가 십자가에 남지 않도록, 그 안식일의 날은 크기 때문에.[57] 작은 문맥에서 단절이 나타나는 경우는 요한복음 13:1-11이 좋은 예이다. 예수의 귀환과 제자들을 사랑하심은 1절에서 3절로 자연스럽게 연결되지만, 그 사이(2절)에 유다의 배반을 말함으로써 자연스러운 흐름을 끊어 놓고 있다. 요한복음 18:12-30도 이에 대한 좋은 예이다. 큰 문맥에서의 단절은 요한복음 6:1-59에서 나타난다. 오병이어의 표적은 요한복음 6:1-15에 기록되어 있고, 이에 대한 담화는 요한복음 6:22부터 시작된다. 그리고 그 사이인 요한복음 6:16-21에 다른 표적이 들어와

---

[56] Robinson, "The Relation of the Prologue," 125.
[57] 조병수, 『신약성경총론』, 150.

있어서 이 둘을 가로막고 있다(다른 예. 요 2:1-4:54; 14:31-18:1).

이처럼 몸말에는 문맥의 단절이 자주 나타나는데, 이는 문맥의 단절이 저자 고유의 기록 방식이라는 사실을 잘 보여 준다. 따라서 프롤로그의 문맥적 단절도 외부적인 삽입이 아니라 저자에 의한 것으로 보는 것이 마땅하다. 결국 프롤로그의 '단절'이라는 문맥적 특성은 프롤로그를 몸말에서 분리하는 것이 아니라 오히려 이 둘을 하나로 단단히 묶는 문학 장치이다.

3. 구성

나아가서 프롤로그는 다섯 가지 주제로 구성되어 있다: 로고스의 존재, 활동, 증언(자), 반응, 반응의 결과.

첫째, 프롤로그에 사용된 동사 εἶναι는 로고스의 존재를 나타내는 것이 분명하다(요 1:1, 2, 4, 9, 10, 15, 18). 아래의 도표가 이 사실을 잘 보여준다.

1a ἐν ἀρχῇ		ἦν ὁ λόγος	
1b	καὶ ὁ λόγος	ἦν	πρὸς τὸν θεόν
1c	καὶ θεὸς	ἦν ὁ λόγος	
2	οὗτος	ἦν	
ἐν ἀρχῇ			πρὸς τὸν θεόν

또한 요한복음 1:14은 성육신한 로고스의 존재를 설명하기 위해 γίνεσθαι를 사용한다. 그 이유는 이 단어가 로고스의 인간 존재로의 변화를 나타내는 데 적절했기 때문이다.[58]

둘째, 로고스는 만물을 창조하며(요 1:3, 10), 빛을 비추며(요 1:5,9), 세상과 자기 땅에 오며(요 1:9b, 11, 15), 하나님의 자녀가 되는 권세를 주며(요 1:12), 하나님의 자녀를 출생하며(요 1:13), 사람들 가운데 거하며(요 1:14a), 은혜와 진리를 주며(요 1:17), 아무도 본 적이 없는 하나님을 나타낸다(요 1:18). 이 모든 것이 로고스의 활동이다. 특히 "δι' αὐτοῦ"(요 1:3a, 10b), "χωρὶς αὐτοῦ ⋯ οὐδὲ ἕν"(요 1:3b), "ἐκ τοῦ πληρώματος αὐτοῦ"(요 1:16a), "διὰ Ἰησοῦ Χριστοῦ"(요 1:17b)와 같은 표현들은 로고스의 활동을 아주 잘 증언한다.

셋째, 프롤로그에는 증언자(μάρτυς)와 증언(μαρτυρία)에 관한 주제가 선명하다. 여기에는 세례자 요한의 증언(요 1:6-8, 15)과 우리(ἡμεῖς)의 증언이 있다(요 1:14b, 16, cf. 요 1:41, 45; 3:11; 4:42; 20:25; 21:24 등).

넷째, 프롤로그에는 증언에 대한 두 가지 반응이 극명하게 대조적으로 나타난다. 부정적인 반응은 깨닫지 못함(οὐ κατέλαβεν, 요 1:5), 알지 못함(οὐκ ἔγνω, 요 1:10), 영접하지 않음(οὐ παρέλαβον, 요 1:11)이며, 긍정적인 반응은 로고스를 영접함(ἔλαβον αὐτόν, 요 1:12a), 즉 그의 이름을 믿는 것(요 1:12c, cf. 요 1:7b)이다. 부정의 반

---

[58] R. Schnackenburg, *Jesus in the Gospels: A Biblical Christology* (Louisville: John Knox Press, 1995), 289-290; 김문경, "말씀의 성육신(요 1:1-18)",「성서마당」59 (2003. 3): 31.

응은 로고스의 존재와 활동에 대한 무지와 거절과 불신앙[59]이며, 긍정의 반응은 그를 믿고 영접하는 것이다.

다섯째, 반응에는 그것에 합당한 결과가 따른다. 긍정적 반응의 결과는 하나님의 자녀가 되며, 하나님의 독생자의 영광을 보며, 로고스의 충만으로부터 은혜와 진리를 충만하게 받는 것이다. 그러나 부정의 반응은 이와 반대의 결과를 가져온다. 프롤로그는 그것이 무엇인지를 언급하지 않지만, 긍정의 반응이 믿음이므로 (요 1:12) 그 반대인 부정적 반응의 결과는 불신앙의 결과와 같다: 심판(요 3:18, cf. 요 5:24), 사망(요 3:36; 8:24, cf. 요 3:15, 16; 6:47), 멸망(요 3:16, cf. 요 3:36; 5:24; 6:40; 요일 5:13), 진노(요 3:36) 등.

그런데 몸말도 프롤로그와 마찬가지로 다섯 가지 주제로 구성되어 있다.

첫째, 요한복음의 몸말에서 가장 두드러진 주제는 예수의 존재이다.[60] 이것과 관련된 대표적인 것은 "ἐγώ εἰμι"구절이다.[61] ἐγώ εἰμι는 예수의 칭호이며, 그가 신적 존재임을 나타낸다.[62] 또한 몸말에는 예수가 직접 자신의 존재를 밝히는 내용도 있다(요 4:26;

---

[59] 12절과 관련해서 볼 때, 로고스를 영접하지 않는 것은 곧 불신앙이다.

[60] Carson, *The Gospel according to John*, 95: "John's presentation of who Jesus is lies at the heart of all that is distinctive in this Gospel"; Endo, *Creation and Christology*, 231-239.

[61] E. D. Freed, "Ego *eimi* in John 1:20 and 4:25," *CBQ* 41 (1979): 288-291.

[62] Brown, *The Gospel according to John I-XII*, 536: "… the use of ἐγώ εἰμι … came to be understood … as a divine name"; R. E. Brown, *An Introduction to New Testament Christology* (New York: Paulist Press, 1994), 138: "so that 'ἐγώ εἰμι' becomes the divine name to be known in the day of the Lord"; R. Kysar, *John, the Maverick Gospel* (Atlanta: John Knox Press, 2007), 60.

9:35-37; 10:30). 게다가 몸말은 예수를 하나님으로부터 보내심을 받은 자, 하늘로부터 내려온 자, 인자, 하나님의 아들, 하나님의 어린 양, 메시아, 그리스도, 이스라엘의 임금 등으로 증언한다. 나아가서 몸말은 예수가 하나님과 하나인 분이라고 말한다(요 10:30; 17:22). 그러므로 예수의 존재는 몸말의 가장 중요한 주제이다.

둘째, 몸말은 예수의 활동(행위)에 대해서도 구체적으로 묘사한다.[63] 그 대표적인 것이 표적과 말씀 선포와 수난과 십자가의 죽음과 부활 등이다. 몸말은 이 외에도 여러 가지 예수의 활동을 기록하고 있다: 제자들을 부르심(요 1:37-51), 성전 정화 사건(요 2:13-20), 사마리아 여자와의 대화(요 4:1-27), 제자들의 발을 씻으심(요 13:1-12), 제자 파송(요 20:21), 성령 주심(요 20:22) 등.

셋째, 몸말은 예수에 대한 여러 증언을 기록하고 있다.[64] 먼저 세례자 요한의 증언이 있고(요 1:19-28, 29-36; 3:21-30) 또한 제자들의 증언(요 1:40-49), 예수의 증언(요 1:50-51; 4:43-45; 5:18; 8:14-21, 23-26, 28-29), 여러 사람의 증언,[65] 아버지의 증언(요 5:32, 37;

---

[63] 이에 대해서는 Endo, *Creation and Christology*, 240-247을 참조하라.

[64] F. F. Bruce, *The Gospel of John: Introduction, Exposition, and Notes* (Grand Rapids: Eerdmans, 1983), 35: "The theme of witness, ... pervades the whole Gospel"; 홍창표, "로고스, 요한복음 서론", 125-126: "'증언하러'(εἰς μαρτυρίαν)란 것이 복음에서 매우 중요한 자리를 차지한다. … 이 모두 다 예수님을 증언한다."

[65] 사마리아 여자의 증언(요 4:28-30), 사마리아 사람들의 증언(요 4:42), 38년 된 병자의 증언(요 5:10-13, 15), 무리의 증언(요 7:10-13, 31, 40), 예루살렘 사람들의 증언(요 7:25-27), 하속들의 증언(요 7:45-49), 니고데모의 증언(요 7:50-53), 눈을 치료받은 소경의 증언(요 9:8-34), 마르다의 증언(요 11:27), 도마의 증언(요 20:28) 등.

8:18 등), 성경의 증언(요 12:12-16; 19:36, 37 등), 성령의 증언(요 15:26 등), 기록자의 증언(요 21:24 등) 등이 있다.

넷째, 몸말에서도 증언은 필연적으로 사람들의 반응을 일으킨다. 여기에는 부정적인 반응과 긍정적인 반응이 있으며, 이것 때문에 무리 중에서 쟁론과 분쟁($\sigma\chi\iota\sigma\mu\alpha$)이 발생한다(요 7:43; 9:16; 10:19).

다섯째, 반응은 그것에 상응하는 결과를 낳는다. 여기에도 부정적 결과와 긍정적 결과가 있다. 부정적 결과는 부정적인 반응(무지, 거절, 불신)에서 발생하는 것으로서 심판(요 3:18; 4:48; 5:38)과 하나님의 진노(요 3:36)와 사망(요 5:24; 8:24) 등이다. 긍정적 결과는 긍정적인 반응에서 나오는 것이며 영생(요 3:15, 16, 36; 5:2, 24; 6:33, 35, 40, 47, 48, 51, cf. 4:14; 5:40; 6:51, 54), 심판받지 않음(요 3:18), 하나님의 영광을 보는 것(요 11:40) 등이다.

이처럼 프롤로그와 몸말은 모두 다섯 가지 주제로 구성되어 있다. 따라서 구성에 있어서도 프롤로그와 몸말은 통일된 하나의 작품이다.[66] 결론적으로 요한복음의 몸말에는 시와 산문이 혼재하며, 문맥의 단절도 빈번하다. 프롤로그에도 이와 동일하게 리듬이 있는 산문[67](또는 시)과 문맥의 단절이 있다. 이러한 동일성은 프롤로그와 몸말에 같은 문학 장치가 사용되있다는 것을 의미한

---

[66] Robinson, "The Relation of the Prologue to the Gospel of St. John," 122.

[67] 대부분의 비평학자는 프롤로그에 시와 산문이 혼재한다고 주장한다. 그렇다면 이것은 오히려 프롤로그와 몸말의 동일 문학 형식에 대한 더욱 확실한 증거가 된다.

다.[68] 또한 구성에서도 프롤로그와 몸말은 모두 다섯 가지 주제가 논리적 관계로 연결되어 있다. 따라서 프롤로그와 몸말은 문체와 문맥과 구성에서 같으며, 이는 이 둘이 한 저자의 단일 작품이라는 사실을 확증한다.[69]

III. 세례자 요한

프롤로그와 몸말은 세례자 요한에 의해서도 긴밀하게 연결된다. 먼저, 세례자 요한에 관한 기사는 프롤로그(요 1:6-8, 15)와 몸말에 나타난다(요 1:19-42; 3:22-4:2; 5:30-36; 10:40-42). 여기에서 특히 요한복음 1:19-42은 프롤로그에 바로 이어지기 때문에 프롤로그와 몸말을 하나로 묶는 역할을 한다.

또한 세례자 요한에 관한 기사는 '증언과 믿음'으로 시작하여 '증언과 믿음'으로 끝난다. 세례자에 관한 처음 언급인 요한복음 1:6-8은 세례자가 로고스에 대한 증언자이며 믿음의 중개자라고 밝힌다. 그리고 세례자에 대한 마지막 언급인 요한복음 10:42도

---

[68] Endo, *Creation and Christology*, 186: "… it seems possible to assume that a similar literary device might have been employed."

[69] Ridderbos, "The Structure and Scope of the Prologue," 188-189; Keener, *The Gospel of John*, 333: "Stylistically, John's prologue is most naturally read as from the same hand that produced the rest of the Gospel"; M. Hengel, *The Johannine Question*, Tr. John Bowden (Philadelphia: Trinity Press International, 1989), f. n. 71.

그를 증언과 믿음으로 평가하고 있다. 따라서 요한복음에서 세례자 요한은 '증언과 믿음'으로 inclusio를 이루어 프롤로그와 몸말의 절반을 하나의 큰 단락(요 1-10장)으로 묶는 역할을 한다. 이처럼 세례자 요한 구절은 그의 역할과 그것을 묘사하는 문학적 기법에 의해 프롤로그와 몸말을 하나의 통일체를 만든다.

나아가서 프롤로그와 몸말은 세례자 요한에 대한 공통된 표현을 하고 있다. 그것은 바로 부정과 긍정의 표현이다. 이것을 요한복음의 순서를 따라 정리하면 다음과 같으며, 이 또한 프롤로그와 몸말이 별개의 것이 아님을 보여 주는 좋은 증거이다.

1. 프롤로그(요 1:1-18)

1:8 οὐκ ἦν ἐκεῖνος τὸ φῶς, ἀλλ' ἵνα μαρτυρήσῃ περὶ τοῦ φωτός.

2. 세례자 요한의 첫 번째 증언(요 1:19-28)

1:20 καὶ ὡμολόγησεν καὶ οὐκ ἠρνήσατο, καὶ ὡμολόγησεν ὅτι Ἐγὼ οὐκ εἰμὶ ὁ Χριστός.

1:23 ἔφη, Ἐγὼ φωνὴ βοῶντος ἐν τῇ ἐρήμῳ, Εὐθύνατε τὴν ὁδὸν κυρίου, καθὼς εἶπεν Ἠσαΐας ὁ προφήτης.

3. 세례자 요한의 두 번째, 세 번째 증언(요 1:29-42)[70]

1:31 κἀγὼ οὐκ ᾔδειν αὐτόν, ἀλλ' ἵνα φανερωθῇ τῷ Ἰσραὴλ διὰ τοῦτο ἦλθον ἐγὼ ἐν ὕδατι βαπτίζων.

---

[70] 세 번째 증언(요 1:35-42)에 있는 요한의 증언 내용(ἴδε ὁ ἀμνὸς τοῦ θεοῦ, 요 1:36b)은 두 번째 증언(요 1:29-34)의 내용에 포함되는(ἴδε ὁ ἀμνὸς τοῦ θεοῦ ὁ αἴρων τὴν ἁμαρτίαν τοῦ κόσμου, 요 1:29b) 것이므로 하나로 묶었다.

1:33 κἀγὼ οὐκ ᾔδειν αὐτόν, ἀλλ' ὁ πέμψας με βαπτίζειν ἐν ὕδατι ἐκεῖνός μοι εἶπεν, 'Εφ' ὃν ἂν ἴδῃς τὸ πνεῦμα καταβαῖνον καὶ μένον ἐπ' αὐτόν, οὗτός ἐστιν ὁ βαπτίζων ἐν πνεύματι ἁγίῳ.

4. 세례자 요한과 예수의 세례(요 3:22-4:3)

3:28 αὐτοὶ ὑμεῖς μοι μαρτυρεῖτε ὅτι εἶπον [ὅτι] Οὐκ εἰμὶ ἐγὼ ὁ Χριστός, ἀλλ' ὅτι Ἀπεσταλμένος εἰμὶ ἔμπροσθεν ἐκείνου.

5. 세례자 요한에 대한 예수의 말씀(요 5:31-36)

5:33 ὑμεῖς ἀπεστάλκατε πρὸς Ἰωάννην, καὶ μεμαρτύρηκεν τῇ ἀληθείᾳ·

5:34 ἐγὼ δὲ οὐ παρὰ ἀνθρώπου τὴν μαρτυρίαν λαμβάνω, ἀλλὰ ταῦτα λέγω ἵνα ὑμεῖς σωθῆτε.

6. 세례자 요한에 대한 사람들의 판결(요 10:40-42)

10:41 καὶ πολλοὶ ἦλθον πρὸς αὐτὸν καὶ ἔλεγον ὅτι Ἰωάννης μὲν σημεῖον ἐποίησεν οὐδέν, πάντα δὲ ὅσα εἶπεν Ἰωάννης περὶ τούτου ἀληθῆ ἦν.

IV. 신학적 관계

프롤로그와 몸말 간의 신학적 통일성도 이 둘의 하나 됨을 증명하는 좋은 근거이다.

첫째, 선재(pre-existence)하신 로고스(요 1:1-2, 15)는 세례자 요한에 의해 '나보다 먼저 계신 이'(요 1:30)로, 예수에 의해 '아브라함이 나기 전부터 계신 이'(요 8:58)로, 그리고 예수의 기도에서 '창세 전에 계셨던 이'(요 17:5, 24b)로 이어진다.

둘째, 아버지와 로고스의 친밀함(요 1:1-2, 14-18)은 예수께서 하나님을 친 아버지라 칭하여 자신을 하나님과 동등으로 삼은 것(요 5:17-18), 아들이 아버지가 행하는 일을 똑같이 행하며(요 5:19-30), 아들은 혼자 있지 않고 그를 보내신 아버지와 함께 있는 것(요 8:12-30), 아버지와 아들이 상호 내주하며(요 10:22-39), 아들을 본 자는 아버지를 본 것(요 14:5-11), 아들이 창세 전에 아버지와 함께 가졌던 영화를 지금도 함께 하는 것(요 17:5)으로 연결된다.

셋째, 로고스의 만물 창조(요 1:3, 10)와 그의 이름을 믿는 자를 하나님의 자녀 되게 함(요 1:12)은 만물이 다 아들 손에 주어졌고 아들을 믿는 자에게 영생이 있으며(요 3:35-36), 아버지가 죽은 자들을 살리심같이 아들도 자기가 원하는 자들을 살리고(요 5:21-22), 아버지 안에 생명이 있는 것처럼 아들에게도 생명을 주어 그 속에 있게 하며(요 5:26), 아버지가 아들에게 주신 모든 사람에게 영생을 주게 하시려고 만민을 다스리는 권세를 아들에게 주신 것(요 17:2)으로 나아간다.

넷째, 독생하신 로고스가 하나님을 나타내는 것(ἐξηγήσατο, 요 1:18b)은 예수가 아버지께서 이 세상에서 이루라고 주신 일들을 함으로써 아버지를 계시하는 것이다.[71] 즉 아들은 언제나 아버지

---

[71] Endo, *Creation and Christology*, 242-243.

의 일을 행하고(요 5:17-20, 30; 6:38; 8:29, 16; 10:32) 아버지는 아들 안에서 일하므로(요 5:22, 27, 36; 8:28; 12:49; 17:4) 아들의 일을 본 자는 아버지를 본 것이다(요 12:45; 14:10; 15:24). 예수가 이것을 행할 수 있었던 것은 그만이 아버지의 음성을 듣고(cf. 요 5:37; 3:32) 그의 형상을 보고 아버지를 알기 때문이다(요 7:28-29; 8:19, 55). 이것은 "아버지의 품 속에 있는 독생하신 하나님이 나타내셨느니라"(요 1:18)와 잘 맞는다.

다섯째, 로고스는 빛이다(요 1:5-9). 아들은 빛으로서 세상에 왔으며(요 3:19; 12:46) 일시적으로 거했다(요 9:5; 12:35, 36). 이 선재한 빛의 오심은 프롤로그의 빛에 대한 묘사와 같다(요 1:5-9).

여섯째, 로고스 안에 생명이 있었다(요 1:4a). 이것은 요한복음 5:39-40과 상응한다. 또한 로고스의 이름을 믿는 모든 자에게 하나님의 자녀가 되는 권세가 주어지며(요 1:12), 이것은 하나님으로부터 출생하는 것이다. 이 사실은 요한복음 3:1-12의 위로부터의 출생(거듭남)에 병행한다.[72]

이렇게 간략하게 살펴보아도 프롤로그에서 중심적인 신학은 몸말에서도 중심적이다.[73] 그러므로 프롤로그와 몸말은 신학에서도 하나의 통일체이다.

---

[72] Endo, *Creation and Christology*, 245-247.

[73] Barrett, *The according to St. John*, 151.

V. 맺음말

프롤로그와 몸말은 같은 저자의 단일 작품이다. 프롤로그와 몸말은 분리될 수 없는 연속적인 완전한 통일체이다. 신학자들은 대부분 요한복음 1:1-18을 프롤로그라고 부른다. 이것은 프롤로그와 몸말이 각각 다른 기원과 다른 문학 양식 그리고 다른 신학으로 이루어져 있다는 기존의 주장을 아무런 비판 없이 답습하는 것이다.[74] 그들은 의식하든 하지 못하든 이전의 관례를 따르고 있다. 하지만 프롤로그와 몸말은 같은 기원, 같은 문학 양식, 일치된 신학에 의해 견고하게 결속된 단일 작품이다.[75] 따라서 우리는

---

[74] P. J. Williams, "Not the Prologue of John," *JSNT* 33(4) (2011): 375-386, esp. 375, f. n. 1: "Many major modern commentators do not even discuss the possibility that Jn 1.1-18 might not be a natural textual unit. They simply assume that Jn 1.1-18 is the prologue of the Fourth Gospel as it now stands and begin their commentary on the text or discussion of the prologue's putative prehistory, internal structure or relationship with the rest of the Gospel on that basis." 나의 번역: "많은 주요 현대 주석가들은 요한복음 1:1-18이 자연스러운 본문 단위가 아닐 수도 있다는 그 가능성에 대해 논의조차 하지 않는다. 그들은 단순히 요한복음 1:1-18이 지금 상태로 요한복음의 프롤로그라고 가정하고 그것에 근거하여 그 본문에 관한 그들의 주석이나 프롤로그의 가정적인 선 역사, 내부 구조 또는 요한복음의 나머지 부분과의 관계에 관한 논의를 시작한다."; Elizabeth Harris, *Prologue and Gospel: The Theology of the Fourth Evangelist* (JSNTSup 107) (Sheffield Academic Press, 1994), 12.

[75] Hengel은 *The Johannine Question*, 89에서 요한복음의 일체성을 Ruckstuhl의 연구 결과를 따라 다음과 같이 주장한다. "The Fourth Gospel is 'a unitary work throughout', 'it has a clear ground plan of its own' and forms 'an unusually strong stylistic unity' which includes ch. 21" 나의 번역: "요한복음은 '처음부터 끝까지 단일 작품'이며, '그것은 그 자체의 분명한 기초 계획'을 가지고 있고, 21장을 포함하여 '대단히 강한 문체적 통일성'을 형성한다."; 같은 책, 202: "As the style of the Fourth Gospel is undoubtedly unique in the New Testament, criticism was made of the conclusion drawn from this by Ruckstuhl (and Schweizer) that there was one normative author behind the Gospel." 나의 번역: "요한복음의 문체는 의심할 바 없이 신약에서 유일하기 때문에, 이 특징으로부터 Ruckstuhl (and Schweizer)은 요한복음의 배후에 한 명의 규범적인 저자가 있었다고 결론을 지었다. 그리고 이 결론에 대한 비판이 있었다."

다음 내용에 유의해야 한다.

1. 프롤로그의 범위를 결정하려는 시도는 별 유익이 없을 뿐만 아니라 엄밀한 의미에서 가능하지도 않다. 프롤로그와 몸말은 매우 단단히 결속되어 있어서 그 사이를 비집고 들어가 떼어 놓을 수 있는 어떤 틈새도 보이지 않기 때문이다. 이 주장은 다음 사실에 의해서도 분명하다. 프롤로그의 범위에 대해서는 여러 주장들이 있었다(요 1:1-18; 1:1-51, 1:1-2:11).[76] 먼저 Bultmann은 요한복음 1:1-18에는 "다음에 계속되는 글의 내용과 구조가 들어 있지 않다. … 이 문단은 완전체를 이루며 그것 자체로 온전하다. 그것은 뒤따라야 할 어떤 것도 필요로 하지 않는다."[77]고 말했다. 하지만 요한복음 1:6-8과 15절에서 소개된 세례자 요한에 관한 기사가 곧바로 19절에서 계속되고 있으므로 프롤로그를 독립 단락으로 보기 어렵다. 또한 Smalley는 1:1-51을 프롤로그 보아야 한다고 주장한다.[78] 그러나 이 주장의 약점은 요한복음 2:1이 καί로 시작됨으로써 요한복음 1장과 연결되고 있을 뿐 아니라, 특히 요한복음 1:29부터 시작된 '날'(ἡμέρα)에 대한 언급이 요한복음 2장에서도 계속된다는 것이다(요 2:1). 나아가서 Mlakuzhyil은 요한복음 1:1-2:11이 문학적 단일체로 고려되어야 한다고 주장하

---

[76] G. Mlakuzhyil, *The Christocentric Literary Structure of the Fourth Gospel* (AnBib) (Rome: Pontificio Istitito Biblico, 1987), 91f., 143-147.

[77] R. Bultmann, *The Gospel of John* (Philadelphia: Westminster Press, 1971), 13.

[78] Smalley, *John*, 136-137. Cf. Beasley-Murray, *John*, 18-19.

며,[79] Wink도 이와 유사한 주장을 하지만,[80] 이렇게 구분하면 갈릴리에서의 처음 표적(요 2:1-11)과 두 번째 표적(요 4:43-54)이 각각 프롤로그와 몸말로 나누어지는 이상한 모양이 되고 만다. 그러므로 프롤로그를 몸말과 구별된 별개의 단락으로 보려는 시도는 재고되어야 한다.[81]

2. 프롤로그는 몸말에 대한 개요나 서곡, 머리말과 같은 것이 아니다. 프롤로그를 어색하고 이질적인 삽입물 또는 몸말에 대해 어떤 특별한 기능을 하기 위해 마련된 별도의 문학적 단위로 보는 것은 단지 착시일 뿐이다. 그것은 로고스의 선재부터 그의 부활과 승천까지 펼쳐지는 요한복음의 큰 흐름을 놓치는 대단히 위험한 시각이다. 이에 대하여 F. Hahn이 다음과 같이 잘 지적하였다.

---

[79] Mlakuzhyil, *The Christocentric Literary Structure of the Fourth Gospel*, 143-145.

[80] Walter Wink, *John the Baptist in the Gospel Tradition* (New York: Cambridge University Press, 1968), 92: "The real end of chapter 1 is thus 2:12."

[81] Williams는 요 1:1-18을 단일 문단으로 볼 수 없는 또 다른 이유에 대하여 다음과 같이 논증하였다("Not the Prologue of John," 382-384). 1) 그리스어 사본에는 요 1:1-18 뒤에 분학(division)이 없다 즉 18절과 19절 사이에 분학이 없다, 오히려 5절과 6절 사이에 분학이 있다. 2) 요 1:1과 1:14은 λόγος에 의해 괄호로 묶이며(*inclusio*), 요 1:14-2:11은 δόξα에 의해서 괄호로 묶인다. 그리고 요 2:11은 요 4:54의 σημεῖον과 단일 영역이다. 3) 동양의 성구집(Lectionary) 전승에서 요 1:17은 앞에서 이름이 알려지지 않은 자, 즉 λόγος의 이름(예수 그리스도)을 알림으로써 절정을 명시한다. 사람들은 로고스가 소유자이며(요 1:11), 이름을 가지고 있다(요 1:12)고 말함에도 또한 덜 중요한 인물인 요한의 이름은 그가 등장하자마자 밝혀졌지만, 그가 주의를 집중하는 인물인 로고스의 이름을 밝히는 것은 오히려 지연되는 것에 충격을 받았을 것이다. 4) 이 통찰들은 공존할 수 있으며, 연결이 분할보다 더 중요하다는 것을 인식해야 한다.

요한복음 1:1-18은 독자적인 서언(Prolog)도 아니고, 드라마가 시작되기 전에 나오는 머리말(Vorspann)이나 또는 전체 주제에 맞춘 일종의 단순한 '전주곡'도 아니다. 요한복음 1:1-18은 서술적이고도 신학적으로 복음 안에 편입되어 있다. 그것은 계시자인 로고스의 역사를 만물 창조 중재에 대한 그의 선재에서부터 성육신까지 말하며, 이는 예수의 삶과 죽음 그리고 아버지께로 돌아감에 관한 내용으로 계속 이어진다.[82]

"프롤로그는 단지 나중에 요한복음에 추가된 것이라고 종종 추측되지만, 그것은 요한복음의 신학적 구성에서 통합하는 요소로서 사실상 없어서는 안 되는 것이다."[83] 그 누구도 예수의 선재와 만물 창조와 성육신을 그분의 이 땅에서의 삶, 즉 구속을 성취하신 그의 삶과 분리된 것으로 볼 수 없으며, 또한 전자가 후자에 대한 개요, 머리말, 서곡, 현관, 로비, 휴게실, 출입구 등이라고 말할 수도 없다. 예수 그리스도의 영원에서의 선재와 그의 창조 활동과 성육신은 구속을 위한 그의 이 땅에서의 수난과 십자가 죽음과 부활과 승천에 대한 도입이나 요약이 결코 아니기 때문이다. 로고스가 육신이 되는 것은 그의 성육신(incarnation)까지만 아니라 그의 모든 생애(inhabitation)를 언급하며, 이것은 요한복음 1:19 이하에서 기술된다.

---

[82] Ferdinand Hahn, 『신약성서신학 I』 (*Theologie des Neuen Testaments* I), 김문경 외 5인 옮김 (서울: 대한기독교서회, 2007), 679.

[83] Cullmann, "The Theological Content," 298.

3. 요한복음 1:1-18은 요한복음의 '프롤로그'가 아니다.[84] 다시 말해 요한복음에는 프롤로그가 없다. Haenchen도 우리가 실제로는 프롤로그라는 것에 대해 말할 수 없으며, 저자가 이 구절들로부터 복음서 자체가 직접 시작되도록 쓰고 있다고 주장한다.[85] "요한복음은 1장 1절과 함께 시작한다."[86] 그러므로 선이해와 관습과 편견에 치우치지 말고 고대의 문서들이 정말로 오늘날의 문서처럼 서언을 가지고 있었는지에 대해 진지한 질문을 해야 한다. 또한 요한복음 1:1-18을 편의상 한 단락으로 나눌 수 있을지라도 그것을 몸말과 분리된 별개의 것으로 보지 말아야 한다. 요한복음의 1:1-18이 요한복음의 시작 부분이므로, 그것을 단지 문자적 의미로 'pro-logue'라 부를 수는 있겠으나, 앞에서 부정적으로 평가한 그런 의미의 'prologue'로는 일컫지 말아야 할 것이다.

---

[84] Williams, "Not the Prologue of John," 375-386.

[85] E. Haenchen, "Probleme des johanneischen 'Prologs,'" in *Gott und Mensch, Gesammelte Aufsätze* (Tübingen: Mohr Siebeck, 1965), 117: Ridderbos, "The Structure and Scope of the Prologue," 184에서 재인용. Cf. Brown, *The Gospel according to John I-XII,* 18.

[86] W. Eltester, "Der Logos und sein Prophet. Fragen zur heutigen Erklärung des johanneischen Prologs," in Eltester and Kettler, *Apophoreta* (*BZNW* 30) (Berlin: A Topelmann, 1964), 109-134, esp. 124. Borgen, "The Prologue of John," 75에서 재인용.

요한복음 연구

목격자의
참 증언

The True Testimony from the Eyewitness

4
로고스의 기원*

요한복음의 로고스(λόγος)의 기원은 무엇인가? 오랫동안 많은 사람이 그 기원을 종교사적 배경에 근거하여 이해했다.[1] 그 중 대표적인 것이 헬레니즘 철학과 영지주의와 유대주의 그리고 이들을 함께 섞은 혼합종교이다.[2] 본 장에서 나는 이들 각각의 요한복음 로고스의 기원에 대한 이해를 소개하고 비판할 것이다. 그 후에 요한복음 로고스의 참된 기원에 대해 밝힐 것이다.

I. 헬레니즘(Hellenism) 철학

먼저 헬레니즘 철학의 로고스 이해를 위하여 고대 그리스 자연철

---

* 본 장은 이복우, 『내 뒤에 오시는 이』(수원: 합신대학원출판부, 2011, 2013), 157-225의 내용을 요약, 수정, 보완한 것이다.

[1] D. A. Carson, R. T. France, J. A. Motyer, G. J. Wenham (eds.), *New Bible Commentary* (Leicester: Inter Varsity Press, 1994), 1025. =『IVP 성경주석 : 신약』, 김재영, 황영철 역 (서울: 한국기독학생회출판부, 2005), 257-258.

[2] Herman N. Ridderbos, *The Gospel of John: A Theological Commentary*, translated by John Vriend (Grand Rapids: Eerdmans, 1997), 27.

학과 플라톤(Platon) 철학, 그리고 스토아(Stoa) 철학의 로고스 이해를 살펴보자.

1. 고대 그리스 자연철학

고대 그리스 자연철학에 로고스 개념을 최초로 도입한 사람은 주전 6세기의 헤라클레이토스(Herakleitos)이다. 그는 로고스는 만물을 생성하고 그것을 지배하는 변하지 않는 우주 법칙이며, 그것은 바로 불(fire)이라고 하였다.³ 이 로고스는 영원한 법칙에 의해 우주를 지배하는 원리와 질서로서 물질적인 모든 것에 내재하는 정신(πνεῦμα)이며 자연현상에 관한 최종적인 설명을 부여해 주는 힘이다. 그러나 헤라클레이토스의 로고스는 체계적인 교리가 아니며, 더구나 인격적 신이 아닌 물질세계의 현상을 나타내는 원리이다.⁴ 이 로고스는 만물에 침투되어 있기 때문에 범신론적이다.⁵ 따라서 고대 그리스 자연철학의 로고스는 인격적인 존재가

---

³ Gordon H. Clark, *The Johannine Logos* (Nutley, NJ: Presbyterian and Reformed Publishing Company, 1972), 16: "*Logos* became a technical term in philosophy because of the work of Heraclitus, a Greek scholar who lived in Ephesus about 500 B.C. ... there is universal law that does not change. Heraclitus called it the Logos. this law is indeed the original fire itself."

⁴ Leon Morris, *The Gospel according to John* (Grand Rapids: Eerdmans Publishing Company, 1977), 115, f. n. 128, 129.

⁵ Donald Guthrie, *New Testament Theology* (Leicester, England; Downers Grove, Illinois: Inter-Varsity Press, 1981), 321 =『그리스도. 그리스도의 사역』, 이중수 역 (서울: 성서유니온, 1988).

아니며, 세상에 대하여 적대적이지도 않고, 형이상학적인 개념으로서 정적이고 이원론적이다. 반면에 요한복음의 로고스는 개념이나 사상이 아니라 인격이고 역동적이며 성육신한 로고스이다. "사도 요한이 분명하게 지적하기 원한 것은 로고스가 어떤 형이상학적 원리나 추상적 존재가 아니라는 것이다. 그는 로고스가 참된 인격인 것을 지적하고 있다."[6]

2. 플라톤(Platon) 철학

플라톤(Platon)은 로고스 교리를 거의 가지고 있지 않았다. 그는 초월적인 이데아(idea)의 존재를 단언하였으며, 이데아의 세계는 선이고 물질은 열등하다는 이원론(dualism)을 발전시켰다. 이데아의 세계는 그의 가장 고상한 실재였고, 그는 이 이데아의 세계를 로고스라고 불렀다.[7] 플라톤에게 있어 로고스는 성육신이나 인격과는 전혀 무관한 단지 이상적인 존재이며, 신과의 합일을 말함으로써 범신론적 사고를 보여 준다.

---

[6] 홍창표. "로고스, 요한복음 서론", 「신학정론」 제 11권 1호 (1993): 121; 홍창표, 『신약과 문화』 (수원: 합동신학대학원출판부, 1995), 66.

[7] Clark, *The Johannine Logos*, 17.

3. 스토아(Stoa) 철학

스토아학파는 헤라클레이토스의 사상을 이어받아 발전시켰다.[8] 이들의 로고스는 만물 안에 내재하여 만물을 생성하고 다스리는 원리, 즉 세계 생성과 운행의 원리이다. 로고스는 모든 것을 존재케 하는 이성적인 원리이며, 이성적 인간 정신에서 가장 중요한 것이다. "스토아 철학에서 로고스는 태초에 있어 만물을 지배하며 인간의 이성 안에 임재하는 비인격적이고 범신론적인 세계법(세계혼, Weltseele)이며,"[9] 존재라기보다는 추상이다. 그들은 로고스를 자연의 공통적인 법칙으로서 우주를 지배하는 힘이며 우주의 통일성을 유지하는 우주의 정신으로 이해했다.[10] 이에 따라 그들은 '모든 인간은 신성의 불꽃이다'[11]라고 말하였는데 이것은 철저히 범신론적인 개념이다. "요한은 로고스라는 용어를 다르게 사용하는데, 이는 성육신한 말씀(Word)의 개념이 신의 마음을 로고스로 보는 스토아 사상과 거리가 멀기 때문이다."[12] 또한 이들의 로고스는 "추상(abstraction)이지 인격적 실체(ὑπόστασις)는 아니다.

---

[8] 탈레스 외,『소크라테스 이전 철학자들의 단편 선집』, 김인곤 외 옮김 (서울: 아카넷, 2005), 722.

[9] 조병수,『신약성경총론』(수원: 합동신학대학원출판부, 2006), 176.

[10] G. R. Beasley-Murray, *Word Biblical Themes: John* (Dallas: Word Publishing, 1989), 24.

[11] Clark, *The Johannine Logos*, 16-17.

[12] S. S. Smalley, *John : Evangelist and Interpreter* (Downers Grove: Inter Varsity Press, 1998), 48.

따라서 … 그들은 요한의 로고스와는 전혀 다른 비인격적(impersonal), 범신론적(pantheistic) 세계정신(world soul)을 가진 어떤 것을 의미했다."[13]

따라서 "스토아 철학에서 로고스는 창조적이고 심리적인 힘이지 인격적이거나 자의식적인 것이 절대 아니다. … 로고스에 대한 요한의 이해와 비교할 때, 이러한 대조점들은 스토아 철학이 요한의 로고스 사상의 원천이었다는 주장을 허물어 버린다."[14] 스토아의 로고스는 인격이 아닌 단지 내재적인 원리를 말할 뿐이다. 반면에 요한의 로고스는 이러한 범신론적이고 비인격적인 원리와는 절대로 같지 않다. 특히 스토아 철학은 각 사람이 자신 안에 로고스의 일부를 가졌다고 말하지만, 요한복음의 로고스는 자신이 온전히 사람이 되었다(요 1:14). 스토아 철학의 로고스는 형이상학적인 추상적 논리인 것에 반해 요한복음의 로고스는 역사적 사건의 중심에 있다.[15]

요약하면, 헬레니즘 철학의 로고스는 범신론적이며 비인격적이다. 그러나 프롤로그의 로고스는 유일신(요 1:1c)이며 인격적 실체이다. 요한복음의 로고스는 개념이나 사상이나 원리나 정신이

---

[13] O. Cullmann, *The Christology of the New Testament*, translated by Shirley C. Guthrie and Charles A. M. Hall (Philadelphia: The Westminster Press, 1963), 252. =『신약의 기독론』, 김근수 역 (서울: 나단출판사, 2008), 251.

[14] David F. Wells, *The Person of Christ: A Biblical and History Analysis of the Incarnation* (Illinois, Westchester: Crossway Books, 1984), 68. =『기독론』, 이승구 역 (서울: 도서출판 토라, 2008).

[15] Andreas J. Köstenberger, *Encountering John: The Gospel in Historical, Literary, and Theological Perspective* (Grand Rapids: Baker Books, 1999), 62.

아니며 또한 세계이거나 세계가 된 것도 아니다. 그는 하나님 자신이며 우주 만물을 만드신 창조주이며, 성육신한 분이다. 하지만 그리스 세계에 만연한 로고스의 사용에는 성육신과 같은 것은 없다.[16] 그러므로 헬레니즘 철학의 로고스와 요한복음의 로고스는 용어는 같으나 그 의미와 개념은 전혀 다르다. 사도 요한이 로고스 용어를 사용했을 때 그는 헬레니즘 범신론을 빌리지 않았다.[17]

II. 영지주의

영지주의는 비밀스러운 '그노시스'($\gamma\nu\tilde{\omega}\sigma\iota\varsigma$)로 말미암는 구원을 강조한 다양한 종교 운동들로서 A. D. 2세기에 번성한 이원론적 이단이다.[18] 영지주의의 중심 사상은 이원론이며[19] 종교적 특징은 혼합주의이다.[20] 영지주의가 어떻게, 어디서, 언제 발생했는지는

---

[16] Guthrie, *New Testament Theology*, 321. =『그리스도. 그리스도의 사역』, 328.

[17] Clark, *The Johannine Logos*, 17. Cf. Guthrie, *New Testament Theology*, 322.

[18] E. M. Yamauchi, "The Gnostic and History," *JETS* 14 (1971): 29-40, esp. 29.

[19] Yamauchi, "The Gnostic and History," 29; Everett Ferguson, *Backgrounds of Early Christianity* (Grand Rapids: Eerdmans, 2003), 310; Beasley-Murray, *Word Biblical Themes: John*, 25.

[20] Alexander Böhlig, "Synkretismus, Gnosis, Manichäismus," in *Koptische Kunst: Christentum am Nil* (Essen: Villa Hügel, 1963), 42-47; Justo L. Gonzalez, 『기독교 사상사』 (I) 고대편, 이형기, 차종순 역 (서울: 대한예수교장로회총회출판국, 1988), 159에서 재인용;

일치된 견해가 없다.[21]

1. 로고스의 영지주의 기원설

영지주의에서 로고스는 신과 인간 사이의 신화적 중간자이다. 영지주의는 로고스의 성육신을 역사적 사실로 믿지 않고 단지 신비적, 가현설적 의미로 받았다.[22] 불트만(Bultmann)은 요한복음의 '로고스'의 기원을 이러한 영지주의에서 찾았다.[23] 그러나 프롤로그의 로고스의 기원이 영지주의라는 불트만의 주장은 오랫동안 많은 학자에 의해 비판을 받았고 거부되었다.[24] 그의 가설은 역사성을 결여하였다. 무엇보다 기독교 이전의 영지주의 자료는 없다. 이 사실이 그의 가설에 가장 치명적이다.[25] 또한 내용에서도 영지주의의 로고스는 "한때 인간이 되었지만, 그것은 언제나 단지 신

Gray M. Burge, "History of Interpretation," in *Interpreting the Gospel of John* (Grand Rapids: Baker Book House, 1992), 16, f. n. 1; 홍창표, 『신약과 문화』, 131: "노스틱주의는 종파(sect)의 하나로 인간 구원을 그노시스 계시로 인하여 신격화되는 종교적인 신앙을 가진 혼합주의를 말하는 것이다"; Ferguson, *Backgrounds of Early Christianity*, 307.

[21] Yamauchi, "Gnosticism," 417; Ferguson, *Backgrounds of Early Christianity*, 307.

[22] Cullmann, *The Christology of the New Testament*, 252; 조병수, 『신약성경총론』, 177.

[23] R. Bultmann, "The History of Religions Background of the Prologue to the Gospel of John," in *The Interpretation of John. Issues in Religion and Theology 9*. ed. John Ashton (Philadelphia: Fortress Press, London: SPCK, 1986): 18-35, esp. 33.

[24] Sukmin Cho, *Jesus as Prophet in the Fourth Gospel*, NTM 15 (Sheffield: Sheffield Phoenix Press, 2006), 256, f. n. 9: "However, Bultmann's hypothesis has not been accepted."

[25] Yamauchi, "Gnosticism," 417.

화적이며 가현설적인 의미이지 결코 실제적인 성육신의 역사적 의미는 아니다."[26]

2. 헤르메스 문서(Hermetica)

요한복음 로고스의 영지주의 유래를 주장하는 학자 중에는 헤르메스 문서(Hermetica)를 그 근거로 제시한다.[27] 헤르메티카는 A. D. 2-3세기에 속한 문서로서 영지주의가 이교적 분파임을 나타내는 영지주의적 이원론 문서들이다.[28] "이들은 Hermes Trismegistus[29]와 그의 아들들 사이의 대화 형식을 띠고 있으며, 신에 대한 지식을 통한 구원 수단과 이에 관련된 윤리적 인간 요구들에 관한 토론을 싣고 있다. 이 문서들은 범신론과 영지주의의 분위기를 풍기고 있다."[30] 특히 이 문서 중 포이만드레스(Poimandres)에는 창조에 참여하고 영계와 물질계를 연결하는 로고스의 개념이 실려 있

---

[26] Cullmann, *The Christology of the New Testament*, 252.

[27] C. H. Dodd, *The Interpretation of the Fourth Gospel* (Cambridge: Cambridge University Press, 1953, 1980), 10-53.

[28] Smalley, *John : Evangelist and Interpreter*, 52; Guthrie, *New Testament Introduction*, 321; G. E. Evans, "헤르메스 문서(Hermetica)", G. E. Evans ed.『초대교회의 신학자들』, 박영실 역 (서울: 그리심, 2008), 244-251; 홍창표,『신약과 문화』, 116-117; Ferguson, *Backgrounds of Early Christianity*, 314.

[29] Smalley, *John : Evangelist and Interpreter*, 52, f. n. 28.

[30] Smalley, *John : Evangelist and Interpreter*, 52.

다(i. 6. Λόγος υἱός θεοῦ).[31]

하지만 이 문서는 요한복음보다 나중에 기록되었고,[32] 내용과 신학에서도 요한복음과 아주 다르다. 그러므로 이 문서는 요한복음 로고스의 기원이 될 수 없다. 헤르메스(Hermes) 신화에서 로고스의 인격화가 언급되지만, 범신론적인 의미를 담고 있는 알레고리하고 철학적인 해석에 근거한다.[33] 헤르메티카의 연대를 고려할 때, 요한이 이 문학의 입장에 의존했을 가능성은 전혀 없다.[34]

3. 만다교(Mandaean) 문서

만다교는 영지주의의 일종이며, 만다교(Mandaens)라는 명칭은 '만다'(manda, gnosis)라는 말에서 왔다. 만다교 문헌(1947년 Nag Hammadi에서 콥틱 영지주의 원본 발견함)[35]은 주후 7-8세기의 이슬람법이 종파가 되려면 종파 문서를 작성해야 한다는 요구에 따라 기록된 것이다. 만다교 정경은 주후 700년경 혹은 그 전에 생겼을 것으로

---

[31] Smalley, *John : Evangelist and Interpreter*, 52.

[32] J. Munck, "The New Testament and Gnosticism," in W. Klassen and G. Snyder (eds.), *Current Issues in New Testament Interpretation* (New York: Happer & Row Publishers, 1962), 224-238, esp. 226; E. M. Yamauchi, *Pre-Christian Gnosticism* (Grand Rapids: Baker Book House, 1983), 71-72.

[33] 조병수, 『신약성경총론』, 177; Cullmann, *The Christology of the New Testament*, 253.

[34] Smalley, *John : Evangelist and Interpreter*, 52-53.

[35] Nag Hammadi에 대해서는 홍창표, 『신약과 문화』, 117-119를 보라.

추측된다. 만다교 문헌은 동부 아람어로 기록되었고, 그중에 중요한 것은 긴자(Ginza, 'treasure')이다.[36] 이란과 이라크에 있는 만다교 공동체들은 유일하게 남아 있는 고대 영지주의의 자취들이다.

불트만이 요한복음은 "기독교 이전 영지주의의 영향을 받아서 생긴 복음서"라고 주장했을 때, 그는 '만다교' 문서를 근거로 그렇게 결론을 내린 것이다.[37] 그는 만다교 문서가 동양의 영지적 구속자 신화의 가장 순전한 형태를 보존한다고 생각한다.[38] 그는 만다교의 기원이 근본적으로 세례자 요한 종파에서 기인하며, 세례자 요한이 구속자 신화와 만다교 의식 형성의 원인이었다고 주장한다.[39]

그러나 구속자 신화에서 구속자는 말 그대로 신화(myth)이다. 또한 구속자 신화는 그것이 기독교 이전에 존재했다는 것에 대한 명확한 증거를 제시하지 못한다.[40] 만다교 문서는 기원후 700년 경에 기록되었다. "불트만의 주장에서 가장 크게 문제가 되는 것은 만데이즘 영지주의의 현존하는 자료들이 모두 후대의 것이라는 사실에 있다. 현재 기록으로 남아 있는 자료들 가운데 7세기

---

[36] 홍창표, 『신약과 문화』, 174-175, f. n. 21.

[37] 홍창표, 『신약과 문화』, 174-181

[38] R. Bultmann, *Theology of the New Testament* I (London: SCM Press, 1978), 166-183.

[39] Smalley, *John : Evangelist and Interpreter*, 49-51; E. M. Yamauchi, *Pre-Christian Gnosticism: A Survey of the Proposed Evidence* (Oregon: Wipf and Stock Publishers, 2003), 29.

[40] NIDNTT, 1116: "... the myth of the descent of the Redeemer does not allow of certain proof of its pre-Christian origins."

이전의 것이 없다."⁴¹ 나아가서 구속자 신화의 내용은 성경의 가르침과 충돌한다.⁴²

결국, 이레니우스(Irenaeus)의 비판대로 영지주의자들이 성경이라는 귀중한 보석을 모방하여 솜씨 좋은 모조 유리제품을 만들었다(Adv. Haer. 1. pref.).⁴³ 이와 비슷하게, 종교사학파 학자들을 비롯하여 현대의 많은 신학자가 종교배경사적 사색에 근거하여 요한복음의 선재하신 로고스 하나님을 이단적이고 신화적이며 혼합적인 영지주의 모조품으로 만들려는 웃지 못 할 일을 벌여왔다.

III. 유대주의

쿰란 문서의 발견으로 유대주의를⁴⁴ 요한복음 로고스의 배경으로

---

⁴¹ 조병수, "Rudolf Bultmann의 해석학", 61; Guthrie, *New Testament Theology*, 323; D. A. Carson, *The Gospel according to John* (Grand Rapids: Eerdmans, 1991), 31-32; D. A. Fergusson,『불트만』, 전성용 옮김 (서울: 대한기독교서회, 2000), 168. = *Bultmann* (London: Geoffrey Chapman, 1992).

⁴² 구속자 신화와 이에 대한 자세한 비판은 이복우,『내 뒤에 오시는 이』, 175-178을 보라.

⁴³ Cf. Perkins, *Gnosticism and the New Testament*, 1.

⁴⁴ 변종길, "요한복음에 나타난 비유의 핵심은 무엇인가",「그 말씀」(1998. 7): 87: "구약성경은 비록 유대인들에게 주어졌지만, 그것은 인간 유대인들의 사상이 아니라 하나님의 말씀이었기 때문에, 신약시대에 사도들을 통해 주시는 하나님의 계시와 일맥상통할 수밖에 없다. 그것은 둘 다 살아계신 하나님의 말씀이기 때문이다. 이런 점에서 '구약 성경'과 '유대주의'를 분명히 구별해야 한다."

고려하게 되었다. 이것은 그들이 요한복음과 쿰란 문서 사이의 언어와 사상의 유사성뿐 아니라, 요한복음에 많은 유대적 특성이 있다고 생각했기 때문이다.[45]

1. 유대 지혜 사색[46]

유대 문서 중에는 지혜에 대하여 말하는 문서들이 있다.[47] 그러나 그 문서들이 요한복음 로고스의 기원이라고 말하는 것은 성경관에 심각한 문제가 있다. 그들은 욥기와 잠언도 외경과 같은 유대 지혜 문서에 집어넣었다.[48] 또한 유대 문서에서 지혜는 진정한 인격이 아니다.[49] 반면에 요한의 로고스는 하나님과 함께 계실 뿐 아니라 하나님 자신이시다(요 1:1-2). 유대 지혜 문서는 지혜를 인격으로 나타내지 않지만,[50] 요한복음은 로고스를 인격인 예수와 동일시한다.[51] 나아가서 지혜는 실제 인격이 아니라 단지 개념상

---

[45] Sukmin Cho, *Jesus as Prophet in the Fourth Gospel*, 20-21.

[46] 이에 관한 자세한 내용은 이복우, 『내 뒤에 오시는 이』, 184-187을 보라.

[47] 시락 1:1-30; 24:1-11(23); 51:13-30; 바룩 3:9-44; 솔로몬의 지혜서 등.

[48] 변종길, "요한복음에 나타난 상황성", 「그 말씀」(1998. 1): 113.

[49] Köstenberger, *Encountering John*, 53.

[50] T. H. Tobin, "The Prologue of John and Hellenistic Jewish Speculation," *CBQ* 52 (1990): 252-269, esp. 254: "In Jewish wisdom literature the figure of wisdom (*hokmâ, sophia*) was never displaced by the logos as it was in the hymn of the Prologue."

[51] Tobin, "The Prologue of John and Hellenistic Jewish Speculation," 255.

인격화된(personified) 것으로 나타내려는 '일반적인 문학 장치'(a common literary device)이다.⁵² 하지만 요한의 로고스의 인격은 단순히 문학적 표현이 아니라 실제 인격이다. 유대 지혜 문서는 인격과 거리가 아주 멀어서 인격적 실체로서의 로고스를 알지 못한다.⁵³ 요한복음의 로고스의 인격과 유대 지혜 문서의 지혜의 인격화는 근본적으로 다르다.

2. 필로(Philo)

알렉산드리아의 필로(Philo, 약 20 BC - AD 50)는 예수와 동시대인으로서 전통적인 유대인이었다. 그의 사상은 절충주의이다.⁵⁴ 그는 유대주의와 당대의 철학 체계들(그중에서도 특히 플라톤주의와 스토아주의)에서 유래한 요소들을 조합하여 헬레니즘적 범주 내에서 유대주의에 대한 이해를 표현하려고 시도하였다.⁵⁵ 그는 구약 성경과 유대 문서의 신적 지혜를 그리스 철학의 로고스와 동일시하여

---

⁵² Köstenberger, *Encountering John*, 53.

⁵³ R. Schnackenburg, "Die Herkunft und Eigenart des joh. Logos-Begriffs," in *Das Johannesevangelium*, vol. 1 (Freiburg, Basel, Wien: Herder, 1965), 261-263. = "The Origin and Nature of the Johannine Concept of the Logos," in *The Gospel according to St. John*, vol. 1 (London: Bruns & Oates, 1980), 485-487. = "요한복음서의 로고스 : 개념의 출처와 특성에 대해서",「신학전망」100 (1993): 139-142.

⁵⁴ Samuel Sandmel, *Philo of Alexandria* (New York: Oxford University Press, 1979), 122; 홍창표,『신약과 문화』, 424.

⁵⁵ Smalley, *John : Evangelist and Interpreter*, 61; Wells, *The Person of Christ*, 68.

결합했다. 이러한 시도의 궁극적인 목적은 헬레니즘화였다.[56] 필로는 로고스를 하나님과 구별된 별개의 실존(real being)으로 보았다.[57] 그는 로고스를 현상세계의 원형인 이상세계(이데아의 세계)로 생각하였으며,[58] 특히 이상 인간, 원 인간(primal Man), 하나님의 형상이라고 생각하였다.[59] 따라서 필로의 로고스는 완전한 인간, 즉 창세기 1장의 하나님의 형상을 따라 만들어진 인간이다. 또한 필로의 로고스는 창조의 대행자이며 세상에 대한 하나님의 통치의 매개자이고, 세상이 하나님에게 오는 신적 중개자(divine mediator)[60] 이자 대제사장이며[61] 죄 용서를 위한 보혜사이기도 하다.[62] 나아가서 필로는 로고스에게 신적 속성들이 주어졌으며, 그는 하나님으로부터 첫 번째로 태어난 자[63]로서 하나님의 형상[64]이며 '두 번

---

[56] Sandmel, *Philo of Alexandria*, 122.

[57] 홍창표, 『신약과 문화』, 423.

[58] Philo, *Philonis Alexandrini: Opera Qvae Svpersvnt*, vol. 1. Ed. Leopoldvs Cohn (Berolini: Typis et Impensis Georgii Reimeri, 1962), 8(De opificio mundi, 24-25); Philo, *The Works of Philo: Complete and Unabridged*, tr. by C. D. Yonge (Peabody: Hendrickson Publishers, 2008), 5; 알렉산드리아 필로, 『창조의 철학』, 노태성 옮김 (서울: 다산글방, 2005), 27.

[59] C. K. Barrett, *The Gospel according to St. John* (Philadelphia: Westminster Press, 1978), 154.

[60] M. Endo, *Creation and Christology : A Study on the Johannine Prologue in the Light of Early Jewish Creation Accounts* (WUNT 2, 149) (Tübingen: Mohr Siebeck, 2002), 5.

[61] Philo, *Philonis Alexandrini: Opera Qvae Svpersvnt*, vol. 2. Ed. Paulus Wendland (Berolini: Typis et Impensis Georgii Reimeri, 1962), 52(De gigantibus I. 52).

[62] Beasley-Murray, *Word Biblical Themes: John*, 24.

[63] Philo, *Philonis Alexandrini*: 106: "τὸν ὀρθὸν αὐτοῦ λόγον καὶ πρωτόγονον υἱόν."

[64] Philo, *Philonis Alexandrini: Opera Qvae Svpersvnt*, vol. 1, 8(De opificio mundi, 25);

째 하나님'이라고 했다.⁶⁵

따라서 필로의 로고스는 완전히 신적이지도 않고 선재적이지도 않다.⁶⁶ 그의 로고스에는 선재(pre-existence)가 없으며, '하나님으로부터 첫 번째로 태어난 자'로서 창조된 존재이다. 그러므로 요한복음 로고스의 기원을 필로에게서 찾으려는 시도는 한낱 헛수고에 지나지 않는다. 또한 필로에게 있어서 중재적 실체들은 자기 모순적이다. 그것들은 신적인 것도 아니고 인간적인 것도 아니며, 인격들도 아니고 속성들도 아니며, 독자적 실체들도 아니고 힘들도 아니며, 그 둘 다의 성질을 모두 가지고 있다. 그 실체들은 구약이 항상 구분하고 있는 창조자와 피조물의 경계선을 없앤다.⁶⁷ 이뿐 아니라 필로의 로고스와 요한의 로고스 사이의 근본적인 차이는 로고스의 인격이다. 비록 그가 로고스에게 하나님의 형상, 창조와 계시의 중개자, 대제사장, 하나님의 장자, 천사장, 둘째 하나님, 왕 등의 인격적 명칭을 부여하지만, 그것은 구약의 인물들과 알레고리적 동일시를 한 것이며,⁶⁸ 로고스를 실재 인물

Philo, *Philonis Alexandrini: Opera Qvae Svpersvnt*, vol. 5, Ed. Leopoldvs Cohn (Berolini: Typis et Impensis Georgii Reimeri, 1962), 21(De specialibus legibus I. 81).

⁶⁵ Philo, *Philonis Alexandrini: Opera Qvae Svpersvnt*, vol. 1, 107(Legum Allegoriarum II, 86).

⁶⁶ Wells, *The Person of Christ*, 69.

⁶⁷ H. Bavinck, *The Doctrine of God,* translated, edited outlined by William Hendriksen (Edinburgh: The Banner of Truth Trust, 1979), 261. =『개혁주의 신론』, 이승구 역 (서울: 기독교문서선교회, 1988).

⁶⁸ TDNT, IV, 88-89.

로 생각하지 않았다.[69] "필로의 로고스는 종종 실체화되고(hypostatized) 의인화되지만(personified) 절대로 인격화되지는 않는다(never personalized)."[70] "필로의 로고스는 명백한 인격(personality)을 갖고 있지 않으며 … 필로는 로고스를 인격적 견지에서 보지 않은 것이 분명하다."[71] 반면에 요한의 로고스는 인격인 하나님 자신이다(요 1:1-2).

3. 랍비 문서

유대주의에서 로고스와 토라는 밀접하게 관련되어 있다. 유대 랍비 문서에서 토라는 모든 것들이 창조되기 전에 창조되었으며, 하나님은 이 토라를 모범(pattern)으로 세상을 창조하셨다고 말한다. 그리하여 "태초에"(창 1:1)는 "토라에"(in the Torah)를 의미하는 것으로 해석되었다.[72] 또한 유대 문서는 지혜와 토라를 동일시하며, 토라와 로고스가 대부분 호환적으로 사용된다(cf. 사 2:3).[73] 이

---

[69] H. Conzelmann, 『신약성서신학』, 박두환 역 (서울: 한국신학연구소, 2001), 596.

[70] G. E. Ladd, *A Theology of the New Testament* (Grand Rapids: Eerdmans, 1974), 241.

[71] Guthrie, *New Testament Theology*, 322.

[72] M. E. Boismard, *St. John's Prologue*, translated by Carisbrooke Dominicans (Maryland: Newman Press, 1957), 97; Brown, *The Gospel according to John I-XII*, 523; 홍창표, 『신약과 문화』, 64.

[73] Brown, *The Gospel according to John I-XII*, 523; Morris, *The Gospel according to John*, 119; Eldon J. Epp, "Wisdom, Torah, Word: The Johannine Prologue and the Purpose of the Fourth Gospel," in *Current Issues in Biblical and Patristic Interpretation: Studies*

러한 이유들로 사람들은 유대 랍비 문서의 토라가 요한의 로고스의 기원이라고 말한다.

그러나 유대 문서의 토라는 창조됐지만, 요한의 로고스는 창조자이다(요 1:3, 10). 창조자요 빛과 생명의 원천은 토라가 아니라 예수 그리스도이시다.[74] 또한 토라는 신적(divine)일 뿐, 신 자체는 아니나[75] 로고스인 예수는 유일신 하나님 자신이시다. 게다가 요한의 로고스는 삼위일체의 제2위로서 인격자이시나 유대 문서의 토라가 인격이냐 하는 것은 여전히 의문이다.[76]

4. 탈굼(Targums) - 메므라(Memra)

유대주의의 탈굼[77]은 하나님의 말씀을 메므라(מימרא, Memra)로 대체했다. 그래서 어떤 학자들은 메므라가 요한복음 로고스의 기원이라고 생각한다.[78] 탈굼은 메므라를 인격화하지 않았고, 다만 메

---

in Honor of Merrill C. Tenney Presented by His Former Students, Edited by Gerald F. Hawthorne (Grand Rapids: Eerdmans, 1975), 135.

[74] Brown, *The Gospel according to John I-XII*, 524.

[75] Boismard, *St. John's Prologue*, 97: "which is to recognize it as divine."

[76] Boismard, *St. John's Prologue*, 97.

[77] Smalley, *John : Evangelist and Interpreter*, 70, f. n. 125. Targum에 대한 전반적인 개념 이해를 위해서는 Morris, *The Gospel according to John*, 119를 보라. 또한 William Barclay, "John 1:1-14: Fully Man and Fully God," in *Great Themes of the New Testament* (Louisville: Westminster John Knox Press, 2001), 23-44, esp. 27을 보라.

므라를 사용하여 하나님의 초월성을 표현했다.[79] 탈굼의 메므라는 개념의 사색이지만, 요한의 로고스는 실체이다.

정리하면, 유대주의에서 유대 후기 지혜 문서에 나타나는 지혜 사색과 필로와 랍비 문서의 토라와 탈굼의 메므라에서 로고스는 다양한 모습으로 묘사되고 있다. 유대 문서의 로고스는 피조된 존재로서[80] 선재하지 않았고, 단지 신적일 뿐 참된 신적 실체는 아니다. 이들 중 어느 것도 신적 본질과 동일시되지 않는다. 또한 유대 지혜, 필로의 로고스, 토라, 메므라는 모두 단지 인격화되고 의인화된 것일 뿐 참된 인격적 실체는 아니다. 따라서 유대 문서가 묘사한 지혜나 토라, 로고스와 메므라의 의인화에서 요한복음 로고스의 기원을 찾을 수는 없다. 유대 문서와 요한복음의 로고스 사이에 용어와 내용의 병행이 있음에도 이 둘은 전혀 다른 개념과 의미로 사용되었다.

---

[78] C. F. Burney, *The Aramaic Origin of the Fourth Gospel* (Oxford: Clarendon Press, 1922), 38; J. Armitage Robinson, *The Historical Character of St. John's Gospel*, 2d ed. (New York: Longmans, Green, 1929), 104-105; C. T. R. Hayward, "The Holy Name of the God of Moses and the Prologue of St. John's Gospel," *NTS* 25 (1978-1979): 16-32; William H. Brownlee, "Whence the Gospel according to John?" in *John and Qumran*, ed. J. H. Charlesworth (London: Geoffrey Chapman, 1972), 166-194, esp. 179; W. Barclay, "Great Themes of the New Testament, II: John 1:1-14," *ExpT* 70 (1958-1959): 78-82, 114-117, esp. 79-80.

[79] Brown, *The Gospel according to John I-XII*, 524.

[80] Guthrie, *New Testament Theology*, 324-325. see. 시락 1:1-10; 24:3-5, 9.

IV. 구약 성경

마지막으로 요한복음의 로고스와 구약 성경의 관계에 근거하여 로고스의 구약 기원에 대해 살펴보자.

1. 요한복음의 구약 성경 인용과 의존성

헬라어 신약 성경 Nestle-Aland 요한복음 본문은 17개의 직접적인 구약 인용(요 1:23, 51; 2:17; 6:31, 45; 10:34; 12:13a, 13b, 15, 27, 38, 40; 13:18; 15:25; 19:24, 36, 37)과 약 190개의 난외에 표기된 관련 구절들 및 병행 구절들을 소개한다.[81] G. Reim은 Nestle-Aland에 근거하여 요한복음에 24개의 구약 성경 인용이 있고, 구약 성경과 관련된 구절로는 84개가 분명하게, 42개는 개연성 있는 정도로 그리고 16개는 가능성 있는 관련 구절들인 것으로 본다. 21곳에서 유대적 규례가 지시되고, 68개의 구절에서 형태상의 병행구를 발견할 수 있다고 한다. 그리하여 그는 전체 231개의 구약 출처를 제시한다.[82] 이러한 요한의 구약 의존은 직접 인용과 입증할 수 있는 암시와 주제적 연결에 이르기까지 광범위하게 관련되며,[83] 이것은 "요한복음의 구약신학을 깊이 세우는 본문 간 관련

---

[81] 김문경, 『요한신학』 (서울: 한국성서학연구소, 2004), 61-62.
[82] 김문경, 『요한신학』, 62, f. n. 22에서 재인용.
[83] 조병수, "요한복음의 구약 성경 인용", 『그 아들에게 입 맞추라』: 수은 윤영탁 박사

성의 망(web of intertextuality)을 만든다."[84]

이처럼 요한은 구약 성경을 심오하게 인용함으로써 구약 성경에 대한 자신의 의존성과 신학을 분명하게 나타내고 있다. "요한은 풍부한 구약 신학을 확립하고 있었다. 이 때문에 요한복음은 구약 성경에 내리고 있는 깊은 뿌리를 도외시한 채 이해될 수 없다."[85] 결국 구약 성경이야말로 요한복음 로고스의 참된 기원이다. 요한복음은 참으로 구약적이다. 따라서 요한복음 로고스의 진정한 기원은 그리스 철학이나 영지주의나 유대주의가 아니라 구약 성경이다.[86]

2. 요한복음의 예수 정체 이해의 근거

요한복음이 이렇게 구약 성경을 의존하는 것은 예수의 정체를 전적으로 구약 성경에 근거하여 이해하기 위해서이다. 이 사실은 요한복음의 구약 성경 인용이 예수 그리스도에게 집중되어 있다는 점에서도 분명하다.[87] 또한 구약 성경을 암시하는 구절들(성막,

---

은퇴기념논문집 (수원: 합동신학대학원출판부, 2005), 407-456; A. J. Köstenberger, "John," in ed. by G. K Beale, and D. A. Carson, *Commentary on the New Testament Use of the Old Testament* (Grand Rapids: Baker Academic, 2007), 415-512, esp. 415.

[84] Köstenberger, "John," 420.
[85] 조병수, "요한복음의 구약 성경 인용", 421.
[86] Carson, *The Gospel according to John*, 11.
[87] D. A. Carson, "John and the Johannine Epistles," in *It is Written: Scripture Citing*

야곱의 사다리, 야곱의 우물, 만나, 광야의 뱀, 안식일, 여러 절기 등)은 구약 성경에 매우 익숙한 저자와 독자들을 전제로 한 것이다.[88] 여기서도 구약 성경이 그리스도에 대하여 말한다는 것이 전제되거나 입증되며, 따라서 이 구절들도 기독론적으로 해석되어야 한다.[89] 나아가서 주제에서도 구약에 기초한 기독론적 칭호들이 많이 있다 (포도나무, 목자, 하나님의 어린 양, 성전, 메시아 등). "요한복음에서 구약 성경의 직접 인용이 상당히 큰 의미가 있는 것은 인용의 빈도가 잦다는 데 있지 않고, 그것이 예수의 생애에서 모든 중요한 순간에 등장한다는 데 있다. 예수의 구속 드라마가 진행되는 모든 중대 국면에 구약 성경이 인용되고 있다는 것은 놀라운 일이다."[90]

결국 요한복음의 구약 의존은 예수의 생애가 구약 성경을 따르고 있다는 것을 입증하며,[91] "예수의 사역, 죽음과 부활이 '성경대로' 이루어졌다는 것을 전달하기 위한 가장 명확한 방식을 구성한다."[92] "요한은 구약 성경으로 예수 그리스도를 정확하게 설

Scripture; Essays in Honour of Barnabas Lindars, ed. D. A. Carson and H. G. M. Williamson (Cambridge: Cambridge University Press, 1988), 246: "The OT citations in one way or another point to Jesus."

[88] D. A. Carson, D. J. Moo, L. Morris, *An Introduction to the New Testament* (Grand Rapids: Zondervan, 1992), 159.

[89] Carson, "John and the Johannine Epistles," 252.

[90] Richard Morgan, "Fulfillment in the Fourth Gospel: the Old Testament Foundations: an Exposition of John 17," *Interpretation* 11 (1957): 155-165, esp. 156-157.

[91] 조병수, "요한복음의 구약 성경 인용", 417.

[92] M. J. J. Menken, *Old Testament Quotations in the Fourth Gospel: Studies in Textual Form* (Netherlands: Kok Pharos, 1996), 212.

명하려고 했던 것이다. … 구약은 예수를 이해하기 위한 기초이며, 예수는 구약을 이해하기 위한 기초이다. 이렇게 구약 성경과 예수 그리스도 사이에 발생하는 상호작용을 전제로 하여 요한은 구약 성경이 그리스도를 지시하고 있다는 확신을 아주 분명하게 보여준다(요 1:45; 5:39; 5:46f.)."[93]

요한복음은 철저히 예수를 구약 성경과 관련시키고 있고, 그것에 근거하여 예수를 해석하고 있다. 요한복음은 구약 성경을 예수 그리스도에 대한 예상도(prefigurement)로 본다.[94] 예수도 "이 성경이 곧 내게 대하여 증언하는 것이니라."(요 5:39)라고 말씀하심으로 자신의 배경이 구약 성경임을 분명히 했다. 그러므로 예수를 가리키는 칭호인 로고스도 구약 성경에서 유래한 것이 확실하다. 실체와 칭호는 둘이 아니기 때문이다. 요한복음은 철저히 구약 성경을 근거로 예수의 정체를 이해하고 있다.[95] 구약 성경 외에 다른 어떤 것도 로고스의 기원이 아니다.

---

[93] 조병수, "요한복음의 구약 성경 인용", 435-436.

[94] Carson, "John and the Johannine Epistles," 257.

[95] Kraus는 요한복음이 기독론적인 구약 성경 사용에서 다음과 같이 네 가지 사항을 제시한다고 말한다: 1) 구약 성경 자신이 예수를 증언한다, 2) 그리스도 사건은 구약 성경의 성취이다, 3) 예수는 구약 성경을 완성한다, 4) 그리스도 사건에 대한 설명인 요한복음은 구약 성경과 같은 위치를 점유한다. Wolfgang Kraus, "Johannes und das Alte Testament : Überlegungen zum Umgang mit der Schrift im Johannesevangelium im Horizont Biblischer Theologie," ZNW 88 (1997): 1-23. 조병수, "요한복음의 구약 성경 인용", 409, f. n. 4에서 재인용. 김문경, 『요한신학』, 63: "구약성서 인용은 기독론적이고 종말론적으로 그리스도에 대한 증거로 사용된다."

3. 예수의 자기 정체와 활동에 대한 이해 근거

요한복음에는 구약과 관련된 사건들이 많이 등장한다: 야곱의 환상에 관한 언급(요 1:50-51), 성전정화(요 2:13-18), 모세가 광야에서 뱀을 든 사건(요 3:14-15), 그리스도의 신분 확인(요 4:25-26), 성경의 증언(요 5:39), 모세와의 연속성(요 5:45-46), 생명의 떡 강화(요 6장), 모세의 율법을 의지함(요 7:22-23), 성령에 관한 구약의 예언 성취(요 7:38), 율법에 근거한 논증(요 8:17-18; 10:34-36), 아브라함과의 관계(요 8:56), 인자(요 9:35-37, cf. 요 1:51; 3:13, 14; 5:27; 6:27, 53, 62; 8:28; 12:23; 13:31, cf. 단 7:13; 겔 2:1-3), 목자(요 10:11, cf. 사 40:11; 겔 34:12, 23; 37:24), 대적자들을 논박(요 10:34 등), 어린 나귀를 타심(요 12:14-15), 떡과 발꿈치(요 13:18, cf. 시 41:9), 창세 전에 아버지와 함께 계심(창 1장; 잠 8:23; 요 17:5, 24), 십자가 위에서 신포도주 마심(요 19:28-29) 등.

이 모든 내용은 예수가 자신의 정체를 구약 성경에 근거하여 밝히는 것이며, 그의 모든 행위가 구약 성경을 이루는 것임을 나타내는 것이다. 이것은 예수가 자신의 정체와 활동을 전적으로 구약 성경에 의존하고 있다는 것을 확실하게 보여 준다.[96] Menken은 이를 지지하여 다음과 같이 말한다.

---

[96] Köstenberger, "John," 418; Carson, "John and the Johannine Epistles," 246.

예수는 그의 사역이 구약 성경과 일치한다는 것을 보여주기 위하여 성경을 사용한다(요 6:45; 7:38; 13:18; 15:25). 예수의 행동은 제자들에게 성경의 말씀을 생각나게 한다(요 2:17). 예수와 그의 대적자들은 참으로 예수는 누구인가에 관한 그들의 논쟁에서 자신들의 다른 관점을 지지하기 위하여 인용을 사용한다(요 6:31; 7:42; 8:17; 10:34; 12:34). 저자는 독자들에게 '예수가 성경과 일치하며 성경의 성취를 이룬다'는 것을 확고히 하기 위해 인용을 증거로 제시한다.[97]

이처럼 구약 성경은 예수에 관한 증언의 책이다(요 5:39, cf. 요 1:45). 따라서 예수를 칭하는 로고스도 구약 성경에 의하여 설명되고 그것의 증언을 받는 것이 마땅하다. 구약 성경이 로고스의 기원이다.

4. 기독론적 명칭

요한복음 1:29-51에는 예수에 대한 칭호들이 대거 나타난다. 하나님의 어린 양(요 1:29, 36), 하나님의 아들(요 1.34, 49), 메시아(요 1:41, cf. 요 4:25),[98] 모세가 율법에 기록하였고 여러 선지자가 기록

---

[97] Menken, *Old Testament Quotations in the Fourth Gospel*, 12-13.
[98] 이 칭호는 신약 성경 중 오직 요한복음에만 사용되었다.

한 그이(요 1:45, cf. 요 5:39-40), 이스라엘의 임금(요 1:49, cf. 요 12:13), 인자(요 1:51, cf. 요 3:13, 14; 5:27; 6:27, 53, 62; 8:28; 9:35; 12:23, 34bis; 13:31). 이 여섯 가지 칭호는 모두 구약적인 것이며,[99] 예수를 구약 성경에 약속된 신적 메시아로 묘사하는 것이다.[100]

특히 눈여겨보아야 할 칭호는 에고 에이미(ἐγώ εἰμι)이다.[101] 이것은 요한이 갖는 예수에 대한 독특한 이해이다. 특히 절대적인 형태의 ἐγώ εἰμι는 구약 성경(LXX)에서 하나님 자신을 가리키는 데 사용되었다(출 3:6, 14; 7:5; 14:4; 20:2; 사 41:4; 43:10, 13, 25; 45:18; 46:4; 호 13:4; 욜 2:27 등).[102] 그러므로 요한복음에 사용된 ἐγώ εἰμι 라는 예수의 칭호는 예수가 바로 구약 성경이 말씀하는 그 하나님이시라는 것을 잘 나타낸다(요 1:1, 18; 20:28). 요한복음 8:12-58의 논쟁과 관련하여, 나중에 사람들은 예수에게 "네가 사람이 되어 <u>자칭 하나님</u>이라"(요 10:33)고 말했기에 돌로 쳐 죽이려 했다고 말했다. 이것은 예수가 "아브라함이 나기 전에 내가 있느니라 (ἐγώ εἰμι)"(요 8:58)고 말한 것에 대한 사람들의 반응이다. 따라서 예수의 ἐγώ εἰμι는 "나는 스스로 있는 자니라"(출 3:14 ἐγώ εἰμι ὁ

---

[99] 이 외에도 아브라함(요 8:31 이하), 야곱(요 4:5 이하), 모세(요 1:17) 등 구약의 인물들이 다른 복음서들에 비해 요한복음에 많이 언급되고 있다.

[100] S. S. Kim, "The Relationship of John 1:19-51 to the Book of Signs in John 2-12," *BSac* 165 (2008): 323-337, esp. 337.

[101] ἐγώ εἰμι는 예수가 메시아임을 가리키는 독특한 칭호이다(요 4:25, cf. 요 1:20; 8:24, 28). E. D. Freed, "*Ego eimi* in John 1:20 and 4:25," *CBQ* 41 (1979): 288-291; Brown, *The Gospel according to John I-XII*, 536: "... the use of ἐγώ εἰμι ... came to be understood ... as a divine name"; R. Kysar, *John, the Maverick Gospel* (Atlanta: John Knox Press, 2007), 60.

[102] 이에 대한 병행구는 요한계시록에서도 발견된다(계 1:8, 17; 2:23; 21:6; 22:13, 16).

ὤν[LXX.]; אהיה אשר אהיה[MT])는 하나님의 자기 지칭을 예수가 자신에게 적용한 것이다.[103] 예수의 칭호인 ἐγώ εἰμι의 배경은 헬라 세계에서 발견되는 것이 아니라 구약 성경에서 발견된다.[104]

이처럼 요한복음에 나타난 예수에 대한 많은 칭호가 구약 성경에서 왔다는 사실은 예수에 관한 또 다른 칭호인 '로고스' 역시 구약 성경에서 왔을 가능성을 매우 높여 준다. 우리는 요한이 예수에 관한 많은 칭호 중에 굳이 로고스만 구약 성경이 아닌 이방 철학이나 종교에서 끌어 와야만 했을 특별한 이유를 발견하지 못한다. 로고스도 예수를 가리키는 여러 칭호 중의 하나이다. 따라서 예수에 대한 다른 칭호들이 구약에서 기원한 것처럼 로고스도 구약에서 기원했다고 보는 것이 옳다. 예수를 증언하는 것이 구약 성경이라면(요 5:39) 그를 가리키는 칭호도 구약 성경에서 와야 마땅하다. 구약 성경은 요한신학의 자명한 공리(公理)이며[105] 로고스의 유일한 배경이다.

---

[103] Luke T. Johnson, *The Writings of the New Testament: An Interpretation* (Philadelphia: Fortress Press, 1986), 487-489. =『최신신약개론』, 채천석 역 (서울: 크리스챤다이제스트, 2002).

[104] Ladd, *A Theology of the New Testament*, 251.

[105] Smith. *The Theology of Gospel of John*, 76: "Scripture and the God of scripture are axiomatic for John's theology."

5. 요한복음의 구약 모티브

요한복음에는 많은 구약 모티브가 있다.[106] 그 예를 들면 다음과 같다: 성전 모티브(2장), 놋뱀 사건(3장), 수가 동네의 야곱의 우물(4장), 무리를 먹이신 표적(6장), 선한 목자 비유(10장), 포도나무와 가지(15장) 등. 요한복음에서 중요하게 다뤄지는 유월절도 구약 모티브에 속한다. 요한복음은 모두 비슷한 표현으로 세 번의 유월절을 분명하게 언급하며(요 2:13; 6:4; 11:5), 유월절을 중심으로 예수의 사역을 구성하고 있다. 이것은 예수의 공생애 활동이 유월절과 밀접하게 연관되어 있음을 말하려는 것이다.[107] 이처럼 요한복음의 예수 그리스도는 구약 성경에 모티브를 가지고 있다. 따라서 예수를 지칭하는 로고스도 구약 성경에서 기원한 것임을 부정할 수 없다.

---

[106] Sukmin Cho, *Jesus as Prophet in the Fourth Gospel*, 21: "Old Testament theological motifs are explicitly or implicitly used in the Gospel."

[107] 예수의 공생애와 유월절 비교

1:1–18	1:19–2:12	2:13–5:47	6:1–11:54	11:55–19:42	20:1–21:23	21:24–25
서론	예수의 등장	첫째 유월절	둘째 유월절 예수의 활동	셋째 유월절 예수의 활동	예수의 부활 예수의 수난	결론

6. 프롤로그(요 1:1-18)의 구약 성경 암시

요한복음의 프롤로그에는 로고스의 구약 성경 기원을 나타내는 암시들이 많이 있다.

1) 태초와 창조

70인역(LXX) 창세기의 시작부와 요한복음의 시작부에는 두 가지가 일치한다. 하나는 단어의 일치이다. 창세기도 "태초에"(ἐν ἀρχῇ [LXX, בראשית, MT])로 시작하고, 요한복음도 "태초에"(ἐν ἀρχῇ)로 시작한다.[108] 이것은 요한이 의도적으로 구약 성경의 창조 이야기와 시작 구절을 요한복음의 시작 구절에 반향 하는 것이다.[109] 요한복음은 창세기에서 머리말을 빌려 씀으로써[110] 창세기의 첫 구절을 상기시키고자 한 것이 분명하며,[111] "구약 성경과 요한복음의

---

[108] Clark, *The Johannine Logos*, 22: 요한복음의 첫 두 단어는 ἐν ἀρχῇ이며, 이 단어들은 구약 성경 70인역의 처음 두 단어이기도 하다. 구약 성경에 대한 요한복음의 이러한 관련은 요한의 메시지가 이교도의 그리스 철학이나 종교로부터 개작되었다는 주장을 거부하게 하는 많은 이유 중의 하나이다.

[109] Köstenberger, *Encountering John*, 53; P. Borgen, "Creation, Logos and the Son: Observations on John 1.1-10 and 5.17-10," *Ex Auditu* 3 (1987): 88-97, esp. 88; Francis J. Moloney, *The Gospel of John*, SPS Vol. 4 (Minnesota: A Michael Glazier Book, 1998), 35.

[110] 조병수, 『신약성경총론』, 176.

[111] Barrett, *The Gospel according to St. John*, 231; Beasley-Murray, *Word Biblical Themes: John*, 22: "'*In the beginning* was the Word...' We recall the first sentence of the Bible: '*In the beginning* God created...'"; Endo. *Creation and Christology*, 206: "It is widely accepted that the opening words, ἐν ἀρχῇ/ (John 1:1), correspond to the beginning words of the Genesis creation account, בראשית (Gen 1:1; ἐν ἀρχῇ [LXX])."

첫 단어들 사이의 정경적 연결을 확립한다."[112]

다른 하나는 내용의 일치이다. 창세기는 하나님이 '말씀하심'으로 만물이 창조되었다고 말하며(창 1:3, 6, 9, 11, 14, 20, 22, 24, 26), 요한복음은 '로고스를 통하여'(πάντα δι' αὐτοῦ ἐγένετο, 요 1:3, 10) 만물이 창조되었다고 말한다. 구약의 '하나님의 말씀'과 요한복음의 '로고스'가 같은 사역을 한다. 이것은 요한이 구약 성경을 이용하여 로고스의 창조 참여를 말하는 것이다.[113] 이처럼 창조 시의 하나님의 말씀에 의한 만물 창조는 로고스의 만물 창조(요 1:3)와 병행을 이룬다. 이것은 요한복음의 저자가 이교의 자료로부터 그의 사상들을 취하지 않았다는 또 다른 증거를 확보하는 것이다. 이교도들에게는 창세기가 묘사하는 것과 같은 '말씀으로 명함으로써 이루는 창조'(fiat creation) 개념이 없다.[114]

이처럼 요한복음의 시작부는 구약 성경의 시작부와 용어와 내용에서 일치를 보임으로써 요한복음의 로고스가 구약 성경에 근거한다는 사실을 잘 증명한다.[115]

---

[112] Andreas J. Köstenberger, *A Theology of John's Gospel and Letters* (Grand Rapids: Eerdmans, 2009), 338.

[113] Andreas J. Köstenberger and Scott R. Swain, *Father, Son and Spirit: The Trinity and John's Gospel* (Downers Grove, Illinois: Inter Varsity Press, 2008), 48.

[114] Clark, *The Johannine Logos*, 22.

[115] 김성수, 『태초에 말씀이 계시니라』 (용인: 마음샘, 2007), 13, f. n. 6: "요한은 제일 먼저 로고스와 하나님과의 관계에 대하여 말한 다음(요 1:1-2), 바로 이어 천지 만물의 창조에서 로고스의 역할에 대하여 말함으로써(요 1:3) 로고스라는 말의 의미를 창세기 1장의 맥락에서 이해할 것을 간접적으로 지시하고 있다."

2) 거하심(σκηνοῦν)

말씀이 육신이 되어 우리 가운데 거하셨다(요 1:14). 거하다(σκηνοῦν)는 '텐트를 치다', '장막을 치다', '살다', '거주하다'라는 의미이다.[116] 이 단어는 히브리어 שׁכן과 같은 의미로 구약 성경에 사용되었고(출 25:8; 29:45; 슥 2:14), 출애굽기 40:34-38을 회상하게 한다. 구름이 회막 위에 덮이고 여호와의 영광이 성막에 충만하였다. 하나님이 이스라엘 가운데 함께 계신 것이다. 이와 마찬가지로 요한복음 14절은 σκηνοῦν을 사용함으로써 로고스가 성육신(incarnation)하여 우리 가운데 거하심(inhabitation), 즉 임마누엘(마 1:23)하심을 명확하게 암시하고 있다.[117] 이 또한 로고스의 구약 기원에 대한 중요한 배경이다.

3) 모세를 통한 율법 수여

"율법은 모세로 말미암아 주셨다"(요 1:17). 이것은 하나님이 시내산 위에서 모세에게 율법을 주시고 십계명을 두 돌 판에 써 주신 것(출 31:18; 34:27-28)을 지시한다.

---

[116] Carson, *The Gospel according to John*, 127.

[117] 조석민, 『요한복음의 새 관점』, 62-63; Carson, *The Gospel according to John*, 127. 이 σκηνοῦν은 장차 새 예루살렘에서 완성될 것이다(계 7:15; 21:3).

4) 영광

요한은 성육신한 예수에게서 영광을 보았다(요 1:14b). 그는 하나님의 임재를 의미하는 '거하심'(요 1:14a)과 함께 하나님의 '영광'을 언급한다. 즉 σκηνοῦν과 δόξα가 나란히 언급된다. 이 둘은 모두 하나님의 임재를 나타낸다.[118] 이는 하나님의 임재와 그것으로 말미암은 하나님의 영광을 말하는 구약 성경을 암시하기에 충분하다(출 40:34-35, cf. 출 33:22; 민 14:10; 신 5:24; 시 26:8; 102:15; 렘 17:12; 겔 10:4).

5) 은혜와 진리

요한은 성육신하신 로고스에게서 독생자의 영광을 보았고, 그것은 "은혜와 진리가 충만"했다고 말한다(요 1:14d). 이것은 거의 확실히 출애굽기 33-34장을 생각나게 한다.[119] 거기서 모세는 "원컨대 주의 영광을 내게 보이소서"(출 33:18)라고 하나님께 청하였고, 하나님은 모세 앞으로 지나시며 "여호와로라 여호와로라 자비롭고 은혜롭고 노하기를 더디 하고 인자와 진실이 많은 하나님이로다"(출 34:6)고 반포하셨다. 여기서 "인자와 진실(חֶסֶד וֶאֱמֶת)"은

---

[118] 조석민, 『요한복음의 새 관점』, 63: "'영광'으로 번역된 헬라어 단어 δόξα의 사용은 하나님의 임재를 암시하고 있다"; Carson, *The Gospel according to John*, 128: "... a word used to denote the visible manifestation of God's self-disclosure in a theophany(Ex. 33:22; Dt. 5:22)."

[119] Carson, *The Gospel according to John*, 129. Cf. 시 25:10; 26:3; 40:10; 잠 16:6; 20:28.

곧 '은혜와 진리'(ἡ χάρις καὶ ἡ ἀλήθεια)이다.

6) 로고스의 인격

요한복음의 로고스는 단순히 인격화된 것이 아니라 완전한 인격적 실체이다. 이것은 로고스가 하나님이시며, 성육신하셨다는 사실에서 잘 나타난다. 예수는 구약 성경이 자신을 증언하는 것(요 5:39)이라고 말씀하였으므로 구약 성경은 이것에 대해서도 분명히 밝히고 있을 것이다. 구약 성경에서 하나님의 말씀은 창조와 계시와 구원에 참여한다.[120]

요한은 이사야가 하나님 아버지를 본 것이 아니라, "그의 영광을 보고 그에 관하여 말했다"(εἶδεν τὴν δόξαν αὐτοῦ, καὶ ἐλάλησεν περὶ αὐτοῦ, 요 12:41)라고 증언한다. 여기서 "그"(αὐτός)는 문맥에 근거할 때, 특히 "그를 믿는 자가 많되"(요 12:42, πολλοὶ ἐπίστευσαν εἰς αὐτόν)라는 말씀을 따를 때 성육신한 예수를 가리키는 것이 분명하다. 요한은 이사야가 성전에서 본 "만군의 왕이신 여호와"(사 6:1ff.)를 인격자인 선재하신 예수로 이해한 것이다.[121] 그러므로 요한복음에 나타난 로고스의 영원한 인격은 구약 성경에 나타난 여호와 하나님의 인격에 근거하고 있음이 분명하다. 로고스의 영원한 인

---

[120] Guthrie, *New Testament Theology*, 324.

[121] 또한 사 9:6(전능하신 하나님)과 요 1:1c를, 사 40:26(창조)과 요 1:3을 비교하라. Carson, "John and the Johannine Epistles," 252: "Given his understanding of the pre-incarnate nature of the Logos, John makes the obvious connexion and concludes that what Isaiah really saw was Jesus Christ in his pre-incarnate glory."

격은 그의 성육신에 의해 확증되며, 이는 구약 성경에 근거하고 있다.

이상과 같이 로고스를 설명하는 프롤로그에는 여러 구약적 암시들이 나타나 있다. 따라서 요한복음의 로고스가 구약 성경과 깊은 관련을 맺고 있다는 사실을 부인할 수 없다.

7. 구약의 말씀(דבר)과 요한복음의 말씀(λόγος)

요한복음의 로고스(λόγος)는 구약 성경의 말씀(דבר, 시 33:6; 107:20)의 그리스어적인 의역(LXX, 시 32:6)이다.[122] 이 사실은 이 둘 사이의 중요한 일치들 때문에 확증된다. 구약 성경의 '말씀'에는 최소한 다음과 같은 다섯 가지 특징이 있다. 첫째, 구약 성경에서 말씀은 창조와 관련된다(창 1:3, 6, 9). 둘째, 구약 성경에서 말씀(דבר)은 계시를 나타낸다. 주님의 말씀은 예언자의 메시지이다. 즉 말씀은 하나님이 자신의 의도를 그의 백성에게 전달하는 수단이다(예. LXX, 렘 1:4 καὶ ἐγένετο λόγος κυρίου πρός με 여호와의 말씀이 내게 임하였다; 겔 1:3; 암 3:1). 이것은 창세기 초두에 나타나고(창 3:8; 12:1; 15:1; 22:11), 시편에는 아주 공식적인 것이 되었다(cf. 시 119: 9, 25, 28, 41, 58, 65, 76, 107, 116, 140, 160 등). 셋째, 구약 성경의 말씀은

---

[122] 조병수, 『신약성경총론』, 176; Eric May, "The Logos in the Old Testament," *CBQ* 8 (1946): 438-447, esp. 328.

영원하다(시 119:89).[123] 넷째, 구약 성경의 하나님의 말씀은 구원과 심판을 실행한다(사 55:11; cf. 시 29:3ff.).

다섯째, 구약 성경의 말씀은 인격이다. 그 이유는 구약의 말씀과 요한의 로고스 사이의 병행 때문이다. 시편 33:6은 שָׁמַיִם נַעֲשׂוּ בִּדְבַר יְהוָה (LXX. 32:6 τῷ λόγῳ τοῦ κυρίου οἱ οὐρανοὶ ἐστερεώθησαν 주님의 말씀으로 하늘들이 만들어졌다)라고 말씀하며, 요한복음 1:3a는 πάντα δι' αὐτοῦ ἐγένετο(모든 것이 그로 말미암아 만들어졌다)라고 말씀한다. 따라서 구약의 '말씀'과 요한복음의 '로고스'는 둘 다 창조의 중개자로서 같은 존재이다. 그런데 요한의 로고스는 창조의 중개자일 뿐 아니라 하나님이시며 분명한 인격이다(요 1:1-3). 따라서 이와 같은 존재인 구약의 '말씀' 역시 창조의 중개자이며 하나님이며 인격이다. 이뿐만 아니라 구약 성경 내에서의 병행이 구약의 말씀의 인격성을 증명한다. 먼저, 창세기 1:1은 "하나님이 하늘과 땅을 창조하셨다"고 말씀한다. 그리고 시편 33:6은 "여호와의 말씀으로 하늘이 지음이 되었다"고 말씀한다. "하나님의 창조 행위에서 하나님의 말씀은 하나님 자신이다."[124] 따라서 하나님이 인격이므로 하나님의 말씀도 인격이다. 요약하면, 구약 성경에서 하나님의 말씀(דבר)은 인격이며, "창조와 계시와 구원에서 하나님의 강력한 자기표현(self-expression)이나."[125]

그런데 요한복음의 말씀(λόγος)도 구약의 말씀(דבר)과 같은 특징

---

[123] Wells, *The Person of Christ*, 69; Guthrie, *New Testament Theology*, 324-325.

[124] Milne, *The Message of John: Here is Your King!* 31.

[125] Carson, *The Gospel according to John*, 116.

을 가지고 있다. 첫째로 요한의 말씀은 만물 창조의 중개자이다(요 1:3). 둘째로 요한의 말씀은 하나님을 계시한다(요 1:14,18; cf. 4,5,7-9). 또한 그리스도는 하나님을 지시하기만 하는 것이 아니라 그 자신이 하나님이다(요 1:1c). 셋째로 요한복음의 말씀은 하나님이시므로 영원하다(cf. ἦν, 요 1:1). 넷째로 요한복음의 말씀은 그의 이름을 믿는 자들을 하나님의 자녀로 만든다(요 1:12, cf. 요 3:18). 말씀이 구원을 행한다. 다섯째, 요한복음의 로고스는 선재한 하나님이며 성육신한 분이기에 분명한 인격이다. 이처럼 구약 성경의 말씀(דבר)과 요한복음의 말씀(λόγος)은 같은 특성을 가지므로,[126] 요한의 λόγος는 구약 성경의 דבר에 그 기원을 두고 있는 것이 분명하다.[127]

8. 구약 성경의 지혜

요한복음의 로고스는 구약 성경의 지혜와 깊은 관련이 있다. 지혜는 태초에 창조 이전에 하나님과 함께 있었고(잠 8:22-27) 하나

---

[126] G. R. Beasley-Murray, *John*, WBC (Waco, Texas: Word Books, 1987), 11: "The divine nature of the Logos is seen in his activity in creation (1-5), revelation (5, 9-12, 18) and redemption (12-14, 16-17); in all these God expresses himself through the Word"; Beasley-Murray, *Word Biblical Themes: John*, 28: "프롤로그에서 말씀의 주된 개념은 중개자(대행자, Mediator)의 개념이라는 것이 명백하다. 그는 창조(1-4a, 10)와 계시(4b, 5, 18)와 구원(12, 13, 16)에서 대행자이다. 시작 구절은 하나님에 대한 말씀의 관계 규정에 따라 말씀이 그러한 역할을 성취할 수 있는 근거를 분명하게 보여준다."

[127] 조병수, "요한복음의 구약 성경 인용", 418-419; 김병국,『설교자를 위한 요한복음 강해』, (서울: 도서출판 대서, 2007), 90: "요한의 사상과 언어의 배경을 그리스 철학에서 찾아서는 안 된다. 로고스의 배경은 구약의 'דבר'에서 찾아야 한다."

님이 창조하실 때 창조자로 있었다(잠 8:28-30). 이와 마찬가지로 요한의 로고스도 태초에 있었고(요 1:1a) 하나님과 함께 있었으며(요 1:1b) 그가 만물을 창조했다(요 1:3). 또한 잠언은 지혜를 얻는 자는 생명을 얻을 것이라고 말씀한다(잠 8:35). 요한복음의 로고스 역시 생명의 근원이다(요 1:4; 3:16; 6:57; 10:28 등). 나아가서 잠언의 지혜는 신적 속성으로 나타난 것이 아니라, 영원부터 하나님이 소유하고 규정하며 세상의 창조를 협의하신 인격(person)으로 나타나 있다.[128] 마찬가지로 요한의 로고스도 인격인 하나님이시다. 이와 같은 병행들은[129] 요한복음의 로고스가 잠언의 지혜와 밀접한 연관이 있다는 것을 짐작하게 한다.[130]

이상에서 보는바, 요한복음의 저자뿐 아니라 예수 자신도 예수의 정체를 철저히 구약 성경에 근거하여 이해하고 있다. 이러한 현상은 요한복음 로고스의 기원이 구약 성경이라는 사실을 분명하게 보여 준다. 구약 성경이 요한복음 로고스의 기원을 위한 본질적이고 포괄적인 요소이다.[131] "요한의 '말씀' 신학은 하나님

---

[128] Bavinck, *The Doctrine of God*, 261-262.

[129] Brown, *The Gospel according to John I-XII*, 523: "... in the OT presentation of Wisdom, there are good parallels for almost every detail of the Prologue's description of the Word."

[130] 현창학, 『구약 지혜서 연구』 (수원: 합신대학원출판부, 2009), 195; Guthrie, *New Testament Theology*, 324-325: "Undoubtedly the Proverbs passage provides some remarkable parallels with the Johannine prologue and is probably the closest OT parallel to be found."

[131] A. M. Hunter, *According to John* (London: SCM Press, 1968), 26; R. Schnackenburg, *The Gospel according to St. John*, vol. 1 (London: Bruns & Oates, 1980), 124: "This Gospel would be unthinkable without the O.T. basis which supports it."

의 말씀에 관한 구약의 묘사에 흠뻑 젖어있다."[132] 요한복음은 오직 구약 성경을 배경으로 로고스를 증언하였을 뿐, 이 외에 다른 어떤 철학이나 종교나 사상을 근거로 하지 않았다.[133] 요한의 로고스의 뿌리를 찾기 위해 구약 지혜 문학을 포함하여 구약 성경을 벗어날 필요가 없다.[134]

V. 맺음말

헬레니즘과 영지주의의 로고스는 사상이나 원리나 개념 또는 신화이지만 요한의 로고스는 선재하는 하나님이시다. 또한 "모든 이교의 철학으로부터, 더욱이 필로의 교리로부터 기독교의 로고스 교리를 구별하는 중요하고도 궁극적인 사상(idea)은 로고스의 성육신이다."[135] 그리스 철학과 영지주의는 모두 이원론적이고 범신론적 합일을 주장하지만, 요한복음의 로고스는 성육신을 통한 구속을 이루신다. 나아가서 요한복음의 로고스는 삼위일체 하나님이시다. 그러나 헬레니즘 철학과 영지주의, 그리고 유대주의

---

[132] Köstenberger, *A Theology of John's Gospel and Letters*, 338; B. T. Viviano, "The Structure of the Prologue of John (1:1-18): A Note," *RevBib* 105 (1998): 176-184, esp. 182: "... Isa 55:10-11 .... And this passage of Isaiah almost certainly had *the* decisive effect on John 1:1-18."

[133] 홍창표, 『신약과 문화』, 67.

[134] Smalley, *John : Evangelist and Interpreter*, 48: "We need not look further than the Old Testament."

[135] Clark, *The Johannine Logos*, 28.

문서는 선재하는 삼위일체 로고스를 말하지 않는다. 결정적으로 로고스는 인격이다. 헬레니즘 철학과 영지주의와 유대주의는 모두 '인격적 실체'가 아닌 '인격화'로서의 로고스와 지혜, 토라, 메므라를 말하지만, 구약 성경과 요한복음은 '말씀'이 인격적 실체임을 분명히 보여 준다.[136]

따라서 로고스 '용어'가 같다고 해서 그 기본적인 사상도 같다는 생각을 버려야 한다.[137] 기독교 이전에 영지주의 신화가 존재했다는 확실한 증거는 없으며, 특히 요한복음의 저자가 이교도 문서를 그토록 집중적으로 복음에 편집하여 넣었다고 보는 것은 잘못된 생각이다.[138] 또한 요한의 로고스가 유대주의 문서에서 왔다고 볼 근거도 없다. 유대문서의 용어와 내용이 요한의 로고스와 일부 병행된다면 그것은 요한이 유대문서의 영향을 받았기 때문이 아니라 둘 다 구약 성경의 영향을 받은 결과로 보는 것이 옳다.[139]

---

[136] 변종길, "요한복음에 나타난 상황성", 114-115.

[137] Carson, France, Motyer, Wenham (eds.), *New Bible Commentary*, 1025.

[138] Gerald S. Sloyan, *What Are They Saying about John?* (New York: Paulist Press, 1991), 10.

[139] 홍창표, 『신약과 문화』, 180: "... 유대인 문헌의 '지혜 사색'에서 영향을 받은 것을 의미한 것이 아니고 … 요한복음 저자가 구약 성경에 근거를 가진 것을 표시한 것뿐이다." 이에 반하여, 이필찬은 요한복음의 '태초'가 창세기뿐만 아니라 유대문헌의 '태초'에 상응하는 것으로 생각하여(p. 34) 요한복음과 중간기 유대 문헌과의 관련성을 강조한다(이필찬, 『이 성전을 허물라』 [경기도 고양시: 엔크리스토, 2008], 33-57). 이것은 Endo와 Bauckham의 주장과 같다. 그러나 유대 문헌을 마치 구약과 신약의 징검다리와 같은 필수적인 문헌으로 볼 이유는 없다. 이미 살펴본 대로 유대문헌을 요한복음의 로고스의 기원으로 볼 수 없다.

요한복음 로고스의 기원과 관련하여 특히 유의해야 할 것은 혼합주의이다. 이것은 구약 성경을 로고스의 유일한 배경으로 보지 않고, 영지주의, 헬라철학, 랍비 자료, 필로 자료, 헬레니스틱 유대교 상상, 유대 지혜 사상 등을 요한복음 로고스의 배경으로 혼합하는 것이다. 그러나 이러한 시도는 요한복음 로고스의 기원을 다원적인 것으로 규정하는 것이며, 요한복음 전체를 신화와 혼합종교의 산물로 만드는 것이다. 이것은 요한복음 자체가 증언하는 유일신 사상(요 1:1c; 10:30; cf. 요일 5:8)과 정면으로 어긋난다. 요한의 로고스의 기원은 오직 구약 성경이다. "말할 필요도 없이, 요한에게 미친 주요 영향은 궁극적으로 유대적인 것도 아니요, 유대-헬레니즘적인 것도 아니요, 오로지 기독교적이다."[140] 신약 성경은 그것이 기록될 당시의 주위 철학이나 사상이나 종교의 영향을 받은 것이 아니라 이 세상에 주어진 하나님의 계시로서 하나님 자신의 사상을 전달하는 것이다.

신약 성경의 다른 책들과 마찬가지로 요한복음에서도 구약 성경은 절대적인 위치를 점유한다. 요한복음의 모든 것은 구약 성경으로부터 흘러나온다고 해도 과언이 아니다. 그래서 J. B. Lightfoot는 요한복음이 신약 성경에서 계시록 다음으로 가장 히브리적인 책이라고 말하였다.[141] 요한복음의 저자는 구약 성경 외에 다른 것에서 로고스 예수의 근거를 찾지 않았다. 그는 아버지와

---

[140] Smalley, *John : Evangelist and Interpreter*, 74.

[141] J. B. Lightfoot, *Biblical Essays* (London: MacMillan and Company Ltd, 1893, 1904; Hendrickson Publishers, 1994), 135.

아들이 하나이며(요 10:30) 아들을 본 자는 아버지를 보았다고 말씀한다(요 12:45; 14:9). 그러므로 아버지 하나님은 구약 성경에 관계되고, 아들 로고스는 이방 신화와 철학과 종교들에 관계된다고 말하는 것은 어불성설이다. 요한복음 로고스의 진정한 기원은 오직 구약 성경이다.[142]

---

[142] F. F. Bruce, *The Gospel of John: Introduction, Exposition, and Notes* (Grand Rapids: Eerdmans, 1983), 29: "The true background to John's thought and language is found not in Greek philosophy but in Hebrew revelation"; T. W. Manson, *Studies in the Gospel and Epistles* (Philadelphia: The Westminster Press, 1962), 118: "It is, I think, indisputable that the roots of the doctrine are in the Old Testament and that its main stem is the $d^e bar\ Yahweh$, the creative and revealing Word of God, by which the heavens and earth were made and the prophets inspired." Cf. Köstenberger, *Encountering John*, 39: "The background for this logos Christology is probably the Old Testament understanding that God sends his Word to accomplish his purposes(cf. Is 55:10-11)."

요한복음 연구

목격자의
참 증언

The True Testimony from the Eyewitness

5
로고스 신학*

요한복음의 로고스(λόγος)는 요한복음 신학의 핵심이다. 로고스 기독론은 네 복음서 중에 오직 요한복음에만 나오며, 그중에서도 시작 부분(요 1:1-18)에서 중요하게 언급된다. 그럼에도 로고스 기독론은 요한복음 전체를 이끌어 가는 요한복음의 중심 신학이다.

I. 로고스(λόγος) 명명(命名) 이유

요한은 예수를 로고스(λόγος)라고 명명하였다. λόγος는 일반적으로 '말씀', '말하기'(speech), '설명', '이야기' 또는 '메시지'를 의미한다.[1] 요한복음에서 40회[2] 사용된 이 용어는 예수를 일컫는 여러 칭호 중의 하나이다.[3] 그러면 요한은 예수의 어떤 특징을 드러내

---

* 본 장은 이복우, 『내 뒤에 오시는 이』 (수원: 합신대학원출판부, 2011. 2013), 226-272의 내용을 요약, 수정, 보완한 것이다.

[1] BDAG, 598-601.

[2] 요 1:1ter, 14; 2:22; 4:37, 39, 41, 50; 5:24, 38; 6:60; 7:36, 40; 8:31, 37, 43, 51, 52, 55; 10:19, 35; 12:38, 48; 14:23, 24bis; 15:3, 20bis, 25; 17:6, 14, 17, 20; 18:9, 32; 19:8, 13; 21:23.

[3] Sukmin Cho, *Jesus as Prophet in the Fourth Gospel*, NTM 15 (Sheffield: Sheffield

고자 예수를 로고스로 명명하였는가? 요한이 이 칭호를 사용하여 전하는 예수에 관한 내용은 무엇인가?

1. 구약 성경과의 관련성

로고스 칭호는 예수와 구약 성경과의 관련성을 보여준다. 요한복음이 기록된 A. D. 1세기 후반에 '로고스'라는 말은 헬라 세계와 유대주의에서 다 같이 사용되고 있었다. 고대 세계에서 로고스는 한 일반적 개념이었다.[4] 따라서 예수를 로고스라고 칭하면, 당시의 사람들은 예수와 그를 믿는 기독교를 헬레니즘의 한 부산물로 또는 이교도들의 종교와 같거나 유사한 것으로 생각할 수 있었다. 하지만 저자가 충분히 예상되는 이런 오해를 감수하면서까지 예수를 로고스로 칭한 데는 그만한 이유가 있었을 것이다. 혹자는 복음 전파를 위해 이방 세계와 접촉점을 만들기 위함이었다고 생각하기도 하지만,[5] 그것을 주요 이유로 보는 것은 순진한 생각이다.

Phoenix Press, 2006), 255: "In John's Gospel, ὁ λόγος is used in a particular way to refer to Jesus, so it is one of John's special christological designations."

[4] O. Cullmann, *The Christology of the New Testament*, translated by Shirley C. Guthrie and Charles A. M. Hall (Philadelphia: The Westminster Press, 1963), 251.

[5] Bruce Milne, *The Message of John: Here is Your King!* (Leicester: Inter-Varsity Press, 1993), 31: "이 단어가 1세기에는 문학적이고 철학적인 맥락에서 광범위하게 사용되고 있었다. 이 단어를 사용함으로써 요한은 아주 다양한 독자층의 마음에 공명(共鳴)을 얻을 수 있었을 것이다."

요한복음 로고스의 기원에 관한 앞의 연구는 요한복음의 로고스가 구약 성경에서 유래했다는 사실을 잘 보여 주었다. 따라서 사도 요한이 예수를 로고스로 명명한 가장 근본적이고 핵심적인 이유는 로고스의 혼합 종교적 배경에 찬동하기 위해서가 아니라, 칠십인경(LXX)에 로고스로 의역된 구약 성경의 말씀(דבר)과 예수와의 관련성을 나타내기 위함이다.[6] "요한이 로고스를 사용한 이유는, 그 용어가 하나님의 계시 문맥에서 사용될 때 히브리어 דבר의 의미를 표현하는 가장 자연스러운 용어이기 때문이다."[7] 그는 이것을 통하여 예수의 정체(존재, 활동 등)와 그에 대한 신학을 잘 표현할 수 있었다.[8]

2. 선재하는 하나님

요한복음은 예수를 선재하는(요 8:58; 17:5, 24) 삼위일체(요 1:1-2; 10:30) 하나님(요 14:9; 20:28)으로 증언한다. 이와 병행하여, 구약 성경의 말씀(דבר)도 선재하는 삼위일체 하나님이다(잠 8:22-31; 시

---

[6] 조병수, "요한복음의 구약 성경 인용", 『그 아들에게 입 맞추라』: 수은 윤영탁 박사 은퇴기념논문집 (수원: 합동신학대학원출판부, 2005), 418f.

[7] D. H. Johnson, "Logos," in *Dictionary Jesus and the Gospels*, J. B. Green and S. McKnight eds. (Downers Grove, Illinois: Inter Varsity, 1992), 481-484, esp. 484. = 『예수복음서 사전』, 요단출판사 번역위원회 역 (서울: 요단출판사, 2003).

[8] D. A. Carson, *The Gospel according to John* (Grand Rapids: Eerdmans, 1991), 116; G. R. Beasley-Murray, *Word Biblical Themes: John* (Dallas: Word Publishing, 1989), 21.

45:6, cf. 히 1:8; 시 93:2). 또한 예수가 유대인들에게 밝힌 "아브라함이 나기 전부터 내가 있느니라"(요 8:58)는 말씀은 하나님이 모세에게 자신을 나타낸 "나는 스스로 있는 자니라"(출 3:14, cf. 신 32:39)의 반영이다.[9] 따라서 구약의 선재하는 하나님인 '말씀'은 요한복음의 선재는 예수이다. 이러한 일치 때문에 선재하는 예수를 구약의 선재하는 말씀(דבר)의 칠십인역(LXX) 의역인 말씀(λόγος)으로 명명한 것이다.

3. 계시의 내용이자 계시자인 예수

예수는 자신의 존재를 통해 하나님을 나타내었다. 예수는 하나님을 자기의 친아버지라 하여 자기를 하나님과 동등으로 삼았다(요 5:18). 예수를 아는 것은 아버지 하나님을 아는 것이며(요 8:19; 14:7), 예수를 본 것은 아버지를 본 것이다(요 14:9). 예수는 아버지 안에 있고 아버지는 예수 안에 있다(요 14:10, 11; 17:21). 예수를 미워하는 자는 아버지를 미워하는 것이다(요 15:23). 결국 예수와 아버지는 하나이며(요 10:30), 예수 자신이 그의 계시의 내용이다.

또한 예수는 하나님이 행하는 일을 똑같이 행함으로써 하나님의 활동을 나타내었다(요 5:19). 예수는 아버지가 명령한 대로 행한다(요 14:31). 아버지가 그의 안에 계셔 아버지의 일을 말씀한다

---

[9] 이에 대해서는 앞 장의 내용을 참조하라. Cf. G. E. Ladd, *A Theology of the New Testament* (Grand Rapids: Eerdmans, 1974), 241.

(요 14:10). 예수는 하나님의 말씀을 말함으로써 하나님의 뜻을 나타낸다. 예수는 자의로 말하지 않고 하나님이 명령한 것을 말한다(요 12:49). 그는 아버지께서 말씀한 그대로 말씀한다(요 12:50). 예수는 아버지께서 주신 말씀을 사람들에게 준다(요 17:8). 그러므로 예수가 하는 말은 곧 아버지의 말이다(요 14:24). 그리하여 "본래 하나님을 본 사람이 없으되 아버지 품 속에 있는 독생하신 하나님이 나타내셨느니라"(요 1:18)라는 말씀이 성취된다. 예수는 하나님을 나타내는 계시자이다. 이처럼 예수는 사람들에게 하나님으로 존재하고 예수를 통해 하나님이 알려진다.[10] 예수는 계시의 내용인 하나님인 동시에 하나님을 나타내는 하나님의 계시자이다.[11] 예수는 하나님의 계시이자 계시자이다.

구약 성경에서 말씀(דבר)도 이와 같다. 하나님의 말씀은 계시 자체이다. 하나님은 말씀으로 자기 뜻을 나타내고(히 1:1) 심지어 하나님 자신을 나타낸다(삼상 3:21, cf. 민 14:17). 여호와의 말씀이 임하였다는 것은 그 말씀에 여호와 자신의 존재가 부여되었다는

---

[10] J. Painter, "C. H Dodd and the Christology of the Fourth Gospel," *JTSA* 59 (1987): 42-56, esp. 54.

[11] J. Painter, "Christology and the Fourth Gospel: A Study of the Prologue," *ABR* 31 (1983): 45-62, esp. 45. Painter는 요한복음의 기독론의 특징이 예수를 '하나님의 계시자'(Jesus as the Revealer of God)로 묘사하는 것이라고 하였다. J. G. Van der Watt, "The Composition of the Prologue of John's Gospel: The Historical Jesus Introducing Divine Grace," *WTJ* 57 (1995): 330, esp. f. n. 85; 조석민, "로고스의 개념과 기능(요한복음 1:1-18)", 「프로 에클레시아」 4/1 (2005): 56; Carson, *The Gospel according to John*, 135: "The emphasis of the Prologue, then, is on the revelation of the Word as the ultimate disclosure of God himself"; H. Conzelmann, 『신약성서신학』, 박두환 역 (서울: 한국신학연구소, 2001), 595: "로고스 그 자체가 전체이며 배타적인 내용이다. 이것은 계시자와 계시의 내용이 엄밀한 의미에서 같다는 것을 의미한다."

뜻이다.[12] 또한 하나님의 말씀은 계시자이다. 실제로 구약 성경(창 1장, 이사야 55:10-11 등)에서 말씀은 하나님의 계시자로 나타난다 ("여호와의 말씀이 임하였다." 창 15:1, 4; 삼상 15:10; 삼하 7:4; 24:11; 왕상 6:11; 12:22; 대상 17:3; 대하 11:2; 사 38:4; 렘 1:2, 4, 11, 13; 겔 3:16; 6:1; 단 9:2; 욘 1:1; 학 1:1; 슥 1:1 등등). 그리고 "여호와께서 이사야에게 이르시되"(사 7:3)와 "여호와의 말씀이 이사야에게 임하니라"(사 38:4)는 동의어이다.[13] 이와 같은 일치 때문에 요한은 예수를 말씀(λόγος)으로 명명한 것이다.[14]

4. 생명인 예수

생명이신 하나님 아버지께서 아들 예수에게 생명을 주어 그 속에

---

[12] Leon Morris, *New Testament Theology* (Grand Rapids: Zondervan Publishing House, 1986), 225-228, esp. 226: "The Word is given almost an existence of its own when we find that 'the Word of the Lord came' … (e.g., Jer. 1:2, 4; Ezek. 1:3l; Hos. 1:1)." = 『신약신학』, 박용성 역 (서울: 기독교문서선교회, 1990).

[13] F. F. Bruce, *The Gospel of John: Introduction, Exposition, and Notes* (Grand Rapids: Eerdmans, 1983), 30.

[14] 홍창표. "로고스, 요한복음 서론", 「신학정론」 11/1 (1993): 117, 119: "결국 예수를 '로고스'로 칭한 이유는 그것이 예수 안에 있는 하나님의 자기 계시(self-disclosure)에 매우 합당한 용어이기 때문이다." Andreas J. Köstenberger, *A Theology of John's Gospel and Letters* (Grand Rapids: Eerdmans, 2009), 338: "The designation 'Word' conveys the notion of divine self-expression or speech(cf. Ps. 19:1-4)." Cf. 변종길, "요한복음에 나타난 상황성", 「그 말씀」 (1998. 1): 110-118; 홍창표, "로고스, 요한복음 서론(1:1-18)", 115-117; J. G. Van der Watt, "The Composition of the Prologue of John's Gospel: The Historical Jesus Introducing Divine Grace," *WTJ* 57 (1995): 324-325.

있게 하였다(요 5:26). 예수는 하나님이 하늘에서 내려 세상에 생명을 주는 하나님의 떡(ὁ γὰρ ἄρτος τοῦ θεοῦ, 요 6:33), 곧 생명의 떡(ὁ ἄρτος τῆς ζωῆς, 요 6:35, 48)이요, 산 떡(ὁ ἄρτος ὁ ζῶν, 요 6:51)이다. 이 떡을 먹으면 영생한다(요 6:51, 58). 이처럼 예수 그리스도는 생명이다(요 11:25; 요 14:6). 사람은 오직 그의 이름을 힘입어 생명을 얻는다(요 20:31).

이와 함께 예수의 말씀도 생명이다. 예수는 "내가 너희에게 이른 말이 영이요 생명이라"(요 6:63)고 말씀했다. 예수는 영생의 말씀을 가지고 있다(ῥήματα ζωῆς αἰωνίου ἔχεις, 요 6:68). 이처럼 예수는 생명이라는 속성에서 그의 말씀과 같다.[15] 이런 까닭에 요한은 예수를 말씀(λόγος)으로 명명한 것이다.[16]

나아가서 구약 성경도 말씀이 생명이라고 증언한다. "만나를 네게 먹이신 것은 사람이 떡으로만 사는 것이 아니요 여호와의 입에서 나오는 모든 말씀으로 사는 줄을 네가 알게 하심이니라"(신 8:3). 그러므로 생명인 예수를 생명인 말씀(λόγος)으로 부르는 것은 너무나 당연하다.

---

[15] Cf. 요한일서 1:1 "태초부터 있는 생명의 말씀"

[16] 요한복음에 ῥήμα와 λόγος는 동의어이다. 요 12:48 ὁ ἀθετῶν ἐμὲ καὶ μὴ λαμβάνων τὰ ῥήματά μου ἔχει τὸν κρίνοντα αὐτόν· ὁ λόγος ὃν ἐλάλησα ἐκεῖνος κρινεῖ αὐτὸν ἐν τῇ ἐσχάτῃ ἡμέρᾳ. Cf. 벧전 1:23-25.

5. 하나님의 말씀 증언자인 예수

예수는 아버지에게서 친히 보고 들은 것을 증언하며(요 3:32), 아버지께서 가르치신 대로 말한다(요 8:28). 예수는 자의로 말하지 않고 아버지께서 말씀하신 그대로 이르시고(요 12:49-50), 아버지께서 들은 것을 다 알게 하셨다(요 15:15). 예수는 하나님께 들은 진리를 말한 분이다(요 8:40). 예수의 말씀은 자기의 것이 아니라, 하나님이 주신 하나님의 말씀이다(요 3:34; 14:24; 17:8, 14). 예수는 하나님의 말씀만을 말하므로 그의 말씀은 곧 아버지의 말씀이다. 그러므로 예수의 말씀을 듣고 그것을 믿음으로 받는 모든 사람은 아버지의 말씀을 듣는 것이다(요 5:24; 8:51; 12:48; 14:24; 15:3; 17:14, 17). 그것은 구원의 말씀이며(요 14:24) 진리의 말씀이다(요 17:17).[17] 결국 예수 그리스도는 온전히 하나님의 말씀을 말하므로 말씀, 즉 로고스(λόγος)로 불린다.[18]

---

[17] B. Klappert, "λόγος," NIDNTT, 1081-1117, esp. 1114.

[18] Carson, *The Gospel according to John*, 135: "As Jesus gives life and is life, raises the dead and is the resurrection, gives bread and is bread, speaks truth and is the truth, so as he speaks the word he is the Word"; Cullmann, *The Christology of the New Testament*, 259: "예수께서 계시를 가져오실 뿐 아니라 그의 인격 안에 계시가 있기도 하다. … 그는 빛을 가져오시고, 동시에 그가 곧 빛이시다. 그는 생명을 베푸시고 그가 곧 생명이시다. 그는 진리를 선포하시고 그가 곧 진리이시다. 좀 더 적절히 표현한다면, 바로 그 자신이 빛이요 생명이요 진리이므로 그는 빛, 생명, 진리를 가져오신다. 이것은 로고스도 마찬가지이다; G. R. Beasley-Murray, *John*, WBC, vol. 36 (Waco, Texas: Word Books, 1987), 10.

6. 창조자와 구원자인 예수

만물이 말씀인 예수로 말미암아 창조되었으며(πάντα δι' αὐτοῦ ἐγένετο, 요 1:3), 세상이 그로 말미암아 창조되었다(ὁ κόσμος δι' αὐτοῦ ἐγένετο, 요 1:10). 예수는 만물 창조의 중개자이다. 구약 성경도 하나님의 말씀으로 만물이 창조되었다고 말한다. 창세기 1장의 "하나님이 이르시되 … 그대로 되었으니"는 "여호와의 말씀으로 하늘이 지음이 되었으며"(시 33:6. LXX. 시 32:6)와 같은 의미이다. 창세기의 창조 기사는 하나님의 말씀의 효과에 대한 충분한 증거를 제시한다. 그가 말씀하신다. 그리고 만물이 존재한다(창 1:3, 9, cf. 창 1:11, 15, 24, 29-30).[19] 이처럼 예수와 구약의 말씀은 창조자이므로 요한은 예수를 말씀, 즉 로고스로 명명한 것이다. 다시 말해 사도 요한은 창세기 1장에서 여덟 번 반복된 "그리고 하나님이 말씀하시니"(וַיֹּאמֶר אֱלֹהִים)를 로고스(λόγος)라는 한 마디에 압축한 것이다.[20]

하나님이 아들 예수를 세상에 보내신 것은 세상을 구원하기 위함이며(요 3:17; 12:47), 양으로 생명을 얻게 하고 더 풍성히 얻게 하기 위해서이다(요 10:10). 그가 구원의 문이므로(요 10:9) 그가 그의 이름을 믿는 자들에게 하나님의 자녀가 되는 권세를 주었고(요

---

[19] A. J. Köstenberger, "John," in ed. by G. K Beale, and D. A. Carson, *Commentary on the New Testament Use of the Old Testament* (Grand Rapids: Baker Academic, 2007), 415-512, esp. 421.

[20] 홍창표, "로고스, 요한복음 서론(1:1-18)", 120.

1:12), 그를 믿는 자마다 영생을 얻는다(요 3:16; 6:47). 구약 성경에서는 하나님의 말씀이 구원하신다. "저가 그 말씀을 보내어 저희를 고치사 위경에서 건지시는도다"(시 107:20).²¹ 이처럼 예수와 구약의 말씀(דבר)은 모두 구원자이다. 따라서 요한은 예수를 말씀, 곧 로고스로 명명한 것이다.²²

정리하면, 사도 요한이 예수를 로고스로 명명한 것은 예수가 창조자와 구원자이기 때문이다. 이에 대해 바빙크(Bavinck)는 다음과 같이 설명하였다.

> 그리스도께서 왜 이 이름(로고스)을 가지셨는가에 대한 참다운 이유는 의심할 바 없이 성경 모든 곳에서 발견할 수 있는 교리, 즉 창조와 구속 사역 모두에서 하나님께서 말씀을 통해 자신을 계시하신다는 것에서 찾아볼 수 있다. 말씀을 수단으로 해서 하나님은 만유를 창조하시고 보존하시고 통치하신다. 또한 말씀을 통해서 하나님은 우주를 새롭게 하신다. 요한이 그리스도를 로고스로 부르는 것도 하나님이 창조와 구속에서 로고스 안에서 그리고 로고스를 통하여 그 자신을 계시하시기 때문이다(요 1:3, 14).²³

---

[21] LXX. Ps. 106:20 ἀπέστειλεν τὸν λόγον αὐτοῦ καὶ ἰάσατο αὐτοὺς καὶ ἐρρύσατο αὐτοὺς ἐκ τῶν διαφθορῶν αὐτῶν.

[22] Paul LaMarche, "The Prologue of John (1964)," in *The Interpretation of John*. Edited by John Ashton. Issues in Religion and Theology 9 (Philadelphia: Fortress, 1986): 41: "… the title of Logos designates not only the *Word*, as we now call him, but Christ the Saviour."

[23] H. Bavinck, *The Doctrine of God*, translated, edited outlined by William Hendriksen (Edinburgh: The Banner of Truth Trust, 1979), 268.

7. 종말론적 심판자인 예수

예수와 그의 말씀에 대한 믿음이 심판의 기준이며(요 3:18; 5:24), 이 심판의 심판자는 예수다(요 5:22). 그의 심판이 의로운 이유는 그가 자기 원대로 심판하지 않고 그를 보내신 아버지의 원대로 심판하기 때문이다(요 5:30). 또한 예수의 말씀도 심판자가 된다. "나를 저버리고 내 말(ῥῆμα)을 받지 아니하는 자를 심판할 이가 있으니 곧 나의 한 그 말(λόγος)이 마지막 날에 저를 심판하리라"(요 12:48).[24] 따라서 예수와 그의 말씀이 모두 심판자이며, 예수를 거절하는 것은 곧 그의 말씀을 거절하는 것이다(요 12:48).[25]

구약 성경에서도 하나님의 말씀이 심판하신다. 이를 위해 하나님은 여호와의 말씀을 선지자의 입에 두신다(렘 1:9-10). 또한 하나님의 말씀이 불이 되어 심판하신다(렘 5:14, cf. 계 11:5). 나아가서 하나님은 모세의 입에 하나님의 말씀을 두고 그 말씀에 대한 반응에 따라 심판을 하신다. 이는 예수를 예표하며(신 18:18-19, cf. 신 18:15), 종국적으로는 예수와 그의 말씀을 가리킨다(행 3:23). 이처럼 구약 성경의 하나님의 말씀(דבר)과 요한복음의 예수와 그의

---

[24] 요한복음에는 λόγος가 39회, ῥῆμα가 12회 나온다. 이 두 어휘는 요한에 의해 상호교환적으로(interchangeably) 사용되었다. Ed. L. Miller, "The Johannine Origins of the Johannine Logos," *JBL* 112 (1993): 445-457, esp. 450f.

[25] 요 12:48 ὁ ἀθετῶν ἐμὲ καὶ μὴ λαμβάνων τὰ ῥήματά μου ἔχει τὸν κρίνοντα αὐτόν· ὁ λόγος ὃν ἐλάλησα ἐκεῖνος κρινεῖ αὐτὸν ἐν τῇ ἐσχάτῃ ἡμέρᾳ. 여기서 예수를 거절하는 것이 그의 말씀(ῥῆμα)을 거절하는 것과 동일시되고 있다. 관사 ὁ에 분사 둘(ἀθετῶν, λαμβάνων)이 걸리고 있고, καί가 '즉'(that is)의 의미가 있기 때문이다. 그리하여 예수와 말씀이 동일시된다. 또한 λόγος와 ῥῆμα 사이에 차이가 없는 것을 알 수 있다.

말씀은 똑같이 종말론적 심판자이다. 그러므로 예수는 말씀(λόγος)으로 불린다.

요약하면, 틀림없이 저자 요한은 그의 시대의 종교적, 철학적 어휘인 로고스(λόγος)의 의미를 충분히 알고 있었을 것이다. 그렇기 때문에 오히려 그는 이 단어를 헬레니즘 철학이나 이교적인 의미로 사용하지 않고, 구약 성경에 기원을 둔 요한복음의 로고스(λόγος)의 어의와 특징을 선명하게 드러낼 수 있었다. 말씀(λόγος)인 예수는 선재하신 삼위일체 하나님이며 생명이신 분으로서 창조, 구속, 심판, 계시, 말씀 증언 등의 활동을 한다. 이것은 대부분 구약 성경에서 하나님의 말씀(דבר)의 존재와 활동에 일치한다.[26] 결국 요한이 예수를 로고스로 명명한 것은 그것이 예수의 하나님 되심(존재)과 그의 모든 신적 활동을 나타내는 데 가장 적합했기 때문이다. 요한복음의 로고스는 구약 성경에서 온 특별한 용어이다.

---

[26] Carson, *The Gospel according to John*, 116: "In short, God's 'Word' in the Old Testament is his powerful self-expression in creation, revelation and salvation"; F. F. Bruce, *The Gospel of John: Introduction, Exposition, and Notes* (Grand Rapids: Eerdmans, 1983), 29: "The 'word of God' in the Old Testament denotes God in action, especially in creation, revelation and deliverance."

II. 로고스의 존재

1. 전제적(Presupposed) 존재

"말씀이 계시니라"(ἦν ὁ λόγος, ὁ λόγος ἦν, 요 1:1). 요한복음은 로고스가 존재한다는 말로 시작한다. 이것은 로고스가 계속하여 존재한다는 의미로서 로고스 존재에 대한 전제적 선언이다.[27] 이것은 증명이 아니라 신적 전제이고, 설명이 아니라 신적 선포이며, 인간 이성의 인식이 아니라 하나님의 계시이다. 로고스 이해는 이 전제에서 시작해야 한다.

2. 존재 방식

로고스의 존재 방식은 '엔'(ἦν)과 그것에 관련한 표현에 따라 세 가지로 설명된다(요 1:1-2).[28] 로고스는 "태초에 있었고"(ἐν ἀρχῇ ἦν ὁ λόγος, 1a), "하나님과 함께 있었고"(ὁ λόγος ἦν πρὸς τὸν θεόν, 1b), "하나

---

[27] Cf. Ferdinand Hahn, 『신약성서신학 I』 (*Theologie des Neuen Testaments* I), 강면광 외 역 (서울: 대한기독교서회, 2007), 665.

[28] Cf. R. E. Brown, *The Gospel according to John I-XII*, vol. I (2 vols) (New York: Doubleday, 1966), 4: "Since Chrysostom's time, commentators have recognized that each of the three uses of "was" in vs. 1 has a different connotation: existence, relationship, and predication respectively."

님이셨다"(θεὸς ἦν ὁ λόγος, 1c).

1) 시간적 존재 방식 : 로고스의 선재(pre-existence)

로고스는 태초에 계셨다(ἐν ἀρχῇ ἦν ὁ λόγος, 요 1:1a). 이것은 로고스의 시간적 존재 방식이며,[29] 로고스의 선재(pre-existence)를 의미한다. "태초"는 창조 이전의 시간에 대한 언급이며[30] 하나님의 영역에 대한 지칭이기 때문이다.[31] 태초는 인간이 접근할 수 없는 하나님의 영역이며(cf. 빌 2:6; 골 1:15; 히 1:3),[32] 시간적인 연속선에서 최초의 점을 말하는 것이 아니라, 시간의 피안(beyond time)을 의미한다.[33] 그러므로 태초에 계신 로고스는 선재의 로고스이다(요 8:58; 17:5, 24). 또한 예수는 "하늘에서 내려온 자"(요 3:13)이다. 예수는 땅에 오기 전에 하늘에 있었다. 이것은 단순히 예수의 존재에 관한 공간성이 아니라, 그의 선재성을 말하는 것이다(cf. 요 6:62).

요한복음 1:1a에서 로고스의 선재를 말하는 또 다른 이유는 동사 ἦν 때문이다. 이 동사는 미완료과거(impf.) 시제로서 무시간적인 의미가 있으며,[34] 연속성이 아니라 존재 상태의 무제한성을

---

[29] 물론 이 '시간'은 만물이 창조된 후에 존재하게 된 '역사적 시간'이 아니라 창조 이전 영원에서의 '하나님의 시간'을 의미한다.

[30] Köstenberger, *A Theology of John's Gospel and Letters*, 338.

[31] Brown, *The Gospel according to John I-XII*, 4.

[32] 김문경, "말씀의 성육신(요 1:1-18)",「성서마당」59 (2003): 29.

[33] C. K. Barrett, *The Gospel according to St. John*, second ed. (Philadelphia: Westminster Press, 1978), 152.

시사한다.[35] 이것은 제한의 의미가 있는 3절(창조), 6절(세례자의 등장), 14절(성육신) 등에 사용되는 ἐγένετο와 대조된다.[36] 로고스는 언제나 계셨으며, 선재하신 하나님이다.

2) 공간적 존재 방식 : 하나님과 함께

로고스는 하나님과 함께 계셨다(ὁ λόγος ἦν πρὸς τὸν θεόν, 요 1:1b). 이것은 로고스의 공간적[37] 존재 방식이다. 로고스는 "하나님과 함께"(πρὸς τὸν θεόν) 계셨다. 로고스는 홀로 계시지 않는다. 이것은 로고스와 하나님의 친밀함을 나타낸다. πρός는 인격과 인격 사이의 매우 친밀한 관계를 나타내기 때문이다.[38] 이 사실은 로고스가 인

---

[34] J. H. Bernard, *A Critical and Exegetical Commentary on the Gospel according to St. John* vol. 1 (Edinburgh: T. & T. Clark, 1928), 2.

[35] D. Macleod,『그리스도의 위격』, 김재영 역 (서울: 한국기독학생회출판부, 2001), 53-54.

[36] Barrett, *The Gospel according to St. John*, 152; Francis J. Moloney, *The Gospel of John*, SPS Vol. 4 (Minnesota: A Michael Glazier Book, 1998), 35: "The use of the imperfect tense of the verb 'to be' places the Word outside the limits of time and place, neither of which existed ἐν ἀρχῇ (Gen 1:1)." 나의 번역: "동사 '있다'의 미완료과거 시제의 사용은 말씀을 시간과 장소의 한계 밖에 둔다. 시간과 공간 중의 어느 쪽도 태초에 존재하지 않았다. 홍창표, "로고스, 요한복음 서론(1:1-18)", 119-120. 프롤로그의 ἦν과 ἐγένετο의 의미 구별은 이복우,『내 뒤에 오시는 이』, 148, f. n. 477을 보라. 또한 같은 책, 255-256을 보라.

[37] 물론 이 공간도 우리의 사고를 넘어서는 공간 개념이다.

[38] Carson, *The Gospel according to John*, 116; A. T. Robertson, *A Grammar of the Greek New Testament in the Light of Historical Research* (Nashville: Broadman Press, 1934), 623; A. T. Robertson, *Word Pictures in the New Testament* 5 (Grand Rapids: Baker Book House, 1960), 4; Maximilian Zerwick S. J, *Biblical Greek* (Rome: Editrice Pontificio Instituto Biblico. 2001), 34: "… in John πρός seems always (about 100 times!) to be used in a dynamic sense (which in our case may be understood as one of personal relationship)"; C. G. Kruse, *The Gospel according to John* (England: Inter-Varsity Press, 2003), 62; Ed.

격이라는 것을 보여주며,³⁹ 하나님과 로고스 사이의 인격적인 진정한 연합과 완전한 하나 됨을 밝힌다.⁴⁰ 이처럼 두 인격 사이의 함께함(communion)을 강조하는 πρός에 의해 하나님에 대한 로고스의 관계의 본질이 제시되었다.⁴¹ 로고스는 언제나 하나님과 밀접한 관계 가운데 계신다. 하나님과 떨어져 있는 로고스를 생각할 수 없다. 로고스인 그리스도는 하나님과 자리를 같이한다.

또한 로고스가 "하나님과 함께" 계셨다는 사실은 하나님을 향한 로고스의 지향성을 나타낸다. 헬라어에는 '함께'를 의미하는 전치사로 μετά, σύν, ἐν, παρά 등이 있다. 그런데도 요한이 굳이 πρός를 사용한 데는 특별한 의도가 있다. 이것은 "특정한 공간적 방식에서 방향을 표시하려는 까닭이다. 즉 이 단어는 로고스의 열망이 하나님을 향하는 것을 표시하는 전치사이다."⁴² 그러므로 이 "함께"는 단순히 '공간적 함께'만이 아니라 '지향적 함께'를 의미하며, 인격적 대상을 향한 움직임을 나타낸다. 요한이 "있었다"

L. Miller, "The Logos Was God," *EvQ* 53 (1981): 65-77, esp. 75; Walter Bauer, *A Greek-English Lexicon of the New Testament and Other Early Christian Literature* 3rd ed. BDAG, revised and edited by Frederick William Danker (Chicago: University of Chicago Press, 2000), 874-875('πρός,' 3.d.b and 3.g.); M. Endo, *Creation and Christology : A Study on the Johannine Prologue in the Light of Early Jewish Creation Accounts* (WUNT 2, 149) (Tübingen: Mohr Siebeck, 2002), 208; 조석민,『요한복음의 새 관점』(서울: 도서출판솔로몬, 2008), 56.

³⁹ Carson, *The Gospel according to John*, 116-117.

⁴⁰ R. Schnackenburg, *The Gospel according to St. John*, vol. 1 (London: Bruns & Oates, 1980), 233.

⁴¹ Ed. L. Miller, "The Logic of the Logos Hymn: A New View," *NTS* 29 (1983): 555; Miller, "The Logos Was God," 73-76.

⁴² 홍창표, "로고스, 요한복음 서론(1:1-18)", 120.

는 말에 지향의 전치사를 연결한 것은 하나님을 향한 로고스의 지향이 로고스의 영원한 상태이고 본질임을 나타내기 위해서이다. 로고스는 철저히 하나님의 뜻을 따르고 하나님의 생각을 실현한다. 로고스가 하늘에서 내려온 것은 자기 뜻을 행하려 함이 아니라(요 6:38, 39), 그를 보내신 이의 뜻을 행하며 그의 일을 온전히 이루기 위해서이다(요 4:34). 그는 독립적 목적을 가지지 않으며, 순전히 하나님의 의도에 의존한다. 이와 같은 로고스의 하나님에 대한 친밀함과 지향성은 로고스의 하나님에 대한 의존성으로 귀결되며, 따라서 로고스는 하나님께로 가는 길이 된다(요 14:6).

3) 인격적(신분적) 존재 방식 : 하나님

로고스는 하나님이시다(θεὸς ἦν ὁ λόγος, 요 1:1c). 이것은 로고스의 신분적 또는 인격적 존재 방식을 나타낸다. 로고스가 태초에 계실 수 있었던 것은, 그리고 로고스가 하나님과 함께 계실 수 있었던 것은 로고스 자신이 하나님이었기 때문이다.[43] 이처럼 요한복음은 그 시작부터 로고스가 하나님이시라는 진리를 강조하며, 이러

---

[43] 로고스가 하나님이라는 이 진리는 θεὸς ἦν ὁ λόγος(요 1:1c)에 대한 그리스어 문법 문제 때문에 반대에 부딪히기도 한다. 그 핵심 내용은 θεὸς에 관사 ὁ가 없으므로 로고스는 하나님이 아니라 단지 '신적'(divine)인 존재이거나 여러 신 중의 하나(a god)라는 것이다. 이에 대한 평가와 비판은 이복우, 『내 뒤에 오시는 이』, 242-247; Daniel B. Wallace, *The Basis of New Testament Syntax* (Grand Rapids: Zondervan, 2000), 114-120을 보라, esp. 115: "In other words, a PN(predicate nominative) that precedes the copula, and which is apparently definite from the context, usually lacks the article." 나의 번역: "즉, 연결 동사 앞에 오고, 문맥상 명확하게 한정하는 술어 주격은 일반적으로 관사가 생략된다."

한 기조는 요한복음 전체에서 나타난다. 그러므로 로고스의 신성이 요한복음 기독론의 핵심이다.

4) 삼위일체적 존재 방식 : λόγος와 θεός의 동일성과 구별성

로고스는 하나님으로서 하나님과 함께 계신다(요 1:1). 하나님이라는 한 명칭 아래 두 인격이 소개되고 있다. 또한 로고스는 하나님의 아들(요 1:14, 18)이자 동시에 하나님(요 1:1, 18)이다. 로고스는 아버지와 분명히 구별되면서도 아버지와 동등하신 하나님이며, 아버지와 하나이다. 따라서 로고스는 하나님과 '구별은 되지만 분리는 될 수 없다.'[44] 이것은 로고스의 삼위일체적 존재 방식을 나타낸다. 로고스는 하나님과 구별되지만(πρός) 또한 하나님 자신이다(ἦν).[45] 쿨만(Cullmann)은 이에 대하여 다음과 같이 말하였다.

> 그 '말씀'은 하나님 자신으로부터 분리되는 것이 아니다. 그것은 하나님과 함께 계셨다(ἦν πρὸς τὸν θεόν). … 그 로고스는 하나님께 종

---

[44] 홍창표, "로고스, 요한복음 서론(1:1-18)", 118; Carson, *The Gospel according to John*, 96: "God's own Word, identified with God yet distinguishable from him"; Beasley-Murray, *Word Biblical Themes: John*, 29: "He was 'with God' and 'was God' - at once distinction and identification!"; D. François Tolmie, "The Characterization of God in the Fourth Gospel," *JSNT* 69 (1998): 57-75. 62: "The repetition of the second statement in v. 2 serve … that the Logos is to be equated with, yet also to be distinguish from, God. The aim of this 'tension' seems to be to convey a very high evaluation of the Logos without endangering the sovereignty of God."

[45] Robert Kysar, 『요한의 예수 이야기』, 최홍진 역 (서울: 한국장로교출판사, 1995), 14.

속되시지도 않는다. 그냥 하나님께 속하신다. 그는 하나님께 종속되시지도 하나님 옆의 한두 번째의 존재도 아니시다. … 그러나 하나님과 로고스 간에 전혀 아무 구별도 없다는 그릇된 억측을 방지하기 위해 복음서 기자는 서문에서 강조하여 이렇게 되풀이한다. '그가 태초에 하나님과 함께 계셨으니.'[46]

이처럼 로고스는 하나님과 함께 있었고 또한 하나님이다. 그러므로 하나님과 로고스 사이에는 개별성과 동일성이 함께 존재한다.[47]

첫째로 말씀(λόγος)과 하나님(θεός)은 동일하다. 로고스의 신분은 분명하게 하나님(θεός)으로 진술된다(요 1:1c). 따라서 하나님을 나타낼 수 있는 이는 말씀밖에 없다(요 1:18). 이것은 아주 고차원적 기독론이다.[48] 말씀이 하나님과 같다는 의미에서 말씀의 영광은 하나님의 영광이다(요 1:14). 그래서 말씀은 창세 전에 하나님과 누렸던 그 영광을 말할 수 있다(요 17:5).

이러한 특징은 말씀과 하나님이 존재적으로 같다는 것을 의미한다. 말씀은 만물이 형성되기 이전에 이미 존재하였고, 영원성을 그 특질로 가지고 있다. 그러므로 말씀은 하나님 자신과 조금도 다르지 않다. 그는 하나님과 동등하며 하나님과 하나이다. 말

---

[46] Cullmann, *The Christology of the New Testament*, 265-266.

[47] R. Kysar, *John, the Maverick Gospel* (Atlanta: John Knox Press, 2007), 43.

[48] S. S. Smalley, *John : Evangelist and Interpreter* (Downers Grove: Inter Varsity Press, 1998), 239, f. n. 49.

씀은 하나님과 별개의 존재가 아니다.[49] 또한 말씀과 하나님은 기능적으로도 같다. 말씀은 하나님과 동일하기에 그 일에서도 동일한 기능이 강조된다. "내 아버지께서 이제까지 일하시니 나도 일한다"(요 5:17). 결국 "기능적으로나, 존재적으로나 예수는 하나님과 한 분이시다."[50] 이러한 말씀과 하나님의 동일성 때문에 예수는 분명하게 하나님으로 고백 된다. "도마가 대답하여 이르되 나의 주님이시요 나의 하나님이시니이다"(요 20:28, cf. 요일 5:20).

둘째로 말씀(λόγος)과 하나님(θεός)은 구별된다. 이 사실은 말씀이 하나님과 함께 있었다(요 1:1b)[51]는 말과 말씀이 아버지의 품 속에 있는 독생하신 하나님(요 1:18)이라는 말씀에서 잘 나타난다. 후자에서 하나님은 아버지(πατήρ)이며, 말씀은 독생하신(μονογενής) 자이다. 인격은 둘이며, 신분은 아버지와 독생자이다. 이처럼 말씀과 하나님 사이에는 분명한 구별이 있다.

말씀은 하나님이지만 동시에 하나님과 함께 계신다. 말씀과 하나님 사이에는 구별성과 불가분리성이 공존한다.[52] 이 때문에

---

[49] A. Schlatter,『요한복음 강해』, 김희보 역 (서울: 종로서적, 1994), 4. = *Das Evangelium nach Johannes* (Stuttgart: Calwer Verlag, 1979).

[50] Smalley, *John : Evangelist and Interpreter*, 239; 조병수,『신약성경총론』(수원: 합동신학대학원출판부, 2006), 174.

[51] Miller, "The Logos Was God," 65: "... which involves a distinction between the Logos and God the Father and an emphasis on the personal character of their relation."

[52] John Calvin, *Institutes of the Christian Religion*, 1, 13, 17. Translated by Henry Beveridge (Grand Rapids: Eerdmans, 1997): "Still they indicate distinction only, not division"; Miller, "The Logos Was God," 65: "... unity of substance, distinction of persons"; S. W. Need, "Re-reading the Prologue: Incarnation and Creation in John 1.1-18," *Theology* 106 (2003): 397-404, esp. 402: "... in the beginning of things the Logos was with God and

"나와 아버지는 하나이다"(요 10:30)라는 명제적인 선언이 가능하며, 또한 아버지는 아들 안에 있고 아들은 아버지 안에 있으며(요 10:38; 14:10, 11; 17:21, 23),[53] "아버지가 나보다 크시다"(14:28)라는 말씀(λόγος)의 주장이 합당한 것이다. 이것은 삼위일체 교리를 위한 결정적 요소이며 인간의 생각으로는 해결 못 할 일이다.[54]

3. 성육신

요한복음의 프롤로그(요 1:1-18)에서 로고스(λόγος)는 1절과 14절에 나타나며, 각각 로고스의 하나님 되심과 육신이 되심에 관련한다. 로고스의 성육신은 육신이 되심(incarnation)과 거하심(inhabitation)으로 이루어져 있다.

1) 육신이 되심(incarnation)

로고스가 육신이 된 것은 신성의 로고스가 인성이 되어 초 역사에서 역사로, 영원에서 시간 속으로 들어온 사건이다. 여기에는

---

was God. The verse draws attention both to a unity and to a clear distinction between the two."

[53] R. Schnackenburg, *Jesus in the Gospel: A Biblical Christology* (Louisville: John Knox Press, 1995), 256: "The oneness formula, 'I am in the Father, and the Father is in me'(10:38; 14:10-11; 17:21), maintains both the distinction and the union."

[54] 홍창표, "로고스, 요한복음 서론(1:1-18)", 118.

다음과 같은 특징들이 있다.

(1) 로고스의 존재 방식의 변화

"말씀이 육신이 되었다"(요 1:14). 여기서 "되었다"(ἐγένετο)라는 말은 로고스의 존재 방식의 변화를 가리킨다(cf. ἦν, 요 1, 4, 9, 10).[55] 성육신은 하나님이신 로고스가 자기의 신적 존재 방식을 인간적 존재 방식으로 바꾼 것이다. 이 변화는 신적 로고스와 인간적 육신(σάρξ) 사이에 있는 실로 엄청난 간격을 연결하는 변화이다.[56] 하지만 그렇다고 해서 성육신한 로고스가 이전의 신적 존재 방식을 버린 것은 아니다.[57] 그는 하나님이었고 또한 하나님이다. 왜냐하면 성육신한 로고스 안에 신적 존재 방식과 인간적 존재 방식이 함께 있기 때문이다. 로고스의 성육신은 로고스의 신성과 인성을 한 인격 안에 그 본질대로 보존하는 가운데 이루어졌다. 로고스의 신적 본질과 인적 본질은 변하거나 섞이지 않고 존속되

---

[55] D. J. MacLeod, "The Incarnation of the Word: John 1:14," *BSac* 161 (2004): 72-88, 76; 김문경, "말씀의 성육신(요 1:1-18)", 31; Beasley-Murray, *John*, 13: "ἐγένετο에 대해서 Richter는 다음과 같이 주석했다. 즉 술어 명사와 연결되는 동사 γίνομαι는 사람 혹은 사물이 특성을 바꾸거나 새로운 상태로 들어감으로써 이전의 것이 아닌 다른 어떤 것이 되는 것을 표현한다. 문맥에서 그 다른 어떤 것은 육신을 가리킨다."

[56] Leon Morris, *Jesus is the Christ: Studies in the Theology of John* (Grand Rapids: Eerdmans; Leicester, Engl.: Inter-Varsity Press, 1989), 59. =『요한신학』, 홍찬혁 역 (서울: 기독교문서선교회, 1995).

[57] Jerome, *Adv. Jovinianum* 2.29 (PL 23.326): "The Word became flesh ... and yet did not stop being what it was before." R. Schnackenburg, *Jesus in the Gospels: A Biblical Christology* (Louisville: John Knox Press, 1995), 290에서 재인용; MacLeod, "The Incarnation of the Word: John 1:14," 75; Köstenberger, *John*, 40.

며, 이 둘은 한 인격 안에 연합되었다.[58] 그렇기 때문에 로고스는 하나님을 사람에게 온전히 알릴 수 있었고, 또한 그는 사람이 하나님에게로 가는 완벽한 길이 될 수 있었다.[59]

(2) 로고스가 '육신'(σάρξ)이 되었다(요 1:14a).
로고스의 성육신은 로고스가 육신(σάρξ)이 된 것이다. 이것은 실로 하나님의 자기표현이며 탁월한 계시이다.[60] 그런데 요한은 특이하게 성육신을 말씀이 '사람'이 되었다가 아니라, 말씀이 '육신'(σάρξ)이 되었다라고 표현한다.[61] 요한은 사람(ἄνθρωπος)이나 몸(σῶμα) 대신에 거의 생경한 용어인 육신이라는 단어로 로고스의 성육신을 설명한다(cf. 롬 8:3).[62] 요한복음에 로고스인 예수(요 1:17)를 '사람'으로 말하는 곳이 매우 많다(요 4:29; 7:46; 9:11, 16; 10:33; 11:47, 50; 18:14, 17, 29; 19:15). 예수도 자신을 '사람'으로 증언했다(요 8:17-18, 40). 이처럼 요한복음에는 예수를 사람으로 지칭하는 예들이 많다. 그럼에도 요한은 로고스가 사람이 되었다고 말하지 않고 굳이 육신이 되었다고 말한다. 여기에는 분명히 어떤 의도가 있다. 그것이 무엇인가?

이 문제는 무엇보다도 바로 앞 절인 13절과의 관계 속에서 이

---

[58] MacLeod, "The Incarnation of the Word: John 1:14," 76.
[59] Smalley, *John : Evangelist and Interpreter*, 240.
[60] Carson, *The Gospel according to John*, 127.
[61] 요한복음은 오직 한번 사람을 σάρξ로 부른다(요 17:2).
[62] Köstenberger, *John*, 40.

해해야 한다. 13절은 사람이 혈통으로나 육정(θέλημα σαρκός)으로나 사람의 뜻으로는 하나님의 자녀가 될 수 없다고 천명한다. 바로 여기에 육신(σάρξ)이라는 말이 사용되었다. 이것은 인간이 하나님의 자녀가 됨에 육신의 무익함을 강조하는 것이다(cf. 요 6:63). 이 무익함 때문에 예수는 "육으로 난 것은 육이요"(요 3:6)라고 말씀했다.[63] 인간적인 모든 것이 육신이다. 그것은 곧 자연적인 출생의 원리이자[64] 아래서 난 것이며 하나님과 분리된 인간적 특성이다. 그래서 인간 육신으로는 결코 하나님의 자녀가 될 수 없으며 하나님 나라에 들어갈 수도 없다.

그런데 놀랍게도 이 문제를 해결하기 위해 로고스가 친히 '육신'이 되었다. 사람이 하나님께 갈 수 없기에 하나님이 직접 사람에게 온 것이다. 사람이 육신의 소원으로(ἐκ θελήματος σαρκός)는 하나님의 자녀가 될 수 없기에(요 1:13), 말씀이 '육신이 되어'(σὰρξ ἐγένετο) 사람이 하나님의 자녀가 되게 한다. 즉 인간 육신이 할 수 없는 일을 하나님이 친히 육신이 되어 이루신다. 그러므로 하나님이신 로고스가 육신이 된 것은 육신인 인간이 하나님처럼 되도

---

[63] 요 3:6 τὸ γεγεννημένον ἐκ τῆς σαρκὸς σάρξ ἐστιν, καὶ τὸ γεγεννημένον ἐκ τοῦ πνεύματος πνεῦμά ἐστιν. 이 문장은 "육으로부터 난 자는 육이다. 그리고 영으로부터 난 자는 영이다"로 번역하는 것이 옳다. Cf. 개역개정: "육으로 난 것은 육이요 영으로 난 것은 영이니." BDF § 138 - (1): The neuter is sometimes used with reference to persons if it is not the individuals but a general quality that is to be emphasized. Intensifying πᾶν or πάντα may be added: τὸ γεγεννημένον Jn 3: 6, πᾶν τὸ γ. 1 Jn 5:4. 나의 번역: "중성은 개별 인물이 아니라 일반적인 특성을 강조할 경우 때때로 사람과 관련하여 사용된다. 강렬하게 하기 위해 πᾶν or πάντα이 추가될 수 있다: τὸ γεγεννημένον Jn 3:6, πᾶν τὸ γ. 1 Jn 5:4." Cf. 요 6:37, 39.

[64] Köstenberger, *John*, 40.

록 하기 위해서이다(요 10:34, 35; cf. 요일 3:2; 벧후 1:4).[65] 이런 의미에서 "그리스도의 최초 승리는 부활이 아니고 성육신이다. 하나님이 인간이 되었을 때, 사탄은 자신을 최후의 파멸로 이끌 최초의 패배를 한 것이다."[66]

(3) **로고스가 육신이 '되었다'**(ἐγένετο)(요 1:14a).

로고스의 성육신은 로고스가 육신이 '된 것'(γίνεσθαι)이다. 요한은 로고스의 신성을 설명한 단어인 ἦν(요 1:1, 2, 4, 10, 15)과 구별하여 ἐγένετο라는 말로 로고스의 성육신을 설명한다. 이 말의 의미를 명확하게 규명하려면 로고스의 성육신을 묘사하는 요한복음

---

[65] Iranaeus, *Against Heresies*, 5, Preface; "… the Word of God, our Lord Jesus Christ, who did, through His transcendent love, become what we are, that He might bring us to be even what He is Himself." 나의 번역: "하나님의 말씀이신 우리 주 예수 그리스도는 그의 망극하신 사랑으로 우리로 하여금 그 자신과 같이 되게 하시려고 우리와 같은 존재가 되셨다."; Henry Bettenson, 『초기 기독교 교부』 (*The Early Christian Fathers*), 박경수 역 (서울: 크리스챤다이제스트, 1997), 111; 유해무, 『신학: 삼위일체 하나님을 향한 송영』 (서울: 성약출판사, 2007), 249; 같은 책, 239: "신격화(Deification/Divinization)는 동방교회를 이해하는 데 아주 중요한 주제이다. 동방 신학의 큰 주제는 하나님의 인간화와 인간의 신격화라고 말할 정도이다. 아타나시우스는 이 주제를 다음과 같이 요약한다. '그(하나님의 말씀)는 우리로 하여금 하나님이 되도록 인간이 되셨다(Athanasius, *Oratio de incarnatione Verbi*, 54, PG 25, 192B)"; 같은 책, 262f.: "아우구스티누스는 신격화가 하나님의 은혜의 행위이며 인간의 종말론적인 목표임을 강조한다. … 만물을 창조하셨던 말씀은 우리의 신분이 되셔서 우리의 신분이 아니었던 바에 이르게 하신다(Augustinus, *Sermo*, 117,15, PL 38, 670; cf. 80,5, PL 38, 496) … 아우구스티누스에 의하면 성육신의 목표가 신격화이다. '인간이었던 자들이 신이 될 것이요, 하나님이셨던 분이 인간이 되셨다'(Augustinus, *Sermo*, 192,1,1, PL 38, 496; cf. *Sermo*, 121,5, PL 38, 503)"; cf. Brown, *An Introduction to New Testament*, 337: "… he empowers all who do accept him to become God's children, so that they share in God's fullness."

[66] Justo L. González, *A History of Christian Thought*, vol. I (Nashville: Abingdon Press, 1983), 70.

1:1-18에서 이 단어가 어떤 의미로 사용되었는지를 살펴보아야 한다.[67]

첫째로 γίνεσθαι는 만물 창조를 표현한다. 3절은 로고스로 말미암은 만물 창조를 설명하기 위해 무려 세 번이나 ἐγένετο를 쓰고 있다. 세상 창조를 말하는 요한복음 1:10b에서도 이 단어는 같은 의미로 사용되었다. 둘째로 γίνεσθαι는 인간 존재를 묘사한다. 요한복음 1:6은 이 단어를 사용하여 세례자 요한을 설명한다. 셋째로 γίνεσθαι는 하나님의 자녀를 설명하는 데 사용되었다. 로고스가 그를 영접하는 자, 곧 그의 이름을 믿는 자들에게 하나님의 자녀가 '되는'(γίνεσθαι) 권세를 주신다(요 1:12b). 넷째로 γίνεσθαι는 로고스가 주시는 특별한 영적 선물을 설명하는 데 사용되었다. 예수 그리스도로 말미암아 은혜와 진리가 '왔다'(ἐγένετο, 요 1:17b)라고 말씀하기 때문이다. 이처럼 '되다'(γίνεσθαι)는 로고스에 의해 존재하게 된 만물과 세상, 인간 존재와 하나님의 자녀, 그리고 로고스로 말미암아 온 영적 선물을 묘사하는 데 사용되었다.

그런데 요한은 로고스에 의해 존재하게 된 것들을 설명하기 위해 사용한 '되다'(γίνεσθαι)를 로고스의 성육신에 동일하게 사용했다. 이것이 의미하는 바는 무엇인가? 이 단어의 네 가지 용례를 볼 때, 그 의미는 다음과 같다. 첫째, 로고스의 만물 창조를 설명하는 데 사용된 '되다'(γίνεσθαι)라는 단어가 로고스의 성육신을 묘사하는 데도 함께 사용된 것은 로고스가 피조물과 같은 양식으로

---

[67] 이에 대한 자세한 설명은 이복우, 『내 뒤에 오시는 이』, 255-256을 보라.

존재하게 되었다는 것을 의미한다.[68] 이것은 창조의 중개자가 피조물이 된 것, 즉 로고스의 비하를 나타낸다. 둘째, 인간 존재를 설명하는 '되다'(γίνεσθαι)라는 단어로 로고스의 성육신을 표현한 것은 로고스가 만물처럼 된 것 중에서도 특히 인간과 같은 존재가 되었다는 사실을 의미한다. 이것은 로고스의 성육신의 실재를 입증한다.[69] 로고스의 성육신은 로고스가 참 육신이 된 것이지 단지 육신을 '옷 입은' 것이 아니다. 로고스는 인간 안에 내주하는 것이 아니라 참사람이 된 것이다.[70] 셋째, 요한은 사람이 하나님의 자녀가 되는 데 사용된 '되다'(γίνεσθαι)라는 말로 로고스의 성육신을 설명했다. 이것은 로고스가 사람이 되므로 사람이 스스로 이룰 수 없는 하나님의 자녀 되는 것을 가능하게 했다는 사실을 나타낸다. 인간이 하나님의 자녀 '됨'의 유일한 근거는 로고스가 인간이 '되심'에 있다. 넷째, 로고스로 말미암은 영적 선물을 묘사하는 데 사용된 '되다'(γίνεσθαι)로 로고스의 성육신을 설명한 것은 로고스의 성육신이 모든 영적 선물의 원천이자 최고의 영적 선물이라는 사실을 의미한다. 성육신한 로고스가 은혜와 진리를 충만하게 주실 수 있는 것(요 1:16, 17)은 그가 은혜와 진리로 충만한 영광을 지녔기 때문이다(요 1:14).

---

[68] Hahn, 『신약성서신학 I』, 689: "'말씀이 육신이 되었다'라는 표현으로 인간적 실존으로 진입하는 행위를 잘 드러낸다."

[69] Beasley-Murray, *John*, 5.

[70] A. W. Pink, *Exposition of the Gospel of John* (Grand Rapids: Zondervan, 1975), 33.

2) 거하심(inhabitation)

로고스의 성육신은 '육신이 되심'에서 끝나지 않고 '거하심'(inhabitation)으로 이어진다. 로고스는 육신이 되셨을 뿐 아니라, 사람들 사이에 거하셨다. 그러므로 "말씀이 육신이 되었다"라는 진술은 뒤따라오는 "우리 가운데 거하셨다"(ἐσκήνωσεν ἐν ἡμῖν)라는 진술의 토대가 된다.[71] 결국 로고스의 성육신은 그의 육신이 되심과 그의 거하심을 통합하여 일컫는 용어이다.

로고스의 거하심(σκηνοῦν)은 구약 시대에 하나님이 장막에서 자기 백성을 만나고 그들 가운데 거하신 것과 관련된다.[72] 왜냐하면 소리와 의미에서 σκηνόω(거하다)는 거주함을 의미하는 히브리어 동사 שכן을 생각나게 하며, 그것은 때때로 하나님이 이스라엘 가운데 머무시는 것을 표현하는 데 사용되었기 때문이다.[73] 또한 σκηνόω는 장막(tabernacle)을 의미하는 명사 σκηνή와 관련되는데, 장막을 의미하는 히브리어 משכן(출 25:9)이 70인역에서 σκηνή로 번역되었기 때문이다.[74] 이처럼 로고스의 거하심은 하나님이 그 백성 가운데 거하시는 그의 임재하심과 직결된다. 하나님의 임재는 그

---

[71] Cf. Painter, "Christology and the Fourth Gospel," 50.

[72] Cf. Barrett, *The Gospel according to St. John*, 165: "… the word σκηνοῦν has chosen here with special reference to the word δόξα which follows. It recalls, in sound and in meaning, the Hebrew !kv, which means 'to dwell'; the verb is used of the dwelling of God with Israel (e.g. Exod 25:8; 29:46; Zech 2:14), and a derived noun hnykv was used (though not in the OT) as a periphrasis for the name of God himself."

[73] Carson, *The Gospel according to John*, 127-128.

[74] MacLeod, "The Incarnation of the Word: John 1:14," 77.

의 백성에게 회복의 소망을 주셨다(출 29:45-46, LXX, 욜 4:17; 슥 2:14-15; 겔 37:27).

이와 마찬가지로 로고스도 육신이 되어 사람들 가운데 거하므로 그들에게 구원의 소망을 주었다. 이런 까닭에 로고스 안에 있는 생명은 사람들의 빛이며(요 1:4), 세상에 오신 참 빛으로서 각 사람을 비춘다(요 1:9).

4. 독생자(μονογενής)

성육신한 로고스는 아버지의 독생자(μονογενής, 요 1:14b, 18b)이다. 독생자는 출생과 관련된 의미보다[75] 관계적인 차원에서 '유일한'이라는 의미로 이해하는 것이 더 합당하다.[76] 그 이유는 다음과 같다.

첫째로 μονογενής가 출생을 의미한다고 보기 어렵다.

---

[75] 이것을 완전히 배제할 수 없는 이유에 대해서는 Barrett, *The Gospel according to St. John*, 166과 MacLeod, "The Incarnation of the Word: John 1:14," 81-82을 참조하라. Barrett는 μονογενής가 아버지와 관련하여 사용되었을 때는 독생자(only begotten son) 외에 다른 것을 의미할 수 없다고 말한다.

[76] Cho, *Jesus as Prophet in the Fourth Gospel*, 260, f. n. 25: "이 단어는 '유일한'(unique), '오직'(only), '혼자의'(single)라는 뜻이 있다."

[77] 프랭크 틸만(Frank Thielman), 『신약신학』(CLC, 2008), 241, esp. f. n. 20을 보라. 그에 의하면, μονογενής는 그분의 아들 됨이 '종류에서 유일하다'는 의미이며, 그 이유는 γενής가 γεννάω에서 온 것이 아니라 '종류'를 의미하는 γένος와 밀접하게 관련되어 있기 때문이다. Morris, *The Gospel according to John*, 105, f. n. 93; M. J. Harris, "Prepositions and Theology in the Greek New Testament," in NIDNTT, 1171-1215, esp. 1202: "Etymologically μονογενής is associated not with begetting (γεννάω) but with existence (γίνομαι)"; cf. Hahn, 『신약성서신학 I』, 702.

"μονογενής는 출생을 의미하는 γεννάω에서 온 것이 아니라 γίνομαι 에서 왔기 때문이다. 어원상으로 μονογενής는 출생과 관계가 없다."[77] 70인역은 μονογενής에 해당하는 יחיד(yāhîd)[78]를 '홀로'(alone) 또는 '유일한'(only)[79]으로 번역하고 있으며, 거기에 '낳다'라는 뜻은 전혀 암시되지 않는다.[80]

둘째로 요한복음 자체가 μονογενής를 출생의 의미로 사용하지 않았다. 요한복음에는 μονογενής가 모두 네 번 나타난다(요 1:14, 18; 3:16, 18). 로고스는 "아버지의 독생자"(μονογενὴς παρὰ πατρός)이다(요 1:14). 여기에 사용된 παρά는 요한복음에서 아버지에 대한 아들의 관계를 나타내는 데 주로 사용되었다.[81] 예수는 아버지를 본 유일한 분이시며(οὐχ ὅτι τὸν πατέρα ἑώρακέν τις εἰ μὴ ὁ ὢν παρὰ τοῦ θεοῦ, 요 6:46), 하나님에게서 났고(παρ' αὐτοῦ εἰμι, 요 7:29), 하나님으로부터 왔다(εἰ μὴ ἦν οὗτος παρὰ θεοῦ, 요 9:33; 16:27). 요한복음 1:14도 μονογενής가 아버지에게서 왔다는 것을 말함으로써 아버지와 아들의 관계 속에서 μονογενής를 묘사하고 있다.

또한 예수는 "아버지의 품 속에 있는"(ὁ ὢν εἰς τὸν κόλπον τοῦ

---

[78] Beasley-Murray, *John*, 14: "Μμονογενής, … , in the LXX frequently translates יחיד (*yāhîd*)"

[79] 예. 시 22:21 (21:21, LXX. ῥῦσαι ἀπὸ ῥομφαίας τὴν ψυχήν μου καὶ ἐκ χειρὸς κυνὸς τὴν μονογενῆ μου, '나의 귀중한 생명' 혹은 '나의 하나뿐인 영혼'); 시 25:16 (24:16, LXX. ὅτι μονογενὴς καὶ πτωχός εἰμι ἐγώ, '왜냐하면 나는 외롭고 가난하기 때문이다').

[80] D. A. Carson, *Exegetical Fallacies*, 2th ed. (Grand Rapids: Baker Academic, 1996), 30; Beasley-Murray, *Word Biblical Themes: John*, 32: "The additional term 'begotten,' which some still wish to use, is not contained in the word itself."

[81] Harris, "Prepositions and Theology in the Greek New Testament," 1202.

πατρός, 요 1:18) 독생자이다. 여기서 아들과 아버지의 친밀함을 나타내는 말인 "아버지의 품 속에 있는"에 의해 독생자의 특성이 규명된다.[82] 즉 요한이 말하는 독생자는 출생을 의미하기보다는 아버지와 매우 친밀한 관계 속에 있는 아들을 가리킨다.[83] 이 사실은 "예수의 제자 중 하나 곧 그가 사랑하시는 자가 예수의 품에 의지하여 누웠는지라"(ἐν τῷ κόλπῳ τοῦ Ἰησοῦ, 요 13:23)는 말씀에 의해 지지를 받는다. 게다가 예수는 하나님이 주신 독생자이다(요 3:16). 하나님은 예수를 세상에 주셨고(요 3:17; 5:36, 37; 6:44, 57; 10:36; 17:18, cf. 요 11:27; 16:28), 예수는 하나님의 뜻에 따라 세상에 왔다. 그는 세상에 와서 아버지께서 자기에게 맡기신 아버지의 뜻을 온전히 행하였다(요 6:38, 39; 12:49; 13:3; 14:31, 34). 이것은 아버지와 아들 사이의 특별하고도 긴밀하며 온전히 신뢰하는 관계를 나타낸다.

나아가서 예수는 하나님의 독생한 아들이다(ὁ μονογενὴς υἱοῦ τοῦ θεοῦ, 요 3:18). 예수는 아버지 하나님 소유의 아들로서, 하나님께 속해 있다(요 8:47). 그래서 예수는 자기 뜻을 행하지 않고 아버지의 뜻을 행하며, 자의로 말하지 않고 아버지의 말씀만을 말한다(요 12:49, cf. 요 16:13). 그러므로 요한복음의 μονογενής는 외아들을

---

[82] D. J. MacLeod, "The Benefits of the Incarnation of the Word: John 1:15-18," *BSac* 161 (2004): 179-193, esp. 190: "The phrase 'in the bosom of the Father' is an idiom that expresses the very closest of relationships. It is used in the Bible of a mother and child (Num. 11:12), of husband and wife (Deu. 13:6), and of friends reclining side by side at a feast (Jn. 13:23). It is a picture of love and close communion."

[83] Beasley-Murray, *John*, 16.

의미하는 것이 아니라, 하나님 아버지와 독특하고도 특별한 관계에 있는 유일한(unique) 아들을 의미한다.[84] 이 μονογενής는 바로 예수이다. 아들 예수는 μονογενής로서 아버지 하나님과 유일한 관계 속에 있다. 그 어떤 믿는 자도 이런 관계에 있는 하나님의 아들이 아니므로[85] μονογενής는 오직 예수에게만 사용되었다.

III. 로고스의 활동

로고스는 존재하는 것으로 끝나지 않는다. 로고스는 존재할 뿐 아니라 활동한다. 로고스는 정적이지 않고 동적이다.

---

[84] 이 외에도 아버지 하나님과 아들 로고스 사이의 특별한 관계는 요한복음에서 흔히 나타난다(요 3:35; 4:34; 5:19; 6:38; 10:30; 14:10; 15:1; 17:1; 20:17 등). Kruse, *The Gospel according to John*, 70-71; E. Haenchen, *A Commentary on the Gospel of John 1*, trans. R. W. Funk (Philadelphia: Fortress Press, 1984), 120: "The term 'only begotten' (μονογενής), which appears first in John 1:14, means the only (and therefore especially beloved) son, who enjoys a privileged position." Cf. Köstenberger, *A Theology of John's Gospel and Letters*, 381; MacLeod, "The Incarnation of the Word: John 1:14," 81: "He is unique in His relation to the Father."; MacLeod, "The Incarnation of the Word: John 1:14," 81, f. n. 48: "Most modern-day scholars agree that μονογενής means 'only,' 'one of a kind,' or 'unique.'" Cho, *Jesus as Prophet in the Fourth Gospel*, 260: "The use of the adjective μονογενής in John's Gospel underscores Jesus' unique relationship with God, the Father"; 조석민, 『요한복음의 새 관점』, 64, 66: "이 단어는 하나님 아버지에게서 오신 성육신하신 로고스의 유일성을 강조하고 있다."; 조석민, "로고스의 개념과 기능(요 1:1-18)", 48. Cf. G. Pendrick, "μονογενής," *NTS* 41 (1995): 587-600.

[85] 이런 까닭에 요한복음은 '하나님의 아들(υἱός)'이라는 용어를 오직 예수에게만 사용한다. 그 외의 모든 믿는 자들은 '하나님의 자녀(τέκον)'로 불린다.

1. 창조

요한복음에 나타난 로고스의 첫 번째 활동은 만물 창조이다. "만물이 그로 말미암아 지은 바 되었으니 지은 것이 하나도 그가 없이는 된 것이 없느니라"(요 1:3). 이 사실은 다음과 같은 로고스 신학을 제시한다.

첫째, 로고스의 창조는 로고스의 신성을 증명한다. 요한은 로고스가 하나님이라고 말한 후에 이어서 로고스의 만물 창조를 언급한다(요 1:1-3). 이것은 로고스가 하나님이라는 사실을 로고스의 창조 활동을 통해 증명하는 것이다.[86] 로고스의 신성은 로고스의 창조에서 가장 잘 나타난다. 창조는 로고스의 신성의 증거이며, 만물은 로고스의 신성의 전시장이다.[87]

둘째, 로고스는 창조의 중개자(agent)이자(요 1:3, cf. 잠 8:22이하; 고전 8:6; 골 1:16-17; 히 1:2; 계 3:14)[88] 창조의 제1 원인이다.[89] 로고

---

[86] Calvin, *The Gospel according to St. John 1-10*, 9: "Having declared that the Word is God and proclaimed His divine essence, he goes on to prove His divinity from His works." 나의 번역: "말씀이 하나님이라고 선언하고 그의 신적 본질을 선포한 후, 그는 계속해서 그의 활동으로부터 그의 신성을 증명한다."

[87] 이 사실에 대한 자세한 설명은 이복우, "요한복음에 나타난 예수 그리스도의 충만(πλήρωμα)", 「신학정론」 39/2 (2021), 287-315, esp. 293-298을 보라. 또한 본서 '제6장 예수 그리스도의 충만(πλήρωμα)'을 보라.

[88] D. J. MacLeod, "The Creation of the Universe by the Word: John 1:3-5," *BSac* 160(638) (2003): 187-201, esp. 190: "He is the agent of creation (v. 3)"; Barrett, *The Gospel according to St. John*, 156: "John's emphasis upon the role of the Word in creation brings out that he is not an occasional or accidental mediator"; Haenchen, *A Commentary on the Gospel of John 1*, 112: "… he becomes the intermediary in the creation, … The text emphasizes the all-encompassing role of the Logos as mediator"; Carson, *The Gospel*

스가 창조의 중개자인 이유는 로고스로 말미암아(δι' αὐτοῦ, 요 1:3) 만물이 존재하게 되었기 때문이다. 요한이 로고스가 만물을 "창조했다"로 표현하지 않고 로고스로 말미암아 만물이 "생기다"(γίνεσθαι)로 묘사한 것은 이 단어가 창조 개념에 대한 순수한 표현이기 때문이며,[90] 만물 창조가 로고스의 단독 사역이 아니기 때문으로 볼 수 있다. 만물은 로고스인 예수를 "통하여" 생겼다. 로고스 없이는 만물(πάντα)도 없다. 충만한 로고스가 사람들을 충만케 하는 것처럼(요 1:14, 16, cf. 엡 1:22-23) 존재하는 로고스가 만물을 존재하게 한다. 로고스는 유일한 창조의 중개자이다.[91]

이와 함께 로고스는 창조의 제1 원인이다. 그 이유는 διά(요 1:3, 10)가 수단뿐 아니라 제1 원인의 의미가 있기 때문이다. Zerwick에 의하면, διά가 소유격과 함께 원인의 의미로 쓰일 경우, 이것 자체는 "하나님이 선지자를 통해(διὰ τοῦ προφήτου) 말씀하신다." 처럼 본래 매개적 원인이나 도구적 원인을 표현할 뿐이다. 하지만 'διά+소유격'이 제1 원인(principal cause)을 의미하기도 한다. 예를 들면, 로마서 11:36은 창조주에 대하여 다음과 같이 말한다. "만물이 주에게서 나오고 주로 말미암고 주에게로 돌아감이라"(ἐξ

---

according to John, 118.

[89] Cf. 조병수, 「신약총론」, 436: "그리스도는 창조의 중재자이다. 그러나 만일에 1:10ff.를 아들에 관한 예언으로 이해하면, 아들은 '창조의 중재자일 뿐 아니라 창조자이다."

[90] R. Bultmann, *The Gospel of John* (Philadelphia: Westminster Press, 1971), 37.

[91] MacLeod, "The Creation of the Universe by the Word: John 1:3-5," 189; Need, "Rereading the Prologue: Incarnation and Creation in John 1.1-18," 402: "Logos is essentially God's instrument of creation."

αὐτοῦ καὶ δι' αὐτοῦ καὶ εἰς αὐτὸν τὰ πάντα). 고린도전서 1:9; 12:8; 히브리서 2:10; 13:11; 베드로전서 2:14 등도 이와 마찬가지이다. 이처럼 'διά+소유격'은 로고스의 창조주 행위(요 1:3, 10; 골 1:16)나 구속주 행위(롬 5:9)를 말할 때도 사용된다.[92] 따라서 전치사 'διά+소유격' 용법이 단지 중개자의 역할만 표현한다고 너무 지나치게 강조해서는 안 된다.

또한 로고스가 창조의 제1 원인인 이유는 로고스 안에 생명이 있기 때문이다(요 1:4). "모든 생명은 생명에서 나온다."[93] 그의 생명 때문에 창조된 존재가 생명을 가진다.[94] 이런 의미에서 로고스는 만물 창조의 중개자일 뿐 아니라 모든 피조물의 존재 근거이자 모든 생명의 원천이다.[95] 결론적으로 로고스는 만물 창조의 수단이면서 동시에 출처이고 근본 원인이다.[96]

셋째, 로고스의 창조는 구분을 유발한다. 로고스는 창조하였고 만물은 창조되었다. 이 둘 사이에 창조주와 피조물이라는 넘을 수 없는 절대적 구분이 있다. 어거스틴은 요한복음 1:3a에 대해 다음과 같이 해설했다.

---

[92] Zerwick S. J., *Biblical Greek*, 38(§ 83.113).

[93] MacLeod, "The Creation of the Universe by the Word: John 1:3-5," 195.

[94] MacLeod, "The Creation of the Universe by the Word: John 1:3-5," 195.

[95] MacLeod, "The Creation of the Universe by the Word: John 1:3-5," 194: "... the λόγος is the basis of all created life in the universe."

[96] Michael Jensen, "The Gospel of Creation," *RTR* 59 (2000): 130-140, esp. 131.

단순히 만물이라고 말하지 않고 '지은 바 된' 만물이라고 말한다. 따라서 로고스 자신은 지은 바 되지 않은 것이 분명하며, 만물이 그에 의해 지은 바 되었다. 그리고 만일 그가 지은 바 되지 않았다면 그는 피조물이 아니다. 만일 그가 피조물이 아니라면 그는 아버지와 같은 본질이다. 왜냐하면 하나님이 아닌 존재는 모두 피조물이며, 피조물이 아닌 존재는 모두 하나님이시기 때문이다.[97]

요한복음 1:3b는 "지은 것이 하나도 그가 없이는 된 것이 없다"고 말함으로써 이 사실을 더욱 강화한다. 따라서 우주에는 오직 두 가지만 존재한다. 그것은 창조자와 피조물이다. 이것은 절대 구분이다.

넷째, 로고스의 창조는 무로부터의 창조이다(creatio ex nihilo). 로고스 없이는 된 것이 없다는 말씀(요 1:3b)은 로고스가 무엇을 만들기 전에는 존재한 것이 하나도 없었다는 뜻이다. 그러므로 로고스의 창조는 무에서부터의 창조이다.[98] 이 사실은 로고스가 전능자이심을 잘 증언한다.

---

[97] Augustin, *On the Holy Trinity, Nicene and Post-Nicene Fathers of the Christian Church*, vol. 3 (Grand Rapids: Eerdmans, 1980), 21. =『삼위일체론』, 김종흡 역 (고양: 크리스챤다이제스트, 1993).

[98] Bultmann, *The Gospel of John*, 38: "... the creation is not the arrangement of a chaotic stuff, but is the καταβολὴ κόσμου(17.24), *creatio ex nihilo*." Cf. R. Kysar, "R. Bultmann's Interpretation of the Concept of Creation in John 1:3-4: A Study of Exegetical Method," *CBQ* 32 (1970): 77-85, esp. 81-82; MacLeod, "The Creation of the Universe by the Word: John 1:3-5," 188.

다섯째, 로고스의 창조는 종말론적이다.[99] 창조는 만물의 시작이며(καταβολὴ κόσμου, 요 17:24, cf. 계 13:8; 17:8), 시작이 있다는 것은 곧 종말이 있다는 것을 의미한다. 시작이 있으면 끝이 있다.[100] 그래서 요한복음은 '마지막 날'(ἡ ἐσχάτη ἡμέρα)에 관해 많이 언급한다(요 6:39, 40, 44, 54; 11:24; 12:48).

여섯째, 로고스의 창조는 만물에 대한 로고스의 주권과 로고스에 대한 만물의 의존을 나타낸다. 로고스 없이는 된 것이 하나도 없으므로 그가 유일한 만물 창조의 중개자이자 창조주이다. 만물은 스스로 존재할 수 없으며 오직 로고스로 인해 존재한다. 그러므로 만물은 언제나 로고스 의존적이다.[101] 이에 반해 창조주 로고스는 만물을 전혀 의존하지 않는다(요 2:24; 5:34). 그는 만물을 초월하며 만물의 주권자이다.[102] 그는 만물 위에 계시고(요 3:31) 만물은 다 그의 손에 있다(요 3:35).

---

[99] Jensen, "The Gospel of Creation," 130: "The Christian doctrine of creation has a distinctively eschatological shape with a christological core."

[100] MacLeod, "The Creation of the Universe by the Word: John 1:3-5," 188: "... the world had a beginning and is therefore not eternal."

[101] Jensen, "The Gospel of Creation," 130; MacLeod, "The Creation of the Universe by the Word: John 1:3-5," 195: "Verses 3 and 4 teach that the λόγος is the Creator and the life-giving force …. This means that the universe is 'utterly dependent upon God.'"

[102] MacLeod, "The Creation of the Universe by the Word: John 1:3-5," 188; Jensen, "The Gospel of Creation," 130.

2. 하나님의 자녀

로고스는 그를 믿는 자를 하나님의 자녀가 되게 한다(요 1:12-13). 요한복음은 '하나님의 아들'(ὁ υἱὸς θεοῦ)과 '하나님의 자녀들'(τὰ τέκνα θεοῦ)을 엄격하게 구분한다. 요한복음은 하나님과 예수와의 관계, 즉 아버지와 독생자의 관계를 배타적으로 이해한다.

1) 하나님의 아들(ὁ υἱὸς θεοῦ)

요한복음은 그리스도만 아들(υἱός)이라 하고,[103] 믿는 자들은 자녀(τέκνον)[104]라고 부른다.[105] 예수는 결코 하나님의 자녀로 불리지 않으며, 신자는 한 번도 하나님의 아들로 불리지 않는다. 이러한 구별은 아들인 예수만이 가지는 독특성 때문이다. 예수는 그의 선재성에 따라 아버지와 영원한 관계 속에 있다. 아버지와 아들의 관계는 시간 속에서 얻어진 것이 아니며, 이 세상 역사와 더불어 끝나버리는 것이 아니다. 인간 예수의 생애는 시간 속에서 이루

---

[103] 예수와 관련된 υἱός의 용례를 종류별로 정리하면 다음과 같다.
  1) 하나님의 아들(υἱὸς θεοῦ) : 요 1:34, 49; 5:25; 10:36; 11:4, 27; 19:7; 20:31.
  2) 사람의 아들(ὁ υἱὸς τοῦ ἀνθρώπου) : 요 1:51; 3:13, 14; 6:27, 53, 62; 8:28; 9:35; 12:23, 34; 13:31.
  3) 아들(υἱός) : 요 3:17, 35, 36; 5:19bis, 20, 26; 6:40; 8:35, 36; 14:13; 17:1.
  4) 독생한 아들(ὁ υἱὸς ὁ μονογενής) : 요 3:16.
  5) 요셉의 아들(ὁ υἱὸς Ἰωσήφ) : 요 1:45; 6:42.

[104] 요 1:12; 11:52, cf. 요 13:33.

[105] Carson, *The Gospel according to John*, 126: "In John the believer becomes a 'child' (τέκνον) of God, but only Jesus is the 'son' (υἱός) of God."

어진 영원한 관계의 한 형태(projection)이다.[106] 또한 그의 지상 사역은 그의 아들 됨의 독특성을 나타내며(요 3:17; 10:36; 17:18), 나이가서 아버지와 아들 사이의 사랑이 아들인 예수의 독특성을 증언한다(요 3:35; 5:20; 10:17; 17:23).

이 모든 것은 예수에게만 해당하며, 예수의 아들 됨과 신자의 자녀 됨 사이를 구별한다. 요한복음은 예수를 '유일한' 아들(요 1:14, 18; 3:16)이라고 부름으로써 그리고 독립형인 '그 아버지'와 '그 아들'을 지속해서 사용함으로써 이 유일무이성에 주목하게 한다. 요한복음에서 제자들은 아들로 불리지 않으며, 그들은 하나님을 아버지로 부르지도 않는다. 하나님이 제자들의 아버지라고 기술되는 경우는 단 한 차례이며(요 20:17), 그것도 "내 아버지"와 "너희 아버지"의 차이가 강조된다.[107]

2) 하나님의 자녀

그래서 요한은 하나님의 아들과 구별되는 하나님의 자녀를 언급한다(요 1:12-13). 이들은 요한복음에서 항상 복수로 나온다(요 1:12; 11:52). 그러면 하나님의 자녀는 어떤 사람인가?

첫째, 하나님의 자녀는 로고스를 영접한 사람이다. 로고스를

---

[106] C. H. Dodd, *The Interpretation of the Fourth Gospel* (Cambridge: Cambridge University Press, 1980), 262.

[107] D. R. Bauer, "Son of God," *Dictionary of Jesus and the Gospels*, ed. J. B. Green, S. Mcknight (Leicester, England: Inter-Varsity Press, 1992), 769-775.

영접하는 것은 그의 이름을 믿는 것이다(요 1:12c). 고대인들에게 이름은 존재를 의미했다(시 5:11; 20:1).[108] 따라서 로고스를 영접하는 것은 그분의 존재와 계시를 고스란히 믿고 받아들이는 것이다. 로고스의 이름을 믿는 것은 로고스의 존재를 온전히 신뢰하고, 그의 계시를 전적으로 받아들이는 것이다.[109] 그리할 때 그들에게 하나님의 자녀가 되는 권세가 주어진다.

하지만 '믿음'[110]으로 말미암아 하나님의 자녀가 된다(요 1:12)고 해서 그것이 자력에 의한 것은 아니다. 요한복음 1:12은 요한복음 1:3에서 사용된 '되다'(γενέσθαι)를 같이 사용한다. 이는 창조가 만물 자신의 능력으로 된 것이 아니듯이, 하나님의 자녀도 자력으로 된 것이 아니라는 사실을 잘 보여준다. 또한 요한은 '권세'와 함께 '주셨다'를 씀으로써 하나님의 자녀가 되는 권세가 하나님으로부터 즉, 위로부터 왔다는 사실을 강조한다(마 9:8; 21:23 [막 11:28; 눅 20:2]; 28:18; 요 5:27; 17:2; 계 2:26, cf. LXX, 단 7:14).[111] 하나님의 자녀가 되는 것은 온전히 하나님이 주관하는 사역이다.

둘째, 하나님의 자녀는 하나님으로부터 출생한 자이다(요 1:13). 하나님의 자녀는 출생을 통해서 존재하게 된다. 하나님의

---

[108] Morris, *The Gospel according to John*, 99; Carson, *The Gospel according to John*, 125: "The 'name' is more than a label; it is the character of the person, or even the person himself."

[109] Beasley-Murray, *John*, 13.

[110] Brown, *The Gospel according to John I-XII*, 513: "It involves much more than trust in Jesus or confidence in him; it is an acceptance of Jesus and of what he claims to be and a dedication of one's life to him."

[111] Endo, *Creation and Christology*, 222.

자녀로 출생하는 것은 혈통과 육체의 뜻과 사람의 뜻으로는 불가능하다(οἳ οὐκ ἐξ αἱμάτων οὐδὲ ἐκ θελήματος σαρκὸς οὐδὲ ἐκ θελήματος ἀνδρὸς). 이 삼중 부정은 공히 인간의 자연적인 출생을 가리키는 것으로써 하나님의 자녀가 되기 위한 인간 노력의 무익함과 무기력함을 강조한다. 그러므로 3중 부정은 곧 3중 불가이다. 반면에 한 번의 긍정인 "하나님으로부터"(ἐκ θεοῦ)는 하나님의 자녀는 오직 하나님에게서 난다는 사실을 강조한다.[112] 세 번의 연속된 부정에 이은 한 번의 긍정은 이 점을 강조하기 위한 점층법이다. 이처럼 하나님의 자녀가 되는 것은 자연적인 획득이 아니라, 하나님에 의한 것이다. 결론적으로 하나님의 자녀가 되는 것은 로고스의 새 창조의 결과이며, 따라서 하나님의 자녀는 신적 기원을 가진다.[113]

---

[112] 요한복음 1:12에서 믿는 자들은 하나님의 자녀로 불린다. 그리고 다음 구절에서 그들은 "하나님께로서 난 자"로 언급된다. 여기서 ἐκ는 하나님이 이 영적 출생의 근원이라는 것을 가리킨다. Andreas J. Köstenberger, and Scott R. Swain, *Father, Son and Spirit: The Trinity and John's Gospel* (Downers Grove, Illinois: Inter Varsity Press, 2008), 50. Cf. Morris, *New Testament Theology*, 254.

[113] 김동수, "요한복음 프롤로그(1:1-18) : '하나님의 자녀'", 『바울과 요한』 (서울: 도서출판 기쁜날, 2003), 190-191: "하나님의 자녀의 신적 기원을 표현하는 데 있어서 요한은 'γεννάω'라는 동사와 'ἐκ'라는 전치사를 함께 사용하여 출처와 기원을 나타내는 용법으로 자주 사용한다. 신약 성경에서 이 동사가 주로 사람의 물리적 출생을 표현하는 데 주로 사용되었다면 요한복음과 요한서신에서는 주로 근본적 출처를 나타내는 데 사용되었다(요 3:3-5; 요일 2:29; 3:9; 4:7; 5:1, 4, 18)"; Endo, *Creation and Christology*, 222.

3. 하나님을 나타내심

로고스의 또 다른 활동은 '하나님을 나타내는 것'이다(요 1:18b). "나타내다"(ἐξηγεῖσθαι)라는 단어는 요한복음에서 오직 여기에만 사용되며, 어떤 주제에 대해 충분한 설명을 하는 것을 의미한다(눅 24:35; 행 10:8; 15:12, 14; 21:19).[114] 고전 그리스어에서 이 단어는 신적 비밀들을 공표하거나 설명하는 데 사용되었고,[115] 신약 성경과 초기 기독교 문서에서는 '보고하다', '해석하다', 특히 '신적 비밀들을 계시하다'는 의미로 사용되었다.[116] 나아가서 이 낱말은 '사실들을 자세히 말하다'(to rehearse facts), '자세히 이야기하다'(to recount a narrative)는 뜻으로 쓰였다.[117] 이런 의미 때문에 이 단어로부터 전문적인 신학 용어인 석의(Exegesis)라는 말이 나왔다.[118] 석의는 본문에 담겨 있는 저자가 의도한 의미를 분명하게 밝히는 것이다. 이렇게 볼 때, 성육신한 로고스인 예수는 하나님의 숨겨진 실상에 대한 해설이다.[119] 로고스는 태초에 하나님과 함께 계

---

[114] Köstenberger, *A Theology of John's Gospel and Letters*, 382, f. n. 161.

[115] MacLeod, "The Benefits of the Incarnation of the Word," 189.

[116] Brown, *The Gospel according to John I-XII*, 17-18: "The verb ἐξηγεῖσθαι means 'to lead' but is not attested in this meaning in the NT or in early Christian literature (BAG, 275); there it means 'to explain, report,' and especially, 'to reveal [divine secrets].'"

[117] Barrett, *The Gospel according to St. John*, 170; Kruse, *The Gospel according to John*, 74; Moloney, *The Gospel of John*, 47.

[118] Carson, *The Gospel according to John*, 135.

[119] Craig S. Keener, *The Gospel of John: A Commentary*, vol. 1 (Peabody: Hendrickson Publishers, 2003), 424: "… the term suggests that Jesus fully interprets God, … Jesus

셨고 또 하나님이기에(요 1:1-2), 그리고 아버지의 품 속에서 독생자로 존재하기 때문에(요 1:18b) 하나님 아버지를 계시할 수 있는 독특한 지위와 권위를 가지고 있다.[120] 그는 하나님에 대한 신성한 해석자이다.[121]

그런데 요한은 이처럼 성육신한 그리스도가 하나님을 설명하고 해석하고 계시한 것을 은혜라고 말한다(요 1:17). 요한복음 1:16-18 사이의 문맥적 연결이 이 사실을 잘 보여준다. 요한복음 1:17은 "왜냐하면"(ὅτι)으로 시작한다. 그래서 17절은 16절이 "은혜 위에 은혜"라고 말한 이유를 설명한다. 모세로 말미암아 온 율법이 은혜이며, 예수 그리스도로 말미암아 온 은혜와 진리도 은혜이기에, 은혜 위에 은혜이다. 그리고 18절은 예수 그리스도로 말미암아 온 은혜가 무엇인지를 구체적으로 밝힌다. 그것은 바로 예수가 하나님을 설명하고 해석한 것이다.

이처럼 로고스의 충만한 은혜는 그가 하나님을 설명해 주는 것이다. 예수는 볼 수 없는 하나님을, 본 사람이 없는 하나님을(요 1:18a, cf. 요 5:37; 6:46) 알려 준다. 이런 까닭에 그는 "나를 본 자는 아버지를 보았거늘"(요 14:9)이라고 말씀하셨고, 또한 "나와 아버

---

unveils God's character absolutely. ... Jesus is the perfect revealer."

[120] Milne, *The Message of John: Here is Your King!*, 50.

[121] O. Cullmann, "The Theological Content of the Prologue to John in Its Present Form," in *The Conversation Continues: Studies in Paul and John in Honor of J. Louis Martyn*, ed. R. T. Fortna, B. R. Gaventa (Nashville: Abingdon, 1990), 295-298; Bruce, *The Gospel of John*, 45: "... the Son is the 'exegete' of the Father"; Carson, *The Gospel according to John*, 135: "... Jesus is the exegesis of God. ... Jesus is the narration of God. ... he is 'the Word', God's Self-expression." Cf. Hahn, 『신약성서신학 I』, 666: "예수 안에서 하나님이 자신을 계시하신다."

지는 하나이니라"(요 10:30, cf. 요 14:10, 11)고 말씀한 것이다.[122] 아버지는 불가시적 존재이며, 독생자는 해석자이다. 해석자인 독생자가 하나님의 품 속에 있는 가장 깊은 비밀까지 아시고 보여주었다. 하나님의 품이 활짝 열려 공개된 것이다.[123] 본래 하나님을 본 사람이 없다. 그러나 이제 로고스인 예수가 하나님을 나타내었다.

말씀인 예수 그리스도를 통하지 않고는 우리가 하나님을 알 수 있는 다른 가능성은 전혀 없었다. … 심지어 모세까지도 하나님을 보도록 허락받지 못했다. 이 점에서 예수의 계시는, 그분이 하나님을 알게 해주는 분이기 때문에 무한히 더 뛰어난 것이다(요 1:18).[124]

성육신한 예수 그리스도가 우리에게 하나님을 해석함으로써 은혜를 준다(요 1:17-18).[125] 로고스의 성육신은 하나님에 대한 사람들의 불 확신의 휘장을 걷어치웠다.[126] 은혜 위의 은혜, 즉 가장 큰 은혜는 하나님이 설명되고 해석되어 알려지고 공개되는 것이

---

[122] Andreas J. Köstenberger, *Encountering John: The Gospel in Historical, Literary, and Theological Perspective* (Grand Rapids: Baker Books, 1999), 39: "… God himself is not the direct focus of attention in John's Gospel.

[123] Calvin. *The Gospel according to St. John 1-10*, 26.

[124] D. A. Carson, R. T. France, J. A. Motyer, G. J. Wenham (eds.), *New Bible Commentary* (Leicester: Inter Varsity Press, 1994), 1027. = 『IVP 성경주석 : 신약』, 김재영, 황영철 역 (서울: 한국기독학생회출판부, 2005).

[125] 조석민, 『요한복음의 새 관점』, 63.

[126] MacLeod, "The Incarnation of the Word: John 1:14," 88.

다. "기독교 계시의 절대적인 주장이 이보다 더 명확하게 표현될 수는 없을 것이다."[127] 결론적으로 로고스인 예수는 충만한 은혜를 주는데(요 1:14, 16), 이 은혜는 이전에는 아무도 볼 수 없었던 하나님을 그가 사람들에게 구체적으로 설명한 것이다(요 1:18).

IV. 맺음말

요한복음의 로고스 신학은 로고스의 존재와 활동에 관한 해석이다. 로고스의 존재는 전제적 존재이다. 로고스는 시간적, 공간적, 신분적(인격적) 방식으로 존재한다. 그는 시간상으로는 선재 하며, 공간적으로는 하나님과 함께 계셔서 하나님과 친밀하고 하나님을 지향한다. 그는 신분적으로는 하나님이다. 로고스는 삼위일체의 제2위로서 하나님과 구별은 되지만 분리는 될 수 없는 신적 신비로 존재한다.

이렇게 선재하는 하나님인 로고스가 육신이 되었다. 로고스의 성육신은 창조주가 피조물이 되는 그의 존재 방식의 변화와 신분의 비하이다. 로고스는 성육신하여 인간이 육신으로는 이룰 수 없는 하나님의 자녀가 되는 길을 열어 주었다. 그리고 그의 충만은 그를 믿는 자들에게 영적 선물들을 충만하게 주었다. 로고스

---

[127] Schnackenburg, *The Gospel according to St John* vol. 1, 278.

의 성육신은 그가 육신이 되는 것에서 끝나지 않고 세상에 거하는 것으로 이어진다. 로고스의 성육신은 그의 '되심'과 '거하심'에 대한 총칭이다. 그는 사람들 가운데 살며 사람들의 고통을 체휼하고 죽음의 길을 가는 사람들에게 영생의 은혜를 베풀었다.

로고스는 하나님의 독생자이다. 독생자는 '출생한 단 한 명'을 의미하는 것이 아니라, '유일한 관계'에 있는 아들이라는 뜻이다. 하나님과의 관계에서 로고스는 그 어떤 존재도 가질 수 없는 '유일한' 관계에 있는 오직 하나뿐인 아들이다.

로고스의 활동은 만물을 창조하였다. 로고스는 창조의 중개자이자 창조의 제1 원인이다. 로고스의 창조는 그의 신성을 증명하며, 창조주와 피조물 사이에 구별을 확증하고, 종말이 있다는 사실을 보여준다. 나아가서 로고스의 창조는 로고스가 주권자이자 전능자이며, 따라서 모든 피조물은 철저히 그를 의존해야 한다는 사실을 가르쳐 준다.

로고스는 사람을 하나님의 자녀로 만든다. 로고스의 창조와 구속은 그의 시간을 따라 움직이는 하나의 행위이다.[128] 하나님의 자녀는 로고스인 예수의 이름을 믿어 하나님으로부터 출생한 자이다. 로고스는 하나님을 해석한다. 그는 아무도 보지 못한 하나님을 설명하고 해석하고 제시한다. 이들은 아버지에 대한 해석자이다. 이 때문에 하나님이 사람에게 알려졌다. 이것이 곧 로고스의 성육신을 통해 주어진 은혜 위의 은혜이다.

---

[128] Jensen, "The Gospel of Creation," 132: "Creation through Christ runs to the time of Christ." Cf. Augustine, *The City of God*, XI.6, XII.16.

이처럼 존재하며 활동하는 로고스는 그 어떤 철학이나 사상이나 종교의 로고스와는 비견할 수 없다. 그는 유일하신 참 하나님이다(요 5:44; 17:3). 그는 영광과 존귀와 능력을 받기에 합당한 하나님이다. 이사야가 그분의 영광을 보았다(요 12:41). 우리도 그와 같이 믿음 안에서 그분의 영광을 본다(요 1:14; 11:40; 17:24).

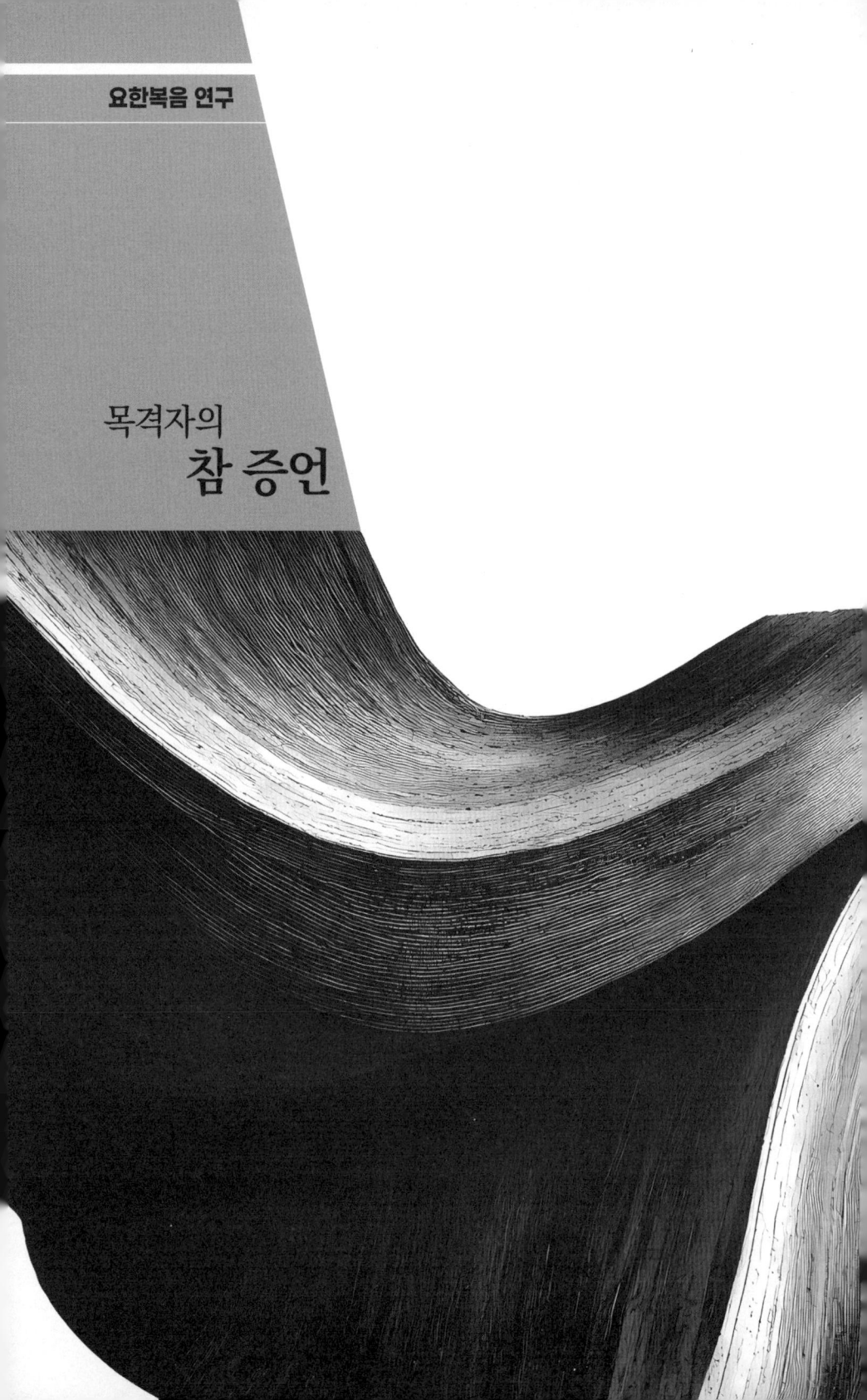

요한복음 연구

목격자의 참 증언

The True Testimony from the Eyewitness

6

예수 그리스도의 충만($\pi\lambda\acute{\eta}\rho\omega\mu\alpha$)*

†

예수 그리스도는 충만(πλήρωμα)하신 분(엡 4:13)이다. '충만자' 예수는 또한 충만하게 하는 분이다. 그는 만물 안에서 만물을 충만하게 하고(엡 4:10), 교회를 충만하게 하며(엡 1:23, cf. 3:19),[1] 성도에게 충만한 복을 준다(롬 15:29). 예수는 충만하므로 "부요(풍성)한"(πλούσιος, 고후 8:9b)이다(cf. 엡 2:4). 이렇게 충만하고 부요한 예수가 가난해졌다. 이는 "그의 가난함으로 말미암아 너희를 부요하게 하려 함이다"(ἵνα ὑμεῖς τῇ ἐκείνου πτωχείᾳ πλουτήσητε, 고후 8:9c). 이처럼 예수 그리스도의 충만과 부요함은 바울서신의 매우 중요한 신학이다.[2]

---

* 본 장의 내용은 「신학정론」 39/2 (2021): 287-315과 40/1 (2022): 51-81에 연재한 나의 글을 수정, 보완한 것이다.

[1] 조병수, 『신약성경총론』 (수원: 합동신학대학원출판부, 2006), 318: "교회는 한편으로 하나님에 의하여 건설되어 그리스도가 머리가 되시고 성령이 지배하는 기관이며, 다른 한편으로 만물을 아우르는 하나님의 충만이다."

[2] Harold A. Merklinger, "Pleroma and Christology," *Concordia Theological Monthly* 36 (1965), 739: "Theologically, πλήρωμα is among St. Paul's basic concepts. This is particularly true in his epistles to the Ephesians and to the Colossians."

I. 요한복음의 충만(πλήρωμα)

사도 요한도 이 사실을 간과하지 않았다. 그는 예수 그리스도의 충만을 아주 분명하게 증언한다. 또한 그는 예수 그리스도의 '부요하심'과 '많음'과 '다 이루심'에 대해서도 여러 방면으로 진술하는데, 이는 모두 그리스도의 충만에 관한 표현이다.[3] 이 사실은 요한복음을 간략하게만 살펴봐도 금방 확인된다. 요한복음은 로고스의 신성과 만물 창조와 생명과 빛의 충만으로 시작한다(요 1:1-4). 또한 성육신한 로고스는 은혜와 진리로 충만하다(요 1:14, 16). 예수는 물을 포도주로 만들되, 최상의 포도주를 부요하게 만들었다(요 2:1-11). 세례자 요한은 예수로 인해 기쁨이 충만하며(요 3:29), 예수는 소유로 충만하다(요 3:35; 13:3 등). 예수는 성령으로 충만하며(요 3:34) 또한 성령으로 충만하게 한다(요 7:37-38). 예수는 아버지의 일을 온전히 이루며(성취, 요 4:34; 5:36 등), 오천 명이 넘는 사람들이 배부르게 먹고 남도록 떡과 고기를 부요하고 풍성하게 베풀어 주었다(요 6:1-13). 예수는 아버지가 주신 자 중의 하나도 잃어버리지 않고(요 6:39) 풍성한 생명을 얻게 하며(요 10:10), 많은 선한 일을 보이고(10:32), 많은 표적을 행하였다(요 11:47). 예수는 죽어서 온 민족이 망하지 않게 하고(요 11:50), 한 알의 밀알로서 땅에 떨어져 죽어 많은 열매를 맺고(요 12:24), 땅에서 들려

---

[3] 충만에 '부요함'(풍성함)과 '성취'와 '많음'이 관련되는 이유는 이하의 각 주제에 대한 설명에서 확인하라. 조병수, 『신약성경총론』, 322: "교회가 **충만**이라는 사상은 교회의 **풍성함**을 나타낸다."

모든 사람을 자신에게로 이끌었다(요 12:32). 예수는 구약 성경을 다 이루고(요 13:18; 19:28 등), 기쁨으로 충만하며(요 15:11, cf. 17:13), 제자들도 기쁨이 충만히다(요 16:24; 17:13; cf. 요일 1:4). 예수는 제자들이 많은 물고기를 잡게 했고(요 21:1-14), 이 외에도 다른 많은 일을 행하였다(요 21:25). 이처럼 요한복음은 처음부터 끝까지 예수의 '충만'과 그로 말미암은 '부요함'(풍성함)과 '많음'과 '성취'가 잇대고 엮어져 한 권의 성경이 되었다. 따라서 이 네 가지는 요한복음의 충만과 관련한 핵심 주제이다.

첫째, 충만은 세 가지 품사로 나타난다. 동사인 '충만하게 하다'는 그리스어로 πληρόω이며,[4] 요한복음에 모두 9회 나타난다(요 12:38; 13:18; 15:11, 25; 17:12; 18:9, 32; 19:24, 36). 형용사 '충만한'(πλήρης)은 요한복음 1:14에, 명사 '충만'(πλήρωμα)은 요한복음 1:16절에 각각 한 번씩 나타난다. 따라서 '충만'과 같은 어원의 단어는 요한복음에 모두 11회 사용되었으며, 이 중에 예수의 성육신과 관련하여 두 번 언급된 후(요 1:14, 16), 나머지는 모두 후반부인 예수 그리스도의 수난과 십자가 죽음과 부활에 집중되어 있다. 이것은 예수의 수난과 십자가 죽음과 부활, 즉 그의 구속 사역이 그의 충만 또는 충만의 표현에 깊이 관련되어 있음을 의미한다.

둘째, '부요함'(풍부함)은 그리스어 ἐμπίπλημι,[5] περισσεύω[6]로 표현

---

[4] UBS, πληρόω, fulfill, make come true, bring about (of Scripture); fill, make full; bring to completion; complete, accomplish, finish; make fully known, proclaim fully.

[5] BDAG, ἐμπίπλημι, 1. to completely take up the space of someth., *fill*, 2. to provide a

되었다. ἐμπίπλημι는 요한복음 6:12에 오직 한 번(ἐνεπλήσθησαν) 나타나며, περισσεύω는 요한복음 6:12, 13에 각각 한 번씩 언급된다.

셋째, '많음'을 의미하는 πολύς는 모두 41회 사용되었고,[7] 그중에 예수와 관련된 것은 여섯 번이다(요 10:32; 11:47; 15:5; 16:12; 20:30; 21:25). 이와 동의어로 쓰인 πλῆθος는 두 번(요 5:3; 21:6) 나타나는데, 요한복음 21:6만 예수와 관련된다.

넷째, '성취하다'를 의미하는 τελειόω는 5회 언급되며,[8] 그중 예수와 관련된 것은 네 번이다(요 4:34; 5:36; 17:4; 19:30.). 이 단어와 같은 의미로 쓰인 τελέω는 요한복음 19:28, 30에 각각 한 번씩 나타나며, 앞에서 충만하다는 의미로 쓰인 πληρόω도 성취의 의미로 세 번(요 13:18; 17:12; 19:28) 사용되었다.

따라서 예수 그리스도의 충만은 바울 서신뿐 아니라 요한복음의 바탕을 이루는 매우 중요한 신학이다. 그럼에도 그리스도의 충만은 지금까지 요한복음 연구에서 소홀히 취급된 것이 사실이

---

sufficient amount, *satisfy*.

[6] Thayer, περισσεύω, 1. intransitive and properly, *to exceed a fixed number or measure; to be over and above a certain number or measure*; 2. by later Greek usage transitively, *to make to abound*, i. e. a. *to furnish one richly so that he has abundance*: passive, Matt. 13:12; 25:29; with the genitive of the thing with which one is furnished, passive, Luke 15:17, to make a thing to abound unto one, to confer a thing abundantly upon one, 2 Cor. 9:8; Eph. 1:8. b. *to make abundant or excellent*: 2 Cor. 4:15; *to cause one to excel*: with a dative of the thing, 1 Thess. 3:12.

[7] 요 2:12, 23; 3:23; 4:1, 39, 41bis; 5:6; 6:2, 5, 10, 60, 66; 7:12, 31bis; 8:26, 30; 10:20, 32, 41, 42; 11:19, 45, 47, 55; 12:9, 11, 12, 24, 42; 14:2, 30; 15:2, 5, 8; 16:12; 19:20; 20:30; 21:15, 25.

[8] 요 4:34; 5:36; 17:4, 23; 19:30.

다. 따라서 그리스도의 충만과 그 충만의 표현인 '부유', '많음', '성취'를 연구하여 요한복음에 나타난 그리스도의 '충만 신학'을 확립하는 일이 시급하다. 바울 신학에 치우쳐 있는 예수 그리스도의 충만 신학을 복음서 쪽으로 이동시켜 신약 성경 전체에 걸쳐 균형 잡힌 충만 기독론을 확립하는 일이 필요하다.

II. 예수 그리스도의 충만

요한복음은 선재한 로고스의 신분에 대한 전제적 진술로 시작하며, 그의 창조 활동과 성육신에 관한 증언이 이어진다. 이들 속에 로고스의 충만이 나타나며, 이후에 예수 그리스도의 공생애에서도 충만에 대한 언급은 계속된다.

1. 신성의 충만(요 1:1-3)

요한복음은 로고스로 명명된 예수 그리스도(요 1:17)의 존재와 존재 방식에 관한 설명으로 시작한다(요 1:1). 그러나 로고스의 존재 자체에 대한 논증이나 설명은 없다. 단지 "계시니라"(ἤν, 요 1:1a, b, c)는 선언만이 있을 뿐이다. 로고스가 계신다는 진리는 "증명이 아니라 신적 전제이고, 설명이 아니라 신적 선포이다."[9] 로고스의 존재하심은 인간 이성을 통한 논증이 아니라 오직 하나님의 계시로 인식된다. 따라서 로고스는 전제(pre-supposition)의 로고스이며, 로고스 이해는 계시로만 가능하다.

1) 로고스의 존재 방식 - 로고스의 신성 증명

이 사실에 근거하여 로고스의 존재 방식이 세 가지로 설명된다. 로고스는 태초에 계셨다(ἐν ἀρχῇ ἦν ὁ λόγος, 요 1:1a). 이것은 로고스의 시간적 존재 방식이다.[10] 로고스는 만물 창조 이전에 선재했다. 또한 로고스는 하나님과 함께 계셨다(ὁ λόγος ἦν πρὸς τὸν θεόν, 요 1:1b). 이것은 로고스의 공간적 존재 방식이다. 로고스는 홀로 있지 않는다. 로고스는 하나님과 친밀하며 하나님과 자리를 같이 한다. 로고스는 언제나 하나님과 밀접한 관계에 있으며, 하나님과 떨어져 있는 로고스를 생각할 수 없다. 이뿐 아니라 하나님과 함께 있는 로고스는 언제나 하나님 지향적이다(πρός). 로고스는 철저히 하나님의 뜻을 따르고 하나님의 생각을 실현한다(요 6:38, 39). 나아가서 로고스는 하나님이다(θεὸς ἦν ὁ λόγος, 요 1:1c). 이것은 로고스의 신분적 또는 인격적 존재 방식이다. 로고스가 태초에 계시고 하나님과 함께 계실 수 있었던 것은 그 자신이 하나님이기 때문이다.[11] 결국, 로고스의 이 세 가지 존재 방식은 로고스가

---

[9] 이복우, 『내 뒤에 오시는 이』 (수원: 합동신학대학원출판부, 2013), 238.

[10] 물론 이 시간은 역사 속에서의 물리적 시간이 아닌 '영원'을 의미한다.

[11] 이복우, 『내 뒤에 오시는 이』, 238-242.

'하나님과 함께 계시는 하나님'이라는 사실을 증언한다.[12] 로고스는 하나님과 구별은 되나(πρός) 결코 분리는 될 수 없는 하나님 자신이다(cf. 요 20:28).[13]

2) 로고스의 만물 창조

(1) 로고스의 충만한 창조

로고스로 말미암아 만물이 창조되었다. 그런데 로고스의 '만물' 창조는 충만(πλήρωμα)한 창조를 의미한다. "땅과 거기에 '충만'(מְלֹא, fullness, abundance)한 것"(시 24:1; 사 34:1; 고전 10:26), "바다와 거기에 '충만'한 것"(시 96:11; 98:7, cf. 창 1:22), "세계와 거기에 '충만'한 것"(시 50:12; 89:11). 이런 까닭에 성경은 '만물'과 '충만'을 동시에 언급하기도 한다. "바다와 거기 '충만한 것'이 외치며 밭(שָׂדֶה, field, land, domain)과 그 가운데 '모든 것'은 즐거워할지로다"(대상 16:32). "땅과 땅에 '충만한 것', 세계와 세계에서 나는 '모든 것'이여"(사 34:1). 이처럼 창조된 만물(πάντα)은 충만(πλήρωμα)을 의미한다.

---

[12] Andreas J. Köstenberger, and Scott R. Swain, *Father, Son and Spirit: The Trinity and John's Gospel* (Downers Grove, Illinois: Inter Varsity Press, 2008), 113: "In 1:1, we are told that Jesus, described as 'the Word', has existed eternally 'with God' as 'God.'"

[13] 홍창표, "로고스, 요한복음 서론(1:1-18)", 「신학정론」 11 (1993): 118; D. A. Carson, *The Gospel according to John* (Grand Rapids: Eerdmans, 1991), 96: "God's own Word, identified with God yet distinguishable from him." 이에 대한 자세한 논의는 이복우, 『내 뒤에 오시는 이』, 248-251을 보라.

(2) 로고스의 신성의 전시

그런데 요한은 로고스가 하나님이라는 사실을 증언한 후에 곧장 로고스의 만물 창조에 대하여 말씀한다. "만물이 그로 말미암아 지은 바 되었으니 지은 것이 하나도 그가 없이는 된 것이 없느니라"(요 1:3). 이와 같은 연결은 로고스의 하나님 되심, 즉 로고스의 신성을 가장 잘 보여주는 것이 바로 로고스의 만물 창조라는 사실을 의미한다.[14] 로고스의 신성은 무엇보다 로고스의 만물 창조에서 잘 나타난다. 만물 창조는 하나님의 활동이다(창 1장). "우주에는 오직 두 가지만 존재한다. 그것은 창조주 하나님과 피조물이다. 이것은 절대 구분이다."[15] "하나님이 아닌 존재는 모두 피조물이며, 피조물이 아닌 존재는 모두 하나님이다."[16] 그런데 요한은 존재하는 모든 것들(πάντα)이 로고스에 의해 창조되었으며, 그것 중에 어느 것 하나도 그가 없이는(χωρὶς αὐτοῦ) 된 것이 없다(요 1:3b)고 증언한다. 따라서 로고스의 창조는 로고스의 하나님 되심, 즉 로고스의 신성을 증명하는 것이다. 로고스의 신성은 그의 창조에서 분명히 나타나며, 로고스의 만물 창조는 로고스의 신성의 전시(exhibition)이다.[17] 사도 바울도 이 사실을 매우 분명하게 지지

---

[14] John Calvin, *The Gospel according to St. John 1-10* (Calvin's New Testament Commentaries) translator T. H. L. Parker (Grands Rapids: Eerdmans Publishing Company, 1961), 9.

[15] 이복우, 『내 뒤에 오시는 이』, 263

[16] Augustin, *On the Holy Trinity, Nicene and Post-Nicene Fathers of the Christian Church*, vol. 3 (Grand Rapids: Eerdmans, 1980), 21. = 『삼위일체론』, 김종흡 역 (고양: 크리스챤다이제스트, 1993).

[17] "πάντα δι' αὐτοῦ ἐγένετο"(요 1:3)에서 'διά+소유격' 때문에 로고스를 만물의

한다. "창세로부터 그의 보이지 아니하는 것들 곧 그의 영원하신 능력과 신성(θειότης)이 그가 만드신 만물에 분명히 보여 알려졌나니 그러므로 그들이 핑계하지 못할지니라"(롬 1:20).

(3) 로고스의 신성의 충만

이처럼 로고스의 창조에는 로고스의 신성이 분명하게 나타난다. 그런데 이 신성은 충만(πλήρωμα)한 신성이다. 왜냐하면 로고스의 창조는 만물(πάντα), 즉 '모든 것'의 창조이며, 모든 것은 곧 충만을 의미하기 때문이다. 로고스는 "하늘과 땅과 바다와 그 가운데 '모든 것'을 만들었다"(출 20:11). 그는 "천지와 바다와 그 중의 '만물'을 지으시며"(시 146:6), "하늘과 하늘들의 하늘과 일월성신과 땅과 땅 위의 '만물'과 바다와 그 가운데 '모든 것'을 지으시고 다 보존하시는"(느 9:6) "천지와 바다와 그 가운데 '만물'을 지은 이"(행 4:24)다. 로고스는 "천지와 바다와 그 가운데 '만물'을 지으시

창조주가 아닌 만물 창조의 중개자로 보아서는 안 된다. 왜냐하면 성경에서 이 표현은 자주 창조의 제1 원인(principal cause)을 의미하기 때문이다. 자세한 내용은 이복우, 『내 뒤에 오시는 이』, 261-263을 보라. Cf. Köstenberger, and Swain, *Father, Son and Spirit*, 114: "The distinction between God and the Word with respect to the act of creation is not a distinction *between* God's action and the action of an 'other' helper, perhaps a semi-divine intermediary or even a second god. Rather, the distinction *between* God and the Word with respect to the act of creation is a distinction *within* the singular creative activity of the one God."; 조병수, 『신약성경총론』, 352: "선재 하시는 예수 그리스도는 창조에 참여하셨다(골 1:16). 예수 그리스도에 의한 창조는 세 가지 방식으로 설명된다. 만물은 "그 안에서", "그로 말미암아", "그를 위하여" 창조되었다. 예수 그리스도는 만물 창조의 범위이며, 통로이며, 목적이다. 이 때문에 만물은 예수 그리스도와의 관계 속에서만 가치를 가진다. 예수께서는 만물을 창조하실 뿐만 아니라 보존하신다. 만물이 그 안에서 함께 섰다(골 1:17b). 예수께서는 창조하신 만물을 붙드셨다."

고"(행 14:15), "우주와 그 가운데 있는 '만물'을 지으시며"(행 17:24), "하늘과 '그 가운데에 있는 것들'(τὰ ἐν αὐτῷ)이며 땅과 그 가운데에 있는 것들이며 바다와 그 가운데 있는 것들을 창조하신 이다"(계 10:6).

요약하면, 만물은 로고스의 신성을 나타내므로, 만물의 충만은 로고스의 신성의 충만을 확증한다. 즉, 로고스의 창조는 그의 신성의 표현이요, 로고스의 만물 창조는 그의 충만한 신성을 공개하여 진열한 것이다. 이처럼 로고스는 신성으로 충만하며, 요한은 이것을 "그의 충만"(τὸ πλήρωμα αὐτοῦ, 요 1:16)이라고 말한다.[18]

(4) 충만하게 하는 로고스

만물이 로고스로 말미암아 지은 바 되었다. 로고스의 만물 창조는 그의 신성의 충만에 대한 증거이다. 로고스의 충만한 신성이 만물을 충만하게 만들었다. 여기에는 최소한 다음과 같은 두 가지 교훈이 있다. 첫째로, 로고스의 만물 창조는 그의 충만한 신성

---

[18] 사도 바울도 그리스도 찬양시(골 1:15-20)를 통해 그리스도의 충만을 분명하게 증언한다. 골로새서 1:19에서 바울은 "아버지께서 모든 충만(πᾶν τὸ πλήρωμα)으로 예수 안에(ἐν αὐτῷ) 거하게 하셨다"고 말씀한다. 여기서 '모든 충만'은 두 가지 폐처서 기능하다. 첫째로 모든 충만은 피조 된 만물을 가리킨다. 그 이유는 17절이 "만물이 그분 안에(ἐν αὐτῷ) 함께 섰다"고 하며, 19절은 "모든 충만이 예수 안에(ἐν αὐτῷ) 거한다"고 말하기 때문이다. 따라서 '모든 충만'은 전 피조물을 가리키는 포괄적인 용어이다. 예수는 모든 충만이 자신 안에(ἐν) 거하는 것과 자신을 통하여(διά) 만물을 화목시키는 것, 그리고 자신을 위하여(εἰς) 만물을 화목시키는 것을 기뻐하셨다(골 1:19-20). 예수 그리스도는 화목의 범위와 통로와 목적이 된다. 둘째로 '모든 충만'은 예수 그리스도의 신성을 가리킨다. 사도 바울이 "그분 안에(ἐν αὐτῷ) 신성(θεότης)의 모든 충만이 육체로 거하신다"(골 2:9)고 말씀하기 때문이다. 따라서 그의 신성은 모든 충만이다. Cf. 조병수, 『신약성경총론』, 352-353을 보라.

에 의한 일이므로, 만물에는 더하거나 뺄 것이 없고 어떤 모자람이나 남음도 없다. "그로 말미암아 지은 바 된"(요 1:3) 만물(πάντα)은 단순히 '존재하는' 모든 것이 아니라 '존재해야만 하는' 모든 것을 가리킨다. 로고스는 있어야만 하는 모든 것을 충만하게 창조했다. 둘째로, "로고스의 충만이 우리의 충만을 위한 원인이다."[19] 충만한 로고스가 만물을 충만하게 창조했으며, 우리도 "그 안에서 충만해 졌다"(골 2:10a). 로고스는 충만할 뿐 아니라 만물을 충만하게 한다. 충만한 로고스는 충만하게 하는 로고스이다(엡 1:23, cf. 엡 3:19; 4:10).

2. 생명과 빛의 충만(요 1:4)

요한은 로고스의 만물 창조(요 1:3)에 이어 로고스의 생명 소유에 대해 말한다. "그 안에 생명이 있었으니"(ἐν αὐτῷ ζωὴ ἦν, 요 1:4a). 이것은 매우 자연스러운 연결이다. 만물이 존재할 수 있었던 것은 만물을 만든 로고스 안에 생명이 있기 때문이다. 그래서 로고스인 예수는 생명의 떡이며(요 6:35, 48), 부활이요 생명이요(요 11:25), 길이요 진리요 생명이다(요 14:6). 로고스의 생명에는 다음과 같은 특징이 있다.

---

[19] 조병수, 『신약성경총론』, 353.

1) 충만한 생명

첫째, 로고스 안에 있는 생명은 영원한 생명이며 충만한 생명이다. 로고스는 태초에 계셨다. "태초는 창조 이전의 기간에 대한 언급이며 하나님의 영역에 대한 지칭이다."[20] "태초는 인간이 접근할 수 없는 하나님의 영역이며(cf. 빌 2:6; 골 1:15; 히 1:3),"[21] "시간적인 연속선에서 최초의 점을 말하는 것이 아니라 시간의 피안(beyond time)을 의미한다."[22] 그러므로 태초에 계신 로고스는 어느 날 갑자기 존재하게 된 이가 아니라 선재하신 하나님이다.[23] 이 사실은 로고스 안에 생명이 '있었다'(ἦν)는 말에 의해서도 지지를 받는다. '있었다'로 번역된 동사 ἦν은 εἰμί의 미완료(impf.) 시제로서 무시간적인 의미가 있으며,[24] 연속성이 아니라 존재 상태의 무제한성을 시사한다.[25] 이것은 제한의 의미가 있는 3절(창조), 6절(세례자의 등장), 14절(성육신) 등에 사용된 '되었다'(ἐγένετο)와 대조된다.[26] 따라서 로고스 안에 있는 생명은 시간과 역사를 초월하여 선

---

[20] R. E. Brown, *The Gospel according to John I-XII*, vol. I (2 vols) (New York: Doubleday, 1966), 4.

[21] 김문경, "말씀의 성육신(요 1:1-18)", 「성서마당」 59 (2003): 29.

[22] C. K. Barrett, *The Gospel according to St. John*, second ed. (Philadelphia: Westminster Press, 1978), 152.

[23] 이복우, 「내 뒤에 오시는 이」, 239.

[24] J. H. Bernard, *A Critical and Exegetical Commentary on the Gospel according to St. John* vol. 1 (Edinburgh: T. & T. Clark, 1928), 2.

[25] D. Macleod, 「그리스도의 위격」, 김재영 역 (서울: 한국기독학생회출판부, 2001), 53-54.

재하는 하나님의 생명이다. 이 생명은 항상 있는 생명이며, 단절이나 틈이나 결핍이 없다. 로고스의 생명은 영원한 생명이며 충만한 생명이다. 결국, 로고스는 생명으로 충만하다.[27]

이러한 로고스의 생명 충만은 "생명은 빛이다"(ἡ ζωὴ ἦν τὸ φῶς, 요 1:4b)라는 말씀에서도 분명하다. 이 말씀은 생명과 빛(φῶς)이 본질에서 같다는 의미이다.[28] 그래서 예수는 "나는 세상의 빛이니 나를 따르는 자는 어둠에 다니지 아니하고 생명의 빛을 얻으리라"(요 8:12)고 말씀하신 것이다. 여기서 생명의 빛(τὸ φῶς τῆς ζωῆς)은 '생명인 빛'이라는 의미이다.[29] 이처럼 예수의 빛은 그의 생명을 가리킨다. 빛은 언제나 빛으로 충만하다(요일 1:5). 빛은 절대로 어둠과 공존할 수 없다(고후 6:14). 빛인 로고스는 빛으로, 즉 생명으로 충만하다. 로고스의 생명은 충만한 생명이다.

---

[26] 이에 대한 자세한 설명은 이복우, 『내 뒤에 오시는 이』, 148-150, 252-256을 보라. Carson. *The Gospel according to John*, 114: "when John uses the two verbs in the same context, ἦν frequently signals existence, whereas ἐγένετο signals 'coming into being' or 'coming into use.'"

[27] Cf. R. A. Culpepper, "The Pivot of John's Prologue," *NTS* 27 (1980): 12: "Although there is no verbal correspondence between v. 16 and vv. 4-5, there is a conceptual between ἐν αὐτῷ ζωὴ ἦν in v. 4 and the πλήρωμα in v. 16 from which the community confesses it has received grace. Grace is also closely associated with the gift of eternal life in John."

[28] John MacArthur, 『예수의 신성』(*The Deity of Christ*), 김태곤 옮김 (서울: 아가페북스, 2018), 31-32: "생명과 빛을 어느 정도 구분하는 것은 적절하지만, '생명은 빛이라'는 말씀은 이 둘 간의 분리를 금한다. 사실상 요한은 생명과 빛이 분리될 수 없음을 말하고 있다. 이들은 본질에서 같으며, 신성한 생명의 나타남을 빛 개념으로 강조한다." Cf. 요 8:12; 시 36:9

[29] Cf. Daniel B. Wallace, *The Basics of New Testament Syntax: An Intermediate Greek Grammar* (Grand Rapids: Zondervan, 2000), 48-49.

2) 충만하게 하는 생명

둘째, 생명으로 충만한 로고스는 생명을 충만하게 주는 로고스이다. 로고스는 생명으로 충만하며 또한 생명으로 충만하게 한다. 예수는 세상에 생명을 주시기 위해 왔다(요 6:33). 예수를 믿는 자는 영생을 얻고(요 3:15, 16), 아들을 믿는 자에게는 영생이 있으며(요 3:36; 6:40), 그가 주는 물을 마시면 영원히 목마르지 않는다(요 4:14; 6:35). 예수를 믿는 자는 영생을 가졌고(요 6:47), 그의 살을 먹고 피를 마시는 자는 영생을 가졌으며(요 6:54), 하늘에서 내려온 떡인 예수를 믿는 자는 영생한다(요 6:51). 예수는 믿는 자에게 영생을 주며 아무도 그의 손에서 그를 빼앗지 못한다(요 10:28). 예수는 부활이요 생명이므로 그를 믿는 자는 마지막 날에 다시 살림을 받고(요 6:40, 54), 영원히 멸망하지 않으며(요 10:28), 죽어도 산다(요 11:25). 신자는 예수를 힘입어(ἐν τῷ ὀνόματι αὐτοῦ) 생명을 얻는다(요 20:31). 결국, 빛에서 빛이 나오듯이 생명이 생명을 낳는다. 생명으로 충만한 로고스는 생명으로 충만하게 하는 로고스이다.

3. 은혜와 진리로 충만(요 1:14, 16-17)

요한복음에서 '충만한'(πλήρης, 요 1:14)과 '충만'(πλήρωμα, 요 1:16)은 오직 로고스의 성육신과 관련하여 언급된다. 로고스의 성육신은 신성의 로고스가 인성을 취하고 초 역사에서 역사로, 영원에서 시간 속으로 들어온 사건이다. 로고스의 성육신은 로고스가 '육신이 되었다'(σὰρξ ἐγένετο)와 '우리 가운데 거하였다'(ἐσκήνωσεν ἐν ἡμῖν)로 이루어져 있다(요 1:14a). 로고스의 성육신은 그의 육신이 되심과 우리 가운데 거하심, 이 둘 다를 통합하여 일컫는 말이다.[30]

'거하다'로 번역된 그리스어 σκηνόω는 '텐트를 치다, 장막을 치다, 살다, 거주하다'라는 의미이다.[31] 로고스가 우리 가운데 거하신 것은 구약 시대에 하나님이 장막에서 자기 백성을 만나시고 그들 가운데 충만히 거하신 것을 성취한 사건이다.[32] 로고스의 거하심에 이어진 "우리가 그의 '영광'(δόξα)을 보았다"는 말씀도 이 사실을 지지한다. "구름이 회막 위에 덮이고 여호와의 영광이 성막에 충만하매 … 모세가 회막에 들어갈 수 없었으니 이는 구름이 회막 위에 덮이고 여호와의 영광이 성막에 충만함이었으며"(출 40:34-35).[33] 여기서 성막에 충만한 여호와의 '영광'은 곧 여호와의 충만한 임재를 상징한다.[34] 그러므로 로고스의 거하심(σκῆνουν)은 그의 충만한 임재를 의미하며, 이것은 장차 새 예루살렘에서

---

[30] 이에 대한 자세한 내용은 이복우, 『내 뒤에 오시는 이』, 251-258을 보라.

[31] Carson, *The Gospel according to John*, 127.

[32] Cf. Barrett, *The Gospel according to St. John*, 165

[33] LXX. 출 40:34-35 καὶ ἐκάλυψεν ἡ νεφέλη τὴν σκηνὴν τοῦ μαρτυρίου καὶ δόξης κυρίου ἐπλήσθη ἡ σκηνή καὶ οὐκ ἠδυνάσθη Μωυσῆς εἰσελθεῖν εἰς τὴν σκηνὴν τοῦ μαρτυρίου ὅτι ἐπεσκίαζεν ἐπ' αὐτὴν ἡ νεφέλη καὶ δόξης κυρίου ἐπλήσθη ἡ σκηνή. 조석민, 『요한복음』 (고양: 도서출판 이레서원, 2019), 58: "'스케노오'(σκηνόω)는 … 출애굽기 40:34-38에서 하나님께서 이스라엘 진중에서 자신을 계시하셨던 사건을 떠올리게 한다."

[34] 조석민, 『요한복음의 새 관점』 (서울: 도서출판솔로몬, 2008), 63: "'영광'으로 번역된 헬라어 단어 δόξα의 사용은 하나님의 임재를 암시하고 있다."; Carson, *The Gospel according to John*, 128.

완성될 것이다(계 7:15; 21:3).[35] 결국, 로고스의 거하심은 그의 '충만한' 임재이며, 그의 영광은 '충만한'(πλήρης) 영광이다.[36]

그런데 이 '충만'은 은혜와 진리를 그 내용으로 한다. 로고스의 영광은 은혜와 진리로 충만하다(πλήρης χάριτος καὶ ἀληθείας, 요 1:14d). 은혜와 진리는 출애굽기 33-34장을 가리키는 것이 거의 분명하다. 거기서 모세는 "원컨대 주의 영광을 내게 보이소서"(출 33:18)라고 하나님께 청하였고, 하나님은 모세 앞으로 지나시며 "여호와로라 여호와로라 자비롭고 은혜롭고 노하기를 더디 하고 인자와 진실이 많은 하나님이로다"(출 34:6)고 반포하셨다. 여기서 '인자와 진실'을 나타내는 히브리어는 חסד[37]와 אמת이며, 이는 은혜와 진리를 의미한다. 로고스는 은혜와 진리로 충만하다. 로고스는 실패하지 않는 신실한 언약적 사랑과 진리로[38] 그의 백성 가운데 충만히 거하며 끝끝내 충만한 구원을 이룬다.

---

[35] 조석민, 『요한복음의 새 관점』, 62-63; Carson, *The Gospel according to John*, 127.

[36] 이 사실에 근거할 때, 14절의 '충만한'(πλήρης)은 로고스나 독생자를 꾸미는 것이 아니라 로고스의 영광을 수식하는 역할을 한다. Carson, *The Gospel according to John*, 129: "it seems best to take the expression as a modifier of 'glory'. The glory of God manifest in the incarnate Word was *full of grace and truth*."

[37] Carson, *The Gospel according to John*, 129: "... variously rendered 'steadfast love', 'mercy', 'covenant love' - but it has recently been shown quite clearly that it is the *graciousness* of the love that is at stake."

[38] Andreas J. Köstenberger, *John*, ECNT (Grand Rapids: Baker Academic, 2008), 45: "In this expression, both 'loving-kindness' and 'truth' refer to God's covenant faithfulness to his people Israel. According to John, this faithfulness found ultimate expression in God's sending of Jesus, his one-of-a-kind Son (Laney 1992:44)."; Edward W. Klink III, 『강해로 푸는 요한복음』, 정옥배 옮김 (서울: 도서출판 디모데, 2019), 121: "'유일무이한 아들'을 아버지로부터 보내는 것은 하나님의 언약에 대한 신실함을 나타내는 궁극적 표현이며 원천이다."

이어서 요한은 매우 놀라운 선언을 한다. "우리가 다 그의 충만한 데서(ἐκ τοῦ πληρώματος αὐτοῦ ἡμεῖς πάντες ἐλάβομεν) 받으니 은혜 위에 은혜러라"(요 1:16). 이 말씀에서 가장 눈에 띄는 것은 예수는 충만자인 반면에 우리는 다 텅 빈 자라는 것이다. 예수는 은혜와 진리가 충만(요 1:14, 17)한 충만자이다. 이것은 예수 그리스도의 부요함을 뜻한다. 우리가 믿는 예수는 가난한 예수가 아니라 부요하신 예수이며, 비참한 예수가 아니라 영광스러운 예수이다. 이에 반해 우리는 모두(ἡμεῖς πάντες) 그의 충만으로부터 받는다(ἐλάβομεν). 예수는 충만자이나 우리는 다 받는 자이다. 이 말은 우리의 공백과 결핍과 가난을 의미한다. 특히 요한은 "우리 모두"라고 말함으로써 모든 인간은 예외 없이 공허한 자요 가난한 자라는 사실을 강조한다. 인간은 로고스로부터 받지 못하면 아무것도 소유할 수 없는 궁핍한 자이다.

그러면 왜 우리가 예수 그리스도의 충만으로부터 받는 것이 "은혜 위에 은혜"(요 1:16)인가? 요한복음 1:17은 "왜냐하면"(ὅτι)이라는 말로 시작함으로써 그 이유를 설명한다. 요한이 예수의 충만으로부터 받은 것을 은혜 위에 은혜라고 말한 것은 모세로 말미암아 주어진 율법이 은혜이며, 또한 예수 그리스도로 말미암아 온 은혜와 진리도 은혜이기 때문이다.[39] 그리스도가 은혜요 진리이듯이 율법도 은혜이다. 율법과 은혜는 대조적인 관계가 아니

---

[39] 이복우, 『내 뒤에 오시는 이』, 90. 예수로 말미암아 온 은혜와 진리에 대해서는 이복우, 『내 뒤에 오시는 이』, 268-270, 358을 보라.

다.⁴⁰ 이 둘의 관계는 '은혜 위에 은혜'이다.

이렇게 충만자인 예수가 그의 충만한 은혜와 진리로 공허한 우리를 채운다. 그리하여 은혜 위에 은혜(χάρις ἀντὶ χάριτος, 요 1:16)가 임한다. 여기에 사용된 전치사 ἀντί는 '상응하다'(corresponds to), '답례(보답)하다'(in return for), '위에'(upon), '더하다'(in addition to), '대신하다'(instead of) 등의 의미로 해석된다.⁴¹ 이 중에 세 번째 의미가 가장 합당해 보인다. 그 이유는 이미 말한바, 모세의 율법도 은혜이고 예수의 은혜와 진리도 은혜이기 때문이다. 예수의 은혜와 진리는 모세의 율법을 버리고 대체(replacement)한 것이 아니라, 연속하고 성취한 것이다. 예수의 충만으로부터 받은 은혜는 율법을 버리고 대체한 다른 은혜가 아니라, 그것에 연속하는 은혜이자 통일적인 은혜이며 성취된 은혜이다. 그러므로 예수로 인한 은혜는 모세로 말미암은 은혜에 더해진 "은혜 위에 은혜", 즉 '충만한 은혜'이다.⁴²

---

⁴⁰ 서동수, "요한복음, 반유대주의 신학인가? - 요한복음 서문(1:1-18)에 비추어", 「신약논단」 15 (2008): 95. 근본적으로 모세가 부정되면 모세의 모형을 토대로 선포되는 그리스도가 부정되며, 모세로 말미암은 율법이 부정되면 그리스도로 말미암은 은혜와 진리의 복음도 그 선 역사적 전거가 부정되므로 그 신학적 뿌리를 상실하게 된다.

⁴¹ Carson, *The Gospel according to John*, 131-132. Carson은 이 네 가지 중에 대체의 의미가 있는 네 번째(instead of)를 택한다. 그러나 모세로 말미암아 주어진 율법과 예수 그리스도로 말미암아 온 은혜와 진리는 대조 관계가 아니며, 무엇보다 그리스도의 은혜가 율법을 대체(replacement)한 것이 아니라 성취한 것이다.

⁴² Herman N. Ridderbos, *The Gospel of John: A Theological Commentary*, translated by John Vriend (Grand Rapids: Eerdmans, 1997), 56-57: "More appealing is the view that interprets that 'grace for grace' <u>accumulatively</u>." 나의 번역: "'은혜 위에 은혜'를 누적적으로 해석하는 견해가 더 매력적이다."; David J. MacLeod, "The Benefits of the Incarnation of the Word: John 1:15-18," *Bibliotheca Sacra* 161 (2004): 183: "It has an accumulative sense."

요약하면, 성육신한 로고스는 그의 충만한 임재(거하심)와 충만한 영광을 나타냈다. 그의 영광은 은혜와 진리로 충만했다. 로고스는 '충만자'이다. "'은혜와 진리'가 충만하신 그분이 신적 충만함의 무한한 풍요로움을 그분의 백성에게 '은혜 위에 은혜'로 나누어 주셨다."[43] 따라서 텅 빈자인 인간은 충만자인 로고스로부터 은혜와 진리를 받을 때, 즉 그리스도의 충만함에 참여할 때, 은혜 위에 은혜를 충만하게 받아 충만한 자가 된다. 인간의 충만은 로고스의 충만으로부터 온다. 은혜와 진리로 충만한 로고스는 은혜 위에 은혜로 충만케 하는 로고스이다.

4. 기쁨으로 충만

예수 그리스도는 기쁨으로 충만하다. 이 기쁨은 예수의 오심(요 3:29-30)과 가심(요 15:11; 16:24; 17:13)이라는 구속사의 성취에서 나타나며, 세례자 요한과 예수와 그의 제자들이 관계된다.

Cf. Klink III, 『강해로 푸는 요한복음』, 123; BDAG, Differently to be understood is χάριν ἀ. χάριτος grace after or upon grace (i.e. God's favor comes in ever new streams; Thayer, χάριν ἀντί χάριτος grace in the place of grace, grace succeeding grace perpetually, i. e. the richest abundance of grace, John 1:16. 나의 번역: "은혜가 계속해서 이어짐, 즉, 가장 풍성한 은혜."; LSJ, to mark comparison, ἓν ἀνθ' ἑνός one set against the other, compared with it; χάριν ἀντί χάριτος, i.e. ever-increasing grace. 나의 번역: "비교를 표시하기 위해, ἓν ἀνθ' ἑνός는 '하나를 다른 하나와 비교하다', '그것과 비교하다'라는 의미이다. χάριν ἀντί χάριτος는 은혜 위에 은혜, 즉 계속해서 증가하는 은혜를 의미한다."

[43] Bruce Milne, 『말씀이 육신이 되어』, 57.

1) 예수의 오심(요 3:29-30)

요한복음에서 기쁨의 충만을 말하는 첫 번째 본문은 3:29c이다. 여기서 세례자 요한은 "나는 이러한 기쁨으로 충만하였노라"고 말한다. 세례자 요한은 요한복음 1-10장에서 여러 차례 등장하고 언급된다.[44] 그런데 많은 학자가 세례자 요한의 정체를 단지 예수에 대한 증언자로만 이해한다.[45] 그러나 요한복음의 세례자 요한은 예수의 증언자(요 1:7, 8, 15, 26, 29, 33, 34, 36; 5:33; 10:41)일 뿐 아니라, 그 자신이 예수의 정체를 인식하고 구속사의 전환을 이루는 세례를 시행한 세례자이고(요 1:25, 26, 28, 31, 33; 3:23bis; 10:40), 예수에 앞서 와서(요 1:15) 그리스도의 오심을 성취한 선행자(predecessor)이며, 믿음의 중개자(요 1:6-8; 10:41-42)이다.[46] 따라서 "그의 얼굴은 하나이나 복합적이고 다면적이다. 그는 절대 단순하지 않다."[47]

"나는 이러한 기쁨으로 충만하였노라"($α\H{υ}τη$ $ο\H{υ}ν$ $\H{η}$ $χαρὰ$ $\H{η}$ $ἐμὴ$

---

[44] 세례자 요한의 정체(요 1:6-8), 세례자 요한의 예수 증언 1(요 1:15), 세례자 요한의 자기 증언(요 1:19-28), 세례자 요한의 예수 정체 인식(요 1:29-34), 세례자 요한의 예수 증언 2(요 1:35-36), 예수의 세례 줌과 세례자 요한의 세례 줌(요 3:22-4:2), 세례자 요한에 대한 예수의 증언(요 5:33-36), 세례자 요한에 대한 최종 평가(요 10:40-42).

[45] Cornelis Bennema, "The Character of John in the Fourth Gospel," JETS 52 (2009): 271; 이복우, 『내 뒤에 오시는 이』, 320-321; 이복우 "요한복음의 세례자 요한의 정체와 역할",「교회와 문화」29 (2012): 134-13. Cf. S. S. Smalley, John : Evangelist and Interpreter (Downers Grove: Inter Varsity Press, 1998), 24.

[46] 이복우, "요한복음의 세례자 요한의 정체와 역할", 133-164; 이복우,『내 뒤에 오시는 이』, 274-351.

[47] 이복우, "요한복음의 세례자 요한의 정체와 역할", 162.

πεπλήρωται, 요 3:29c)를 그리스어 원문에서 직역하면 "그러므로 나의 이 기쁨이 충만하게 되었다"이다. 그러나 본문의 정황으로 볼 때, 이 말은 매우 어색하다. 요한복음 3:23에서 요한은 물이 많은 곳에서 세례를 주었고 사람들은 계속 그에게 와서 세례를 받았다.[48] 이는 그의 세례 사역의 흥함을 강조하는 것이다. 그러나 이어 나오는 그가 옥에 갈 것에 대한 예고(요 3:24)와 사람들이 다 예수에게 세례를 받으러 간다는 제자들의 전갈(요 3:26)은 요한의 세례가 쇠하여 짐을 보여준다. 그런데 바로 이 상황에서 요한은 자신의 기쁨이 충만하게 되었다고 말한다. 그러므로 누가 봐도 요한의 이 기쁨은 일반적인 기쁨이 아니다.

그는 바로 앞에서 신랑 친구의 기쁨에 대해 말했다. "신부를 취하는 자는 신랑이나 서서 신랑의 음성을 듣는 친구가 크게 기뻐하나니"(요 3:29a-b). 신랑의 친구는 서서 신랑을 기다린다. 그러다가 신랑이 도착하면 그는 신랑의 음성 때문에 크게 기뻐한다(χαρᾷ χαίρει). 요한의 역할과 기쁨은 이와 같은 것이다. 그는 신랑 앞에 와서 신랑을 기다리는 신랑의 친구였다. 그래서 신랑이 왔을 때, 그는 "나의 기쁨이 충만하게 되었다"라고 말한 것이다. 하지만 요한은 여기서 멈추지 않고 더 나아가 "그는 흥하여야 하겠고 나는 쇠하여야 하리라"(요 3:30)고 선언했다.

상황이 이렇게 된 것은 물질적인 것 때문이 아니며, 요한의 의지에 반하여 인위적이고 경쟁적으로 된 것도 아니다.[49] 이는 요한

---

[48] 이 두 단어 모두 지속성을 의미하는 미완료시제(impf.)이다.

이 이렇게 된 상황을 기뻐했다는 사실에서 분명하다. 요한이 신랑의 친구로서 마침내 쇠하여야 하는 유일한 이유는 그가 예수에 앞서 온 예수의 선행자(predecessor)이기 때문이다.[49]

세례자는 증언하기 위해 예수보다 먼저 왔다. 그래서 예수는 "내 뒤에 오시는 이"(ὁ ὀπίσω μου ἐρχόμενος, 요 1:15)로 표현된다. 여기서 요한이 먼저 '오는 자'이며, 예수는 나중에 '오는 자'가 된다. 이것은 한 특별한 관계를 설명하는 것으로서, 나중 오는 자는 반드시 먼저 오는 자에게서 나온다는 것이다. 즉 세례자가 온 사실이 있어야 그가 증언하는 그리스도가 온다는 말이다. 요한복음은 이것을 철저히 보여준다. 그러므로 세례자는 예수를 위한 단순한 첨병이나 선발대나 선구자가 아니라 예수가 오시기 위해서 반드시 먼저 와야만 하는 인물이다. 세례자가 있어야 예수도 있다. 세례자는 그리스도의 도래를 선행적으로 성취하는 자이다. 이런 의미에서 세례자는 예수 그리스도의 배경이며, 역사적 시간적 선행자가 된다.[50]

그러므로 예수가 왔을 때 그의 선행자인 요한은 역사의 무대에서 물러난다. 이것은 곧 구속사의 전환을 의미한다. 예수가 역사의 전면에 등장함에 따라 요한은 역사에서 퇴장한다. 이것은

---

[49] 이복우, 『내 뒤에 오시는 이』, 327.

[50] 이복우 "요한복음의 세례자 요한의 정체와 역할", 157. Cf. D. J. MacLeod, "The Witness of John the Baptist to the Word: John 1:6-9," *BSac* 160 (2003): 305-320.

"하늘에서 그에게 주신바"(δεδομένον αὐτῷ ἐκ τοῦ οὐρανοῦ, 요 3:27)이기에 마땅히 그렇게 되어야 하는 일이다. 이 사실은 요한이 당위를 나타내는 동사 δεῖ(must, 요 3:30)를 사용한 데서 더욱 분명하다.[51] 또한 요한이 나의 이 기쁨이 "충만하게 되었다"(πεπλήρωται)는 수동태 표현도 이와 맥을 같이 한다.[52] 따라서 요한의 기쁨은 하나님이 그를 쇠하게 하시고 예수 그리스도를 흥하게 하신 구속사의 진전에서 기인한 것이다. 세례자 요한의 기쁨 충만은 예수 그리스도의 오심과 이로 말미암은 구속사의 성취 때문이다. 요컨대, 신성으로 충만하신 예수는 구속사를 성취하심으로써 요한의 기쁨을 충만하게 하였다.

2) 예수의 가심(요 15:11; 16:24; 17:13)

구속사의 성취로 말미암은 기쁨 충만은 예수의 오심에서 뿐 아니라 그의 가심에서도 나타난다. 기쁨의 충만을 언급하는 요한복음 15:11; 16:24은 예수의 고별강화의 내용이며, 요한복음 17:13은 예수가 세상을 떠나 아버지에게로 가시기 전에 마지막으로 드린 기도의 내용이다. 이 셋은 모두 예수의 떠남이라는 문맥 속에 들어 있다.

---

[51] 요한복음에서 δεῖ는 참으로 확정된 하나님의 뜻을 의미하며(Carson, *The Gospel according to John*, 212), 하나님이 예정하시고 주관하시는 구속 또는 구속사의 성취를 나타내는 용어이다: 요 3:7, 14, 30; 4:4, 24; 10:16; 12:34; 20:9; 계 1:1; 4:1; 20:3; 22:6 등.

[52] "충만하게 되었다"(πεπλήρωται)는 신적 수동태이다.

예수는 세상을 떠나기 전에 제자들에게 그의 계명을 지켜 그의 사랑 안에 거하라고 말씀했다. 이것은 예수의 기쁨이 제자들 안에 있어서 제자들의 기쁨이 충만하게 되도록(πληρωθῇ) 하기 위해서이다(요 15:11). 제자는 세상을 떠나 아버지께로 가는 예수의 계명을 지킴으로써 그의 안에 예수의 기쁨이 충만하게 된다. 또한 예수는 떠남을 앞에 두고 제자들에게 예수의 이름으로 기도하라고 명령했다(요 16:24). 이 일은 예수가 떠나기 전에는 할 수 없는 일이었다. 왜냐하면 지금까지는 예수가 그들과 함께 있었기 때문이다. 그러나 예수가 떠난 후에 제자들은 예수의 이름으로 기도해야 한다. 그리하면 그들은 받을 것이고, 그 결과로 그들의 기쁨이 충만하게 될 것이다.[53] 예수의 가심이 기도하는 제자들을 기쁨으로 충만하게 만든다.

나아가서 제자들을 떠나 아버지께로 가는 예수는 자신(요 17:1-5)과 제자들(요 17:6-19)과 속제자들(요 17:20-26)을 위한 기도를 했다. 특히 예수는 제자들을 위한 기도에서 "그들이 그들 자신 안에 나의 충만해진 기쁨을 갖게 하려고"(ἵνα ἔχωσιν τὴν χαρὰν τὴν ἐμὴν πεπληρωμένην ἐν ἑαυτοῖς, 요 17:13)라고 기도했다. 예수는 세상을 떠나기 전에 이미 기쁨으로 충만해져 있었다. 예수의 떠남은 그 자신에게 충만한 기쁨이 되있다. 그는 충만해진 기쁨으로 세상을 떠난다. 이는 그의 떠남이 세상에 있는 제자들의 구원을 이루는

---

[53] 요 16:24c ἵνα ἡ χαρὰ ὑμῶν ᾖ πεπληρωμένη. 여기서 ἵνα는 결과의 의미이고, πεπληρωμένη는 완료 수동태 분사이다. 미래를 뜻하는 구절에서 완료형이 사용된 것은 성취의 확실성을 강조하는 것이다.

것이기 때문이다. 또한 예수는 "내가 아버지께로 가오니"라고 말하면서 그의 충만해진 기쁨을 제자들도 그들 자신 안에 갖도록 기도했다. 예수는 떠남에 앞서 제자들의 충만한 기쁨을 위해 기도했다. 예수의 떠남이 제자들의 기쁨 충만과 직결된다.

요약하면, 예수의 오심은 그의 선행자인 세례자 요한의 기쁨을 충만하게 만들었다. 그리고 예수의 가심으로 그 자신이 기쁨으로 충만하게 되었고, 제자들 또한 같은 기쁨으로 충만해져야 한다. 이를 위해 예수는 기도했고, 마침내 예수의 충만한 기쁨은 제자들의 충만한 기쁨이 될 것이다. 예수의 구속사 성취가 예수의 기쁨을 충만하게 하고, 또한 이 일에 동참하는 이들을 기쁨으로 충만하게 만들었다. 기쁨으로 충만한 예수는 기쁨으로 충만하게 하는 예수다.

5. 소유 충만, 권세 충만

요한복음 3:31-36은 하나의 단락이다. 여기에 예수의 정체에 대한 몇 가지 표현이 나타난다. "위로부터 오시는 이"(ὁ ἄνωθεν ἐρχόμενος, 요 3:31a). "하늘로부터 오시는 이"(ὁ ἐκ τοῦ οὐρανοῦ ἐρχόμενος, 요 3:31c) "하나님이 보내신 이"(ὃν γὰρ ἀπέστειλεν ὁ θεός, 요 3:34a), "아들"(υἱός, 요 3:35, 36)이 그것이다. 이런 까닭에 예수는 하나님의 말씀을 말하며(요 3:34), 그를 믿느냐 순종하지 않느냐가 영생과 진노로 나누는 기준이 된다(요 3:36). 특히 아버지께서는 아들을 사랑하사

"만물을 다 그의 손에 주셨다"(πάντα δέδωκεν ἐν τῇ χειρὶ αὐτοῦ, 요 3:35). 예수는 만물의 소유자이다.

또한 예수는 세상을 떠나기 전에 "아버지께서 모든 것을 그에게 즉 그의 손에 주신 것을 알았다"(요 13:3). 예수 그리스도는 모든 것의 주권자이다. 이런 연고로 예수는 "아버지가 가지고 있는 모든 것은 나의 것"(요 16:15)이요, "내 것은 다 아버지의 것이요 아버지의 것은 다 내 것"(요 17:10)이라고 말씀할 수 있었다. 결국 예수께서 만물을 소유하며, 예수는 만물 위에 있고(ἐπάνω πάντων ἐστίν, 요 3:31bis) 만물은 그에게 종속된다. 그런데 이미 앞에서 논한 대로, 만물은 '충만'한 만물이므로 예수의 만물 소유는 곧 예수의 소유 충만을 의미한다. 예수는 아버지 것으로 충만하고, 만물로 충만하다. 만물로 충만한 예수는 소유로 충만한 예수다.

나아가서 예수의 만물 소유는 만물에 대한 그의 권세(ἐξουσία)를 보여준다. 예수는 만물 위에(ἐπάνω) 있다. 이는 만물에 대한 예수의 주권을 뜻한다(cf. 롬 9:5; 엡 1:22). 이는 "만민을 다스리는 권세를 아들에게 주셨음이로소이다"(ἔδωκας αὐτῷ ἐξουσίαν πάσης σαρκός, 요 17:2a)라는 말씀에서도 확인된다. 이러한 만물에 대한 예수의 주권은 심판에서도 같으며(요 5:22, cf. 요 5:30),[54] 특히 목숨(ψυχή)에 대한 권세에서 그러하다. "내가 내 목숨을 버리는 것은 … 이를 내게서 빼앗는 자가 있는 것이 아니라 나는 버릴 권세도 있고 다시 얻을 권세도 있으니"(요 10:18, cf. 요 10:11).[55] 예수는 자

---

[54] 요 5:22 οὐδὲ γὰρ ὁ πατὴρ κρίνει οὐδένα, ἀλλὰ τὴν κρίσιν πᾶσαν δέδωκεν τῷ υἱῷ.

신의 목숨뿐 아니라 만물의 생명에 대한 권세도 가지고 있다(요 10:28-29). 예수는 이 계명을 아버지에게서 받았다(요 10:18). 만물이 생명을 잃고 얻음이 예수에게 달려 있다(요 6:36).

요컨대, 예수는 소유로 충만하며, 그 모든 소유에 대해 권세를 가진다. 소유권은 곧 주권(지배권)이다. 그러므로 소유의 충만은 곧 주권의 충만이다. 소유로 충만한 예수는 권세로 충만한 예수다. 이 예수가 믿는 모든 자에게 하나님의 아들이 되는 권세를 준다.

6. 성령 충만(요 3:32-34; 7:37-39)

하늘로부터 온 예수는 자신이 보고 들은 것을 증언한다. 그러나 단 한 사람도 그의 증언을 받지 않는다(요 3:32). 그의 증언을 받는 사람은 하나님이 참되다고 확실히 증언한다(요 3:33). 왜냐하면 하

---

[55] 요 10:17-18 διὰ τοῦτό με ὁ πατὴρ ἀγαπᾷ ὅτι ἐγὼ τίθημι τὴν ψυχήν μου, ἵνα πάλιν λάβω αὐτήν. οὐδεὶς αἴρει αὐτὴν ἀπ' ἐμοῦ, ἀλλ' ἐγὼ τίθημι αὐτὴν ἀπ' ἐμαυτοῦ. ἐξουσίαν ἔχω θεῖναι αὐτήν, καὶ ἐξουσίαν ἔχω πάλιν λαβεῖν αὐτήν· ταύτην τὴν ἐντολὴν ἔλαβον παρὰ τοῦ πατρός μου. 밑줄 친 부분은 예수 자신의 권세를 강조한다. 빌라도가 예수에게 "나는 너를 놓아 줄 권세도 가지고 있고 또한 나는 너를 십자가에 못 박을 권세도 가지고 있다"(요 19:11a)고 말했을 때, 예수는 "그것이 위로부터 너에게 주어지지 않았다면 너는 나를 해할 단 하나의 권세도 가지지 못했을 것이다"(요 19:11b)라고 말씀했다. 예수는 죽음의 자리에서도 하늘의 권세를 의식하고 의지했다. 이것은 그의 권세가 하늘로부터 아버지에게서 온 것을 알기 때문이다(요 10:18; 17:2). 세례자 요한도 이와 똑같은 삶을 살았다. "만일 하늘에서 주신바 아니면(ἐὰν μὴ ᾖ δεδομένον αὐτῷ ἐκ τοῦ οὐρανοῦ) 사람이 아무것도(οὐδὲ ἕν) 받을 수 없느니라"(요 3:27). 존재하는 만물 중에 단 하나도(οὐδὲ ἕν, 요 1:3b) 예수 없이 존재할 수 없듯이, 사람은 하늘과 무관하게 단 하나도(οὐδὲ ἕν) 스스로 취할 수 없다. 예수와 세례자 요한은 모두 어떤 극한의 상황에서도 위의 권세, 하늘의 권세를 인식하고 의지했다.

나님이 예수를 보냈고, 예수는 하나님의 말씀을 말하기 때문이다. 예수가 하나님의 말씀을 말하는 이유는 하나님이 그에게 성령을 제한 없이(οὐ ἐκ μέτρου) 주시기 때문이다(요 3:34). 그런데 이미 세례자 요한은 성령이 비둘기같이 하늘로부터 내려와서 예수 위에 머물러 있는 것을 보았다고 증언했다(요 1:32-34). 따라서 하나님이 예수에게 성령을 한량없이 주신다는 진술은 요한의 증언을 새로운 형태로 반복한 것이다.[56] 이 진술들은 예수가 성령으로 충만하다는 사실을 확증한다. 신성으로 충만한 예수가 성령으로 충만한 것은 너무나 당연한 결과이다.

이처럼 성령으로 충만한 예수는 그를 믿는 자들에게도 성령을 충만하게 준다. 예수는 초막절 끝날 곧 큰 날에 서서 외쳐 말씀했다(εἱστήκει ὁ Ἰησοῦς καὶ ἔκραξεν λέγων, 요 7:37).[57] '서서'(εἱστήκει)는 "의례적인 가르침이라기보다 공적인 선포임을 시사한다."[58] "이 말은 선언에 확실한 위엄과 강조를 부여했을 수 있다."[59]

이 사실은 문맥에서도 확증된다. 저자는 예수의 '서서 외치는' 행위를 강조하기 위해 그 행위에 초점을 맞추고 다음과 같은 점층법을

---

[56] Carson, *The Gospel according to John*, 213: "the same truth is repeated in new form."

[57] 이 사건에 대한 좀 더 자세한 해설은 이복우, "요한복음에 나타난 물(ὕδωρ)의 신학적 의미와 기능 (2)", 「신학정론」 37 (2019): 141-179를 보라.

[58] Barrett, *The Gospel according to St. John*, 326: "A public proclamation rather than conventional teaching is suggested."

[59] Barrett, *The Gospel according to St. John*, 180: "εἱστήκει. Cf. 7:37; it is possible that in these two places the word lends a certain dignity and emphasis to the pronouncement."

사용한다. 예수는 '은밀히'(ἐν κρυπτῷ) 올라갔다(10). → 성전에 올라가서 '가르쳤다'(ἐδίδασκεν, 14). → 성전에서 가르치며 외쳤다(ἔκραξεν ... διδάσκων, 28). → 명절 끝날에 서서 외쳤다(εἱστήκει ... ἔκραξεν, 37). 그러므로 "내게로 와서 마시라"(ἐρχέσθω πρός με καὶ πινέτω, 37b) 는 초청, 다시 말해 "나를 믿으라"(ὁ πιστεύων εἰς ἐμέ, 38) 는 예수의 초청(37b-38) 은 신적 권위에 기초한 공적 초청을 의미한다.[60]

"누구든지 목마르거든 내게로 와서 마시라"(요 7:37b)는 말씀은 예수가 궁극적인 생수의 근원이라는 사실을 암시한다. 따라서 예수로부터 발원한 생수의 강들이 신자에게 흘러들어 간다. 그 결과 신자의 배에서 생수의 강들(ποταμοί)이 흘러나온다.[61] 이 생수(ὕδωρ ζῶντος)는 성령을 가리킨다(요 7:39a). 그러나 성령은 예수가 영광을 받으신 후에, 즉 그의 십자가 죽음과 부활과 승천 후에 믿는 자에게 주어진다. 이것은 어쩔 수 없는 구속사적 형편으로서 과도기적인 현상이다.[62] 그런데 예수는 신자들이 예수에게서 받을 성령을 생수의 강(ποταμός)이라고 말하지 않고 생수의 강들(ποταμοί)이라 단언하셨다. 이는 하나의 강이 아닌 복수의 강을 가리킨다. 예수는 성도가 받을 성령의 충만과 부요함을 강조하려고 일부러 강의 이미지를 사용했다. 게다가 하나의 강이 아니라 무

---

[60] 이복우, "요한복음에 나타난 물(ὕδωρ)의 신학적 의미와 기능 (2)", 162.
[61] 변종길, 『성령과 구속사』 (서울: 개혁주의신행협회, 1997), 189-192.
[62] 조병수, 『성령으로 사는 그리스도인』 (서울: 여수룬, 1996), 57-59를 보라.

수히 많은 복수의 강을 말씀했다. 예수가 성도에게 주는 성령은 한 바가지의 물과 같은 것이 아니요 하나의 강 정도도 아닌, 수없이 많은 강들에서 흘러가는 엄청나게 많은 양의 물처럼 매우 충만하고 풍성하며 부요한 성령이다.

결론적으로 예수는 성령으로 충만하며, 성령 충만한 예수는 그를 믿는 자들에게도 성령을 충만하게 준다. 성령으로 충만한 예수는 성령으로 충만하게 하는 예수다.

III. 예수 그리스도의 충만의 표현

이상에서 논증한 예수 그리스도의 충만은 그분 속에 감추어져 있지 않고 반드시 드러나고 표현된다. 이는 빛은 반드시 비추고 생명은 기어코 역동하는 것과 같은 이치이다. 예수의 충만은 그가 주는 부요한 생명과 은혜, 그가 행한 많은 선한 일, 그리고 그가 이룬 성취로 표현된다.

1. 부요한 생명, 충만한 구원

예수 그리스도의 충만한 생명과 빛은 부요한 생명으로 나타난다. 요한복음에서 구원하다($\sigma\dot{\omega}\zeta\omega$)와 구원($\sigma\omega\tau\eta\rho\acute{\iota}\alpha$)은 매우 제한적으로 사용되었으며,[63] 생명(ζωή) 또는 영생(ζωὴ αἰώνιος)이[64] 이들을 대신한다.[65] 이에 따라 생명(영생)은 요한복음 구원론의 핵심이다.[66] 그리고 영원한 생명은 부요하고 풍성한 생명이다. 예수는 그를 믿는 모든 자(πᾶς)에게 영원한 생명(ζωὴ αἰώνιος)을 준다(요 3:15, 6, 36; 4:14, 36; 5:25; 6:40, 47; 6:54; 10:28; 17:2, 3). 또한 예수가 주는 물은 영생하도록 솟아나는 "물의 샘"(πηγὴ ὕδατος)이 된다(요 4:14). 예수에게 가는 자는 절대로 주리지 않고 그를 믿는 자는 영원히 목마르지 않는다(요 6:35). 예수는 양의 문이므로 그로 말미암아 들어가는 자는 구원을 받고 들어가며 나오며 초장(νομή)을 얻는다(요 10:9). 예수가 온 것은 양으로 생명을 얻게 하고 더 풍성히(περισσόν) 얻도록 하기 위해서이다(요 10:10). 예수를 믿는 자는 한 움큼의 꿀이나 한 다발의 목초(牧草)가 아니라 끝이 보이지 않는 넓디넓은 초장을 얻는다. 그는 풍족하게 먹고 배부를 것이다. 이

---

[63] σῴζω 요 3:17; 5:34; 10:9; 11:12; 12:27, 47. σωτηρία 요 4:22.

[64] 요한복음은 '영생'(ζωὴ αἰώνιος)을 17번 사용한다. '생명'(ζωή)은 신약 성경에서 모두 135회 나타나는데 그중에서 공관복음에 16회, 요한복음에 36회(요 1:4bis; 3:15, 16, 36bis; 4:14, 36; 5:24bis, 26bis, 29, 39, 40; 6:27, 33, 35, 40, 47, 48, 51, 53, 54, 63, 68; 8:12; 10:10, 28; 11:25; 12:25, 50; 14:6; 17:2, 3; 20:31) 언급된다. 요한복음에서 '영생'과 '생명'은 같은 의미이며, 서로 바꾸어 쓸 수 있는(interchangeable) 동의어이다(Andreas J. Köstenberger, *A Theology of John's Gospel and Letters* [Grand Rapids: Eerdmans, 2009], 285; Richard W. Thomas, "The Meaning of the Terms 'Life' and 'Death' in the Fourth Gospel and in Paul," *Scottish Journal of Theology* 21 [1968]: 204: "We may safely assume that the terms 'life' and 'eternal life' refer to precisely the same reality."). 요한복음의 생명(영생)에 대한 자세한 설명은 이복우, "NPP에 대한 요한복음의 평가",「신학정론」34 (2016): 39-80을 보라.

[65] 이복우, "NPP에 대한 요한복음의 평가", 49.

[66] Thomas, "The Meaning of the Terms 'Life' and 'Death' in the Fourth Gospel and in Paul," 204: "Whilst for John life is the central soteriological notion."

처럼 생명으로 충만한 예수가 믿는 자에게 부요한 생명을 준다. 부요함이 충만에서 나온다. 예수의 생명 충만이 신자의 부요한 생명을 실현한다.

또한 예수가 베푼 부요한 생명은 그의 많은 열매(πολὺς καρπός)라는 말씀에서도 잘 드러난다. 이는 예수가 이루는 충만한 구원이다. "한 알의 밀이 땅에 떨어져 죽지 아니하면 한 알 그대로 있고 죽으면 많은 열매를 맺느니라"(요 12:24). 요한복음에서 이 말씀이 기록된 위치는 중요한 의미가 있다. 요한은 12장부터 20장까지, 무려 요한복음 전체의 반이나 되는 분량을 많은 열매를 맺는 예수의 죽음과 부활에 선뜻 내어놓았기 때문이다. 이는 예수가 십자가 죽음을 통해 많은 열매를 맺는 일의 중요성을 잘 보여준다. 예수는 많은 열매를 얻기 위해 죽음의 길을 갔다. 그의 죽음은 많은 사람을 구원하고 영원한 생명을 주었다. 예수는 이미 이 땅에 있을 때 선례적으로 이 일을 이루었다. 예수의 말씀을 듣고 믿는 사마리아 사람들이 '더욱 많았다'(πολλῷ πλείους, 요 4:41). 또한 무리 중에 '많은 사람'(πολλοί)이 예수를 믿었으며(요 7:31; 8:30; 10:42), '많은 유대인'(πολλοὶ ἐκ τῶν Ἰουδαίων)이 믿었고(요 11:45; 12:11), 관리 중에도 그를 믿는 자들이 '많았다'(ἐκ τῶν ἀρχόντων πολλοί, 요 12:42).

그런데 예수는 많은 열매, 즉 많은 사람을 구원하는 이 일을 아버지께서 그에게 주신 모든 사람을 구원하는 것으로 설명한다. 예수는 아버지께서 주시는 모든 자(πᾶν)를 결코 내쫓지 않으며(οὐ μὴ ἐκβάλω, 요 6:37), 그 모두(πᾶν)를 잃어버리지 않을 것이다(μὴ ἀπολέσω, 요 6:39). 또한 어떤 사람도 아버지가 예수에게 주신 양들을 그의 손에서 빼앗을 수 없으며(요 10:28-19), 예수는 그들을 보전하고 지켜 그 중의 하나(οὐδεὶς)도 멸망하지 않았고(요 17:12), 그들 중에 단 하나도(οὐδένα) 잃지 않았다(요 18:9). 나아가서 한 사람 예수는 자기의 죽음으로 온 민족(ὅλον τὸ ἔθνος)을 망하지 않게 하고(요 11:50; 18:14), 땅에서 들려 모든 사람(πάντας)을 그에게로 이끌었으며(요 12:32), 아버지가 영생을 주시기 위해 아들에게 준 모든(πᾶν) 사람에게 영생을 주었다(요 17:2). 그러므로 예수가 맺은 '많은' 열매는 전체 열매 중에서 많은 '부분'을 가리키는 것이 아니라 아버지가 계획한 구원 자체, 즉 '모든' 구원을 의미한다. 예수가 성취한 '많은' 구원은 하나님이 그에게 주신 사람 중에 단 한 사람도 빠뜨리지 않는 '모든' 구원이다. 예수의 '많은' 구원은 '모든' 구원이며, 이는 '충만한' 구원이다.

이처럼 생명과 빛으로 충만한 예수는 그를 믿는 모든 자에게 부요한 생명을 주며 충만한 구원을 이룬다. 신자의 부요한 생명과 충만한 구원은 예수의 생명 충만의 증거이자 표출이요 결과이다.

2. 부요하고 풍성한 은혜

또한 은혜와 진리로 충만한 예수는 부요하고 풍성한 은혜를 베푼다. 이 사실은 물을 포도주로 만든 표적과 오병이어의 표적, 그리고 기적적인 어획에서 잘 드러난다.

1) 물을 포도주로 만듦(요 2:1-11)

예수는 물을 포도주로 만들었다(ἐποίησεν τὸ ὕδωρ οἶνον, 요 4:46). 이 첫 표적(ἀρχὴ τῶν σημείων)은 많은 학자에 의해 대체(replacement), 구속사적 성취, 성례전적 해석 등 다양한 의미로 해석되어 왔다.[67] 이 중에서도 가장 많이 지지를 받는 것은 대체의 의미로 해석하는 것이다. 여기에는 1) 유대교에서 기독교로의 대체, 2) 불완전에서 완전에로의 대체, 3) 율법에서 복음으로의 대체, 4) 옛 시대에서 새 시대로, 옛 질서에서 새 질서로, 옛 생명에서 새 생명으로, 옛 언약에서 새 언약으로의 대체, 5) 열등에서 우월로의 대체 등이 있다.[68]

그러나 이러한 해석은 여러 가지 난점을 가지고 있다. 우선 물이 유대교, 불완전, 율법, 옛 시대, 옛 질서, 옛 생명, 옛 언약, 열등을 상징하며, 포도주는 기독교, 완전, 복음, 새 시대, 새 질서, 새 생명, 새 언약, 우월을 상징한다는 해석은 알레고리(allegory)적 해석에 지나지 않는다. 또한 은혜는 율법의 대체가 아니며, 은혜가 율법을 폐기하는 것도 아니다. 율법도 은혜이기 때문이다.[69] 나아가서 이 표적의 초점은 물을 포도주로 만든 초자연적 사건

---

[67] Barnabas Lindars, "Two Parables in John," *NTS* 16 (1970): 318. 1) 신성한 역사적 사건(a genuine historical incident), 2) 자세한 알레고리(an extended allegory), 3) 상징(symbolism), 4) 성찬(eucharist).

[68] 이에 대한 자세한 내용은 이복우, "요한복음의 첫(ἀρχή) 표적의 신학적 의미", 「신학정론」 30 (2012): 65-96을 보라.

[69] 성주진, 『사랑의 마그나카르타』 (수원: 합동신학대학원출판부, 2005), 141-157, 179-198: 율법은 은혜의 반대말이 아니라 은혜의 매우 중요한 표현이다. 율법 자체가 하나님의 은혜이다. 율법은 은혜이다.

자체가 아니고 이 초자연적 사건을 행한 예수, 그가 누구인가에 있다. 이것은 요한복음 전체의 초점과 같다(요 20:30-31). 게다가 기독교는 유대교를 대체한 종교가 아니며, 구약과 신약은 연속과 통일의 관계이지 열등과 우월에 따른 대체(replacement) 관계가 아니다. 마지막으로 첫 표적은 언약의 대체도 아니다. 옛 언약과 새 언약은 내용에서 같으며 단지 시행 방법이 다를 뿐이다. "언약의 변화는 내용의 변화가 아니라 언약 방식의 변화이다. 언약 내용은 언제나 같다. '나는 저희에게 하나님이 되고 저희는 내게 백성이 되리라'(히 8:10)."[70] 하지만 첫 표적은 물이 포도주가 됨으로써 내용이 달라졌다.[71] 그러면 요한복음의 첫 표적이 가리키는 것은 무엇인가?

이 표적을 한 마디로 압축하면 '예수가 물을 포도주로 만들었다'는 것이다. 이 사실은 요한이 이 표적을 회고하면서 다음과 같이 말한 것에서도 분명하다. "전에 물을 포도주로 만드신 곳이라"(ὅπου ἐποίησεν τὸ ὕδωρ οἶνον, 요 4:46). 이것은 첫 표적에 대한 저자의 요약이므로 절대적인 의미가 있다. 따라서 첫 표적에서 예수는 물을 포도주로 만듦으로써 만물이 그에게 복종한다는 것을 보여 주었다. 예수는 창조자만이 할 수 있는 일을 행하였다.[72] ... 이것은 곧

---

[70] 조병수, "신약 성경에 나오는 구약 성경의 언약들", 「신학정론」 25권 (2007): 83-103, esp. 101; 조병수, 『히브리서』 (서울: 도서출판 가르침, 2005), 80-84, 124f.

[71] 이복우, "요한복음의 첫(ἀρχή) 표적의 신학적 의미", 67-73.

[72] A. Schlatter, 『요한복음강해』, 김희보 옮김 (서울: 종로서적, 1994), 36.

예수가 창조주 로고스이며(요 1:1-3), 하나님의 독생자(μονογενής, 요 1:14, 18), 그리스도이심(요 1:17)을 증언한 것이다. "요컨대 이 표적을 통하여 요한은 예수를 생명의 창조주이신 하나님의 아들로 나타내었다."[73] ... 선재하신(ἐν ἀρχῇ ἦν, 요 1:1) 창조주 로고스(요 1:3)가 세상에 거하심(σκηνοῦν)으로써 하나님의 독생자의 영광을 나타내신 것처럼(요 1:14), 로고스 예수가 첫 표적을 행하여 자신을 창조주, 하나님의 독생자,[74] 메시아로 계시함으로써 그의 영광을 나타낸(φανεροῦν) 것이다(요 2:11).[75] 이런 까닭에 Beasley-Murray 는 "이 표적은 예수의 영광을 나타내었다. 육신이 되신 말씀(요 1:14), 곧 인자이신 하나님의 독생자(요 1:51)가 자신의 창조적 능력을 나타내신 것이다."[76]라고 말한다.[77]

이처럼 첫 표적의 목적은 예수의 정체를 증언하는 것이다. 예수는 물을 포도주로 만듦으로써 만물에 대한 그의 권세와 지배를 확실하게 보여주었다. 이를 통해 예수는 자신을 창조주, 하나님의 아들, 그리스도로 밝히 나타내었다.[78] 그런데 예수는 이 목적을

---

[73] Stephen S. Kim, "The Significance of Jesus' First Sign-Miracle in John," *Bibliotheca Sacra* 167 (2010): 209.

[74] 조석민, "요한복음의 첫째 표적", 『요한복음의 새 관점』, 140f.: 요 1:14과 관련해서 보면 "그의 영광을 나타내셨다"(요 2:11)는 것은 이 표적을 통하여 예수가 하나님의 독생자이심을 나타내셨다는 의미이다.

[75] 이런 의미에서 표적의 '처음'(ἀρχή)은 로고스의 선재를 나타내는 ἀρχή(요 1:1)를 생각나게 한다. Cf. Barnabas Lindars, *The Gospel of John* (Grand Rapids: Eerdmans, 1995), 132.

[76] G. R. Beasley-Murray, *John*, WBC (Waco, Texas: Word Books, 1987), 35.

[77] 이복우, "요한복음의 첫(ἀρχή) 표적의 신학적 의미", 83-86.

이루는 과정에서 특징적인 행동을 보였다. 그것은 '채움'(γεμίζειν) 과 '좋은'(καλός)이다.

갈릴리 가나의 결혼식 준비는 완벽해 보였다. 결혼식을 총 책임진 연회장(ἀρχιτρίκλινος)이 있었다는 사실이 이를 증명한다(요 2:9, 10). 그러나 포도주가 떨어지고 말았다. 결혼식은 기쁨과 즐거움의 자리이다. 하지만 포도주가 떨어짐으로써 이 모든 것이 깨어지게 되었다. 이런 상황에서 예수는 물을 포도주로 만들었다. 여기에는 두 가지 특징이 있다.

먼저, 예수가 만든 포도주는 풍성한 포도주이다. 결혼식을 하는 집에 유대인의 정결 의식을 따라 두세 통 드는 돌항아리 여섯 개가 있었다(6). 두세 통은 μετρητὰς δύο ἢ τρεῖς로서 약 20갤런 또는 30갤런을 의미하며,[79] 약 79리터 또는 118리터가 된다. 그런데 이런 통이 무려 여섯 개나 되었으니 어림잡아 예수가 만든 포도주는 총 474리터 또는 708리터나 된다. 이것은 굉장히 부요하고 풍성한 양의 포도주이다. 이 사실을 강조하기 위해 요한은 예수가 복수(pl.)로 "항아리들에 물들을 채우라"(γεμίσατε τὰς ὑδρίας ὕδατος, 요 2:7b)고 말씀한 것과 이에 종들이 복수(pl.)의 "항아리들을 채웠다"(ἐγέμισαν αὐτάς, 요 2:7c)는 순종을 목격자의 관점에서 자

---

[78] Calvin, *The Gospel according to St. John 1-10*, 50: "... by giving this remarkable and glorious evidence from which it could be established that He was the son of God."

[79] Fri., μετρητής, strictly, a utensil for measuring liquids measure; in the NT a measure holding 39.4 liters or about 10.4 gallons (JN 2.6).

세히 기록했다. 예수는 여섯 개의 항아리 중에 단 하나도 제외하지 않았다. 특히 아귀까지(ἕως ἄνω) 채웠다는 말은 포도주의 풍성한 양에 대한 강조를 절정으로 이끈다. 예수는 여섯 개의 돌항아리 중에 그 어느 것 하나도 제외하지 않았고, 단 하나의 빈틈도 두지 않고 충만하게 채웠다. 이것은 예수가 베풀어 준 양적으로 풍성한 은혜이다. 따라서 예수의 은혜는 모자람(ὑστερεῖν, 요 2:3)을 채움(γεμίζειν, 요 2:7)으로, 부족을 부요함으로 변화시킨 은혜이다.

또한 예수는 질적으로도 최상의 포도주를 만들었다. 예수가 만든 포도주를 맛본 연회장의 말이 이를 잘 증명한다. "그대는 지금까지 좋은 포도주를 두었도다"(σὺ τετήρηκας τὸν καλὸν οἶνον ἕως ἄρτι, 요 2:10c). 사람마다 먼저 좋은 포도주를 내어 놓고 사람들이 취한 후에 낮은 포도주를 내어 놓는다(요 2:10a). 모든 사람(πᾶς ἄνθρωπος, 요 2:10b)이 이렇게 한다. 여기에서 제외 되는 사람은 아무도 없다. 그러나 예수는 사람들과 달리 '좋은 포도주'로 가득 채웠다. 이것은 예수 그리스도가 베풀어 준 질적으로 부요한 은혜이다.

첫 표적은 예수가 창조주, 이스라엘의 임금, 메시아, 하나님의 아들이심을 입증한다. 이 표적에서 예수는 질적으로 최상인 포도주를 양적으로도 매우 풍성하게 만들었다. 이렇게 함으로써 예수는 열등(ἐλάσσων)을 좋음(καλός)으로, 결핍을 충족으로 바꾸었다. 충만한 예수는 질적, 양적으로 부요하고 풍성한 은혜를 베푼다. 예수의 충만은 부요한 은혜로 나타난다. 충만한 예수는 부요하게 하는 예수다.

2) 오병이어 표적(요 6:1-13)

오병이어의 표적은 예수가 사람으로 하여금 믿고 죽지 않게 하는 (요 6:50) 하늘에서 내려온(요 6:33, 38, 50, 58) 생명의 떡이요(ὁ ἄρτος τῆς ζωῆς, 요 6:33, 35, 41, 48, 51, 58), 세상에 오실 '그 선지자'(ὁ προφήτης, 요 6:14, cf. 신 18:15, 18)라는 사실을 확증한다. 그러므로 이 표적은 예수가 그리스도라는 사실을 증언한다.

예수는 큰 무리가 자기에게 오는 것을 보고 빌립에게 "우리가 어디서 떡을 사서 이 사람들을 먹이겠느냐"(요 6:5)라고 질문했다. 이에 대해 빌립은 "각 사람으로 조금씩 받게 할지라도 이백 데나리온의 떡이 부족하리이다"(요 6:7b)라고 대답했다. 이 대답의 핵심은 '조금'(βραχύ [τι])과 '부족하다'(οὐκ ἀρκοῦσιν)이다. 적음과 모자람이 강조된다. 여기에 빌립의 풍요롭지 못하고 넉넉하지 못한 마음이 잘 드러난다.

이어서 안드레가 대답한다. "여기 한 아이가 있어 보리떡 다섯 개와 물고기 두 마리를 가지고 있나이다"(요 6:9a). 이어서 그는 "그러나 그것이 이 많은 사람에게 얼마나 되겠사옵나이까?"(ἀλλὰ ταῦτα τί ἐστιν εἰς τοσούτους; 요 6:9b)라고 말한다. "이것들이 무엇이냐?"(ταῦτα τί ἐστιν;)라는 말은 오천 명(요 6:10)이 넘는 엄청나게 많은 사람의 배를 채우기에 보리떡 다섯 개와 물고기 두 마리는 턱도 없이 적고 부족하다는 뜻이다. 안드레의 대답도 적음과 부족을 말하며, 이는 빌립과 다르지 않다.

그러자 예수는 사람들을 앉게 한 뒤, 떡과 물고기를 사람들에게 나누어 주었다. 이 장면을 요한은 "그들의 원대로(ὅσον ἤθελον) 주시니라"(요 6:11)고 표현한다. 예수는 '조금씩'이 아닌 '원대로' 주었다. 이어 요한은 "그들이 배부른(ἐνεπλήσθησαν) 후에 … 남은 (περισσεύσαντα) 조각 … 남은(ἐπερίσσευσαν) 조각이 열두 바구니에 찼더라"(6:12-14)고 말한다. '배부르다'(ἐμπίπλημι, ἐμπιπλάναι, ἐμπιπλᾶν)는 '가득 채우다', '충만하다'는 의미이며, '남다'(περισσεύειν)는 '풍부하다', '넘치다', '충만하다'는 뜻이다.

빌립은 조금씩(βραχύ [τι])이라고 말했지만, 예수는 원하는 대로 (ὅσον ἤθελον) 주었다. 또한 빌립은 부족하다(οὐκ ἀρκοῦσιν)고 말하고, 안드레도 "이것들이 무엇이냐?"(ταῦτα τί ἐστιν εἰς;)고 말했지만, 예수님은 5,000명이 넘는 사람들의 배고픔을 만족하게 하고 (ἐνεπλήσθησαν)도 열두 바구니가 남게(ἐπερίσσευσαν) 했다. 여기에 예수와 제자들 사이의 극적인 대조가 있다. 이것을 도식으로 나타내면 다음과 같다.

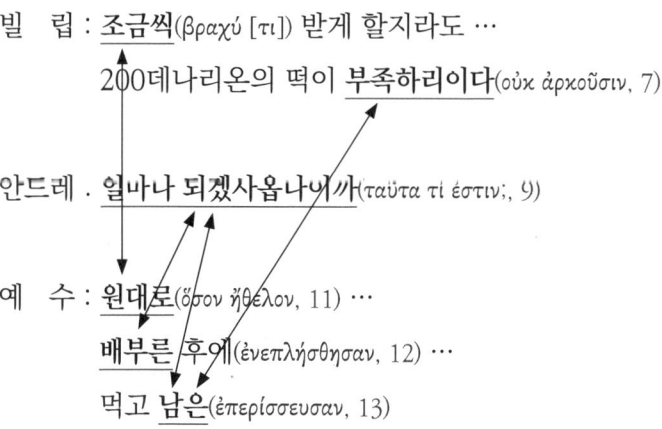

이 대조는 제자들의 가난함과 예수의 풍족함의 대비이다. 예수는 부족을 만족으로, 적음을 넘침으로 완전히 바꾸었다. 예수는 제자들의 가난함을 뒤엎고 자신의 풍족함을 나타냈다. 충만한 예수는 풍요로운 예수요 넘치는 예수다. 그는 충만하기에 충만하게 하며 풍요롭기에 풍족하게 한다. 그래서 예수는 이렇게 선언한다. "나는 생명의 떡이니 내게 오는 자는 결코 주리지 아니할 터이요 나를 믿는 자는 영원히 목마르지 아니하리라"(요 6:35).

3) 크고(μέγας) 많은(πλῆθος) 물고기 어획(漁獲)(요 21:1-14)

충만한 예수의 부요함은 요한복음 21:1-14에서도 나타난다. 여기에서도 제자들의 가난함과 예수의 부요함이 대조된다. 베드로를 포함하여 일곱 명의 제자가 배에 올라 밤새도록 고기를 잡았으나 아무것도(οὐδέν), 단 한 마리도 잡지 못했다(요 21:3). 제자들이 잡은 물고기의 수는 0이다. 그래서 예수가 "너희에게 고기가 있느냐"(μή τι προσφάγιον ἔχετε; 요 21:5b)고 물었을 때도 그들은 "없나이다"(οὔ)라고 대답할 수밖에 없었다. 이 사실은 예수가 부정의 대답을 전제로 한 μή로 질문을 한 것에서도 분명하다. 제자들의 수고는 헛것이었고 그들의 손에는 아무것도 없었다. 이것은 제자들의 가난함과 부족과 결핍을 나타낸다. 그러나 예수는 제자들이 배의 오른편에 그물을 던져 많은 물고기를 잡게 함으로써 그들의 가난을 부요로, 부족을 만족으로 바꾸었다. 요한은 이 사실을 강조하기 위해 사건의 내용을 두 가지 면으로 자세히 설명한다.

첫째는 물고기에 대한 설명이다. 우선, 물고기의 양이 매우 많았다. 제자들은 많은 물고기(πλῆθος τῶν ἰχθύων, 요 21:6b)를 잡았다. 많음을 의미하는 πλῆθος는 어원적으로 충만을 의미하며, 일반적으로는 많음, 부요함, 풍성함을 뜻한다. 요한은 이것을 확증하기 위해 물고기의 수가 무려 153마리나 되었다(ἑκατὸν πεντήκοντα τριῶν, 요 21:11a)고 밝혔다. 이 수가 무엇을 상징하느냐 하는 것은 본문에서 지시하는 바가 없다. 단지 요한이 이 수를 밝힌 것은 제자들이 잡은 물고기가 매우 많았다는 사실을 증언하기 위해서이다. 요한은 이러한 상황을 "이같이 많다"(τοσούτων ὄντων, 요 21:11b)라는 말로 정리한다.

또한 물고기의 품질도 아주 좋았다. 요한은 그물에 "큰 물고기"(ἰχθύων μεγάλων, 요 21:11a)가 가득 찼다고 말한다. '큰'(μέγας)이라는 말은 일차적으로 양을 나타내는 것이 분명하다. 동시에 문맥상 큰 물고기는 좋은 물고기를 의미할 수밖에 없다. 만일 작은 물고기가 좋은 것이었다면 굳이 큰 물고기였다고 말할 필요가 없기 때문이다. 게다가 고기의 양적인 많음은 이미 "물고기가 많아 그물을 들 수 없었더라"(요 21:6)와 "이같이 많으나"(요 21:11b)에서 강조되었다. 무엇보다도 '큰'(μέγας)이라는 말은 물리적인 크기뿐 아니라 본성, 능력, 도덕성, 중요성, 질, 신분 등에서 탁월함, 빼어남, 비범함을 나타내기도 한다(요 1:50; 4:12; 5:36; 7:37; 8:53; 10:28, 29; 13:16; 19:31 등).[80] 그러므로 제자들이 잡은 물고기는 매우 많

---

[80] Fri., μέγας, with a basic meaning *great*, translated to fit the context; (1) of extent of space *large, spacious, wide, long* (MK 4.32; 14.15); (2) of number and quantity *large, great, abundant* (HE 10.35); (3) of intensity and degree, opposite ὀλίγος (*little*); (4) of persons

앉을 뿐 아니라, 모두 큰(μέγας) 물고기로서 최상의 품질이었다.

둘째는 그물에 대한 설명이다. 그물이 큰 물고기들로 가득히 찼다(τὸ δίκτυον μεστὸν ἰχθύων μεγάλων, 요 21:11a). '가득 찬'(μεστός)은 말 그대로 충만과 채움을 의미한다.[81] 그물은 물고기들로 충만했다. 그래서 제자들은 "더는 그물을 들 수 없었다."(οὐκέτι αὐτὸ ἑλκύσαι ἴσχυον, 요 21:6b). 요한은 "더는 … 않다."라는 뜻의 οὐκέτι(no longer)를 문장 맨 앞에 둠으로써 이 사실을 더욱 강조한다. 나아가서 요한은 이 일의 기이함을 역설적으로 표현하여 "이같이 많으나 그물이 찢어지지 아니하였더라"(요 21:11b)고 말함으로써 다시 한 번 주님이 베푸신 은혜의 부요함을 강조하고 있다.

제자들이 잡은 크고 많은 물고기, 그래서 그물을 가득히 채운 물고기는 예수가 제자들에게 양과 질에서 충만하고 부요한 은혜를 베푼 것을 잘 보여준다.[82] 충만자 예수의 은혜는 양적으로나 질적으로 충만하고 부요하다. 이 은혜는 예수가 첫 표적에서 양과 질로 충만하고 풍성하게 은혜를 베푼 것과 같다. 제자들은 빈 그물의 가난한 자이었으나 예수는 그것을 크고 많은 물고기로 충

---

possessing power, rank, dignity *mighty, great, eminent* (TI 2.13); (5) of things marked by importance *great, extraordinary, outstanding* (JN 19.31); (6) comparative (τὰ) μείζω more outstanding things (JN 1.50); BDAG, of things: *great, sublime, important*.

[81] Fri., μεστός, of quantity beyond what could or should be expected very full; literally, with the genitive full of, filled with something (JN 21.11); BDAG, μεστός 1. to filling up a space, full.

[82] Köstenberger, *John*, 593: "The inclusion of the specific number most likely reflects eyewitness recollection and points to the generous provision of Jesus. Indeed, an abundant catch of fish was considered to be evidence of God's favor (T. Zeb. 6:6)."

만하게 채웠다. 충만한 예수는 가난한 자를 충만하게 하고 부요하게 한다. 충만자 예수는 충만하게 하고 부요하게 하는 예수다. 이처럼 예수의 충만은 부요함과 풍성한 은혜로 나타난다.

3. 예수 그리스도의 '많은 선한 일'(요 10:32)

더 나아가서 예수 그리스도의 충만은 그의 '많은 선한 일들'을 통해서 확증되고 해명된다. 예수는 돌을 들어 치려고 하는 유대인들에게 "내가 아버지로 말미암아 '많은 선한 일들'(πολλὰ ἔργα καλά)을 너희에게 보였다"(요 10:32)고 말씀했다. 이때 예수는 '선한 일들'(ἔργα καλά) 앞에 '많은'(πολλά)이라는 수식어를 붙인다. 이 말은 그가 행한 일 중에 많은 것이 선했고 일부는 그렇지 않았다는 뜻이 아니라, 그가 많은 일을 행하였는데 그 모든 일이 다 선했다는 의미이다.[83] "너희 중에 누가 나를 죄로 책잡겠느냐"(요 8:46)는 예수의 말씀이 이를 잘 증명한다. 따라서 예수의 '많은'은 곧 예수의 '모든'이며, 그의 '모든'은 다 '선함'이다. 예수가 행한 많은 선한 일에는 많은 표적들(πολλὰ σημεῖα)이 있다(요 11:47; 20:30, cf. τοσαῦτα σημεῖα, 요 12:37). 표적은 '보고' 믿게 하는 제한적 목적을 가진다(요 6:30, cf. 요 2:23; 6:14; 20:29-31). 이와 함께 예수는 제자

---

[83] Leon Morris, *Jesus Is the Christ: Studies in the Theology of John* (Grand Rapids: Eerdmans, 1989), 14: "When it is used of what people do, it may refer to good deeds (3:21; 8:39) or to bad deeds (3:19; 7:7)."

들에게 할 '많은' 말씀을 가지고 있다(요 16:12). 그러면 예수가 행한 모든 일이 다 선한 이유는 무엇인가?

첫째로 예수가 행한 일은 모두 하나님의 일이기 때문이다. 예수는 아버지 하나님께서 인 치신(ὁ πατὴρ ἐσφράγισεν ὁ θεός) 분이며(요 6:27), 아버지께서 그를 보내셨다(요 5:23, 36, 43; 6:57; 10:36; 11:42; 12:49; 14:24; 16:27, 27, 28; 17:8, 18; 20:21 등). 그래서 예수는 아무것도 스스로 할 수 없으며,[84] 자기 뜻을 행하지 않고 그를 보내신 이의 뜻을 행한다(요 5:30; 6:39, cf. 요 4:34). 그의 일들은 아버지께서 그에게 주사 이루게 하시는 일들이며(요 5:36; 17:4), 아버지께서 하시는 일을 아들도 그와 같이 행한다(요 5:19-23).[85] 아들 예수는 "하나님으로서 한 분이신 참 하나님의 일들을 행한다. 그러나 아들은 모든 점에서 아버지를 전적으로 의존하는 아들로서 그 일들을 행한다."[86]

또한 아버지께서 말할 것과 이를 것을 친히 예수에게 명령하여 주셨기에 예수는 자의로 말하지 않으며(요 12:49), 스스로 아무것도 하지 않고 친히 보고 들은 것을 증언하며(요 3:32; 요 8:38, cf.

---

[84] James Ernest Davey는 그의 책 *The Jesus of St. John: Historical and Christological Studies in the Fourth Gospel* (London: Lutterworth Press, 1958), 90-157에서 이것을 '그리스도의 의존'(The Dependence of Christ)이라고 말한다.

[85] Jan van der Watt, *An Introduction to the Johannine Gospel and Letters* (New York: T&T Clark, 2007), 40: "It is a matter of following the example of, or 'copying', the Father."

[86] Köstenberg, Swain, *Father, Son and Spirit*, 114: "The Son performs the works of the one true God as God. But he performs them as a son who is absolutely dependent upon his father in every respect. Jesus' absolute filial dependence upon the Father characterizes all of his activity in the Gospel of John."

요 3:11), 오직 아버지께서 가르치신 대로(요 8:28) 아버지께 들은 것을 말하고(요 15:15) 아버지께서 주신 말씀들을 말한다(요 17:8, 14). 예수가 이르는 말은 스스로 하는 것이 아니라, 아버지께서 그의 안에 계셔서 그의 일을 하시는 것이요(요 14:10), 예수가 이르는 것은 아버지께서 말씀하신 그대로이며(요 12:5), 그의 교훈은 그의 것이 아니라 그를 보내신 하나님의 것이다(요 7:16). 그러므로 예수가 말씀하는 것은 곧 아버지께서 말씀하는 것이며(요 12:50), 그의 말씀은 곧 아버지의 말씀이다. "너희가 듣는 말은 내 말이 아니요 나를 보내신 아버지의 말씀이니라"(요 14:24).

예수는 아버지 안에 거하고 아버지는 예수 안에 계시며(요 10:38; 14:11; 17:21) 아버지가 그와 함께 계신다(요 16:32). 그러므로 예수가 행하는 모든 일과 모든 말씀은 하나님의 일이자 하나님의 말씀이다.[87] 예수는 하나님의 행하심과 말씀을 더 드러내지도 않았고 덜 드러내지도 않았다.[88] 예수는 아버지의 이름으로 일하고(요 10:25) 아버지의 말씀을 말함으로써(요 12:50) 아버지 하나님을 나타내었다(요 1:18). 그래서 예수를 본 자는 아버지를 본 것이다(요 14:9). 이런 연유로 예수의 모든 일은 선한 일이다.

둘째로 예수는 선한 목자이기 때문에(ὁ ποιμὴν ὁ καλός, 요 10:11, 14) 그가 행하는 모든 일은 신하다. 예수는 도둑도 아니며 삯꾼도

---

[87] Carson, *The Gospel according to John*, 396. 이렇게 함으로써 예수는 요 10:30절에서 한 말("나와 아버지는 하나이니라")이 참되다는 것을 확증했다.

[88] D. A. Carson, Douglas J. Moo, edited by Andrew David Naselli, *Introducing the New Testament* (Grand Rapids: Zondervan, 2010), 50: "Jesus discloses nothing more and nothing less than the words and deeds of God."

아니다. 그는 선한(καλός) 목자다(요 10:10-14). 그래서 그가 행하는 모든 일은 선하다. 예수가 선한 목자로서 행한 대표적인 선한 일은 양들을 위하여 목숨을 버린 것이다. "나는 선한 목자라 선한 목자는 양들을 위하여 목숨을 버리거니와"(요 10:11), "나는 양을 위하여 목숨을 버리노라"(요 10:15). 물론 선한 목자가 그의 목숨을 버린 것은 강압에 의한 것도 아니요 마지못해 억지로 한 것도 아니라, 오직 그 스스로 버린 것이다. "이를 내게서 빼앗는 자가 있는 것이 아니라 내가 스스로 버리노라"(요 10:18). 이것은 선한 목자가 보인 사랑의 극치이다. 왜냐하면 예수께서 "사람이 친구를 위하여 자기 목숨을 버리면 이보다 더 큰 사랑이 없다"(요 15:12)고 말씀하셨기 때문이다. 결국 예수가 행한 선한 일들은 선한 목자가 행한 사랑의 표현이다(요 3:16).

충만한 예수는 '많은 선한 일들'을 행했다. 그가 행한 일들은 하도 많아서 만일 낱낱이 기록된다면 이 세상이라도 이 기록된 책을 두기에 부족할 것이다(요 21:25). 이처럼 예수의 충만은 그의 많은 선한 일들로 나타나고 표출된다.

4. 예수의 '다 이루심' (τελειόω, τελέω / πληρόω)

마지막으로 예수의 충만은 그의 '다 이루심' 즉 그의 '성취'로 나타난다. 예수의 완성은 그의 충만의 표출이요 결과이다. 예수의 구약 성경 성취와 '그의 일'을 온전히 이루는 것이 이에 대한 대표적인 예이다.

1) 구약 성경(γραφή) 성취

요한복음에서 예수의 '이루다'(πληρόω), 즉 '충만'(πλήρωμα)에 관련한 또 다른 중요한 주제는 예수의 구약 성경 성취이다. 요한복음은 구약 성경을 심오하게 인용한다. G. Reim은 Nestle-Aland에 근거하여 요한복음에 24개의 구약 성경 인용이 있고, 구약 성경과 관련된 구절로는 84개가 분명하게, 42개는 개연성 있는 정도로 그리고 16개는 가능성 있는 관련 구절들인 것으로 본다.[89] 따라서 구약 성경 인용에는 직접 인용과 입증할 수 있는 암시와 주제적 연결에 이르기까지 광범위하게 관련된다.[90] 이러한 현상은 요한복음의 구약 성경 의존성을 잘 보여준다.[91] 또한 요한복음의 구약 인용은 도입 방식에서도 아래처럼 다양하다.

---

[89] 김문경, 『요한신학』, 62, f. n. 22에서 재인용. G. Reim, "Studien zum alttestamentlichen Hintergrund des Johannesevangeliums," in *Johanann, Erweiterte Studien zum alttestamentlichen Hintergrund des Johannesevangeliums* (1995), 97-190.

[90] 조병수, "요한복음의 구약 성경 인용", 『그 아들에게 입 맞추라』: 수은 윤영탁 박사 은퇴기념논문집 (수원: 합동신학대학원출판부, 2005), 407-456, esp, 408-409; A. J. Köstenberger, "John," in ed. by G. K Beale, and D. A. Carson, *Commentary on the New Testament Use of the Old Testament* (Grand Rapids: Baker Academic, 2007), 415-512, esp. 415.

[91] 이복우, 『내 뒤에 오시는 이』, 224: "신약 성경의 다른 책들과 마찬가지로 요한복음에서도 구약 성경은 절대적인 위치를 점유한다. 요한복음의 모든 것은 구약 성경으로부터 흘러나온다고 해도 과언이 아니다."

도입 형식을 분류해 보면 대략적으로 다음과 같이 네 가지 유형이 있다는 것을 발견하게 된다. 첫째로 인용 도입 형식이 없는 경우(요 1:51[창 28:12]; 12:13[시 118:25-26]; 요 12:34[삼하 7:16; 시 89:37]), 둘째로 γεγραμμένον ἐστίν 또는 ἔστιν γεγραμμένον 형식(2:17[시 69:9]; 6:31[시 78:24]; 6:45[사 54:13]; 10:34[시 82:6]; 12:14f.[슥 9:9]), 셋째로 εἶπεν ἡ γραφή 또는 ἡ γραφή εἶπεν(λέγει) 형식 (7:38; 7:42[삼하7:12; 미 5:2]; 19:37[슥 12:10]), 넷째로 성취인용 형식 (ἵνα ἡ γραφή[ὁ λόγος] πληρωθῇ[τελειωθῇ]) (요 12:38[사 53:1]; 13:18[시 41:9]; 15:25[시 35:19]; 17:12[인용 없음]; 19:24[시 22:18]; 19:28[시 22:15]; 19:36[출 12:46; 민 9:12; 시 34:20]).[92]

요한의 구약 인용에는 특히 예수가 구약 성경을 성취한 사실이 강조된다.[93] 첫째로 명백한 구약 성경 인용[94] 중에 예수의 '의도적인 구약 성경 성취'를 직접 밝히는 구절들이 있다. 예수는 자신이 유다에게 떡 조각을 적셔서 준 것을 "내 떡을 먹는 자가 내게 발꿈치를 들었다고 한 성경을 응하게 하려는 것이니라"(ἵνα ἡ γραφή πληρωθῇ, 요 13:18, cf. 13:26)고 말씀했다. 이는 예수가 이사야 41:9의 말씀을 성취한 것, 즉 충만하게 한 것이다. 또한 예수는

---

[92] 조병수, 『신약성경총론』, 171.

[93] 조병수, "요한복음의 구약 성경 인용", 414: "요한복음이 구약 성경을 인용하는 도입 형식에서 가장 특징적인 것은 요한복음 12:38에서부터 자주 등장하는 성취 인용이다."

[94] Köstenberger, A Theology of John's Gospel and Letters, 300. 요 1:23; 2:17; 6:31, 45; 7:38, 42; 10:34; 12:13, 14, 38, 39; 13:18; 15:25; 17:12; 19:24, 28, 36, 37.

"내가 그들과 함께 있을 때 내게 주신 아버지의 이름으로 그들을 보전하고 지키었나이다. 그중의 하나도 멸망하지 않고 다만 멸망의 자식뿐이오니 이는 성경을 응하게 함이니이다"(ἵνα ἡ γραφὴ πληρωθῇ, 요 17:12)라고 말씀했다. 이 말씀은 구약 성경 어디에서 인용한 것인지 확인할 수 없지만, 중요한 것은 예수가 구약 성경을 충만하게 했다. 다시 말해 성취했다는 것이다. 나아가서 예수는 십자가에 못 박힌 상태에서 "내가 목마르다"(διψῶ)고 말씀했다.[95] 이것도 예수가 "성경을 응하게 하려 하사"(ἵνα τελειωθῇ ἡ γραφή) 말씀한 것이다(요 19:28). 이 세 구절이 보여 주는 공통점은 예수가 구약 성경을 온전히 이루었다, 즉 충만하게 했다는 사실이다.

둘째로 명백한 구약 성경 인용 중에 "응하게 하려하사"(ἵνα τελειωθῇ)라는 표현은 없지만, 그럼에도 예수의 행위가 구약 성경을 성취한 것이라는 사실을 간접적으로 설명한 경우들이다(요 2:17; 6:45; 7:38; 12:14-15, 38). 물론 이 외에도 입증할 수 있는 암시와 주제로 연결된 구절까지 다 합하면 예수의 구약 성경 성취는 훨씬 더 많아진다.

그러면 요한이 이처럼 구약 성경을 인용한 목적은 무엇인가? 그것은 예수의 공적 사역과 그의 십자가 죽음이 구약 성경의 모형과 예언을 성취했다, 즉 충만하게 했다는 사실을 확증하기 위해서이다.[96] 예수는 모세의 글의 주제이며("이는 그가 내게 대하여 기

---

[95] Köstenberger, *John*, 550: "The present reference most likely represents an allusion to Ps. 69:21: 'They ... gave me vinegar for my thirst.'" Cf. 시 22:15.

[96] Köstenberger, *A Theology of John's Gospel and Letters*, 299.

록하였음이라", 요 5:46),⁹⁷ "구약 성경은 전체적으로 예수와 그의 사건에 대한 예고이다."⁹⁸ 그리고 요한은 구약 성경 인용을 통해 예수가 구약의 주제와 모형과 사건과 예언을 "어떻게 성취하고, 드러내고, 책망하시며, 심지어 그 존재가 되시고 행하시는지를 보여준다."⁹⁹ 이리하여 요한은 구약 성경이 예수의 생애 속에서 성취되었다는 사실을, 즉 충만하게 되었다는 사실을 확실하게 밝힌다.¹⁰⁰ 이처럼 예수의 충만은 구약 성경의 성취로 표현된다. 충만한 예수는 구약의 말씀을 충만하게 성취한 신약의 말씀(λόγος)이다.

2) '그의 일'(αὐτοῦ τὸ ἔργον)을 다 이룸

요한복음에서 예수의 활동을 설명하는 매우 중요한 용어 중의 하나는 '일'(ἔργον)이다.¹⁰¹ 요한에게 있어서 표적의 중요성은 말할 필요가 없다. 그러나 우리는 요한복음이 예수의 표적보다 그의 일을 주로(mostly) 언급한다는 사실을 간과하면 안 된다.¹⁰² 요한복음

---

[97] Klink III, 『강해로 푸는 요한복음』, 1010.

[98] 조병수, 『신약성경총론』, 172.

[99] Klink III, 『강해로 푸는 요한복음』, 1009.

[100] Watt, *An Introduction to the Johannine Gospel and Letters*, 91: "His point is that the message and prophecies of the Old Testament are fulfilled in the life of Jesus."

[101] 이 주제에 대한 좀 더 자세한 논의는 Morris, *Jesus Is the Christ*, 13-19를 보라.

[102] Morris, *Jesus Is the Christ*, 13: "The importance of 'signs' for John is indisputable. But we should not overlook the fact that in this Gospel Jesus mostly refers to his 'works' rather than to his 'signs.'"

에는 일(ἔργον)이 27회 나오며,¹⁰³ 그중에 18번이 예수의 일과 관련된다.¹⁰⁴ 또한 사람의 일(τὰ ἔργα τοῦ Ἀβραάμ, 요 8:39)과 하나님의 일(τὰ ἔργα τοῦ θεοῦ, 요 6:28)이 있고, 사람과 관련하여 선한 일(요 3:21; 8:39)과 나쁜 일(요 3:19; 7:7)이 요한복음에 나타난다.¹⁰⁵

특히 충만과 관련하여 살펴볼 내용은 예수의 '일의 성취'이다. 예수는 "나의 양식은 나를 보내신 이의 뜻을 행하며 그의 일을 온전히 이루는 이것이니라"(요 4:34)고 말씀했다. 이 말씀에서 '뜻을 행하는 것'과 '일을 온전히 이루는 것'은 같은 말이다. 왜냐하면 "ἐμὸν βρῶμά ἐστιν ἵνα ποιήσω τὸ θέλημα τοῦ πέμψαντός με καὶ τελειώσω αὐτοῦ τὸ ἔργον"에서 'καί'는 얼마든지 '즉', '다시 말하면'이라는 뜻으로 해석될 수 있기 때문이다. 예수는 자기의 뜻을 행하는 것이 아니라 오직 그를 보내신 아버지의 뜻을 행함으로써 아버지의 일, 즉 '그의 일'(αὐτοῦ τὸ ἔργον)을 성취한다.¹⁰⁶ 그래서 '예수의 일'은 아버지의 일, '그의 일'로 불리며, "아버지께서 내 안에 계셔 그의 일을 하시는 것이다"(요 14:10). 이런 관계로 예수는 그의 청중들에게 '그 일들 때문에' 나를 믿으라고 요청할 수 있었다.¹⁰⁷ 예수는 하나님이 그에게 하라고 주신 일들을 행함으로

---

¹⁰³ 요 3:19, 20, 21; 4:34; 5:20, 36bis; 6:28, 29; 7:3, 7, 21; 8:39, 41; 9:3, 4; 10:25, 32bis, 33, 37, 38; 14:10, 11, 12; 15:24; 17:4.

¹⁰⁴ 요 4:34; 5:20, 36bis; 7:3, 21; 9:4; 10:25, 32bis, 33, 37, 38; 14:10, 11, 12; 15:24; 17:4. See Morris, *Jesus Is the Christ*, 15.

¹⁰⁵ Morris, *Jesus Is the Christ*, 14.

¹⁰⁶ '그의'(αὐτοῦ)를 '그 일'(τὸ ἔργον) 앞에 둔 것은 '그의'를 강조하기 위해서이다.

¹⁰⁷ Morris, *Jesus Is the Christ*, 15. Cf. 요 10:37, 38.

써 그의 백성 가운데서 하나님 자신의 일을 계속한다.[108] 결국, 예수는 아버지의 일을 성취하기 위해 보냄 받은 아버지의 지상 대리자이다(요 4:34; 5:36; 17:4). 이러한 "하나님의 일이 성취되는 통로로서 예수의 역할은 요한 기독론의 중심 주제이다."[109]

그런데 '그의 일'을 행하는 예수의 일에 독특한 단어가 동반된다. 그것은 바로 τελειόω와 τελέω이다(요 4:34; 5:36; 17:4; 19:28a, 30b). τελειόω의 일반적인 뜻은 '완성하다', '완결하다', '달성하다', '채우다', '실현하다', '충족시키다', '충만하게 하다', '완전하게 하다', '목적에 도달하다', '끝내다', '성취하다' 등이다.[110] 요한복음에서 이 단어는 앞에서 논한 πληρόω(충만하게 하다)와 동의어로 쓰이며,[111] 이 사실이 '일의 성취'가 여기서 다루어지는 이유이다. 또한 τελέω는 '끝내다', '마치다', '성취하다', '완수하다'는 의미이며,[112] 이는 τελειόω와 동족어이다. 따라서 예수가 '그의 일'을 성취하는 것은 곧 '그의 일'을 충만하게 하는 것이다. 예수의 충만은 아버지의 일을 충만하게 행하는 것, 다시 말해 아버지의 일

---

[108] Smalley, *John : Evangelist and Interpreter*, 239.

[109] Köstenberger, Swain, *Father, Son and Spirit*, 114: "Jesus' role as the one through whom God's work is accomplished is a central theme of Johannine Christology."

[110] BDAG, 1. complete, bring to an end, finish, accomplish, 2. completion, perfection, bring to full measure, fill the measure of, fulfill, make perfection.

[111] 요 19:28 ἵνα τελειωθῇ ἡ γραφή = 요 19:36 ἵνα ἡ γραφὴ πληρωθῇ (cf. 롬 13:10 πλήρωμα οὖν νόμου ἡ ἀγάπη).
  대조어 - 요 10:35, λύω, οὐ δύναται λυθῆναι ἡ γραφη.

[112] BDAG, 1. bring to an end, finish, complete, 2. carry out, accomplish, perform, fulfill, keep, 3. pay.

을 다 이루는 것으로 나타난다.

　그러면 예수가 '그의 일'을 온전히 이루는 것, 즉 아버지의 일을 성취하고 충만케 하는 것은 구체적으로 무엇을 의미하는가? 예수가 행하는 일은 단수와 복수로, 즉 '일'(ἔργον)과 '일들'(ἔργα)로 언급되었다. 복수인 '일들'은 예수가 행한 '많은 선한 일들'(요 10:32)을 가리키며, 이는 아버지를 나타내심, 표적, 강화(discourse) 등을 포함하여 아버지가 행하라고 그에게 주신(요 17:4) 모든 일을 가리킨다. 이와 달리 단수인 '일'(ἔργον)은[113] '일들'을 총칭하는 집합명사이다. 이 '일'은 하나님이 그를 보내신 뜻(요 4:34)이며, 하나님께서 보내신 예수를 믿는 것(요 6:29)이다. 또한 이 '일'은 예수가 부활의 주로서 영원한 생명을 주시는 하나님이라는 사실을 드러낸 것이다(요 7:21). 나아가서 이 '일'은 아버지가 예수에게 주신 일이요, 예수가 다 이룬 그 일이다(요 17:4). 그러므로 단수로 표현된 예수의 일(ἔργον)은 예수의 전 생애를 가리키는 것이며, 이는 그가 이룬 '구속'을 가리킨다.[114] 이 사실은 일(ἔργον)을 '이루다'(요 4:34; 17:4)에 쓰인 τελειόω의 동족어 τελέω의 사용에서도 확인된다. "모든 일이 이미 이루어진 줄(τετέλεσται) 아시고"(요 19:28a), "다 이루었다(τελειωθῇ) 하시고 머리를 숙이니 영혼이 떠나가시니라"(요 19:30b)는 모두 예수가 이룬 구원을 의미한다.

---

[113] 단수 ἔργον으로 쓰인 구절은 요 4:34; 6:29; 7:21; 10:32; 17:4이다. 이 중에 10:32는 문맥상 복수 안에서 사용된 단수이므로 본 논의와 관련이 없다.

[114] Morris, *Jesus Is the Christ*, 17-18: "The whole of his time here on earth could be seen as one work of God. He came not to do this particular deed or that, but through his whole life to accomplish the saving purpose of the Father."

결론적으로 예수는 '그의 일' 즉 하나님의 일을 다 이루었다. 이를 통해 구속의 성취가 이루어졌다.[115] 따라서 예수가 '그의 일'을 성취한 것은 구원을 온전히 이룬 것을 의미한다. **충만한 예수는 '그의 일'을 충만하게 이룬다.** 예수의 충만은 그의 구속 성취로 표현되었다.

VI. 맺음말

지금까지 고찰한 예수의 충만을 종합하여 분석하면 다음과 같은 결론을 얻는다.

1. 예수는 충만자이다. 요한복음은 이 사실을 매우 강조한다. 예수는 신성으로 충만하고 생명과 빛으로 충만하며 은혜와 진리로 충만하다. 예수는 구속사의 성취로 말미암은 기쁨이 충만하며 소유와 권세로 충만하고 성령으로 충만하다. 그러므로 예수는 하나님이며(요 1:1, 18; 5:18; 10:30; 20:28), 그의 충만은 본유적이다.

2. 충만한 예수는 충만하게 하는 예수다. 충만자인 예수는 혼자만의 충만으로 만족하지 못한다. 예수는 신성으로 충만하다. 신성으로 충만한 예수는 만물을 창조하되 그 만물 안에 그의 신성과 능력으로 충만하게 했다. 그러므로 만물은 그의 신성의 표

---

[115] Köstenberger, *A Theology of John's Gospel and Letters*, 317: "In a very important sense, John's message is that in Jesus *all* of salvation history finds its climactic fulfillment."

현이며, 만물의 충만은 그의 충만한 신성의 전시이다. 생명과 빛으로 충만한 예수는 그를 믿는 모든 자에게 자기의 생명과 빛으로 충만하게 한다. 충만하고 부요하고 풍성한 예수의 생명이 그를 믿는 모든 자의 생명을 충만하게 한다. 예수는 은혜와 진리로 충만하며, 그를 믿는 자는 그의 충만으로부터 은혜와 진리를 받아 은혜 위에 은혜, 풍성한 은혜를 누린다. 기쁨으로 충만한 예수는 그의 구속에 동참하는 자들을 기쁨으로 충만하게 한다. 소유로 충만한 예수는 권세로 충만한 예수며, 모든 믿는 자에게 하나님의 아들이 되는 권세를 준다. 성령으로 충만한 예수는 그를 믿는 자들을 성령으로 충만하게 한다. 예수는 충만자이자 충만하게 하는 예수다.

3. 예수의 충만은 그의 안에 갇혀 있지 않고 드러나고 표출된다. 예수의 '충만'($\pi\lambda\acute{\eta}\rho\omega\mu\alpha$, $\pi\lambda\eta\rho\acute{o}\omega$, $\pi\lambda\acute{\eta}\rho\eta\varsigma$)은 그의 '부요/풍성하심'($\dot{\epsilon}\mu\pi\acute{\iota}\pi\lambda\eta\mu\iota$, $\pi\epsilon\rho\iota\sigma\sigma\epsilon\acute{u}\omega$), '많음'($\pi o\lambda\acute{u}\varsigma$, $\pi\lambda\tilde{\eta}\theta o\varsigma$), '성취'($\tau\epsilon\lambda\epsilon\iota\acute{o}\omega$, $\tau\epsilon\lambda\acute{\epsilon}\omega$ / $\pi\lambda\eta\rho\acute{o}\omega$)로 표현된다. 예수의 충만한 생명과 빛은 부요한 생명, 충만한 구원을 이룬다. 은혜와 진리로 충만한 예수는 부요하고 풍족한 은혜를 베풀며 부족을 만족으로 바꾼다. 충만한 예수는 선한 많은 일을 충만하게 행하며, 구약 성경을 충만하게 성취하고, '그의 일', 즉 아버지 하나님의 일을 충만하게 이룬다. 이때 부요, 많음, 성취는 충만의 의미를 공유하며 동시에 서로의 의미를 함유하기도 한다. 그래서 이들은 각각 자신만의 의미를 가지면서도 서로 바꾸어 쓸 수 있는 상호 교호적인 특징도 있다. 이런 현상은 예수의 충만의 의미를 더 넓고 깊고 풍성하고 부요하게 드러낸다.

4. 요한복음의 구조도 예수의 충만을 표현한다. 요한복음에는 충만과 이를 표현하는 주제들이 처음부터 끝까지 쉼 없이 나타난다. 특히, 예수는 첫 표적을 행함으로 그의 공적 사역을 시작했고, 153마리의 물고기를 잡게 함으로써 그의 공적 사역을 마무리했다. 예수는 양질의 포도주를 매우 풍성하게 만들었고, 질 좋은 물고기를 그물에 가득하도록 채웠다. 이 두 사역은 모두 예수가 베푼 양적, 질적 부요함을 보여주며, 이 부요함은 예수의 충만의 표현이다. 따라서 요한복음은 예수의 충만으로 inclusio를 이룬다. 이러한 구조는 요한복음의 충만 신학의 중요성을 강조한다.

5. 궁극적으로 요한복음의 **구원은 예수 그리스도의 충만을 회복하는 것이다.**[116] 생명으로 충만한 예수는 그를 믿는 자에게 충만한 생명을 준다. 생명으로 충만한 예수는 그를 믿는 자를 생명으로 충만하게 한다. 이것은 곧 구원을 의미한다. 구원은 예수를 영접함으로써(ἔλαβον αὐτόν, 요 1:12) 받는다. 이 말씀은 "그의 '충만'으로부터 받는다"(ἐκ τοῦ πληρώματος αὐτοῦ … ἐλάβομεν, 요 1:16)는 말씀

---

[116] Ferdinand Hahn, 『신약성서신학 I』(*Theologie des Neuen Testaments* I), 강면광 외 역 (서울: 대한기독교서회, 2007), 424: "그리스도의 이러한 충만함은 하나님의 구원의 실재이며, 그 안에서 우리가 '충만하게 되고'(ἵνα πληρωθῆτε εἰς πᾶν τὸ πλήρωμα τοῦ θεοῦ, 엡 3:19, 비교. 5:18b), 그 충만함에 우리는 이미 한 부분을 차지하고 있다."; 길성남, 『골로새서・빌레몬서』(고양: 도서출판 이레서원, 2019), 161: "하나님의 본성의 모든 충만이 그리스도 안에 거하고 있기 때문에 그리스도를 믿음으로써 그분과 연합한 골로새 성도들도 충만하게 된 것이다. … 오직 신성의 모든 충만이 거하는 그리스도 안에서만 충만하게 될 수 있다. … 구원과 관련하여 그들은 충만하게 되었다."; 박형용, 『골로새서 / 빌레몬서 주해』(수원: 합신대학원출판부, 2020), 109: "바울은 그리스도가 '신성의 모든 충만'(골 2:9)을 소유한 하나님이시기에 예수 그리스도를 믿는 성도들은 예수님과 연합되어 온전하게 충만해졌음을 천명한다."

과 상응한다.[117] 그러므로 예수를 영접하는 것은 그의 충만으로부터 받는 것이며, 이는 구원을 가리킨다. 이런 까닭에 만일 우리가 구원받지 못했다면 그의 충만을 결코 기뻐하지 못할 것이다.[118] 자신의 충만을 따라 만물을 충만하게 창조한 예수 그리스도는 만물의 가난을 참지 못 하며, 빈핍(貧乏)한 인생을 기뻐하지 못 한다. 그는 만물을 창조 시의 충만으로 회복시키기를 원한다. 이를 위해 그는 세상에 왔고, 그를 믿는 모든 자를 그의 충만으로 충만케 한다. 따라서 **구원은 예수의 충만으로 충만하게 되는 것**, 다시 말해 **예수의 충만을 회복하는 것**이다.

6. 마지막으로 신자의 '충만 표현'이다. 예수 그리스도의 충만은 표현하는 충만이다. 그러므로 예수의 충만함을 받아 충만하게 된 신자도 충만을 표출하는 자이어야 한다. 그는 다른 사람을 생명으로 충만케 하며 은혜로 부요하고 풍성하게 하는 삶을 산다. 예수로부터 자신이 메시야 곧 그리스도(요 4:25-26)라는 말을 들은 사마리아 여자는 동네로 들어가 예수를 증언했다(요 4:28-29). 그리하여 그 동네 중에 '많은'(πολλοί) 사마리아인이 예수를 믿었다(요 4:39). 예수로부터 죽음의 문제를 해결 받은 마리아는 300데나리온이나 되는 '지극히 비싼'(πολύτιμος) 향유를 예수의 발에 부었고, 이 때문에 향유 냄새로 십이 '충만하게 되었나'(ἡ οἰκία ἐπληρώθη ἐκ

---

[117] J. Ramsey Michaels, *The Gospel of John*, NICNT (Grand Rapids: Eerdmans, 2010), 88.

[118] S. Lewis Johnson Jr., "The Word in History and among Believers: John 1:14-18," *Believers Bible Bulletin* (1981. 12): 4. MacLeod, "The Benefits of the Incarnation of the Word: John 1:15-18," 183에서 재인용.

τῆς ὀσμῆς τοῦ μύρου, 요 12:1-5). 예수는 포도나무요 그를 믿는 자는 가지이다. "그가 내 안에, 내가 그 안에 거하면" 그는 열매를 '많이' 맺는다(φέρει καρπὸν πολύν, 요 15:5, 8). 전에 예수께 밤에 찾아왔던 니고데모가 몰약과 침향(ἀλόη) 섞은 것을 '백 리트라 쯤'(ὡς λίτρας ἑκατόν) 가지고 와서[119] 예수의 시체를 싸고 장례를 치렀다(요 19:39-40). 100 리트라는 약 30kg이다.[120] 이것은 '상당히 많은 양'[121]이다.[122] 충만케 된 자는 충만을 표현함으로써 예수를 '본받는 자'(μιμητής, 고전 4:11; 11:1; 엡 5:1; 살전 1:6, cf. 고전 4:6; 빌 3:17, 19; 살전 2:14; 히 6:12; 13:7)로 산다.[123]

---

[119] Carson, *The Gospel according to John*, 629: "If *at night* (3:2) there has the moral overtones suggested by the context of ch. 3 (*cf*, esp. 3:19-21), John may be telling us that by this action Nicodemus shows he is stepping out of the darkness and emerging into the light."

[120] Köstenberger, *John*, 360: "A λίτρα ... amounted to about eleven ounces, or a little less than three-quarters of a pound."; Köstenberger, *John*, 555; Carson, *The Gospel according to John*, 629.

[121] Köstenberger, *John*, 555: "a considerable amount."

[122] 바로 이 점에서 우리는 니고데모에 대한 최종 평가를 긍정적으로 내릴 수 있을 것이다.

[123] 사마리아 여자, 마리아, 나사로 이 세 사람의 또 다른 공통점은 예수를 그리스도로 고백한 명시적인 신앙고백이 없다는 것이다. 그런데 이들 모두 '많은' 것을 드려 부요함을 표현함으로써 충만을 표현하였다.

심층연구 3

하나님의 사랑(요 3:14-16)

예수님은 십자가에 못 박히기 전, 무교절 만찬에서 제자들에게 "내가 너희를 사랑한 것 같이 너희도 서로 사랑하라 너희가 서로 사랑하면 이로써 모든 사람이 너희가 내 제자인 줄 알리라"고 말씀하셨다. 이것은 제자들이 세상 사람들에게 알려지기 이전에 먼저 서로 사랑하는 공동체를 이루어야 한다는 말씀이다. 제자공동체가 선교공동체이기 위해서는 사랑공동체이어야 한다는 뜻이다. 서로 사랑하는 공동체는 이미 선교공동체이다. 따라서 신자는 서로 사랑하기 위해 우리의 사랑의 표준이요 규범인 하나님의 사랑에 대해 분명한 이해를 하고 있어야 하고 그 사랑의 가치에 대해서도 잘 알고 있어야 한다.

요한복음 3:14-15과 함께 16절은 하나님의 사랑에 대한 분명한 가르침을 준다. 16절을 14-15절과 함께 생각해야 하는 이유는 두 가지이다. 첫째는 이 둘이 "왜냐하면"(γάρ)이라는 이유의 접속사로 연결되어 있기 때문이다. 둘째는 이 둘 다 "이처럼"이라는 말과(14b//16a) "믿는 자마다 영생을 얻게 하려 하심이라"는 내용을 공통으로 가지고 있기 때문이다(15//16b). 이 구절들은 하나님이 사랑하신 방법과 이 사랑의 실행과 목적이 무엇이며, 또한 이 사랑의 대상이 누구인지에 대하여 교훈하고 있다.

1. 사랑의 방법 : "이처럼"(οὕτως)

본문은 먼저 하나님이 우리를 사랑하신 방법에 대하여 알려준다. 16절은 "하나님이 세상을 이처럼 사랑하사"라는 말씀으로 시작한다. 그러면 "이처럼 사랑하사"에서 "이처럼"(οὕτως)이라는 말은 무슨 뜻일까? 어떤 사람들은 '이처럼'이 하나님의 사랑의 정도(degree)를 나타내는 것으로 이해한다. 그래서 그들은 이 단어가 하나님이 아들을 주실 '정도'로 무한한 사랑을 하신 것을 의미한다고 말한다. 또 어떤 사람들은 '이처럼'을 사랑의 분량(measure)으로 생각해서 하나님이 세상을 '이처럼 많이'(so much), 이만큼, 하늘만큼 땅만큼 사랑하셨다고 말한다. 그러나 '이처럼'이라는 이 단어는 정도나 양의 의미가 있기는 하지만, 그것보다는 방법을 나타내는 의미가 더 강하다. 다시 말하면 '이처럼'은 '이와 똑같은 방식으로'(in the same way) 또는 '이러한 방법으로'(in this way or manner)라는 뜻이다.

이 사실은 14절에서도 분명하다. 아쉽게도 우리말 성경에는 14절의 상반절과 하반절 사이에 '이처럼'(οὕτως)이라는 단어가 빠져있지만, 원문에는 "모세가 광야에서 뱀을 든 것 같이 '이처럼' 인자도 들려야 한다"로 되어 있다. 여기서도 '이처럼'은 정도나 양을 나타내는 것이 아니라 방식을 의미하는 것이 분명하다. 이 사실은 '이처럼'을 빼고 그 자리에 정도나 양을 나타내는 말을 넣어 읽어보면 금방 분명해진다.

먼저 정도를 의미하는 말을 넣어 읽으면 "모세가 광야에서 뱀을 든 것 같이 '그 정도로' 인자도 들려야 하리니"가 된다. 또한 양을 뜻하는 말을 넣어 읽으면 "모세가 광야에서 뱀을 든 것 같이 '그렇게 많이' 인자도 들려야 하리니"가 된다. 이 둘 다 말이 되지 않는다. 그러나 방법의 의미를 넣어 읽으면 "모세가 광야에서 뱀을 든 것 같이(καθώς) '이와 같은 방식으로' 인자도 들려야 하리니"가 된다. 이것은 의미가 아주 잘 통한다. 따라서 한 절 다음인 16절의 "이처럼"도 정도나 분량이 아니라 방법을 의미하는 것으로 보아야 한다. 왜냐하면 같은 내용을 말하는 인접 구절에서(14, 16a) 같은 단어로 다른 의미를 나타낸다는 것은 쉽지 않은 일이기 때문이다. 이제 이러한 해석에 따라 14절과 16절을 다시 읽으면, "모세가 광야에서 뱀을 든 것 같이 '이와 같은 방법으로' 인자가 들려야 한다. 왜냐하면 하나님이 '이 방법으로' 세상을 사랑하셨기 때문이다"는 말이 된다.

하나님은 우리를 사랑하시되, 모세가 광야에서 뱀을 들었던 바로 그 방식으로 사랑하셨다. 그러면 모세가 광야에서 뱀을 들었다는 말씀은 무슨 뜻일까? 이것을 알기 위해서 우리는 민수기 21:4-9의 모세가 광야에서 뱀을 들었던 사건을 이해해야 한다. 애굽에서 나온 이스라엘 백성이 가나안 땅을 향하여 가고 있었다. 그들은 호르 산을 떠나 에돔 땅을 비켜 돌아가려고 홍해 길로 갔다. 이렇게 길을 돌아가자 힘이 든 이스라엘 백성은 마음이 상하여 하나님과 모세를 대항하여 원망하기 시작했다. 그러자 하나님께서 불뱀들을 백성 가운데 보내어 그들을 물게 했다. 여기저기서 수많은 사람이 맹독성 뱀에게 물려 죽었다. 이에 다급해진 이스라엘 백성은 자신들의 죄를 고백하며 모세에게 기도하여 달라고 요청했다(민 21:7b). 그래서 모세가 하나님께 기도했고, 하나님은 이스라엘이 살 수 있는 한 가지 방편을 제공하셨다. 하나님은 놋(구리)으로 불뱀의 형상을 만들어 장대 위에 달게 하고 그것을 쳐다보는 자는 즉시 살 것이라고 말씀하셨다. 모세는 하나님의 말씀대로 놋뱀을 만들어 장대 위에 매달았다. 그리고 뱀에게 물려 죽어 가는 자도 그것을 쳐다본 즉시 모두 살았다.

이 사건의 요지는 죄는 이스라엘 백성이 지었지만 놋뱀이 장대에 들림으로써 그들이 죄의 형벌인 죽임을 당하지 않고 생명을 얻었다는 것이다. 하나님께서는 이스라엘 백성이 지은 죄에 대한 죽음의 형벌을 그들에게서 거두어 장대 끝에 달린 놋뱀에게 몽땅 다 쏟아 부으신 것이다. 그러므로 모세가 광야에서 뱀을 든 이 사건은 '대리 속죄'의 원리를 잘 보여 주는 것이다. 이것이 바로 하나님이 우리를 사랑하신 방법이다. 그리고 인자가 그와 똑같은 방식으로 십자가에 들리셨다.

요한복음은 예수 그리스도의 대리적 속죄에 대하여 매우 강조한다. 세례자 요한은 예수님을 "세상 죄를 지고 가는(αἱρεῖν) 하나님의 어린 양"이라고 부른다(요 1:29, 36). 예수님이 유월절 희생양이 되어 '세상'의 죄를 제거하신다. 또한 예수님은 "내가 땅에서 들리면 '모든 사람'을 내게로 이끌겠노라"고 말씀하셨다(요 12:32-33). 예수님 한 분의 죽음은 모든 사람을 예수께로 이끄는 죽음이다. 이러한 예수님의 대리적 속죄는 특히 요한복음이 "…을 위하여"(ὑπέρ)라는 표현을 자주 사용하는 데서 잘 나타난다. "내가 줄 떡은 곧 세상의 생명을 위한 내 살이니라"(요 6:51c). 선한 목자이신 예수님은 양들을 위하여 목숨을 버린다(요 10:11, 15). 가야바는 예수님의 죽음을 한 사람이 백성을 위하여 죽어서 온 민족이 망하지 않게 되는 죽음이라고 예언했다(요 11:49-52; 18:14). 예수님은 친구를 위하여 자기 목숨을 버리셨다(요 15:13). 이 모든 말씀이 예수님의 대리적 희생(vicarious sacrifice)을 잘 보여 주고 있다. 이것이 바로 하나님이 우리를 사랑하신 방법이다.

2. 사랑을 실행한 결과 : "그래서"(ὥστε)

둘째로 본문은 하나님이 이러한 사랑을 실행하신 결과(ὥστε)에 대하여 말씀한다. 하나님은 모세가 광야에서 뱀을 들었던 바로 그 대속의 방법으로 우리를 사랑하셨다. 그러면 이 사랑은 어떻게 실행되었는가? 16절은 하나님이 세상을 이 방법으로 사랑하셨다고 말씀한 다음에 "그래서"(ὥστε) 하나님이 독생자를 주셨다고 말씀한다. 이것은 하나님께서 세상 사랑을 실행한 결과로 예수님을 주신 것을 의미한다. 하나님은 자기 아들을 주심으로써 대속의 사랑을 실행에 옮기셨다. 하나님의 사랑은 환상이나 공상적인 것이 아니요, 말로만의 사랑도 아니다. 하나님은 자기의 사랑을 나타낼 방법을 생각하셨고 또 그것을 구체적으로 실행하셨다. 그것은 바로 독생자 예수님을 내주시어 세상의 모든 죄를 그 한 몸에 다 짊어지고 십자가에 '들리도록' 하신 것이다. 예수님은 친히 나무에 달려 그 몸으로 우리 죄를 담당하셨다(벧전 2:24). 하나님은 예수님을 나무에 매달아 우리가 받아야 마땅한 죄로 말미암은 죽음의 형벌을 대신 다 받게 하셨다. 우리를 향한 하나님의 사랑은 어느 성전이나 법궤와 같은 사물을 선물하거나 천사나 선지자와 같은 어떤 다른 인물을 주심으로 그친 것이 아니다. 하나님은 대속의 사랑을 이루기 위해 독생자 예수님을 주셨다. 하나님은 우리를 사랑하시되 값싸게 사랑하지 않으셨다. 하나님은 우리를 사랑하시기 위해 독생자를 주시는 가장 비싼 값을 치르셨다.

3. 사랑의 목적 : "…하기 위하여"(ἵνα)

셋째로 본문은 하나님이 이렇게 사랑하신 목적이 무엇인지를 말씀한다. 왜 하나님은 이 엄청난 값을 치르면서까지 우리를 사랑하셨을까? 그것은 예수님을 구주로 믿는 자마다 멸망하지 않고 영생을 얻도록 하기 위해서이다. 모든 사람은 죄인이며, 죄인은 반드시 사망에 이르게 되어 있다(롬 6:23). 하지만 하나님의 사랑은 신자를 멸망에 이르지 않게 한다.

또한 하나님의 사랑은 신자를 멸망에 이르지 않게 할 뿐 아니라 그에게 영원한 생명을 준다. 그러면 영생은 무엇이며 또 그것이 어떻게 주어지는가? 하나님 아버지께서는 자신 속에 생명을 가지고 계신다. "아버지께서 자기 속에 생명이 있음 같이"(요 5:26a). 하나님은 생명을 본유적으로 소유하고 계시는 영생의 진원지이다. 그리고 하나님은 이 생명을 아들이신 예수님에게 주어 그분 속에 있게 하셨다. "아들에게도 생명을 주어 그 속에 있게 하셨고"(요 6:25b). 예수님은 하나님과 같은 생명을 소유하시며 그 자신이 참된 생명이시다. 그래서 예수님은 "내가 생명의 떡이다"(요 6:35, 48), "내가 부활이요 생명이다"(요 11:25), "내가 곧 길이요 진리요 생명이다"(요 14:6)라고 말씀하신 것이다.

나아가서 예수님은 이 생명을 믿는 자에게 주신다(요 4:10, 14; 6:27, 51). "내가 그들에게 영생을 주노니"(요 10:28). "아버지께서 아들에게 주신 모든 사람에게 영생을 주게 하시려고"(요 17:2). 결국 아버지의 생명이 예수님을 통해 역사 속에서 믿는 자에게 주어진다. 아들이 아버지의 생명에 참여하는 것처럼 신자도 아들을 믿음으로써 하나님의 생명에 참여하게 되는 것이다(요 6:57).

그런데 예수님은 신자에게 생명을 주시되, 자신의 생명을 쪼개어 분배하는 방식으로 주는 것이 아니라 신자를 하나님께 연합시킴으로써 생명을 주신다. 신자가 하나님의 생명을 얻는 것은 생명의 물리적인 분배에 의해서가 아니라 신자가 생명의 원천으로 들어감으로써 이루어진다. 하나님과 예수님과 신자의 완전한 연합과 이를 통한 하나 됨이 이것을 잘 증언한다. "그 날에는 내가 아버지 안에, 너희가 내 안에, 내가 너희 안에 있는 것을 너희가 알리라"(요 14:20, cf. 요 17:21). "곧 내가 그들 안에 있고 아버지께서 내 안에 계시어 그들로 온전함을 이루어 하나가 되게 하려 함은(요 17:23)."

신자가 생명을 얻는 것은 그가 하나님과 예수 그리스도와의 완전한 결속을 통해 생명이신 하나님 안으로 들어가는 것이며, 그 생명에 소속되고 연합되는 것이다. 그러므로 신자의 영생은 신자가 하나님의 생명을 부분적으로 나누어 가지는 것이 아니라 생명이신 하나님께 연합되어 하나님의 생명 그 자체를 공유하는 것이다. 이것은 요한복음 15:5의 포도나무와 가지 비유에서 잘 나타난다. 가지는 나무의 생명을 분배받는 것이 아니라 나무의 생명을 공유한다(cf. 벧후 1:4). 이와 같은 하나님과 신자의 생명 공유성이 바로 신자가 영생하는 이유이자 근거이다. 아버지와 아들과 신자는 한 생명 안에서 연합된 관계에 있다. 결국 영생의 본질은 단순히 시간상으로 영원히 사는 것이 아니라 신자가 영생인 하나님과 아들에게 연합된 관계를 의미한다. 영생은 시간적인 것을 넘어서 관계적이다.

이처럼 믿는 자는 하나님과 예수님과의 연합된 관계를 통해 하나님의 생명을 공유한다. 따라서 신자의 생명은 하나님과 예수께서 소유하시는 바로 그 생명이다. 신자가 받은 생명은 하나님의 생명보다 못한 것이 아니며 하나님의 생명과 질 다른 것도 아니다. 하나님이 신자에게 주신 생명은 하나님 자신의 생명 그 자체이다. 신자의 생명은 하나님의 생명과 같은 것이다. 이런 까닭에 영생은 그리스도 안에 있는 신자의 삶이며, 신자 안에 있는 그리스도의 삶이다(요 15:5; 갈 2:20; 엡 1:13-14).

그리고 이러한 하나님과 신자의 생명의 동일성은 신자가 소유한 생명의 영원 불변성을 보증한다. 이것이 중요하다. 하나님이 영원히 존재하시듯이 하나님과 연합한 신자도 하나님의 생명과 같은 생명을 소유하였기에 하나님처럼 영원히 산다. 하나님의 존재와 본질이 변질하지 않는 한 하나님의 생명도 그분이 베푸신 구원도 변할 수 없다. 하나님의 생명이 끊어질 수 있다면 신자에게 주어진 영생도 끊어질 수 있을 것이다. 하지만 하나님의 생명이 영원한 생명이기에 신자의 생명도 영원한 생명일 수밖에 없다. 따라서 우리가 예수님을 믿어 하나님의 자녀가 되고 영생을 얻은 것은 절대로 무효가 되거나 번복될 수 없으며 무름도 없다.

하나님의 사랑은 사람이 물질의 복을 얻는 것, 마음의 평안을 누리는 것, 몸이 건강과 같은 것을 우선으로 하지 않는다. 하나님의 사랑은 신자를 멸망에서 인도하여 하나님과 연합시켜 하나님의 생명을 공유하게 하고 하나님과 영원히 살게 하는 것이다. 이것이 하나님의 사랑의 궁극적인 목적이다. 그래서 신자는 아무리 불행하게 살아도 불행하지 않으며, 아무리 억울하게 살아도 억울하지 않다. 만일 이것이 인정되지 않는다면 아직도 복음을 제대로 모르는 것이다.

4. 사랑의 대상

넷째로 본문은 이러한 사랑을 받은 대상에 대하여 말씀한다. 하나님이 '세상'을 이처럼 사랑하셨다. 본문이 말씀하는 세상은 넓게는 하나님이 창조하신 우주 만물을 가리키는 것이지만, 그 핵심은 인간이다. 왜냐하면 15절과 16c에서 "믿는 자"라고 말씀하기 때문이다. 하나님의 세상 사랑의 중심에 인간이 있다. 여기에는 다음과 같은 몇 가지 특징이 동반된다.

1) 비참하고 무가치한 자를 사랑하심

먼저 하나님은 무가치한 인간을 사랑하셨다. 이것은 요한복음이 말하는 인간의 상태를 조금만 살펴보아도 금방 확인된다. 사람들은 어둠에 빠져 있어서(요 1:5a; cf. 요 9:39) 그리스도를 깨닫지도 못하며(οὐ κατέλαβεν, 요 1:5b) 알지도 못하고(οὐκ ἔγνω, 요 1:10c) 영접하지도 않았다(οὐ παρέλαβον, 요 1:11b). 니고데모는 세상의 지식과 지위에 있어서 최고의 자리에 있던 사람이지만 거듭남에 대하여 알지 못했다. 사마리아 수가성 여자는 땅의 것에 집착하는 반면 하늘의 것을 알지 못했다. 이는 인간의 연약함과 타락을 잘 보여 준다(요 4:1-42). 베데스다 못 가의 행각에 모인 병자들은 허황한 미신을 좇아 치열한 경쟁을 벌이는 인간의 어리석음을 잘 드러낸다(요 5:1-18). 날 때부터 소경이었던 자가 눈을 뜨게 되는 실로암의 표적은 인간은 참으로 어둠 가운데 놓여 있다는 것을 확인시켜 준다(요 9:1-41). 그리고 가룟 유다와 베드로는 주님을 배반하는 인간의 연약함과 비참함을 잘 보여 준다. 인간의 모습이 이러할진대, 그런데도 하나님은 이러한 인간을 사랑하셨다. 하나님은 아무런 가치도 없는 비참한 인생들을 사랑하신 것이다.

2) 자발적인 사랑

여기서 우리는 또 다른 사실을 하나 확인하게 된다. 그것은 하나님이 우리를 사랑하신 동기가 우리에게 있는 것이 아니라 전적으로 하나님에게 있다는 것이다. 인간은 단지 죄인이며 연약하고 비참할 뿐이다. 그런데도 하나님은 이렇게 비참한 인간을 위해 자기의 아들을 십자가에 못 박으셨다. 하나님이 우리를 사랑하신 것은 우리에게 사랑받을 만한 무엇이 있었기 때문이 아니다. 우리는 하나님의 사랑을 유발할 만한 그 어떤 것도 가지고 있지 못하다. 그러므로 하나님의 사랑은 철저히 자발적인 사랑이다. 하나님이 인간을 사랑하신 유일한 동기와 근거는 오직 하나님 자신 안에 있다. 우리 안에 구원의 근거가 전혀 없듯이, 우리 안에는 사랑받을 근거도 전혀 없다. 구원이 우리 밖에서 오듯이 사랑도 오로지 우리 밖에서 온다.

3) 가치창조의 사랑

그런데 이렇게 아무런 자격도 없고 가치도 없는 인간이 하나님의 사랑을 받음으로써 참된 가치를 가지게 된다. 무가치한 인산이 하나님의 사랑을 받음으로써 절대적인 가치를 가지게 된다. 그 이유는 무엇보다도 죄로 인해 죽어 마땅한 우리가 하나님의 사랑을 받아 하나님의 생명을 공유하게 되었기 때문이다. 무가치한 인생이 하나님의 사랑으로 인해 그리스도 안에서 하나님과 연합되고 하나님과 한 생명을 공유하는 자가 되었다. 그러니 신자는 참으로 존귀한 자일 수밖에 없다. 이런 까닭에 하나님의 사랑은 가치 창조의 사랑이다. 하나님의 사랑은 인간 가치를 인식하는 사랑이 아니라 인간 가치를 창조하는 사랑이다. 무가치한 인생이 하나님의 사랑으로 인해 참된 가치를 가진 존귀한 인생이 되는 것이다.

5. 맺음말

신자는 언제나 사랑해야 할 대상들 앞에 선다. 신자 앞에는 언제나 사랑해야 할 사람들만 있다. 이를 위해서 신자는 하나님의 사랑으로 끊임없이 돌아가야 한다. 하나님을 모독한 자요 하나님의 원수요 하나님을 대적한 자가 하나님으로부터 이토록 큰 사랑을 받았다는 것을 기억할 때, 하나님의 사랑으로 사랑할 수 있을 것이다. 그리할 때, 멸망 받을 인간을 하나님의 생명을 소유하는 인간으로, 비참한 인간을 영광스러운 인간으로, 무익한 인간을 그리스도를 위하는 유익한 인간으로, 무가치한 인간을 무한한 가치를 가진 존귀한 인간으로 세울 수 있다.

요한복음 연구

목격자의
참 증언

The True Testimony from the Eyewitness

7

세례자 요한 (Ἰωάννης ὁ βαπτιστής)의 정체와 역할*

✝

요한복음에서 세례자 요한[1]은 10장까지 나타나며, 그에 대한 언급은 다음과 같다. 1) 세례자 요한의 정체(요 1:6-8). 2) 예수에 대한 세례자 요한의 증언 1(요 1:15). 3) 자기에 대한 세례자 요한의 증언(요 1:19-28). 4) 세례자 요한의 예수 정체 인식(요 1:29-34). 5) 예수에 대한 세례자 요한의 증언 2(요 1:35-36). 6) 예수의 세례 줌과 세례자 요한의 세례 줌(요 3:22-4:2). 7) 세례자 요한에 대한 예수의 증언(요 5:33-36). 8) 세례자 요한에 대한 최종 평가(요 10:40-42).

I. 세례자 요한에 대한 기존의 이해

이처럼 여러 곳에 등장하는 세례자 요한의 정체와 기능은 대체로 다음과 같이 두 가지로 이해되어 왔다. 첫째, 요한복음에서 세례자 요한은 예수에 비해 열등한 존재이며, 그는 이 열등성을 통해

---

* 본 장은 「교회와 문화」 29 (2012): 133-164에 실린 나의 글을 수정, 보완한 것이다.
[1] 본 장에서 '요한', '세례자', '세례자 요한'은 모두 같은 인물을 가리킨다.

예수의 우월성을 드러내는 역할을 한다. 여기서 세례자 요한은 세례자 요한 종파를 논박하는 중요한 근거로 제시된다.[2] 둘째, 요한복음에서 세례자 요한의 유일한 역할은 예수를 증언하는 것이며, 따라서 그의 정체도 단지 증언자일 뿐이다. 요한복음의 세례자 요한에게는 증언 외에 다른 어떤 역할도 없다.[3] 이 주장에 대한 몇 가지 예를 들면 다음과 같다.

"그는 오실 주를 위해 <u>다만</u> 증언하는 역할만을 수행한다."[4] "요한복음의 저자는 세례자 요한을 예수님에 대한 증언자로 묘사할 뿐

---

[2] D. W. Baldensperger, *Der Prolog des vierten Evangeliums, Sein polemisch - apologetischer Zweck* (Freiburg: J. C. B. Mohr, 1898), 4-9; W. F. Howard, *The Fourth Gospel in Recent Criticism and Interpretation*, revised by C. K. Barrett (London: The Epworth Press, 1955), 25, esp. 57-58: "… the antithetic clauses about John the Baptist and the Logos place the purpose of the Gospel in the forefront. … That is first and foremost a polemic against the sect which exalted John the Baptist at the expense of Jesus"; R. Bultmann, *The Gospel of John* (Philadelphia: Westminster Press, 1971), 17-18; Mark D. Owens, *Anti-Judaism, John the Baptist, and the Gospel of John* (UMI Microform 1434428) (Southeastern Baptist Theological Seminary, 2006), 69.

[3] Cornelis Bennema, "The Character of John in the Fourth Gospel," *JETS* 52 (2009): 271: "Virtually all scholars agree on the characterization of John in the Fourth Gospel: he is a witness. The author has stripped John of almost all details regarding his identity and activities, reducing him to the single role of a witness to Jesus. John is a flat character, and hence there is nothing more to him." 나의 번역: "사실상 모든 학자들은 요한복음의 요한에 대한 성격 묘사에 동의한다: 그는 증인이다. 저자는 요한을 예수의 증인이라는 단 하나의 역할로 축소시킴으로써, 요한의 정체성과 활동에 관한 거의 모든 세부 사항을 제거하였다. 요한은 단조로운 인물이며, 따라서 그에게 더 이상 다른 것은 없다." 세례자 요한을 증언자로만 이해하는 학자들에 대해서는 이복우, 『내 뒤에 오시는 이』, 320-321; 이복우 "요한복음의 세례자 요한의 정체와 역할", 「교회와 문화」 29 (2012): 134-135를 보라. Cf. S. S. Smalley, *John : Evangelist and Interpreter* (Downers Grove: Inter Varsity Press, 1998), 24.

[4] 김문경, "예수님은 누구이신가: 요 1:19-34", 「성경연구」 97권 1호 (2002): 48.

이다."⁵ "요한의 유일한 목적은 예수에 대한 증언자로 일하는 것이다."⁶ "세례자 요한은 종말론적인 인물이기보다는 순전히 예수에 대한 증언자이다."⁷ "요한복음에서 세례자 요한은 처음부터 끝까지 이상적인 증언자로 묘사된다."⁸ "요한복음 저자는 전적으로 요한을 그리스도의 증언자로 이해했다. … 그는 단지 예수에 대한 증언자일 뿐이다."⁹ "저자는 증언자로서의 요한의 역할을 강조하기 원했다."¹⁰ "세례자 요한의 임무는 단지 증언하는 것이다."¹¹

이 주장들에 따르면 요한복음의 세례자 요한의 정체와 기능은 예수를 위한 증언자일 뿐, 그 이상도 그 이하도 아니다.¹² 그러나 이

---

⁵ L. Newbigin, *The Light Has Come: An Exposition of the Fourth Gospel* (Grand Rapids: Eerdmans, 1982), 22.

⁶ M. D. Hooker, "John the Baptist and the Johannine Prologue," *NTS* 16 (1969-1970): 358.

⁷ D. M. Smith, *The Theology of Gospel of John* (New York: Cambridge University Press, 1995), 103.

⁸ F. F. Bruce, *The Gospel of John: Introduction, Exposition, and Notes* (Grand Rapids: Eerdmans, 1983), 237.

⁹ W. Wink, *John the Baptist in the Gospel Tradition* (New York: Cambridge University Press, 1968), 89-90.

¹⁰ C. G. Kruse, *The Gospel according to John* (England: Inter-Varsity Press, 2003), 64; 같은 책, 245.

¹¹ D. G. van der Merwe, "The Historical and Theological Significance of John the Baptist as He Is Portrayed in John 1," *Neot* 33 (1999): 267-292, esp. 271; 같은 책, 272: "In conclusion the function of the Baptist in these two texts (vv 6-8 and 15) in the Prologue is only to refer to his mission: to serve as a witness to Jesus."

¹² G. S. Sloyan, *John: Interpretation - A Bible Commentary for Teaching and Preaching* (Atlanta: Westminster John Knox Press, 2009), 12; 조석민, "로고스의 개념과 기능(요 1:1-18)", 「프로 에클레시아」 4/1 (2005): 44. 이와 같은 주장을 하는 또 다른 사람들에 대해서는

렇게 단정 짓는 것은 지나친 단순화이며, 이는 분명 잘못된 것이다. 따라서 요한복음에 나타난 세례자 요한의 정체와 역할의 다양성을 논증하여 이러한 오류들을 바로잡는 일은 매우 중요하다.

II. 세례자 요한 종파 논박(polemic)설

1. 세례자 요한 종파 논박설

19세기 말에 발덴스페르거(D. W. Baldensperger)는 요한복음의 가장 우선된 기록 목적이 세례자 요한과 예수의 대조를 통하여 세례자 요한의 열등성을 나타내는 것이며, 이는 세례자 요한을 숭배하는 종파를 논박하기 위한 것이라고 주장하였다.[13] 그가 이렇게 생각한 까닭은 요한복음이 기독교 공동체를 세례자 요한의 추종자들로부터 보호하려 했다고 믿었기 때문이다.[14] 또한 그는 요한복음이 세례자 요한을 예수보다 열등한 인물로 평가한 것은 초기 기독교 공동체와 동시대에 존재하던 세례자 요한의 제자들(요한을 메

Bennema, "The Character of John in the Fourth Gospel," 271, f. n. 1을 참조하라. Cf. S. S. Smalley, *John : Evangelist and Interpreter* (Downers Grove: Inter Varsity Press, 1998), 24.

[13] Baldensperger, *Der Prolog des vierten Evangeliums, Sein polemisch - apologetischer Zweck*, 4-9.

[14] C. W. Rishell, "Baldensperger's Theory of the Origin of the Fourth Gospel," *JBL* 20 (1901): 38-49.

시아로 믿은)을 논박하여 그들을 기독교로 개종시키기 위한 것이라고 주장했다.[15] 그러나 이 주장은 역사적 신빙성 때문에 즉시 도전을 받았다.[16] 나아가서 이 주장은 세례자 요한에 관한 언급이 오직 요한복음의 전반부(요 1-10장)에만 나타난다는 점을 간과했다. 그러므로 발덴스페르거는 요한복음 11장 이후는 무엇을 목적으로 기록되었는지를 설명해야만 한다.[17] 이것이 그의 주장의 가장 큰 약점이다.

하지만 이런 문제에도 발덴스페르거의 견해는 그 뒤의 많은 신학자에게 영향을 주었는데, 그 대표적인 인물로 불트만을 들 수 있다. 그는 발덴스페르거의 세례자 요한 종파 논박 이론을 다음과 같이 적용하였다.

> 요한복음 1:6-8, 15을 삽입한 동기는 논쟁적인 것이 분명하다. 이 구절들은 세례자 요한을 예수에 대한 증언자로 세우려는 긍정적인 목적이 있다. 이와 동시에 논쟁적인 목적도 있는데, 그것은 세례자 요한이 계시자의 권위를 가지고 있다는 주장을 논박하기 위한 것이다. 이 권위는 세례자 요한 종파가 그들의 주님인 세례자 요한에게 돌렸던 것이다.[18]

---

[15] 조병수, 『신약성경총론』 (수원: 합동신학대학원출판부, 2006), 164.

[16] Howard, *The Fourth Gospel in Recent Criticism and Interpretation*, 58.

[17] 조병수, 『신약성경총론』, 164.

[18] Bultmann, *The Gospel of John*, 17-18. 여기서 Bultmann은 Baldensperger를 언급한다.

불트만의 이 주장에는 다음과 같은 의미가 있다. 첫째, 세례자 요한 종파는 세례자 요한을 메시아로 단언했으며, 그를 증언자와 선구자가 아닌 모든 신적 계시의 목적으로 이해했다.[19] 둘째, 요한복음 저자는 세례자 요한의 초기 제자이며, 자신이 세례자 요한 종파를 떠나 그리스도인이 된 것의 정당성을 확보하기 위해 세례자 요한이 예수를 증언하는 구절들을 프롤로그에 추가했다.[20] 셋째, 이것은 결국 세례자 요한을 메시아로 고백하는 세례자 요한 종파와의 논쟁을 위한 것이며,[21] 동시에 그가 예수에게 종속된 인물이라는 것을 논증하기 위해서이다.[22]

---

[19] O. Cullmann, "The Theological Content of the Prologue to John in Its Present Form," in *The Conversation Continues: Studies in Paul and John in Honor of J. Louis Martyn*, ed. R. T. Fortna, and B. R. Gaventa (Nashville: Abingdon, 1990), 295-298, esp. 298, f. n. 3.

[20] P. Borgen, "Logos was the True Light: Contributions to the Interpretation of the Prologue of John," *NovT* 14 (1972): 115.

[21] P. Borgen, "The Prologue of John as Exposition of the Old Testament," in *Philo, John and Paul: New Perspectives on Judaism and Early Christianity*, Brown Judaic Studies 131 (Atlanta: Scholars, 1987), 75.

[22] 프롤로그를 논쟁의 시각에서 보려는 이러한 시도는 다른 방향으로 발전되었다. J. Painter는 세례자 요한 구절(요 1:6-8)의 목적이 논쟁을 위한 것이며, 이는 기독교와 회당의 충돌을 배경으로 하고 있다고 말한다(Painter, "Christology and the Fourth Gospel: A Study of the Prologue," *ABR* 31 [1983]: 51-52, 56, f. n. 1, 61, f. n. 26). 이 주장은 소위 유대교 논박설에 해당한다. J. F. McGrath는 유대교 출신 기독교인들(Jewish Christians)과 지역 회당(local synagogue) 사이의 격렬한 충돌이 요한복음의 기록 배경이라고 전제하며, 이 충돌의 핵심 논쟁점은 기독론이었다고 말한다("Prologue as Legitimation: Christological Controversy and the Interpretation of John 1:1-18," *IBS* 19 [1997]: 98-120). 이와 같은 주장을 하는 학자로는 다음과 같은 사람들이 있다: R. E. Brown, *The Community of the Beloved Disciple* (New York: Paulist Press, 1979). O. Böcher, "Johanneisches in der Apokalypse des Johannes," *NTS* 27 (1981): 310-321. H. Weiss, "Foot Washing in the Johannine Community," *NovT* 41 (1979): 298-325. B. Lindars, *The Gospel of John* (Grand Rapids: Eerdmans, 1995). J. Painter, "The Farewell Discourses and the History of Johannine Christianity," *NTS* 27 (1981): 525-543. J. Painter, "C. H. Dodd and the Christology of the

2. 세례자 요한 종파 논박설 비판

하지만 요한복음에서 세례자 요한이 저자의 목적에 의해 세례자 요한 종파를 논박하는 역할을 한다는 주장은 다음과 같은 이유로 비판을 받는다.

첫째, 예수와 경쟁 관계에 있는 세례자 요한 종파가 존재했다는 확실한 증거가 없다. 로빈슨(Robinson)에 의하면, 세례자 요한과 예수 사이의 관계는 요한복음 전체에서 한결같이 우호적으로 묘사되며, 또한 예수가 자신을 잡으려는 사람들을 피하여 유대를 떠나 피난한 곳이 요한과 그가 처음 연합한 요단강 건너편 베다니이며(요 1:28; 3:26) 요한의 말을 기억하는 사람 중에 예수를 믿는 이들이 거기에 있었다는 사실은(요 10:39-40) 이 둘을 적대 관계로 생각할 수 없게 만든다.[23]

둘째, 세례자 요한에 대한 요한복음 저자의 이해가 이 논박설

Fourth Gospel," *Journal of Theology for Southern Africa*, 59 (1987): 42-56. J. M. Bassler, "The Galileans: A Neglected Factor in Johannine Community Research," *CBQ* 43 (1981): 243-257. F. F. Segovia, "The Love and Hatred of Jesus and Johannine Sectarianism," *CBQ* 43 (1981): 258-272. K. Matsunaga, "Is John's Gospel Anti-Sacramental? A New Solution in the Light of the Evangelist's Milieu," *NTS* 27 (1981): 516-524. U. von Wahlde, "The Johannine Jews: A Critical Survey," *NTS* 28 (1982): 33-60. Cf. R. Kysar, "The Gospel of John in Current Research," *Religious Studies Review* 9 (1983): 314-323. 물론 이들 주장 사이에는 조금씩 다른 점이 있기는 하지만, 유대 회당과 요한의 기독교 공동체 사이에 충돌이 있었다는 것과, 그 때문에 기독교 공동체가 회당으로부터 추방을 당했다는 주장에서는 모두 일치한다. 그들은 이런 상황 속에서 기독교 공동체가 자신 신앙의 정당성을 주장하고 변증하기 위해 기록한 것이 요한복음이며, 그래서 요한복음은 반유대적 논쟁이 강하다고 말한다(Kysar, "The Gospel of John in Current Research," 314-323).

[23] J. A. T. Robinson, "Elijah, John and Jesus: An Essays in Detection," *NTS* 4 (1957-1958): 268-281, esp. 279, f. n. 2.

을 인정하지 않는다. 저자는 세례자 요한을 '하나님이 보내신 자' (요 1:6, 33; 3:28)라고 말함으로써 그의 신분의 신적 기원을 처음부터 천명한다. 또한 저자는 세례자 요한을 대단히 높이 평가하며 반복하여 긍정적으로 묘사한다(예, 요 10:41).[24] 만일 세례자 요한을 메시아로 숭배하는 종파가 실제로 있었다면 저자는 절대로 그를 그처럼 긍정적으로 묘사하지 않았을 것이다.[25] 세례자 요한을 부정적으로 평가하기에는 본문의 증거가 충분하지 않다.[26] 따라서 저자는 세례자 요한 종파를 논박하기 위한 목적으로 요한복음을 쓴 것이 아니다.

셋째, 로고스가 세례자 요한보다 우월한 것은 너무나도 당연한 사실이다. "세례자 요한의 '열등'은 세례자 요한 종파에 대한 논박 때문이 아니라 그리스도의 선재(요 1:1-2) 때문이다. 로고스의 선재는 본질에서 세례자 요한보다 앞섬으로 그의 본질에 어울리는 본질적 우월성을 갖는 것은 당연하다."[27] 그러므로 요한복음이 로고스의 우월을 말한 것은 세례자 요한 종파를 논박하기 위해서가 아니라 그리스도의 당연한 본질적 우월을 말한 것뿐이다.

넷째, 세례자 요한 종파 논박설은 신약 성경의 내용과 일치하지 않는다. 공관복음에도 그리스도가 자신보다 훨씬 위대하다는

---

[24] Kruse, *The Gospel according to John*, 65.
[25] Wink, *John the Baptist in the Gospel Tradition*, 102.
[26] 김동수,『요한신학 렌즈로 본 요한복음』(서울: 솔로몬, 2006), 33.
[27] 배종수, "요한복음 1:1-18에 나타난 요한의 로고스 이해",「신학과 선교」14 (1989): 343-344.

세례자 요한의 분명한 진술이 포함되어 있다. 그런데도 그 복음서들은 세례자 요한 종파를 논박하기 위한 기능을 수행하지 않는다.[28] 또한 사도행전 19:1-7에서 세례자 요한의 제자들은 기독교에 대한 아주 적은 적대감도 보이지 않으며,[29] 기독교를 받아들이는 데 주저하지 않는다.[30] 이것은 그들이 기독교를 대적하는 세례자 요한 종파였을 가능성이 거의 없다는 것을 의미한다.[31] 복음서들과 사도행전은 모두 세례자 요한을 매우 정중하게 대우하며, 그의 영향에 큰 경의를 표한다. 심지어 그는 최초의 전도에서도 언급된다(행 10:37; 13:24-25).[32]

다섯째, 무엇보다도 예수가 세례자 요한과 그의 증언을 부정적으로 평가하지 않았다. 예수는 자신에 대한 증언으로 제일 먼저 세례자 요한의 증언을 언급했다(요 5:33-35). 여기서 예수는 사람에게서 증언을 취하지 않는다고 말함으로써(요 5:34a) 세례자 요한의 증언을 부정하는 것 같은 인상을 준다. 또한 예수는 자신이 요한의 증언보다 '더 큰 증거'를 가지고 있다고 말함으로써(요

---

[28] D. Guthrie, *New Testament Introduction* (London: Inter Varsity Press, 1970), 280.

[29] E. Käsemann, "Die Johannesjünger in Ephesus," in *Exegetische Versuche und Besinnung* (Göttingen: Vandenhoeck Ruprecht, 1964), 158-168은 이 단락(행 19:1-7)을 연구하면서 기독교 공동체와 세례자 요한 공동체의 경쟁 관계를 전제로 한 후, 이 단락의 목적이 후자를 전자에 영입하려는 것이었다고 주장한다("Der Scopus des Textes ist die Aufnahme kirchlicher Aussenseiter in die Una Santa Catholica," 162).

[30] R. E. Brown, "Three Quotations from John the Baptist in the Gospel of John," *CBQ* 22 (1960): 292-298, esp. 293.

[31] Smalley, *John: Evangelist and Interpreter*, 163: "The incident in Acts 19 cannot be used as evidence for the existence during the first century AD of a Baptist sect."

[32] Brown, "Three Quotations from John the Baptist," 293.

5:36a) 마치 요한의 증언이 열등한 증언인 것처럼 생각하게 한다. 나아가서 예수는 세례자 요한을 등(λύχνος)으로 칭하고 그 빛이 일시적인 것(πρὸς ὥραν, 요 5:35b)이라고 말함으로써 세례자 요한에 대한 부정성을 더욱 강화하는 것처럼 보인다.

그러나 예수는 세례자 요한의 증언을 부정하지 않았다. 첫째로 예수가 사람으로부터 증언을 취하지 않는다고 말한 것이 세례자 요한의 증언을 부정하는 것은 아니다. 이는 마치 예수가 자신을 위하여 증언하면 그 증언이 참되지 않다(요 5:31)고 말한 것이 정말로 예수의 증언에 문제가 있어서 그런 것이 아닌 것(요 8:16, 28; 12:49)과 같은 이치이다.[33] 예수가 세례자 요한의 증언을 부정적으로 말한 이유는 그가 아버지의 증언을 가지고 있으므로 세례자 요한의 증언이 필요하지 않으며,[34] 그가 세례자 요한의 증언을 거절하는 자들을 상대하여 말하고 있기 때문이다.[35] 나아가서 우리는 예수가 "그러나 나는 사람에게서 증언을 취하지 아니하노라"(ἐγὼ δὲ οὐ παρὰ ἀνθρώπου τὴν μαρτυρίαν λαμβάνω, 요 5:34a)라고 말씀한 것에 유의해야 한다. 예수는 세례자 요한의 '증언 자체'를 부정한 것이 아니라, '인간'을 부정한 것이다. 연약한 것은 '인간'(ἄνθρωπος)이지 세례자 요한이 행한 '증언'(μαρτυρία)이 아니다. 그의 증언은

---

[33] L. Morris, *The Gospel according to John* (Grands Rapids: Eerdmans, 1971), 324.

[34] Kruse, *The Gospel according to John*, 156.

[35] G. R. Beasley-Murray, *John* (Waco, Texas: Word Books, 1987), 78; D. A. Carson, *The Gospel according to John* (Grand Rapids: Eerdmans, 1991), 260; Bultmann, *The Gospel of John*, 264-265.

분명하고 정당하며 진리이다(요 5:33b). 그래서 그 증언은 구원을 이룬다(요 5:34b).

둘째로 예수가 세례자 요한의 증언보다 "더 큰" 증거를 가지고 있다(요 5:36a)고 말한 것은 그의 증언이 가치 없다거나 잘못되었다는 뜻이 아니다. 예수는 분명히 세례자 요한이 "진리에 대하여 증언했다"라고 말씀하기 때문이다(요 5:33b). 심지어 예수는 하나님의 증언과 세례자 요한의 증언을 다음과 같이 '참'(ἀλήθεια, 요 5:32, 33)이라는 말로 동등하게 병행시키고 있다.

ἀληθής ἐστιν ἡ μαρτυρία ἥν μαρτυρεῖ περὶ ἐμοῦ.(요 5:32b)
ὑμεῖς ἀπεστάλκατε πρὸς Ἰωάννην, καὶ μεμαρτύρηκεν τῇ ἀληθείᾳ (요 5:33a-b)

예수에 대한 하나님의 증언이 진리인 것처럼, 예수에 대한 세례자 요한의 증언도 진리이다(cf. 요 10:41). 이것은 예수에 대한 하나님의 증언과 예수에 대한 세례자 요한의 증언은 가치와 질에 있어서 어떤 차이도 없으며, 따라서 동등한 권위를 가진다는 사실을 의미한다. 따라서 "요한의 증거보다 더 큰 증거"라는 말은 요한의 증언이 '작은' 증거라는 의미를 내포하고 있지 않다.

그러면 왜 예수는 세례자 요한의 증언이 열등한 것처럼 말하는가? 그 이유는 세례자 요한의 증언은 소리(φωνή)로서의 증거였지만 예수의 증거는 역사들(ἔργα)로 이룬 증거이기 때문이다. 이것은 요한복음 5:36a와 36b가 "왜냐하면"(γάρ)로 연결되고 있는 데서 분명하다. 따라서 세례자 요한의 증언은 결코 작은 증거가 아니며, 부정적 의미로 쓰인 것도 아니다.

셋째로 예수는 세례자 요한의 증언의 효력을 절대 과소평가하지 않았다. 예수는 사람으로부터 증언을 받지 않지만, 그럼에도 그가 세례자 요한의 증언을 말한 것은 "너희로 구원을 얻게 하려 함"(ἵνα ὑμεῖς σωθῆτε, 요 5:34b)이었다.[36] 이것은 요한복음의 기록 목적(요 20:31)과 일치하는 것이며, 이는 세례자 요한의 증언이 성경의 증언과 동등한 가치를 가지고 있다는 사실을 의미한다(cf. 요 5:39).

이와 더불어 예수는 세례자 요한을 부정하지도 않았다. 예수는 세례자 요한을 "등"(λύχνος, 요 5:35a)으로 칭한다. 이 등은 참 빛(요 1:9)이 아니요(요 1:8), 임시적이고 제한적(πρὸς ὥραν, 요 5:35b)이라는 면에서 부정적으로 생각될 수도 있다. 그러나 이것은 예수의 진의가 아니다. 그 이유는 다음과 같다. 먼저, 하나님이 이 등의 기원이 되신다. 요한은 "켜서" 비추는 등이다(요 5:35a). 여기서 "켜서"(καιόμενος)는 수동태인데, 이는 세례자 요한의 사역이 하나님으로부터 유래했다는 것을 의미한다(요 1:6).[37] 그의 불은 위에 계신 이가 붙여 주어야 하며,[38] 그의 빛은 더 높은 근원으로부터 나온

---

[36] Cf. C. S. Keener, *The Gospel of John*, vol. one (Peabody: Hendrickson Publisher, 2003), 657; Francis J. Moloney, *The Gospel of John*, SPS Vol. 4 (Minnesota: A Michael Glazier Book, 1998), 186; Ridderbos, *The Gospel of John*, 202: Kruse, *The Gospel according to John*, 155-156.

[37] Keener, *The Gospel of John*, 657; Moloney, *The Gospel of John*, 190-191, f. n. 35: "The passive participle 'kindled' indicates that the light the Baptist bears is the result of the initiative of God."

[38] Morris, *The Gospel according to John*, 327.

것이다.[39] 그래서 칼빈은 "그들의 눈앞에 '하나님의 등'이 비취었다"[40]고 말했다. 이처럼 세례자 요한은 비록 일시적인 빛이지만 하늘 기원의 빛이기에 절대적 가치를 가진다. 나아가서 세례자 요한은 켜서 '비추는'(φαίνων) 등이다. 비록 그가 참 빛이 아니며 일시적인 빛이지만 그래도 그는 비추는 자이다. 그래서 예수는 자기를 지칭하는 빛(φῶς, 요 1:4b, 9)이라는 용어를 망설임 없이 그에게도 사용하고 있다(요 5:35b). 이것은 예수가 세례자 요한을 엄청난 지위에 올려놓는 것이다.[41] 따라서 예수는 절대로 세례자 요한과 그의 증언을 열등한 것으로 취급하지 않았다.

결론적으로 저자가 세례자 요한의 열등성을 드러내어 그를 메시아로 믿는 종파를 논박하려 했다는 주장은 틀린 것이다. 따라서 세례자 요한이 저자의 이 의도에 의해 세례자 요한 종파를 논박하는 역할을 한다는 주장도 수용할 수 없다. 결국 논박설에 근거하여 세례자 요한의 정체와 역할을 이해하려는 시도는 무의미하다.

---

[39] C. K. Barrett, *The Gospel according to St. John* (Philadelphia: Westminster Press, 1978), 265; Carson, *The Gospel according to John*, 261: "John's light, his witness, was derivative of a higher source (cf. 1:33)."

[40] John Calvin, *The Gospel according to St. John 1-10* (Calvin's New Testament Commentaries) translator T. H. L. Parker (Grand Rapids: Eerdmans Publishing Company, 1961), 136.

[41] 요한복음의 세례자 요한의 지위의 특성에 대해서는 이복우, 『내 뒤에 오시는 이』(수원: 합신대학원출판부, 2011, 2013), 337-351을 보라.

III. 세례자 요한의 정체와 그의 역할

그러면 요한복음에 나타난 세례자 요한의 진정한 정체와 역할은 무엇인가? 요한복음에서 세례자 요한의 정체는 매우 독특하다. 공관복음은 세례자 요한을 예수의 선구자(forerunner)로 만들기 위하여 그를 엘리야와 동일시한다. 그러나 요한복음은 세례자 요한을 엘리야로 묘사하지 않는다.[42] 이 사실은 "네가 엘리야냐 이르되 나는 아니라"(요 1:21d)라는 말씀에서 명백하다. 이러한 특징은 세례자 요한의 정체와 역할에 대한 요한복음의 강조점이 다른 데 있다는 사실을 의미한다.

1. 증언자

요한복음에서 가장 먼저 언급되는 세례자 요한의 정체와 역할은 '증언자'이다(요 1:6-8).

1) 성취적 증언자

공관복음에서 세례자 요한은 회개 선포와 회개의 세례를 주는 자

---

[42] Sukmin Cho, *Jesus as Prophet in the Fourth Gospel*, NTM 15 (Sheffield: Sheffield Phoenix Press, 2006), 207-208; Barrett, *The Gospel according to St. John*, 177: "John denies the identification of the Baptist with Elijah."

로 나타난다. 그러나 요한복음에는 세례자 요한의 회개에 대한 선포가 없으며, 그가 실제로 군중뿐만 아니라 예수에게 세례를 주었다는 직접적인 언급도 없다. 또한 요한복음은 공관복음 저자들이 세례자 요한에 대하여 공통으로 사용하는(마 3:1; 막 1:4; 눅 7:20) '세례자'(βαπτιστής, Baptist, Baptizer)라는 칭호를 사용하지 않는다. 이러한 현상은 세례자 요한을 증언자로 강조하려는 요한복음의 의도로 보인다.[43]

그런데 증언자 요한의 증언에는 어떤 특별한 것이 있다. 그는 그리스도가 "너희 가운데 섰다"(μέσος ὑμῶν ἕστηκεν, 요 1:26c)고 증언한다. 이것은 오직 요한복음에만 나오는 것으로, 메시아가 이미 도래했다는 사실을 말하는 것이다. 따라서 요한복음의 세례자 요한은 메시아가 미래에 올 것을 증언하는 증언자가 아니라 '이미 오셨음'을 증언하는 증언자이다. 이것이 바로 세례자 요한과 그의 앞에 온 다른 선지자들 간의 두드러진 차이점이다.[44] 요약하면 세례자 요한은 증언자이되, '성취적' 증언자이다.

---

[43] Bennema, "The Character of John in the Fourth Gospel," 274: "In contrast to the Synoptics, John is never called 'Baptist' or 'Baptizer' because the author has redefined John's role from that of a baptizer to that of a witness."

[44] 조병수, "선지자보다 큰 이", 「목회와 신학」(1997. 4): 166-169: 세례자 요한은 성육신하신 로고스에 대한 첫째 증인이기에 이스라엘의 선지자들과는 완벽히 다른 인물이다.

2) 요한의 증언의 특징

이러한 세례자 요한의 증언에는 다음과 같은 특징들이 나타난다.

첫째, 세례자 요한의 증언의 내용은 오직 예수이다. 세례자 요한은 빛인 로고스를 증언한다(요 1:7, 8, 15). 그는 예수를 하나님의 어린 양(요 1:29b, cf. 요 1:36b)과 성령으로 세례를 주는 이(요 1:33d), 그리고 하나님의 아들(요 1:34)로 증언한다. 그의 증언은 철저히 예수 그리스도, 로고스에 맞추어져 있다.

둘째, 세례자 요한의 증언의 성격은 진리이며, 따라서 그의 증언은 신적 권위를 가진다. 세례자 요한의 증언은 하나님의 계시에 따른 것이다. 세례자 요한이 예수가 누구인지를 증언할 수 있었던(요 1:29, 33, 34, 36) 유일한 원인은 하나님의 계시가 그에게 있었기 때문이다. 이 사실은 "나도 그를 알지 못하였다"(κἀγὼ οὐκ ᾔδειν αὐτόν)의 반복(요 1:31a, 33a)과 "그가 나에게 말씀하시되"(ἐκεῖνός μοι εἶπεν, 요 1:33)에서 분명하다. 세례자 요한은 하나님이 그에게 계시하신 말씀이 예수에게서 성취되는 것을 보고서(요 1:32, 34)[45] 그를 하나님의 아들로 증언했다(요 1:34). 또한 세례자 요한은 하늘의 음성을 대언하는 것처럼 보인다. 요한은 예수를 하나님의 아들로 증언하였나(요 1:34b). 그런데 공관복음에서 이 증언은 하늘에서 나

---

[45] 요한복음에서 '보는 것'은 증언의 절대적인 근거가 된다. Bennema, "The Character of John in the Fourth Gospel," 272: "The Fourth Gospel gives special attention to *eye*witnesses"; 이복우, 『내 뒤에 오시는 이』, 308-309. Cf. Dorothy Lee, "The Gospel of John and the Five Sense," *JBL* 129 (2010): 115-127, esp. 117-120.

는 소리였다(마 3:17; 막 1:11; 눅 3:22). 그러므로 요한복음에서 세례자 요한은 하늘의 음성을 대언하는 듯하다. 이것은 요한복음이 공관복음보다 세례자 요한의 증인자 역할을 강조하는 것이면서 동시에 그의 증언의 진리성과 절대성을 강조하는 것이다. 나아가서 많은 사람이 세례자 요한의 증언을 참된 것으로 평가하였고(요 10:41), 결정적으로 예수께서 친히 "요한이 진리에 대하여 증언하였다"(요 5:33)고 말씀했다. 세례자 요한은 진리의 증언자이다.

셋째, 세례자 요한이 증언한 목적은 믿음이다(요 1:7b). 세례자 요한의 증언은 단순히 예수의 정체를 이스라엘에 나타내는 것이 아니다. 그의 증언은 언제나 사람들의 믿음을 목적으로 한다. 그는 그를 통해 모든 사람이 믿도록 하기 위해(ἵνα πάντες πιστεύσωσιν δι' αὐτοῦ) 그리스도를 증언했다(요 1:7b). 그는 오직 진리만 증언했고(요 5:33) 그의 말은 다 참이었다. 그래서 그의 증언으로 많은 사람이 예수를 믿었다(요 10:41). 세례자 요한은 진리의 증언자이자 믿음을 위한 증언자이다.[46]

2. 세례자

요한복음의 세례자 요한의 또 다른 정체와 역할은 세례자이다. 이미 언급한 것처럼, 요한복음은 요한의 세례 주는 역할을 선명

---

[46] Bennema, "The Character of John in the Fourth Gospel," 273.

하게 드러내는 '세례자'(βαπτιστής)라는 용어를 단 한 번도 사용하지 않는다.[47] 또한 세례자 요한이 실제로 세례를 주었음(요 1:25, 26, 28, 31, 33; 3:23bis; 10:40)에도 요한복음은 그가 세례 주는 장면을 한 번도 묘사하지 않는다. 이런 까닭에 많은 사람은 요한복음의 세례자 요한을 단지 예수에 대한 증언자로만 이해한다.[48] 하지만 이것은 옳지 않다. 왜냐하면 예수께서 세례자 요한을 자신에 대한 '증언자'로 받지 않으셨기 때문이며(요 5:33-34), 세례자 요한의 세례 또한 증언이 아닌 다른 역할을 하기 때문이다.

1) 요한의 세례에 대한 사람들의 오해(요 1:19-28)

물론 세례자 요한의 세례가 예수를 증언하기 위한 것으로 생각될 수도 있다(요 1:25-27). 왜냐하면 "네가 어찌하여 세례를 주느냐?"(요 1:25b)는 질문에 대해 요한은 "내 뒤에 오시는 이"(요 1:27)라는 대답을 하기 때문이다. 그러나 이러한 이해는 잘못된 것이다. 그 이유는 첫째, 문맥상(요 1:19-28) 이 내용은 예수에 대한 증언이 아니라 요한 자신에 대한 증언이다. 윙크(Wink)는 요한복음 저자가 요한을 철저히 그리스도에 대한 증언자로 해석했으며, 이 목적을 위해 "이것이 요한의 증언이니"(αὕτη ἐστὶν ἡ μαρτυρία τοῦ Ἰωάννου, 요

---

[47] βαπτιστής의 공관복음 용례 : 마 3:1; 11:11, 12; 14:2, 8; 16:14; 17:13; 막 6:25; 8:28; 눅 7:20, 33; 9:19.

[48] 이 논문의 각주 4번부터 14번까지를 참조하라.

1:19a)를 이 단락(요 1:19-51)의 제목으로 붙였다고 말한다.[49] 그러나 이 구절은(요 1:19a) 세례자 요한의 정체를 묻는 "너는 누구냐?"(Σὺ τίς εἶ; 요 1:19c)라는 질문에 대한 대답을 의미한다. 즉 세례자 요한의 증언은 예수에 대한 것이 아니라, 요한 자신에 관한 것이다. 이 사실은 요한복음 1:19-28이 다음과 같이 반복하여 세례자 요한의 정체에 관한 질문과 대답으로 이루어져 있다는 점에서도 분명하다.

Σὺ τίς εἶ;(19c) → Ἐγὼ ··· εἰμι ···(20b)
Σὺ ··· εἶ;(21b) → εἰμί(21c)
εἶ σύ;(21d)
Τίς εἶ;(22b)
τί λέγεις περὶ σεαυτοῦ;(22c) → Ἐγὼ φωνὴ ··· (23)
σὺ ··· εἶ(25b) → Ἐγὼ βαπτίζω ἐν ὕδατι·(26b) ··· εἰμὶ [ἐγὼ] ···(27b)

둘째, 세례에 대한 질문과 대답이 세례자 요한의 신분과 자격에 관련된다. 이 사실은 Τί οὖν βαπτίζεις가 σὺ ··· εἶ;(25b)에 바로 연결되는 것에서 분명하다. 그리고 이 구절에서 사람들이 요한에게 그리스도, 엘리야, 그 선지자가 아니면 왜 세례를 주느냐고 물은 것은 그들이 세례자 요한의 신분을 이들 중 하나로 추정했기 때문이다. 이런 상황에서 세례자 요한은 "내 뒤에 오시는 이"(요

---

[49] Wink, *John the Baptist in the Gospel Tradition*, 89.

1:27)를 말함으로써 자신이 '예수 앞에 온 자'라는 독특한 신분을 가지며, 따라서 세례를 줄 자격이 있다는 것을 우회적으로 밝힌 것이다.[50] 따라서 이 단락에서 세례자 요한의 세례는 자신의 세례자 됨에 관련된 것일 뿐, 그리스도를 이스라엘에 나타내고 증언하기 위한 것은 아니다.

2) 예수의 정체를 인식하기 위한 세례(요 1:29-34)

또한 세례자 요한이 단지 예수에 대한 증언자라면 그의 세례도 예수를 증언하는 것이어야만 한다. 하지만 그의 세례는 예수를 직접 증언하는 세례가 아니라 그 자신이 예수의 정체를 인식하기 위한 세례였다. 세례자 요한이 하나님으로부터 보냄을 받아 세례를 준 것은 예수를 이스라엘에 나타내기 위함이었다(요 1:31). 그러나 이것은 결과적일 뿐, 그의 물세례가 직접 예수를 이스라엘에 나타내었다는 의미는 아니다. 세례자 요한의 물세례는 하나님의 계시를 성취하기 위한 것으로서 요한 자신이 예수를 인식하는

---

[50] 조병수, "선지자보다 큰 이", 166-169: "유대인들은 세례를 줄 수 있는 자격은 그리스도, 엘리야, 그 선지자 이 셋에게만 있다고 생각하였다(요 1:25). 즉 세례에 의해 이들의 신분이 표시되는 것으로 알고 있었다. 그러나 세례자 요한은 이 셋 중에 포함되지 않았다(요 1:20-21). 그는 그리스도에게 종속되고 그리스도를 증언한다. 그런데도 그는 세례를 주었다. 여기에 마찰이 있다. 세례자 요한은 성육신하신 로고스에 대한 첫째 증인이기에 이스라엘의 선지자들과는 완벽히 다른 인물이다. 복음서들은 세례자 요한을 '선지자보다 큰 이'(Mehr als Ein Prophet)라고 부름으로써 세례자 요한이 구약의 선지자 대열에 속하지 않은 것은 물론이고 당시의 선지자 대열에도 배속되지 않는다는 것을 분명하게 표명한다. 복음서에 의하면 세례자 요한은 어떤 종류의 선지자들과도 비교할 수 없는 특별한 위치를 점유하고 있었다. 이러한 이유로 그는 세례를 줄 수 있었던 것이다."

수단이었기 때문이다. "공관복음에서 비둘기 같은 성령의 강하는 예수 자신이 목격한 어떤 것이며(마 3:16; 마 1:10; 눅 3:22) 상징이었다. 그러나 요한복음에서 비둘기는 다른 역할을 한다. 그것은 세례자 요한에게 오실 자를 밝히는 것이다."[51] 이처럼 세례자 요한의 물세례는 예수를 이스라엘에 공개적으로 나타내기 위한 것이 아니라, 단지 요한 자신이 예수의 정체를 인식하기 위한 것이었다. 그래서 요한복음에는 공관복음처럼 예수의 정체에 대한 공개적인 확인이 없다.

물론 어떤 사람은 세례자 요한이 그의 물세례를 통해 예수의 정체를 알게 되었고 그 결과 예수를 증언할 수 있었다는 점에서 그의 세례가 예수를 이스라엘에 나타낸 것이라고 말할지 모른다.[52] 그러나 "그가 이스라엘에 나타나기 위해"(ἵνα φανερωθῇ τῷ Ἰσραήλ, 요 1:31b)는 세례자 요한의 물세례의 최종목적에 대한 언급일 뿐, 그의 '세례 자체'는 그의 예수 정체 인식으로 제한된다. "그리고 내가 보았다. 그리고 내가 증언하였다"(κἀγὼ ἑώρακα καὶ μεμαρτύρηκα, 요 1:34)에서 "내가 보았다"(ἑώρακα)는 세례를 통한 하나님의 계시 성취와 그것에 의한 세례자 요한의 예수 정체 인식을 가리킨다. 그리고 "내가 증언하였다"(μεμαρτύρηκα)는 이 인식 후에 세례자 요한이 말("그가 하나님의 아들이시다." 요 1:34, cf. 요 1:15)

---

[51] Carson, *The Gospel according to John*, 151.

[52] G. Vos, "세례 요한의 사역", 『구속사와 성경해석』, 이길호 원광연 역 (서울: 크리스챤다이제스트, 1998), 392; J. Meier, "John the Baptist in Matthew's Gospel," *JBL* 99 (1980): 383-405, esp. 385; Larry P. Jones, *The Symbol of Water in the Gospel of John* (Sheffield: Sheffield Academic Press, 1997), 78; cf. 같은 책, 84.

로써 예수를 이스라엘에 증언한 것을 의미한다. 이상의 설명을 도식으로 나타내면 다음과 같다.

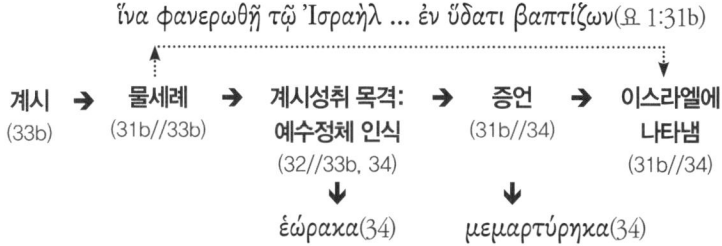

그러므로 엄밀한 의미에서 요한의 물세례는 예수를 이스라엘에 직접 나타내는 것이 아니라, 요한 자신에게 나타내는 것이었다.[53] 반면에 예수가 이스라엘에 나타난 것(요 1:31)은 세례자 요한이 물세례를 통해 예수의 정체를 인식한 후, 그를 이스라엘에 증언한 결과이다(요 1:34).[54] 인식이 있고 난 뒤에 증언이 있었다. 결론적으로 세례자 요한의 물세례는 예수를 이스라엘에 나타내기 위한 '증언의 세례'가 아니라, 하나님의 계시에 근거하여 세례자 요한 자신이 예수의 정체를 인식하기 위한 '인식의 세례'였다. 이런 의미에서 요한은 '증언자'이기 이전에 '세례자'이다.

---

[53] S. S. Smalley, "Salvation Proclaimed, 8: John 1:29-34," *ExpT* 93 (1982): 324-329, esp. 327: "John the Baptist did not recognize the real identity of Jesus before this occasion."

[54] M. D. Hooker, "John's Baptism: A Prophetic Sign," in *Holy Spirit and Christian Origins: Essays in Honor of James D. G. Dunn* (Grand Rapids: Eerdmans, 2004), 22-40, esp. 36. 이런 의미에서 Hooker는 세례자 요한의 세례 목적이 그의 증언을 위한 배경(backdrop)을 준비하는 것이라고 말한다.

3) 예수의 세례에 선행(precedence)하는 세례(요 1:29-34)

따라서 우리는 세례자 요한의 정체와 역할을 증언자로만 보아서는 안 된다. 그는 증언자인 동시에 세례 주는 자이다. 그런데 이 때 그의 '물' 세례는 그리스도의 '성령'세례의 선행이 된다. 하나님은 세례자 요한을 보내며 물로 세례를 주라고 말씀하셨다. 이것은 그가 성령으로 세례를 주는 이를 인식하고 그를 하나님의 아들로 이스라엘에 나타내도록 하기 위해서였다(요 1:33-34). 여기서 특히 주의해야 할 것은 예수가 하나님의 아들로 이스라엘에 나타나기 위해서(φανερωθῇ, 요 1:31)는 반드시 세례자 요한이 하나님으로부터 보냄을 받아 오는 것과, 그의 물세례가 먼저 있어야 한다는 사실이다. 이 두 가지가 없으면 예수가 이스라엘에 나타날 수 없고 그의 성령세례도 있을 수 없다. 요약하면, 세례자 요한의 세례 없이는 예수의 정체가 그에게 인지될 수 없고, 따라서 요한이 예수를 이스라엘에 증언할 수도 없으며, 예수의 성령세례도 없다. 세례자 요한의 물세례가 있어야만 예수의 성령세례도 있다. 그러므로 요한은 예수의 성령세례에 선행(precedence)하는 세례자이다.

4) 구속사의 전환을 이루는 세례(요 3:22-4:3)

나아가서 세례자 요한의 세례는 구속사의 전환을 이루는 세례이다. 이 사실을 확인하기 위해 요한복음 3:22-4:3의 특이한 구조를 살펴볼 필요가 있다. 이 단락은 예수와 세례자 요한에 대한 대조로 시작하고 대조로 마친다. 이것은 이 둘 사이의 대조를 부각하는 것이다.

ὁ Ἰησοῦς ... δὲ καὶ ὁ Ἰωάννης(요 3:22-23)
ἐκεῖνον δεῖ αὐξάνειν, ἐμὲ δὲ ἐλαττοῦσθαι(요 3:30)

예수가 세례를 주고 있고(요 3:22), 세례자 요한도 세례를 주고 있다(요 3:23). 그런데 이 둘은 δὲ καί로 연결됨으로써 대등적 대조를 이루고 있다. 이 대조는 매우 의도적이다. 왜냐하면 예수가 세례를 주었다는 기록은 신약 성경 중 오직 여기에만 나타날 뿐 아니라 예수가 친히 세례를 준 것도 아니기 때문이다(요 4:2). 이 의도적인 대조에서 세례자 요한의 흥함이 더 강조되는 듯하다. 세례자 요한이 세례를 주기 위해 물들이 많은(ὕδατα πολλά, 요 3:23b) 곳을 택한 반면에 예수에 관해서는 아무런 언급도 없다.[55] 또한 παρεγίνοντο와 ἐβαπτίζοντο(impf. 요 3:23)는 사람들이 세례자 요한에게 지속적으로 나아와 세례를 받은 것을 의미한다.[56] 이것은 그의 사역이 매우 효과적이며 성공적이었다는 것을 강조한다.[57] 또한

---

[55] Jones, *The Symbol of Water in the Gospel of John*, 80: "The narrator ... may use the fact that John needed an abundant supply of water to draw a further contrast between them."

[56] Morris, *The Gospel according to John*, 237.

[57] Kruse, *The Gospel according to John*, 119.

이 동사들은 비 인칭으로 쓰여 대중적인 세례 운동이 계속되었음을 보여준다.[58]

그러나 이러한 기대는 세례자 요한이 옥에 갈 것을 예고함으로써 곧 무너진다(요 3:24). 이야기가 진행되면서 무게 중심은 세례자 요한에게서 예수에게로 완전히 옮겨진다. 이와 같은 상황의 반전은 세례자 요한이 자신이 쇠하여야 함과 예수의 흥하여야 함(요 3:30)을 증언하는 데서 절정에 이른다. 이 증언은 이어지는 요한복음 4:1에서 성취되기 시작하며 이미 요한복음 1:35-37에서 그 전조를 보였다. 그리고 이 증언을 끝으로 세례자 요한의 활동은 역사의 무대에서 사라진다.

이러한 상황에 대해, 즉 예수가 요한이 세례 주는 바로 그 시간에 세례를 주며 요한보다 더 성공적으로(요 4:1) 세례 사역을 감당한 것에 대해, 어떤 이들은 후대에 있었던 교회와 요한의 추종자들 간의 경쟁적 사역의 반영물이라고 여긴다.[59] 특히 Bultmann은 요한복음의 저자가 "예수와 요한을 각각 세례자로 나란히 제시함으로써 두 세례자 간의 경쟁 관계를 나타내고자 했었다."[60]고 말하며, 이런 관점에 따라 "(예수가) 세례를 주매 사람이 다 그에게로 가더이다"(요 3:26)라는 말에서 "우리는 세례자 요한 종파가 예수의 종파를 질투했던 흔적을 보게 되는 것이다."[61]라고 주장한

---

[58] Barrett, *The Gospel according to St. John*, 220.
[59] Beasley-Murray, *John*, 52.
[60] Bultmann, *The Gospel of John*, 168.
[61] Bultmann, *The Gospel of John*, 171.

다. 그러나 이런 주장은 전후 문맥을 바로 이해하지 못한 것이며, 특히 불과 몇 절 뒤에 있는 세례자 요한의 자신이 쇠함에 대한 선포를 제대로 이해하지 못한 결과이다.

본 단락에서 세례자 요한의 쇠함은 특별한 의미가 있다. 세례자 요한이 애논에서 세례를 준 이유는 그곳에 물이 많았기 때문이다(ὅτι, 요 3:23). 이 사실은 세례자 요한의 쇠함이 물의 부족에 있지 않았다는 것을 잘 보여준다. 그의 쇠함의 원인은 물질적이거나 물리적인 것이 아니었다. 또한 이러한 상황이 세례자 요한의 의지에 반하여 인위적이고 경쟁적으로 이루어진 것도 아니다. 왜냐하면 그는 사람들이 예수에게로 몰려가고 있다는 소식(요 3:26)을 듣고도 신랑의 친구로서 사심 없이 기뻐했기 때문이다(요 3:29).

그러면 세례자 요한의 쇠함은 무엇 때문인가? 그는 그리스도가 아니요(cf. 요 1:8, 20, 24) 단지 예수 앞에 보내심을 받아(요 3:28) 세례를 주는 자였다. 그의 세례는 예수가 성령으로 세례를 주는 분임을 그 자신이 인식하는 세례였다. 이 세례 후에 그는 예수를 이스라엘에 하나님의 아들로 증언했다. 따라서 사람들이 다 예수에게 감으로써 요한이 쇠하여졌다는 것은 세례를 통한 요한의 예수 정체 인식과 그에 대한 요한의 증언이 성공적이었다는 것을 의미한다. 세례자 요한은 그의 사명을 다 수행한 것이다. 그러므로 예수가 전면에 등장함에 따라 그는 역사에서 퇴장한다. 이러한 연결은 인위적이거나 물리적이지 않고, 단지 하나님의 뜻에 의한 것이다. 왜냐하면 세례자 요한이 이렇게 된 것을 "하늘에서 주신바"(요 3:27)라고 밝히고 있고, 또한 그가 당위를 나타내는 동사 δεῖ(요 3:30)를 사용하여 이 사실을 더욱 명확하게 나타내기 때문이다.[62] 결론적으로 요한은 세례를 베풀어 구속사의 전환을 성취한 세례자이다.

이러한 구속사의 전환은 세례자 요한과 예수의 공동체가 갖는 독특한 관계에서도 잘 나타난다. 요한복음은 예수와 세례자 요한의 사역이 중복된 기간을 언급한다(요 3:22, 26; 4:1). 공관복음은 요한이 잡힌 후에 예수의 공적 사역이 시작되었다고 말하지만(마 4:12; 막 1:14), 요한복음은 요한의 사역과 겹치는 예수의 초기 사역이 있었다는 것을 알려준다.[63] 즉 공관복음과 달리 요한복음에서만 세례자 요한과 예수의 활동기간이 겹치고 있다. 이것은 세례자 요한 공동체에 대한 가장 분명한 상속이 기독교 공동체에 의해 이루어졌다는 사실을 보여준다. 공관복음이 요한과 예수 공동체의 단절을 이야기함으로써 예수 공동체의 순수함을 보여주었다면, 요한복음은 예수와 요한의 사역의 공유기간을 보여줌으로써 예수 공동체가 세례자 요한의 유일한 합법적 상속자임을 나타낸다.[64] 그리고 이 사실은 이 둘 사이에 구속사의 전환이 일어

---

[62] 요한복음에서 δεῖ는 참으로 확정된 하나님의 뜻을 의미하며(Carson, *The Gospel according to John*, 212), 하나님이 예정하시고 주관하시는 구속 또는 구속사의 성취를 나타내는 용어이다: 요 3:7, 14, 30; 4:4, 24; 10:16; 12:34; 20:9; 계 1:1; 4:1; 20:3; 22:6 등.

[63] Bennema, "The Character of John in the Fourth Gospel," 275-276.

[64] Byoung-Soo Cho, *"Mehr als ein Prophet": Studien zum Bild Johannes des Täufers im Neuen Testament auf dem Hintergrund der Prophetenvorstellungen im zeitgenössischen Judentum*, Inaugural-Dissertation zur Er langung der Würde eines Doktors der Theologie der Evangelisch-Theologischen Fakultät der Westfälischen Wilhelms-Universität Münster, (Seoul / Münster, 1994), 186-198, esp. 195: "die christliche Gemeinde 'die einzige legitime Erbin' der Johannestaufe ist."

났음을 의미한다.

    요약하면, 요한복음의 세례자 요한은 증언자일 뿐 아니라 '세례를 주는 자'이다. 그는 증언하는 일 외에도 세례 주는 역할을 한다. 이 역할을 통하여 그는 그리스도의 정체를 인식하며, 자신이 그리스도의 선행자임을 보이며, 구속사적 전환을 이룬다.

3. 선행자(predecessor)

또한 요한복음의 세례자 요한은 예수에 대한 시간적(역사적) 선행자(Predecessor, Vorgänger)이다. 만일 요한이 보냄을 받아(요 1:6) 예수에 대하여 증언하지 않는다면 아직 그리스도가 올 때가 되지 않은 것이다. 이것은 그리스도가 오기 위해서는 세례자 요한의 선행적(precedent) 도래가 필요하다는 것을 의미한다. 따라서 세례자 요한의 옴은 신적 계획의 일부이다.[65] 요한복음 1:7도 "그가 왔다"(οὗτος ἦλθεν)고 말함으로써 요한이 증언자라는 것보다 그가 '왔다'는 사실에 우선적인 관심을 둔다. 이것은 예수만 '오는 자'가 아니라 세례자 요한도 '오는 자'임을 나타낸다(cf. 말 4:5; 마 11:14). 그러므로 '증언'보다 "왔다"는 사실이 더 중요하다. 세례사 요한은 증언하기 위해 예수보다 먼저 왔다. 이에 따라 예수는 "내 뒤에 오시는 이"(ὁ ὀπίσω μου ἐρχόμενος, 요 1:15)로 표현된다.

---

[65] Moloney, *The Gospel of John*, 37.

요한은 먼저 '오는 자'이며, 예수는 나중 '오는 자'이다. 이것은 한 특별한 관계를 설명한다. 그것은 바로 나중에 오는 자는 반드시 먼저 오는 자에게서 나온다는 것이다. 즉 세례자 요한이 온 사실이 있어야 그가 증언하는 그리스도가 온다는 말이다. 요한복음은 이것을 철저히 보여준다. 그러므로 세례자 요한은 예수를 위한 단순한 첨병이나 선발대나 선구자가 아니라 예수가 오기 위해서 반드시 먼저 와야만 하는 인물이다. 세례자 요한이 있어야 예수도 있다. 세례자 요한은 그리스도의 도래를 선행적으로 성취하는 자이다. 이런 의미에서 세례자 요한은 예수 그리스도의 배경이며, 역사적 시간적 선행자이다.[66] 이것이 세례자 요한이 가지고 있는 무게이며, 그가 하나님으로부터 보냄을 받았다는 말의 진정한 의미이다. 요한복음의 세례자 요한은 증언자이기 이전에 선행자이다.

4. 믿음의 중개자

나아가서 요한복음의 세례자 요한은 '믿음의 중개자'이다. 요한복음은 세례자 요한에 대한 첫 내용(요 1:6-8)과 마지막 내용(요

---

[66] 세례자 요한을 제외하고 예수의 공생애를 생각할 수 없다. 이런 까닭에 초대교회가 가룟 유다를 대신할 자를 뽑을 때 후보의 기준을 "요한의 세례로부터 우리 가운데서 올려져 가신 날까지" 항상 함께 다니던 사람으로 한 것으로 보인다(행 1:21-22). Cf. D. J. MacLeod, "The Witness of John the Baptist to the Word: John 1:6-9," *BSac* 160 (2003): 305-320.

10:41-42)에서 다 같이 믿음을 언급한다. 이것은 세례자 요한이 요한복음이 목적으로 하는 '믿음'(요 20:31)과 깊이 관련되어 있다는 사실을 보여준다.

1) 요한복음 1:6-8

후커(M. D. Hooker)는 요한복음 1:6-8에 나타난 세례자 요한의 역할이 그 나머지 부분과 마찬가지로 오직 예수를 증언하는 것이라고 말한다.[67] 그러나 이 주장은 본문을 잘못 이해한 것이다. 왜냐하면 세례자 요한의 증언은 믿음을 목적으로 하기 때문이다(요 1:7b). 세례자 요한의 궁극적인 역할은 "그를 통하여"(δι' αὐτοῦ) 모든 사람이 믿게 하는 것이다(요 1:7b, cf. 요 10:41-42; 19:35; 20:31; 21:24). 그러므로 세례자 요한은 믿음의 중개자이다. 이 사실은 프롤로그의 'διά + 소유격' 용례에서도 분명히 나타난다.

요 1:3a. πάντα δι' αὐτοῦ ἐγένετο

요 1:7b. πάντες πιστεύσωσιν δι' αὐτοῦ

요 1:10b. ὁ κόσμος δι' αὐτοῦ ἐγένετο

요 1:17a. ὁ νόμος διὰ Μωϋσέως ἐδόθη

요 1:17b. ἡ χάρις καὶ ἡ ἀλήθεια διὰ Ἰησοῦ Χριστοῦ ἐγένετο.

---

[67] Hooker, "John the Baptist and the Johannine Prologue," 358; idem, "John's Baptism: A Prophetic Sign," 35.

요한복음 1:3a의 "만물이 그로 말미암아 지은바 되었나니"(πάντα δι' αὐτοῦ ἐγένετο)는 로고스가 만물 창조의 유일한 중개자임을 분명하게 나타낸다.[68] "지은 것이 하나도 그가 없이는 된 것이 없느니라"(χωρὶς αὐτοῦ ἐγένετο οὐδὲ ἕν, 요 1:3b)가 이 사실을 확증하고 강조한다. 요한복음 1:10b은 세상이 로고스로 말미암아 존재하게 되었다는 3절의 내용을 반복한다. 그런데 요한복음 1:7b도 "모든 사람이 … 그로 말미암아"(πάντες … δι' αὐτοῦ)로 되어 있다. 이는 오직 로고스를 통해 만물이 존재하게 된 것처럼, 오직 세례자 요한을 통하여 모든 사람이 믿음에 이르게 된다는 것을 보여준다. 로고스가 만물 창조의 중개자(πάντα δι' αὐτοῦ ἐγένετο, 요 1:3)[69] 이듯이, 세례자 요한은 만인이 로고스를 믿도록 하는 믿음의 중개자이다(ἵνα πάντες πιστεύσωσιν δι' αὐτου, 요 1:7b).[70]

또한 요한복음 1:17a는 하나님이 모세를 율법의 중개자로 사용하신 것을 나타내며, 요한복음 1:17b는 예수 그리스도가 하나님의 은혜와 진리의 중개자가 된 것을 말씀한다. 예수를 통하여

---

[68] Ridderbos, *The Gospel of John*, 36.

[69] Andreas J. Köstenberger and Scott R. Swain, *Father, Son and Spirit: The Trinity and John's Gospel* (Downers Grove, Illinois: Inter Varsity Press, 2008), 50: "The Word is presented as God's agent in creation."

[70] 로고스는 창조를 직접 행한 원인(root cause)으로서의 '창조의 중개자'이다. 하지만 세례자 요한은 사람에게 직접 믿음을 부여하는 원인으로서의 '믿음의 중개자'는 아니다. 그는 순전히 믿음을 위한 방편(instrument cause)으로 기능할 뿐이다. 로고스는 하나님의 창조의 대행자(agent)이자 창조주이지만(요 1:3, 10; 골 1:16), 세례자 요한은 단지 하나님을 믿는 믿음의 수단(means)으로서의 중개자이다. 따라서 로고스와 세례자 요한 사이에 "πάντα δι' αὐτοῦ"라는 같은 표현이 사용되었지만, 이 둘에게는 넘을 수 없는 절대적 차이가 있다. Cf. Maximilian Zerwick S. J., *Biblical Greek* (Rome: Editrice Pontificio Instituto Biblico. 2001), 38(§ 83.113).

만물이 창조되고(요 1:3), 모세를 통하여 율법이 주어지고(요 1:17a), 예수를 통하여 은혜와 진리가 온 것처럼(요 1:17b), 세례자 요한을 통하여 로고스를 믿게 된다(요 1:7). 이처럼 세례자 요한은 모든 사람이 로고스를 믿도록 하는 믿음의 중개자이다. 여기서 '모든 사람'(πάντες)은 믿음을 위한 요한의 중개가 절대적이며 유일하다는 것을 나타낸다. 일부의 사람이 아닌 '모든 사람'이 그를 통하여 로고스를 믿게 되므로, 그만이 유일한 로고스에 대한 믿음의 중개자이다. 모든 사람이 그를 통로로 해서만 로고스의 이름(요 1:12)을 믿게 된다. 요한이 없으면 로고스의 이름을 믿는 것도 없다.

물론 이 말은 모든 사람이 세례자 요한의 '직접' 증언을 통해서만 예수를 믿게 된다는 의미가 아니다(cf. 요 4:42; 10:42 등). 그가 모든 사람의 믿음의 중개자라는 것은 하나님이 그에게만 예수의 정체를 계시하셨고(요 1:33b), 이로 말미암아 그가 예수가 하나님의 아들 그리스도이심을 이스라엘에 나타낸 유일한 증언자라는 뜻이다. 그의 증언이 없으면 다른 증언자도 없으며, 믿는 자도 없다. 이런 의미에서 그는 모든 사람의 믿음의 중개자이다.

2) 요한복음 10:41-42

예수는 요단강 건너편 세례자 요한이 처음으로 세례 주던 곳으로 가서 머물렀다. 그때 많은 사람이 그에게 나아와 세례자 요한에 대하여 말하였다(요 10:41-42).

(1) 표적으로서의 말

그들은 "요한은 아무 표적도 행하지 아니하였으나 요한이 이 사람을 가리켜 말한 것은 다 참이라"(요 10:41)고 하였다. 여기에 세례자 요한과 관련하여 표적이 언급되고 있다. 그 이유는 무엇일까? 요한복음에서 표적은 그리스도에 대한 사람의 믿음을 목적으로 한다(요 2:11; 4:48; 11:47, 48; 12:37). 표적은 믿음으로 이끄는 도전이요 부르심이다.[71] 하지만 세례자 요한은 어떤 표적도 행하지 않았다. 단지 그는 예수에 대하여 말하였을 뿐이다(요 10:41). 그런데도(καί) 그의 말은 많은 사람이 예수를 믿게 되는 결과를 낳았다(요 10:42). 이것은 표적의 목적인 믿음 유발과 정확하게 일치한다. 따라서 세례자 요한은 표적을 행하지 않았으나 표적이 목적한 바를 자신의 말(εἶπεν, 요 10:41)로 이룬 것이다. 이것은 표적으로서의 말이다. 요한복음이 세례자 요한을 표적과 연결 짓는 목적이 이것이다. 그는 말로써 사람들을 믿음으로 이끌었다. 그러므로 그는 믿음의 중개자이다.

(2) 세례자 요한에 대한 최종 평가

특히 이 구절(요 10:41-42)은 세례자 요한에 대한 최종 평가이자 결론으로서 저자가 그를 어떤 인물로 확정하는지를 잘 보여준다. 저자는 "요한이 이 사람을 가리켜 말한 것은 다 참이라"(요 10:41b)는 사람들의 말을 기록함으로써 많은 사람을 세례자 요한에 대한

---

[71] Morris, *The Gospel according to John*, 688.

증인으로 세우고 있다. 이것은 예수에 대한 세례자 요한의 말이 진리라는 것을 강조하는 것(cf. 요 8:17)이며, 세례자 요한의 증언에 대한 최종적인 배서(ultimate endorsement)가 된다.[72] 또한 저자는 "'거기서'(ἐκεῖ) 많은 사람이 그를 믿었다"라고 말한다. 이것은 세례자 요한의 말(증언)이 사람들을 믿음으로 이끄는 사역을 신실하게 감당했다는 것을 잘 보여준다.[73] 나아가서 저자는 많은 사람이 "믿으니라"고 말함으로써 믿음의 중개자로서의 세례자 요한의 사역이 성공적이었다는 것을 분명히 밝힌다.

이와 함께 주목해야 할 것은 "모든 사람이 그로 말미암아 믿게 하려고"(ἵνα πάντες πιστεύσωσιν δι' αὐτοῦ, 요 1:7)와 "많은 사람이 그를 믿었다"(πολλοὶ ἐπίστευσαν εἰς αὐτόν, 요 10:42) 사이의 병행이다.[74] 이 두 구절은 각각 세례자 요한에 관한 처음과 마지막 내용이며, '믿음'이라는 말로 inclusio를 이루고 있다. 요한복음에서 세례자 요한은 믿음으로 시작하고 믿음으로 끝난다. 그러므로 세례자 요한의 활동을 한마디로 요약하면, 그것은 '믿음'이다.

---

[72] Kruse, *The Gospel according to John*, 245.

[73] Carson, *The Gospel according to John*, 401: "Their faith was an unwitting attestation of the fruitfulness of the Baptist's witness (1:7)."

[74] Beasley-Murray, *John*, 178: "'Many believed on him there.' We recall what is said of John in the prologue (1:7)."

IV. 맺음말

요한복음의 세례자 요한의 정체와 역할에 대한 사람들의 오해는 크게 두 가지이다.

첫째는 저자가 기독교 공동체와 대항하는 세례자 요한 종파를 논박하기 위하여 세례자 요한을 요한복음에 기록했다는 것이다. 다시 말해 저자는 세례자 요한을 예수에게 종속된 열등한 인물로 묘사함으로써 그를 메시아로 고백하는 세례자 요한 종파를 논박하고, 그들로부터 예수의 기독교 공동체를 보호하며, 그들을 기독교로 개종시키려고 했다는 것이다. 그러나 당시의 정황과 세례자 요한에 대한 저자의 이해, 그리고 성경의 증거와 세례자 요한에 대한 예수의 평가 등에 근거하여 볼 때, 이 주장은 명백히 잘못되었다.

둘째는 세례자 요한의 정체와 역할을 단지 증언자로만 규정하는 것이다. 물론 요한복음에서 세례자 요한은 증언하는 역할을 하며, 따라서 증언자가 그의 중요한 정체임에는 틀림이 없다. 하지만 그의 정체와 역할을 오직 증언자로만 단정하는 것은 지나친 단순화이자 오해이다. 우리가 위에서 확인한 것만 해도 요한은 증언자일 뿐 아니라 세례자이며, 선행자이자 또한 믿음의 중개자이다. 이처럼 요한복음의 세례자 요한에게는 다양한 정체와 역할들이 주어져 있다. 그의 얼굴은 하나지만 복합적이고 다면적이다. 그는 절대 단순하지 않다.

벤네마(Bennema)도 이 의견에 동의한다. 그는 요한이 증언자이면서 동시에 세례자, 전령, 선구자, 선생, 신랑의 친구, 등(lamp)의 역할을 한다고 말한다.[75] 이것은 매우 합당한 주장이며, 그가 이를 통해 세례자 요한을 증언자로 제한하는 견해를 비판한 것은 분명 그의 공헌이다. 하지만 그의 주장에도 결정적인 약점이 있다. 그것은 그가 세례자 요한의 다른 모든 역할을 그의 증언 역할 아래에 종속시키고 있다는 점이다.[76] 하지만 세례자 요한의 정체와 역할의 다양성을 이러한 구도로 단정하는 것은 합당하지 않아 보인다.

앞에서 살펴본 대로 요한은 세례자이다. 그의 세례는 예수의 성령세례에 선행하는 것으로서 예수를 증언하는 세례가 아니라 예수의 정체를 인식하는 세례였으며, 구속사의 전환을 이루는 세례였다. 또한 세례자 요한은 예수에 대한 시간적, 역사적 선행자이다. 나아가서 세례자 요한은 믿음의 중개자이다. 그의 증언은 믿음을 목적으로 한다. 그는 모든 사람이 그로 말미암아 믿게 하려고 증언했다. 그는 말로써 예수를 증언하여 사람들의 믿음을 발동시켰다. 세례자 요한의 증언의 최종 지향점은 믿음이다.[77] 요

---

[75] Bennema, "The Character of John in the Fourth Gospel," 271-284.

[76] Bennema, "The Character of John in the Fourth Gospel," 271-272: "John never operates as a witness apart from his other roles; rather, he is a witness *in* these roles"; 같은 책, 282: "These roles serve to *clarify* and *define* his role as witness. ... John's role as witness is not alongside or separate from his other roles; rather, he is a witness in or through those roles." Cf. D. M. Stanley, "John the Witness," *Worship* 32 (1958): 409-416, esp. 410: "Every other event in John's life is subordinated to his act of testifying to Christ."

[77] Bennema, "The Character of John in the Fourth Gospel," 283: "Testimony is instrumental in leading people to belief."

한복음이 그에 관한 기사를 믿음으로 시작하고(요 1:7) 믿음으로 마무리하는 것(요 10:42)도 이에 대한 훌륭한 증거가 된다. 결국 세례자 요한의 여러 정체와 역할은 각각 고유의 특성이 있어서 그에 대한 이해를 풍성하게 한다. 그러므로 이 독특성을 증언의 역할 아래 묶어 두려는 시도는 매우 인위적이며 피해야 할 일이다.

그래도 굳이 세례자 요한의 정체와 역할 간에 종속 구도를 만든다면, 증언자가 아니라 믿음의 중개자 아래에 다른 역할들을 두어야 할 것이다.[78] 왜냐하면 이미 말한 것처럼 믿음의 중개자가 세례자 요한의 처음과 나중을 아우르고 있고, 믿음이 그의 증언의 최종 목적이기 때문이다. 증언이 믿음에 종속된다. 이는 요한복음의 기록 목적과도 잘 맞는다. 요한복음에서 세례자 요한은 증언자 외에 여러 정체를 가지고 있으며, 믿음의 중개자가 대체로 그의 다른 정체와 역할을 통합하고 대표한다.

---

[78] Cf. 고병찬, "요한복음 '프롤로그'(1:1-18)의 중심축으로서의 '믿음': 복합 역교차 구조분석", 신약연구 9 (2010): 43-65. 고병찬은 프롤로그의 중심 개념이 '믿음'이라고 주장한다.

요한복음 연구

목격자의
참 증언

The True Testimony from the Eyewitness

8

첫 표적 (ἀρχὴ τῶν σημείων)의 신학적 의미*

✝

예수는 여러 종류의 이적을 다양한 방식으로 행하였다. 네 복음서 모두 이러한 예수의 이적을 기록하고 있다. 하지만 공관복음과 요한복음의 이적을 비교해 보면 크게 두 가지 차이가 있다. 하나는 명칭의 차이이다. 공관복음은 예수가 행한 놀라운 초자연적인 일을 δύναμις(이적, miracle)[1]로 칭하는 데 반해 요한복음은 σημεῖον(표적, sign)[2]이라 부른다.[3] 다른 하나는 종류의 차이이다. 요한복음에는 공관복음에 없는 네 가지 다른 이적이 있다: 갈릴리 가나에서 물을 포도주로 만듦(요 2:1-11), 베데스다 연못가에서 병자 치료(요 5:1-9), 소경 치료(요 9:1-7), 죽은 나사로를 살림(요 11:1-44). 그런데 이들 중에서도 물을 포도주로 만든 표적의 독특성이

---

* 본 장은 「신학정론」 제30권 1호 (2012. 06): 065-096에 실린 나의 글을 수정, 보완, 확대한 것이다.

[1] 막 5:30; 6:2,5; 눅 5:17; 6:19; 8:46; 9:1 등.

[2] σημεῖον의 사전적 의미에 대해서는 조석민, "요한복음의 표적 사건과 의미", 『요한복음의 새 관점』 (서울: 도서출판 솔로몬, 2008), 99f.를 참조하라.

[3] Cf. Martin Hengel, "The Interpretation of the Wine Miracle at Cana: John 2:1-11," in *The Glory of Christ in the New Testament: Studies in Christology in Memory of George Bradford Caird*, edited by L. D. Hurst and N. T. Wright (Oxford: Oxford University Press, 1987), 86: "The seven Johannine σημεῖα refer beyond themselves to a much greater degree than do the synoptic δυνάμεις."

두드러진다. 왜냐하면 요한복음은 이 표적을 "표적들 중의 처음(시작)"(ἀρχὴ τῶν σημείων)이라고 칭하며 또한 이후에는 갈릴리 가나를 매개로 이 표적을 다시 언급하기 때문이다(요 4:46). 이처럼 요한복음 2:1-11의 이적, 즉 요한복음의 첫 표적은 복음서 전체에서뿐 아니라 요한복음 자체에서도 특별한 위치를 점유한다.[4]

그러면 다른 복음서 저자들은 알지 못했거나 아니면 알았어도 전혀 언급하지 않은 이 첫 표적을 요한복음은 왜 이토록 강조하는 것일까? 이 표적이 담고 있는 신학적 의미는 무엇인가? 이에 대한 답을 찾기 위해 먼저 첫 표적에 대한 다양한 해석을 살펴보는 것이 도움이 될 것이다. 그 후에 첫 표적을 전후 문맥, 표적 사건 자체, 그리고 갈릴리에서 시행한 의미를 고찰함으로써 첫 번째 표적의 신학적 의미를 확인할 수 있을 것이다.

I. '첫 표적'에 대한 여러 해석과 이에 대한 평가

요한복음의 첫 표적은 많은 학자에 의해 다양한 의미로 해석되어 왔다.[5] 따라서 간략하게라도 이 해석들을 살펴보고, 그 각각에 대

---

[4] 이런 까닭에 Birger Olsson은 요 2:1-11을 신약 성경에서 가장 신비한(mysterious) 본문 중의 하나라고 말한다(*Structure and Meaning in the Fourth Gospel: A Text-linguistic Analysis of John 2:1-11 and 4:1-42* [Lund: Gleerup, 1974], 18).

[5] Barnabas Lindars는 "Two Parables in John," *NTS* 16 (1970): 318에서 이 첫 표적에 대한 해석을 다음과 같은 네 가지로 소개하고 있다: 1) 진정한 역사적 사건(a genuine

하여 비평을 하는 것은 첫 표적의 신학적 의미를 더 잘 드러내는 데 도움이 될 것이다.

1. 대체(replacement)

먼저, 요한복음의 첫 표적이 '대체'(replacement)를 의미한다는 해석이 있다. 여기에는 다음과 같은 세부 주장들이 있다.

첫째는 유대교에서 기독교로의 대체이다. 스몰리(S. S. Smalley)는 첫 표적의 요점은 물과 포도주의 대조(요 2:9)라고 말한다. 그는 새 요소(기독교)가 옛 요소(유대교)와 연속성을 유지하지만 결국 새 요소가 옛 요소를 대체했다고 주장한다.[6] 브라운(R. E. Brown)은 유대교의 정결 예식을 위하여 규정된 물이 최상의 포도주로 대체되었으며, 이에 따라 이전의 모든 종교 제도와 관습과 절기들은 그의 임재 때문에 의미를 상실한다고 주장한다.[7] 바레트(C. K. Barrett)는

---

historical incident), 2) 자세한 알레고리(an extended allegory), 3) 상징(symbolism), 4) 성찬(eucharist).

[6] Stephen S. Smalley, *John: Evangelist & Interpreter* (Exeter: The Paternoster Press, 1998), 177.

[7] R. E. Brown, *The Gospel according to John I-XII*, vol. I (2 vols) (New York: Doubleday, 1966), 104. Cf. R. A. Culpepper, *Anatomy of the Fourth Gospel: A Study in Literary Design* (Philadelphia: Fortress, 1983), 193: "This scene fits the recurring theme of the fulfillment of Jewish expectations and the replacement of Jewish festivals and institutions."; Raymond F. Collins, "Cana (Jn. 2:1-12) - The First of His Signs or the Key to His Signs?" in *These Things Have Been Written: Studies on the Fourth Gospel* (Grand Rapids: Eerdmans Publishing Company, 1990), 176.

이 표적에서 예수의 영광이 유대교를 대체(supersession)했다고 말한다. 그는 유대교의 정결 예식을 위한 항아리의 물이 복음의 포도주가 되었으므로 저자의 주 강조점은 유대교의 성취에 계시된 종말론적 영광이라고 주장한다.[8] 피터슨(R. A. Peterson)은 예수가 유대인의 정결 예식을 위한 물 항아리(요 2:6)를 취하여 그것들로부터 하나님 나라의 새 포도주를 만든 것은 그가 유대교의 정결 예식을 폐기할 자이며, 유대교의 정결 예식의 물을 신랑(그리스도)과 그의 신부(교회)의 결혼 잔치의 포도주로 바꾼 것이라고 말한다.[9] 김세윤은 유대교는 포도주가 다 떨어져 흥이 깨져버린 생명력 없는 결혼 잔치와 같지만, 반면에 예수는 새 포도주를 선사하므로 종말에 메시아적 잔치의 시대를 여는 분이라고 말한다. 이것은 예수가 구약과 유대교를 대체했다는 뜻이다.[10]

둘째는 불완전에서 완전에로의 대체이다. 킴(S. S. Kim)은 돌항아리 여섯은 불완전수이며, 이것은 유대교의 정결 예식이 구원을 얻는 데 불완전하다는 것을 암시한다고 말한다.[11] 카이저(R. Kysar)

---

[8] C. K. Barrett, *The Gospel according to St. John* (Philadelphia: The Westminster Press, 1978), 189.

[9] Robert A. Peterson, *Getting to Know John's Gospel* (Phillipsburg, New Jersey: Presbyterian and Reformed Publishing Company, 1989), 44-46.

[10] 김세윤, 『요한복음 강해』 (서울: 두란노, 2001), 69-72.

[11] Stephen S. Kim, "The Significance of Jesus' First Sign-Miracle in John," *Bibliotheca Sacra* 167 (2010): 202-203, 209; 박정식, "가나 혼인 잔치의 신학적 의미: 요한복음 2장을 중심으로",「광신논단」 18 (2009): 51-52; 김동수,『요한신학 렌즈로 본 요한복음』(서울: 도서출판 솔로몬, 2006), 70. 그러나 이에 대하여 D. A. Carson은 *The Gospel according to John* (Grand Rapids: Eerdmans, 1991), 174에서 다음과 같이 비판한다: "That view may well be strained, for the miracle concerns the transformation of water, not the provision of an

에 의하면, 유대교의 정결 예식에 쓰이는 돌항아리(요 2:6)의 물이 포도주로 변화된 것은 유대 전통이 물에서 포도주로 변화된 것이다. 이는 그리스도 안에 있는 하나님의 계시가 이스라엘 백성 가운데 행하신 하나님의 사역에 대한 완전한 성숙이라는 것을 의미한다.[12] 김춘기는 이 표적이 불완전한 유대교가 하나님과 직접 만나는 온전한 만남의 종교로 변화되고 있다는 것을 보여준다고 말한다.[13]

셋째는 율법에서 복음으로의 대체이다. 모리스(Leon Morris)는 이 표적이 예수가 유대주의의 물을 기독교의 포도주로, 율법의 물을 복음의 포도주로 바꾸며, 그리스도가 계시지 않는 물을 그리스도 안에 있는 부요하고 충만한 영생의 포도주로 바꾸었음을 보여 준다고 말한다.[14]

넷째는 옛 시대에서 새 시대로, 옛 질서에서 새 질서로, 옛 생명에서 새 생명으로, 옛 언약에서 새 언약으로의 대체이다. 어떤 이들은 이 표적이 유대교의 시대가 이미 지나갔다는 것을 암시한다고 말한다.[15] 또한 다드(C. H. Dodd)는 물 항아리가 유대인의 정결

---

additional water jar."

[12] Robert Kysar, 『요한의 예수 이야기』, 최흥진 역 (서울: 한국장로교출판사, 1995), 25-26.

[13] 김춘기, 『만남의 복음서: 요한복음 주석』 (서울: 한들출판사, 2007), 87. Cf. 이필찬, 『요한복음 1: 이 성전을 허물라』 (서울: 엔크리스토, 2008), 178.

[14] Leon Morris, 『요한신학』, 홍찬혁 역 (서울: 기독교문서선교회, 1995), 42; Leon Morris, *The Gospel according to John* (Grands Rapids: Eerdmans Publishing Company, 1971), 176.

[15] 최흥진, 『요한복음』 (서울: 한국장로교출판사, 2006), 99. 이필찬은 물이 포도주와

예식을 위한 온전한 제도를 나타내는 것이므로 이 표적은 예수가 오심으로써 종교의 옛 질서가 새 질서로 대체되었다(supersede)는 것을 나타낸다고 주장한다.[16] 비슬리-머레이(G. R. Beasley-Murray)는 이 표적에 유대교의 정결 예식에 사용되는 물과 예수가 만든 포도주 사이에 암시적인 대조가 있으며, 이 둘은 각각 옛 질서와 새 질서의 특성을 나타낸다고 말한다.[17] 뚜쌍(S. D. Toussaint)은 포도주의 모자람은 유대교의 퇴화를 묘사하는 것이며, 메시아가 새 포도주를 주신 것은 옛 질서가 가고 새 질서가 온 것을 의미한다고 말한다.[18] 린다스(B. Lindars)도 이 표적의 목적이 의심할 여지없이 예수의 오심으로 개시된 새로운 질서에 대한 표적[19]이라고 말한다. 김동수는 이 표적이 기독론에 초점이 맞추어져 있고, 예수가 옛 질서의 변화자이며, 새 질서의 창시자라는 것이 주안점이라고 말한다.[20] 나아가서 킴(S. S. Kim)은 같은 이유로 첫 표적이 옛 생명에서 새로운 생명으로의 대체를, 쿠퍼(K. T. Cooper)는 옛 언약에서 새 언약으로의 대체를 의미한다고 주장한다.[21]

대조적으로 옛 시대를 의미한다고 말한다(『요한복음 1: 이 성전을 허물라』, 185).

[16] C. H. Dodd, *The Interpretation of the Fourth Gospel* (Cambridge: Cambridge University Press, 1953), 299.

[17] G. R. Beasley-Murray, *John*, WBC (Waco, Texas: Word Books, 1987), 36.

[18] Stanley D. Toussaint, "The Significance of the First Sign in John's Gospel," *BSac* 134 (1977): 50.

[19] Lindars, "Two Parables in John," 318. Cf. 김동수, 『요한신학 렌즈로 본 요한복음』, 70.

[20] 김동수, 『요한신학 렌즈로 본 요한복음』, 72.

[21] Kim, "The Significance of Jesus' First Sign-Miracle in John," 210; Karl T. Cooper,

다섯째는 열등에서 우월로의 대체이다. 예수가 만든 나중 포도주가 좋은 포도주(요 2:10)라는 것에 근거하여[22] 어떤 이들은 이 표적이 예수를 통하여 시작된 기독교가 유대교보다 훨씬 우월하다는 것을 의미한다고 주장하며,[23] 또한 어떤 사람들은 이 표적이 옛 언약보다 새 언약이 우월하다는 것을 나타낸다고 말한다.[24]

그러나 첫 표적을 '대체'의 의미로 해석하는 것은 다음과 같은 문제들이 있다.

첫째, 물이 유대교, 불완전, 율법, 옛 시대, 옛 질서, 옛 생명, 옛 언약, 열등을 상징하며, 포도주는 기독교, 완전, 복음, 새 시대, 새 질서, 새 생명, 새 언약, 우월을 상징한다는 해석은 알레고리(allegory)적 해석에 지나지 않는다. 이 표적에는 물과 포도주가 각각 그러한 것들을 의미한다는 단서가 전혀 없다. 대체설을 주장하는 사람 중에 대부분은 유대교의 정결 예식에 사용되는 항아리와 예수가 거기에 담긴 물을 포도주로 바꾼 것을 주장의 근거로 삼는다. 하지만 유대교를 상징하는 핵심 물체인 '항아리'는 바뀌지 않았고 단지 그 안에 채워졌던 물만 포도주로 변했다. 물이 유대교라면 항아리는 유대교의 외적 틀이다. 그렇다면 항아리도 마땅히 바뀌었어야 한다. 하지만 항아리는 그대로 있다! 이것이 대

"The Best Wine: John 2:1-11," *WTJ* 41 (1979): 37.

[22] 이 주장에 관련된 학자들에 대하여는 조석민, "요한복음의 첫째 표적", 『요한복음의 새 관점』(서울: 도서출판 솔로몬, 2008), 142. f. n. 52를 참조하라.

[23] 최홍진, 『요한복음』, 100.

[24] Cooper, "The Best Wine: John 2:1-11," 37.

체설의 결정적인 약점이다.[25] 항아리는 그대로 둔 채 내용만 바꾼다는 것은 유대교라는 틀에 기독교를 담는 형국이다. 그러므로 정황(context)에 맞지 않는 상징적 해석이나 알레고리적 해석은 배제되어야 한다.[26]

둘째, 은혜는 율법의 대체가 아니다. 율법과 은혜는 대조가 아니며, 은혜가 율법을 폐기하지도 않는다. 율법도 은혜이기 때문이다. 어떤 사람들은 요한복음 1:17(ὅτι ὁ νόμος διὰ Μωϋσέως ἐδόθη, ἡ χάρις καὶ ἡ ἀλήθεια διὰ Ἰησοῦ Χριστοῦ ἐγένετο)을 대체설의 근거로 제시한다.[27] 하지만 이 구절에서 모세의 율법과 그리스도의 은혜는 대조 관계가 아니다. 17절의 상반절과 하반절 사이에는 어떤 역접 접속사도 없다. 또한 17절은 16절의 '예수를 통하여 받은 것이 은혜 위에 은혜'인 이유(ὅτι)를 설명한다. 그것은 모세로 말미암은 율법도 은혜이며, 예수를 통해 온 은혜와 진리 역시 은혜라는 것이다. 그러므로 17절은 형식과 내용 모두 반(反) 율법적이지 않

---

[25] R. Schnackenburg, *The Gospel according to St. John*, vol. I (London: Bruns & Oates, 1980), 339: "It is not certain that the evangelist is really so hostile to Jewish purifications (and not merely indifferent), since he also mentions ritual customs without disparagement (cf. 7:22; 11:55; 18:28; 19:40)." Cf. Wai-yee Ng, *Water Symbolism in John: An Eschatological Interpretation*, SBL 15 (New York: Peter Lang Publishing, 2001), 69: "But I disagree with interpreting the gospel solely as a polemical document."

[26] Smalley, *John: Evangelist & Interpreter*, 176.

[27] Kim, "The Significance of Jesus' First Sign-Miracle in John," 211; Collins, "Cana (Jn. 2:1-12) - The First of His Signs or the Key to His Signs?" 177; Toussaint, "The Significance of the First Sign in John's Gospel," 50; Dodd, *The Interpretation of the Fourth Gospel*, 299; Cooper, "The Best Wine: John 2:1-11," 376.

다.²⁸ 율법과 은혜는 대조 관계가 아니다. 그리스도가 은혜요 진리이듯이 율법도 그러하다.²⁹

또한 요한복음과 성경 전체가 모세와 예수를 대조로 보지 않으며 율법과 은혜도 대조로 여기지 않는다.³⁰ 근본적으로 모세가 부정되면 모세의 모형을 토대로 선포되는 그리스도가 부정되며, 모세로 말미암은 율법이 부정되면 그리스도로 말미암은 은혜와 진리의 복음도 그 선 역사적 근거가 부정되므로 그 신학적 뿌리를 상실하게 된다.³¹ 성경에는 복음과 율법의 대립적 구조가 용어상으로 전혀 존재하지 않으며, 율법은 복음과 무관하지 않다. 게다가 구약의 약속과 신약의 성취가 마찰을 일으킬 수 없으며, 한 하나님이 주신 율법과 복음이 서로 충돌할 수는 없다.³² 그러므로 율법과 은혜의 연속성과 통일성을 부정하고 이 둘을 대체 관계로 보는 것은 잘못이다.

셋째, 요한의 주된 관심은 유대인의 정결 예식을 위한 물이 포도주로 대체되었다는 데 있지 않다.³³ 요한은 물이 포도주로 변하는 과정이나 표적의 결과로 생긴 포도주에 관심을 두지 않는다.

---

²⁸ 이복우, 『내 뒤에 오시는 이』 (수원: 합신대학원출판부, 2011), 56, 89-90.

²⁹ 성주진, 『사랑의 마그나카르타』 (수원: 합동신학대학원출판부, 2005), 141-157, 179-198: 율법은 은혜의 반대말이 아니라 은혜의 매우 중요한 표현이다. 율법 자체가 하나님의 은혜이다. 율법은 은혜이다.

³⁰ 이에 대해서는 서동수, "요한복음, 반유대주의 신학인가? - 요한복음 서문(1:1-18)에 비추어", 「신약논단」 15 (2008): 69-103을 보라.

³¹ 서동수, "요한복음, 반유대주의 신학인가?", 95.

³² 서동수, "요한복음, 반유대주의 신학인가?", 69-72.

³³ 조석민, "요한복음의 첫째 표적", 142.

또한 요한은 마리아나 그녀의 중재, 예수가 그녀의 요구를 따른 이유, 연회장이나 신랑의 반응 등에 표적의 초점을 맞추지 않는다. 요한의 관심은 요한복음 전체와 마찬가지로 세상을 구원하기 위해 아버지로부터 보냄을 받은 예수에게 있다. 빛나는 것은 그의 영광이며 강조되는 유일한 반응은 제자들의 믿음이다.[34] 따라서 표적은 표적을 행한 예수를 가리키며, 표적을 목격한 자들의 주의를 표적 행위 자체가 아닌 표적을 행한 예수에게로 이끈다.[35]

넷째, 기독교는 유대교를 대체한 종교가 아니다. 랍비적 유대교는 구약 성경의 종교가 아니며, 구약과 신약의 관계는 연속과 통일이지 열등과 우월에 따른 대체(replacement)가 아니다.

다섯째, 물이 옛 언약이고 포도주가 새 언약이라고 하는 주장도 잘못이다. 옛 언약과 새 언약은 그 내용에서는 같고, 단지 시행하는 방법이 다를 뿐이다. "언약의 변화는 내용의 변화가 아니라 언약 방식의 변화이다. 언약 내용은 언제나 같다. '나는 저희에게 하나님이 되고 저희는 내게 백성이 되리라.(히 8:10)."[36] 이에 반해 첫 표적은 물이 포도주가 되었으므로 내용이 달라졌다.

---

[34] Brown, *The Gospel according to John I-XII*, 103-104.

[35] William Hendriksen, *The Gospel according to John*, vol. I (Grand Rapids: Baker Book House, 1953), 117; Merril C. Tenney, 『요한복음서 해석』, 김근수 역 (서울: 기독교문서선교회, 1989), 73.

[36] 조병수, "신약 성경에 나오는 구약 성경의 언약들", 「신학정론」 25권 (2007): 83-103, esp. 101; 조병수, 『히브리서』 (서울: 도서출판 가르침, 2005), 80-84, 124f.

2. 구속사적 성취

또한 어떤 학자들은 요한복음의 첫 표적을 구속사적 성취로 해석한다. 브라운(R. E. Brown)은 예수가 물을 최고급의 포도주로 바꾼 것과 연회장의 진술(요 2:10)을 메시아 날의 도래에 대한 선언으로 이해한다. 그는 이러한 논지 안에서 "저들에게 포도주가 없다"는 마리아의 말이 유대교의 정결 예식의 무익함에 대한 신랄한 비난이라고 말한다. 또한 그는 종말의 기쁨에 대한 일관된 구약 비유 중의 하나는 포도주의 풍성함인데(암 9:13-14; 호 14:7; 렘 31:12), 이 표적은 이러한 상징을 통해 메시아 시대와 새로운 체제에 대한 표시로 이해될 수 있다고 주장한다.[37] 비슬리-머레이(G. R. Beasley-Murray)는 포도주의 많음이 하나님 나라 잔치의 특징이며(사 25:6), 메시아 도래의 징조, 표지, 증거라고 말한다(암 9:13; 욜 3:18). 따라서 그는 이 표적이 예수가 메시아이며, 그의 오심으로 메시아 시대가 시작되었다는 것을 나타내며, 가나 혼인 잔치의 포도주의 풍성함은 하나님 나라가 도래했음을 나타내는 것이라고 주장한다.[38] 뚜쌍(S. D. Toussaint)도 새 포도주와 함께 행하는 혼인 잔치는

---

[37] Brown, *The Gospel according to John*, vol. Ⅰ, 105. Cf. R. E. Brown, *The Gospel and Epistles of John* (Collegeville, Minnesota: The Liturgical Press, 1988), 29-30; Kim, "The Significance of Jesus' First Sign-Miracle in John," 211; C. G. Kruse, *The Gospel according to John* (England: Inter-Varsity Press, 2003), 95; Toussaint, "The Significance of the First Sign in John's Gospel," 50; Schnackenburg, *The Gospel according to St. John*, vol. I, 338; Cooper, "The Best Wine: John 2:1-11," 376.

[38] Beasley-Murray, *John*, 36; 박정식, "가나 혼인 잔치의 신학적 의미: 요한복음 2장을 중심으로", 65, 68. Cf. C. Bennema, "The Character of John in the Fourth Gospel," *JETS* 52

왕국의 옴을 묘사하므로 이 표적에 의해 주님은 예언된 왕국을 성취하는 이스라엘의 메시아임을 선언한다고 말한다.[39]

그러나 첫 표적에 대한 '구속사적 성취' 해석도 비판에서 벗어날 수 없다. 첫째, 이 해석은 주로 포도주에 초점을 맞춘다.[40] 하지만 이 사건이 표적(σημεῖον)으로 불린다는 사실을 염두에 둔다면 단순히 예수가 '포도주'를 만드셨다는 데 초점을 맞추면 안 된다. 이 사건이 표적인 이유는 잔치가 열리고 포도주가 풍성했기 때문이 아니라 물이 포도주로 바뀌는 초자연적인 일이 일어났기 때문이다.[41] 이 말은 물(ὕδωρ)은 빼놓고 포도주만 이야기하면 본문을 잘못 이해하는 것이 된다는 뜻이다. 본문의 핵심은 포도주 자체가 아니라 '물이 포도주가 되었다'는 데 있다. 그래서 이 표적에서는 물이 강조되고 있다. "항아리에 물을 채우라"(요 2:7a)는 예수의 말씀에 따라 물을 항아리의 "아귀까지 채웠다"(요 2:7b). 이는 항아리에 물 이외에 다른 어떤 것도 포함되거나 추가되지 않았다는 의미이다. 이 포도주는 오직 물로만 만들어졌다.[42] 또한 연회장은 포도주가 된 '물'(τὸ ὕδωρ οἶνον γεγενημένον)을 맛보았다(요

(2009): 280: "Jesus performs a miracle in Cana, signifying that the new messianic age has started."

[39] Toussaint, "Significance of the First Sign in John's Gospel," 50; 이필찬, 『요한복음 1: 이 성전을 허물라』, 182-185.

[40] Cooper, "The Best Wine: John 2:1-11," 376: "In discussing this specific sign, the emphasis will be upon the wine which Jesus provides"

[41] Peter-Ben Smit, "Cana-to-Cana or Galilee-to-Galilee: A Note on the Structure of the Gospel of John," ZNW 98 (2007): 145: "… this is the core of the miracle."

[42] Hendriksen, The Gospel according to John, vol. I, 116.

2:9a).⁴³ 역시 '물'에 강조점이 있다. 또한 '물' 떠온 하인들은 이 포도주의 출처를 알았다(요 2:9b). 이 역시 포도주가 '물'로 만들어 졌다는 사실을 강조한다. 나아가서 이 사실은 요한복음 4:46에서 절정을 이룬다. 저자는 갈릴리 가나를 소개할 때 단순히 '예수가 포도주를 많이 만든 곳'이라고 하지 않고 "그가 물을 포도주로 만든 곳"(ὅπου ἐποίησεν τὸ ὕδωρ οἶνον)이라고 한다. 이것은 이 표적의 성격을 잘 설명한다. 만일 포도주만 이야기하려고 했다면 굳이 물을 이렇게 강조할 필요가 없었으며 또한 다른 물질을 이용해서 포도주를 만드실 필요도 없었을 것이다. 이 사건이 표적인 이유는 '물을 포도주로 만들었다'는 사실에 있다. 그러므로 단지 포도주가 많다는 이유로 이 표적을 메시아 도래의 종말론적 성취로 해석하는 것은 합당하지 않다.

둘째, 이 표적을 구속사적 성취로 해석하는 사람들은 포도주와 더불어 혼인 잔치를 강조한다. 하지만 "저자는 혼인 잔치 기사임에도 신랑이나 신부보다는 예수님의 말씀과 행위에 초점을 맞춘다. 이것은 이 사건이 단순히 혼인 잔치 자체에 의미를 두고 있지 않다는 것을 의미한다."⁴⁴ 무엇보다도 우리는 이 잔치가 예수가 베푼 잔치가 아님을 기억해야 한다.

---

⁴³ 이필찬, 『요한복음 1: 이 성전을 허물라』, 188: "문법적인 차원에서 엄밀히 말하면 연회장은 '물'을 마시고 있는 것이다."

⁴⁴ 이필찬, 『요한복음 1: 이 성전을 허물라』, 161-162.

3. 성례전적 해석

나아가서 요한복음의 첫 표적은 성찬에 대한 상징으로 해석되기도 한다. 이렇게 주장하는 대표적인 학자는 쿨만(Oscar Cullmann)이다. 그에 의하면, 가나의 혼인 잔치 표적 기사의 포도주는 주님의 성찬에서 베풀어지는 포도주, 즉 십자가에서 죄를 사하시기 위해서 흘리시는 그리스도의 피를 가리킨다. 그리고 요한복음 2:6의 물 항아리는 유대 사람들의 정결 예식을 따라 준비된 것이다. 지금까지는 물이 유대인들의 정결 예식을 위해 사용되었는데 이제부터는 주님의 성찬의 포도주, 즉 그리스도의 피가 이 의식을 대신하게 되었다.[45]

하지만 만일 요한이 실제로 이 표적에서 성찬에 관한 바른 교훈을 주려고 했다면 좀 더 직접 언급했을 것이다. 이뿐 아니라 본문은 제자들이 포도주로 변한 물을 함께 마셨다고 말하지 않으며, 성례전에서 요구하는 것만큼 예수의 죽음을 언급하지도 않는다.[46] 만일 기독교인들이 이 본문에서 성례전적 의미를 찾는다면

---

[45] Oscar Cullmann, *Early Christian Worship* (London: SCM Press, 1953), 69-70. Cf. Irenaeus, *Adv. Haer.* 3.16.7. 이와 관련하여 Hengel은 "The Interpretation of the Wine Miracle at Cana: John 2:1-11," 89에서 다음과 같이 말한다. "That is to say, the 'gift' miracle of transformation, to which Irenaeus calls attention in its 'natural-historical actuality', points beyond itself to the gift of the Eucharist in the last days, ... The miraculous, creational event is for Irenaeus not an end in itself, nor simply an evidence of power; it points at the same time to the eschatological gift of Christ in the Eucharist, which becomes an actuality through the death of Jesus."

[46] Larry P. Jones, *The Symbol of Water in the Gospel of John* (Sheffield: Sheffield Academic Press, 1997), 64.

그것은 단지 그들이 본문 자체가 말하지 않거나 지지하지 않는 것을 추리함으로 깨닫게 되는 과거의 경험 때문일 것이다.[47] 그러므로 이 표적을 강하게 성례적 차원에서 해석하려는 시도는 허용되지 않는다.[48]

II. 첫 표적의 신학적 의미

1. 문맥에서 나타난 첫 표적의 의미

요한복음의 첫 표적(요 2:1-11)은 καὶ τῇ ἡμέρᾳ τῇ τρίτῃ로 시작한다. 이것은 장이 구분되어 있음에도 첫 표적이 앞의 내용과 단절될 수 없음을 잘 보여준다. 그 이유는 이 표적이 καί로 시작할 뿐 아니라, 특히 τῇ ἡμέρᾳ τῇ τρίτῃ로 시작함으로써 세 번 언급되는 "이튿날"(τῇ ἐπαύριον, 요 1:29, 35, 43)과 "그 후에"(μετὰ τοῦτο, 요 2:12)로 이어지는 일련의 시간 흐름 속에 들어와 있기 때문이다.

첫째 날?(요 1:19-28) → 이튿날(요 1:29-34) → 또 이튿날(요 1:35-42) → 이튿날(요 1:43-51) → Καὶ 사흘째 되던 날(요 2:1-11, 첫 표적) →

---

[47] Brown, *The Gospel according to John I-XII*, 109.
[48] Smalley, *John: Evangelist & Interpreter*, 175.

그 후에(요 2:12).

이러한 특징은 이 표적이 앞뒤 문맥 속에서 이해되어야 함을 잘 보여 준다. 요한복음 1:19-28은 세례자 요한이 자신의 정체를 증언하는 내용이다.[49] 여기서 세례자 요한은 "나는 그리스도가 아니다"(요 1:20), "나는 (엘리야가) 아니다"(요 1:21a), "(나는 그 선지자가) 아니다"(요 1:21b)라고 강조하여 말한다.[50] 이것은 결국 독자로 하여금 "그러면 누가 그리스도며 엘리야며 그 선지자이냐?"라는 질문을 하게 만든다.

이튿날(요 1:29)에 세례자 요한은 예수를 세상 죄를 지고 가는 하나님의 어린 양(요 1:29), 내 뒤에 오시는 이(요 1:30), 성령으로 세례를 베푸는 이(요 1:33), 하나님의 아들(요 1:34)로 증언한다. **또 이튿날**(요 1:35)에 세례자 요한은 예수를 다시 하나님의 어린 양(요 1:35)으로 증언하고, 안드레는 예수를 메시아(요 1:41)로 증언한다. **이튿날**(요 1:43)에 빌립은 예수를 모세가 율법에 기록하였고 여러 선지자가 기록한 그이(1:45)로, 나다나엘은 예수를 하나님의 아들과 이스라엘의 임금(1:49)으로 증언한다. 이어 예수는 자신을 인자(1:51)라고 증언하신다.

이렇게 함으로써 드디어 세례자 요한의 사기 증언(요 1:19-28)을 통해 던져진 질문인 "누가 그리스도인가?"에 대한 대답이 주

---

[49] 이복우, 『내 뒤에 오시는 이』, 315-317.
[50] 괄호 안의 내용은 이해를 돕기 위한 필자의 삽입이다.

어졌다. 예수가 바로 하나님의 어린 양이며, 그리스도이며, 하나님의 아들이며, 그 선지자이며, 이스라엘의 왕이며, 인자이시다. 그런데 서사는 예수에 대한 일련의 증언 과정에서 요한과 나다나엘 외에 다른 제자들이 예수의 정체를 어떻게 알게 되었는지는 침묵한다(나다나엘의 경우도 분명하지는 않다). 그는 제자들이 무엇을 통하여 예수를 메시아로 믿게 되었는지를 과감하게 생략하고 대신 예수의 신분에 대한 그들의 신앙고백에 초점을 맞춘다. 따라서 저자의 관심은 오직 예수를 그리스도로 증언하는 데 있다.

그리고 첫 표적이 이 증언들에 이어진다. 첫 표적은 증언 중 마지막 증언이다. 첫 표적은 증언의 절정이다. 그 이유는 앞에서 밝힌바, 이 표적이 접속사 καί로 시작되며, 특히 "**사흘째 되던 날**"이라는 말로 시작함으로써 요한복음 1:19에서 시작된 하나의 연속된 시간 흐름 속에 들어와 있기 때문이다. 이 연속된 각각의 날에 예수의 정체에 대한 증언이 있다. 따라서 이 날짜의 마지막인 사흘째 되던 날에 일어난 첫 표적도 예수의 정체를 증언하는 것이 분명하다.[51] 이것을 도식으로 표현하면 다음과 같다.

---

[51] 김동수, 『요한신학 렌즈로 본 요한복음』, 66: "요한복음 1장 19절부터 사건을 연결할 때 시간을 언급하는 것으로 시작하는데(요 1:29, 35, 43) 이 구절에서 시간을 언급한 것도 이러한 방식의 연속이다"; 이필찬, 『요한복음 1: 이 성전을 허물라』, 162-163.

시간의 연속	사건의 연속 : 증언의 연속		
	증언자	증언 대상	증언 내용
첫째 날? (요 :19-28)	요한	세례자 요한	나는 그리스도가 아니라(20) 나는 (엘리야가) 아니라(21a) (나는 그 선지자가) 아니라(21b)
이튿날 (요 1:29-34)	요한	예수	세상 죄를 지고 가는 하나님의 어린 양(29) 내 뒤에 오시는 이(30), 성령으로 세례를 주시는 이(33) 하나님의 아들(34)
또 이튿날 (요 1:35-42)	요한	예수	하나님의 어린 양(36)
	안드레		메시아(41)
이튿날 (요 1:43-51)	빌립	예수	모세가 율법에 기록하였고 여러 선지자가 기록한 그이(45)
	나다나엘		하나님의 아들(49), 이스라엘의 임금(49)
	예수		인자(51)
사흘 되던 날	예수	예수	**절정 – 첫 표적 : 물로 포도주를 만듦**

결국 첫 표적은 요한복음 1:19에서부터 시작된 예수의 메시아 신분에 대한 연속적인 증언 중 마지막 증언이자[52] 제자들의 증언에 이은 예수 자신의 증언이다. 따라서 첫 표적은 예수의 정체에 대한 제자들의 연속적인 고백(요 1:29-49)과 자신의 인자 되심에 대한 예수의 증언(요 1:51)을 확증하는 역할을 한다.[53]

---

[52] Brown, *The Gospel and Epistles of John*, 28: "His own miracle is the last of a series of witnesses to him."

[53] Craig R. Koester, *Symbolism in the Fourth Gospel* (Minneapolis: Augsburg Fortress, 1995), 79: "In the Gospel narrative, the wine miracle at Cana confirms the disciples' confession of faith in Jesus as the Messiah"; 김동수, 『요한신학 렌즈로 본 요한복음』, 71.

1) 연속된 날과 증언의 절정

하지만 크루제(C. G. Kruse)는 요한복음 1:19-51이 "사흘째 되던 날"(요 2:1)과 관련이 없다고 말한다. 그는 단순히 그 결혼식이 예수가 나다나엘을 만난 후 사흘째 되던 날에 있었다는 것을 지시한다고 주장한다.[54] 그러나 앞의 증언들(요 1:19-51)과 첫 표적(요 2:1-11)을 관련짓는 것의 정당성을 입증하는 또 다른 이유가 있다. 첫째는 연속된 시간의 흐름이 "사흘째 되던 날"에 절정을 이룬다는 사실이다.

    첫날?(요 1:19-28)
        이튿날(요 1:29-34)
            또 이튿날(요 1:35-42)
                이튿날(요 1:43-51)
                    사흘째 되던 날(요 2:1-11, 첫 표적) – 절정
    그 후에(μετὰ τοῦτο, 요 2:12).

연속되던 날짜는 사흘째 되던 날을 지나면서 "이후에"(μετὰ τοῦτο)라는 시간 표시로 바뀐다. 여기서 '이것'(τοῦτο)은 첫 표적을 가리킨다. 따라서 요한복음 1:19-2:11의 흐름은 날짜/시간은 사흘째 되던 날에서, 그리고 연속된 증언은 사흘째 되던 날의 표적

---

[54] Kruse, *The Gospel according to John*, 91.

에서 절정에 이른다.[55] 연속된 날짜와 그 각 날에 있었던 증언들은 사흘째 되던 날과 그날에 있었던 표적을 지향한다.[56] 그리하여 모든 증언은 "사흘째 되던 날"의 표적에서 최고점에 도달한다. 이와 같은 날짜/시간의 연속이 절정에 이름으로써 각 날/시간에 있었던 사건을 절정으로 이끄는 방식은 요한복음의 독특한 문학 장치(literary device)이다.[57] 이때 날짜/시간의 정확성에는 큰 관심을 두지 않고 오히려 흐리게 함으로써 각 날의 사건을 두드러지게 드러낸다. 따라서 날짜/시간에 의미를 부여하려는 시도는 무의미하다.[58]

이런 까닭에 우리는 '제3일'에 지나친 의미를 부여하려는 시도를 지양해야 할 것이다.[59] 어떤 이들은 첫 표적의 '사흘째 되던 날'이 "예수님의 부활의 날이며, 새로운 시대가 시작되었음을 알리는 날"이라고 주장한다.[60] 다드(Dodd)도 이것이 부활에 대한 암

---

[55] Carson, *The Gospel according to John*, 167: "climaxing in the miraculous transformation of water into wine."

[56] Kim, "The Significance of Jesus' First Sign-Miracle in John," 205-206.

[57] J. Lamsey Michaels, 『요한복음』, NICNT, 권대영, 조호영 옮김 (서울: 부흥과개혁사, 2022), 190: "오히려, 저자의 관심은 6일이 아니라 그 연속에 있다."

[58] 이와 같은 문학적 장치에 대한 자세한 내용은 본서 '제2장. 문학적 장치 - 초점 맞추기'를 보라.

[59] Michaels, 『요한복음』, 189: "'사흘째 되던 날'은 방금 묘사된 사건의 시점에서 "이틀 후" 또는 "내일모레"를 의미한다. 이것은 전체 이야기를 6일이 되게 만든다. 그러나 어디에서도 6일을 전체적으로 계산하지는 않는다. 따라서 창조의 6일이든 … 상징적 평행을 찾는 것은 아마도 쓸데없는 일일 것이다."

[60] Carson, *The Gospel according to John*, 167: "Some have suggested that 'the third day' is such a stock phrase in the accounts of Jesus' resurrection that John is using the time reference symbolically: on the third day, on the day of Jesus' resurrection, the new

시이며, 이 표적은 부활에서 그리스도의 영광의 현현을 미리 내다보는 것이라고 말한다.[61] 이 외에도 같은 주장을 하는 학자들이 많이 있다.[62] 하지만 이와 같은 해석은 본문에 대한 지나친 알레고리적 해석이다.[63] 앞에서 본 대로 이 표적은 예수의 정체를 증언하는 것이지 그의 부활을 상징하는 것이 아니다. 또한 '사흘째 되던 날'(요 2:1)은 앞에서부터 계속되는 날들의 연속이므로 정확하게 제3일이 아니다. 나아가서 "어느 때로부터 계산하여 사흘째인지 그 시작점이 분명치 않다. 요한복음 1:43에 따르면 예수께서 갈릴리로 떠나시기로 정하셨다고 하므로 이날부터 계산하여 사흘째인지, 아니면 갈릴리로 돌아오신 후 사흘째를 말하는 것인지, 혹은 가나에 들어와 계신 지 사흘째를 가리키는지 분명하지가 않다."[64]

이러한 사실은 또한 가나의 혼인 잔치가 일곱 번째 날에 일어난 것으로 간주하여 이 사건을 구약의 창조사건, 특히 안식일과

---

age begins, represented here by the wine. This seems overly subtle in a Gospel that does not stress 'the third day' in the resurrection narratives themselves." Michaels, 『요한복음』, 190: "'사흘째 되던 날'에서 미묘하게 예수의 부활에 대한 암시를 발견하는 것 역시 도움이 안 된다."

[61] Dodd, *The Interpretation of the Fourth Gospel*, 300.

[62] B. Lindars, *The Gospel of John* (Grand Rapids: Eerdmans Publishing Company, 1995), 124; Thomas L. Brodie, *The Gospel according to John: A Literary and Theological Commentary* (Oxford: Oxford University Press, 1993), 172-173; Brown, *The Gospel according to John I-XII*, 97; Barrett, *The Gospel according to St. John*, 297; 최흥진, 『요한복음』, 97; 김춘기, 『만남의 복음서: 요한복음 주석』, 85 등.

[63] 김동수, 『요한신학 렌즈로 본 요한복음』, 66.

[64] 김성수, 『태초에 말씀이 계시니라』(용인: 마음샘, 2007), 116.

관련지으려는 주장은⁶⁵ 설득력이 매우 약하다는 것을 잘 보여 준다.⁶⁶ 만일 이 사건이 새 창조를 암시하는 것이라면⁶⁷ 예수는 굳이 '물'(ὕδωρ)로 포도주를 만들 필요가 없었을 것이다. 그는 물 없이도 빈 항아리에 포도주를 넘치게 채울 수 있었다. 그는 무에서 만물을 창조하신 분이기 때문이다.

2) "더 큰 일"을 보이심

첫 표적(요 2:1-11)이 그 앞의 증언들(요 1:19-51)에 연속된다는 주장이 정당한 두 번째 이유는 예수가 나다나엘의 고백(요 1:49)에 대하여 "내가 너를 무화과나무 아래서 보았다고 하므로 믿느냐 이보다 더 큰 일(μείζω τούτων)을 보리라"(요 1:50)고 말씀하셨다는 데 있다. 이 더 큰 일은 가깝게는 요한복음 1:51을 말하는 것이지만 2장의 표적을 말씀하는 것이기도 하다.⁶⁸ 왜냐하면 예수의 말

---

⁶⁵ Carson, *The Gospel according to John*, 68.

⁶⁶ 요한은 시간을 나열한다. 그러나 그는 시간 자체에 의미를 두지 않는다. 그의 시간 표현은 두루뭉술한 경우가 많다. 반면에 그는 나열한 시간에 일어난 사건을 상술한다. 특히 그는 나열한 날짜 중 마지막 날을 지향하는 방식을 취함으로써 그날에 일어난 사건에 초점을 맞춘다. 요한 것은 시간(날짜)이 아니라 사건이며, 그중에서도 마지막 날의 사건이 설성이나. Michaels, 『요한복음』, 169: "그럼에도 '첫 번째 것'(πρῶτον, 요 1:41)이 (29, 35절처럼) '이튿날'을 뜻한다면, 왜 그냥 그렇게 말하지 않았는가? 복음서 기자는 이어지는 날들의 순서를 자유롭게 정하는 것처럼 보인다." 이에 대한 자세한 내용은 본서 제2장을 참조하라.

⁶⁷ 이필찬, 『요한복음 1: 이 성전을 허물라』, 163-165, 179, 186.

⁶⁸ 예수는 나다나엘에게 "더 큰 일들을 보게 된다"고 말씀하신 후, 이 처음(ἀρχή) 표적을 행하셨다. 그러므로 첫 표적은 더 큰 일 중에서 처음 것, 즉 큰 일들의 시작으로 이해될 수 있다. Brown, *The Gospel according to John I-XII*, 105: "What they see at Cana fulfills the

씀 속에는 그들이 더 큰 일을 보게 되면 그들의 믿음도 더하여질 것임을 암시하고 있기 때문이다. 그들은 정말 더 큰 일을 보았고 그 결과 믿게 되었다(요 2:11). 따라서 이 표적은 제자들이 이미 고백한 예수의 정체를 그들로 더욱 믿게 하려고[69] 예수가 친히 보여 준 확고한 증언이었다.[70]

2. 첫 표적 자체가 보여 주는 의미

지금까지 첫 표적의 의미를 문맥으로 확인했다. 이제는 첫 표적 자체가 보여 주는 첫 표적의 의미를 확인해 볼 것이다. 문맥상 첫 표적은 예수의 메시아 정체에 대한 예수 자신의 확증이었다.[71] 그렇다면 표적 자체도 같은 의미를 보여주는가? 이 사실을 확인하기 위해 다음과 같은 저자의 결론에 주목할 필요가 있다.[72]

---

promise of 1:50(and 51)"; Kim, "The Significance of Jesus' First Sign-Miracle in John," 204: "It seems apparent that Jesus' promise to the disciples in 1:51 is given its first fulfillment in His miracle of turning water into wine"; ibid., 206; Herman Ridderbos, *The Gospel of John: A Theological Commentary*, translated by John Vriend (Grand Rapids: Eerdmans, 1997), 113; .조석민, 『요한복음의 새 관점』, 125-126.

[69] Cooper, "The Best Wine: John 2:1-11," 379: "The disciples who had believed(1:37-51) needed to believe more strongly(2:11)."

[70] Schnackenburg, *The Gospel according to St. John*, vol. I, 325; Beasley-Murray, *John*, 34; 김정훈, "하나님 나라의 관점에서 본 가나의 이적(요 2:1-11)", 『프로 에클레시아』 4/1 (2005): 117; 조석민, 『요한복음의 새 관점』, 98, 99, 106f., 140, 144ff.

[71] Kim, "The Significance of Jesus' First Sign-Miracle in John," 206, 212.

[72] Schnackenburg, *The Gospel according to St. John*, vol. I, 334: "The final remark throws still more light on the story."; 조석민, "요한복음의 첫째 표적", 142: "이 기적 사건의

"··· ἐποίησεν ··· ὁ Ἰησοῦς ··· καὶ ἐφανέρωσεν ···
　그가 행하였다　　　예수　　　　그가 나타내었다
αὐτοῦ, καὶ ἐπίστευσαν ··· αὐτοῦ."(요 2:11).
　그의　　그들이 믿었다　　그의

요한은 여기서 καί의 반복과 함께 세 개의 다른 동사를 사용하였다. 이는 각각의 동사로 표적의 의미를 나타내되, καί를 반복하여 각 동사를 선명하게 구분 지음으로써 표적의 의미를 더욱 명확하게 하려는 의도로 보인다.

1) 표적을 행함

첫째, 이것을 예수는 표적들의 시작으로 행하였다(ταύτην ἐποίησεν ἀρχὴν τῶν σημείων ὁ Ἰησοῦς, 요 2:11a). 표적의 특성상 핵심은 물이 포도주로 변화된 놀라운 일 자체가 아니라 "이 놀라운 일을 행한 이 예수가 누구냐?"이다. 표적의 초점은 사건 자체가 아니라 사건을 행한 예수에게 있다. 다른 것들은 다 부차적이다. 따라서 이 표적의 강조점은 물이나 포도주가 아니라 예수의 정체를 밝히는 기독론에 있다.[73] 이러한 이해는 예수를 가리키는 "그의"(αὐτοῦ)의 반

의미는 저자가 11절에서 표현하고 있는 '표적'에서 확인되어야 할 필요가 있다."

[73] 김동수, 『요한신학 렌즈로 본 요한복음』, 71: "이 표적의 의미는 혼인 잔치 자체나, 마리아론이나, 마리아와 예수의 관계에 대한 것이 아니라 예수가 어떤 분인가 하는 것이다. 예수는 물로 포도주를 만든 기적을 통해서 자신의 신적인 본질(영광)을 드러냈다."

복에서도 분명하다. 따라서 표적에 사용된 여타 다른 요소들, 즉 혼인 잔치, 물, 돌항아리, 포도주 등은 모두 본질적인 것이 아니며, 어떤 구체적인 의미를 나타내기 위해 사용되었다고도 보기 어렵다. 그것들은 단지 핵심 의도를 드러내는 데 사용된 수단이요 도구일 뿐이다. 그러므로 이것들 각각에 어떤 의미를 부여하여 알레고리식 해석을 하거나 상징적 해석을 하는 것은 본문의 의도에서 비껴가는 것이다. "그날의 빛을 충분히 받고 계셨던 분은 그리스도였으며, 나머지는 모두 그림자였다."[74]

그러면 예수는 이 표적을 통하여 자신을 누구로 나타내셨는가? 이 표적을 한 마디로 압축하면 '예수가 물을 포도주로 만들었다'이다. 이 사실은 요한이 이 표적을 회고하면서 다음과 같이 말한 내용에서도 분명하다. "그가 전에 물을 포도주로 만드신 곳이라"(ὅπου ἐποίησεν τὸ ὕδωρ οἶνον, 요 4:46a) 이것은 첫 표적에 대한 저자의 요약이므로 절대적인 의미가 있다. 따라서 첫 표적에서 예수는 물을 포도주로 만듦으로써 만물이 그에게 복종한다는 사실을 보여 주었다. 예수는 창조자만이 할 수 있는 일을 행하였다.[75] 이것은 예수가 만물 위에 있고(요 3:31) 만물에 대한 지배권을 가지고 있는(요 3:35) 만유의 창조주(요 1:3, 10)이심을 나타내는 것이다.[76] 만물을 지으신 창조주 "예수는 물을 포도주로 변화시킴으로

---

[74] Hendriksen, *The Gospel according to John*, vol. I, 117-118.

[75] A. Schlatter,『요한복음강해』, 김희보 옮김 (서울: 종로서적, 1994), 36.

[76] Schnackenburg, *The Gospel according to St. John*, vol. I, 335: "… is primarily his divine and creative power"; Kim, "The Significance of Jesus' First Sign-Miracle in John,"

'모든 것이 그를 통하여 되었다'(요 1:3)는 말씀을 실제로 이루는 분임을 나타내셨다."⁷⁷ 다시 말해 이 표적은 예수가 창조주 로고스이며(요 1:1-3) 하나님의 독생자(μονογενής, 요 1:18) 그리스도이심(요 1:17)을 증언한다. "요컨대 이 표적을 통하여 요한은 예수를 생명의 창조주이신 하나님의 아들로 나타내었다."⁷⁸

2) 영광을 나타냄

둘째, 예수는 이 표적을 행하여 그의 영광을 나타내셨다(ἐφανέρωσεν τὴν δόξαν αὐτοῦ, 요 2:11a). 어떤 이는 이 영광을 예수가 십자가를 통해 이루시는 영광으로 해석한다.⁷⁹ 그러나 본문에 대한 바른 이해를 위해서는 먼 문맥보다 가까운 문맥에서 우선적인 의미를 찾아야 한다. 예수가 물을 포도주로 만든 이 표적은 만물이 예수의 권세에 복종하는 것과 만물에 대한 그의 주권을 보여줌으로써 그가 창조주이심을 나타낸 것이다. 이것이 이 표적을 통해 나타난 예수의 영광이다. 따라서 요한복음 2:11의 영광은 그리스도의 죽음과 부활의 영광을 말하기보다는 피조물도 예수에게 복종하는 점을 근거로 할 때에 오히려 창조주(창조의 중개자, 요 1:3, 10)이신 하

208: "... the first miracle reveals Jesus as the Creator"; Cf. J. C. Ratzinger, "The Sign of Cana," *Communio* 33 (2006): 682: "Jesus' incomprehensible generosity. The generosity, the excess is the sign of God in his creation."

⁷⁷ 최홍진, 『요한복음』, 101.

⁷⁸ Kim, "The Significance of Jesus' First Sign-Miracle in John," 209.

⁷⁹ 박정식, "가나 혼인 잔치의 신학적 의미: 요한복음 2장을 중심으로", 51-52.

나님의 아들(요 1:14,18)의 영광을 의미하는 것으로[80] 보는 것이 더 옳다.[81] 선재하신(ἐν ἀρχῇ ἦν, 요 1:1) 창조주 로고스(요 1:3)께서 세상에 거하심(σκηνοῦν)으로써 하나님의 독생자의 영광을 나타내신 깃처럼(요 1:14), 로고스 예수가 첫 표적을 행하여 자신을 창조주, 하나님의 독생자,[82] 메시아로 계시함으로써 그의 영광을 나타낸 (φανεροῦν) 것이다(요 2:11).[83] 이런 까닭에 비슬리-머레이(Beasley-

---

[80] Andreas J. Köstenberger, *John*, ECNT (Grand Rapids: Baker Academic, 2008), 99: "'Revealed his glory' harks back to the prologue (1:14,18)." Andreas J. Köstenberger, *A Theology of John's Gospel and Letters* (Grand Rapids: Zondervan, 2009), 191-192: "Hence this first sign constitutes the first validation of the evangelist's claim in the introduction that he and his fellow disciples perceived (*theaomai*) the glory of the incarnate Word." Cf. Irenaeus, *Adv. Haer.* 3.11.5: "Thereby he announces that the same God who created the world and commanded it to bear fruit, ... likewise here gives to mankind in these last days, through his Son, the blessing of food and the merciful gift of drink"; Hengel, "The Interpretation of the Wine Miracle at Cana: John 2:1-11," 89.

[81] 글을 읽는 원리에 의해서도 이 주장은 합당한 것으로 수용될 수 있다. 어떤 글을 바로 이해하기 위해서는 저자가 기록한 순서를 따라가며 읽어야 한다. 그렇다면 당연히 요한복음의 독자는 요 1:14의 영광을 읽은 다음, 요 2:11의 영광을 읽게 된다. 그러므로 독자가 요 2:11의 '그의 영광'을 읽을 때, 요 1:14의 '독생자의 영광'을 생각하는 것은 당연하다. 이 원리는 저자의 처지에서도 같다. Cf. Lindars, *The Gospel of John*, 132: "..., which again brings the reader back to the Prologue; cf. 1.14." Michaels, 『요한복음』, 205: "이 첫 번째 표적을 '행하는' 것에서, 우리는 예수가 처음으로 자신에 대한 어떤 것, 구체적으로 자신의 '영광', 즉 앞에서 "아버지의 독생자의 영광이요 은혜와 진리가 충만한 영광(1:14)으로 우리를 위해 규정된 영광을 "계시하셨다" 또는 "알리셨다.""

[82] 조석민, "요한복음의 첫째 표적", 140f.: 요 1:14과 관련해서 보면 "그의 영광을 나타내셨다"(요 2:11)는 것은 이 표적을 통하여 예수가 하나님의 독생자이심을 나타내셨다는 의미이다. Cf 김정훈, "하나님 나라의 관점에서 본 가나의 이적(요 2:1-11)", 117.

[83] 이런 의미에서 표적의 '처음'(ἀρχή)은 로고스의 선재를 나타내는 ἀρχή(요 1:1)를 생각나게 한다(Lindars, *The Gospel of John*, 132). Hengel, "The Interpretation of the Wine Miracle at Cana: John 2:1-11," 96-97: "It is the ἀρχὴν τῶν σημείων ... through which this *Logos* makes visible his hidden glory to the disciples for the first time."

Murray)는 "이 표적은 예수의 영광을 나타내었다. 육신이 되신 말씀(요 1:14), 곧 인자이신 하나님의 독생자(요 1:51)가 자신의 창조적 능력을 나타내신 것이다"[84]고 말하며, G. B. Caird는 하나님의 독생자의 영광이(요 1:14) 이 표적(요 2:11)에서 나타났다고 말한다.[85]

3) 제자들의 믿음

셋째, 예수의 제자들이 예수를 믿었다(ἐπίστευσαν εἰς αὐτὸν οἱ μαθηταὶ αὐτοῦ, 요 2:11b). 이것은 첫 표적의 궁극적인 목적이다. 이 표적 기사는 제자들에 관하여 매우 독특하게 기술한다. 본문은 "제자들도 혼례에 청함을 받았다"(요 2:2)고 함으로써 제자들이 처음부터 이 혼인 잔치에 참여하고 있었다는 사실을 분명히 밝힌다. 하지만 이 첫 표적이 발생하는 동안에 그들에 대한 언급은 전혀 나타나지 않는다. 예수의 어머니와 하인들과 연회장은 이 표적에 개입되어 있으나 제자들은 완전히 배제되었다. 그런데 놀랍게도 표적에 직접 관련된 사람들은 표적에 아무런 반응도 보이지 않은 반면 표적에 전혀 개입되지 않은 제자들만이 표적에 특별한 반응

---

[84] Beasley-Murray, *John*, 35.

[85] George B. Caird, "The Glory of God in the Fourth Gospel: An Exercise in Biblical Semantics," *NTS* 15 (1968-9): 269: "In the Incarnation God has willed that the eternal glory of the Logos should be communicated to the man Jesus, so that others might see it and draw from it the conclusion that he was the unique Son of God (1:14). This glory Jesus is said to have manifested in his signs (2:11)."

을 나타내었다. 그것은 그들이 이 표적 때문에 예수를 믿은 것이다(요 2:11).[86] 결국 표적의 목적인 '믿음'의 반응은 아이러니하게도 표적 자체와는 무관한 제자들에게서만 나타났다. 이것은 이 표적과 제자들 사이에 어떤 긴밀한 관련이 있음을 나타낸다.

첫째로 예수의 제자들은 첫 표적의 의미를 확증한다. 제자들은 예수가 행한 첫 표적보다 앞서 이미 예수의 신분에 대해 여러 고백을 했다(요 1:29-51). 그들은 예수를 메시아, 그 선지자, 하나님의 아들, 이스라엘의 왕으로 믿고 있었다. 그런 그들이 첫 표적을 보고 "예수를 믿었다"는 것은 이 표적을 통해 드러난 예수의 정체가 그들이 이미 고백한 사실과 다르지 않음을 의미한다. 만일 그렇지 않았다면 그들은 상당한 혼란을 일으켰을 것이고, 믿음의 반응도 보일 수 없었을 것이다. 따라서 제자들의 믿음은 첫 표적이 예수의 창조주, 하나님의 아들 메시아 신분을 나타내는 표적임을 확증한 것이다. 이와 동시에 첫 표적 역시 예수에 대한 제자들의 믿음을 확증한 것이 된다.[87] 결국 이 둘은 서로 맞물려 있다. 제자들을 통해 첫 표적의 기독론적 의미가 확증되며, 첫 표적을 통해 제자들의 기독론적 고백이 실증된다.

둘째로 제자들이 첫 표적으로 말미암아 예수를 믿은 것은 그들에게 증인의 사명이 주어진 것을 의미한다. 요한은 제자들을

---

[86] Andrew T. Lincoln, "'We Know that His Testimony is True': Johannine Truth Claims and Historicity," in *John, Jesus, and History*, vol. 1 (Atlanta: Society of Biblical Literature; Leiden: Brill, 2007): 179-197, esp. 192.

[87] 김정훈, "하나님 나라의 관점에서 본 가나의 이적(요 2:1-11)", 105-106.

이 표적 사건의 시작(요 2:2)과 마지막(요 2:11)에 등장시킴으로써 *inclusio*를 만들고 있다. 그들은 혼례에 참석했고, 이 표적을 처음부터 끝까지 지켜보았다. 이 사실은 예수가 그의 제자들 앞에서(ἐνώπιον τῶν μαθητῶν [αὐτοῦ]) 표적을 행한 것을 의미한다(요 20:30). 그런데 요한복음에서 '제자들 앞에서'는 증언의 의미가 있다. "그 이유는 예수가 제자들 앞에서 많은 표적을 행하였고(요 20:30), 그 중에 한 제자가 요한복음을 기록하고 그 내용을 증언하는 자이기 때문이다(요 21:24). 예수는 제자들 앞에서 행하였고 그중 한 제자가 기록자와 증언자가 되었다. 따라서 예수가 '제자들 앞에서' 행한 것은 증언을 위한 것이다.[88] … 결과적으로 예수는 표적을 제자들 '앞에서' 행함으로써 그들로 하여금 증언자가 되게 했다."[89] 첫 표적에는 제자들을 증인으로 만들기 위한 예수의 포석이 깔려 있다. 첫 표적은 예수가 제자들을 증인으로 만드는 방편이었다.

그러므로 예수가 '제자들 앞에서' 이 표적을 행하여 자신의 영광을 나타내고 그들로 믿게 한 것은 단순히 그들만을 위한 것이 아니었다. 그것은 장차 그들을 통하여 믿게 될 또 다른 많은 사람을 위한 것이기도 했다. 예수는 하나님이 자신을 세상에 보낸 것

---

[88] Morris, *The Gospel according to John*, 855: "Notice that he speaks of the signs as having been done 'in the presence of the disciples.' That is to say the disciples were witnesses of them"; H. N. Ridderbos, *The Gospel of John: A Theological Commentary*, translated by John Vriend (Grand Rapids: Eerdmans, 1997), 651: "Here again we see the distinction made in vs. 29 between those who have 'seen' and those who have not. … The Evangelist ascribes this undeniable apostolic character to their witness and thus also to his own reporting."

[89] 이복우, 『내 뒤에 오시는 이』, 144-145.

처럼 제자들을 세상에 보내었고(요 17:18), 그들로 말미암아 예수를 믿을 또 다른 사람들을 위해 기도했다(요 17:20). 이런 의미에서 이 표적 안에는 이미 모든 믿을 자들이 포함되어 있다.[90]

3. 첫 표적의 갈릴리 관련 의미

이제 마지막으로 첫 표적과 갈릴리의 관련에 대하여 살펴보자.

1) 첫 표적의 갈릴리 관련 강조[91]

요한복음에서 처음 두 표적은 각각 첫 번째와 두 번째 표적이라는 번호가 매겨져(numbering) 있고, 모두 갈릴리 가나에서 행하여졌다(요 2:11; 4:46). 그래서 사람들은 자주 이 두 표적을 '가나의 표적'이라고 부르며, 가나를 강조한다.[92] 그러나 실제로 가나라는 마을 자체는 그리 중요하지 않으며, 오히려 그것이 갈릴리라는 지역에 있다는 점이 중요하다. 왜냐하면 요한복음은 단순히 '가

---

[90] Cf. Andreas J. Köstenberger, *Encountering John: The Gospel in Historical, Literary, and Theological Perspective* (Grand Rapids: Baker Books, 1999), 75-76.

[91] 대부분 학자는 이 표적에서 중요한 지위를 차지하는 갈릴리에 대하여 언급하지 않는다. 이것은 그들의 중대한 잘못이다.

[92] Gerald L. Borchert, *John 1-11*, New American Commentary (Nashville: Broadman & Holman, 1996), 151: "The geographical settings here are clearly important to the evangelist's theological intention. Cana becomes the center for both the first and second signs."

나'가 아니라 '갈릴리의' 가나(Κανὰ τῆς Γαλιλαίας, 요 2:1, 11; 4:46, 21:2)라고 말함으로써 가나에 대하여 명확한 제한을 반복하기 때문이다.[93] "요한은 단순히 가나라는 마을을 언급하는 것을 넘어 가나의 지리적 위치를 강조한다."[94] 특히 요한복음 4:54은 "예수께서 유대에서 갈릴리로 오신 후에 행하신 두 번째 표적"이라고 말함으로써 가나를 빼고 갈릴리만 언급한다.[95] 따라서 본문은 첫 표적과 두 번째 표적이 모두 '갈릴리'에서 행하여졌다는 사실을 강조한다. 핵심은 가나가 아니라 갈릴리이다. 다음의 병행이 이 사실을 잘 증명한다.

Καὶ ··· γάμος ἐγένετο ἐν Κανὰ τῆς Γαλιλαίας (요 2:1a)
Ταύτην ἐποίησεν ... ἐν Κανὰ τῆς Γαλιλαίας (요 2:11a)
ἐκ τῆς Ἰουδαίας εἰς τὴν Γαλιλαίαν (요 4:54)

이런 까닭에 스미트(Peter-Ben Smit)는 몰로니(Moloney)가 요한복음 2:1-4:54을 'Cana-to-Cana'-cycle로 부른 것에[96] 대해 그것을 'Galilee-to-Jerusalem-to-Galilee'-cycle 또는 'Galilee-to-Galilee'-

---

[93] Smit, "Cana-to-Cana or Galilee-to-Galilee," 144.

[94] Smit, "Cana-to-Cana or Galilee-to-Galilee," 145.

[95] Sean Freyne, *Galilee, Jesus and the Gospels: Literary Approaches and Historical Investigations* (Philadelphia: Fortress Press, 1988), 128: "The Two Cana miracles ... are highlighted as taking place in Galilee (2:1,11; 4:46,54)."

[96] Francis J. Moloney, *The Gospel of John*, Sacra Pagina Series vol. 4 (Minnesota: A Michael Glazier Book, 1988), 23, 63-65, 156-157; Brown, *The Gospel according to John I-XII*, cxl, 95-96; Ridderbos, *The Gospel of John: A Theological Commentary*, 97-99.

cycle로 부르는 것이 요한의 신학적, 서사적 관심사들(theological and narrative interests)을 더욱 분명하게 나타낸다고 말하였다.[97]

2) 첫 표적의 갈릴리 관련의 의미

요한복음의 첫 표적은 시작(요 2:1)과 끝(요 2:11)에서 갈릴리 가나를 반복하여 *inclusio*를 이룬다. 그리고 이후에 다시 한 번 이 표적이 갈릴리 가나에서 있었다고 언급된다(요 4:46). 이것은 갈릴리가 첫 표적과 어떤 깊은 관련이 있다는 것을 암시한다. 첫 표적에서 갈릴리에 대한 언급은 단지 역사적 신빙성을 제공하는 것뿐이라고 볼 수도 있으나[98] 그럼에도 이렇게 특별한 방식으로 첫 표적의 갈릴리 발생을 말하는 것은 분명히 어떤 의미가 있을 것이다.

어떤 학자들은 이것이 갈릴리와 예루살렘 사이의 대조와 갈등을 말하기 위한 것이라고 주장한다. 스미트(Peter-Ben Smit)는 요한복음 2:1-12과 2:13-25에서 갈릴리 사람들의 진정한 믿음과 예루살렘 사람들의 의심스러운 믿음 사이의 대조가 나타나기 시작한다고 말한다. 비록 예수가 예루살렘에서 표적들을 행하였으나 그들은 합당한 믿음으로 반응하지 않았고 옳게 이해하지도 않았다.[99] 또한 믹스(Wayne A. Meeks)는 요한이 갈릴리와 유대 사이의 갈등(conflict)을 강조한다고 하면서, 예루살렘은 심판과 거절의 장

---

[97] Smit, "Cana-to-Cana or Galilee-to-Galilee," 144.
[98] Morris, *The Gospel according to John*, 185; 조석민, "요한복음의 첫째 표적", 132.
[99] Smit, "Cana-to-Cana or Galilee-to-Galilee," 145-149.

소지만 갈릴리와 사마리아는 영접과 제자 삼음(discipleship)의 장소라고 주장한다.[100] 그러나 이렇게 갈릴리와 예루살렘을 대립 구도로 이원화하는 것은 옳지 않다. 왜냐하면 예루살렘(유다)에도 예수를 믿은 사람들이 있고(요 2:23; 7:31; 8:30, 31; 9:38; 11:45; 12:11, 42) 갈릴리에도 예수를 배척한 사람들이 있기 때문이다(요 4:48; 6:36, 66; 7:5). 그러면 첫 표적의 갈릴리 시행은 무엇을 의미하는가? 첫 표적과 요한복음의 갈릴리[101] 용례를 비교 분석한 결과, 그 의미는 다음과 같다.

(1) 갈릴리에 대한 예수 당시 사람들의 인식

첫째, 예수 당시에 갈릴리 사람과 갈릴리는 매우 부정적으로 인식되었다(cf. 마 4:15 "이방의 갈릴리").[102] '갈릴리 사람'(요 12:21; 21:2. cf. 요 1:44; 눅 13:2)이라는 특정 표현이 이를 잘 보여 주며, 대제사장들과 바리새인들이 니고데모에게 "너도 갈릴리에서(ἐκ) 왔느냐?"(요 7:52)고 말한 것이 이를 잘 뒷받침한다.[103] 특히 그리스도

---

[100] Wayne A. Meeks, "Galilee and Judea in the Fourth Gospel," *JBL* 85 (1966): 159-169.

[101] 요 1:43; 2:1, 11; 4:3, 43, 45, 46, 47, 54; 6:1; 7:1, 9, 41, 52bis; 12:21; 21:2(16verses, 3forms, 17hits).

[102] Beasley-Murray, *John*, 27: "Nazareth was utterly insignificant"; Kruse, *John*, 86: "Nazareth was such an insignificant place"; Schnackenburg, *The Gospel according to St. John*, vol. I, 315: "... so unimportant a place as Nazareth."

[103] 여기서 ἐκ는 기원(출신)을 의미한다(요 1:13, 14, 44, 46; 3:1, 5, 6, 8, 13, 27, 31: 4:7, 22; 6:31, 32, 33, 41, 42, 50, 51, 58, 65; 7:17, 22, 25, 41, 42, 52; 8:23, 41, 42, 44, 47; 9:16; 10:26, 32; 11:1, 19, 45; 12:9, 42, 49; 15:19; 16:14, 15; 17:14, 16; 18:25, 36 등).

와 관련하여 갈릴리의 불능성이 강조된다. "나사렛에서 무슨 선한 것이 날 수 있느냐?"(요 1:46),[104] "그리스도가 어찌 갈릴리에서 나오겠느냐?"(요 7:41), "갈릴리에서 선지자가 나지 못하느니라"(요 7:52, cf. 4:44). 이것은 그리스도가 갈릴리에서 결코 날 수 없으며, 따라서 갈릴리 나사렛 예수(요 1:45)가 그리스도일 수 없다는 당시 사람들의 생각을 잘 대변한다.[105] 결국 예수의 고향이 갈릴리라는 사실은 사람들이 예수의 메시아 신분을 부정하는 중요한 원인으로 작용했으며, 갈릴리 사람과 갈릴리 지역도 당시 사람들에게 부정적으로 인식되었다.

(2) 기독론적 변증 목적

둘째, 예수가 갈릴리에서 첫 표적을 행한 것은 그의 메시아 신분을 변증하기 위한 기독론적 목적이 있다. 예수 당시의 유대인들은 갈릴리에서 그리스도가 나올 수 없다고 믿고 있었다. 그런 상황에서 '갈릴리 사람' 예수가 표적을 행하여 자신을 그리스도로 나타내었다. 이것은 사람들에게 참으로 놀라운 일이었을 것이다. 하지만 더욱 충격적인 것은 '갈릴리 사람' 예수가 이 일을 다른 곳이 아닌 바로 '갈릴리'에서 행하였다는 사실이다.[106]

이것은 예수의 역설(paradox)이다. 역설은 강조와 효과의 극대

---

[104] Barrett, *The Gospel according to St. John*, 184: "The words are a scornful question."

[105] Lindars, *The Gospel of John*, 118.

[106] Michaels, 『요한복음』, 190: "그러나 '갈릴리'는 중요하다. 유대가 아니라 갈릴리가 첫 표적의 무대일 것이기 때문이다."

화를 위한 방책이다. 예수는 이 역설을 시행하여 메시아 출원사상에 대한 유대인들의 오해를 교정하고, 자신의 메시아 신분을 변증하였다. 그리고 갈릴리는 이 기독론적 변증을 위한 최선의 방편이 되었다. 분명 예수가 갈릴리 출신이라는 사실(요 4:43-44)이 그의 메시아 신분을 증언하는 데 큰 걸림돌이 되고 있었다(요 1:45; 7:52). 그러나 예수는 자신의 사역을 시작함과 동시에 이 역설을 행함으로써 강도 높게 자신의 메시아 신분을 변증하였다. 그리하여 그는 사람들이 그를 하나님의 아들로 믿고 생명을 얻는 데(요 20:31) 장애가 되는 위협적인 요소를 가장 우선으로 제거하였다.

(3) 선교적 목적

셋째, 첫 표적이 갈릴리와 관련된 것은 선교적 의미가 있다. 이미 앞에서 살펴본 대로, 예수가 '제자들 앞에서' 표적을 행한 것은 그들을 증인으로 세우기 위함이었다. 이것은 선교적 목적을 염두에 둔 것이다. 그런데 이 제자들에게는 특별한 점이 있다. 첫 표적까지 등장하는 제자는 안드레(요 1:40), 시몬 베드로(요 1:41-42), 빌립(요 1:43-45), 나다나엘(요 1:45-49), 그리고 이름이 알려지지 않은 한 제자이며(요 1:37-39), 열두 제자에 대한 처음 언급은 이후에 나온다(요 6:67). 그러므로 첫 표적을 지켜본 제자들은 모두 갈릴리 출신이다(요 1:40, 44; 12:21; 21:2). 이와 함께 예수는 첫 표적을 갈릴리에서 행하여 그 땅에 가장 먼저 자신의 영광을 나타내시고 그리스도의 신분을 증언하셨다.

이 두 가지, 즉 첫 표적의 목격자가 모두 갈릴리 출신 제자들이며 이 표적의 장소가 갈릴리라는 사실은 예수의 선교에 특별한 의미가 있다. 예수가 갈릴리에서 행한 표적으로 천시 받던 갈릴리 사람(제자)들이[107] 그리스도의 영광스러운 증인이 되었다. 또한 멸시받던 갈릴리가 표적으로 말미암아 그리스도의 영광이 나타나는 땅이 되었다. 요한복음에서 예수의 사역이 갈릴리에서 시작하여 갈릴리에서 끝나는 것도 이러한 갈릴리의 긍정성을 강화한다.[108] 그러므로 첫 표적으로 말미암아 이제 제자들은 존귀한 사람이나 천한 사람 모두에게 갈 수 있으며, 어떤 땅도 영광의 땅이 될 가능성이 열렸다. 첫 표적이 갈릴리 사람에 의해, 갈릴리에서, 갈릴리 사람들 앞에서 행하여짐으로써 신분과 지역을 뛰어넘는 선교의 놀라운 역사가 시작된 것이다.

(4) 교육적 목적

넷째, 첫 표적이 갈릴리에서 시행된 것에는 교육적 목적도 있다. 먼저 첫 표적은 예수의 제자들을 교육하기 위한 것이다. 한때 제자들도 갈릴리에서 선한 것(그리스도, 선지자)이 나올 수 없다고 생각했다(요 1:46). 그런 그들이 예수를 만난 뒤 그를 메시아, 하나님의 아들, 이스라엘 왕으로 고백했다. 이어 예수는 '갈릴리'에서, '제자들 앞에서' 첫 표적을 행하였다. 이 때문에 제자들은 자신들

---

[107] Carson, *The Gospel according to John*, 160: "Galileans were frequently despised by people from Judea."

[108] Cf. Jouette M. Bassler, "The Galileans: a neglected factor in Johannine community research," *CBQ* 43 (1981): 246.

의 고백에 대해 더욱 큰 확신을 하게 되었을 것이다(ἐπίστευσαν, 요 2:11b).

또한 첫 표적은 교회 공동체를 교육하기 위한 것이다. 유대인들은 갈릴리와 갈릴리 사람을 낮추어 보았고, 특히 갈릴리에서 그리스도가 나올 수 없다고 확신했다. 따라서 초기 교회 공동체에 유대인 성도들이 있었다고 볼 때(cf. 요 8:31; 11:45; 12:11 등), 어쩌면 그들은 예수를 하나님의 아들, 그리스도로 믿는 데 여전히 어려움이 있었을 것이다. 요한은 이 문제를 해결하기 위한 교육적인 목적으로 갈릴리 사람 예수를 하나님의 아들 그리스도로 증언하는 표적을 선별하고, 그중에서도 특히 갈릴리에서 시행되어 예수의 메시아 신분을 더욱 확증하는 이 표적을 '표적들의 시작'(ἀρχὴ τῶν σημείων, 요 2:11)으로 제시하였을 것이다.

이와 같은 세 가지 목적은 요한복음의 기록 목적과도 잘 어울린다. 요한복음은 신앙(ἵνα πιστεύ[σ]ητε)과 생명(ἵνα ... ζωὴν ἔχητε)을 목적으로 기록되었다(요 20:30-31). 여기서 신앙의 목적성은 사본상의 문제로 두 가지 해석이 가능하다. 만일 πιστεύσητε(aor. subj.)를 선택하면 요한복음은 앞에서 말한 선교적인 목적으로 기록된 것이다. 하지만 πιστεύητε(pre. subj.)를 따른다면 그것은 교회 공동체 내의 신자들이 계속 믿음을 갖도록 하기 위한 교육적인 목적이 된다.[109] 그리고 이 중에 어느 것을 선택하든지, 그 신앙은 예수가 그리스도요 하나님의 아들이라는 진리에 근거한 것이므로 근본

---

[109] 조병수, 『신약성경총론』, 166-167; Kim, "The Significance of Jesus' First Sign-Miracle in John," 204, f. n. 18.

적으로는 변증적이다.

III. 맺음말

지금까지 상고한바, 요한복음의 첫 표적이 갖는 신학적 의미는 다음과 같다.

1. 요한복음의 첫 표적은 사복음서 전체에서 유일하며, 요한복음 내에서도 독특하다. 그런 만큼 이 표적은 많은 사람에 의해 다양한 의미로 해석되었다. 하지만 지나친 상징적 해석과 알레고리적 해석, 그리고 구속사적 해석과 성례전적 해석 때문에 표적의 진의가 왜곡된 것도 사실이다. 이러한 현상은 표적의 문맥과 사건 전체를 고려하지 않고 몇몇 단어와 부분적인 내용에 집중하거나 신학적 전제의 작용, 특히 소위 유명하다는 학자의 의견을 답습한 결과로 보인다.

2. 유대인들은 예수의 정체와 권위에 대한 증명으로 표적을 요구하였다(요 2:18; 6:30). 이것은 표적이 그것을 행한 자의 정체와 권위를 증명한다는 뜻이다. 첫 표적 역시 예수의 정체를 증언하는 것에 초점을 맞추고 있다. 예수는 물을 포도주로 만듦으로써 만물에 대한 그의 권세와 지배를 확실하게 보여 주었고 이를 통해 예수는 자신을 창조주, 하나님의 아들, 그리스도로 밝히 증언하였다.[110] 우리는 이 사실을 첫 표적의 전후 문맥과 저자의 문

학적 장치와 표적 자체 그리고 표적의 갈릴리 관련성에서 분명하게 확인했다. 결국 첫 표적의 핵심 메시지는 기독론에 있다.[111] 첫 표적의 결과로 예수의 영광이 나타났다(요 2:11). 이 기독론적 관점에서 벗어난 해석은 중심 결론을 놓쳐 버린 것이다.[112]

3. 첫 표적은 기독론에 바탕을 둔 또 다른 신학적 의미들을 내포하고 있다. 예수는 이 표적을 갈릴리에서 그리고 제자들 앞에서 행하였다. 첫 표적은 갈릴리에서, 갈릴리 사람에 의해, 갈릴리 사람들 앞에서 시행되었다. 이것은 예수의 메시아 신분을 변증하고, 제자들을 신분과 지역을 뛰어넘는 증인으로 세워 선교의 초석을 놓으며, 제자들과 교회 공동체가 믿음 안에 굳게 서도록 교육한다.

여기서 우리는 교회론과 선교가 기독론에 바탕을 두고 있다는 사실을 발견한다. 예수의 메시아 신분에 대한 바른 이해와 믿음이 편견으로 말미암은 제한을 극복하는 선교를 이루며 교회를 진리 위에 든든히 세워 아름다운 공동체가 되게 한다. 기독론이 잘못되면 교회는 무너지고 선교도 멈춘다. 기독론이 교회론과 선교의 근간이다.

---

[110] John Calvin, *The Gospel according to St. John 1-10* (Calvin's New Testament Commentaries) translator T. H. L. Parker (Grands Rapids: Eerdmans Publishing Company, 1959), 50: "... by giving this remarkable and glorious evidence from which it could be established that He was the son of God."

[111] Cf. 조병수, 『신약성경총론』, 173.

[112] Schnackenburg, *The Gospel according to St. John*, vol. I, 337; Brown, *The Gospel according to John I-XII*, 103-104.

4. 요한은 첫 표적을 표적들의 ἀρχή라고 부른다(ἀρχὴ τῶν σημείων, 요 2:11). 첫 표적은 모든 표적의 ἀρχή이다. 그러므로 첫 표적은 모든 표석의 시작이자 뿌리요 머리이며 대표이다.[113] "요한이 단순히 표적의 순서를 표시하려고 했다면, 아마도 그는 πρῶτον을 사용했을 것이다. 그러나 그가 ἀρχή를 사용한 것은 필시 첫 표적의 대표성을 강조하기 위해서이다."[114] 따라서 첫 표적은 나머지 표적 해석의 길을 제시한다.[115] 또한 본질적으로 나머지 모든 표적은 첫 표적과 같이 예수의 정체를 계시하는[116] 기독론 중심이다.[117]

---

[113] Carson, *The Gospel according to John*, 175: "The word for 'first' (ἀρχήν) can also mean primary: it is just possible that John is saying this first sign is also primary."

[114] Collins, "Cana (Jn. 2:1-12) - The First of His Signs or the Key to His Signs?" *Irish Theological Quarter* 47 (1980): 79-95. = *These Things Have Been Written: Studies on the Fourth Gospel* (Grand Rapids: Eerdmans Publishing Company, 1990). Cf. Hengel, "The Interpretation of the Wine Miracle at Cana: John 2:1-11," 96-97: "It is the ἀρχὴ τῶν σημείων of the Messiah and the Son of God (1:41, 49) which forms the foundation."

[115] Cooper, "The Best Wine: John 2:1-11," 375; Andrew T. Lincoln, *The Gospel according to Saint John* (New York: Hendrickson Publishers, 2005), 130. Cf. Collins, "Cana (Jn. 2:1-12) - The First of His Signs or the Key to His Signs?" 182: "It is the message of the Johannine account of the water-become-wine at a marriage feast in Cana of Galilee - a narrative which provides a most important key for understanding the signs of Jesus"

[116] Brown, *The Gospel according to John I-XII*, 103-104: "… the first sign had the same purpose that all subsequent signs will have, namely, revelation about the person of Jesus"; Kim, "The Significance of Jesus' First Sign-Miracle in John," 204: "… the sign-miracles were all designed to reveal the person of Jesus"; M. C. Tenney, "Topics from the Gospel of John, Part II: The Meaning of the Signs," *BSac* 132 (1975): 145.

[117] Cooper, "The Best Wine: John 2:1-11," 376; Collins, "Cana (Jn. 2:1-12) - The First of His Signs or the Key to His Signs?" 161f.: "In general the revelation-function of every sign is thoroughly Christological."

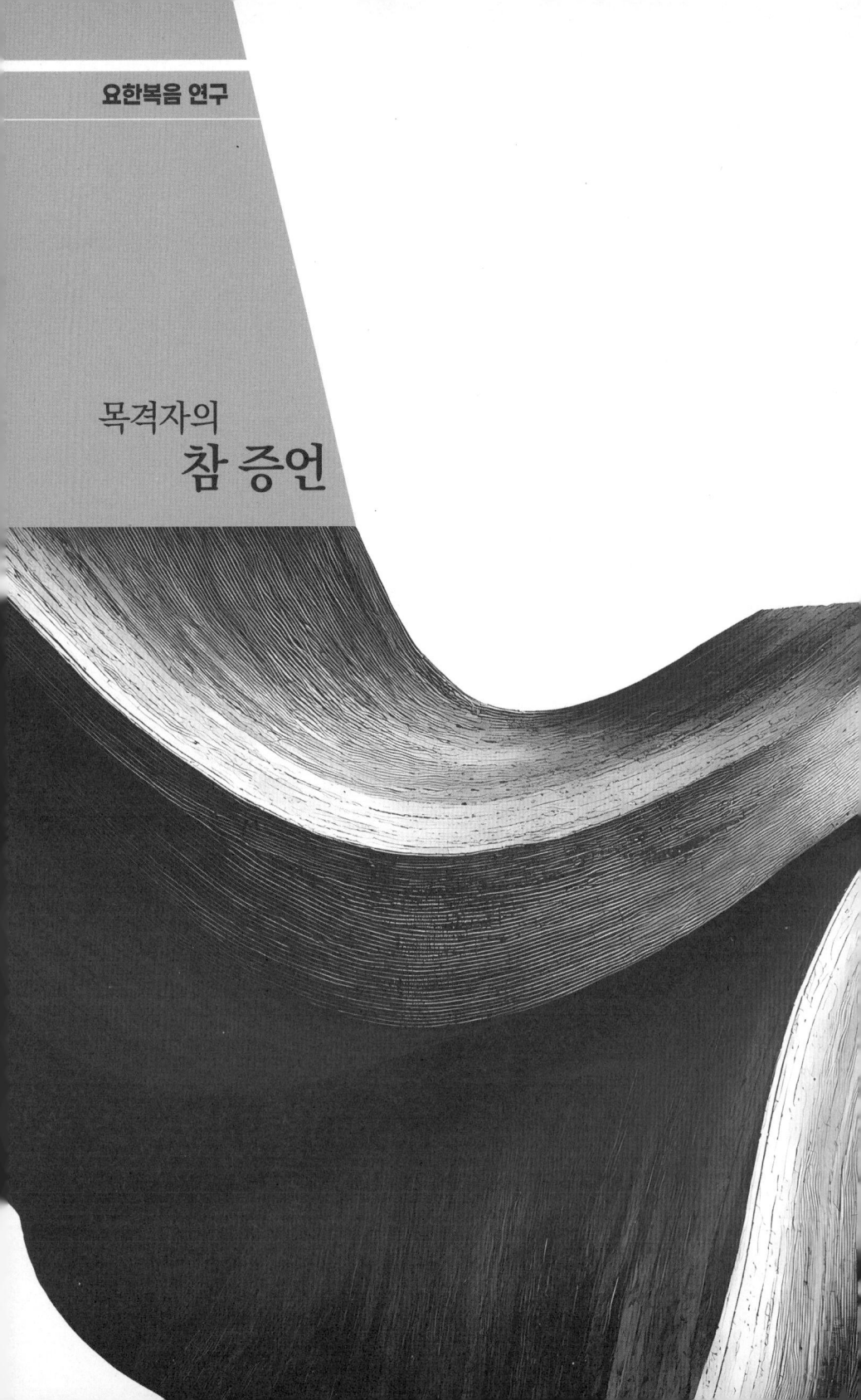

요한복음 연구

목격자의
참 증언

The True Testimony from the Eyewitness

9

물(ὕδωρ)의 신학적 의미와 기능*

I. 요한복음의 물

요한복음에서 물(ὕδωρ)은 요한복음의 시작부에서 발원하여 종결부까지 끊임없이 흐른다. 요한복음은 물로 풍성하다. 요한복음에서 물은 모두 18구절에서 21번 언급된다.[1] 여기에다 사본 상 이견이 있는 요한복음 5:3b-4을 포함할 경우, 물은 총 20구절에서 24회 나타난다.[2] 이것을 요한복음의 순서를 따라 정리하면 다음과 같다.

1) 세례자 요한의 자신에 대한 증언(요 1:19-28). 2) 세례자 요한의 예수 정체 인식(요 1:29-34). 3) 예수께서 물로 포도주를 만드

---

* 본 장은 「신학정론」 32/1 (2014): 11-58과 「신학정론」 37/2 (2019): 141-179에 각각 1편과 2편으로 실린 나의 논문을 통합하여 요약 및 수정, 보완한 것이다.

[1] 요 1:26, 31, 33; 2:7, 9bis; 3:5, 23; 4:7, 10, 11, 13, 14ter, 15, 46; 5:7; 7:38; 13:5; 19:34. Cf. Robert V. McCabe, "The Meaning of 'Born of Water and the Spirit' in John 3:5," *Detroit Baptist Seminary Journal* 4 (1999): 89: "Excluding John 3:5, it is used of literal water 13 times (for example, water is used of John's baptism [1:26, 31, 33; 3:23], for satisfying one's thirst [4:7, 13], at the pool of Bethesda [5:7], for washing feet [13:5], being turned into wine [2:7, 9bis]; 4:46], and as flowing from Jesus' side [19:34]), and is used as a metaphor 7 times [4:10, 11, 14ter, 15; 7:38]."

[2] 요 5:3, 4bis. 참고로 격(case)에 따른 '물'의 용례는 다음과 같다: 주격(ὕδωρ)이 12회(요 2:9bis; 4:7, 10, 11, 14, 15, 46; 5:4, 7; 13:5; 19:34), 소유격(ὕδατος)이 8회(요 2:7; 3:5; 4:13, 14bis; 5:3, 4; 7:38), 여격(ὕδατι)이 3회(요 1:26, 31, 33), 목적격(ὕδατα)이 1회(요 3:23).

심(요 2:1-11). 4) 예수와 니고데모와의 대화(요 3:1-21). 5) 예수와 세례자 요한(요 3:22-30). 6) 예수와 사마리아 여자와의 대화(요 4:1-26). 7) 예수께서 왕의 신하의 아들을 고치심(요 4:46-54). 8) 예수께서 38년 된 병자를 고치심(요 5:1-9). 9) 생수의 강(요 7:37-39). 10) 예수께서 제자들의 발을 씻으심(요 13:1-20). 11) 예수의 옆구리에서 피와 물이 나옴(요 19:31-37).

이처럼 물은 요한복음 전반에 걸쳐 나타나며, 여러 사건과 관련된다. 이것은 물이 요한복음의 신학을 묘사하는 매우 중요한 소재이며, 물의 신학적 의미와 기능이 주요 쟁점(issue)이 된다는 뜻이다. 따라서 그것이 무엇인지를 연구하는 것은 흥미롭고 유익한 일이다.[3] 참고로 요한복음에는 물이 명시적으로 언급되지는 않았으

---

[3] 이런 까닭에 이 주제는 여러 학자에 의해 다양한 방식으로 연구되어 왔다. 이에 대해서는 다음의 자료들을 참조하라. Adela Yarbro Collins, "New Testament Perspectives: The Gospel of John," *JSOT* 22 (1982): 47-53. Barbara E. Reid, "John 7:37-39," *Interpretation* 63 (2009): 394-396. Ben Witherington, "The Water of Birth: John 3:5 and 1 John 5:6-8," *NTS* 35 (1989): 55-160. Bruce H. Grigsby, "Washing in the Pool of Siloam: A Thematic Anticipation of the Johannine Cross," *Novum Testamentum* 27 (1985): 227-235. C. K. Barrett, "The Holy Spirit in the Fourth Gospel," *JTS* 1 (1950): 1-15. C. R. Koester, "The Savior of the World," *JBL* 109 (1990): 665-680. Carsten Claussen, "Turning Water into Wine: Re-reading the Miracle at the Wedding in Cana," *Jesus Research* (Grand Rapids: Eerdmans, 2009), 73-97. Cornelis Bennema, "The Giving of the Spirit in John's Gospel - A New Proposal?" *EQ* 74 (2002): 195-213. Dale C. Allison, Jr "The Living Water (John 4:10-14, 6:35c, 7:37-39)," *St Vladimir's Theological Quarterly* 30 (1986): 143-157. David Michael Stanley, "The Feast of Tents: Jesus' Self-revelation," *Worship* 34 (1959): 20-27. Deborah F. Sawyer, "Water and Blood: Birthing Images in John's Gospel," in *Words Remembered, Texts Renewed* (Sheffield: Sheffield Academic Press, 1995), 300-309. Douglas K. Clark, "Signs in Wisdom and John," *CBQ* 45 (1983): 201-209. Gail R. O'Day, "John 6:15-21: Jesus Walking on Water as Narrative Embodiment of Johannine Christology," *Critical Readings of John* 6 (Leiden: E J Brill, 1997), 149-159. G. R. Beasley-Murray, "John 3:3, 5: Baptism, Spirit and the Kingdom," *Expository Times* 97 (1986): 167-170. Henry M. Knapp, "The Messianic

나 물이 전제되거나 암시된 본문들이 여럿 있다.⁴ 본 장은 지면 관계상 이 부분들을 다루지 않는다.

Water Which Gives Life to the World," *Horizons in Biblical Theology* 19 (1997): 109-121. J. Blenkinsopp, "John 7:37-39: Another Note on a Notorious Crux," *NTS* 6 (1959-60): 95-98. J. Ramsey Michaels, "By Water and Blood: Sin and Purification in John and First John," *Dimensions of Baptism* (London; New York: Sheffield Academic Press, 2002), 149-162. Joel Marcus, "Rivers of Living Water from Jesus' Belly (John 7:38)," *JBL* 117 (1998): 328-330. John Wilkinson, "Incident of the Blood and Water in John 19:34," *Scottish Journal of Theology* 28 (1975): 149-172. Kevin J. Vanhoozer, "Worship at the Well: From Dogmatics to Doxology (and Back Again)," *Trinity Journal* 23 (2002): 3-16. Larry Paul Jones, *The Symbol of Water in the Gospel of John* (JSNTSS. 145) (Sheffield: Sheffield Academic Press, 1997). L. Witkamp, "Jesus' Thirst in John 19:28-30: Literal or Figurative?" *JBL* 115 (1996): 489-510. Linda Belleville, "Born of the Water and Spirit: John 3:5," *Trinity Journal* 1 (1980): 125-141. Marianne Meye Thompson, "Signs and Faith in the Fourth Gospel," *Bulletin for Biblical Research* 1 (1991): 89-108. Martinus C. De Boer, "Jesus the Baptizer: 1 John 5:5-8 and the Gospel of John," *JBL* 107 (1988): 87-106. Peter J. Scaer, "Jesus and the Woman at the Well: Where Mission Meets Worship," *Concordia Theological Quarterly* 67 (2003): 3-18. R. Wade Paschal, "Sacramental Symbolism and Physical Imagery in the Gospel of John," *Tyndale Bulletin* 32 (1981): 151-176. Robert V. McCabe, "The Meaning of 'Born of Water and the Spirit' in John 3:5," *Detroit Baptist Seminary Journal* 4 (1999): 85-107. Stanley D. Toussaint, "Significance of the First Sign in John's Gospel," *Bibliotheca Sacra* 134 (1977): 45-51. Stephen D. Moore, "Are There Impurities in the Living Water That the Johannine Jesus Dispenses? Deconstruction, Feminism, and the Samaritan Woman," *Biblical Interpretation* 1 (1993): 207-227. Wai-yee. Ng, *Water Symbolism in John: An Eschatological Interpretation* (New York: Lang, 2001). Xavier Léon-Dufour, "Towards a Symbolic Reading of the Fourth Gospel," *NTS* 27 (1981): 439-456. Zane Clark Hodges, "Water and Spirit - John 3:5," *Bibliotheca Sacra* 135 (1978): 206-220. Zane Clark Hodges, "Rivers of Living Water: John 7:37-39," *Bibliotheca Sacra* 136 (1979): 239-248.

⁴ 여기에는 '예수께서 바다 위를 걸어오심'(요 6:16-21), '예수께서 맹인을 고치심'(요 9:1-12), '베드로가 바다에 뛰어내림'(요 21:7)이 해당한다.

II. 물의 신학적 의미와 기능

1. 세례자 요한의 자신에 대한 증언(요 1:19-28)

요한복음에서 물은 세례자 요한이 자신의 정체를 밝히는 단락(요 1:19-28)에서 제일 먼저 등장한다. 예루살렘에서 온 제사장들과 레위인들은 세례자 요한에게 "네가 누구냐"(요 1:19c)고 물었다. 이것은 요한의 정체에 관한 질문이다. 또한 그들은 "네가 만일 그리스도도 아니요 엘리야도 아니요 그 선지자도 아닐진대 어찌하여 세례를 베푸느냐"(요 1:25)고 질문하였다.[5] 유대인들은 세례를 줄 수 있는 자격이 이 셋에게만 있으며, 따라서 그들의 정체는 세례 시행을 통해 확증되는 것으로 알고 있었다. 그런데 요한은 그의 정체를 묻는 유대인들의 질문에 "나는 물로 세례를 베푼다."(요 1:26b)라고 대답했다. 이것은 엉뚱한 대답처럼 보인다. 그러나 여기에는 세례자 요한의 숨겨진 의도가 있다.

세례자 요한은 "나는 물로 세례를 베푼다."(요 1:26b)고 말함으로써 그의 세례자(βαπτιστής) 신분의 고유성과 독특성을 분명하게

---

[5] 조병수, "선지자보다 큰 이", 「목회와 신학」 (1997. 4): 166-169. 세례자 요한은 성육신하신 로고스에 대한 첫째 증인이기에 이스라엘의 선지자들과는 완벽히 다른 인물이다. 복음서들은 세례자 요한을 "선지자보다 큰 이"라고 부름으로써 세례자 요한이 구약의 선지자 대열에 속하지 않은 것은 물론이고 당시의 선지자 대열에도 배속되지 않는다는 것을 분명하게 표명한다. 복음서에 의하면 세례자 요한은 어떤 종류의 선지자들과도 비교할 수 없는 특별한 위치를 점유하고 있었다. 이러한 이유로 그는 세례를 줄 수 있었다.

나타내었다.⁶ 그러나 그의 대답의 의미는 여기서 멈추지 않는다. 그는 이 대답을 통해 '세례자'와 '세례의 재료'에 획기적인 변화가 있을 것을 예고하고 있다. 첫째, 요한은 "나는 물로 세례를 베푼다."(ἐγὼ βαπτίζω ἐν ὕδατι, 요 1:26b)고 말함으로써 1인칭 대명사 ἐγώ를 강조형으로 사용하였다. 이렇게 하여 요한은 자기에 대한 사람들의 관심을 다른 인물에게로 옮기고 있다. 요한은 세례를 베풀지만, 그것에 머물려고 하지 않는다. 그의 대답은 '다른 세례자'가 곧 등장할 것을 암시하는 것이다.⁷ 요한은 사람들에게 자신이 아닌 '다른 세례자'의 도래를 알리고 있다. 그 세례자는 '이미' "너희 가운데 서 있는"(μέσος ὑμῶν ἔστηκεν[pf.], 요 1:26c),⁸ "내 뒤에 오시는 이"(ὁ ὀπίσω μου ἐρχόμενος, 요 1:27a)⁹이다. 둘째, 요한은 자신

---

⁶ 요한복음에서 세례자 요한의 유일한 역할은 예수를 증언하는 것이며, 따라서 그의 정체도 단지 증언자일 뿐이라고 주장하는 학자가 많이 있다. 그러나 요한복음의 세례자 요한의 정체를 이렇게 단정 짓는 것은 지나친 단순화이며, 분명 잘못된 것이다. 요한복음에서의 세례자 요한은 증언자일 뿐 아니라 세례자이자 선행자이며 믿음의 중개자이다. 이에 대한 상세한 내용은 본서 '제7장. 세례자 요한의 정체와 역할'과 이복우, 『내 뒤에 오시는 이』, (수원: 합신대학원출판부, 2011, 2013), 320-337을 보라.

⁷ Jones, *The Symbol of Water in the Gospel of John*, 44.

⁸ 이복우, 『내 뒤에 오시는 이』, 306: "세례자 요한은 이전 선지자들과는 구별되는 증언자이다. 세례자 요한이 "그가 너희 가운데 섰다"(요 1:26c)라고 말한 것은 오직 요한복음에만 나오며, 이것은 메시아가 이미 그들 가운데 도래했다는 사실을 확증하는 것이다. 세례자 요한은 메시아의 오심을 증언하는 자이다. 그러나 단순 예고가 아닌 '이미 오셨음'을 증언하는 증언자이다. 이것은 세례자 요한이 그의 앞에 온 다른 선지자들과 구별되는 두드러진 점이다. 요한복음의 세례자 요한은 메시아를 증언한다. 그러나 단순히 메시아의 미래 도래가 아니라 이미 도래했음을 알리는 '성취적' 증언자이다."

⁹ G. R. Beasley-Murray, *John*, WBC (Waco, Texas: Word Books, 1987), 20: "ὁ ὀπίσω μου ἐρχόμενος may reflect the messianic expression(hardly a title) ὁ ὀερχόμενος ... which echoes the messianic interpretation of Ps 118:26, ... "Blessed in the name of the Lord (is) the Coming One.""

이 "물로"(ἐν ὕδατι) 세례를 베푼다(요 1:26b)라고 말한다. 이것은 세례의 '재료'에 관한 언급이다. 요한은 '다른 세례자'가 베풀 세례의 재료는 자신의 세례 재료인 '물'과는 비교될 수 없는 놀라운 '다른 재료'가 될 것이라는 사실을 예시(豫示)하고 있다.[10]

이러한 우열의 대조는 요한이 "내 뒤에 오시는 이"(요 1:27a)를 언급하면서 "나는 그의 신발 끈을 풀기도 감당하지 못하겠노라"(οὗ οὐκ εἰμὶ [ἐγὼ] ἄξιος ἵνα λύσω αὐτοῦ τὸν ἱμάντα τοῦ ὑποδήματος, 요 1:27b)고 고백한 것에서 잘 나타난다. 이것은 종이 주인을 섬기는 모습을 묘사한 것이며, 이를 통하여 세례자 요한은 방금 자신이 말한 '다른 재료'로 세례를 베풀 '다른 세례자'의 우월성과 절대성을 강조한다. 동시에 이것은 '다른 세례자'에 대한 요한의 열등성과 종속성을[11] 나타내는 것이기도 하다.[12] 이 사실은 그가 비교의 소유격 관계대명사 οὗ(요 1:27b)를 사용한 것에서 더욱 강화된다.

---

[10] F. F. Bruce, *The Gospel of John* (Grand Rapids: Eerdmans, 1983), 50.

[11] 이복우, 『내 뒤에 오시는 이』, 337-351을 보라. 물론 요한복음은 세례자 요한의 예수에 대한 종속성뿐만 아니라 그만이 가지는 고유한 지위도 매우 분명하게 밝히고 있다. 그는 예수에게 종속적이면서도 또한 그 누구와도 견줄 수 없는 독특하고도 유일한 고유의 지위를 가지고 있다. 그는 종속적이면서도 독립적이고 고유하다. 따라서 세례자 요한을 예수 그리스도에게 종속시키지 않는 것도 문제이지만, 단지 그를 예수에게 종속시키는 것에만 관심을 두어 마치 그를 아무것도 아닌 것처럼 말하는 것도 잘못이다. 세례자 요한에 관한 요한복음의 설명에 나타나는 한결같은 요소는 증언자의 개념이 아니라 유일하게 고귀한 지위를 그에게 부여하는 것이다. 그러므로 우리는 세례자 요한의 위대성과 고유한 가치를 충분히 고려하는 가운데 그의 종속성을 함께 말해야 한다. 이 둘 사이의 균형을 잃지 않는 것이 대단히 중요하다.

[12] Herman N. Ridderbos, *The Gospel of John: A Theological Commentary*, translated by John Vriend (Grand Rapids: Eerdmans, 1997), 67: "With "I baptize" John stands by his own ministry and authority as baptizer, but with "with water" he relativizes the significance of his ministry by immediately linking it with a reference to one "who comes after" him."

따라서 본문에서 물(요 1:26b)은 첫째로 문자적 의미의 물리적인 물이다. 이 물은 요한의 세례 재료로 사용되어 그의 세례자 정체를 밝히는 중요한 매체가 되었다. 둘째로 본문의 물은 세례자 요한과는 비교할 수 없는 절대적 존재인 '다른 세례자'(하나님의 아들, 요 1:34)의 오심과 그가 와서 베풀 세례의 '특별한 재료'(성령,[13] 요 1:33d)를 예고하는 수단으로 사용되었다.[14] 그러므로 본문의 물은 구속사의 진전과 전환 및 성취를 알리는 일의 중요한 물질이다.

2. 세례자 요한의 예수 정체 인식(요 1:29-34)

앞 단락(요 1:19-28)에서 세례자 요한은 자신의 정체에 대하여 증언했다(요 1:19). 반면에 본 단락(요 1:29-34)에서 요한은 예수의 정체에 대하여 증언한다(요 1:29, 32). 이 증언에는 다음과 같은 몇 가지 특징이 나타난다.

첫째, 세례자 요한은 예수의 정체를 세 가지로 증언한다. 하나님의 어린 양(29b), 성령으로 세례를 베푸는 이(33d), 하나님의 아들(34).

둘째, 예수의 정체에 대한 세례자 요한의 인식과 증언은 하나

---

[13] 요 1:33에서 "ἐν ὕδατι"와 "ἐν πνεύματι ἁγίῳ"가 대조되고 있다.

[14] Jones, *The Symbol of Water in the Gospel of John*, 51: "John's water baptism indicates the imminent appearance of one far superior to John, one who will conduct his own baptism in the Holy Spirit." Cf. 같은 책, 42-43

님의 계시에 의한 것이었다. 원래 세례자 요한도 예수의 정체를 알지 못하고 있었다. 이 사실은 그가 "나도 그를 알지 못하였다"(κἀγὼ οὐκ ᾔδειν αὐτόν)는 말을 반복하는 것(요 1:31a, 33a)에서 잘 나타난다. 여기에서 "나 역시"(κἀγώ)가 강조되는데, 이것은 이스라엘 사람들만 예수의 정체를 인식하지 못했던 것이 아니라 요한 자신도 알지 못했다는 사실을 강조하는 것이다. 그랬던 요한이 예수를 하나님의 아들로 인식할 수 있었던 것은 그에게 하나님의 계시가 있었기 때문이다. "나를 보내어 물로 세례를 베풀라 하신 그이가 성령이 내려서 누구 위에든지 머무는 것을 보거든 그가 곧 성령으로 세례를 베푸는 이인 줄 알라"(요 1:33). 여기서 특히 주목할 것은 "그이가 나에게 말씀하시되"(ἐκεῖνός μοι εἶπεν, 요 1:33)라는 대목이다. 요한은 하나님의 이 계시대로 모든 것이 성취되는 것을 확인하였고, 그것에 근거하여 "그(예수)가 하나님의 아들이심을 증언하였다"(요 1:33-34).

세례자 요한이 예수의 정체를 인식할 수 있었던 유일한 근거는 하나님의 계시이며, 그것을 성취한 수단은 그의 물세례이다. 이것은 "내가 와서 물로 세례를 베푸는 것은 그를 이스라엘에 나타내려 함이라"(요 1:31)는 말에서도 분명하다. 요한은 자기의 물세례를 통해 예수가 바로 성령으로 세례를 주시는 하나님의 아들이라는 사실을 확인하였다. "공관복음에서 비둘기 같은 성령의 강하는 예수 자신이 목격한 어떤 것이며(마 3:16; 막 1:10; 눅 3:22) 상징이었다. 그러나 요한복음에서의 비둘기는 다른 역할을 맡는다. 그것은 세례자 요한에게 '오실 자'를 밝히는 것이다."[15] 요한의 물세례는 예수를 이스라엘에 공개적으로 나타내기 위한 세례가 아니라 그 자신이 예수의 정체를 인식하기 위한 세례였다.[16] 요한복음에는 공관복음처럼 예수의 정체에 대한 공개적인 확인이 없다.[17] 요한의 물세례는 예수를 이스라엘에 직접 나타내는 것이 아니라, 요한 자신에게 나타내는 것이었기 때문이다.[18] 반면에 예수가 이스라엘에 나타난 것(요 1:31)은 요한이 물세례를 통해 예수의 정체를 인식한 후, 그를 이스라엘에 증언한 결과이다(요 1:34).[19] 그러므로 요한의 물세례는 예수를 이스라엘에 나타내기 위한 '증언의 세례'가 아니라, 요한 자신이 예수의 정체를 인식하기 위한 '인식의 세례'였다.[20] 이것은 예수의 성령세례가 이스라엘에 행하

---

[15] D. A. Carson, *The Gospel according to John* (Grand Rapids: Eerdmans, 1991), 151.

[16] Jones, *The Symbol of Water in the Gospel of John*, 47: "John clearly states that his baptismal activity has no significance apart from identifying the coming one."

[17] 예수의 세례 받음이 언급되지 않는 요한복음에서 성령이 비둘기같이 하늘로서 내려와서 예수 위에 머물렀다는 기사는 공관복음과 비교할 때 다음과 같은 다른 점이 있다. 첫째, 요한복음에는 하늘이 열리는 것에 대한 표현이 없다. 둘째, 요한복음에는 하늘의 음성이 없다. 마태복음의 "이 사람은 … 이다"의 표현은 요한복음에서 세례자 요한의 고백으로 나타난다(요 1:34). 공관복음과 달리 요한복음은 계시 사건을 보고(요 1:32, 34) 듣는(요 1:33) 체험이 세례자 요한을 위해 일어난다(cf. 막 1:10-11. par.). 셋째, 요한복음에서의 성령 강하는 예수에게 집중되지 않고(cf. 막 1:10) 세례자 요한에게 메시아를 알려주는 인식의 표시로 작용한다(요 1:33).

[18] S. S. Smalley, "Salvation Proclaimed, 8: John 1:29-34," *ExpT* 93 (1982): 324-329, esp. 327: "John the Baptist did not recognize the real identity of Jesus before this occasion."

[19] M. D. Hooker, "John's Baptism: A Prophetic Sign," in *Holy Spirit and Christian Origins: Essays in Honor of James D. G. Dunn* (Grand Rapids: Eerdmans, 2004), 22-40, esp. 36. 이런 의미에서 Hooker는 요한의 세례의 목적이 그의 증언을 위한 배경(back-drop)을 준비하는 것이라고 말한다.

[20] 이복우, 『내 뒤에 오시는 이』, 320.

여지도록 역사적 상황을 준비하는 것이었다.[21]

셋째, 예수의 정체에 대한 요한의 인식의 확실성이 강조된다. 본 단락에서 요한은 그 자신이 "보았다"는 말을 여러 차례 반복한다. 29절(βλέπει), 32절(τεθέαμαι), 33절(ἴδῃς), 34절(ἑώρακα). 이 모두는 요한이 예수의 정체를 확인하는 것과 관련된다. 그는 하나님으로부터 예수의 정체를 확인하는 방법에 대한 계시를 받은 뒤 보냄을 받았고(요 1:33b), 그 계시의 내용(요 1:33c-d)대로 그가 물로 세례를 주는 중에(cf. 요 1:31b) 성령이 비둘기 같이 내려서 예수 위에 머무는 것을 보았다(요 1:32, 33b). 그는 하나님이 주신 계시가 성취되는 것을 자신의 눈으로 직접 확인했다. 그는 이 사실을 강조하기 위해 "보았다"는 단어를 반복적으로 사용한 것이다. 특히 그는 "<u>내가</u> 보았다"를 반복함(τεθέαμαι, 요 1:32; κἀγὼ ἑώρακα, 요 1:34a)으로써 그의 증언이 자신의 직접 목격에 근거한 것임을 강조하고 있다.[22] 실제로 요한복음에서 '보는 것'은 증언의 절대적인 근거가 된다.[23]

---

[21] Sinclair B. Ferguson, 『성령』, 김재성 역 (서울: IVP, 1999), 225.

[22] Francis J. Moloney, *The Gospel of John*, Sacra Pagina Series vol. 4 (Minnesota: A Michael Glazier Book, 1988), 53: "On the basis of what he has seen the Baptist bears witness (v. 34)."

[23] 이에 대한 더 자세한 설명은 본서 '제1장. 요한복음은 어떤 성경인가?'를 보라. Cornelis Bennema, "The Character of John in the Fourth Gospel," *JETS* 52 (2009): 272: "The Fourth Gospel gives special attention to eyewitnesses." Cf. Dorothy Lee, "The Gospel of John and the Five Sense," *JBL* 129 (2010): 115-127, esp. 117-120. 이복우, 『내 뒤에 오시는 이』, 309, f. n. 1066: "요한의 제자 두 사람이 예수를 따라가서 그가 계신 데를 '보고' 그를 메시아로 증언했고(요 1:39-41), 예수는 '본 것'을 증언한다고 말씀하셨으며(요 3:11), 하늘로서 오는 이는 '보고' 들은 것을 증언한다(요 3:32). 사람들이 오병이어의 표적을 '본' 후에 예수를 참으로 세상에 오실 그 선지자로 증언했으며(요 6:14), 예수는 아버지에게서 '본

정리하면, 본 단락의 물은 그 자체에 어떤 신학적 의미를 담고 있지는 않다. 대신에 물은 하나님의 계시 성취와 예수의 정체를 명확하게 인식하기 위한 요한의 세례 재료로 사용되었다. 물은 예수가 성령으로 세례를 주는 하나님의 아들이라는 것과 그가 이 땅에 오셨다는 사실을 확증하는 세례자 요한의 세례 재료이다. 그러므로 본문에서 물은 하나님의 계시 성취를 위한 물질적 수단이며 또한 하나님의 구속 역사에 획기적인 진전과 성취가 있었음을 증언하는 매체이다.

3. 예수가 물을 포도주를 만듦(요 2:1-11)[24]

이어서 물은 요한복음의 '첫 표적'(ἀρχὴ τῶν σημείων, 요 2:11a)에 등장한다. 이 표적의 의미를 바로 이해하기 위해서는 이 표적에 대한 저자의 결론(요 2:11)에 주목해야 한다.[25]

것'을 말한다(요 8:38). 특히 요한복음은 예수의 옆구리에서 피와 물이 나오는 것을 '본 자'가 증언하였는데 그 증언이 참이라(요 19:35)고 말함으로써 보는 것이 참된 증언의 절대적 근거가 된다는 것을 강조하고 있다. 요한복음은 "보지 못하고 믿는 자들은 복되다"(요 20:29)고 말씀함으로써 보는 것과 믿는 것의 관계를 부정적으로 평가하는(cf. 요 2:23-25; 11:45-46) 반면에 증언에 관한 한 보는 것을 진리와 연결 지음으로써 보는 것의 증언을 위한 절대적 근거로 평가하고 있다. 이런 이유로 요한복음에는 저자의 목격자적 진술들이 많이 나타난다." Cf. 행 4:20; 22:14-15.

[24] 본 단락의 내용은 대체로 본서 '제8장 첫 표적(ἀρχὴ τῶν σημείων)의 신학적 의미'를 인용했다.

[25] R. Schnackenburg, *The Gospel according to St. John*, vol. I (London: Bruns & Oates, 1980), 334: "The final remark throws still more light on the story." 조석민, "요한복음의

Ταύτην ἐποίησεν ἀρχὴν τῶν σημείων ὁ Ἰησοῦς ἐν Κανὰ τῆς Γαλιλαίας
 καὶ ἐφανέρωσεν τὴν δόξαν αὐτοῦ,
 καὶ ἐπίστευσαν εἰς αὐτὸν οἱ μαθηταὶ αὐτοῦ.

첫째, 예수가 첫 표적을 행하셨다(요 2:11a). 그러므로 이 표적의 핵심은 물이 포도주로 변화된 놀라운 일 자체가 아니라, "예수가 이 놀라운 일을 행하였는데, 그가 누구이기에 이 놀라운 일을 행할 수 있었는가?"이다. 즉 표적의 초점은 이적 자체가 아니라 이적을 행한 예수의 정체를 밝히는 기독론에 있다.[26] 이러한 이해는 예수를 가리키는 αὐτοῦ의 반복에서도 분명하다. 따라서 이 표적을 한 마디로 압축하여 표현하면 '예수가 물을 포도주로 만들었다'이다. 이 사실은 요한이 이 표적을 회고하면서 한 말에서도 분명하다: "전에 그가 물로 포도주를 만드신 곳이라"(ὅπου ἐποίησεν τὸ ὕδωρ οἶνον, 요 4:46). 이것은 첫 표적에 대한 저자의 요약이므로 절대적인 의미가 있다. 첫 표적에서 예수는 물이 포도주가 되게 함으로써 만물이 그에게 복종한다는 것을 분명히 보여 주었다.

첫째 표적," 『요한복음의 새 관점』 (서울: 도서출판 솔로몬, 2008), 142: "이 기적 사건의 의미는 저자가 11절에서 표현하고 있는 '표적'에서 확인되어야 할 필요가 있다."

[26] 김동수, 『요한신학 렌즈로 본 요한복음』 (서울: 도서출판 솔로몬, 2006), 71: "이 표적의 의미는 혼인 잔치 자체나, 마리아론이나, 마리아와 예수의 관계에 대한 것이 아니라 예수가 어떤 분인가 하는 것이다. 예수는 물로 포도주를 만든 기적을 통해서 자신의 신적인 본질(영광)을 드러냈다."

예수는 창조자만이 할 수 있는 일을 행하였다.[27] 이것은 예수가 만물 위에 있고(요 3:31) 만물에 대한 지배권을 가지고 있는(요 3:35) 만유의 창조주(요 1:3, 10)이심을 나타내는 것이다.[28] "요컨대 이 표적을 통하여 요한은 예수를 생명의 창조주이신 하나님의 아들로 나타내었다."[29]

둘째, 예수는 이 표적을 행하여 그의 영광을 나타내셨다 (ἐφανέρωσεν τὴν δόξαν αὐτοῦ, 요 2:11a). 예수가 물을 포도주로 바꾼 이 표적은 만물이 예수의 권세에 복종하는 것과 만물에 대한 그의 주권을 보여줌으로써 그의 정체를 '창조주'로 나타낸 사건이다. 이것이 이 표적을 통하여 나타난 예수의 영광이다. 이 영광은 창조주(창조의 중개자, 요 1:3, 10)이신 하나님의 아들(요 1:14, 18)의 영광을 의미한다.[30] "이 표적은 예수의 영광을 나타내었다. 육신이 되신 말씀(요 1:14), 곧 인자이신 하나님의 독생자(요 1:51)가 자신의 창조적 능력을 나타내신 것이다."[31]

---

[27] A. Schlatter, 『요한복음강해』, 김희보 옮김 (서울: 종로서적, 1994), 36.

[28] R. Schnackenburg, *The Gospel according to St. John*, vol. I (London: Bruns & Oates, 1980), 335: "… is primarily his divine and creative power."; Stephen S. Kim, "The Significance of Jesus' First Sign-Miracle in John," *Bibliotheca Sacra* 167 (2010): 208: "… the first miracle reveals Jesus as the Creator."; Cf. J. C. Ratzinger, "The Sign of Cana," *Communio* 33 (2006): 682: "Jesus' incomprehensible generosity. The generosity, the excess is the sign of God in his creation."

[29] Kim, "The Significance of Jesus' First Sign-Miracle in John," 209.

[30] Andreas J. Köstenberger, *John*, ECNT (Grand Rapids: Baker Academic, 2008), 99: "'Revealed his glory' harks back to the prologue (1:14, 18)."

[31] Beasley-Murray, *John*, 35; George B. Caird, "The Glory of God in the Fourth Gospel: An Exercise in Biblical Semantics," *NTS* 15 (1968-9): 269: "In the Incarnation God has willed that the eternal glory of the Logos should be communicated to the man Jesus, so

셋째, 첫 표적의 최종적인 결과로 예수의 제자들이 예수를 믿었다(ἐπίστευσαν εἰς αὐτὸν οἱ μαθηταὶ αὐτοῦ, 요 2:11b). 이것이 이 표적의 궁극적인 목적이다. 표적의 목적인 '믿음'의 반응(요 20:30-31)은 제자들에게서만 나타났다. 제자들의 믿음은 첫 표적이 예수의 메시아 신분을 나타내는 표적임을 확증한 것이다.[32] 따라서 예수의 제자들은 첫 표적의 의미를 확증한다. 또한 제자들이 이 표적으로 인해 예수를 믿은 것은 그들에게 증인의 사명이 주어진 것을 의미한다. 제자들은 처음부터 끝까지 이 표적을 지켜보았다. 이것은 예수가 그의 '제자들 앞에서' 표적을 행한 것을 의미한다(요 20:30). 그런데 요한복음에서 '제자들 앞에서'는 증언의 의미가 있다. "그 이유는 예수가 제자들 앞에서 많은 표적을 행하였고(요 20:30), 그중에 한 제자가 요한복음을 기록하고 증언하는 자이기 때문이다(요 21:24). 따라서 예수가 '제자들 앞에서' 행한 것은 증언을 위한 것이다.[33] … 결과적으로 예수는 표적을 제자들 '앞에

---

that others might see it and draw from it the conclusion that he was the unique Son of God (1:14). This glory Jesus is said to have manifested in his signs (ii.11)."

[32] Craig R. Koester, *Symbolism in the Fourth Gospel* (Minneapolis: Augsburg Forters, 1995), 79: "In the Gospel narrative, the wine miracle at Cana confirms the disciples' confession of faith in Jesus as the Messiah."

[33] Leon Morris, *The Gospel according to John* (Grands Rapids: Eerdmans Publishing Company, 1971), 855: "Notice that he speaks of the signs as having been done 'in the presence of the disciples.' That is to say the disciples were witnesses of them"; H. N. Ridderbos, *The Gospel of John: A Theological Commentary*, translated by John Vriend (Grand Rapids: Eerdmans, 1997), 651: "Here again we see the distinction made in vs. 29 between those who have 'seen' and those who have not. … The Evangelist ascribes this undeniable apostolic character to their witness and thus also to his own reporting."

서' 행함으로써 그들로 하여금 증인이 되게 했다."³⁴

결론적으로 이 표적에서 물은 어떤 신학적 의미를 담고 있지 않다. 반면에 물은 물질적인 물로서 예수의 창조주 되심과 그의 영광을 나타내고, 예수에 대한 제자들의 신앙고백을 확증하며, 제자들을 예수의 증인으로 세우는 데 사용된 수단이다.

이와 함께 물은 예수가 인간의 위기와 부족함을 채우고 해결해 주는 신적 재료가 된다. 완벽하다고 생각했던 잔치에 포도주가 떨어져 낭패에 처하게 되었다. 이때 예수가 물로 포도주를 만듦으로써 이 문제를 해결해 주었다. 인간의 부족함이 예수로 인해 풍족함을 맛보게 된 것이다. 따라서 물은 인간의 부족함과 비참함을 알게 하며, 그 부족함을 채우고 비참함을 해결하는 예수의 풍성함을 드러내는 데 사용된 재료이다.³⁵

4. 예수와 니고데모의 대화(요 3:1-21)

물은 예수와 니고데모의 대화(요 3:1-21)에서 다시 언급된다. 이 대화의 도입인 1절을 분해하면 다음과 같다.

---

³⁴ 이복우, 『내 뒤에 오시는 이』, 144-145.

³⁵ 이복우, 『요한복음에 나타난 물의 신학적 기능과 의미』, 2002학년도 신학석사 학위청구논문, 합동신학대학원대학교, 37.

Ἦν ἄνθρωπος	있었다 (한) 사람이
ἐκ τῶν Φαρισαίων	바리새인들 중에
Νικόδημος ὄνομα αὐτῷ	니고데모라고 하는 이름을 가진
ἄρχων τῶν Ἰουδαίων	유대인의 지도자

이 문장은 "있었다"(ἦν)는 동사에 네 가지 내용이 걸려 있다. 이것은 '(한) 사람'이 어떤 사람인지를 소개하는 신상명세서이다. 그의 계열은 바리새인이다(종파). 그의 이름은 니고데모이다. 그리고 그의 직분은 유대인의 관원이다. 예수에 의하면 그는 "이스라엘의 선생"이다(요 3:10). 니고데모는 외적으로 볼 때 그 누구에게도 손색이 없는 화려한 신분이었다. 그는 바리새인으로서 구별된 종교 생활을 하는 사람이었고(당시에 바리새인은 6천 명 정도 있었다), 유대인의 관원 곧 공회(산헤드린)의 일원(공회는 70명으로 구성되었다)으로서 정치를 책임지고 있었으며, 이스라엘의 선생으로서 상당히 인지도가 높은 사회 지도자의 위치에 있었다. 그는 종교, 정치, 학문에서 최고의 자리에 있었다.

그런 니고데모가 밤에 예수를 찾아와서 내놓은 첫 말은 놀라운 것이었다. "랍비여 우리가 당신은 하나님께로서 오신 선생인 줄 아나이다. 하나님이 함께하시지 아니하시면 당신의 행하시는 이 표적을 아무라도 할 수 없음이니이다"(요 3:2). 니고데모는 예수가 행한 표적들(요 2:23)을 목격한 것이 분명하다. 그런데 예수는 니고데모의 이 인사에 대하여 이상한 반응을 보였다. 예수는 니고데모를 칭찬하거나, 그의 인사를 기뻐하지 않았다. 예수는 전혀 듣지 못한 것처럼 지나갔다. 왜냐하면 니고데모는 단지 예수의 외면을 본 것에 대하여 말하고 있기 때문이다.

그 대신에 예수는 완벽히 다르게 자기의 말을 시작했다. "진실로 진실로 네게 이르노니 사람이 거듭나지 아니하면 하나님의 나라를 볼 수 없느니라"(3). 예수가 보기에 니고데모에게 정말로 중요한 것은 그가 거듭났느냐 하는 것과 하나님의 나라를 보았느냐는 것이다. 비록 니고데모가 사회적인 측면에서 볼 때 바리새인이며 유대인의 관원이며 이스라엘의 선생이었지만, 그가 거듭나지 않았다면, 하나님의 나라를 보지 못했다면 그는 아무런 의미가 없는 사람이다. 그런데 사실 니고데모는 거듭나지 않은 모든 사람의 대표이다. 왜냐하면 니고데모에 대한 예수의 대답이 단수에서 복수로 바뀌고 있기 때문이다(ὑμᾶς, 요 3:7, λαμβάνετε, 11, ὑμῖν, 12; ἠγάπησαν οἱ ἄνθρωποι, 19 등). 예수에게 있어 '니고데모가 누구냐' 하는 것은 육체의 문제가 아니라 영혼의 문제였다. 이 때문에 예수는 다시 한 번 비슷한 말씀을 한다. "진실로 진실로 네게 이르노니 사람이 물과 성령으로 나지 아니하면 하나님의 나라에 들어갈 수 없느니라"(요 3:5). 니고데모가 바리새인인 것, 유대인의 지도자인 것, 이스라엘의 선생인 것, 이 모든 것은 중요하지가 않다. 영적으로 거듭나지 않는다면 육체적인 상태는 의미가 없다.

1) 거듭남

그러면 거듭나는 것은 무엇인가? 이를 위해 예수의 반복된 말씀을 비교해 볼 필요가 있다.

ἐὰν μή τις γεννηθῇ ἄνωθεν, οὐ δύναται ἰδεῖν τὴν βασιλείαν τοῦ θεοῦ.(요 3:3c-d)
ἐὰν μή τις γεννηθῇ ἐξ ὕδατος καὶ πνεύματος, οὐ δύναται εἰσελθεῖν εἰς τὴν βασιλείαν τοῦ θεοῦ.(요 3:5c-d)

여기에서 하나님의 나라를 '보는 것'(요 3:3)과 '들어가는 것'(요 3:5) 사이에는 아무런 차이가 없으며,[36] 이 두 가지 언어의 이미지는 요한복음을 통해 동의어 기능을 한다.[37] 그러므로 각각의 조건인 '거듭나는 것'과 '물과 성령으로 나는 것'도 동의어로 사용되었다.[38] 거듭나는 것은 생물학적인 중생(요 3:4)이 아니라 물과 성령으로 나는 것이다. 그러면 '물과 성령으로 나는 것', 특히 '물로

---

[36] Carson, *The Gospel according to John*, 191: "The meaning is much the same; inability even to 'enter' may be slightly stronger than inability to 'see' (*i.e.* experience)." McCabe, "The Meaning of 'Born of Water and the Spirit' in John 3:5," 94: "Though entering the kingdom of God may be a slightly stronger statement than seeing the kingdom, the meaning of both is essentially the same." Klyne Snodgrass, "That which is born from pneuma is pneuma: rebirth and spirit in John 3:5-6," *Covenant Quarterly* 49 (1991): 13-29, esp. 16-17: "Variation of expression is not intended to convey different ideas, but is typical of the style of the Fourth Gospel."

[37] 요 3:36, 6:40, 14:7을 보라. Jones, *The Symbol of Water in the Gospel of John*, 70; Leon Morris,『요한복음 상』, 이상훈 역 (서울: 생명의 말씀사, 1990), 268.

[38] Stephen S. Smalley,『요한신학』, 김경신 역 (서울: 반석문화사, 1992), 352. McCabe, "The Meaning of 'Born of Water and the Spirit' in John 3:5," 88: "Verse 5 closely parallels v. 3. Jesus' replacement of ἄνωθεν with ἐξ ὕδατος καὶ πνεύματος in v. 5 strongly suggests that he is describing the same type of birth in both verses."

나는 것'은 무엇인가? 이에 관해서는 다음과 같은 해석들이 있다.[39]

첫째, 물로 나는 것은 자연적인 출생, 즉 육체적인 출생과 관련된다.[40] 그러나 이 주장은 "육으로 난 것은 육이요 성령으로 난 것은 영이니"(요 3:6)라는 예수의 말씀 때문에 정당성을 잃어버린다. 여기서 '육'과 '성령'은 대조이다. '물과 성령'으로 나는 것은 하나님 나라를 볼 수 있으나, '육'으로 난 것은 그리할 수 없다. 그러므로 물은 오히려 육체적인 출생과 대조가 된다(cf. 요 1:12-13).

둘째, 물이 기독교의 세례 의식을 가리킨다.[41] 쿨만(Oscar Cullmann)

---

[39] Linda Belleville, "Born of the Water and Spirit: John 3:5," 125: "There is great diversity of opinion as to what 'born of water and Spirit' means. Interpretations may be grouped according to the following six categories: ritualistic, symbolic, physiological, dualistic, cosmological and figurative." McCabe, "The Meaning of 'Born of Water and the Spirit' in John 3:5," 85: "A major interpretative problem with this verse is the meaning of 'born of water and the Spirit' (γεννηθῇ ἐξ ὕδατος καὶ πνεύματος). Is 'water' (ὕδατος) to be equated with baptism? Should water be correlated with procreation? Or, is water used as a symbol for the Word of God or cleansing? Furthermore, what is the relationship between 'water' (ὕδατος), and 'spirit' (πνεύματος)? Is water set in contrast to the spirit, or do water and spirit reflect a conceptual unity?"

[40] Cf. Jones, *The Symbol of Water in the Gospel of John*, 70, f. n. 108. Hodges, "Water and Spirit - John 3:5," 211-213.

[41] Cf. Jones, *The Symbol of Water in the Gospel of John*, 70, f. n. 110. G. R. Beasley-Murray, *Baptism in the New Testament* (London: MacMillan& Co., 1963), 228-229: "As in Jn. 6.51ff the exposition on eating the flesh of the Son of Man and drinking His blood cannot fail to bring to mind the Lord's Supper, so the reference to new birth by water and Spirit inevitably direct attention to Christian baptism." Hodges, "Water and Spirit - John 3:5," 209-210에서 재인용. Cf. R. E. Brown, *The Gospel according to John I-XII*, vol. I (2 vols) (New York: Doubleday, 1966), 141ff.; R. E. Brown, *The Interpretation of the Fourth Gospel* (Cambridge: At the University Press, 1953), 309: "The instructed Christian reader would immediately recognize a reference to Baptism, as the sacrament through which the Spirit was given to believers, and by which they were initiated into that new order of life

은 "물과 성령으로 거듭나야만 하나님의 나라에 들어갈 수 있다는 말씀은 분명히 기독교적인 세례를 뜻하는 것이다"[42]라고 말하였다. 그러나 이 주장에는 다음과 같은 문제들이 있다.[43] 먼저, 본문은 세례를 말하지 않는다. 본문은 물을 말하고 있다. 물이라는 말 속에 암시되고 있는 것이 세례라고 너무 쉽게 단정해서는 안 된다. 또한 예수가 이 말씀을 했을 때, 기독교의 세례는 아직 제정되지 않았다. 나아가서 기독교의 세례는 중생의 효력을 발생시키는 수단이 아니라 중생의 표지이며 인(印)이다.[44] 이에 더하여 물이 하나님의 나라에 들어가는 조건이라면 요한복음 3:6, 8에서도 똑같이 언급되었어야 한다.[45]

셋째, 물은 성령을 의미한다. 그 이유는 먼저, "물과 성령으로 거듭나지 아니하면"(ἐξ ὕδατος καὶ πνεύματος, 요 3:5)이라는 말에 전치사가 하나만 사용되기 때문이다. "…로부터"(ἐκ)라는 전치사 하나

---

described as the Kingdom of God, which was historically embodied in the Church."

[42] Oscar Cullmann, *Early Christian Worship* (London: SCM Press, 1953), 75-78.

[43] Cf. Hodges, "Water and Spirit - John 3:5," 209-211.

[44] John Murray,『조직신학 II』, 박문재 역 (서울: 크리스챤 다이제스트, 1991), 192-193; John Calvin, *The Gospel according to St. John 1-10* (Calvin's New Testament Commentaries) translator T. H. L. Parker (Grand Rapids: Eerdmans Publishing Company, 1959), 64f.: "He connects water with the Spirit because under that visible sign He testifies and seals the newness of life which by His Spirit God alone effects in us. … So far as this passage is concerned, I cannot at all bring myself to believe that Christ is speaking of Baptism, for it would have been inopportune."

[45] Cf. Martinus C. De Boer, "Jesus the Baptizer: 1 John 5:5-8 and the Gospel of John," *JBL* 107 (1988): 96: "Water is mentioned only in v 5 and the baptismal allusion suggested by this term does not therefore seem important in the context of the passage as a whole, particularly in view of its omission in v 8."

에 물과 성령이라는 말이 함께 걸린다. 그래서 물과 성령을 별개의 둘로 보기 어렵다.[46] 또한, "물과 성령"(ὕδατος καὶ πνεύματος)에서 접속사 καί는 설명적 보어로 사용되었다.[47] 설명적 보어는 그것 (καί) 뒤에 오는 말이나 문장이 그것 앞에 있는 말이나 문장의 의미를 분명하고 명료하게 나타내거나 확장, 상술, 부연하는 역할을 한다.[48] 그러므로 본문의 καί는 '즉', '곧', '다시 말하자면'(namely, that is)의 뜻이다.[49] 따라서 '물과 성령으로'는 '물 곧 성령으로'라는 말이 되므로 '물'과 '성령'은 같은 것을 뜻한다.[50] 결

---

[46] Ben Witherington, "The Water of Birth: John 3:5 and 1 John 5:6-8," *NTS* 35 (1989): 159: "Much attention has been drawn to the fact that the two nouns, water and spirit, are anarthrous and governed by one preposition, ἐκ." 박형용, 『사복음서주해 1』 (수원: 합동신학대학원출판부, 1994), 166-167: 전치사 "ἐξ"(of)가 물과 성령을 같이 묶고 있기 때문에 물과 성령은 개념적인 통일성을 나타내고 있다. McCabe, "The Meaning of 'Born of Water and the Spirit' in John 3:5," 96: "... in v. 5 the preposition ἐκ governs two nouns, ὕδατος καὶ πνεύματος, that are coordinated by καί. This indicates that Jesus regards ὕδατος καὶ πνεύματος as a conceptual unity." Carson, *The Gospel according to John*, 194.

[47] Belleville, "Born of the Water and Spirit: John 3:5," 134f.: "In v 5, ὕδωρ and πνεῦμα are governed by a single preposition (ἐκ) and conjoined by καί indicating that the phrase is to be viewed as a conceptual unity, viz., 'water-spirit.'"

[48] Jones, *The Symbol of Water in the Gospel of John*, 70, f. n. 113, 116.

[49] 이것은 καί가 원래부터 지니고 있는 사전적 의미이기도 하다. 다음은 요한복음에 나타난 같은 용례들이다.
4:23 ἀλλὰ ἔρχεται ὥρα καὶ νῦν ἐστιν.
9:37 καὶ ἑώρακας αὐτὸν καὶ ὁ λαλῶν μετὰ σοῦ ἐκεῖνός ἐστιν.
혹 4:23, 24의 ἐν πνεύματι καὶ ἀληθείᾳ도 여기에 해당할 수 있다.

[50] Calvin, *The Gospel according to St. John 1-10*, 65: "Accordingly He used the words *Spirit* and *water* to mean the same thing, and this ought not to be regarded as harsh or forced."; De Boer, "Jesus the Baptizer: 1 John 5:5-8 and the Gospel of John," 98: "In John 3:1ff., 'begetting from water and spirit' (v 5) is parallel in meaning not only to 'begetting from above' (vv 3 and 7) but also to 'begetting from the spirit' (v 8). Thus, begetting 'from water and spirit' = begetting 'from the spirit.' That being the case, the conjunction καί in

국 물은 성령을 상징한다. 나아가서 만일 물과 성령이 거듭나기 위한 별개의 둘을 의미하는 것이었다면 요한복음 3:6에서 "육으로 난 것은 육이요 성령으로 난 것은 영이니"라고 말하면 안 되고 "육으로 난 것은 육이요 '물'과 성령으로 난 것은 영이니"라고 말해야 옳다. 마찬가지로 요한복음 3:8에서도 "성령으로 난 사람은 다 이러하니라"고 말하면 안 되고 "'물'과 성령으로 난 사람으로 다 이러하니라"고 말해야만 합당하다. 그러나 예수는 앞에서는 "물과 성령으로"라고 말씀하고 뒤에서는 "물"을 빼고 "성령"만 말씀했다. 그렇다면 물과 성령은 별개의 둘이 아니라 하나, 즉 성령을 의미하는 것이 분명하다.[51] 만일 물이 성령이 아닌 다른 어떤 것을 의미했다면 예수가 거듭남을 말씀하는 구절에서 물을 빠뜨렸을 리가 없다. 이 해석은 물이 성령을 가리킨다는 요한복음의 다른 구절에 의해서도 지지를 받는다(요 7:38-39). 그러므로 거듭나는 것은 물과 성령으로 나는 것이며, 이는 곧 성령으로 나는 것이다.

---

v 5 may be construed as epexegetical: 'begotten from water, i.e., spirit.'; Boer, "Jesus the Baptizer: 1 John 5:5-8 and the Gospel of John," 103: "In the discussion of John 3:5 … I argued that in the phrase 'water, that is, spirit.'"

[51] Belleville, "Born of the Water and Spirit: John 3:5," 135: "Verses 3, 5, 6b, and 7 are parallel statements-a typically johannine feature. The parallelism, in particular, of γεννηθῇ ἐξ ὕδατος καὶ πνεύματος (v 5) and τὸ γεγεννημένον ἐκ τοῦ πνεύματος (v 6), indicates that conceptually ὕδωρ and πνεῦμα are so closely interrelated that Jesus can subsume both under the auspices of the singular τὸ πνεῦμα in v 6."

3) 성령을 물로 상징한 이유

그러면 물이 성령을 상징하되, 특히 거듭남과 관련된 이유가 무엇인가? 즉 거듭남에서 물이 성령의 표상으로 사용된 까닭은 무엇인가? 예수는 니고데모에게 "너는 이스라엘의 선생으로서 이러한 것들을 알지 못하느냐"(요 3:10)고 말씀했다. 니고데모는 바리새인이요 유대인의 관원이었으며 이스라엘의 선생이었다. 그렇다면 그는 구약 성경을 잘 알고 있음이 분명하다. 그러므로 예수의 이 말씀은 구약을 잘 알고 있는 이스라엘의 선생이 물과 성령으로 거듭난다는 의미를 어찌하여 알지 못하느냐는 책망이다.[52] 예수의 이 말씀은 자연스럽게 우리의 시선을 구약 성경으로 인도한다.[53]

"맑은 물을 너희에게 뿌려서 너희로 정결하게 하되 곧 너희 모든 더러운 것에서와 모든 우상 숭배에서 너희를 정결하게 할 것이며

---

[52] Carson, *The Gospel according to John*, 194.

[53] McCabe, "The Meaning of 'Born of Water and the Spirit' in John 3:5," 85-107, esp. 86: "Jesus chides Nicodemus in v. 10 for being "the teacher of Israel" (ὁ διδάσκαλος τοῦ Ἰσραὴλ), yet unable to comprehend the subject of Jesus' discourse, "Are you the teacher of Israel, and do not understand theses things?" Two items are signigicant in v. 10. First, "the teacher of Israel" is a title reflecting that Nicodemus was a recognized teacher of Scripture. Second, as a well-known teacher, Nicodemus should have grasped the connection between Jesus' doctrine of regeneration and its Old Testament foundation. By the nature of Jesus' berating Nicodemus, this would clearly suggest that Jesus' discourse on the new birth is rooted in the Old Testament. Carson has correctly observed that "nothing could make clearer the fact that Jesus' reaching on the new birth was built on the teaching of the Old Testament.""

또 새 영을 너희 속에 두고 새 마음을 너희에게 주되 너희 육신에서 굳은 마음을 제거하고 부드러운 마음을 줄 것이며 또 내 영을 너희 속에 두어 너희로 내 율례를 행하게 하리니 너희가 내 규례를 지켜 행할지라"(겔 36:25-27).

따라서 이 구절을 요한복음 3:5에 대한 구약 성경의 병행 구절로 간주[54]하는 것은 적절하며,[55] 이 구절에서는 성령의 은사가 정결하게 하는 물과 연계되어 '마지막 날'에 하나님의 신실한 백성에게 임하게 될 새 시대의 징표로 약속되고 있다.[56] 이렇게 볼 때 이 대화에서 예수가 말씀한 물은 구약의 선지자들을 통해 약속된 깨끗하게 함과 종말론적인 새로움의 의미로 사용되었다고 볼 수 있다.

3) 거듭남의 결과

그러면 이 대화에서 예수의 강조점은 무엇인가? 거듭난 사람, 곧 성령으로 난 사람이 하나님의 나라를 보며 하나님의 나라에 들어간다(요 3:3, 5). 거듭남의 결과는 하나님의 나라와 관련된다. 따라서 니고데모와의 대화에서 예수의 주된 강조점은 하나님의 나라에 있다. 예수는 하나님의 나라를 말씀하는 데 초점을 두고 있다.

---

[54] LXX는 겔 36:25-26에서 ὕδωρ와 πνεῦμα를 사용하고 있다.
[55] Murray,『조직신학 Ⅱ』, 195.
[56] Smalley,『요한신학』, 351.

거듭남, 곧 성령으로 나는 것이 목적하는 바가 하나님의 나라를 보고, 거기에 들어가는 것이기에 예수의 강조점이 '하나님의 나라'에 있다는 것을 부인할 수 없다.

요약하면, 본 단락에서 물은 성령을 상징한다. 육에 속한 사람이 하나님의 나라에 들어가기 위해서는 그의 세상적인 어떤 조건과도 상관없이 물, 곧 성령에 의해 거듭나야 한다. 물(성령)은 육에 속한 사람이 하늘에 속한 사람이 되어 하나님을 상대로 살며, 하나님을 목적으로 살며, 하나님의 통치 아래 살게 하는 거듭남의 동인(動因)이다.[57] 또한 물은 거듭남과 관련하여 성령의 정결케 하시는 활동을 상징한다.[58]

5. 예수와 세례자 요한(요 3:22-30)[59]

세례자 요한은 살렘 가까운 애논(Αἰνών)에서 세례를 베풀었다. 그

---

[57] Cf. Jones, *The Symbol of Water in the Gospel of John*, 74: "Used in 3.5 as an ablative genitive with the preposition ἐξ, water functions as the agent of the birth Jesus discusses."

[58] Cf. McCabe, "The Meaning of 'Born of Water and the Spirit' in John 3:5," 107: "Therefore, we conclude that "born of water and the Spirit" refers to *the life-giving and purifying activity of the Spirit*."

[59] 본 단락의 내용은 본서 '제7장 세례자 요한(Ἰωάννης ὁ βαπτιστής)의 정체와 역할'의 일부 내용과 겹친다. 더 자세한 것은 이복우, 『내 뒤에 오시는 이』, 323-329를 보라.

곳에 물이 많았으며(ὅτι ὕδατα πολλὰ ἦν ἐκεῖ, 요 3:23b),[60] 사람들은 지속적으로 와서 세례를 받았다.[61] 요한의 사역은 매우 효과적이며 성공적이었다.[62] 그러나 세례자 요한의 투옥이 예고되면서(요 3:24) 그의 쇠(衰)함이 함께 언급된다(요 3:26). 사람들은 그를 떠나 다(πάντες) 예수에게로 갔다. 많은 물에도 그의 세례 사역이 막을 내리고 있다. 이러한 상황은 세례자 요한의 쇠함이 물의 부족, 즉 물질적인 문제 때문이 아니라는 사실을 잘 보여준다. 또한 이 일이 세례자 요한의 의지에 반하는 것도 아니었다. 그는 사람들이 다 예수에게로 간다는 말을 들었을 때, 신랑의 친구가 누리는 기쁨으로 충만했다(요 3:29). 그는 자신의 쇠함과 예수의 흥함을 이상한 일로 생각하지 않았다. 오히려 요한은 "그는 흥하여야 하고 나는 쇠하여야 한다"(요 3:30)고 말했다.

그러므로 세례자 요한의 쇠함에는 다른 이유가 있다. 그의 쇠함은 그가 하나님으로부터 받은 사명을 다 이루었기 때문이다. 그리하여 요한은 역사에서 퇴장하고, 예수가 전면에 등장한다. 구속사의 대전환이 일어난 것이다. 이 일은 인위적이거나 물질 때문이 아니라, 하나님의 뜻에 의한 것이다. 즉 "하늘에서 주신

---

[60] Jones, *The Symbol of Water in the Gospel of John*, 80: "The narrator ... may use the fact that John needed an abundant supply of water to draw a further contrast between them."

[61] Morris, *The Gospel according to John*, 237.

[62] C. G. Kruse, *The Gospel according to John* (England: Inter-Varsity Press, 2003), 119.

바"(δεδομένον … ἐκ τοῦ οὐρανοῦ, 요 3:27)에 따른 것이다. 요한이 당위를 나타내는 동사 "하여야 하리라"(δεῖ, 요 3:30)는 말을 사용한 것도 그의 쇠함이 하나님의 구속 역사의 성취라는 것을 잘 보여준다. 결국 세례자 요한은 물로 세례를 베풂으로써 구속사의 전환을 성취한 세례자이다. 그리하여 본 단락에서 물은 단순히 세례의 재료로 사용된 것이 아니라, 세례자 요한이 퇴장하고 예수가 전면에 등장하는 구속사적 전환을 알리는 데 중요한 수단으로 사용되었다.

6. 예수와 사마리아 여자의 대화(요 4:1-26)

1) 예수의 ἔδει

유대에 있던(요 2:23) 예수는 잘못된 소문을 듣고 논쟁을 걸어올 바리새인들을 피하여 다시 갈릴리로 떠났다(요 4:1-3). 저자는 예수의 이 여정에 대하여 "사마리아를 통과하여야 하겠는지라"(ἔδει δὲ αὐτὸν διέρχεσθαι διὰ τῆς Σαμαρείας, 요 4:4)고 서술한다. 여기에 사용된 ἔδει는 당위를 나타내는 비 인칭 동사이다.[63] 따라서 4절은 예수가 '반드시 사마리아를 통과해야만 했다'는 의미가 된다. 그러나 예수의 사마리아 통행은 절대적인 것이 아니었다. 바리새파와

---

[63] Impersonal verb. δεῖ, impf. act. ind. 3sg. must, should, ought.

같이 엄격한 유대인들은 지극히 사마리아 사람들을 싫어하였기에 그들이 사는 지역을 되도록 피하였다. 그들은 통상 갈릴리로 가는 여행길을 요단강 건너 길로 택하였다. 그러나 엄격하지 않은 유대인들은 이런 것과 상관없이 사마리아를 통과하였다.[64] 그러므로 요한이 ἔδει를 사용한 이유는 다른 데 있다. 그것은 예수의 신분과 사역에 관련된다.

ἔδει는 요한복음 3장에 세 번 나온다. 첫째는 예수가 니고데모에게 거듭남에 대하여 말할 때이다. "너희가 거듭나야 한다."(요 3:7).[65] 사람이 하나님 나라에 들어가기 위해서는 반드시 거듭나야만 한다. 둘째는 예수가 니고데모에게 인자의 들림을 말할 때이다. "인자가 들려야만 한다."(요 3:14).[66] 예수를 믿는 자가 영생을 얻기 위해서는 반드시 인자가 들려야 한다. 셋째는 세례자 요한이 예수의 흥함과 자신의 쇠함에 대하여 말할 때이다. "그는 흥하여야 하겠고 나는 쇠하여야 하리라."(요 3:30).[67] 세례자 요한은 예수의 선행자(predecessor)이다. "세례자 요한은 예수 앞에 오는 자이다. 반드시 그가 와야만 예수도 온다. … 광야의 외치는 '소리'가 와서 증언하지 않으면 메시아도 오지 않는다. 좀 더 분명하게 말하면, 그 '소리'가 와서 증언함으로써 메시아도 오는 것이다.

---

[64] Morris, *The Gospel according to John*, 255: "Josephus uses exactly the expression rendered "must need" when he says, "for rapid travel, it was essential to take that route (*i.e.* through Samaria)"."

[65] 요 3:7 Δεῖ ὑμᾶς γεννηθῆναι ἄνωθεν.

[66] 요 3:14 ὑψωθῆναι δεῖ τὸν υἱὸν τοῦ ἀνθρώπου.

[67] 요 3:30 ἐκεῖνον δεῖ αὐξάνειν, ἐμὲ δὲ ἐλαττοῦσθαι.

이런 의미에서 세례자 요한이 없으면 예수 그리스도도 없다. … 요한이 오지 않으면 예수도 올 수 없다. 이것은 하나님이 정하신 구속사의 법칙이다."[68] 이 말은 예수가 진면에 등장하기 위해서는 요한이 물러나야만 한다는 의미이기도 하다. 요한은 쇠하여야 하고 예수는 흥하여야 한다. 따라서 요한복음 3장의 ἔδει는 모두 구속의 성취를 위한 하나님의 필연과 당위를 나타낸다. 이 사실은 "너는 어찌하여 인자가 들려야 하리라 하느냐"(요 12:34)[69]와 "그가 죽은 자 가운데서 다시 살아나야 하리라"(요 20:9)[70]는 말씀에서도 충분히 증명된다. 예수의 십자가 들림과 부활은 '우연'이 아니라 구속사의 성취를 위해 반드시 일어나야 하는 하나님의 당위이다.

이와 같은 ἔδει의 용례를 염두에 둘 때, "사마리아를 통과해야 하겠는지라"는 말은 예수의 사마리아 여행에서 일어날 구속사적 사건을 예견하기에 충분하다. 예수의 사마리아 통과는 사마리아인들의 구원을 위한 예수의 의도된 행동이요, 구속의 성취를 위한 하나님의 필연적 계획의 결과이다.[71] 이 사실은 예수가 만난

---

[68] 이복우, 『내 뒤에 오시는 이』, 348-349.

[69] 요 12:34 πῶς λέγεις σὺ ὅτι δεῖ ὑψωθῆναι τὸν υἱὸν τοῦ ἀνθρώπου(cf. 요 12:32).

[70] 요 20:9 δεῖ αὐτὸν ἐκ νεκρῶν ἀναστῆναι.

[71] Jones, *The Symbol of Water in the Gospel of John*, 95. Cf. Morris, *The Gospel according to John*, 255: "More probably the necessity lies in the nature of the mission of Jesus. John ofter uses the word "must" of this mission (3:14; 9:4; 10:16; 12:34; 20:9; see on 3:7)." 조석민, 『이해와 설교를 위한 요한복음』 (고양: 도서출판 이레서원, 2019), 124: "저자가 '사마리아를 통과하여야 하겠는지라'라고 기술하면서 비 인칭 동사 '데이'(δεῖ)와 동사 '디엘코마이'(διέρχομαι)를 사용하여 예수의 의지를 나타낸다. 즉 사마리아 사람들을 구원하시려는 하나님의 뜻이 예수의 순종을 통해서 이루어지고 있음을 표현하고 있다(참조. 4:34)."

사마리아 사람들의 예수 이해에서 잘 나타난다.

2) 사마리아 사람들의 예수 이해

본문에는 사마리아 여자가 '물 좀 달라고 하는 이'인 예수의 정체를 알아 가는 과정이 상세하게 묘사되어 있다. (1) 여자는 처음에 예수를 '유대인'(Ἰουδαῖος, 요 4:9b)이라고 불렀으며, (2) 다음에는 '주'(Κύριε, 요 4:11b)로 불렀다.[72] (3) 이어서 여자는 "당신이 야곱보다 더 크니이까"(μὴ σὺ μείζων εἶ τοῦ πατρὸς ἡμῶν Ἰακώβ; 요 4:12a)라고 말했다. 이 말은 사실 '당신은 야곱보다 작은 사람이다'는 의미이다. 왜냐하면 μή로 시작하는 의문문은 이미 부정의 답을 전제로 한 질문이기 때문이다. 여자는 예수를 야곱보다 작은 사람으로 생각한 이유는 야곱의 우물로부터 야곱과 그의 아들들과 그의 짐승들이 다 마셨기 때문이다(요 4:12). 이에 대해 예수님은 '이 물'(ἐκ τοῦ ὕδατος τούτου, 요 4:13)과 '내가 주는 물'(ἐκ τοῦ ὕδατος οὗ ἐγὼ δώσω αὐτῷ, 요 4:14)을 비교하신다. 이 둘의 본질적인 차이는 다시 목마른다는 것과 영원히 목마르지 않는다는 데 있다. 사실 이 둘은 비교의 대상이 아니다. 예수는 야곱과 비교할 수 없는 분이기

---

[72] 이 표현은 신자가 예수를 주님으로 고백하는 표현이 아니라 단순히 상대방을 높여 부르는 존칭어이다. Carson, *The Gospel according to John*, 219: "'*Sir*' [an appropriate rendering of *kyrie*, which is not Christologically 'loaded' here or in vv. 15, 19]."; Morris, *The Gospel according to John*, 261: "'Sir' (see on v. 1) is a respectful form of address, and may be meant to put a polite barrier between them."

때문이다.[73] 야곱은 '우리의 조상'(요 4:12)인데 반해 예수는 그리스도요 세상의 구주다. (4) 나아가서 여자는 예수를 '선지자'(προφήτης, 요 4:19b)로 고백했다. (5) 미지막으로 예수는 "메시야 곧 그리스도라 하는 이가 오실 줄을 내가 아노니"(οἶδα ὅτι Μεσσίας ἔρχεται ὁ λεγόμενος Χριστός, 요 4:25)라고 말한 여자에게 "내가 그로라"(Ἐγώ εἰμι, 요 4:26)며 자신의 신분을 밝혔다.

요약하면 사마리아 여자는 예수를 한 사람 유대인 → 주 → 야곱보다 작은 사람 → 선지자로 알게 된다. 그러다가 그녀는 마침내 예수가 메시아 곧 그리스도라는 예수의 선포를 듣게 된다. 예수가 친히 자신의 정체를 밝힌 것은 요한복음에서 여기가 처음이다. 그만큼 이 일은 구속사적으로 중요한 사건이다. 예수는 "네게 물 좀 달라고 하는 이가 누구냐"(10)는 질문으로 여자와의 대화를 시작하였다. 그리고 마침내 이 질문에 대한 답이 주어졌다. 그는 바로 오리라고 예언된 메시아 곧 그리스도다.

더 나아가서 이 사실은 사마리아 사람들의 입을 통해 확증된다. 많은 사마리아인이 예수의 말씀을 친히 듣고 그가 참으로 세상의 구주이신 줄 믿었다. "이제 우리가 믿는 것은 네 말로 인함이 아니니 이는 우리가 친히 듣고 그가 참으로 세상의 구주(ὁ σωτὴρ

---

[73] John Calvin, 『요한복음 I』, 존 칼빈 성경주석출판위원회 편역 (서울: 성서교재간행사, 1990), 135. "이 비교가 잘못되었음은 그녀가 종을 주인과 또 죽은 사람을 살아 계신 하나님과 비교하고 있다는 데서 쉽게 알 수 있다." Gerard S. Sloyan, *John* (Interpretation - A Bible Commentary for Teaching and Preaching) (Atlanta: Westminster John Knox Press, 2009), 53: "Jesus' superiority to Jacob in all respects is the point at issue (v. 12)."

τοῦ κόσμου) 신 줄 앎이라."(요 4:42). 여기서 우리는 앞에서 밝힌 예수가 사마리아를 '통과하여야 했던' 그 이유를 다시 한 번 확인하게 된다. 예수가 사마리아를 통과해야만 했던 까닭은 사마리아인들의 구원을 위해서였다. 예수는 세상을 구원하는 분이다.

3) 물의 신학적 의미와 기능

본문에서 물은 먼저 야곱의 우물에서 솟아나는 물이다. 이는 물리적인 물이다. 예수는 이 물을 매개로 영원한 해갈을 주는 그리스도의 물을 알지 못하고 도리어 만족을 줄 수 없는 땅의 물에 집착하는 인간의 비참함을 드러냈다. 이로써 이 물은 인간의 비참함과 한계를 드러내는 수단이 되었다.

또한 본문의 물은 예수가 주는 물(요 4:14), 즉 생수(ὕδωρ ζῶν, 요 4:10, τὸ ὕδωρ τὸ ζῶν, 요 4:11)이다.[74] 이 물은 갈증을 끝내는 영원히 목마르지 않는 물이며, 영생하도록 솟아나는 물이다(요 4:14). 이는 영생을 상징한다.[75] 예수는 자주 자신을 영생을 주는 이로 소

---

[74] 그러나 이와 같은 해석은 본문 자체와 문맥을 떠난 해석이다. 그는 본문에 근거하여 생수의 의미를 찾지 않고 다른 자료나 다른 본문에서 말하는 생수의 의미를 이 본문에 대입했다. 이렇게 함으로써 그는 본문(요 4:1-26)이 말하는 생수의 의미를 버리고 자신이 생각하는 생수의 의미를 본문에 강요하고 말았다.

[75] 조병수, 『성령으로 사는 그리스도인』 (서울: 여수룬, 1996), 136; William Hendriksen, 『요한복음 상』, 문창수 역 (서울: 아가페출판사, 1985), 220; Schlatter, 『요한복음강해』, 3; Jones, *The Symbol of Water in the Gospel of John*, 111의 각주 66번을 보라. Hodges, "Water and Spirit - John 3:5," 214: "In the very next chapter water is the prominent symbol employed in the discourse with the Samaritan woman (4:7-15) and there it seems to stand for eternal life itself."

개한다. 예수 속에 생명이 있다(요 1:4; 5:26). 그는 생명을 준다(요 6:33). 그는 영생을 준다(요 10:28; 17:2). 그는 부활이요 생명이다(요 11:25). 그는 길이요 진리요 생명이다(요 14:6). 예수는 생명의 원천으로서 영원한 생명을 준다.[76]

나아가서 예수는 야곱의 우물물을 매체로 마침내 자신의 메시야 신분을 증언했다. 그 결과 예수는 메시아 도래를 확증했고 구속사의 성취를 알렸다. 따라서 물은 예수의 메시아 신분을 밝히고 구속사의 성취를 알리는 매체이다.

7. 예수가 왕의 신하의 아들을 고치다(요 4:46-54)

요한복음 4:46-54은 하나의 단락을 구성한다. 왜냐하면 요한복음 4:46a은 예수가 갈릴리에 온 사실을 밝히고 있고, 46c-54은

생수를 성령으로 해석하는 경우는 다음과 같다. Vanhoozer, "Worship at the Well: from Dogmatics to Doxology (and Back Again)," 3-16, esp. 6-7. Vanhoozer는 이 '생수'(living water)를 두 가지로 해석한다. 첫째, 생수는 영생으로 이끌기 위해 예수가 주는 계시이며, 이는 곧 진리를 말한다. 그는 이 주장을 랍비의 글에 의존한다. 둘째, 생수는 성령을 의미한다. 그 근거는 요한복음 3:5과 7:37-38이다. 그리고 그는 이 두 가지를 예배의 두 요소인 성령과 진리(4:24)로 연결한다. Cf. Scaer, "Jesus and the Woman at the Well: Where Mission Meets Worship," 3-18, esp. 13: "This living water is also closely associated with the Spirit of God."; Bennema, "The Giving of the Spirit in John's Gospel : A New Proposal?" 195-213, esp. 196: "and it is the Spirit that gives life." 하지만 생수를 성령으로 이해하는 것은 요한복음 4장의 문맥을 벗어난 해석이다.

[76] 이복우, "NPP에 대한 요한복음의 평가", 「신학정론」 34/1 (2016. 6): 49: "요한복음에서 영생과 생명은 같은 의미이며, 서로 바꾸어 쓸 수 있는(interchangeable) 동의어이다."

그가 갈릴리에 있으면서 행하신 표적에 대하여 말하며, 이어서 5:1은 그가 이 표적을 행한 후에 예루살렘으로 올라갔다고 말하기 때문이다. 본 단락에서 물은 단지 갈릴리 가나에서 있었던 한 가지 사건을 회상하는 데 언급된다. "거기서 그가 물을 포도주로 만들었다"(ὅπου ἐποίησεν τὸ ὕδωρ οἶνον, 46b).[77] 따라서 본문에서 물은 특별한 의미가 없는 것으로 취급될 수도 있다. 그러나 물은 본문의 구조와 관련하여 중요하게 다루어져야 한다. 본 단락은 '표적'(σημεῖον)으로 inclusio 구조를 이룬다. 문단의 도입에서 예수가 물을 포도주로 만든(요 4:46) 첫 번째 표적이 언급되고, 결말에서 '두 번째 표적'(δεύτερον σημεῖον, 요 4:54)이 언급되기 때문이다. 따라서 본문에서 물은 비록 단 한 번밖에 언급되지 않지만, 본문 전체와 밀접하게 관련되어 있다.

1) 물의 신학적 의미와 기능

본문에서 물은 포도주 및 갈릴리와 함께 사용되어 처음 표적을 회상시킨다. 이는 처음 두 표적을 의도적으로 연결하려는 것이 분명하다.[78] 본문의 물은 첫 번째 표적에 나타난 물의 의미와 기능을 생각나게 할 뿐 아니라 확대한다. 요한복음 저자의 극적 기량은 요점의 반복을 통해 독자들의 흥미를 끊임없이 자아내게 한

---

[77] 요 4:46b, ὅπου ἐποίησεν τὸ ὕδωρ οἶνον. 이 구절을 직역하면 "거기서 그가 물을 포도주로 만들었다"이다.

[78] Morris, *The Gospel according to John*, 289.

다.⁷⁹ 처음 표적은 예수의 신분에 대해 증언했다. 예수는 만물을 만들고 지배하는 창조주이며 메시아요 하나님의 아들이시며 이스라엘의 임금이자 인자이시다. 두 번째 표적에서 예수는 거의 죽게 된 자를 말씀으로 치료하였다. 이는 예수가 생명을 주시는 메시아이심을 증언한다. 따라서 물은 두 번째 표적을 첫 번째 표적과 관련지어 예수의 메시아 정체를 다른 측면에서 확증하는 역할을 한다. 또한 물은 처음 두 표적을 갈릴리에 관련지음으로써 예수의 메시아 신분을 변증하는 도구로 기능한다.⁸⁰

8. 예수가 38년 된 병자를 고치심 (요 5:1-9)

본문에는 파피루스 P66, P75, Vaticanus, Sinaiticus, Bezae, Claromontanus과 같은 초기 사본들에 포함되지 않은 구절들(3b-4)이 있다.⁸¹ 그래서 학자들은 이 구절을 치료를 원했던 사람들이 베데스다 못에 들어가려고 했던 이유를 설명하는 데 도움이 되는 추가적인 정보로 여기고 있다. 그 용도가 어떻든 간에 이 구절은 미

---

⁷⁹ Stephen S. Smalley, *John: Evangelist & Interpreter* (Exeter: The Paternoster Press, 1998), 146: " ... part of the fourth evangelist's dramatic technique in this first act is constantly to throw the interest of his readers forward by means of recapitulation."

⁸⁰ 이에 대한 자세한 설명은 본서 '제8장. 첫 표적(ἀρχὴ τῶν σημείων)의 신학적 의미'를 보라.

⁸¹ Jones, *The Symbol of Water in the Gospel of John*, 124.

신적인 냄새를 풍기고 있다. 이 구절은 요한복음의 신앙을 말하는 것이 아니라, 당시에 유행하던 미신을 소개하는 것에 지나지 않는다.[82] 다시 말해 이 구절은 당시의 민간신앙을 보여주는 것이지 요한복음의 신앙을 말하는 것이 아니다. 그러므로 이 구절에 의존해서 미신적인 현상을 정당화하는 시도는 대단히 어리석은 일이다.[83]

1) 비참한 인간

어떤 사람(τις ἄνθρωπος, 요 5:5)이 38년째 병에 걸려 있다. 그가 언제부터 병에 걸렸는지는 알 수 없지만, 인생 대부분을 비참하게 살아온 것은 틀림이 없다. 그의 인생은 그 자체로 비참하다. 그는 병을 치료해 보려고 백방으로 노력했을 것이다. 그러나 고치지 못하고 마지막 소망을 베데스다 못에다 걸고 못의 행각에 누워 있다. 그곳에 많은 병자가 모여 있다. 그 이유는 가끔 천사가 베

---

[82] C. K. Barrett, *The Gospel according to St. John* (Philadelphia: The Westminster Press, 1978), 258; Brown, *The Gospel according to John I-XII*, 207: "This ancient gloss, however, may well reflect with accuracy a popular tradition about the pool. ... and this may well have been attributed in the popular imagination to supernatural powers."

[83] 조병수, "요한복음을 바로 설교합시다", 「그 말씀」 (1997. 2): 146; 박윤선, 『요한복음』 (서울: 영음사, 1981), 78. 여기서 박윤선은 Godet의 말을 인용하고 있다; Edwin A. Blum, 『요한복음』, 임성빈 역 (서울: 두란노서원, 1989), 63; J. R. Hill, 『요한복음』 (서울: 한국성서유니온, 1992), 26.

데스다 못에서 씻었고 그 물을 휘저었는데, 그 후에 가장 먼저 들어가는 자는 어떤 병에 걸렸든지 낫게 된다는 소문이 있었기 때문이다(요 5:4). 그러나 이 이야기는 사실이 아니라 당시 유대인의 미신적 신앙에서 나온 것이다. 그런데도 그는 이 꿈같은 이야기에 목을 매었다. 그는 허황한 세계를 바라보고 있다. 또한 그에게는 그를 도와줄 사람이 아무도 없다. 그래서 그가 못에 내려가기 전에 다른 사람이 먼저 갈 것은 뻔한 일이다(요 5:7). 비참한 사람들 사이에서도 극렬한 삶의 경쟁이 벌어지고 있다. 그것도 미신을 좇아 벌어지는 끝없는 경쟁이다. 이제 그에게 더는 소망이 없다. 그는 깊은 절망 가운데서 이루어질 수 없는 미신과 같은 허망한 소망을 붙잡고 있는 인간의 비참함을 대변한다. 하나님을 떠난 모든 인간의 근본적인 형편은 비참함이기 때문이다(cf. Heidelberg Catechism 1.1).

2) 은혜의 예수

본문은 예수가 어떤 분인지를 알려준다. 예수는 "올라갔다"(ἀνέβη, 요 5:1). 예수는 사람들을 찾아가는 주님이다. 그런데 찾아가는 주님은 보시는 주님이다. "그 누운 것을 보셨다"(τοῦτον ἰδὼν ὁ Ἰησοῦς κατακείμενον, 요 5:6). 예수는 인간의 절망을 꿰뚫어 본다. 그리고 예수는 인간의 형편을 안다. "병이 벌써 오랜 줄 아시고"(γνοὺς ὅτι πολὺν ἤδη χρόνον ἔχει, 요 5:6). 보는 주님은 아는 주님이다. 예수는 인간의 불행을 절감한다. 예수는 병자에게 공간적으로 접근했고,

그의 겉모습을 보았고, 그의 속사정을 알았다. 그리고 예수는 이 사람에게 영혼이 떨게 하는 말을 건넸다. "네가 낫고자 하느냐"(θέλεις ὑγιὴς γενέσθαι; 요 5:6).

예수가 직접 찾아가고, 보고, 알고, 말을 건넸다. 이 모든 것을 예수가 먼저 했다. 사람은 예수에게 아무것도 하지 않았는데, 예수는 그 사람에게 은혜를 베풀고 있다. 예수의 은혜를 위해 인간의 행위가 요구되지 않는다. 예수의 은혜가 모든 것에 앞서며, 모든 것이 예수의 은혜 다음에 있다. 은혜의 예수가 비참한 인간에게 말할 때 그는 회복되었다. "일어나 네 자리를 들고 걸어가라"(요 5:8). 예수의 말씀으로 병든 사람은 건강한 사람(요 5:9)이 되었다.

3) 생명을 주는 예수

이 병자는 죽은 자와 다를 바 없다. 예수는 병자를 보고(ἰδών) 병이 벌써 오랜 줄 알았다(γνούς). 그의 병은 중하고도 깊었다. 무려 38년 동안이나 낫지 않았다. 또한 그는 다른 사람의 도움 없이는 못으로 들어갈 수 없다. 그를 못에 넣어 줄 사람도 없다. 한 가닥 실낱같은 희망도 사라지고 말았다. 설령 못에 들어간다 해도 치유는 절대 일어나지 않을 것이나. 못에 관한 이야기는 난시 미신일 뿐이다. 그러므로 병자는 살 소망이 전혀 없다. 그는 살아있으나 죽은 자이다. 이 죽음이 인간을 절망하게 한다. 인간에게 있어서 최고의 비참함은 바로 죽음이다.

그런데 이 죽음의 비참함에 있는 병자에게 예수는 "일어나라,

들어라, 걸어가라"는 세 마디 명령을 했다. 그러자 그는 곧(εὐθέως) 나아서 자리를 들고 걸어갔다. '곧' 나왔다는 말은 그가 나을 때가 되어서 나있다거나 우연히 나은 것이 아니라 예수가 그를 낫게 했다는 사실을 분명히 하는 것이다. 또한 병 나은 사람이 자리를 들고 걸어갔다(요 5:8, 9, 11)는 반복된 말씀도 그가 예수의 말씀으로 온전히 치료되었다는 사실을 강조한다. 예수는 죽은 자와 방불한 병자를 살렸다. 그러므로 이 표적은 예수가 생명을 주는 분이라는 사실을 잘 보여준다.

이 사실은 '일어나라'는 말에서도 확인된다. 예수는 병자를 고칠 때 질병을 향하여 '떠나라'고 명령하든지, 아니면 병자를 향하여 '나을지어다'라고 말하지 않고 단지 '일어나라'(ἔγειρε)고 명령하였다. '일어나다'(ἐγείρειν)는 죽은 자를 일으키시는 하나님의 능력을 나타낼 때 자주 쓰이는 독특한 단어이다(요 2:19, 22; 5:21; 21:14, cf. 요 12:1, 9, 17; 갈 1:1; 롬 4:17; 고후 1:9; 엡 1:20; 히 11:19). 그러므로 예수는 병자를 일으킴으로써 그 자신이 죽은 자를 생명으로 일으키는 부활의 주님이심을 나타낸 것이다.[84] "아버지께서 죽은 자들을 일으켜(ἐγείρει) 살리심 같이 아들도 자기의 원하는 자들을 살리느니라"(요 5:21)는 예수의 말씀이 이를 뒷받침한다. 예수는 생명을 주시는 부활의 주시다.

---

[84] Beasley-Murray, *John*, 73-74: "The healing, like that of the Officer's, is a sign of the life-giving power of Christ - the key term is "Ἔγειρε, v 8 (cf. 5:21; ὥσπερ γὰρ ὁ πατὴρ ἐγείρει τοὺς νεκροὺς ... οὕτως καὶ ὁ υἱός ..., "As the Father raised the dead ... so also the Son ...")."

4) 하나님이신 예수

저자는 표적 자체보다 그 표적으로 드러난 예수의 하나님 되심에 더 큰 비중을 둔다. 첫째, 이 표적으로 유대인들과 예수 사이에 안식일 논쟁이 일어났으며, 이 논쟁에서 예수는 자신을 하나님과 동등하신 분으로 증언하였다(요 5:18). 둘째, 저자는 예수와 하나님이 동등하시다는 사실을 밝히는 예수의 '대답'(ἀπεκρίνατο, 요 5:19)에 상당한 지면을 할애하고 있다. 5장 전체에서 표적 이야기는 단지 아홉 구절에 지나지 않는 데 반해 예수의 하나님 되심에 관한 내용은 무려 서른여덟 절이나 된다. 그러므로 표적 자체는 이어지는 안식일 논쟁과 이를 통해 증언되는 예수의 하나님 되심을 말하기 위한 서론에 해당한다. 저자는 치유사건 그 자체보다 그 사건 다음에 나오는 논쟁에 더 관심을 둔다. 저자는 표적 자체를 서술하는 것보다 이 표적의 의미에 대한 논의에 많은 지면을 할애한다.[85] 셋째, 예수의 대답(요 5:19-47)에서 예수와 하나님의 동등 됨이 계속해서 강조된다. 요한복음 5:19-23은 생명, 죽음, 부활, 심판에 대한 아들의 권위에 관한 논쟁으로 아버지와 아들이 기능적으로 하나(functional unity)임을 말한다. 요한복음 5:24-30은 이 기능적인 하나 됨을 다른 두 방법으로 나타낸다. 아들은 예

---

[85] Donald Guthrie, 『신약서론 상』, 김병국 정광욱 역 (서울: 크리스챤다이제스트, 1992), 225: "요한복음의 기자는 근본적으로 사건 전개에 관심이 있지 않으며, 사건 전개 때문에 여러 사건에 관심이 있는 것도 아니며, 최소한 사건 그 자체에 관심을 둔 것도 아니다. 복음서 기자는 그 사건들의 의미에 관심을 집중시켰다."

수 안에 이미 나타난 특징들의 관점에서 볼 때 아버지의 역할을 담당하며, 아직 도래하지 않은 특징들의 관점에서 볼 때도 아들은 아버지의 역할을 담당한다. 이처럼 아들은 현 세상과 마지막 날, 그리고 다가올 세상에서 아버지의 역할을 담당한다. 이로써 예수는 자신과 아버지의 동등 됨을 증언한다.[86] 예수는 '~같이'라는 표현을 사용하여(요 5:19, 21, 23, 26, cf. 요 10:30)[87] 아들과 아버지의 동등함을 나타낸다. 아버지'와 '아들'을 무려 8회나 나란히 쓰고 있음도 같은 목적이다. 넷째, 예수가 직접 이에 대한 사중(四重) 증인들을 제시했다(31-40). 세례자 요한의 증언(요 5:31-35), 예수가 행하는 일들(요 5:36), 그를 보내신 아버지의 증언(요 5:37-38), 성경(요 5:39-40). 이들은 예수의 주장에 대한 완벽한 증인과 증언들이다.

5) 물의 신학적 기능과 의미

본 단락은 못의 물을 예수의 치료 능력과 결부시키지 않는다. 그 물은 예수와 직접 관계가 없을 뿐 아니라 오히려 부정적으로 사용되었다. 민간신앙을 보여주는 물은 병자의 치료를 위해 아무런 역할도 하지 못했으며 아무런 능력이나 효력이 없었다. 물이 미신이나 민간신앙에 불과하다는 것은 저자가 물에 대해 부정적 태

---

[86] Robert Kysar, 『요한의 예수 이야기』 최홍진 역 (서울: 한국장로교출판사, 1995), 39.

[87] ὁμοίως(요 5:19), ὥσπερ(요 5:21), καθώς(요 5:23), ὥσπερ(요 5:26)

도를 취한다는 의미이다. 예수는 그런 식으로 병자를 고치지 않는다. 예수는 중병에 걸린 병자를 즉시 고치셨다. 예수는 병자 치유의 원인이시다. 예수의 병자 치유를 통해서 예수는 비참한 인간에게 은혜를 베풀고 생명을 주시는 하나님이시라는 사실이 증언되었다. 따라서 본 단락의 물은 미신적인 전통의 제한성과 허황한 미신을 좇아 치열한 경쟁을 벌이는 인간의 어리석음과 비참함을 드러내는 매체이다. 또한 물은 이와 대조적으로 예수의 신분(하나님)과 성품(관심, 은혜)과 행위(추적, 생명 주심)를 드러내는 데 간접적인 수단으로 사용되었다.

9. 생수의 강(요 7:37-39)

1) 예수의 초청

초막절(σκηνοπηγία) 끝날 곧 큰 날에 "예수께서 서서 외쳐 말씀하셨다"(εἱστήκει ὁ Ἰησοῦς καὶ ἔκραξεν λέγων, 요 7:37a). 이 구절은 예수의 행위를 두 개의 동사(εἱστήκει, ἔκραξεν)와 하나의 분사(λέγων)로 묘사힌다. "그가 외쳤다"(ἔκραξεν)라는 말은 요한복음 7.28, 12.44에도 나타난다. 이들은 각각 예수가 자기에 대하여 가르칠 때와 자기를 믿는 것에 대해 교훈할 때 사용되었다. "그가 섰다"(εἱστήκει)라는 표현은 요한복음 1:35을 참고로 할 때, "의례적인 가르침이라기보다는 공적인 선포임을 시사한다."[88] "이 말은 선언에 확실한 위엄과 강조를 부여했을 수 있다."[89] 이 사실은 문맥에서도 확증된다. 저자는 예수의 '서서 외치는' 행위를 강조하기 위해 그 행위에 초점을 맞추고 다음과 같은 점층법을 사용한다. 예수는 '은밀히'(ἐν κρυπτῷ) 올라갔다(요 7:10). → 성전에 올라가서 '가르쳤다'(ἐδίδασκεν, 요 7:14). → 성전에서 가르치며 외쳤다(ἔκραξεν … διδάσκων, 요 7:28). → 명절 끝날에 서서 외쳤다(εἱστήκει … ἔκραξεν, 요 7:37). 그러므로 "내게로 와서 마시라"는 초청, 다시 말해 "나를 믿으라"(ὁ πιστεύων εἰς ἐμέ, 요 7:38)는 예수의 초청(37b-38)은 신적 권위에 기초한 공적 초청을 의미한다.

2) 생수의 근원인 예수

예수는 "나를 믿는 자는 …그 배에서 생수의 강들이 흘러 나리라"(ὁ πιστεύων εἰς ἐμέ … ποταμοὶ ἐκ τῆς κοιλίας αὐτοῦ ῥεύσουσιν ὕδατος ζῶντος, 요 7:38)고 말씀했다. 이 말씀은 '성경에 이름과 같다'(καθὼς εἶπεν ἡ γραφή). 그러나 구약 성경에 이 말씀과 문자적으로 정확하게 일치하는 본문은 없다.[90] 그런데도 38절에는 특별한 이미지가

---

[88] Barrett, *The Gospel according to St. John*, 326: "A public proclamation rather than conventional teaching is suggested."

[89] Barrett, *The Gospel according to St. John*, 180: "εἱστήκει. Cf. 7:37; it is possible that in these two places the word lends a certain dignity and emphasis to the pronouncement."

[90] 이를 해결하기 위한 여러 시도에 대해서는 변종길, 『성령과 구속사』 (서울: 개혁주의신행협회, 1997), 179-192를 보라.

묘사되어 있다. 그것은 '생수'가 아니라 '강들'(ποταμοί)의 이미지이다. 왜냐하면 헬라어 원문은 38c절에서 '강들'을 인용문의 맨 앞에 두어 강조하고 있기 때문이다. 구약 성경에서 '강들'의 이미지를 가장 잘 보여 주는 곳은 에스겔 47:1-12이다. 여기서는 물이 성전 문지방 아래에서(겔 47:1), 또는 성소에서(겔 47:12) 흘러나온다. 이는 생수의 근원이 하나님 또는 그리스도임을 보여주며(cf. 요 2:19-22), 그리스도가 궁극적인 생수의 근원임을 암시하는 요한복음 7:37b와 잘 조화된다.[91] 그리스도에게서 발원한 생수의 강들이 신자에게 흘러들어 간다. 그 결과 신자의 배에서 생수의 강들이 흘러나온다.[92] 이것은 종말론적인 생수의 강을 의미하며, 마지막 때에 예수가 풍성하게 부어줄 성령(요 7:39)을 상징한다. 따라서 본문은 성령을 주심으로 구약의 종말론적인 약속을 성취하실 분이 바로 예수라는 사실을 나타낸다(cf. 요 1:33). 이것은 저자가 구약의 이미지를 사용하여 예수의 메시야적 사역의 의미를 해명하고 있는 또 다른 예이기도 하다.[93]

3) 물의 신학적 의미와 기능

그러므로 본 단락에서 물의 의미는 다른 어느 곳보나 분명하다. 저자는 직접 물이 예수가 주실 성령을 상징한다고 밝히고 있다.

---

[91] 요 7:37b ἐάν τις διψᾷ ἐρχέσθω πρός με καὶ πινέτω.
[92] 변종길,『성령과 구속사』, 189-192.
[93] 예를 들면 하나님의 어린 양(요 1:29, 36), 구리 뱀(요 3:14), 만나(요 6:49-50) 등이다.

"이는 그를 믿는 자들이 받을 성령을 가리켜 말씀하신 것이라"(요 7:39a). 예수가 줄 성령은 예수의 영광 받음(ἐδοξάσθη)과 긴밀한 관련이 있다(요 7:39). 요한복음에서 예수의 영광은 그의 십자가 죽음과 부활과 승천이다(cf. 요 12:23-24; 21:19). 그러므로 예수께서 아직 영광을 받지 않으셨으므로 성령이 아직 그들에게 계시지 않았다(39b). 물론 이 구절이 십자가 전에 성령이 계시지 않았다거나, 성령의 활동이 없었다거나, 성령을 통한 중생과 참된 믿음이 전혀 없었다는 뜻은 아니다. 요한은 이미 예수를 성령으로 세례를 주시는 분(요 1:33b)이라고 말씀하였다. 성령은 메시아이신 예수에게 오셔서 영속적으로 머물고(μένειν) 계시기 때문에, 성령의 사역을 예수의 사역으로부터 분리하는 것은 불가능하다. 그 결과 그를 믿는 자들은 이미 하나님의 자녀이고(요 1:12), 영생을 가지고 있으며(요 3:36; 5:24; 6:47 등), 심판을 받지 않고(요 3:18; 5:24), 죽음에서 생명으로 옮겨졌다(요 5:24). 하지만 요한복음에서 충만한 성령의 선물, 곧 성령이 제자들에게 영구적으로 거주(내주)하는 것은 예수의 십자가 사건 후에 주어진다(요 20:22).[94] 이것은 어쩔 수 없는 구속사적 형편인 과도기적인 현상이다.[95] 예수가 영광을 받은 후에 풍성하고 넘치는 은혜를 주시면서 역사하시던 그런 성령은 아직 계시지 않았다.[96]

---

[94] 최갑종, 『성령과 율법』 (서울: 기독교문서선교회, 1994), 111-113.

[95] 조병수, 『성령으로 사는 그리스도인』, 57-59를 보라.

[96] 최갑종, 『성령과 율법』, 111-114; 변종길, 『성령과 구속사』, 196-207.

또한 물은 예수의 신분과 사역을 확증하는 수단이다. 물은 예수가 종말론적인 생수의 근원이며 성령을 주시는 메시아임을 드러내는 도구가 된다. 나아가서 "누구든지 목마르거든 내게로 와서 마시라"(37b)는 예수의 초청은 세상 모든 사람이 목마른 자라는 사실을 역설적으로 표현한다. 이 세상에 목마르지 않은 자는 아무도 없기 때문이다. 예수의 초청은 인간의 선택 여지를 남겨두지 않는다. 인간의 목마른 상태는 명령법 사용에서 더욱 강화된다. 모든 사람이 예수의 초청의 대상이요 예수가 주는 물을 마셔야 할 자이다. 따라서 본문에서 물은 인간의 갈한 상태를 적나라하게 드러내는 방편이 된다.

10. 예수가 제자들의 발을 씻음(요 13:1-20)

본 단락은 "유월절 전"(πρὸ δὲ τῆς ἑορτῆς τοῦ πάσχα)이라는 말로 시작한다. 이 말은 시간 표현으로써 예수의 죽음이 임박했음을 나타낸다. 유월절이 가깝더니(요 11:55) 곧바로 유월절 엿새 전(요 12:1)이 되고, 유월절 닷새 전("다음날", 요 12:12)이 되고, 유월절 전(요 13:1)이 되었다. 유월절 엿새 전에서 어느새 유월절 전이 되었다. '유월절 전'은 예수가 십자가에서 죽임을 당하기 하루 전날이다. 예수의 죽음의 시간이 임박했다.

1) 예수의 발 씻음의 의미

예수는 십자가의 죽음을 바로 앞에 두고 제자들의 발을 씻기셨다. "예수께서 자기가 세상을 떠나 아버지께로 돌아가실 때가 이른 줄 아시고"(요 13:1a)와 "또 자기가 하나님께로부터 오셨다가 하나님께로 돌아가실 것을 아시고"(요 13:3b)는 내용상 병행이다(1a // 3b). 따라서 "세상에 있는 자기 사람들을 사랑하시되 끝까지 사랑하시니라"(요 13:1b)와 저녁 잡수시던 자리에서 일어나 제자들의 발을 씻기신 4-5절도 병행이다. 즉 예수는 "떠날 때를 아시고 … 끝까지 사랑하셨으며"(요 13:1), "떠날 때를 아시고 … 제자들의 발을 씻기기 시작하셨다"(요 13:3-5).[97]

이와 같은 '예수의 떠남과 사랑하심' 구조는 '인자가 영광을 얻었고'(요 13:31)와 '나의 가는 곳'(요 13:33)을 말씀한 뒤에 "내가 너희를 사랑한 것 같이 너희도 사랑하라"(요 13:33-34)고 말씀하신 것에 의해서도 지지를 받는다.

그러므로 예수가 제자들의 발을 씻기신 행동은 그가 자기 사람들을 '끝까지'(εἰς τέλος) 사랑하신 행위이다. 이 사실은 "내가 너

---

[97] 이것을 도식으로 나타내면 다음과 같다.

1. εἰδὼς ὁ Ἰησοῦς
    ὅτι ἦλθεν αὐτοῦ ἡ ὥρα
        ἵνα μεταβῇ ἐκ τοῦ κόσμου τούτου
            πρὸς τὸν πατέρα,
    ἀγαπήσας τοὺς ἰδίους τοὺς … εἰς τέλος ἠγάπησεν αὐτούς.

3-5. εἰδὼς

희에게 행한 것같이 너희도 행하게 하려 하여(καθὼς ἐγὼ … καὶ ὑμεῖς) 본(ὑπόδειγμα)을 보였다"(요 13:15)와 "내가 너희를 사랑한 것같이 너희도 서로 사랑하라"(καθὼς ἠγάπησα … καὶ ὑμεῖς ἀγαπᾶτε, 요 13:34)의 병행에서도 분명하다. 15절의 '행함'은 34절에서 '사랑'을 의미한다. 결국 예수가 제자들의 발을 씻긴 행위는 그의 사랑의 표현이다.

2) 예수의 사랑

예수의 사랑에는 다음과 같은 특징이 있다.

첫째로 예수의 사랑은 '끝까지'(εἰς τέλος, 요 13:1b)의 사랑이다. 예수는 죽음이 하루 앞으로 다가온 것을 '아시고'(요 13:1, 3) 제자들을 사랑하시되 '끝까지' 사랑하신다. 그러므로 이 사랑은 죽음을 앞둔 사랑이며, 생명까지 다 주는 사랑이다. 예수는 목숨이 다할 때까지, '끝까지' 자기의 사람들을 사랑하였다. 그런데 이 사랑을 설명하는 요한복음 13:1b-2에 세 가지 대조가 눈에 띈다. 즉 동작자인 예수와 마귀가, 행위인 사랑과 미움(팔려는 생각을 넣음)이, 그리고 시간을 나타내는 끝까지(εἰς τέλος, 요 13:1b)와 벌써(ἤδη, 요 13.2b)가 대조를 이룬다. 예수는 자기의 사람들을 끝까지 사랑

ὅτι … καὶ
ὅτι ἀπὸ θεοῦ ἐξῆλθεν καὶ
πρὸς τὸν θεὸν ὑπάγει,
ἐγείρεται … ἤρξατο νίπτειν τοὺς πόδας …

하지만(요 13:1), 마귀는 이미 예수를 미워했다(요 13:2). 예수는 제자들을 사랑하기 때문에 그들의 발을 씻기지만, 사탄은 예수를 미워하기 때문에 시몬의 아들 가룟 유다의 마음에 예수를 팔려는 생각을 넣었다. 그러나 이미 준비한 사탄의 미움도 끝까지 이루는 예수의 사랑을 막을 수는 없다.[98] 사탄의 '이미'는 예수의 '끝까지'를 이길 수 없다. 사탄의 미움은 결코 예수의 사랑을 멈출 수 없다. 예수의 사랑은 누구도 이해할 수 없는 절대적인 면을 갖고 계신다.[99]

둘째로 예수의 사랑은 종이 되는 사랑이다. 선생과 주인 예수가 제자들의 발을 씻겼다. 선생으로서 제자들의 발을 씻기는 것은 당시의 사회가 도무지 이해할 수 없는 일이다. 다른 사람의 발을 씻기는 일은 유대인 종에게조차 요구되지 않았고 단지 이방인 노예와 아내와 아이의 몫이었다. 그러므로 겉옷을 벗고 수건을 가져다가 허리에 두르는 예수의 행위는 그의 행위의 굴욕성을 강조한다. 창세기 21:14에 대한 미드라쉬는 아브라함이 하갈을 내쫓을 때 그녀에게 이혼 증서를 주었고, "그녀가 노예였다는 것을 사람들이 알 수 있도록"(Str-B 2:557) 그녀의 숄을 취하여 그녀의 허

---

[98] Francis J. Moloney, *A Body Broken for a Broken people: Eucharist in the New Testament* (Massachusetts: Hendrickson Publishers, 1997), 125: "Verse 1-5: The narrator indicates the perfection of Jesus' love for his own (v. 1), but this is followed immediately by a reference to the betrayal of Judas (v. 2), which does not deter Jesus from going ahead with his preparations for the foot washing. Love and knowledge flow into action (vv. 3-5)."

[99] 조병수, "요한복음을 바로 설교합시다", 145.

리에 두르게 했다고 진술한다.[100] 주인과 종의 관계는 더욱 분명하다. 이것에 대해서는 예수가 누가복음 17:7-10에 아주 잘 설명하였다. 이러한 사회적인 상황에서 선생이요 주인인 예수가 종처럼 허리에 수건을 두르고 제자들의 발을 씻긴 것은 참으로 놀라운 일이 아닐 수 없다. 그것은 오직 사랑에서만 나올 수 있는 행동이었다.

셋째로 예수의 사랑은 원수를 사랑한 사랑이다. 요한복음 13:2은 "마귀가 이미 유다의 마음에 예수를 팔려는 생각을 넣었다"고 말씀한다. 이 말씀은 예수가 제자들을 '끝까지' 사랑하였다고 전하는 요한복음 13:1과 그 사랑을 실제로 행하시는 요한복음 13:3-11 사이에 자리한다. 이것은 매우 의도적이다. 마귀가 유다의 마음에 예수를 팔려는 마음을 넣었다는 2절을 읽은 다음, 3절 이하에서 예수가 제자들의 발을 씻기는 장면을 읽기 시작할 때, 아마 사람들은 예수가 유다의 발은 씻기지 않으리라고 생각하게 된다. 그러나 예수가 유다를 제외했다는 기록은 어디에도 없다. 예수는 유다도 똑같이 사랑하였고 그래서 그의 발도 씻겼다. 만일 그렇지 않았다면 성경은 이에 대해 말씀했을 것이다. 더욱더 놀라운 것은 예수가 유다의 배반을 알고 있었다는 사실이다. 예수는 이미 여러 차례 이것에 대해 친히 말씀하였고 일고 있있나(요 6:64, 71; 12:4). 그래서 예수는 "너희가 깨끗하나 다는 아니다"(요 13:10)라고 말씀했다. 예수는 자기를 넘겨줄 자가 누구인지 알고 있었

---

[100] Beasley Murray, *John*, 233.

다(요 13:11). 예수는 "내 떡을 먹는 자 중의 내게 발꿈치를 들었다"(시 41:9)는 구약 말씀이 이루어질 것을 알고 있었다(요 13:18). 그래서 예수는 "그 심령에 민망하여" "너희 중에 하나가 나를 넘겨주리라"(요 13:21)고 말한 것이다. 예수는 유다가 자신을 배신할 것을 분명히 알고 있었다. 그런데도 예수는 그의 발을 씻겼다. 유다의 배반에도 예수의 사랑은 꺾이지 않는다. 유다의 배신이 예수의 사랑을 망가뜨리지 못한다. 예수의 사랑은 유다의 배신보다 강하다. 예수의 사랑은 원수까지도 사랑한 사랑이기 때문이다.

3) 물의 신학적 의미와 기능

예수는 제자들의 발을 씻음으로써 제자들을 향한 '끝까지'의 사랑을 표현했다. 여기서 물은 우선 제자들에 대한 예수의 사랑을 표현하는 도구이다. 제자들은 예수를 배반하나 예수는 여전히 그들을 사랑한다. 물은 예수의 사랑이 어떤 사랑인지를 드러내는 매체이다. 또한 물은 모든 제자가 예수의 사랑의 완전한 수혜자가 되기 위해 받아들여야 하는 실체(reality)이다.[101] 물은 예수가 제자들을 자신의 사랑으로 이끌기 위한 매체이다. 다시 말해 물은 제자들이 예수의 사랑의 대상임을 드러내는 수단이다. 나아가서 예수는 제자들에게 발 씻는 것을 본받으라고 말씀하였다(13:14-15). 물은 제자들을 예수의 사랑 사역으로 초청하는 수단이다.

---

[101] Jones, *The Symbol of Water in the Gospel of John*, 195-196.

11. 예수의 옆구리에서 피와 물이 나옴(요 19:31-37).

본 단락은 먼저 사건을 말한다(요 19:33-34). "그들이 그의 다리들을 꺾지 않았다"(요 19:33). "그가 그의 옆구리를 창으로 찔렀다"(요 19:34). 이어서 이 사건에 대한 삼중 증언이 나온다. "본 자가 증언했다"(요 19:35a). "그의 증언은 참이다"(요 19:35b). "그는 그가 참된 것들을 말하고 있다는 것을 안다"(요 19:35c). 그리고 이 증언의 목적이 설명된다. "너희로 믿게 하려 함이니라"(요 19:35d). 마지막으로 이 사건의 의미가 언급된다. "그의 뼈가 꺾이지 아니하리라"(요 19:36b), "그들이 찌른 그를 그들이 볼 것이다"(요 19:37b). 그러므로 본 단락은 객관적인 사건을 이야기하고, 그 사건의 진실성을 위한 증언과 증언의 목적을 제출한 다음, 사건의 의미를 전달하는 구조로 되어 있다.[102]

---

[102] 1. 사건(요 19:33-34)
　　1) οὐ κατέαξαν αὐτοῦ τὰ σκέλη (33c)
　　2) λόγχῃ αὐτοῦ τὴν πλευρὰν ἔνυξεν (34a)
2. 증언(요 19:35)
　　1) 삼중적 증인
　　　ὁ ἑωρακὼς μεμαρτύρηκεν (35a)
　　　ἀληθινὴ αὐτοῦ ἐστιν ἡ μαρτυρία (35b)
　　　ἐκεῖνος οἶδεν ὅτι ἀληθῆ λέγει (35c)
　　2) 증언의 목적
　　　ἵνα καὶ ὑμεῖς πιστεύ[σ]ητε (35d)
3. 의미(요 19:36-37)
　　1) ὀστοῦν οὐ συντριβήσεται αὐτοῦ (36b)
　　2) ὄψονται εἰς ὃν ἐξεκέντησαν (37b)

1) 다리가 꺾이지 않음(요 19:33)

예수의 다리가 꺾이지 않은 것(요 19:33c)은 유월절 양의 뼈는 꺾지 않고 먹어야 한다는 성경을 성취한 일이다(요 19:36; 출 12:46; 민 9:12; 시 34:20). 그러므로 예수는 유월절 양으로 죽임을 당한 것이다. 이 주장은 우슬초의 사용과(요 19:29) 예수가 죽임당한 날이 유월절 양을 잡는 예비일과 일치한다(요 19:30-31)는 사실에서 더욱 강화된다. 예수는 유월절 어린 양의 모형을 성취했다.[103]

2) 옆구리에서 피가 흘러나옴(요 19:34)

예수의 옆구리에서 피가 흘러나온 것은 의심할 여지없는 객관적 사실이고 그의 죽음의 실제성을 나타낸다. 또한 이 피는 예수의 죽음의 성격을 잘 드러낸다. 성경에서 피는 생명을 상징한다(창 9:4, 5; 신 12:23). 육체의 생명은 피에 있으며(레 17:11, 14), 피는 생명과 일체이다(레 17:14). 그래서 피가 죄를 속한다(레 17:11). 예수가 십자가 죽음에서 피를 흘렸다는 것은 그의 죽음이 속죄의 죽음이었다는 것을 의미한다. 이 사실은 예수의 죽음을 유월절 어린 양의 희생과 연결하려는 저자의 의도에서도 분명하다.[104] 결국

---

[103] Gerard S. Sloyan, *John*, 213: "We have been told by John that Jesus was put to death on Preparation Day, and from the references to Exodus 12 in verses 29 and 36 that he sees in Jesus a fulfillment of the type of the Passover lamb."

[104] 조석민, 『이해와 설교를 위한 요한복음』, 468: "유대교 제사법에 따르면, 희생양의 피는 절대로 동결 혹은 응결해서는 안 되며, 죽는 순간에 피를 흐르게 하여서 뿌려야 했다."

예수의 피는 속죄를 위한 그의 죽음을 의미하며, 그의 죽음은 속죄를 다 이룬(τετέλεσται, 요 19:28, 30) 죽음이다. 이처럼 예수의 피는 그의 실제적인 죽음과 그가 이룬 속죄의 완성을 의미한다.

3) 옆구리에서 물이 나옴(요 19:34)

또한 예수의 옆구리에서 물이 나왔다(34). 이 주제는 해석상 많은 어려움을 안고 있으며, 따라서 역사상 많은 논쟁이 있었다.[105]

(1) 영생을 상징

예수가 십자가에서 메시아적 사명을 완수한 바로 그 결정적인 순간에 "내가 목마르다"(διψῶ, 요 19:28)고 말씀한 것은 어떤 의미인가? 예수의 목마르다는 말씀에는 갈증나는 사람의 탄식 그 이상의 것이 들어 있어 보인다. διψῶ라는 동사는 성경에 자주 나오며(특히 시편과 지혜문학에서) 종종 은유적 의미가 있다. 즉 그것은 구원의 샘에 대한 목마름, 생수에 대한 열망, 주님의 집에 대한 열망이라는 의미가 있다.[106] 요한복음에서 예수는 사마리아 여자에게 영원히 목마르지 않는 물을 준다고 말씀했고(요 4:14), 또한 그를 믿는 자가 결코 영원히 목마르지 않을 것이라고 말씀했다(요 6:35). 여기에 사용된 '목마름'은 은유적인 표현이며, 영생에 대한 갈망을 의

---

[105] 이것에 대해서는 Beasley Murray, *John*, 355-358을 참조하라.
[106] 욥 18:9; 22:7; 29:23; 시 42:2; 63:1; 69:21; 104:11; 107:5; 33; 잠 25:21, 25; 28:15.

미한다.

이런 의미에서 예수가 십자가에서 목마르다고 외친 것과 그의 옆구리로부터 물이 흘러나온 것은 특별한 의미가 있다. 목마른 예수가 도리어 물을 흘려낸다! 물을 청하던 자가 도리어 물을 주는 자가 된다. 이러한 일은 이미 예수와 사마리아 여자와의 대화에서도 나타난다. 목마른 예수가 도리어 영원히 목마르지 않는 물을 준다(요 4:7-14). 따라서 십자가에서 예수의 목마름은 단지 육체적 목마름만이 아니라, 인간에게 영생을 주시려는 그의 갈증을 상징하며,[107] 그가 죽어 흘린 그 물은 영생을 상징하는 것으로 볼 수 있다.[108] 이 경우에 예수의 죽음은 인간의 목마름을 해결하는 죽음, 즉 인간에게 영생을 주는 죽음이므로, 또한 물은 영생을 주는 예수의 메시아 신분을 증언하는 수단이 된다.

---

[107] Ignace de la. Potterie,『예수 수난』, 김수복 역 (서울: 성바오로출판사, 1992), 182-190. Cf. 요 10:10 "내가 온 것은 양으로 생명을 얻게 하고 더 풍성히 얻게 하려는 것이라."

[108] Barrett, *The Gospel according to St. John*, 556-557: "Again, in blood of Christ is the true drink of men (6:53ff.). Through it alone, with the flesh of Christ, which equally is given for the life of the world, may men have life in themselves. It is highly probable then that in the effusion of blood and water from the pierced side of Christ John saw a symbol of the fact that from the Crucified there proceed those living streams by which men are quickened and the church lives." 나의 번역: "다시 말하지만, 그리스도의 피는 사람의 참된 음료이다(6:53ff.). 오직 그것으로 말미암아, 똑같이 세상의 생명을 위해 주어진 그리스도의 살과 함께, 사람들은 자신 안에 생명을 갖게 된다. 그러므로 요한은 그리스도의 찔린 옆구리에서 피와 물이 흘러나오는 모습에서 십자가에 못 박힌 이로부터 사람들이 살아나고 교회가 살아나는 이 생수의 강들이 흘러나온다는 사실에 대한 상징을 보았을 가능성이 매우 높다."; Bennema, "The Giving of the Spirit in John's Gospel," 200: "If there is a symbolic secondary level in 19:34, then it probably refers to the life-giving effect of Jesus' death."; 나의 번역: "19:34에 상징적인 이차적 수준이 있다면, 그것은 아마도 예수의 죽음의 생명을

(2) 예수의 인성을 확증함

예수의 옆구리에서 피와 물이 나왔다. 이 내용은 복음서 중 오직 요한복음에만 나온다. 이는 저자의 특별한 관심을 반영하는 것이다. 본문은 예수의 죽음을 강조한다. 예수는 영혼이 떠나갔다(요 19:30). 그리고 군인들이 예수의 다리를 꺾으려고 그에게 갔을 때, 그들은 이미 죽은 예수를 보았다(εἶδον ἤδη αὐτὸν τεθνηκότα, 요 19:33). 그들이 창으로 예수의 옆구리를 찌르자 곧 피와 물이 나왔다.[109] 이 사실은 예수의 죽음이 실제적인 죽음임을 의미한다.[110] 그의

주는 효과와 관련된다."; Carson, *The Gospel according to John*, 624; "The flow of blood and water from Jesus' side may be a 'sign' of the life and cleansing that flow from Jesus' death."; 나의 번역: "예수의 옆구리에서 흐르는 피와 물은 예수의 죽음에서 흘러나오는 생명과 깨끗함의 '표징'일 수 있다."; Morris, *The Gospel according to John*, 820: "We conclude, the, that John is reminding us that life, real life, comes through Christ' death." 나의 번역: "결론적으로, 요한은 생명, 즉 참된 생명은 그리스도의 죽음을 통해 온다는 사실을 우리에게 상기시키고 있습니다."

[109] 조석민, 『이해와 설교를 위한 요한복음』, 468: "'피와 물'에서 '물'은 실제 물이 아니라 담황색의 투명한 액체인 혈청이다."

[110] 변종길, 『성령과 구속사』, 187: "예수님의 옆구리에서 나온 물이 성령을 가리킨다고 주장하는 사람들이 있다. 그들은 한결같이 19:34을 7:38과 연결하고 있다. 그러나 그것은 타당하지 않다. 왜냐하면 이 둘은 전혀 다른 주제에 대해 말하고 있기 때문이다. 첫째, 7:38은 그리스도의 배가 아니라 신자의 배에 대해 말하고 있다. 둘째, '옆구리'(πλευρά, cf. 요 20:20, 25, 27; 행 12:7)는 분명히 '배'(κοιλία)와 같지 않다. 셋째, 요한이 요한복음 19:34에서 말하고자 한 것은 예수께서 확실히 죽으셨다는 것이다. 예수의 옆구리로부터 '나온'(ἐξῆλθεν, 요 7:38에서처럼 ῥεύουσιν이 아니나) 피와 물은 예수께서 실제로 죽으셨다는 데 대한 확실하고도 의심할 수 없는 증언이다."; Bennema, "The Giving of the Spirit in John's Gospel," 195-213, esp. 199-200: "However, although this symbolism is attractive there are some problems with this view: First, this interpretation assumes a 'christological' interpretation of 7:37-38, which is unlikely (pace the majority of scholars); rather, in 7:37-38 the streams of life-giving water will flow from within the believer whereas in 19:34 water flows from Jesus. Second, Porsch notes that 19:34 does not mention 'running streams' or 'living water' but merely a flow of blood and water, and also that the water in 19:34 comes out of Jesus' side whereas 7:38 mentions belly/'heart'." 나의 번역: "그러나

십자가의 죽음은 상징이 아니라 실제적 죽음이며 역사적 사건이다. 이는 또한 예수가 육체를 가진 참 인간이며 온전한 인성을 가진 분이라는 사실을 보여준다.[111]

예수가 참 인간이었다는 사실을 증언하는 시도는 여러 곳에서 찾아볼 수 있다. 요한은 이미 "말씀이 육신이 되어 우리 가운데 거하셨다"(요 1:14)고 강조했다. 예수가 십자가 위에서 최후로 한 말씀을 다른 복음서들과 달리 "내가 목마르다"(요 19:28)란 말을 소개한 것도 이러한 관점에서 해석할 수 있다. 예수는 여행으로 인한 피곤을 느꼈다(요 4:6). 요한복음은 다른 복음서들과는 달리 부활한 예수의 몸이 육체적인 존재였음을 강조한다. 요한복음에

이러한 상징주의는 매력적이기는 하지만 이 견해에는 몇 가지 문제가 있다: 첫째, 이 해석은 7:37-38에 대한 '기독론적' 해석을 가정하고 있는데, 이는 가능성이 거의 없다(대다수 학자의 견해). 오히려 7:37-38에서는 생수의 강들이 믿는 자 내부로부터 흘러나오지만, 19:34에서는 물이 예수에게서 흘러나온다. 둘째, Porsch는 19:34이 '흐르는 강들'이나 '생수'가 아니라 단지 피와 물의 흐름을 언급하고 있으며, 또한 19:34의 물은 예수의 옆구리에서 나오는 반면, 7:38은 배/심장'을 언급한다고 지적한다."

[111] W. Hendriksen, 『요한복음 중』, 문창수 역 (서울: 아가페출판사, 1985), 557-560; Kysar, 『요한의 예수 이야기』, 100; Morris, The Gospel according to John, 819; 변종길, 『성령과 구속사』, 187; Barrett, The Gospel according to St. John, 556: "John intended to provide evidence that Jesus was a real man, and that he really died."; 박수선, 『요한복음』, 557; Albert Barnes, 『반즈주석 요한복음』 (서울: 크리스챤서적, 1990), 427; Bruce, The Gospel of John, 375-376: "but it was with the fact of death, not with the cause of death, that John was concerned. For John it was important that the reality of Jesus' death (and therewith the reality of his manhood) was so objectively established; this was sufficient answer to those forms of docetism current when he wrote which held that the Christ did not really die."; Bennema, "The Giving of the Spirit in John's Gospel," 199: "Traditionally, the mention of blood and water flowing from Jesus' side in 19:34 has been understood to describe a real, historical event because: (i) 19:35 stresses an eyewitness presence; (ii) the flow of blood and water from Jesus' side can be explained physiologically, … If this is the case, the primary reference seems to be anti-docetic according to the traditional explanation; John wants his readers to recognize the reality of Jesus' death and humanity."

만 부활한 예수가 제자들에게 나타나 두 손과 옆구리를 보이신 일(요 20:20)이 기록되어 있다. 또한 부활한 예수는 도마에게 자신을 보여 주고 만져 보라고 말하였다(요 20:27). 이 모두는 예수의 인성을 강조하기 위한 것으로 보인다.

이처럼 예수의 인성과 그의 죽음의 실제성을 강조한 것은[112] 그의 죽음으로 이룬 속죄도 실제적이며 완전한 것임을 증언하기 위해서이다. 나아가서 독자에게 그의 인성과 그의 실제적이고 완전한 대속적 죽음을 믿게 하여(요 19:35) 영생을 얻도록 하려 함이다(요 20:31).

(3) 물의 기능과 의미

죽은 예수의 옆구리에서 나온 물은 영생을 상징하며, 따라서 영생을 주는 예수의 메시아 신분을 증언한다. 또한 그 물은 예수의 실제적 죽음을 통한 그의 온전한 인성과 완전 수난을 증언하며, 이를 통한 대속적 죽음의 완전성을 담보한다. 예수는 가현적 인물이 아니라 실제로 육신이 되어 이 땅에 왔으며 십자가에서 죽었다. 예수는 참 인간이고 참 구주시며, 그가 이룬 구속도 참이다.

---

[112] Beasley-Murray, *John*, 356: "We are especially interested to know what the Evangelist wished his readers to learn, beyond the fulfillment by Jesus of the scriptures that he cites in vv 36-37. Almost certainly he desired them to recognize the reality of the death of Jesus, and so the reality of his humanity as a man of flesh and blood (cf. 1:14: "the Word became flesh")."

III. 맺음말

이상에서 살펴본바, 요한복음에서 물(ὕδωρ)은 다음과 같은 신학적 의미와 기능이 있다.

1. 물은 요한복음의 신학을 드러내는 요긴한 신학적 수단(도구, 매체)으로 기능한다.

첫째, 물은 예수의 정체(신분)와 활동을 밝히는 신학적 수단이다. 물은 예수는 세례자 요한과는 비교될 수 없는 다른 세례자이며, 성령으로 세례를 주시는 자(요 1:19-28)임을 밝히는 수단이다. 물은 예수가 하나님의 어린 양이며 성령으로 세례를 주시는 하나님의 아들임을 증명하는 도구이다(요 1:29-34). 물은 예수를 창조주와 메시아, 이스라엘 임금으로 확증하는 중요한 도구이며, 부유케 하시는 예수를 경험하는 재료이다(요 2:1-11). 물은 예수를 생명을 주시는 메시아로 증언하는 도구의 기능을 하며(요 4:1-26, 46-54; 5:1-9; 19:31-37), 인간을 향한 예수의 신분(하나님)과 성품(관심, 은혜)과 행위(추적, 생명 주심)를 증언하는 간접적인 수단이다(요 5:1-9). 물은 예수가 종말론적인 생수의 근원이며 성령을 주는 메시야임을 드러내는 도구이다(요 7:37-39). 물은 예수의 사랑이 어떤 사랑인지를 보여주는 매체인 동시에 제자들을 예수의 사랑 사역으로 초청하는 수단이다(요 13:1-20). 물은 예수의 인성의 실제성과 죽음의 역사성을 증언하는 수단이다(요 19:31-37). 예수는 가현적 인물이 아니라 참 인간이고 참 구주다. 이처럼 요한복음의 물은 모두 예수 그리스도와 관련하여 사용되고 있다.[113] 그러므로 물은 요한복음의 기독론 논증을 위한 핵심적인 수단이다.

둘째, 물은 예수의 오심으로 말미암은 구속사의 진전과 전환을 알리는 수단이다. 세례자 요한은 자신과는 비교할 수 없는 '다른 세례자'의 오심과 그가 와서 베풀 다른 세례의 특별한 재료(성령)를 예고한다(요 1:19-28).[113] 그는 물로 세례를 줌으로써 예수의 정체와 그의 도래를 인식하고 증언하며(요 1:29-34), 자신에게서 예수에게로 구속사적 전환이 일어난 것을 선언한다(요 3:22-30). 예수는 물을 포도주로 만듦으로써(요 2:1-11) 자기가 메시야(요 1:41)이고, 모세가 율법에 기록하였고 여러 선지자가 기록한 그 선지자(요 1:45)이며, 하나님의 아들이자 이스라엘의 임금(요 1:49)이요, 인자(요 1:51)임을 확증했다. 이는 메시야의 도래를 알린 것이다. 예수는 사마리아 여자와의 대화에서 물을 수단으로 마침내 자신이 오리라고 한 그리스도임을 알렸으며(요 4:1-26), 38년 된 병자를 치료한 후에는 자신이 생명을 주는 부활의 주요 종말론적인 심판자로 이 땅에 왔다는 사실을 증언했다(요 5:1-29). 예수를 믿는 자의 배에서 생수의 강들이 흘러나오게 하는 예수의 초청은 그의 십자가 죽음을 예고하며(요 7:37-39), 예수가 물로 제자들의 발을 씻으심은 그의 승귀를 내다본다(요 13:1-20). 예수의 옆구리에서 나온 물은 예수의 인성과 죽음을 증명한다(요 19:31-37). 이 모든 일은 예수의 오심이 구속사의 전환과 성취를 이루었다는 사실을 증언한다. 그리고 이 모든 사건에 물이 도구로 사용되었다.

---

[113] 요 1:19-28은 세례자 요한이 자신에 대해 증언한 내용이지만, 궁극적으로는 '다른 세례자'인 예수의 오심과 그가 베풀 성령 세례가 중심 내용이다.

따라서 물은 구속의 진전과 성취를 증언하는 신학적 수단이다.

셋째, 물은 요한복음의 인간 이해를 위한 수단이다. 물은 인간의 부족함과 비참함을 알게 힌다(요 2:1-11). 물은 거듭남과 하나님 나라에 대해 무지한 인간의 영적 상태를 알리며(요 3:1-21), 만족을 줄 수 없는 땅의 물에 집착하는 반면에 영원한 해갈을 주는 그리스도를 알지 못하는 인간의 영적 비참함을 드러내는 도구이다(요 4:1-26). 베데스다 못의 물은 미신적인 전통의 제한성과 허황한 미신을 좇아 치열한 경쟁을 벌이는 인간의 어리석음과 비참함을 드러내는 매체이다(요 5:1-9). 목마른 자를 부르는 예수의 초청에서 물은 세상의 모든 인간이 영적으로 목마른 자라는 사실을 증언하는 수단이다(요 7:37-39). 이처럼 물은 요한복음의 인간론 논증을 위한 신학적 수단으로 기능한다.

2. 물은 중요한 신학적 상징으로 기능한다.

첫째, 물은 성령을 상징한다. 예수와 니고데모와의 대화(요 3:1-21)에서 물은 성령을 상징한다. 물과 성령으로 나는 것은 곧 성령으로 나는 것이다. 성령이 사람을 거듭나게 한다. 성령이 거듭남의 동인이다. 또한 물은 예수가 주는 성령을 상징한다(요 7:37-39). 예수를 믿는 자의 배에서 "생수의 강들"이 흘러나온다. 그 생수는 예수를 믿는 자가 받을 성령을 가리킨다(요 7:39). 이 성령은 예수가 영광을 받으신 후에 믿는 자에게 주어졌다. 이렇게 하여 성령을 마시는 자가 성령을 흘려보내는 자가 된다.

둘째, 물은 영원한 생명(구원)을 상징한다. 예수가 주는 물은 영원히 목마르지 않는 물이다. 예수는 영생하도록 솟아나는 물의 원천으로서 인간의 갈증을 영원히 해갈하는 물을 제공한다. 이 물은 영생을 상징한다(요 4:1-26). 또한 예수가 십자가에서 목마르다고 말씀한 것은 단순히 그의 육체적 갈증만을 의미한 것이 아니며, 그의 옆구리에서 나온 물도 단지 물리적인 물을 의미한 것이 아니다. 목마른 예수가 도리어 물을 흘려낸다. 물을 청하던 자가 물을 주는 자가 되었다. 예수는 인간의 갈증을 영원히 해결하는 물을 주며, 이는 영생을 상징한다.

심층연구 4

"영(πνεῦμα)과 진리로"(요 4:24) – 누구의 영인가?

"하나님은 영이시니 예배하는 자가 영과 진리로 예배할지니라"(요 4:24). 여기서 '영'은 누구의 영인가? 하나님의 영인 성령인가 아니면 예배자의 영인가?

1. 문맥

먼저 본문의 문맥을 살펴보자.

    4:20 ⋯ ἐν τῷ ὄρει τούτῳ ⋯ ἐν Ἱεροσολύμοις ⋯
    4:21 ⋯ οὔτε ἐν τῷ ὄρει τούτῳ οὔτε ἐν Ἱεροσολύμοις ⋯

    4:23 ἀλλὰ ⋯
        ἐν πνεύματι καὶ ἀληθείᾳ ⋯ γὰρ ὁ πατὴρ τοιούτους ζητεῖ τοὺς προσκυνοῦντας ⋯
      4:24a πνεῦμα ὁ θεός
    4:24b ⋯ ἐν πνεύματι καὶ ἀληθείᾳ ⋯

사마리아 여자는 "이 산에서(ἐν), 예루살렘에서(ἐν)"라고 말한다. 이것은 무엇을 의미하는가? '이 산'은 사마리아인들의 예배 장소인 그리심산을 가리키며, 예루살렘은 유대인들이 예배하는 장소이다. 이 두 장소는 각각의 성전이 있는 곳이기 때문이다. 사마리아인이나 유대인이나 모두 성전에서만 예배를 드려야 했다. "예배해야 하는 곳이 있다"(ἐστὶν ὁ τόπος ὅπου προσκυνεῖν δεῖ, 요 4:20b). 그러면 성전은 무엇을 의미하는가? 성전은 하나님이 임재하시는 장소를 상징한다. 따라서 예배에서 중요한 것은 장소 자체가 아니라 그 장소에 임하시는 하나님의 임재이다. 논쟁의 핵심은 하나님의 임재이다.

'ἐν'을 사용한 사마리아 여자의 질문에 예수는 같은 'ἐν'을 사용하여 장소를 가리키는 '이 산'과 '예루살렘' 모두를 부정하셨다 (21, οὔτε ἐν … οὔτε ἐν …). 이것은 장소에 국한된 예배, 즉 어느 한 장소에 하나님의 임재가 있다는 주장을 전적으로 부정한 것이다. 이어 23절에서 예수는 강한 역접 접속사인 ἀλλά(그러나)와 앞의 전치사 'ἐν'을 그대로 받아 장소에 국한되지 않는 다른 예배에 대하여 말씀한다. 이제 예배는 장소의 '안'(ἐν)에서가 아니라 다른 어떤 '안'(ἐν)에서 드려야 한다는 말이다. 이 다른 '안'은 "영과 진리 안 (ἐν)"이다. 그러므로 이 '영'은 예배에 핵심 요소인 '하나님의 임재'를 이루시는 영이다. 결국 이 '영'은 예배자의 영이 아니라 하나님의 영적 임재이신 성령이시다.[114] 이제 예배자는 장소 안에

---

[114] 요 4:24 πνεῦμα ὁ θεός, καὶ τοὺς προσκυνοῦντας αὐτὸν ἐν πνεύματι καὶ ἀληθείᾳ δεῖ προσκυνεῖν에서 ἐν πνεύματι는 문법적으로도 예배자 자신의 영을 가리키기 어렵다. Daniel

임재하시는 하나님을 예배하는 것이 아니라 '성령 안에서' 임재하시는 하나님을 예배한다. 하나님은 이렇게 예배하는 자들을 찾으신다. 위의 내용을 요약하여 도식으로 나타내면 다음과 같다.

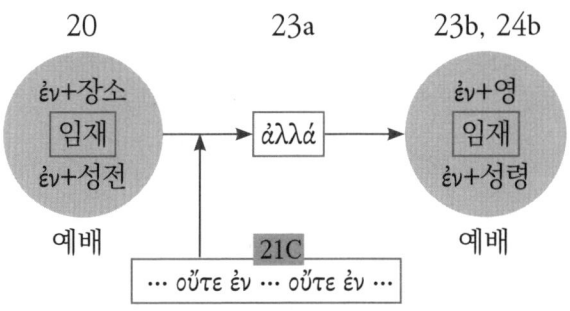

2. 하나님은 '영'(πνεῦμα)이시다.

예수는 "영과 진리"를 수단으로 하여 예배하라고 말씀한 뒤에 "하나님은 영이시다"라고 말씀했다. 이 말씀은 본문의 '영'이 무엇을

B. Wallace, *The Basics of New Testament Syntax : An Intermediate Greek Grammar* (Grand Rapids: Zondervan Publishing House, 2000), 96: "The article is used this way in contexts in which the idea of possession is obvious, especially when human anatomy is involved. Conversely, it is important to note that unless a noun is modified by a possessive pronoun or at least an article, possession is almost surely not implied. Thus, in Eph 5:18, πληροῦσθε ἐν πνεύματι most probably does not mean "be filled in *your own* spirit" but "be filled in/with/by the Spirit."" 나의 번역: 관사는 소유의 개념이 명백한 문맥에서 사용되며, 특히 인간의 신체와 관련된 맥락에서 그렇다. 반대로, 명사가 소유 대명사나 적어도 관사로 한정되지 않는 한, 소유의 의미가 거의 암시되지 않는다는 점을 주목하는 것이 중요하다. 따라서 에베소서 5장 18절의 πληροῦσθε ἐν πνεύματι는 "너희 자신의 영으로 충만하라"가 아니라, "성령 안에서/성령으로 충만하라"는 의미일 가능성이 매우 높다.

가리키는지를 이해하는 데 결정적인 역할을 한다. 예수는 예배에 관한 문맥에서, 특히 하나님의 임재를 말하는 문맥에서 하나님을 '영'(πνεῦμα)이라고 말씀했다. 이 '영'에는 관사도 붙지 않았고 '거룩한'과 같은 다른 어떤 수식어도 없다. 예수는 하나님을 단지 '영'이라고 말씀하였다. 이러한 용례는 요한복음에서 여기가 유일하다. 이것은 하나님이 영적 존재임을 강조하는 것이다. 그리고 그 목적은 하나님이 영이시므로 그분의 임재는 장소를 초월한다는 것을 말하기 위함이다. 하나님은 영적 존재이므로 물리적인 어떤 처소에 국한되어 임재하시는 분이 아니다. 하나님은 영이시기에 하나님의 임재는 그리심산의 사마리아인 성전이나 예루살렘의 유대인 성전 '안에'(ἐν) 제한되지 않으신다. 그 반대로 하나님은 영이시기에 모든 곳에 임재하신다.

하나님의 임재는 이제 산에 있는 성전이라는 장소를 수단으로 제한되지 않고 성령을 수단으로(통하여) 모든 곳에 임하신다. 이런 까닭에 예수는 이 산 "안에서(ἐν)"나 예루살렘 "안에서(ἐν)"의 예배, 즉 성전 "안에서(ἐν)"의 예배가 아니라 임재하시는 '영 안에서(ἐν)' 예배를 드려야 한다고 말씀하신 것이다. 그러므로 이 '영'은 곧 하나님의 영이시며, '영으로' 예배해야 한다는 말은 하나님의 영인에시, 즉 '성령 안에시(ἐν)' 예배해야 한다는 말이다. 과거에 산에서 드린 예배는 산에 있는 성전에 임하시는 하나님의 임재 안에서 드린 예배였다. 그러나 예수께서 구원을 이루신 후(요 4:22-23)에는 영이신 하나님이 공간을 초월하여 성령으로 임재하시므로, 신자는 '성령 안에서' 예배를 드림이 마땅하다. 이것이 바로

"하나님은 영이시니 예배하는 자가 영으로" 예배해야 한다는 의미이다.

3. 구문적 특성

"영과 진리로"라는 말의 구문적 특성도 이러한 주장을 뒷받침한다. 요한복음 3:5은 "ἐξ ὕδατος καὶ πνεύματος"(물과 성령으로)로 되어 있다. ἐκ라는 하나의 전치사에 '물'과 '영'이 'καί'로 연결되어 있다. 여기서 'καί'는 설명적(epexegetical) 보어로 사용되었다. 따라서 "물과 성령으로"는 "물 곧 성령으로"라는 의미이다. 요한복음 4:23, 24의 "ἐν πνεύματι καὶ ἀληθείᾳ"(영과 진리로)도 이와 같은 구문으로 볼 수 있다. 그러면 "영 곧 진리"로 가 된다. 성경 어디에서도 인간의 영을 '진리'라고 말하지 않는다. 그러나 성령은 "진리의 영"이다(τὸ πνεῦμα τῆς ἀληθείας, 요 14:17a). 따라서 "영과 진리로 예배해야 한다"(24)에서 '영'은 성령을 의미한다.

4. 예배자의 영으로 볼 경우

만일 'πνεῦμα'를 예배자의 영으로 보면, 이것은 앞에서 말한 이해와 마찰을 일으킨다. 사람의 영은 공간을 초월하여 존재하는 것이 불가능하기 때문이다. 나아가서 'πνεῦμα'를 예배자의 영으로 이해하면, 이는 "예배하는 자도 **또한** 영과 진리로 예배하여야 한다"(καὶ τοὺς προσκυνοῦντας αὐτὸν ἐν πνεύματι καὶ ἀληθείᾳ δεῖ προσκυνεῖν, 요 4:24)는 말씀과도 어울리지 않는다. 예배자는 영으로만이 아니라 온 마음과 육신을 다 동원하여 예배하기 때문이다. 게다가 "예배하는 자도 또한"은 하나님과 예배자 사이에 어떤 일치가 있어야 한다는 것을 의미한다. 즉 하나님이 성령이시니 이에 일치하여 예배자도 성령으로 예배해야 한다는 의미이다.

이러한 여러 가지 이유로 "영과 진리로"에서 영은 예배자의 영이 아니라 성령을 가리킨다고 보는 것이 더 합당하다. 성령으로 말미암은 하나님의 임재는 장소에 국한되거나 제한되지 않는다. 장소 중심의 예배는 이전 시대로 끝났다. 예수의 구속으로 하나님께서 모든 곳에 영으로 임재하신다. 그러므로 신자는 장소 '안에서'가 아니라 오직 성령 '안에서' 예배하게 되었다. 예배자는 공간에 제한되지 않고 오직 성령으로 하나님께 예배한다.

요한복음 연구

목격자의
참 증언

The True Testimony from the Eyewitness

10
선교 신학*

✝

"성경은 하나님을 선교적 하나님(성부, 성자, 성령)으로 계시한다."[1] 요한복음 역시 선교를 강조한다.[2] 실제로 요한복음에는 선교에 관한 용어들이 다른 어떤 성경보다도 많이 나타나며 다양하게 언급된다.[3] 또한 선교에 대한 사상도 요한복음 전체에 골고루 널리 배어 있다.[4] 이런 이유로 먀샬(I. Howard Marshall)은 "요한복음서는

---

* 본 장은 「신학정론」 33/1 (2015): 164-206에 실린 나의 논문을 수정, 보완한 것이다.

[1] John R. W. Stott, *The Contemporary Christian: Applying God's Word to Today's World* (Downers Grove, Illinois: Intervarsity Press, 1992), 325.

[2] D. A. Carson, "The Purpose of the Fourth Gospel: John 20:31 Reconsidered," *JBL* 106 (1987): 639-651.

[3] 이것에 대해서는 본 장의 II에서 자세하게 다룰 것이다.

[4] Andreas J. Köstenberger and Peter T. O'Brien, *Salvation to the Ends of the Earth: A Biblical Theology of Mission* (NSBT 11) (Downers Grove IL.: Inter Varsity Press, 2001), 203: "Some have even argued that John has little, or even no, interest in mission. Yet, …, John's interest in mission is both demonstrable and considerable."; Andreas J. Köstenberger, *The Missions of Jesus and the Disciples according to the Fourth Gospel: with Implications for the Fourth Gospel's Purpose and the Mission of the Contemporary Church* (Grand Rapids: Eerdmans Publishing Company, 1998), 43; Martin Erdmann, "Mission in John's Gospel and Letters," in William J. Larkin Jr. and Joel F. Williams, editors, *Mission in the New Testament: An Evangelical Approach* (New York: Orbis Books, 1998), 209: "Since John wrote his gospel in order to fulfill a mission task, it is logical to assume that mission is a fairly prominent theme in John's writings." Cf. Ferdinand Hahn, *Mission in the New Testament* (London: SCM, 1965), 152: "The view of mission held in the Johannine writings is a very controversial subject." Hahn, *Mission in the New Testament*, 157: "John's Gospel is therefore by no means to be understood as a missionary document; on the contrary, it is

선교에 관해서, 그리고 하나님에 의해 성취해야 할 임무를 가지고 세상에 파송된 한 선교사에 관한 책이다."[5]라고 말했다.

I. 요한복음의 기록 목적과 선교

사도 요한은 요한복음의 기록 목적을 명백히 밝히고 있다(요 20:30-31). 그것은 요한복음을 읽는 자들이 믿도록 하기 위해(ἵνα πιστεύ[σ]ητε) 그리고 생명을 얻도록 하기 위해서이다(ἵνα ζωὴν ἔχητε).[6] 요한복음은 신앙과 생명이라는 두 가지 목적을 가지고 있다. 그런데 이 중에 신앙의 목적성은 사본 상의 문제로[7] 두 가지 해석이 가능하다. 만일 πιστεύητε(pre. subj.)를 따른다면 교회 공동체 내의 성도들이 계속 믿음을 갖도록 하기 위한 교육이 기록 목적이다.[8] 그러나 πιστεύσητε(aor. subj.)를 선택하면 요한복음은 선교

---

directed to a Christian Church, and this, moreover, is in accordance with the literary form of the Gospel."

[5] I. Howard Marshall, 『신약성서 신학』 (*New Testament Theology: Many Witnesses, One Gospel*), 박문재, 정용신 옮김 (서울: 크리스챤다이제스트, 2006), 634.

[6] 두 개의 ἵνα 문장이 καί로 연결되어 있다(γέγραπται ἵνα πιστεύ[σ]ητε ... καὶ ἵνα ... ζωὴν ἔχητε ...).

[7] 이것은 πιστεύητε(pre. subj.)인가 아니면 πιστεύσητε(aor. subj.)인가 하는 문제이다.

[8] C. K. Barrett, *The Gospel of John and Judaism* (Philadelphia: Fortress Press, 1975), 17: "... his purpose consists in setting forth the full significance of an already existing Christian faith. John wrote not for pagans, not for Jews, but for Christians." Cf. S. S. Smalley, *John: Evangelist and Interpreter* (Downers Grove: Inter Varsity Press, 1998), 229:

적인 목적으로 기록된 것이다.[9] "그러나 최근에는 현재형과 부정

"John is not an evangelist in the sense of writing a mission tract for unbelievers; but he *is* an evangelist in the sense that for the sake of believers in his own church he makes the Christian good news his point of departure and the heart of his message." 나의 번역: "요한은 불신자들을 위한 선교 소책자를 썼다는 의미의 저자가 아니다. 그러나 그는 자신이 속한 교회의 신자들을 위해 기독교의 좋은 소식을 그의 출발점이자 메시지의 핵심으로 삼는다는 의미에서 저자이다."

[9] 이 견해의 대표적 지지자인 W. C. Van Unnik는 "The Purpose of St. John's Gospel," *Studia Evagelica* 1 (1959): 382-411에서 다음과 같이 결론을 내린다: "We come to our conclusion: the purpose of the Fourth Gospel was to bring the visitors of a synagogue in the Diaspora(Jews and Godfearers) to build in Jesus as the Messiah of Israel … It was a missionary book for the Jews."(61f. in *Sparsa Collecta* 1). 나의 번역: "우리는 다음과 같은 결론에 도달한다. 요한복음의 목적은 디아스포라에 있는 회당의 방문객들(유대인들과 하나님을 경외하는 자들)로 하여금 예수를 이스라엘의 메시아로 믿게 하는 것이었다. … 그것은 유대인을 위한 선교의 책이었다." J. A. T. Robinson도 "The Destination and Purpose of St. John's Gospel," *NTS* 6 (1959-1960): 117-131, esp. 131에서 이와 유사한 결론을 내린다: "But in its present form it is, I am persuaded, an appeal to those *outside* the Church, to win to the faith that Greek-speaking *Diaspora Judaism* to which the author now finds himself belonging …." Cf. 조병수, 『신약성경총론』(수원: 합동신학대학원출판부, 2006), 166-167.

이 외에도 요한복음의 선교목적을 강조하는 학자의 예를 들면 다음과 같다. Stephen S. Kim, "The Significance of Jesus' First Sign-Miracle in John," *Bibliotheca Sacra* 167 (2010): 204, f. n. 18; Erdmann, "Mission in John's Gospel and Letters," 207-226, esp. 208f.: "By contrast, the purpose statement of John 20:30-31 appears to be aimed at unbelievers who need to make a decision about the identity of Jesus. Viewed in this light, John is primarily pursuing a mission objective in writing his gospel. Although John's gospel may be encouraging to believers in their faith, it is primarily directed toward unbelievers in order to move them to faith in Jesus as the Messiah, the Son of God. … Since John wrote his gospel in order to fulfill a mission task, it is logical to assume that mission is a fairly prominent theme in John's writings."; Leon Morris, *The Gospel according to John*, NICNT (Grand Rapids: Eerdmans, 1971), 855-856; D. A. Carson, *The Gospel according to John* (Grand Rapids: Eerdmans, 1991), 87-95; Carson, "The Purpose of the Fourth Gospel: John 20:31 Reconsidered," 639-651, esp. 651: "But if the syntactical, thematic, and contextual reasons for this interpretation, … can be sustained, then we are gong to have to contemplate the possibility that the Fourth Gospel is primarily evangelistic after all."; Andreas J. Köstenberger, "The Challenge of a Systematized Biblical Theology of Mission: Missiological Insights from the Gospel of John," *Missiology: An International Review* 23 (1995): 448: "… it is the mission of *Jesus* that is central in John's presentation. Jesus is shown to carry out faithfully the mission given him by God, his sender."; Andreas J. Köstenberger,

과거형의 명확한 차이를 의심하는 견해들이 힘을 얻으면서 요한복음의 양면적인 목적을 주장하는 경향을 보이고 있다."[10] 따라서 요한복음은 선교적인 목적과 교훈적인 목적을 다 같이 가지고 있는 것으로 보아야 할 것이다.[11] "사실 요한복음에는 믿음의 시작

Encountering John: The Gospel in Historical, Literary, and Theological Perspective (Grand Rapids: Baker Books, 1999), 187: "Would an unencumbered reader have understood John more likely to say, "I have written these things in order that you may believe," that is, *for the first time*, in the sense of placing one's trust in Jesus? Or would he have taken John to mean "I have written these things in order that you might *continue* to believe," in the sense of strengthening already existing faith? I must confess my sympathies lie decidedly with the former alternative."; Andreas J. Köstenberger, "The Place of Mission in New Testament Theology: An Attempt to Determine the Significance of Mission within the Scope of the New Testament's Message as a Whole," *Missiology: An International Review* 27 (1999): 347-362, esp. 358: "The most natural reading of John's purpose statement already suggests that John was written with an evangelistic purpose in mind. ... To interpret 'believing' here as first-time faith in Christ is supported by the fact that this purpose statement follows shortly after the Johannine commissioning passage in 20:21, where the disciples are enjoined to forgive others their sins."

[10] 조병수, 『신약성경총론』, 167: "예를 들면 Hamid-Khani, *Revelation and Concealment of Christ, A Theological Inquiry into the Elusive Language of the Fourth Gospel* (WUNT 2.210) (Tübingen: Mohr Siebeck, 2000), 162-164. 그는 요한복음이 모든 목적(pastoral, polemic, evangelistic)을 다 가지고 있다고 생각한다(228). 이런 생각은 이미 G. R. Beasley-Murray에게도 나타난다(*John*, WBC 36 [Waco: Word Books, 1987], lxxxix)." Cf. Carson, "The Purpose of the Fourth Gospel: John 20:31 Reconsidered," 639-651.

[11] Jan van der Watt, *An Introduction to the Johannine Gospel and Letters* (New York, T&T Clark, 2007), 11: "However, in appreciating the performative power of the Gospel, both happen. The readers are confronted with Jesus, the Son of God, but their faith is also most certainly sustained once they believe. It is a message of salvation to the world, but also a message of motivation to believer."; R. Bauckham (ed.), *The Gospel for All Christians: Rethinking the Gospel Audiences* (Grand Rapids: Eerdmans, 1998), 10; Cf. Andreas J. Köstenberger, L. Scott Kellum, Charles L. Quarles, 『신약개론: 요람 · 십자가 · 왕관』(*The Cradle, the Cross, and the Crown: An Introduction to the New Testament*), 김경식, 박노식, 우성훈 옮김 (서울: CLC, 2013), 381: "요한복음은 불신자에 대한 선교와 신자들에 대한 교훈이라는 두 가지 목적을 가지고 있으며 요한은 이 복음서의 그리스도인 독자들을 통해 불신자들에게 복음을 전하는 간접적인 방식의 선교적 목적을 추구하는 것으로 보인다."; R. E.

과 믿음의 지속에 관해 두 시제가 함께 사용되었기 때문에 어느 것을 위하든 크게 달라지는 것은 없다."[12]

II. 요한복음의 선교 관련 용어들

쾌스텐베르거(Andreas J. Köstenberger)는 선교[13]에 대한 요한복음의 가르침은 먼저 두 가지 어의적 분야(two semantic fields)에 집중되어 있다고 말한다.[14] 첫째는 한 장소에서 다른 장소로의 이동을 수반하는 활동을 나타낸다. 그 예로는 "보내다"(send - ἀποστέλλω,[15]

Brown,『요한복음 개론』(An Introduction to the Gospel of John), 최흥진 옮김 (서울: CLC, 2009), 241f.: "신자들의 믿음을 성숙하게 이끌고자 하는 요한의 근본 목적은 또한 다른 사람들이 믿음의 행동을 하도록 인도한다는 이차적인 목적을 동반한다."

[12] D. A. Carson, D. J. Moo, L. Morris,『신약개론』(An Introduction to the New Testament [Grand Rapids: Zondervan Publishing House, 1992]), 노진준 역 (서울: 도서출판 은성, 1993), 190; John R. W. Stott,『신약의 메시지』, 김동규 옮김 (서울: 아바서원, 2013), 143: "이 구절은 '믿게 하여 그 믿음을 유지하도록'으로 번역할 수 있다."

[13] Köstenberger는 요한복음의 선교를 다음과 같이 정의한다. "Mission is the specific task or purpose which a person or group seeks to accomplish, *involving various modes of movement*, be it sending or being sent, coming and going, ascending and descending, gathering by calling others to follow, or following." in *The Missions of Jesus and the Disciples according to the Fourth Gospel*, 41.

[14] Köstenberger, *The Missions of Jesus and the Disciples according to the Fourth Gospel*, 30f. 여기에서 Köstenberger는 이 둘 모두를 예수와 그의 제자들, 그리고 일반적인 것에만 관련하여 논한다.

[15] 요 3:17, 34; 4:38; 5:36, 38; 6:29, 57; 7:29; 8:42; 9:7; 10:36; 11:42; 17:3, 8, 18bis, 21, 23, 25; 20:21.

πέμπω16)17; "오다"(come - ἥκω;18 ἔρχομαι,19 파생어 εἰσέρχομαι,20 ἀπέρχομαι,21 ἐξέρχομαι22), "가다"(go - πορεύομαι,23 ὑπάγω24), "오다"([be]

---

[16] 요 4:34; 5:23, 24, 30, 37; 6:38, 39, 44; 7:16, 18, 28, 33; 8:16, 18, 26, 29; 9:4; 12:44, 45, 49; 13:16, 20bis, 14:24; 15:21; 16:5; 20:21.

[17] 요한복음에서 ἀποστέλλειν과 πέμπειν은 동의어이다. James McPolin, "Mission in the Fourth Gospel," *Irish Theological Quarterly* 36 (1969): 113, f. n. 4: "Some exegete maintain that *pempô* has a different shade of meaning than *apostellô*; according to others they are synonymous. It seems that a distinction in their meaning has not been clearly proved."; C. G. Kruse, "Apostle," *Dictionary of Jesus and the Gospels*, ed. by J. B. Green, S. McKnight and I. H. Marshall (Downers Grove, Inter Varsity Press, 1992), 27: "πέμπω는 요한복음에서 ἀποστέλλω와 동의어로 사용되었다. … 요한복음에서는 이 두 동사가 상호 교환되어 사용되었다."; Barnabas Lindars, 『요한복음』 (*John*), 조원경 옮김 (서울: 반석문화사, 1994), 66: "동의어는 아무 차이 없이 사용되고 있다(특히 pempein과 apostellein의 '보냄'과 agapān과 philein의 '사랑함'). 이 두 단어에 대한 좀 더 자세한 연구에 대해서는 Andreas J. Köstenberger, "The Two Johannine Verbs for Sending: A Study of John's Use of Words with Reference to General Linguistic Theory," *Linguistics and New Testament: Critical Junctures* (JSNTSS 168) (Sheffield: Sheffield Academic Press, 1999), 125-143을 참조하라, esp. 142: "It has been argued that ἀποστέλλω and πέμπω are virtual synonyms."; Erdmann, "Mission in John's Gospel and Letters," 211: "John uses the verbs interchangeably." Cf. Robert Kolb, "Those Who Are Sent: Christ and His Church Christology, Missiology, and Ecclesiology in the Gospel of John," *Missio Apostolica: Journal of the Lutheran Society for Missiology* 39 (2012): 13: "John used both the more general word for 'send,' πέμπειν, and the word that adds a sense of commissioning, ἀποστέλλειν, interchangeably."

[18] 요 8:42.

[19] 요 1:9, 39, 46, 47; 3:2, 19, 31; 4:25; 5:40, 43; 6:14, 35, 37, 44, 45, 65; 7:27, 28, 31, 37, 41, 42; 8:14, 20, 21, 42; 9:39; 10:10; 11:27; 12:13, 15, 46, 47; 14:3, 6, 18, 28; 16:7, 28; 17:11, 13; 18:37; 21:22.

[20] 요 4:38.

[21] 요 16:7bis

[22] 요 12:13; 13:3; 16:27, 28, 30; 17:8.

[23] 요 14:2, 3, 12, 28; 16:7, 28.

[24] 요 7:33; 8:14, 21, 22; 13:3; 14:4, 5, 28; 15:16; 16:5bis, 10, 17.

come - γίνομαι²⁵), "내려가다"(descend - καταβαίνω²⁶), "올라가다"(ascend - ἀναβαίνω²⁷), "떠나다"(leave - μεταβαίνω²⁸); "따르다"(follow - ἀκολουθέω²⁹); "데려오다, 이끌다"(bring, lead - ἄγω³⁰), "모으다"(gather - συνάγω³¹)가 있다.

둘째는 임무를 실행하기 위해 보냄을 받은 자(온 자)의 일(task) 또는 사역(work)과 관련된 용어들이다. 이것은 앞에 언급된 단어들과 종종 함께 사용된다(cf. 요 4:34, 38; 5:36; 6:29, 38; 7:31; 8:29; 9:4; 10:36-38; 17:3-4). 이 용어들은 사역(ἔργον,³² ἐργάζομαι,³³ κόπος,³⁴ κοπιάω,³⁵ ποιέω³⁶)의 성취를 의미한다. 또한 이 일은 "표적들"(σημεῖον³⁷)을 행함으로써 설명된다. 나아가서 이 일은 "추수하

---

[25] 요 1:12, 14, 17; 9:39.

[26] 요 6:33, 38, 41, 42, 50, 51, 58.

[27] 요 3:13; 6:62; 20:17.

[28] 요 13:1.

[29] 요 1:37, 38, 40, 43; 8:12; 10:4, 5, 27; 12:26; 13:36, 37; 18:15; 20:6; 21:19, 20, 22.

[30] 요 1:42; 10:16.

[31] 요 6:12, 13; 11:52.

[32] 요 4:34; 5:20, 36bis; 7:3, 21; 9:3, 4; 10:25, 32bis, 33, 37, 38; 14:10, 11, 12; 15:24; 17:4.

[33] 요 5:17bis; 6:30; 9:4bis

[34] 요 4:38.

[35] 요 4:6, 38bis.

[36] 요 2:11, 18, 23; 3:2bis; 4:34, 45, 54; 5:11, 15, 16, 19(quatt.), 20, 27, 30, 36; 6:2, 6, 14, 28, 30, 38; 7:3, 4bis, 21, 23, 31bis; 8:28, 29; 9:16, 33; 10:25, 33, 37, 38; 11:37, 45, 46; 12:18, 37; 13:7, 12, 15bis; 14:10, 12ter, 13, 14, 31; 15:5, 24bis; 17:4; 20:30; 21:25.

[37] 요 2:11, 18, 23; 3:2; 4:48, 54; 6:2, 14, 26, 30; 7:31; 9:16; 11:47; 12:18, 37; 20:30.

다"(θερίζω³⁸)와 "열매 맺다"(φέρω καρπόν, συνάγω καρπόν³⁹)라는 표현을 포함한다.⁴⁰

Köstenberger의 이러한 견해는 매우 타당하며, 따라서 그의 연구는 요한복음의 선교를 이해하는 데 큰 도움을 준다. 하지만 그의 주장에도 아쉬운 점은 있다. 먼저 그는 위에서 언급한 용어들에 근거하여 요한복음의 선교를 '이동과 일', 즉 '활동과 성취'라는 두 가지 특징으로 정리했다. 하지만 요한복음에는 이 어휘들 외에도 선교에 관련된 중요한 단어들이 많이 있다.⁴¹ 예를 들어, "비추다"(φαίνω),⁴² "주다"(δίδωμι),⁴³ "증언하다"(μαρτυρέω),⁴⁴ "믿

---

³⁸ 요 4:36bis, 37, 38.

³⁹ 요 4:36; 12:24; 15:5, 8, 16.

⁴⁰ Köstenberger, *The Missions of Jesus and the Disciples according to the Fourth Gospel*, 27-31.

⁴¹ 물론 그는 이 용어들이 요한복음에 나타난 선교의 모든 것들을 표현한다고 말하지는 않는다. 대신 그는 이 용어들이 주로 요한복음에서 선교 관련 단락의 시작점(entry point)과 같은 기능을 한다고 말한다(Köstenberger, *The Missions of Jesus and the Disciples according to the Fourth Gospel*, 28, f. n. 37을 보라).

⁴² 요 1:5; 5:35

⁴³ 요 1:12; 3:16; 4:14bis; 5:36; 6:27, 32, 33, 37, 39, 51, 65; 10:28, 29; 13:3, 15, 34; 14:16; 17:2bis, 4, 6bis, 8bis, 9, 11, 12, 14, 24; 18:9, 11. Erdmann, "Mission in John's Gospel and Letters," 211: "John also presents the subject of mission by using the verb δίδωμι to express the Father's giving of the Son (3:16; 6:32) and the Spirit (3:34; 14:16). Cf. Köstenberger, *The Missions of Jesus and the Disciples according to the Fourth Gospel*, 28, f. n. 37: "A word should also be said about the noninclusion (or partial inclusion) of certain terms. It is important to realize that just because a word occasionally used in conjunction with, or even parallel to, an included term does not mean that the word should be included in the two semantic fields. This is why words such as δίδωμι or θέλημα were not accepted."

⁴⁴ 요 1:7, 8, 15, 34; 3:11, 26, 32; 5:36; 8:14, 18; 10:25; 15:26, 27; 18:37; 19:35; 21:24.

다"(πιστεύω),⁴⁵ "거하다"(μένω),⁴⁶ "제거하다"(αἴρω),⁴⁷ "선택하다"(ἐκλέγω),⁴⁸ "버리다"(τίθημι),⁴⁹ "사랑하다"(ἀγαπάω),⁵⁰ "하나"(εἶς)⁵¹ 등의 단어들도 선교와 긴밀히 관련된다. 이뿐 아니라 그는 요한복음의 선교적 용어들과 그에 따른 선교의 특징들을 위와 같이 정리함으로써 결국 선교의 과정과 결과에 초점을 맞추었다. 하지만 요한복음은 이 외에도 선교의 기원(origin)과 동인, 실행(자), 범위와 대상, 목적 등 선교에 관련된 다양한 특성들을 골고루 진술하고 있다.

III. 요한복음의 선교의 기원과 동인

1. 선교의 기원

요한복음의 선교에서 가장 먼저 살펴볼 내용은 선교의 기원에 관

---

⁴⁵ 요 1:7; 2:22, 23; 14:29; 17:20 등.

⁴⁶ 요 1:32, 33, 38, 39; 2:12; 4:40; 6:56; 7:9; 8:31; 10:40; 11:54; 14:17 등.

⁴⁷ 요 1:29; 19:15.

⁴⁸ 요 6:70; 13:18; 15:16, 19 등.

⁴⁹ 요 10:11, 15, 17, 18; 15:13 등.

⁵⁰ 요 3:16, 19, 35; 8:42; 10:17; 11:5; 12:43; 13:1bis, 23, 34ter; 14:15, 21bis, 23, 24, 28, 31; 15:9bis, 12bis, 17; 17:23bis, 24, 26; 19:26; 21:7, 15, 16, 20.

⁵¹ 요 11:52; 17:21, 22bis, 23

한 것이다. 요한복음에서 선교는 어디에(누구에게) 뿌리를 박고 있으며, 그 근원은 무엇(누구)인가? 우리는 이에 대한 대답을 다음의 몇 가지 사실에서 얻을 수 있다.

첫째로, 이미 앞에서 살펴본 대로 요한복음에서 선교를 말하는 대표적인 용어는 '보내다'(ἀποστέλλειν, πέμπειν)이다. 그러므로 선교의 기원은 '보냄을 받은 자'에 있는 것이 아니라 '보낸 자'에게 있다.[52] 그분은 오직 하나님 아버지이시다.[53] 하나님 아버지는 먼저 세례자 요한을 보냈다(요 1:6-8). 하나님은 세례자 요한을 보내어 "물로 세례를 베풀라 하신 그이"(요 1:33)이다. 세례자 요한은 예수에 대해 증언하도록 하나님의 보내심을 받았다(요 1:6-8). 세례자 요한은 예수 "앞에 보내심을 받은 자"(요 3:28)이다. 또한 하나님 아버지는 예수를 세상에 보냈다.[54] 예수는 아버지를 보여 주고 아버지의 일과 뜻을 행하기 위해(요 1:18; 4:34; 6:38-39 등) 아버지에 의해 "보냄을 받았다."[55] 그래서 예수에게는 자신이 하나님 아버지로부터 보냄을 받았다는 의식으로 충만했으며(요 5:43;

---

[52] '보냄과 보냄 받음'에 대해서는 Christopher J. H. Wright, 『하나님 백성의 선교』 (The Mission of God's People), 한화룡 옮김 (서울: IVP, 2012), 299-330을 참조하라. 특히 성자와 성령은 보내시는 성부 하나님에 대해서는 313쪽을 보라.

[53] 예수는 보내시는 분이지만 동시에 보냄을 받은 이시다(요 17:18; 20:21).

[54] Erdmann, "Mission in John's Gospel and Letters," 209: "What is emphasized in John's approach to mission is the idea that the Father sent the Son."

[55] 요한복음에 나타난 아버지가 아들을 보내심에 대한 예 : ἀποστέλλειν - 요 3:17, 34; 5:36, 38; 6:29, 57; 7:29; 8:42; 10:36; 11:42; 17:3, 8, 18, 21, 23, 25; 20:21(17회); πέμπειν - 요 4:34; 5:23, 24, 30, 37; 6:38, 39, 44; 7:16, 28, 33; 8:16, 18, 26, 29; 9:4; 12:44, 45, 49; 13:20; 14:24; 15:21; 16:5(23회).

8:42; 16:28), 그가 아버지와 자신의 관계를 묘사하는 데 사용한 주요 주제는 선교이다.⁵⁶ 예수의 선교는 근본적으로 하나님으로부터 시작되었다.

나아가서 하나님 아버지가 성령을 보냈다(요 15:26a). 성령(보혜사)은 세상에서 예수의 증언과 사역을 계속하기 위해 보냄을 받았다. 성령은 예수가 가르쳤던 것을 사도들에게 가르치도록(요 14:26), 예수를 증언하도록(요 15:26b), 세상이 죄와 의와 심판에 대해 깨닫도록(요 16:7-11) 그리고 교회를 모든 진리 가운데로 인도하고 예수께 영광을 돌리도록(요 16:13-15) 하기 위해 성부와 성자로부터 보냄을 받았다(요 14:16. 15:26a). 끝으로 제자들도 하나님에 의해 보냄을 받았다. 이것에 대한 가장 명확한 설명은 부활한 예수가 제자들에게 한 말씀이다. "아버지께서 나를 보내신 것같이 나도 너희를 보내노라"(καθὼς … κἀγὼ …, 요 20:21, cf. 17:18). 아버지가 예수를 보낸 것처럼 예수도 제자들을 보낸다. 이것은 예수에 의한 제자 파송이 아버지에 의한 예수 파송에 근거를 두고 있다는 뜻이다. 따라서 예수가 제자들을 보낸 것은 곧 하나님이 그들을 보낸 것이다.

이처럼 세례자 요한, 예수, 성령, 제자들은 모두 '보냄을 받았다.' 이에 반해 하나님은 단지 '보내는 이'이시다.⁵⁷ 하나님은 보

---

⁵⁶ Kolb, "Those Who Are Sent," 12: "Indeed, a major motif which John reports that Jesus used to describe His relationship with the Father is that of 'mission.'"

⁵⁷ 요 5:24, 30, 38; 6:39; 7:16, 18, 28, 33; 8:16, 26, 29; 9:4; 12:44, 45; 13:20; 15:21; 16:5 등.

낼 뿐, 보냄은 받지 않은 분(the unsent sender)이다.[58] 그러므로 하나님은 모든 '보냄'의 근원과 근거이다.[59] 하나님은 모든 선교가 시작되는 선교의 기원이시다.

둘째로, 예수가 세상에 온 것과 돌아감이 하나님 아버지와 직결된다. 예수는 하나님 아버지에게서 나오고 하나님 아버지께로 돌아간다(요 3:13; 6:62; 7:13, 28, 33; 8:14; 13:1, 3; 16:5, 28 등). 이것은 예수의 선교의 시작과 종결이 하나님이라는 것을 의미한다. "요한복음의 선교의 종착점(endpoint)은 아버지 하나님이다."[60] 하나님은 예수의 선교의 처음이자 나중이다.

셋째로, 선교를 '주다'(διδόναι)와 관련하여 이해할 때, 아버지가 세상에 아들을 주시고(요 3:16), 하늘로서 참 떡(예수 그리스도)을 주신다(요 6:32). 또한 아버지가 아들에게 일을 주시고(요 5:36; 17:4) 세상에서 행하게 하셨다. 아버지가 아들에게 사람을 주셨고(요 6:37, 39; 17:2, 6, 9, 24; 18:9) 양들을 주셨으며(요 10:29) 말할 것을 주셨다(요 12:49). 나아가서 아버지가 제자들에게 또 다른 보혜사를 주신다(요 14:16). 이 또한 하나님 아버지가 선교의 원천임을 의미한다.

결국 "아버지 하나님이 요한복음의 모든 증언의 기원이자 목

---

[58] McPolin, "Mission in the Fourth Gospel," 114: "He alone is the unsent sender."

[59] Howard Peskett, Vinoth Ramachandra, 『선교』 (*The Message of Mission: the Glory of Christ in All Time and Space*), 한화룡 옮김 (서울: IVF, 2006), 112.

[60] Donald Senior and Carroll Stuhlmueller, *The Biblical Foundations for Mission* (Maryknoll, N.Y.: Orbis, 1983), 292.

표이다."⁶¹ 하나님 아버지는 선교의 센터이자 모든 선교가 유래하는 원천이며⁶² 기원이다.⁶³

2. 선교의 동인

그러면 하나님이 선교의 원천이자 기원이 되시는 동인(원인)은 무엇인가? 즉 하나님께서 선교를 시작하신 근본 원인은 무엇인가? 그것은 '하나님의 사랑'이다. 하나님은 예수로 말미암아(διά) 만물(요 1:3), 즉 세상(요 1:10a)을 창조하셨다. 그러나 세상은 어둠이 되었고(요 1:5) 그를 알지 못하였고(요 1:5, 10b) 사람들은 아버지와 예수를 알지 못했다(요 7:28; 8:19, 55; 15:21; 16:3; 17:25). 하지만 하나님은 심판받아 마땅한 사람들에게 생명을 주시며(요 5:24; 6:33, 35, 48, 51; 10:10; 11:25; 14:6; 20:31) 그들이 하나님의 자녀가 되고(요 1:12) 영생을 얻으며(요 3:15, 16; 6:40; 10:28; 17:2 등) 자유로워지기를 원하셨다(요 8:36).

이 사실은 세상이 비록 악과 어둠에 연합되어 있을지라도, 세

---

⁶¹ Senior and Stuhlmueller, *The Biblical Foundations for Mission*, 292. Cf. Johannes Nissen, 『신약 성경과 선교: 역사적, 해석학적 관점들』(*New Testament and Mission: Historical and Hermeneutical Perspectives*), 최동규 옮김 (서울: 기독교문서선교회, 2005), 124f.

⁶² McPolin, "Mission in the Fourth Gospel," 114: "… but the Father is the 'mission centre,' the source from which all missions derive."

⁶³ McPolin, "Mission in the Fourth Gospel," 121: "The Father is the origin of all missions."

상은 여전히 하나님의 피조물이며(요 1:10) 구원(요 3:17; 12:47)의 대상이라는 의미이다.[64] 하나님이 세상을 이렇게 대하시는 유일한 이유는 하나님이 세상을 사랑하시기 때문이다(요 3:16; 17:23 cf. 13:1; 15:9, 12, 13).[65] 이 사랑은 하나님이 아들을 세상에 보내시고 십자가에 희생시킨 사건 속에서 분명하게 표현된다. 하나님의 사랑이 세상을 구원한다. 하나님의 사랑이 인류를 향한 선교의 핵심이다.[66] 그러므로 하나님의 선교의 동인은 하나님의 사랑이다. 하나님의 선교의 근본 원인은 세상에 있지 않다. 그것은 하나님 자신에게 있다. 하나님의 선교는 하나님의 사랑의 실현이며, 이는 곧 하나님의 성품의 표현이다!

IV. 선교의 실행

그러면 하나님은 '어떻게' 선교를 행하시는가? 이 질문은 하나님은 '누구'를 통하여 선교를 실행하시는가에 대한 질문이기도 하다. 왜냐하면 하나님은 누군가를 보내어 선교를 이루시기 때문이

---

[64] Calvin Mercer, "Jesus the Apostle: 'Sending' and the Theology of John," *JETS* 35 (1992): 459.

[65] Robert Kysar, "'As You Sent Me': Identity and Mission in the Fourth Gospel," *Word and World* 21 (2001): 372.

[66] Erdmann, "Mission in John's Gospel and Letters," 216.

다. 요한복음에는 '보냄 받은' 선교 실행자(또는 대행자) 넷이 등장한다. 그들은 곧 세례자 요한, 예수 그리스도, 성령, 그리고 예수의 제자들이다.

1. 세례자 요한

세례자 요한은 하나님으로부터 "보냄을 받은"(ἀπεσταλμένος) 사람이다(요 1:6). 요한복음은 세례자 요한과 관련하여 '보내다'(ἀποστέλλειν)를 두 번 사용하고(요 1:6; 3:28) 예수와 관련해서 17회 사용하였다.[67] 그러므로 이 단어는 주로 예수가 하나님으로부터 보냄을 받은 것에 대한 완전한 권위를 나타낼 때 쓰인 용어이다.[68] 그런데 요한복음은 예수에게 사용된 "하나님으로부터 보냄을 받은"이라는 이 문구를 세례자 요한에게도 똑같이 사용하고 있다(요 1:6;

---

[67] 요 3:17, 34; 5:36, 38; 6:29, 57; 7:29; 8:42; 10:36; 11:42; 17:3, 8, 18, 21, 23, 25; 20:21. 물론 이와 같은 의미가 있는 πέμπειν까지 합치면 그 수는 훨씬 더 많아진다. 이 단어는 요한복음에 총 33회 사용되었다. 그중 세례자 요한과 관련하여 한번(요 1:33) 사용되었고, 예수와 관련해서는 25회 사용되었다(요 4:34; 5:23f., 30, 37; 6:38f., 44; 7:16, 18, 28, 33; 8:16, 18, 26, 29; 9:4; 12:44f., 49; 13:20; 14:24; 15:21; 16:5; 20:21). G. W. Bromiley, *Theological Dictionary of the New Testament, TDNT*, Abridged in one volume (Grand Rapids: Eerdmans, 1985), 404: "Here ἀποστέλλειν seems to be used quite *promiscue*(구별 없이) with πέμπειν."

[68] Bromiley, *TDNT*, 404; D. J. MacLeod, "The Witness of John the Baptist to the Word: John 1:6-9," *BSac* 160 (2003): 309: "The word ἀποστέλλω was used in classical Greek of an authorized emissary. In the Septuagint it is a technical term for the sending of a messenger with a special task. It is used in John's Gospel in this technical sense of authorized messengers(cf. vv. 19, 22). In the case of John and later Jesus the word is used of messengers with a divine task and divine authorization(v. 6; 5:36-37)."

3:28; cf. 요 1:33). 이것은 예수가 하나님으로부터 보냄을 받은 것과 같은 무게를 세례자 요한에게도 두는 것이며,[69] 세례자 요한을 매우 크게 긍정하는 것이다. 세례자 요한의 선교는 그가 하나님으로부터 보냄을 받았다는 것 때문에 의의가 있다. 그가 하나님에 의해 임명받았다는 사실이 그의 선교를 권위 있게 만든다.[70] 이렇게 신적 권위를 가지고 이 땅에 보냄을 받은 세례자 요한의 선교 특징은 다음과 같다.

첫째, 세례자 요한은 증언자이다(요 1:6-8). 공관복음에서 세례자 요한은 회개 선포와 회개의 세례를 주는 자로 나타난다. 그러나 요한복음에는 그의 회개에 대한 선포가 없으며 그가 실제로 군중뿐만 아니라 예수에게 세례를 주었다는 직접 언급도 없다. 또한 요한복음은 공관복음 저자들이 세례자 요한에 대하여 공통으로 사용하는 '세례자'(Baptist, Baptizer)라는 칭호(마 3:1; 막 1:4; 눅 7:20)를 사용하지 않는다. 이러한 현상은 세례자를 증언자로 강조하려는 요한복음의 의도로 보인다.[71]

이와 같은 요한의 증언은 하나님의 계시에 근거한 것이다. 요

---

[69] 예수와 세례자 요한 모두 하나님으로부터 보냄을 받았다는 점에서는 동등한 권위를 가지나 이 둘 사이에 분명한 차이도 있다. 예수는 하나님의 '이름'으로 왔지만, 요한은 그렇지 않다. 예수가 하나님의 '이름'으로 왔다는 사실은 그가 하나님과 동등하시다는 것을 나타낸다(요 5:43; 12:13). 그러나 요한은 단순히 "하나님으로부터" 왔다. 이 점에서 세례자는 예수에게 종속된다.

[70] D. G. van der Merwe, "The Historical and Theological Significance of John the Baptist as He Is Portrayed in John 1," *Neot* 33 (1999): 270.

[71] Cornelis Bennema, "The Character of John in the Fourth Gospel," *JETS* 52 (2009): 274: "In contrast to the Synoptics, John is never called 'Baptist' or 'Baptizer' because the author has redefined John's role from that of a baptizer to that of a witness."

한이 예수가 누구인지를 증언할 수 있었던(요 1:29, 33, 34, 36) 유일한 근거는 하나님의 계시가 그에게 있었기 때문이다. 이 사실은 "나도 그를 알지 못하였다"라는 말의 반복(요 1:31a, 33a)과 "그가 나에게 말씀하시되"(요 1:33)라는 말씀에서 분명하다. 요한은 하나님이 그에게 계시하신 말씀이 예수에게서 성취되는 것을 보고서(요 1:32, 34)[72] 그를 하나님의 아들로 증언하였다(요 1:34). 또한 세례자 요한의 증언의 대상은 오직 예수이다. 세례자는 빛인 예수를 증언한다(요 1:7, 8, 15). 그는 예수를 하나님의 어린 양(요 1:29b, cf. 요 1:36b)과 성령으로 세례를 주는 이(요 1:33d), 그리고 하나님의 아들(요 1:34)로 증언한다. 그의 증언은 철저히 예수 그리스도에 맞추어져 있다.

둘째, 세례자 요한의 증언은 믿음을 목적으로 한다(요 1:7b). 세례자 요한의 증언은 단순히 예수를 이스라엘에 나타내기 위한 것만이 아니다. 그의 증언은 언제나 사람들의 믿음을 목적으로 한다. 그는 모든 사람이 "그로 말미암아" 믿게 하려고 그리스도를 증언했다(요 1:7b). 그는 오직 진리만 증언했고(요 5:33) 그의 말은 다 참이었다. 그의 증언으로 많은 사람이 예수를 믿었다(요 10:41). 이처럼 세례자 요한은 진리의 증언자이자 믿음을 위한 증언자이

---

[72] 요한복음에서 '보는 것'은 증언의 절대적인 근거가 된다. Bennema, "The Character of John in the Fourth Gospel," 272: "The Fourth Gospel gives special attention to *eye*witnesses"; 이복우, 『내 뒤에 오시는 이』(수원: 합신대학원출판부, 2011, 2013), 308-309. Cf. Dorothy Lee, "The Gospel of John and the Five Sense," *JBL* 129 (2010): 115-127, esp. 117-120.

다.⁷³ 이것은 그가 예수 그리스도를 이스라엘에 나타내는 증언자이면서 동시에 궁극적으로는 믿음을 목적으로 하는 믿음의 중개자라는 사실도 잘 보여준다. 요한복음은 세례자 요한에 관한 기사를 '믿음'과 함께 시작하고(요 1:6-8) '믿음'으로 마친다(요 10:41-42). 전자는 그가 증언을 통한 믿음의 중개자임을 밝히며, 후자는 그에 대한 최종적인 평가로서, 그의 말로 행해진 증언이 사람들의 믿음을 촉발함으로써 믿음의 중개자로서 그의 사역이 성공적이었음을 확정한다.⁷⁴

세례자 요한은 하나님의 보냄을 받아 이 땅에 왔다. 그는 신적 권위를 가지고 예수의 정체를 이스라엘에 증언하였고, 그로 말미암아 사람들이 예수를 믿도록 하였다. 요약하면, 세례자 요한의 선교는 예수에 대한 그의 증언과 예수에 대한 그의 믿음의 중개를 통하여 성취되었다.

2. 예수 그리스도

요한복음에서 예수가 아버지와 자신의 관계를 나타내는 주요 주

---

[73] Bennema, "The Character of John in the Fourth Gospel," 273.

[74] 요한복음의 세례자 요한에 대한 자세한 내용은 이복우, "요한복음의 세례자 요한의 정체와 역할", 「교회와 문화」 29 (2012): 133-164와 본서 '제7장. 세례자 요한('Ιωάννης ὁ βαπτιστής)의 정체와 역할'을 보라.

제는 선교이다.[75] 이것은 예수가 자주 하나님을 "나를 보내신 이"[76]로 표현하는 것에서 잘 증명된다. 예수는 "그(하나님)가 보내신 이"(요 5:38; 17:3)이며 또한 하나님에 의해 '보냄을 받은 자'이다. 따라서 예수는 하나님의 권한을 부여받은 대행자로서[77] 이 땅에서 선교적 사명을 수행한다. "예수는 세상을 구원하고 나라들을 믿음으로 이끌기 위해 왔다. 그 자신이 첫 번째 선교사이며, 그의 십자가에 달림은 구원을 위한 길을 이방인들에게 열어젖혔다(요 4:1-44; 12:20-50)."[78] 이러한 예수의 선교는 원리와 방법으로 구분된다.

1) 예수의 선교 원리

예수의 선교 원리는 보냄 받은 자인 예수가 그를 보낸 하나님에 대해 갖는 관계에서 발견된다. A. J. Köstenberger는 이에 대하여 다음과 같이 정리했다. 1. 보낸 자를 상세하게 안다(요 7:29; cf. 요

---

[75] Kolb, "Those Who Are Sent," 12: "Indeed, a major motif which John reports that Jesus used to describe His relationship with the Father is that of 'mission.'"

[76] 요 4:34; 5:24, 30; 6:38, 39; 7:16, 28, 33; 8:26, 29; 9:4; 12:44, 45; 13:20; 15:21; 16:5. Cf. 5:23, 36, 37; 6:44, 57; 8:16, 18, 42; 11:42; 12:49; 14:24; 17:21, 23, 25; 20:21.

[77] Marshall,『신약성서 신학』, 634: "동사 '보내다'는 세상에서 하나님과 예수 사이의 중요한 관계를 나타낸다. 유대교적 개념인 shaliach(히. 보내다)는 보내는 자의 권위를 가지는 말로 쓰이며, 예수가, 그에게 중요한 기능들이 위임된, 하나님의 권한을 부여받은 대행자임을 강조한다(요 3:17; 4:34; 5:23-24, 36; 6:29, 38-39; 10:36; 11:42; 17:3)."

[78] J. Beutler, "Greeks Come to See Jesus (John 12, 20f)," Biblica 71 (1990): 333-347, esp. 346: "Jesus came to save the world and to lead the nations to belief. He himself is the first missionary, and his exaltation on the cross opens to the gentiles the path to salvation."

15:21; 17:8, 25). 2. 보낸 자의 영광과 존귀를 구한다(요 5:23; 7:18). 3. 보낸 자와 친밀한 관계 속에서 산다(요 8:16, 18, 29; 16:32). 4. 보낸 자의 뜻(요 4:34; 5:30, 38; 6:38-39)과 일(요 5:36; 9:4)을 행한다. 5. 보낸 자의 말씀을 말한다(요 3:34; 7:16; 12:49; 14:10b, 24). 6. 보낸 자의 본을 따른다(요 13:16). 7. 보낸 자에게 해명할 책임을 진다(passim; cf, esp. 요 17장). 8. 보낸 자를 증언한다(요 5:36; 7:28 = 8:26). 9. 보낸 자를 정확히 묘사한다(요 12:44-45; 13:20; 15:18-25). 10. 위임받은 권한을 실행한다(요 5:21-22, 27; 13:3; 17:2; 20:23).[79]

2) 예수의 선교 방법

예수의 선교 방법은 요한복음 전체에서 다양하게 나타난다. 예수의 선교는 그의 성육신과 지상 사역뿐 아니라, 승천 후 보혜사를 보냄으로써 천상에서도 계속된다.

(1) 성육신

요한복음은 예수를 "하늘에서 내려온 자"로 묘사한다(요 3:13, 31; 6:33, 38, 42, 50, 51, 58, 62). 예수는 땅에 존재하기 전에 하늘에 계시던 분이다. 이것은 단순히 예수의 존재에 관한 공간성을 말하려는 것이 아니라 그의 선재성을 말하는 것이며, 그의 성육신을

---

[79] Köstenberger, "The Challenge of a Systematized Biblical Theology of Mission: Missiological Insights from the Gospel of John," 449. Cf. Köstenberger and O'Brien, *Salvation to the Ends of the Earth*, 208-209.

나타내는 것이다. 예수의 선교는 그의 성육신으로 시작되었다. 예수는 "육신"(σάρξ)이 되었다. 예수는 "육으로 난 것은 육(σάρξ)이요"(요 3:6)라고 말씀하였다. 이 말씀은 인간적인 모든 것이 육신(σάρξ)이며, 그것은 곧 자연적인 출생의 원리이자[80] 아래서 난 것이며 하나님과 분리된 인간적 특성이라는 것을 의미한다. 그래서 인간 육신으로는 결코 하나님의 자녀가 될 수 없으며 하나님 나라에 들어갈 수도 없다. 그런데 놀랍게도 이 문제를 해결하기 위해 예수가 친히 육신이 되었다(γίνεσθαι σάρξ). 이것은 사람이 하나님께 갈 수 없기에 하나님이 사람에게 직접 오신 것이다. 사람이 "육신의 소원으로"(ἐκ θελήματος σαρκός)는 하나님의 자녀가 될 수 없기에(요 1:13), 예수가 친히 육신이 되어 사람으로 하나님의 자녀가 되게 하신 것이다. 즉 인간 육신이 할 수 없는 일을 하나님이 육신이 되어 이루셨다.[81]

(2) 거하심

그런데 예수의 성육신은 그의 '되심'(γίνεσθαι) 뿐만 아니라 그의 '거하심'(σκηνοῦν)에 대한 총칭이다.[82] 예수의 성육신은 그가 '육신이 되심'에서 끝나지 않고 그가 우리 가운데 '거하심'(inhabitation)

---

[80] A. J. Köstenberger, "John," in ed. by G. K Beale, and D. A. Carson, *Commentary on the New Testament Use of the Old Testament* (Grand Rapids: Baker Academic, 2007), 40.

[81] 이복우, 『내 뒤에 오시는 이』, 254.

[82] 예수의 성육신에 대한 자세한 내용은 이복우, 『내 뒤에 오시는 이』, 251-260과 본서 '제5장. 로고스(λόγος) 신학'을 보라.

으로 이어진다. 그래서 "말씀이 육신이 되었다"는 진술은 바로 뒤에 따라오는 "우리 가운데 거하셨다"(ἐσκήνωσεν ἐν ἡμῖν, 요 1:14a)는 진술의 토대가 된다.[83] 예수의 '성육신'은 그의 육신이 되심과 그의 거하심 둘 다를 통합하여 일컫는 용어이다. 그러면 예수의 거하심은 구체적으로 어떻게 나타났는가?

요한은 예수를 이동하는 예수, 활보하는 예수로 묘사한다. 예수는 갈릴리 가나의 혼인 잔치에 참여하고, 사마리아 여자를 찾아가 만난다.[84] 예수는 예루살렘에 올라가서 베데스다 못가의 행각에 누워 있는 38년 된 병자를 만난다. 예수는 올라가고(ἀναβαίνειν 요 5:1) 병자는 "거기에 … 있었다"(ἦν … ἐκεῖ, 요 5:5). 여기에 예수의 운동성과 병자의 정지성이 대조된다. 나사로는 죽어 무덤에 있으나 예수는 그를 살리려 베다니로 간다(πορεύομαι, 요 11:11, cf. ἐλθών, 요 11:17, ἔρχεται, 요 11:38). 이 외에도 예수는 이 땅에 있는 동안 계속해서 사람들을 찾아가며 쉬지 않고 이동한다. 이에 대하여 R.

---

[83] Cf. J. Painter, "Christology and the Fourth Gospel: A Study of the Prologue," *ABR* 31 (1983): 50.

[84] Andreas J. Köstenberger는 요한복음 1-12장은 유대인들에 대한 예수의 지상 선교를 묘사하며, 13-21장은 승귀한 예수의 세상에 대한 선교를 서술한다고 주장한다("The Challenge of a Systematized Biblical Theology of Mission: Missiological Insights from the Gospel of John," 449; Köstenberger, "The Place of Mission in New Testament Theology: An Attempt to Determine the Significance of Mission within the Scope of the New Testament's Message as a Whole," 358; "the entire first half of his Gospel is devoted to Jesus' ministry to the Jews."). 그러나 이러한 이분법적 구분은 설득력이 거의 없다. 요한복음 1-12장에는 유대인뿐만 아니라 사마리아인(4장)과 헬라인(12장)에 대한 선교가 포함되어 있고, 또한 요한복음 13-21장은 여전히 예수의 지상 사역을 말씀하고 있기 때문이다. 예수는 계속해서 제자들을 교육하며, 빌라도에게 자신의 나라(요 18:36)와 권세(요 19:11, cf. 요 3:3, 7, 31)를 말하며, 십자가에 못 박힌 후 자신의 영혼을 내주셨다(παραδιδόναι, 요 19:30).

Kolb는 다음과 같이 말했다.

"요한복음은 전체에서 항상 움직이고 있는 예수를 묘시히고 있다. 예수는 갈릴리 가나에서 가버나움으로 내려가고, 그러고 나서 예루살렘으로 올라간다(요 2:12-13). 그는 그가 나그네 그룹으로 만들고 있었던 제자들을 위해 길 위의 삶의 본보기가 되었다."[85]

인간은 "최선의 순간에도 타락해 있었다."[86] 그러나 예수는 그러한 인간을 심판하기 위해서가 아니라 구원하기 위해(요 3:17, cf. 요 6:38-39; 12:49-50) 육신이 되었고 우리 가운데 거하셨다. 예수의 '거하심'은 한곳에 머묾이 아니라 여러 곳으로의 이동이다. "예수는 자기 백성을 회복시키기 위한 선교를 위해 항상 움직이고 있는 하나님이다."[87] 그리하여 그는 사람들 가운데 살며 사람들의 고통을 체휼하고 죽음의 길을 가는 사람들에게 영생의 은혜를 베풀었다.

(3) 아버지를 나타냄

성육신한 예수의 활동을 설명하는 요한복음 1:18b에는 "나타내

---

[85] Kolb, "Those Who Are Sent," 12.

[86] Gerald Bray, "Explaining Christianity to Pagans: The Second Century Apologists," in Kevin J. Vanhoozer (ed.), *The Trinity in A Pluralistic Age: Theological Essays on Culture and Religion* (Grand Rapids: Eerdmans, 1997), 25. Peskett, Ramachandra, 『선교』 (*The Message of Mission: the Glory of Christ in All Time and Space*), 110에서 재인용.

[87] Kolb, "Those Who Are Sent," 13.

셨다"(ἐξηγεῖσθαι)라는 아주 특이한 단어가 사용되었다. 이 단어는 요한복음에서 오직 여기에서만 발견되며,[88] 전형적으로 어떤 주제에 대하여 충분한 설명을 하는 것을 의미한다(눅 24:35; 행 10:8; 15:12, 14; 21:19).[89] 또한 고전 그리스어에서 이 단어는 신적 비밀들을 공표하거나 설명하는 데 사용되었고,[90] 신약 성경과 초기 기독교 문서에서는 '보고하다', '해석하다', 특히 '신적 비밀들을 계시하다'는 의미로 사용되었다.[91] 이 단어로부터 전문적인 신학 용어인 석의(exegesis)라는 말이 나왔다.[92] 그러므로 본래 아무도 보지 못한 하나님을 예수가 '나타냈다'는 것은 그가 하나님에 대한 진정한 해석자가 된다는 뜻이다.[93] 오직 하나님에게서 온 예수만이 아버지를 보았기에(요 6:46) 그는 아무도 볼 수 없고, 본 사람이 없

---

[88] Cf. 눅 24:35; 행 10:8; 15:14, 14; 21:19.

[89] Andreas. J. Köstenberger, *A Theology of John's Gospel and Letters* (Grand Rapids: Eerdmans, 2009), 382, f. n. 161.

[90] D. J. MacLeod, "The Benefits of the Incarnation of the Word: John 1:15-18," *BSac* 161 (2004): 189.

[91] R. E. Brown, *The Gospel according to John I-XII*, vol. I (2 vols) (New York: Doubleday, 1966), 17-18: "The verb ἐξηγεῖσθαι means 'to lead' but is not attested in this meaning in the NT or in early Christian literature (BAG, 275); there it means 'to explain, report,' and especially, 'to reveal [divine secrets]'."

[92] Carson, *The Gospel according to John*, 135.

[93] O. Cullmann, "The Theological Content of the Prologue to John in Its Present Form," in *The Conversation Continues: Studies in Paul and John in Honor of J. Louis Martyn*, ed. R. T. Fortna, B. R. Gaventa (Nashville: Abingdon, 1990), 295-298; F. F. Bruce, *The Gospel of John: Introduction, Exposition, and Notes* (Grand Rapids: Eerdmans, 1983), 45: "… the Son is the 'exegete' of the Father"; Carson, *The Gospel according to John*, 135: "… Jesus is the exegesis of God. … Jesus is the narration of God. … he is 'the Word', God's Self-expression." Cf. Ferdinand Hahn,『신약성서신학 I』(*Theologie des Neuen Testaments* I), 강면광 외 역 (서울: 대한기독교서회, 2007), 666: "예수 안에서 하나님이 자신을 계시하신다."

는 하나님을(요 1:18a, cf. 요 5:37) 보여 준다. 성육신한 예수는 하나님의 숨겨진 실상에 대한 해설이다.[94] 이런 까닭에 예수는 "나를 알았더라면 내 아버지도 알았으리라"(요 8:19b; 14:7), "나를 본 자는 아버지를 보았거늘"(요 14:9)이라고 말씀하셨고, "나와 아버지는 하나이니라"(요 10:30; cf. 요 14:10, 11), "나를 보는 자는 나를 보내신 이를 보는 것이니라"(요 12:45)고 말씀하신 것이다. 아버지는 불가시적 존재이며, 예수는 그에 대한 해석자이다. 이 해석자가 하나님의 품 속에 있는 가장 깊은 비밀까지 아시고 보여주었다. 하나님의 품이 활짝 열려 공개된 것이다.[95] 예수는 아버지와 위엣 것을 계시하기 위해 보냄을 받은 사자이다. 그는 세상에 볼 수 없는 아버지를 볼 수 있게 나타낸다. 보냄을 받은 자인 예수 안에서 세상은 말씀하시는 하나님을 듣고 일하시는 하나님을 본다.[96] 이처럼 예수는 하나님에 대한 해석과 계시를 통해 그의 선교를 이루었다.

(4) 말씀, 교훈, 일

하나님이 보내신 이는 하나님의 말씀을 한다(요 3:34). 예수는 자의로 말하지 않는다. 그를 보내신 아버지께서 그에게 말할 것과

---

[94] Craig S. Keener, *The Gospel of John: A Commentary*, vol. 1 (Peabody: Hendrickson Publishers, 2003), 424: "… the term suggests that Jesus fully interprets God, … Jesus unveils God's character absolutely. … Jesus is the perfect revealer."

[95] John Calvin, *The Gospel according to St. John 1-10* (Calvin's New Testament Commentaries) translator T. H. L. Parker (Grands Rapids: Eerdmans Publishing Company, 1961), 26.

[96] Mercer, "Jesus the Apostle: 'Sending' and the Theology of John," 459.

이를 것을 친히 명령하여 주셨다(요 12:49). 예수는 아버지가 가르치신 대로 말한다(요 8:28). 예수의 말은 아버지께서 그의 안에 계셔서 그의 일을 하시는 것이다(요 14:10). 예수는 아버지가 그에게 준 말씀을 제자들에게 준다(요 17:8). 이런 까닭에 예수에게서 듣는 말은 예수의 말이 아니라 그를 보내신 아버지의 말씀이다(요 14:24). 또한 예수의 교훈은 그의 것이 아니라 그를 보내신 이의 것이다(요 7:16, 17). 나아가서 예수는 아버지의 뜻을 이룬다. 예수가 하늘에서 내려온 것은 자기 뜻을 행하려 함이 아니라(요 6:38, 39) 그를 보내신 이의 뜻을 행하며(요 5:30) 그의 일을 온전히 이루기 위해서이다(요 4:34; 10:37). 예수는 그의 아버지의 이름으로 일을 하며(요 10:25) 아버지께서 그에게 하라고 주신 일을 이루어 아버지를 이 세상에서 영화롭게 한다(요 17:4). 예수는 독립적 목적을 가지지 않으며 순전히 하나님의 의도에 의존한다. 그래서 예수는 자주 자기를 보내신 아버지를 언급함으로써 자신의 말씀과 교훈과 일에 권위를 부여한다(요 5:24, 30, 36-38; 6:29, 44, 57; 7:16, 18, 28-29, 33; 8:16, 18, 26, 29, 42; 9:4; 10:36; 11:42, 44-45, 49; 14:24; 15:21; 16:5; 17:3, 8, 21, 23, 25). 예수의 모든 일은 아버지께서 그를 보내신 것에 대한 증거이다(요 5:36). 결국 예수의 선교는 그가 하나님께로 가는 유일한 길이 된다는 것을 밝히 보여준다(요 14:6).[97]

이와 함께 예수는 그의 표적과 담화, 그리고 "나는 …이다"(ἐγώ

---

[97] 이복우, 『내 뒤에 오시는 이』, 241.

εἰμι)라는 말씀을 통해 그 자신의 정체를 증언하였다.[98] 이것은 예수의 선교의 독특성을 보여준다. 그는 선교의 실행자이자 동시에 선교의 내용이다.

(5) 대화

요한복음에 나타난 예수의 선교 방법 중 또 다른 하나는 대화이다. 예수는 첫 제자들을 부를 때 "무엇을 구하느냐"고 물었고 "와서 보라"고 대답했다(요 1:37-39). 예수는 대화를 통해 베드로, 빌립, 나다나엘을 제자로 불렀다. 또한 예수는 유대인들과 계속 대화와 논쟁을 했고(요 2:18-22; 5:10-47 등), 니고데모와 거듭남에 대하여 이야기했다(요 3:1-21). 예수는 사마리아 여자와 대화함으로써 사마리아 사람들을 믿음으로 이끌었고(요 4:7-42), 병자들을 고칠 때(요 5:1-9; 9:1-12 등), 제자들을 교육할 때(요 6장 등)도 대화했다. 나아가서 예수는 형제들과 토론했으며(요 7:1-9), 간음한 여자(요 8장), 무리(요 6:22-59 등), 사랑하는 자들(요 11:1-44), 제자들(요 13-16장, 20-21장 등), 빌라도(18:33-38; 19:9-11) 등과 대화했다. 이 외에도 예수는 많은 사람과 대화함으로써 그가 아버지로부터 보냄을 받은 목적을 이룬다.

(6) 제자 삼음, 교육, 증인으로 세움, 파송

예수는 세상에서 제자들을 선택하고 세운다. "너희가 나를 택한

---

[98] Cf. 조병수, 『신약성경총론』, 173f.

것이 아니요 내가 너희를 택하여 세웠나니"(요 15:16). 예수가 제자 삼은 목적은 그들이 '가서' 항상 '열매를 맺도록' 하기 위해서이다(요 15:16b). 이를 위해 예수는 제자들을 교육한다. 이에 대한 좋은 예가 요한복음 6장에서 발견된다. 6장은 매 단락에서 제자들을 언급한다. 첫째 단락인 오병이어 표적(요 6:1-15)에서는 "제자들과 함께"(3), "제자들에게 이르시되"(12)가, 둘째 단락인 예수가 바다를 걸은 사건(요 6:16-21)에서는 "저물매 제자들이"(16), "제자들이 노를 저어"(19)가, 셋째 단락인 유대인들과의 논쟁(요 6:22-65)에서는 "제자들과 함께"(22), "제자들만 가는 것을"(22), "제자들도 없음을"(24), "제자 중 여럿이 듣고"(60)가, 넷째 단락(요 6:66-71)에서는 "제자 중에서 많은 사람이 떠나가고"(66), "열두 제자에게 이르시되"(67)가 언급된다. 그리고 예수는 제자들을 교육하기 위해 계속해서 제자들에게 질문한다. "어디서 떡을 사서 이 사람들을 먹이겠느냐"(5), "이 말이 너희에게 걸림이 되느냐"(61), "너희도 가려느냐"(67). 이와 더불어 각각의 단락에서 산(3), 바다(16, 17, 18, 19), 도시(가버나움, 24, 25)가 제자 교육의 장소로 사용되었다.

또한 예수는 제자들을 증인으로 세운다. 이 사실은 첫 번째 표적의 결과에 대하여 말하는 "제자들이 그를 믿으니라"(요 2:11)에 잘 나타난다. 제자들이 표적으로 인해 예수를 믿은 것은 그들에게 증인의 사명이 주어진 것을 의미하기 때문이다. 요한은 제자들을 이 표적 사건의 시작(요 2:2)과 마지막(요 2:11)에 등장시킴으로써 inclusio를 만들고 있다. 그들은 결혼 예식에 참석했고, 예수가 행한 표적의 결과로 그를 믿었다. 그들은 처음부터 끝까지 이 표적을 지켜보았다. 이것은 예수가 그의 '제자들 앞에서'(ἐνώπιον τῶν μαθητῶν [αὐτοῦ]) 표적을 행한 것을 의미한다(요 20:30). 그런데 요한복음에서 '제자들 앞에서'는 증언의 의미가 있다. "그 이유는 예수가 제자들 앞에서 많은 표적을 행하였고(요 20:30), 그중에 한 제자가 요한복음을 기록하고 그 내용을 증언하는 자이기 때문이다(요 21:24). 예수는 제자들 앞에서 행하였고 그중 한 제자가 기록자와 증언자가 되었다. 따라서 예수가 '제자들 앞에서' 행한 것은 증언을 위한 것이다.[99] ⋯ 결과적으로 예수는 표적을 제자들 '앞에서' 행함으로써 그들로 하여금 증인이 되게 했다."[100]

나아가서 예수는 제자들을 파송한다. 예수가 제자들을 파송한 것은 그가 하늘로 돌아가기 때문이다(요 16:28). 예수는 십자가에 못 박히기 전, 하나님께 기도하면서 "아버지께서 나를 세상에 보내신 것 같이 나도 그들을 세상에 보내었다"(요 17:18; cf. 4:38)고 말씀한다. 또한 예수는 부활 후에 제자들에게 나타나서 "아버지께서 나를 보내신 것 같이 나도 너희를 보내노라"(καθὼς ἀπέσταλκέν με ὁ πατήρ, κἀγὼ πέμπω ὑμᾶς, 요 20:21)고 말씀한다.

예수의 선교는 제자들을 불러 양육하고 증인 삼아 위임하고 파

---

[99] Morris, *The Gospel according to John*, 855: "Notice that he speaks of the signs as having been done 'in the presence of the disciples.' That is to say the disciples were witnesses of them"; H. N. Ridderbos, *The Gospel of John: A Theological Commentary*, translated by John Vriend (Grand Rapids: Eerdmans, 1997), 651: "Here again we see the distinction made in vs. 29 between those who have 'seen' and those who have not. … The Evangelist ascribes this undeniable apostolic character to their witness and thus also to his own reporting."

[100] 이복우, 『내 뒤에 오시는 이』, 144-145; 이복우, 「신학정론」 30 (2012): 88.

송하는 일이다. 그리하여 예수는 보냄 받은 자가 아닌 보내는 자로서의 역할을 수행한다. 이제 예수에 의해 보냄을 받은 제자들은 예수의 본을 따라 그의 선교의 원리들을 이행해야 해야 한다.[101]

(7) 죽음

예수의 선교는 사람들을 그에게로 '이끄는 것'(ἕλκειν, ἑλκύειν)이다. "내가 땅에서 들리면 모든 사람을 내게로 이끌겠노라"(요 12:32, cf. 6:44). 또한 예수의 선교는 흩어진 하나님의 자녀를 '모으는 것'(συνάγειν)이다(요 11:52). 이를 위해 예수는 목숨을 버림으로써 "이 우리에 들지 아니한 다른 양들"을 인도하여 들인다(요 10:15b-16). 그러므로 예수의 선교는 그의 죽음과 직결된다. 예수의 '들림'(ὑψοῦν, 요 3:14bis; 8:28; 12:32, 34)은 그의 십자가 죽음을 의미하며, 이것은 요한의 선교 신학의 핵심이다. "내가 진실로 진실로 너희에게 이르노니 한 알의 밀이 땅에 떨어져 죽지 아니하면 한 알 그대로 있고 죽으면 많은 열매를 맺느니라"(요 12:24). 밀알에 관한 예수의 이 말씀은 그의 죽음에 의해 하나님의 새 백성이 탄생할 것이며, 흩어진 하나님의 자녀들이 하나가 될 것이고, 양들이 한곳에 모여질 것을 암시한다. "생물학적 질서에 타당한 것이 영적 영역에서도 타당하다. 그것은 죽지 않고는 생명이 생겨날 수 없다는 것이다(요 12:24)."[102] 예수는 사람들을 위한 희생제물로

---

[101] Cf. Köstenberger and O'Brien, *Salvation to the Ends of the Earth*, 208-209.

[102] Peskett, Ramachandra, 『선교』 (*The Message of Mission: the Glory of Christ in All Time and Space*), 285.

그 자신을 주었다.[103] 이 죽음은 예수의 승귀로 이어진다. 그러므로 요한은 "들려야 하리니"(요 3:14; 8:28; 12:32, 34)와 '영광'의 "때"(요 12:27-28; 13:1; 17:1, 4-5 등)를 말한다.

예수의 십자가 죽음이 사람들을 그에게로 이끄는 선교를 성취한다. 인자가 십자가에 들릴 때, 예수는 세상을 위한 선교를 완성한다. 예수의 선교의 절정은 그의 십자가 죽음이다. 이 죽음으로 구속이 완성된다. "다 이루었다!"(τετέλεσται, 요 19:30). 예수는 구속을 완성하기 위해 스스로 목숨을 버린다. 요한은 예수의 죽음을 "영혼이 떠나가시니라(παρέδωκεν)"(요 19:30)는 특이한 방식으로 설명한다. 이 말씀을 직역하면 "그가 영혼을 내주었다"이다. 그러므로 이것을 단순히 "돌아가셨다" 또는 "숨을 거두었다," "영혼이 떠났다"로 말하는 것은 예수의 사역이 가지고 있는 큰 흐름을 이해하지 못한 것이다. 요한이 예수가 머리를 숙이고 영혼을 내어주었다고 표현한 것은 예수의 죽음이 인류의 구원을 다 이루기 위한 그의 자발적인 행동이었다는 것을 강조한다.[104] 이것은 이미 예수가 말씀한 바와 같다. "이를 내게서 빼앗는 자가 있는 것이 아니라 내가 스스로 버리노라"(요 10:18).

생명인 예수가 죽어서 죽어 있는 인류에게 생명을 준다. "내가 온 것은 양으로 생명을 얻게 하고 더 풍성히 얻게 하려는 것이라"

---

[103] 예수의 죽음의 희생적 특징은 전치사 ὑπέρ에 의해 잘 표현된다(요 6:51; 10:11, 15; 11:50, 51, 52).

[104] B. F. Westcott, *The Gospel according to St. John* (Grand Rapids: Eerdmans Publishing Company, 1881, 1981), 278: "The death itself is described as a voluntary act."

(요 10:10). 예수는 생명을 주기 위해 왔다. 부요하신 예수가 자신의 생명을 내주어 가난하여짐으로써 가난한 자들이 풍성한 생명을 얻게 되었다. 예수는 첫 번째 선교사이며, 그의 십자가에 달림은 구원을 위한 길을 이방인들에게 열어젖혔다(요 4:1-44; 12:20-50).[105]

3. 성령

요한은 성령을 선교와 밀접하게 연결한다. 요한복음의 성령은 선교의 성령이다. 성령은 선교를 위해 결정적이다.[106]

첫째, 성령은 사람을 거듭나게 하며(요 3:5; 6:63) 하나님 나라에 들어가게 한다(요 3:5). 성령은 중생의 성령이며 거듭남의 원천(ἐκ)이다.

둘째, 성령은 보혜사이다(요 14:16, 26; 15:26; 16:7). 보혜사 성령의 가장 중요한 역할은 예수 그리스도의 말씀을 생각나게 하는 것이다. 이런 의미에서 성령은 진리의 영으로 불린다(요 14:17; 15:26).[107] 그런데 보혜사의 선교는 예수의 선교와 밀접하게 관련된다. 그의 선교는 예수의 선교와 같은 용어로 설명된다. 아버지가 그를 '보낼' 것이다(요 14:26).[108] 그 또한 '증언할' 것이다(요

---

[105] Beutler, "Greeks Come to See Jesus (John 12, 20f)," 346.

[106] Senior, Stuhlmueller, *The Biblical Foundations for Mission*, 286: "…, the Spirit is crucial for mission."

[107] 조병수, 『신약성경총론』, 179.

[108] 요 14-16장에서 성령(보혜사)의 오심이 다섯 번 약속되었다(요 14:16-18, 26; 15:26; 16:7-11; 16:13-15).

15:26). 예수가 진리이듯이(요 14:6) 성령도 진리의 영이다(요 14:17). 아버지가 그의 아들을 세상에 선물로 주셨듯이(요 3:16) 아버지는 '다른 보혜사'를 주실 것이다(요 14.16).[109] 그리하여 보혜사 성령은 예수의 선교를 계속한다.

셋째, 부활한 예수의 파송 명령이 성령 수여와 결합하여 있다.[110] 예수가 "아버지께서 나를 보내신 것 같이 나도 너희를 보내노라"(요 20:21)고 말씀하면서 제자들에게 성령을 준 것(요 20:22)은 선교에는 반드시 성령의 역사가 후원되어야 한다는 것을 보여준다. 성령은 제자들의 선교를 가능하게 만든다. 특히 예수가 숨을 내쉬면서 제자들에게 "성령을 받으라"(λάβετε πνεῦμα ἅγιον, 요 20:22)고 한 것은 성령의 역사가 변화와 관련이 있다는 것을 알려준다. "숨을 내쉬었다"(ἐνεφύσησεν, ἐμφυσάω)는 말은 정확하게 창세기 2:7("불어넣었다," LXX. ἐνεφύσησεν)을 연상시킨다. 창세기에서 하나님께서 흙으로 만든 인간에게 "생기를"(πνοὴν ζωῆς) 불어넣어 변화를 일으켰듯이, 요한복음에서 예수는 두려움에 사로잡힌 제자들에게 "성령을"(πνεῦμα ἅγιον) 불어넣어 변화를 일으킨 것이다.[111] 그러므로 성령은 새 창조의 영이다. 예수로부터 이 영을 받은 제자들은 예수에 의해 새로운 생명을 창조하는 일에 보냄을 받았다. 성령은 사람들의 마음에 예수의 선교를 계속하며, 신적 생명

---

[109] McPolin, "Mission in the Fourth Gospel," 119.

[110] Ferdinand Hahn, 『신약성서신학 II』 (*Theologie des Neuen Testaments* II), 김문경, 김희영 옮김 (서울: 대한기독교서회, 2010), 323.

[111] 조병수, 『신약성경총론』, 178.

을 주입한다.[112] "이는 예수, 성령의 선교와 세상에 대한 제자들의 선교 사이에 절대적인 연결이 있음을 보여준다."[113]

4. 제자들

예수는 교회를 대표하는 제자들을 보낸다. 제자들은 예수에 의해 세상으로 보냄을 받아(요 17:18; 20:21) 성령의 도움으로 예수의 선교를 성취한다. 제자들의 선교에는 다음과 같은 특징들이 있다.

첫째, 예수의 선교는 제자들의 선교의 모범이자 기초와 토대이다.[114] "아버지께서 나를 세상에 보내신 것 같이 나도 그들을 세상에 보내었고"(요 17:18)는 "아버지께서 나를 보내신 것 같이 나도 너희를 보내노라"(요 20:21)로 바뀌었다. 예수는 의도적이고도 더 정확하게 자기의 선교를 제자들의 선교의 모범으로 삼았다. 따라서 제자들의 선교 이해는 예수의 선교 이해로부터 유추되어야 한다.[115]

둘째, 제자들은 예수의 대행자들이다. "아버지께서 나를 보내

---

[112] McPolin, "Mission in the Fourth Gospel," 119.

[113] R. Wade Paschal, "Farewell Discourse," in *Dictionary of Jesus and the Gospels*, edited by Joel B. Green, Scot McKnight, and I. Howard Marshall (Downers Grove, Ill.: InterVarsity, 1992), 264: "These texts show the integral connection between the mission of Jesus, the Holy Spirit and the disciples' mission to the world."

[114] Stuart Love, "The Mission of the Church in the Gospel according to John," *Leaven* 7 (1999): 14; Nissen,『신약 성경과 선교: 역사적, 해석학적 관점들』, 127.

[115] John R. W. Stott, *Christian Mission in the Modern World* (Downers Grove, Ill.: InterVarsity, 1975), 23.

신 것같이 나도 너희를 보내노라"(요 20:21, cf. 17:18)는 말씀은 요한복음의 선교의 근본 원리이면서[116] 동시에 제자의 선교가 예수의 선교를 계속하는 깃임을 나타낸다.[117] 예수의 선교는 제자들의 선교가 된다. 이것은 예수와 제자들 간의 선교에 대한 상호작용이다. "제자들은 예수의 유일한 인격적 특성들과 그의 배타적인 주장들과 제자 됨의 요구를 다시 나타내기(re-present) 위해 예수에 의해 보냄을 받은 그의 대리인들(representatives)이다. … 제자들은 예수의 대행자와 전달자와 증언자이다."[118] 아들의 선교는 그가 아버지께로 승귀함으로써 끝나지 않는다. 성취의 형태는 변화되어도 선교는 계속될 것이고 효과적일 것이다. 제자들은 새로운 어떤 일을 시작하기보다 예수의 일을 수행하도록 위임받았다.[119]

물론 예수와 제자들 사이에는 중요한 차이들이 있다. 예수가 세상에 보냄을 받은 것은 성육신과 속죄 사역 모두를 수반한다. 반면에 제자들은 성육신할 수 없고 죄인들을 위해 죽을 수도 없다. 그럼에도 제자들이 예수처럼 세상으로 보냄을 받았다는 사실은 선교에 대한 우리의 이해를 구체화한다. 그것은 선교가 그리스도의 권위 아래 있다는 것(우리는 보냄을 받은 것이지 자원자가 아니다)과

---

[116] Love, "The Mission of the Church in the Gospel according to John," 14.

[117] Paschal, "Farewell Discourse," 33; Kysar, "'As You Sent Me': Identity and Mission in the Fourth Gospel," 372.

[118] Köstenberger, "The Challenge of a Systematized Biblical Theology of Mission: Missiological Insights from the Gospel of John," 454.

[119] Köstenberger and O'Brien, *Salvation to the Ends of the Earth*, 222.

그리스도가 우리에게 오신 것처럼 우리도 실제로 다른 사람들의 세계에 들어간다는 것이다.[120]

그러므로 제자들은 선교를 통해 예수의 특성을 구현해야 한다. 예수가 아버지의 뜻을 행한 것처럼, 그들은 예수의 일들을 실행해야 한다. 또한 예수가 아버지의 말씀을 말한 것처럼 그들도 예수의 말씀을 말해야 한다. 예수에 대한 제자들의 관계는 아버지에 대한 예수의 관계를 반영해야 한다. 이러한 상응은 요한복음 20:21에 있는 καθώς(just as)라는 말에서 잘 나타난다.[121]

선교 신학에 대한 요한의 특별한 공헌은 아버지의 아들 보냄이 아들의 제자들 보냄을 위한 모범(model) (καθώς의 비교적 측면)과 근거(ground) (καθώς의 해석적 측면[122])로 이바지한다는 것이다. 제자들의 선교는 아들의 선교를 계속하는 것이다. 그리고 이것은 아들이 선교하는 동안에 아버지가 아들에게 보여야 했던 것처럼, 아들은 제자들이 선교하는 동안에 그들에게 보여야 할 것을 요구한다.[123]

---

[120] Stott, *The Contemporary Christian*, 265.

[121] Köstenberger and O'Brien, *Salvation to the Ends of the Earth*, 222.

[122] καθώς의 비교적 측면과 해석적 측면에 대한 언급은 Brown의 견해가 아니라 Köstenberger and O'Brien이 *Salvation to the Ends of the Earth*, 222에서 Brown의 글을 인용하면서 추가한 내용이다.

[123] R. E. Brown, *The Gospel according to John XIII-XXI*, vol. II (2 vols) (New York: Doubleday, 1966), 1036.

셋째, 제자들의 선교는 성령의 역사로 이루어진다. 예수에 의해 보냄을 받은 제자들은 하나님이 주신 그들의 역할을 수행하기 위해 성령을 필요로 한다. 이런 까닭에 예수는 부활 후에 제자들에게 나타나 성령을 주었다(요 20:22-23). 선교를 위해 제자들에게 성령이 수여된 것이다. 그리하여 성령은 제자들과 함께 공동으로 증언하고(요 15:26-27), 제자들은 오직 성령의 능력으로 그들의 사명을 감당한다.[124] 결국 성령은 제자들의 선교를 가능케 하는 선교의 영이다.[125]

넷째, 제자들의 선교는 죄 용서를 선포한다. 예수는 제자들에게 성령을 주면서(요 20:22) 죄 사함의 전권을 허락하였다(요 20:23).[126] 이렇게 하여 제자들의 선교가 예수의 선교와 직접 연합된다. 예수는 세상 죄를 제거하는 하나님의 어린 양이다(요 1:29). 제자들은 성령에 의해 죄를 제거하는 이 일에 참여하는 권한을 받는다. 죄를 용서하기 위해 성육신 전에 아버지는 예수를 보냈고, 오순절 전에 아들은 그의 제자들을 보냈다. 결국 메시아 공동체의 선교는 예수의 사역을 통해 가능하게 된 죄 용서를 불신자들에게 베푸는 것이다(요 17:4; 20:23).[127] 이는 성령에 의한 선교 공동체가 얼마나 능력적인지 보여준다.

---

[124] Köstenberger, Kellum, Quarles,『신약개론: 요람 · 십자가 · 왕관』, 402.

[125] 홍기영, "요한복음에 나타난 선교학적 주제들의 고찰",「선교신학」21 (2009): 34.

[126] 조병수,『신약성경총론』, 178.

[127] Köstenberger, "The Challenge of a Systematized Biblical Theology of Mission: Missiological Insights from the Gospel of John," 449.

다섯째, 제자들의 선교는 사랑과 하나 됨을 통해 이루어진다. 예수는 제자들이 선교를 실행하기 위해 사랑을 나타낼 것을 강권하였다. "새 계명을 너희에게 주노니 서로 사랑하라 내가 너희를 사랑한 것 같이 너희도 서로 사랑하라 너희가 서로 사랑하면 이로써 모든 사람이 너희가 내 제자인 줄 알리라"(요 13:34-35, cf. 15:12, 17). 이 말씀은 세상 사람들이 신자들이 예수의 제자임을 알기 이전에 신자들이 서로 사랑함으로써 예수의 제자 됨을 실현하고 있어야 한다는 것이다. 이 순서가 중요하다. 예수는 제자들이 세상 사람들에게 알려지기 전에 서로 사랑하는 공동체를 이룰 것을 원하고 있다. 서로 사랑하는 공동체는 이미 선교 그 자체이다. 예수의 제자는 세상 사람들에게 말로써 예수의 사랑을 표현하기 전에 서로 사랑함으로써 예수의 사랑을 표현한다. 그러므로 세상을 향한 선교 이전에 사랑하는 공동체의 확립이 필요하다. 제자들은 예수가 외부를 향한 적극적인 전도 이전에 내부를 향한 적극적인 상호 사랑을 새로운 계명으로 준 이유를 알아야 한다. 두말할 것 없이 제자는 세상을 향해 예수의 사랑을 전해야 한다. 그러나 그것 이전에 제자들은 서로 사랑함으로써 예수의 사랑을 실천해야 한다.

여기에서 또 한 가지 주의해야 할 것이 있다. 제자들이 서로 사랑하지 않으면 그들은 예수의 제자로 알려지지 않는다는 것이다. 제자들이 서로 사랑하면 세상 사람들이 그들을 예수의 제자로 알 것이다. 제자들은 서로 사랑함으로써 예수의 사랑을 표현하고, 세상 사람들은 제자들이 서로 사랑하는 것을 보고 그들이 예수의 제자임을 인정한다. 제자들이 예수의 사랑에 대한 증인이라면, 세상 사람들은 제자들의 사랑에 대한 증인이다. "제자들의 선교의 본질은 오직 그리스도의 선교에 비추어 이해될 수 있다. 예수의 선교 실행에서 증언된 '자신을 주는 사랑'이 신자들의 선교에서도 똑같이 요구된다."[128] 따라서 "제자들의 사랑은 선교적 공동체를 드러내는 특징과 신임장이 된다. 제자들은 서로 사랑하는 만큼 세상을 향해 증언한다."[129]

또한 제자들의 선교는 그들의 하나 됨을 통해서 이루어진다. 그리고 제자들의 하나 됨의 근거와 규범은 아버지와 아들 사이의 하나 됨이다. 예수는 요한복음 17:21-22에서 다음과 같이 기도한다. "아버지께서 내 안에, 내가 아버지 안에 있는 것 같이 그들도 다 하나가 되어 우리 안에 있게 하사 세상으로 아버지께서 나를 보내신 것을 믿게 하옵소서." 천상의 하나 됨은 제자들의 하나 됨의 본보기이자 원천이다.[130] 이러한 제자들의 하나 됨의 목적은 그들 자신의 기쁨(요 15:11)과 더불어 세상에 대한 선교이다.[131] 제자들은 서로 하나가 됨으로써 증언할 수 있게 된다. 요약하면, 제

---

[128] Robert Kysar, *John*, Augsburg Commentary on the New Testament (Minneapolis: Augsburg, 1986), 304: "The nature of the mission of the church can only be understood in the light of the mission of Christ. The same self-giving love is asked of the believers in their mission as is evidenced in Jesus' fulfillment of his."

[129] Nissen, 『신약 성경과 선교: 역사적, 해석학적 관점들』, 134f.

[130] Brown, *The Gospel according to John XIII-XXI*, 769.

[131] John E. Staton, A Vision of Unity-Christian Unity in the Fourth Gospel," *EQ* 69 (1997): 293-305.

자들의 공동체는 선교 공동체이며,[132] 이것은 사랑 안에서 하나 됨으로써 이루어진다.

여섯째, 제자들의 선교는 그들의 거룩함을 전제로 한다. 예수는 제자들을 위해 아버지께 기도했다. "그들을 진리로 거룩하게 하옵소서 아버지의 말씀은 진리니이다 아버지께서 나를 세상에 보내신 것 같이 나도 그들을 세상에 보내었고 또 그들을 위하여 내가 나를 거룩하게 하오니 이는 그들도 진리로 거룩함을 얻게 하려 함이니이다"(요 17:17-19). 이 말씀의 특징을 도식화하면 다음과 같다.

a. **진리로 거룩하게** 하옵소서(17)
  b. *보내신 것 같이 … 보내었고*(18)
a′. 거룩하게 하오니 … **진리로 거룩함**을 얻게 하려(19)

a. ἁγίασον … ἐν τῇ ἀληθείᾳ (17).
  b. καθὼς … ἀπέστειλας … κἀγὼ ἀπέστειλα (18)
a′. ἁγιάζω … ἵνα ὦσιν … ἡγιασμένοι ἐν ἀληθείᾳ (19)

18절은 하나님이 예수를 세상에 보낸 것과 예수가 제자들을 세상에 보낸 것을 말한다. 그리고 이를 앞뒤로 둘러싸고 있는 17

---

[132] Love, "The Mission of the Church in the Gospel according to John," 15: "I would suggest that there is no mission without community, and there is no community without mission."

절과 19절의 공통된 주제는 '거룩'이다. 이것은 제자들의 선교는 그들의 거룩함을 전제로 한다는 것을 의미한다. 거룩함이 선교의 생명이다. 거룩함을 잃은 선교는 더는 선교가 아니다. 그러면 제자들은 무엇으로 거룩해지는가? 예수는 "그들을 진리로 거룩하게 하소서"라고 기도했고(요 17:17a), 또한 "그들도 진리로 거룩함을 얻게 하려 함이니이다"(요 17:19b)라고 기도했다. 그러므로 진리 외에 그 어떤 것도 제자들을 거룩하게 할 수 없다. 거룩함은 진리 안에서 주어진다. 그러면 진리는 무엇인가? 하나님의 말씀이 진리이다. "당신의 말씀이 진리이다"(ὁ λόγος ὁ σὸς ἀλήθειά ἐστιν, 요 17:17b). 여기서 제자들의 의무가 발견된다. 제자들은 보냄을 받기에 앞서 진리인 하나님의 말씀에 전념함으로써 거룩해져야 한다. 따라서 제자들의 의무는 선교 이전에 거룩함이며, 선교의 근본은 거룩함을 이루는 진리에 대한 헌신이다.

V. 선교의 범위와 구원의 대상

그러면 요한복음의 선교 범위는 어디까지이며 구원의 대상은 누구인가? 예수는 자신의 신분과 사역을 세상과 관련시킨다.[133] 예

---

[133] Marshall, 『신약성서 신학』, 640f. 세상은 하나님의 창조물이지만, 그런데도 죄, 거짓, 속박 그리고 어둠으로 특징지어졌다(요 1:5; 3:19; 8:34; 12:46). 세상은 근본적으로 하나님을 대적하는 '임금'에 의해 다스려진다(요 12:31; 14:30). 거기에는 여러 대조를 이루는 쌍으로

수는 '세상' 죄를 지고 가는 하나님의 어린 양이며(요 1:29, cf. 36), 하나님은 '세상'을 사랑하셔서 독생자 예수를 주셨다(요 3:16). 하나님이 아들을 세상에 보내신 것은 세상을 심판하려 하심이 아니라 그로 말미암아 '세상'이 구원을 받게 하려 함이다(요 3:17; 12:47). 사마리아 사람들은 예수를 참으로 '세상'의 구주신 줄 알았다(요 4:42). 예수는 '세상'의 빛이다(요 8:12; 9:5). 또한 예수는 '누구든지' 목마르거든 내게로 와서 마시라(요 7:37)고 외쳤고, 내가 땅에서 들리면 '모든' 사람을 내게로 이끌겠노라(요 12:32)고 말씀했다. 따라서 요한복음의 선교 범위는 온 세상과 모든 사람이다.

요한복음의 선교는 나라, 인종, 신분, 성을 초월한다. 이것은 예수께서 사마리아에 가서 그곳 사람들에게 말씀을 전하신 사실과 요한복음의 갈릴리에 관한 관심에서도 분명하게 드러난다.[134] 또한 이 사실은 예수의 죄패에서도 잘 나타난다. 빌라도는 예수를 십자가에 못 박은 뒤 십자가 위에 "나사렛 예수 유대인의 왕"이라고 기록된 패를 붙였다(요 19:19). 그런데 이 패는 "히브리와 로마와 헬라 말로 기록되었다"(ἦν γεγραμμένον Ἑβραϊστί, Ῥωμαϊστί, Ἑλληνιστί,

---

표현된 이원론이 있다. 일부는 우주론적(cosmologic)이며('위' 그리고 '아래', 요. 8:23; 참고. 요 3:31; 19:11), 다른 부분에서는 진리와 거짓(요 8:44; 참고. 요 4:6), 자유와 예속(요 8:31-36), 그리고 생명과 죽음(요 5:24)의 윤리적이고 영적인(빛과 어둠, 요 1:4-5; 3:19-21; 8:12; 9:4-5; 11:9-10; 12:35-36, 46) 이원론이다. 세상은 하나님을 알지 못하는 사람들(요 1:10; 16:3; 17:25)과 그 빛을 배척한 사람들(요 3:19)이 거하는 무지의 장소요 공동체이다. 그들은 스스로 정죄 받고(요 3:17-19; 8:15; 12:47-48), 하나님의 심판 아래 있다. 하지만 세상은 아들의 사역을 위한 무대이기도 하다.

[134] 이에 대한 자세한 설명은 이복우, "요한복음의 첫 표적의 신학적 의미", 89-94를 보라.

요 19:20). 이 세 가지 언어는 예수 당시에 사용되던 언어들의 대표이다. 예수의 명패가 이 세 가지 언어로 쓰인 것은 모든 인류가 예수의 십자가에 관계되는 것을 나타낸다. 그러므로 후에 교회는 하나님께 기도하는 중에 "헤롯과 본디오 빌라도는 이방인과 이스라엘 백성과 합동하여 예수를 거스렸다"(행 4:27)고 정확하게 지적한다. 예수는 세상 모든 사람을 위하여 십자가에서 죽었다.

그러나 이와 같은 선교의 보편성이 곧 구원의 보편성[135]을 의미하는 것은 절대로 아니다. 왜냐하면 요한은 구원을 위한 분명한 조건을 제시하기 때문이다. 먼저 구원은 하나님의 주권적인 역사에 의한 것이다. 아버지가 예수에게 주는 자가 다 예수에게로 올 것이다(요 6:37). 아버지가 오게 하여 주지 않으면 누구든지 예수에게 올 수 없다(요 6:65). 아버지가 이끌지 않으면 아무도 예수에게 올 수 없으며(요 6:44), 예수는 아버지가 아들에게 준 모든 사람에게 영생을 준다(요 17:2). 또한 구원은 믿음을 조건으로 한다. 하나님의 자녀가 되는 권세는 예수를 영접하는 자 곧 그의 이름을 믿는 자에게 주어진다(요 1:12). 하나님이 세상을 사랑하셔서 독생자를 주셨지만, 오직 "그를 믿는 자"($\dot{o}$ πιστεύων ἐν αὐτῷ)가 멸망

---

[135] Hann, *Mission in the New Testament*, 154. "요한복음은 구원의 보편성(universalism of salvation)에 대한 강조가 두드러진다." 예수는 '세상의 구주'(요 4:42), 세상을 사랑하사(요 3:16), 육신이 되신 말씀은 "세상 죄를 지고 가는 하나님의 어린 양"(요 1:29), 그는 세상의 빛(요 8:12; 9:5; 12:46), 각 사람에게 비추는 참 빛(요 1:9) 등; 홍기영, "요한복음에 나타난 선교학적 주제들의 고찰", 29에서 "이처럼 요한복음은 편협한 지역주의 또는 민족주의를 초월하여 우주적 보편주의를 추구하고 있다"고 말한다. 그리고 그는 요한의 보편주의적 사상이 특히 요한복음 10:16에 잘 나타나 있다고 말한다. 또한 그는 누구든지 예수를 믿음으로써 구원을 믿는다는 사상이 요한복음에 지배적으로 나오며 이것이 바로 구원의 보편주의라고 말한다.

치 않고 영생을 얻는다(요 3:15, 16c). 예수를 믿는 자는 심판을 받지 않지만 믿지 않는 자는 하나님의 독생자의 이름을 믿지 않으므로 벌써 심판을 받았다(요 3:18). 아들을 믿는 자에게는 영생이 있고 아들을 순종하지 않는 자는 영생을 보지 못하고 도리어 하나님의 진노가 그 위에 머물러 있다(요 3:36). 예수의 말을 듣고 또 그를 보내신 이를 믿는 자가 영생을 얻었고 심판에 이르지 아니하며 사망에서 생명으로 옮겨졌다(요 5:24). 예수는 생명의 떡이므로 그에게 오는 자는 절대 주리지 않을 것이며 그를 믿는 자는 영원히 목마르지 않는다(요 6:35). 하나님 아버지의 뜻은 예수를 보고 믿는 자마다 영생을 얻는 것이다(요 6:40). 믿는 자가 영생을 가진다(요 6:47). 예수를 믿는 자의 배에서 생수의 강이 흘러나온다(요 7:38). 예수를 믿는 자는 죽어도 살며(요 11:25), 살아서 그를 믿는 자는 결단코 영원히 죽지 않는다(요 11:26). 예수가 빛으로 세상에 온 것은 그를 믿는 자가 어둠에 거하지 않도록 하기 위해서이다(요 12:46). 이와 같은 내용은 구원받음에 분명한 제한이 있다는 사실을 잘 보여 준다.

따라서 요한복음의 구원은 분명 제한적 구원이다. 선교의 범위에는 제한이 없으나 구원의 대상에는 제한이 있다. 그 제한은 지역이니 인종이니 신분이니 성이 아니리 오직 하나님의 주권적인 역사와 예수를 믿는 믿음이다. 예수는 "내가 문이니 누구든지 나로 말미암아 들어가면 구원을 받고 또는 들어가며 나오며 꼴을 얻으리라"(요 10:9)고 말씀했고, "내가 곧 길이요 진리요 생명이니 나로 말미암지 않고는 아버지께로 올 자가 없느니라"(요 14:6)고 말씀했다. 믿음이 없으면 구원도 없다.[136] 따라서 요한이 말하는 선교의 보편성은 그리스도가 이루신 구원의 '충분성'을 말하는 것이지 구원의 '유효성'을 의미하는 것은 아니다.

VI. 선교의 목적

요한복음은 선교의 목적에 대해서도 분명히 말씀한다.

첫째, 선교는 믿음과 영생을 목적으로 한다. 세례자 요한이 와서 예수를 증언한 궁극적인 목적은 모든 사람이 그로 말미암아 믿게 하는 것이다(요 1:7). 하나님이 독생자를 주신 것은 그를 믿는 자마다 멸망치 않고 영생을 얻도록 하기 위함이다(요 3:16). 예수가 온 것은 양으로 생명을 얻게 하고 더 풍성히 얻게 하려는 것이다(요 10:10). 그러므로 요한복음의 선교의 가장 기본적인 목적은 비참한 인간이 하나님이 보내신 자 예수를 믿어 영원한 생명을 얻도록 하는 것이다.

둘째, 선교는 새로운 인간 창조를 목적으로 한다. 세례자 요한의 증언으로 사람들은 예수가 성령으로 세례를 주는 이이며 하나님의 아들임을 믿게 되었다(요 10:41-42). 그의 선교를 통해 믿음의

---

[136] 이에 대해서는 보편 구원을 주장하는 Hahn도 다음과 같이 동의한다. "But on the other hand there is no salvation that could be detached from acceptance in faith."(*Mission in the New Testament*, 156).

사람들이 나타났다. 예수는 그의 이름을 믿는 자들에게 하나님의 자녀가 되는 권세를 준다(요 1:12). 예수는 그의 선교를 실행함으로써 새로운 인간을 창조했다. 예수는 제자들을 파송할 때 그들에게 숨을 내쉬면서 성령을 받으라고 말씀했다. 이것은 창세기 2장에서 하나님이 흙으로 만든 인간에게 생기를 불어넣어 사람이 생령이 되게 한 것과 같다. 성령의 선교로 새로운 인간이 창조된다. 예수는 이미 '성령으로 난 사람'(ὁ γεγεννημένος ἐκ τοῦ πνεύματος, 요 3:8)에 대하여 말씀한 바 있다. 제자들도 그들의 사역을 통해 죄 용서함을 받은 새 사람을 일으킨다(요 20:23).

셋째, 선교는 신자의 하나 됨을 목적으로 한다. 요한복음에서 일치를 말하는 구절들(요 10:16, 30; 11:52; 17:11, 20-23) 중 한 구절(요 10:30)을 제외하고 나머지는 모두 선교와 관련되어 있다.[137] 예수는 "아버지께서 나를 아시고 내가 아버지를 아는 것 같으니 나는 양을 위하여 목숨을 버리노라 또 이 우리에 들지 아니한 다른 양들이 내게 있어 내가 인도하여야 할 터이니 그들도 내 음성을 듣고 한 무리가 되어 한 목자에게 있으리라"(요 10:15-16)고 말씀했다. 이것은 예수가 자신의 십자가 죽음을 통한 선교가 선한 목자이신 예수를 믿는 믿음의 공동체를 형성하게 될 것을 뜻한다. 선교의 중요한 결과와 목적은 제자 공동체를 이루는 것이다. 특히 한 무리가 된다는 것은 신자의 연합을 의미한다.

또한 요한복음 11:52은 "또 그 민족만 위할 뿐 아니라 흩어진

---

[137] 김동수, "요한복음에 나타난 선교와 '일치'", 「신약논단」 12 (2005): 631.

하나님의 자녀를 모아 하나가 되게 하려고 죽으실 것을 미리 말함이러라"고 말씀한다. "흩어진 하나님의 자녀"는 미래에 교회 공동체를 이루게 될 신자들을 의미한다. 요한복음에서 자녀는 언제나 신자를 가리키는 데 사용되었다. 그래서 "'하나님의 자녀'는 그 자체로 이방인을 가리키는 것도 아니요 흩어진 유대 백성을 가리키는 것도 아니다. 오히려 이것은 유대인이든 이방인이든 상관없이, 예수의 죽음에 의해서 새로운 하나님의 백성에 연합될 모든 사람을 가리킨다."[138]

나아가서 예수는 반복하여 다음과 같이 기도했다. "그들도 다 하나가 되어"(요 17:11), "그들도 하나가 되게 하려"(요 17:22), "그들도 온전함을 이루어 하나가 되게 하려 함은"(요 17:23). 그런데 특히 예수는 그의 백성이 사도들과 연합을 누리도록 기도했다(요 17:20-21). 예수는 사도들과 사도 이후의 교회 사이의 연속성이 있도록, 교회의 믿음이 변화하는 시간에 따라 변화되지 않고 똑같이 유지되도록 기도했다. 그리스도인의 연합은 사도들과의 연합으로 시작된다. 그렇지 않으면 교회의 연합은 기독교적이지 않다. 또한 예수는 그의 백성이 성부와 성자와의 연합을 누리도록 기도했다. 예수는 자신의 백성과 하나님의 연합이 성부와 성자의 연합에 비할 수 있는 것이 되기를 기도했다(요 17:21, 23).[139] 예수가 기도한 성도의 연합은 일차적으로 서로서로의 연합이 아니라

---

[138] Severino Pancaro, "'People of God' in St John's," NTS 16 (1970): 114-129, esp. 129.

[139] Brown, The Gospel according to John XIII-XXI, 769: "we find that the model of unity is the mutual indwelling of Father and Son."

사도들과의 연합(공통 진리)이며 성부와 성자와의 연합(공통 생명)이었다.

그러므로 우리가 교회 연합에 관해 관심을 둘 때, 사도들이 전한 진리와 성령을 통한 신적인 생명을 추구하는 것보다 더 중요한 것은 없다. 세상이 예수를 믿도록 할 만한 연합은(요 17:21, 23) 바로 이런 종류의 연합(진리와 생명을 공유하는 것)이다.[140]

넷째, 선교의 궁극적인 목적은 하나님을 영화롭게 하는 것이다. 맥폴린(James McPolin)은 "예수의 선교 목적은 다양한 방식으로 묘사된다. 생명을 주는 것, 빛과 진리로 아버지를 계시하는 것, 그의 사역을 성취하는 것, 아버지의 뜻을 성취하는 것. 그의 근본적인 목적은 생명을 수여하는 것이다. 다른 모든 것들은 그것에 종속된다."[141]고 주장한다. 그러나 요한복음에서 선교는 단순히 죄 많은 인류에게 생명을 수여하는 것보다 훨씬 더 고상한 목적을 성취한다. 선교의 궁극적인 목적은 하나님께 영광을 돌리는 것이다(요 17:5, 24).[142]

---

[140] John R. W. Stott, 『현대를 사는 그리스도인』(*The Contemporary Christian: Applying God's Word to Today's World*) 한화룡, 정옥배 옮김 (서울: IVP, 1993), 340-342. Cf. D. Moody Smith, 『요한복음 신학』(*The Theology of the Gospel of John*), 최홍진 옮김 (서울: 한들출판사, 2001), 196: "이 연합의 결과 혹은 목적은 선교이다. 곧 세상이 알고 믿도록 하는 것이다(요 17:21, 23). … 목표는 아버지와 아들, 그리고 신자들을 함께 묶는 일치이며, 그것은 교회의 본질에 속한다."

[141] McPolin, "Mission in the Fourth Gospel," 118.

[142] Erdmann, "Mission in John's Gospel and Letters," 213; Köstenberger and O'Brien, *Salvation to the Ends of the Earth*, 207: "'Christ's mission in John's Gospel, however, fulfills a much higher purpose than simply to confer life to a sinful humanity. The ultimate object for Jesus is to bring glory to God. This underlying motivation surfaces repeatedly at the occasion of Jesus' 'signs' (9:3; 11:4, 40)."

이런 까닭에 요한복음에서 선교와 관련된 구절들은 많은 경우에 하나님의 영광과 아들의 영광에 대하여 말한다. 예수의 성육신은 그의 영광을 나타냈다(요 1:14). 예수는 보내신 이의 영광을 구한다(요 7:18). 사람이 믿으면 하나님의 영광을 볼 것이다(요 11:40). 요한복음은 예수의 십자가 죽음과 부활을 예수의 '영광'이라고 말한다(요 7:39; 12:16, 23-24; 13:31, 32; 17:1). 제자들이 열매를 많이 맺으면 아버지께서 영광을 받으신다(요 15:8). 보혜사 성령이 오시면 예수의 영광을 나타낸다(요 16:14). 예수는 아버지께서 그에게 하라고 주신 일을 이루어 아버지를 이 세상에서 영화롭게 하였다(요 17:4). 베드로는 죽음으로 하나님께 영광을 돌리게 될 것이다(요 21:19). 이처럼 선교의 궁극적인 목적은 하나님의 영광이다. 이것에서 이탈한 것은 참된 선교가 아니다.

VII. 맺음말

지금까지 살펴본 대로 요한복음은 다분히 선교의 책이다. "선교는 단지 요한복음의 가장자리에 있는 것이 아니라 요한이 그의 복음서를 기록하는 추진력이다."[143] 이것은 요한복음의 기록 목적

---

[143] Köstenberger, "The Place of Mission in New Testament Theology: An Attempt to Determine the Significance of Mission within the Scope of the New Testament's Message as a Whole," 359: "… mission is not merely at the fringes of John's Gospel but rather the

구절(요 20:30-31)과 선교를 나타내는 다양한 어휘들, 그리고 요한복음의 중요 인물들이 모두 하나님으로부터 보냄을 받았다는 것에서 잘 드러난다. 결론적으로 요한복음의 선교에는 다음과 같은 특징들이 있다.

1. 선교는 하나님으로부터 시작된다. 이 사실은 하나님이 보내시는 분이라는 것에서 잘 나타난다. 하나님은 세례자 요한과 예수 그리스도와 보혜사 성령을 보내고 예수를 통하여 제자들을 보낸다. 그러나 하나님 자신은 보냄을 받지 않는다. 그분만이 '보냄을 받지 않은, 보내시는 분'(the unsent sender)이다. 따라서 하나님은 선교의 기원이다. 그런데 이처럼 하나님이 선교의 기원이 되신 동인은 하나님의 사랑 때문이다. 하나님의 지치지 않는 사랑이, 죽음보다 강한 사랑이 계속해서 보내는 일을 행하시며 죄인을 심판이 아닌 생명으로 인도하신다. 따라서 하나님의 선교는 하나님의 성품의 표현이며 실현이다.[144] 이 사실은 선교는 하나님이 어떤 분이신지를 증언하는 것이며, 선교를 함에 하나님의 성품이 나타나도록 해야 함을 의미한다. 그리하여 선교는 하나님의 나라를 이룬다.

2. 선교는 삼위일체 하나님의 선교이다. 아버지, 아들, 성령 모두 세상에 대한 하나님의 선교에 공헌한다.[145] 요한의 선교 신

---

impetus for John's writing of his Gospel."

[144] Stott, *The Contemporary Christian*, 325: "Christian mission is rooted in the nature of God himself."

[145] Köstenberger, *A Theology of John's Gospel and Letters*, 540.

학은 삼위일체적일 뿐 아니라, 그의 삼위일체적 가르침은 그의 선교 신학의 한 부분이다.[146] 요한복음의 "계시는 아버지에게서 나와서 예수에 의해 전달되고 성령에 의해 우리 안에 깊어지며, 제자들에 의해 전파된다. 그러므로 선교하는 것은 사람들을 삼위일체의 내적 생명 안에 참여자로 만드는 것이다."[147]

3. 선교는 세례자 요한과 예수, 성령, 제자들을 통해 실행된다. 세례자 요한은 예수에 대한 증언자와 믿음의 중개자로서 이 일을 이룬다. 예수는 하나님을 철저히 의존하는 가운데 그의 선교를 실행한다. 예수는 육신이 되어 이 땅에 거함으로써 선교를 이룬다. 그는 아버지를 나타내고 아버지의 말씀과 교훈과 일을 성취하며, 대화, 제자 삼음, 제자 교육, 제자들을 증인으로 세우고 파송하는 일을 통해 선교적 사명을 감당한다. 무엇보다도 예수는 그의 십자가 죽음을 통해서 세상을 위한 그의 선교를 완성한다. 그러므로 예수의 선교를 표준으로 삼는 교회의 선교는 '죽음'으로서의 선교이다. 보혜사 성령은 하나님과 아들로부터 보냄을 받아 세상에 와서 예수의 선교를 계속한다. 그는 진리를 증언하고 새 사람을 창조한다. 제자들의 선교는 예수의 선교를 모델로 한다. 그들은 예수의 대행자로서 하나님의 선교에 동참한다. 그들은 성령과 함께 세상으로 가서 죄 사함을 선포한다. 그리고

---

[146] Köstenberger, *A Theology of John's Gospel and Letters*, 544f.

[147] McPolin, "Mission in the Fourth Gospel," 122: "To have a mission is to be a witness. ... Thus to have a mission is also to make men sharers in that inner life of the Trinity."

서로 사랑함으로써 선교를 실천한다. 이들의 선교에서 무엇보다 중요한 것은 그들 자신의 거룩함이다. 그들은 진리로 거룩할 때 보냄 받은 목적을 성취할 수 있다. 그러므로 선교 이전에 거룩함이며, 거룩함은 진리를 수단으로 이루어진다. 결국 선교는 거룩함에 대한 열망과 진리에 대한 헌신의 결과이다.[148]

여기서 선교 실행자와 관련하여 눈여겨볼 것은 예수의 선교와 세례자 요한, 성령, 제자들의 선교 중심에 예수의 선교가 있다는 점이다.[149] 이것은 이들 사이의 공통점과 차이점에서 잘 드러난다. 이들 모두 보냄을 받았다는 점에서는 공통적이다. 그러나 예수만이 보냄을 받았을 뿐 아니라 보내는 분이기도 하다는 점에서는 분명히 다르다. 예수는 하나님으로부터 보냄을 받았지만 동시에 성령을 보내고 제자들을 보낸다. 또한 이들 모두 하나님과 예수를 증언한다는 점에서 같다. 그런데 이 동일성이 예수의 선교와 나머지 선교 사이에 차이점을 만들어 낸다. 세례자, 성령, 제자들은 단지 증언자일 뿐이나[150] 예수는 증언자이면서 동시에 증언의 내용(대상)이다. 그러므로 예수의 선교가 다른 모든 선교의

---

[148] McPolin, "Mission in the Fourth Gospel," 122: "All these are in the service of the truth. Mission in each case is explicitly linked with the truth, ... The Baptist testifies to the truth, which is Jesus; Jesus is sent to testify to that truth which is himself; the Paraclete is the Spirit of truth, the disciples are sanctified in the truth."

[149] McPolin, "Mission in the Fourth Gospel," 114: "All other missions revolve about that of Jesus." Cf. *ibid.*, 121.

[150] 물론 그들이 중요하지 않다는 말이 아니다. 단지 세례자 요한, 성령, 제자들의 선교는 예수를 증언하기 위하여 보냄을 받았기 때문에 예수의 선교에 종속하는 관계이다(Köstenberger and O'Brien, *Salvation to the Ends of the Earth*, 209).

초점이다.[151]

4. 선교의 최종 목적은 하나님의 영광이다. 선교는 믿음과 영생을 가진 새로운 인간 창조를 목적으로 한다. 이와 함께 선교는 온전히 하나 되는 하나님의 백성의 연합을 지향한다. 이 연합은 하나님의 백성의 사도들과의 연합이며 또한 하나님의 백성과 성부와 성자와의 연합이다. 그리고 이 모든 것의 궁극적인 목적은 하나님을 영화롭게 하는 것이다. 하나님의 영광이 요한복음의 선교가 지향하는 최종 목적이다.

5. 요한복음의 선교는 보편적이면서도 제한적인 성격이다. 온 세상 모든 사람이 하나님의 선교의 대상이다. 그렇다고 해서 모든 사람이 다 구원의 대상인 것은 아니다. 요한은 보편선교를 말하지만 동시에 제한 구원을 말한다. 하나님이 주권적으로 역사하지 않으면 예수에게로 올 자가 아무도 없다. "요한복음에서 강조점은 하나님을 찾기 위한 인간 존재들의 노력에 있는 것이 아니라, 그의 소유된 자들을 그 자신에게로 이끌기 위한 하나님의 사역에 있다."[152] 또한 예수를 믿는 자 외에는 결코 구원을 받을 수 없다. 그러므로 요한복음의 선교는 보편 구원을 철저히 배격한다.

---

[151] Cf. Stott, *The Contemporary Christian*, 356: "... Christ as the source and way, the heart and soul, the ground and goal, of all mission."

[152] Erdmann, "Mission in John's Gospel and Letters," 224.

요한복음 연구

목격자의
참 증언

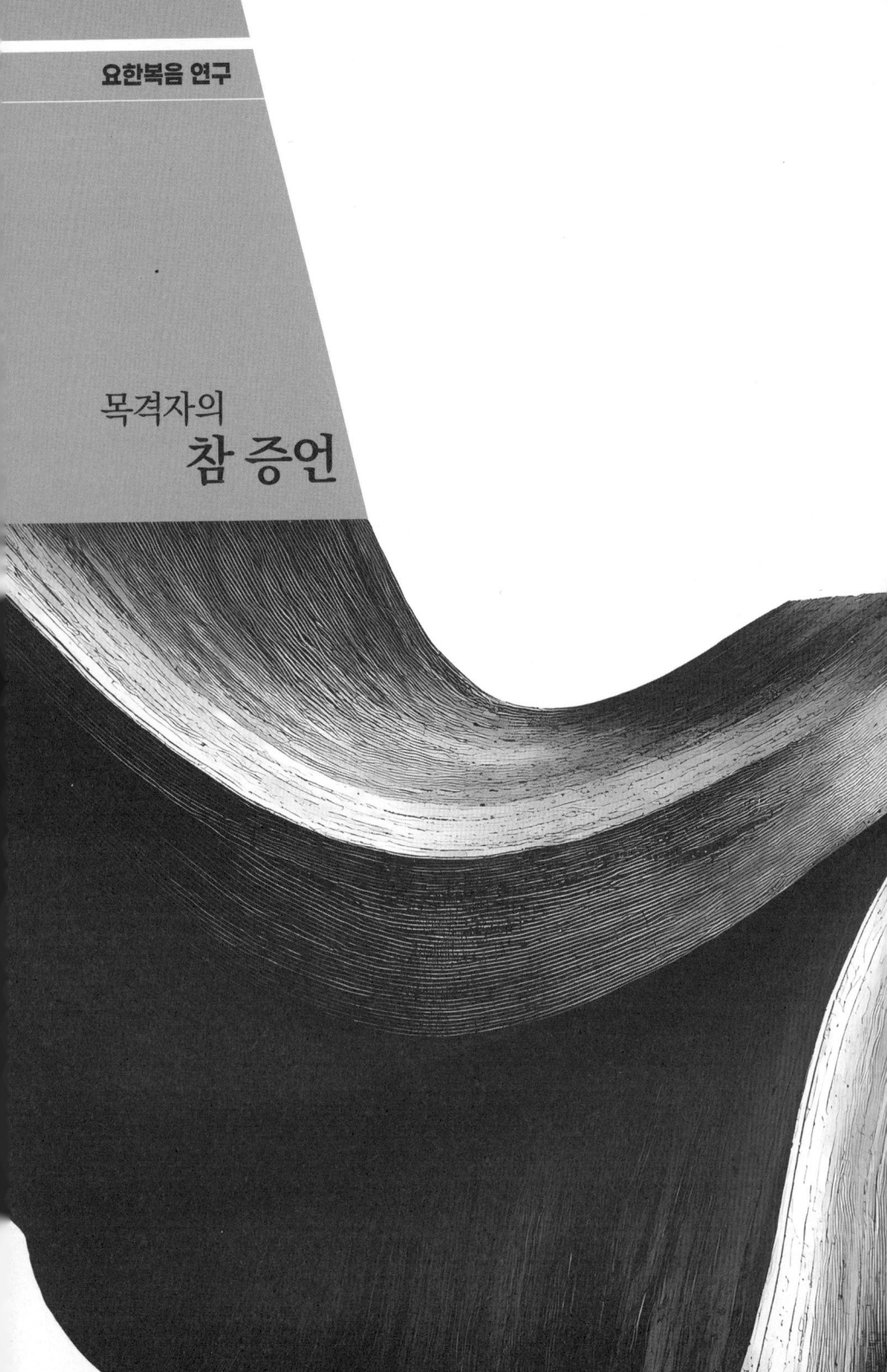

The True Testimony from the Eyewitness

11

NPP에 대한 요한복음의 평가*

†

요한복음은 NPP에 대하여 무어라고 말하는가?[1] 또한 요한복음의 저자인 사도 요한은 NPP에 대하여 어떤 평가를 하는가?[2] 어떤 사람들은 이 질문을 매우 생뚱맞은 것이라고 말할 것이고 또 다른 이들은 이 질문을 굉장히 비학문적인 것으로 치부할 것이다. 그들은 요한신학으로 바울신학을 평하는 것이 비합리적이며, 학문적으로도 맞지 않다고 생각하여 이 질문을 배척할 수도 있다. 그

---

* 본 장은 「신학정론」 34/1 (2016): 39-80에 실린 나의 논문을 수정, 보완한 것이다.

[1] NPP는 The New Perspective on Paul의 약어로서 '바울에 대한 새 관점'이라고 불린다. 본 논문은 'NPP'를 '바울에 대한 새 관점'의 내용과 신학뿐만 아니라 NPP 계열의 학자들까지 포함하는 총칭으로 사용할 것이다.

[2] 사도 요한의 요한복음 저작권(authorship)에 대해서는 다음의 글들을 보라. 조병수, "MARTURIA와 GRAFH로서의 요한복음", 「신학정론」 22권 1호 (2004, 5): 65-91; 조병수, 『신약성경총론』 (수원: 합동신학대학원출판부, 2006), 144-149; Andreas J. Köstenberger, *Encountering John: The Gospel in Historical, Literary, and Theological Perspective* (Grand Rapids: Baker Books, 1999), 23-25: "Thus we are able to conclude that the internal evidence of John's Gospel, corroborated by evidence from the rest of the New Testament, points unequivocally to John the son of Zebedee as the author of John's Gospel. Apparently, this also was the conclusion of the early Fathers, who unanimously support Johannine authorship. … From the end of the second century on, the church is virtually unanimous in attributing the Fourth Gospel's authorship to John, the son of Zebedee. … Thus we conclude that both internal and external evidence cohere in suggesting John, the son of Zebedee, to be the author of the Gospel that bears his name." Cf. R. E. Brown, *The Gospel according to John I-XII*, vol. I (2 vols) (New York: Doubleday, 1966), 98; C. G. Kruse, *The Gospel according to John* (England: Inter-Varsity Press, 2003), 26.

들은 이 질문이 성경 66권을 정확무오한 하나님의 말씀으로 받는 소위 보수신학에서나 가능한 것으로 여겨 매우 미개한 자들의 실책 정도로 치부할 수도 있다. 그러나 정말 요한복음은 NPP에 대하여 비평할 자격이 없는가? 참으로 사도 요한은 사도 바울과 그의 신학을 논하는 NPP에 대하여 어떤 것도 말할 처지가 되지 못하는가?

본 장의 목적은 요한복음에 근거하여 NPP를 평가하는 것이다. 이를 위해 첫째, 사도 요한에게 NPP를 평가할 충분한 자격이 있다는 것을 논증할 것이다. 둘째, 요한복음의 문헌적 권위와 그 내용의 특성에 근거하여 NPP에 대한 요한복음의 평가의 정당성을 확인할 것이다. 셋째, NPP가 주로 구원론에 관련된 것이므로, 바울의 칭의와 요한의 영생이 구원을 의미하는 동의어임을 논증하여 본 장의 논의의 기초로 삼을 것이다. 넷째, NPP의 핵심 주제 몇 가지를 선정하여 그 의미를 간략히 설명하고, 이에 대한 요한복음의 평가를 서술할 것이다. 이렇게 하면 종교개혁의 바울 해석과 이것을 비판하고 바울을 재해석하는 NPP의 주장 중 어느 것이 옳은지를 명확하게 확인할 수 있을 것이다.

I. NPP에 대한 요한복음의 평가의 정당성

1. 사도 요한 개인의 자격

NPP를 주창하고 동조하는 학자들은 대부분 20세기에 태어난 사람들이다. 그러므로 사도 바울과 그들 사이에는 무려 약 2,000년 이상의 시간 간격이 있다. 이 간격은 시대와 역사와 문화와 사상 등의 차이이기도 하다. 하지만 이러한 간격과 차이에도 NPP 학자들은 바울과 그의 신학을 해석하고 있다. 그렇다면 바울과 동시대에 살며 같은 역사, 문화적 상황 속에서 같은 기독교 사상을 지녔던 사도 요한이야말로 바울을 해석할 충분한 자격을 가졌다. 바울보다 무려 2,000여 년 늦은 시대에, 게다가 그와 전혀 다른 공간과 문화와 역사적 상황에 있는 NPP 계열의 사람들이 요한보다 바울을 더 잘 안다고 주장하는 것은 매우 어리석은 일이 될 것이다.[3] 바렛(C. K. Barrett)은 "그리스도인 학자이건 심지어 유대인이건, 자신이 1세기 유대교와 1세기 유대인의 기독교에 대해 바울보다 더 잘 이해한다고 생각하는 사람은 분별없는 사람이다."라

---

[3] Cf. Seyoon Kim, *The Origin of Paul's Gospel* (Tübingen: J.C.B. Mohr, 1984), 347: "he (Räisänen) is, in fact, claiming ... that E. P. Sanders and a few others like him on whom Räisänen largely depends for his knowledge of Judaism, who work with the documents mostly much later than first century A. D., know first century Judaism better than Paul himself."; 김세윤, 『바울 신학과 새 관점』 (서울: 도서출판 두란노, 2002), 141. f. n. 275: "Räisänen은 자신이 1세기 유대교에 대한 바울의 증언보다는 1세기 유대교에 대한 20세기 사람의 묘사를 더 믿는다는 것을 나타낸다."

고 말했으며,[4] 또한 "1세기 유대교를 바울보다 더 잘 이해한다고 생각하는 사람은 뻔뻔스러운 사람이다."라고 말했다.[5] 마찬가지로 어떤 사람이 1세기의 바울과 그의 신학에 대해 1세기의 사람인 요한보다 더 잘 이해한다고 말한다면, 그는 분명 분별력이 없거나 매우 뻔뻔한 사람이다. 틀림없이 1세기의 사람인 요한은 20세기의 NPP 사람들과는 비교도 할 수 없을 만큼 바울에 대해 정통해 있었다. 그러므로 NPP가 바울을 해석한다면 요한은 더더욱 그리할 수 있다. 이것이 요한복음으로 NPP를 평가하는 첫 번째 정당성이다.

2. 요한복음의 문헌적 권위

요한복음이 바울 서신에 대해 논할 자격이 있는가? NPP 신학은 "바울신학을 바르게 이해하는 길은 바울 당시의 팔레스타인 유대주의를 바르게 이해하는 데에 있다"고 말한다.[6] 바울을 유대교 배경에서 이해하려는 시도는 NPP의 전제이다. 이것은 바울 신학을 당시의 유대교와 연속성 속에서 이해하려는 방법론이다. 따라서

---

[4] C. K. Barrett, *Paul: An Introduction to His Thought* (Louisville: Westminster/Knox, 1994), 9.

[5] Barrett, *Paul: An Introduction to His Thought*, 78.

[6] 김병훈, "율법주의, 언약적 율법주의, 은혜언약: '바울의 새 관점들'의 신학적 소재(所在)?",「한국개혁신학」28 (2010): 160.

바울에 대한 NPP의 해석은 이미 제한을 하고 접근하는 것이다. 무엇보다 그들은 내용상 일관성이 부족한 유대 문서를 자기들의 의도에 따라 취사선택하는 잘못을 범했으며,[7] 랍비 문서의 작성 시기를 고려하지 않는다.

> 현존하는 대부분의 팔레스타인 랍비 문헌(예를 들어, 쿰란의 초기 문서를 제외하고는)은 기독교 이후에 작성되었다. NPP가 의존하는 대부분의 랍비 문헌은 바울 이후의 산물이다. … 유대 문헌 가운데는 바울의 공격을 받은 유대교가 기독교를 넘어서고 비판하기 위해서 생산된 것들이 있다. … 그러므로 현존 랍비 문헌을 바울 연구의 표준으로 삼을 수 없다.[8]

샌더스(E. P. Sanders)도 NPP의 이러한 문헌적 약점을 인정한다. 그런데도 그는 기원전 2세기 초부터 기원후 2세기 후반까지 언약적 율법주의가 유대교 문서들에 나타나고 있는 것에 비추어 볼 때, AD 70년 이전 유대교의 상황도 상당히 그럴 것으로 추정하는 것이 마땅하다고 말한다.[9] 따라서 샌더스의 '언약적 율법주

---

[7] NPP의 유대 문서 사용에서 제기된 문제점에 대해서는 조병수, "바울의 새 관점이란 무엇인가", 「신학정론」, 33 (2015): 64-65를 참조하라.

[8] 조병수, "바울의 새 관점이란 무엇인가", 66. Cf. Kim, *The Origin of Paul's Gospel*, 347.

[9] E. P. Sanders, *Paul and Palestinian Judaism: A Comparison of Patterns of Religion* (Philadelphia: Fortress Press, 1977), 426: "Our study has not been designed to answer the question of what Judaism was like in Palestine before 70 c.e. … It seems to me quite possible that we not only have no Sadducean literature, but also virtually no Pharisaic literature, apart from fragments embedded in the Rabbinic material. Thus I know a

의'(Covenantal Nomism)는 70년 이전의 팔레스타인 유대주의 문서에 근거한 것이 아니다. 실제로 이 시대와 관련된 유대교 문서들은 별로 없다. 결국 NPP는 바울 서신보다 훨씬 이후에 쓰인 유대 문서를 바울 이해의 최종 권위로 받는 것이다.

이런 까닭에 바울 해석은 유대 문헌보다 신약 성경을 먼저 의존하여 이루어져야 한다. 왜냐하면 "신약 성경은 유대 문헌에 비해 월등한 가치(아무리 양보해도 최소한 같은 가치)를 가"지기 때문이다.[10] 요한복음은 십중팔구 AD 80년대 중반이나 90년대 초에 기록되었다.[11] 요한복음은 NPP가 의존하는 유대 문헌보다 최소한 반세기에서 한 세기 정도 앞선 것이며, 바울 해석을 위한 자료로서 유대 문서보다 더 확고한 권위를 가진다.[12] 그런데도 NPP는 신

---

good deal less about Pharisaism than has been 'known' by many investigators. There are, however, some things about Judaism before 70 that can be said on the basis of the present study. Because of the consistency with which covenantal nomism is maintained from early in the second century b.c.e. to late in the second century c.e., it must be hypothesized that covenantal nomism was *pervasive* in Palestine before 70." Cf. 김병훈, "율법주의, 언약적 율법주의, 은혜언약", 155. f. n. 11.

[10] 조병수, "바울의 새 관점이란 무엇인가", 67.

[11] Andreas J. Köstenberger, *A Theology of John's Gospel and Letters* (Grand Rapids: Eerdmans, 2009), 82-83: "John most likely wrote his gospel in the mid-AD 80s or early AD 90s based on the following pieces of evidence. ... A date of composition in the mid-AD 80s or early AD 90s, then, best fits all the evidence."; Kruse, *The Gospel according to John*, 32: "a date of writing in the 80s or 90s is reasonable." Cf. 조병수, 『신약성경총론』, 144-145. Brown, *The Gospel according to John I-XII*, LXXXVI.

[12] Cf. J. Gresham Machen, *Origin of Paul's Religion* (London: Hodder & Stoughton, 1921), 180: "It is significant that when, after the conversion, Paul seeks testimonies to the universal sinfulness of man, he looks not to contemporary Judaism, but to the Old Testament. At this point, as elsewhere, Paulinism is based not upon later developments but upon the religion of the Prophets and the Psalms." 김병훈, "율법주의, 언약적 율법주의,

약 성경은 제외한 채 바울 연구의 표준으로 삼을 수 없는 유대 문서에만 의존하여 바울을 해석하고 있다. 이것은 절대로 옳지 않다.

3. 요한복음의 내용적 특징

성경은 상이성과 공통성, 즉 다양성 안에서 통일성을 가지고 있다. 우리는 상이점을 관찰함으로써 성경 각 권의 독특한 신학이 무엇인지를 아는 것이 필요하며, 또한 공통점에 주목하여 초대교회가 무엇을 공통으로 받아들였는지를 연구하는 일도 매우 중요하다.[13] 초대교회와 교부들은 성경의 다양성이 성경의 통일성에 의해 통제받고 있다는 것을 잘 알고 있었다. "통일성은 초대교회가 공통으로 바탕을 두고 있는 거대한 반석이기 때문이다. 그러므로 상이점은 공통점에 기반을 두어 이해되어야 한다."[14] 상이점은 단지 각 성경의 작은 특이성을 표현할 뿐이다.

이러한 신약 성경의 통일성 중 대표적인 것이 소위 '복음 도식'(gospel schema)이다. 복음 도식은 예수 그리스도의 역사적인 사건을 설명하는 순서에 대한 개요이다. 성경 기자에게는 자유가

은혜언약", 162: "'율법의 행위' '의롭게 됨' '하나님의 의' 등을 바울이 성경에서 언급할 때 그 의미 해석을 위하여 단 한 곳에서도 1세기 당대의 팔레스타인 유대주의 문헌을 인용하여 참조한 적이 없음은 바울신학을 이해하는 '새 관점'의 방법론적 문제점을 그대로 드러내 준다."

[13] 조병수, 『신약성경총론』, 62.

[14] 조병수, 『신약성경총론』, 62.

있었지만 또한 분명한 제한도 있었다. 성경 기자는 그 누구도 넘어서지 못할 복음의 전체구조를 가지고 있었고 이는 어길 수 없는 제한이었다. 이에 대하여 조병수는 다음과 같이 설명한다.

> 이 예수 사건의 순서는 초대교회가 강하게 고집하던 것으로서 가장 간단한 예를 들면 베드로의 예루살렘 설교(행 1:21-22) 이다. 여기에서 예수 사건은 세례자 요한의 등장으로 시작하여 예수의 승천으로 종결된다. 바울의 안디옥 설교(행 13:23-31) 는 이 사이에 예수의 죽음과 부활을 삽입하며, 베드로의 욥바 설교(행 10:37-43) 는 예수의 죽음과 부활 앞에 예수의 활동을 덧붙인다.[15]

그리고 초대교회가 가지고 있던 '복음 도식'에 대해 가장 잘 보여주는 것이 공관복음서이다. 예수의 사역을 나타내는 복음 도식은 "언제나 세례자 요한의 활동으로부터 시작하며 부활(승천)로 종료된다. 그러므로 복음의 요약은 세례자 요한의 세례로부터 예수 그리스도의 부활(승천)까지이다."[16] 이처럼 복음 도식은 언제나 같다.

그런데 복음 도식과 마찬가지로 그 복음으로 말미암는 구원도 언제 어디서나 같다. 신약 성경의 서사는 여럿이나 그들은 모두 '같은 복음'을 말하고 있다. 물론 세세한 부분에서 다양성이 나타

---

[15] 조병수, 『신약성경총론』, 60.
[16] 조병수, 『신약성경총론』, 130.

나지만 구원의 큰 틀은 변함이 없다. 구원 또한 통일성에 근거하여 다양성이 말해지는 것이다. 하나님은 한 분이시나 그분의 인격과 속성과 행위는 너무나 풍성하여 결코 하나의 밀로 다 담아낼 수 없다. 이것은 사람이 손바닥에 바닷물을 다 담을 수 없고, 뼘으로 하늘을 잴 수 없는 것과 같다(사 40:12). 광대하신 하나님은 여러 가지 방식으로 표현되고 묘사된다. 그렇다고 해서 하나님이 여럿인 것은 아니다.

하나님이 행하신 구원도 이러하다. 성경이 여러 개의 구원을 말할 수 없으며, 사도 바울이 말하는 구원과 사도 요한이 말하는 구원이 다를 수 없다.[17] 바울 서신과 요한복음 사이에는 분명히 다른 점들이 존재한다. 그러나 이것은 옳고 그름의 문제가 아니라 다양성을 보여주는 것이다. 이것은 하나님의 부요함이다. 반면에 이 둘 사이에 결코 다를 수 없는 내용이 있다. 그 대표적인 것이 '구원'에 관한 것이다. "기독교의 구원 개념인 ζωὴ (αἰώνιος), χαράν, εἰρήνη 등도 바울과 요한문서에서 일치하는 것으로 나타난다."[18] 그 근본적인 이유는 한 분 하나님이 상충하는 두 개의 구원

---

[17] 본 장의 II. 1.을 보라. 그리고 요한의 영생과 바울의 칭의의 관계에 대해서는 Andrew H. Trotter, Jr., "Justification in the Gospel of John," *Right with God: Justification in the Bible and the World*, edited by D. A. Carson (Oregon: Wipf & Stock Publishers, 1992), 126-145를 참조하라.

[18] 김문경, 『요한신학』 (서울: 한국성서학연구소, 2004), 52, esp. 49: "연구사에서 요한문서와 바울 서신 사이의 관계를 규명하기 위한 다양한 시도가 있었다. 예를 들면 1) 19세기 말과 20세기 초의 많은 연구가는 요한신학을 바울신학의 완성으로 생각한다. 2) 바울과 요한이 전승이나 문학적인 형태에서 연결되지는 않으나 내용적인 친족관계에 있다고 본다."

을 말씀하실 수는 없기 때문이다. 이것이 요한복음이 NPP를 평가할 수 있는 근본 이유이다.

바울의 '구원'과 요한의 '구원'은 본질적으로 같은 것이어야 한다. 그러므로 바울의 구원 이해에 대한 NPP의 주장을 요한의 구원 이해에 근거하여 평가하고 비판하는 것은 하나의 가능성을 넘어 반드시 그리해야 하는 일이다. 사도 요한은 바울과 '같은 사도'로서 바울이 전한 바로 그 복음과 그 구원을 전했다. 바울은 '다른 복음' '다른 구원'은 없다고 말한다(갈 1:7-9, cf. 딤전 6:3). 요한은 바울과 '같은 복음' '같은 구원'을 전했다. 따라서 우리는 요한복음을 통해 바울이 말하는 칭의와 구원을 얼마든지 이해할 수 있으며, 또 그리해야 마땅하다.

4. 소결론

NPP 사람들은 종교개혁의 바울 해석을 비판하고 바울을 재해석한다.[19] 하지만 그들은 사도 바울의 시간, 공간, 환경, 사건 등 어떤 것과도 직접 관련이 없으며 어떤 공감대도 없다. 또한 그들은 바울 이후의 유대 문서를 근거로 자신들의 주장을 펼쳐 나간다. 이에 반해 사도 요한은 바울과 같은 문화, 가르침과 종교, 역사적 배경에서 출생하고 성장하고 배우고 생활했으며, 무엇보다 바울

---

[19] 조병수, "바울의 새 관점이란 무엇인가?", 35-69.

이 전한 '바로 그 복음'을 전하는 사역에 헌신했다. 따라서 NPP가 2세기의 다양한 소리를 담은 유대 문서를 근거로 종교개혁의 바울 해석을 비판하고 바울을 재해석한다면, 바울에 대한 사도 요한과 요한복음의 해석과 평가와 비판은 더욱 존중되어야 마땅하다. 결론적으로 요한복음은 NPP를 평가하고 비판할 자격과 권한을 충분히 가지고 있다. 이상의 논증을 도식으로 정리하면 다음과 같다.

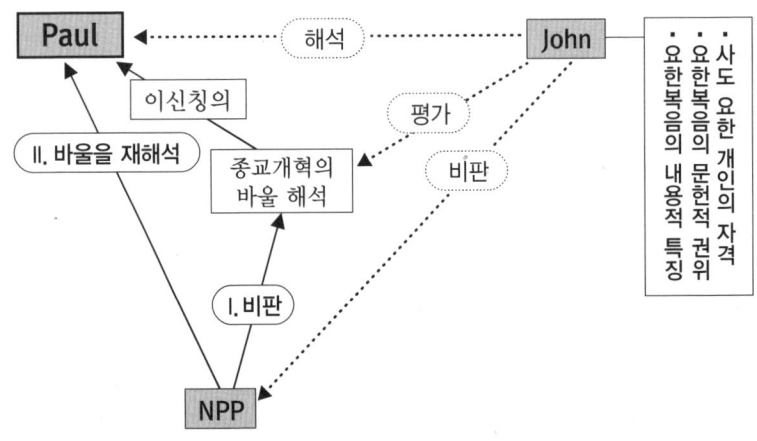

II. NPP에 대한 요한복음의 평가

1. 바울의 칭의와 요한의 영생

NPP에 대한 요한복음의 평가를 본격적으로 논하기에 앞서 요한복음의 영생과 바울 서신의 칭의의 관계를 살펴보는 것이 중요하다. 그 이유는 칭의 문제가 NPP에서 가장 핵심적인 주제이기 때문이며,[20] 무엇보다 바울 서신에서 칭의로 말해지는 구원이 요한복음에서는 주로 영생(생명)으로 언급되기 때문이다. 이제 이 사실을 확인해 보자.

바울은 "주를 믿어 영생($ζωὴ\ αἰώνιος$)을 얻는다"(딤전 1:16, cf. 롬 5:21; 6:23; 딛 3:7), "의인은 믿음으로 산다($ζῆν$)"(롬 1:17; 갈 3:11, cf. 갈 2:20)라고 말하며 또한 "믿음으로 구원($σωτηρία$)을 얻는다"고 말한다(롬 1:16; 10:9, 10; 고전 1:21; 15:1; 엡 2:8; 살후 2:13; 딤전 2:15; 딤후 3:15). 즉 믿음으로 영생을 얻고, 믿음으로 살고, 믿음으로 구원을 얻는다. 그러므로 바울에게 있어 영생(생명)[21]은 구원과 같은 것이며(롬 5:21; 6:22, 23; 갈 6:8; 딤전 1:16; 6:12; 딛 1:2bis; 3:7),[22] 구원은 오직 예수 그리스도를 믿음으로 얻는다. 이뿐 아니라 바울은 "믿음으로 의롭다 하심을 얻는다."(롬 3:22, 26, 28; 4:11; 5:1; 9:30; 10:6; 갈 2:16; 3:6, 8, 11, 24; 빌 3:9, cf. 롬 3:22; 4:5, 9, 11, 13, 24; 9:30; 10:4,

---

[20] 김병훈, "율법주의, 언약적 율법주의, 은혜언약", 151: "'새 관점' 신학이 바울 해석과 관련하여 새로운 관점을 제시하는 것은 넓게 말하면 구원론에 관한 것이며 구체적으로는 의롭게 됨의 교리와 관련된 것이다." 가이 워터스, 『칭의란 무엇인가』, 신호섭 옮김 (서울: 부흥과개혁사, 2011), 95-97; 김세윤, 『바울 신학과 새 관점』, 15; 박재은, 『칭의, 균형 있게 이해하기』 (서울: 부흥과개혁사, 2016), 75: "'새 관점'은 다양한 신학적 논의의 집합체이지만, 그중에 핵심은 '칭의'라고 볼 수 있습니다."

[21] 바울은 $ζωή$와 $αἰώνιος$를 교환적으로(interchangeably) 사용한다.

[22] Richard W. Thomas, "The Meaning of the Terms 'Life' and 'Death' in the Fourth Gospel and in Paul," *Scottish Journal of Theology* 21 (1968), 203: "Further the divine offer to mankind might equally be described as 'salvation' - a word at times equivalent to 'eternal life."

6, 10)라고 말함으로써 칭의도 믿음으로 주어진다는 것을 분명히 한다. 결국, 바울 서신에서 '구원'(영생)과 '칭의'는 모두 '믿음'으로 주어지며, 따라서 이 둘은 동의어이다(롬 5:9, 18; 10:10).[23]

한편, 요한복음은 영생(ζωὴ αἰώνιος)을 17번 사용한다.[24] 그리고 생명(ζωή)은 신약 성경에서 모두 135회 나타나는데 그중에서 공관복음에 16회, 요한복음에 36회[25] 언급된다. 따라서 요한복음의 '생명' 언급은 무려 신약 성경 전체의 27%에 해당하며, 심지어 공관복음의 2배가 넘는다.[26] 이처럼 '생명'이라는 단어는 요한복음에 집중되어 있다. 요한복음에서 '영생'과 '생명'은 같은 의미이며,[27] 서로 바꾸어 쓸 수 있는(interchangeable) 동의어이다.[28]

---

[23] 롬 5:9 πολλῷ οὖν μᾶλλον δικαιωθέντες νῦν ἐν τῷ αἵματι αὐτοῦ σωθησόμεθα δι' αὐτοῦ ἀπὸ τῆς ὀργῆς.
  롬 5:18 δι' ἑνὸς δικαιώματος εἰς πάντας ἀνθρώπους εἰς δικαίωσιν ζωῆς·
  롬 10:10 καρδίᾳ γὰρ πιστεύεται εἰς δικαιοσύνην, στόματι δὲ ὁμολογεῖται εἰς σωτηρίαν.
  변종길은『로마서』(서울: 대한예수교장로회 총회출판국, 2014), 321-322에서 롬 10:10에 대하여 다음과 같이 주석한다. "…'의'와 '구원'이 서로 병행적으로 사용되고 있다. … '마음으로 믿어 의에 이른다'는 것과 '입으로 시인(고백)하여 구원에 이른다'는 것은 내용상 같은 것을 말함이지 서로 다른 것이 아니다."

[24] 요 3:15, 16, 36; 4:14, 36; 5:24, 39; 6:27, 40, 47, 54, 68; 10:28; 12:25, 50; 17:2, 3.

[25] 요 1:4bis; 3:15, 16, 36bis; 4:14, 36; 5:24bis, 26bis, 29, 39, 40; 6:27, 33, 35, 40, 47, 48, 51, 53, 54, 63, 68; 8:12; 10:10, 28; 11:25; 12:25, 50; 14:6; 17:2, 3; 20:31.

[26] 공관복음의 '생명' 사용 횟수는 신약 전체에서 11.8%이다.

[27] C. S. Keener, *The Gospel of John: A Commentary*, vol. 1 (Peabody: Hendrickson Publishers, 2003), 328: "John employs ζωήν thirty-two times … Even when not conjoined with 'eternal,' the term designates eternal life with one possible exception (which may have symbolic import, 4:50-51)."

[28] Köstenberger, *A Theology of John's Gospel and Letters*, 285; Thomas, "The Meaning of the Terms 'Life' and 'Death' in the Fourth Gospel and in Paul," 204: "We may safely assume that the terms 'life' and 'eternal life' refer to precisely the same reality."

생명은 요한복음의 구원론의 핵심이다.[29] 요한복음에서 구원이라는 말은 매우 제한적으로 사용되었다. 대신에 생명 또는 영생이 구원을 대체하고 있다. 요한은 구원을 영생이라 칭하며, 영생(생명)과 구원은 동의어이다. 영생을 받은 자는 구원을 받은 자이다.[30] "예수 그리스도의 복음에 관하여 요한이 말하는 모든 것은 궁극적으로 구원과 관련된다. 구원에 대한 요한의 독특한 묘사는 영생이다. 그리고 약간의 변형들이 있기는 하지만,[31] 이것은 요한의 일반적인 전문용어이다."[32] 그리고 영생(생명)은 예수를 믿음으로 얻는다.[33] 영생은 메시아가 예수이시라는 것을 고백하는 사람에게 주어진다.[34] 아들에게 순종하는 것, 곧 아들을 믿는 것

Cf. ὁ πιστεύων εἰς τὸν υἱὸν ἔχει ζωὴν αἰώνιον· ὁ δὲ ἀπειθῶν τῷ υἱῷ οὐκ ὄψεται ζωήν, ἀλλ' ἡ ὀργὴ τοῦ θεοῦ μένει ἐπ' αὐτόν.(요 3:36). Ἀμὴν ἀμὴν λέγω ὑμῖν ὅτι ὁ τὸν λόγον μου ἀκούων καὶ πιστεύων τῷ πέμψαντί με ἔχει ζωὴν αἰώνιον καὶ εἰς κρίσιν οὐκ ἔρχεται, ἀλλὰ μεταβέβηκεν ἐκ τοῦ θανάτου εἰς τὴν ζωήν.(요 5:24)

[29] Thomas, "The Meaning of the Terms 'Life' and 'Death' in the Fourth Gospel and in Paul," 204: "Whilst for John life is the central soteriological notion."

[30] 영생을 얻는다(요 3:15-16) = 구원을 받는다(요 3:17; 12:47). W. Robert Cook, "Eschatology in John's Gospel," *Criswell Theological Review* 3 (1988): 88: "The one who receives eternal life is described as one who is saved or delivered from judgement (3:17-19; 5:24)."

[31] 요 4:42 Σωτήρ, 4:22 σωτηρία, 3:17 σῴζω.

[32] S. S. Smalley, *John : Evangelist and Interpreter* (Downers Grove: Inter Varsity Press, 1998), 231.

[33] 요 3:15, 16, 36; 5:24; 6:40, 47; 11:25. 특히 이 사실은 요한복음의 기록 목적에서 잘 나타난다. "오직 이것을 기록함은 너희로 예수께서 하나님의 아들 그리스도이심을 믿게 하려 함이요 또 너희로 믿고 그 이름을 힘입어 생명을 얻게 하려 함이니라"(요 20:31).

[34] Kevin A. Cox, *The Nature of Eternal Life in the Fourth Gospel*, A Thesis of the degree Master of Arts, New Orleans Baptist Theological Seminary, 2011(UMI 1490261), in Abstract.

이 영생을 위한 기초이다(요 3:36). 결국 영생(생명)은 구원을 의미하며, 이것은 오직 그리스도를 믿음으로 말미암아 주어진다. 바로 이 점에서 바울과 요한은 일치한다.[35]

종합하면, 바울에게 있어 칭의와 구원은 같은 것이고(롬 5:9; 10:10), 요한에게 있어 영생과 구원은 같은 것이다(요 3:15-17). 그리고 이 모두는 그리스도를 믿음으로 주어진다. 따라서 바울의 칭의는 요한의 영생(생명)과 같다. 바울은 칭의로 구원을 설명했지만, 요한은 영생으로 구원을 설명했다.[36] 그래서 트로터(Andrew H. Trotter, Jr.)는 "요한은 칭의의 근본적인 전제에 대한 증거를 보여준다. 그리하여 칭의가 그의 구원론에 명백하게 나타나지 않는다고 해도, 그는 바울과 강한 일치를 이룬다."라고 말한다.[37] 이처럼 바

---

[35] Thomas, "The Meaning of the Terms 'Life' and 'Death' in the Fourth Gospel and in Paul," 203: "that life comes and is appropriated solely through Christ. On this point both Paul and John are agreed."

[36] Trotter, Jr., "Justification in the Gospel of John," 145: "John does not have justification by faith at the centre of the *portrayal* of his soteriological scheme because he simply does not use the language of justification to describe the soteriological event as Paul does. Rather, such concepts as the giving of eternal life, …, are used to describe salvation. There are indications, however, that John does assume justification in a forensic sense in many places in his Gospel, especially in the places where the *dikaio-* word-group is used." Trotter, Jr., "Justification in the Gospel of John," 45: "The New Testament's unity may be defended. Justification is in John."

[37] Trotter, Jr., "Justification in the Gospel of John," 127: "He may show evidence of an underlying presupposition of justification; and thus, while not displaying it prominently in his soteriology, have a strong compatibility with Paul that undermines talk of a disunity in New Testament theology at this point." Trotter, Jr., "Justification in the Gospel of John," 126: "If, on the other hand, we find the theme(justification) to be prominent in his thinking, then there is substantial unity in at least two of the most important thinkers in the New Testament, Paul and John."

울과 요한이 서로 '다른 구원'과 '다른 생명'을 말하는 것이 아니므로, 바울의 칭의(구원)에 관한 NPP의 해석이 옳다면 그것은 영생(구원)에 대한 요한의 설명과 일치해야만 한다.[38] 만일 그렇지 않다면 바울의 칭의에 대한 NPP의 해석은 틀린 것이며,[39] 결과적으로 종교개혁의 바울 해석에 대한 NPP의 비판 역시 틀린 것이 된다.

2. 언약적 율법주의(Covenantal Nomism)에 대한 요한복음의 평가

샌더스는 랍비 유대교의 본질과 작용에 대한 총괄이 '언약적 율법주의'(covenantal nomism)라고 말한다.[40] 이것은 하나님이 자신의 은혜로 유대인들을 선택하시고 그들과 언약을 맺으셨으며, 율법에 대한 순종을 통해 그들이 언약 안에 계속 머물게 하셨다는 것

---

[38] Sanders는 NPP의 주요 원리인 언약적 율법주의가 주후 1세기의 유대교의 "종교 유형"이라고 말한다(*Paul and Palestinian Judaism*, 17). "샌더스에게 '종교 유형'은 '구원론'과 같은 개념이다. 왜냐하면 어떤 사상이 종교 유형이 되기 위해서는 개인이 어떻게 구원에 '들어가는'지와 어떻게 그 구원에 '머무는'지에 대해 말할 수 있어야 하기 때문이다."(박재은, 『칭의, 균형 있게 이해하기』, 77-78).

[39] 물론 NPP는 바울의 칭의를 전통적인 해석과 다르게 해석한다. 이에 대해서는 이후에 논할 것이다.

[40] Sanders, *Paul and Palestinian Judaism*, 75: "The all-pervasive view can be summarized in the phrase 'covenantal nomism'. Briefly put, covenantal nomism is the view that one's place in God's plan is established on the basis of the covenant and that the covenant requires as the proper response of man his obedience to its commandments."

이다.[41] 다시 말해 언약적 율법주의는 "당시 유대인들은 하나님의 은혜의 선택에 의해서 언약에 들어가고, 율법에 대한 순종으로 언약 상태를 유지한다."는 것이다.[42] 즉 그들은 은혜로 언약 관계에 들어가고, 순종으로 언약 관계를 유지한다. 따라서 샌더스에 의하면, 유대인들의 율법 준수라는 행위는 언약 안으로 "들어가는 것"(getting in)이 아니라 언약 안에 "머무는 것"(staying in)이다. 언약 안에 들어가는 것은 오직 하나님의 은혜에 근거한 선택(election)에 따른 것이며, 언약 안에 머무는 것은 율법을 지키는 순종(obedience)에 의한 것이다.[43] NPP는 이것에 근거하여 유대교가 행위의 종교가 아니라 은혜의 종교라고 주장한다.[44] NPP에 있어서 율법 준수는 언약 백성이 되기 위한 조건이 아니라 언약 백성의 신분을 지속하기 위한 수단이다. 율법 준수는 기독교인이 되는 것이 아니라 이미 기독교인임을 확인해 주는 것이다.[45] 이것은 NPP의 구원관을 보여주는 것이다.

---

[41] Sanders, *Paul and Palestinian Judaism*, 9, 422.

[42] 조병수, "바울의 새 관점이란 무엇인가", 48. 워터스, 『칭의란 무엇인가』, 99: "그는(Sanders) 언약적 율법주의(Covenantal Nonism)를 다음과 같이 유명하게 요약한다. '인간은 은혜로 말미암아 하나님의 구원 언약에 들어가고 행위로 말미암아 언약 안에 머무른다.'"

[43] Sanders, *Paul and Palestinian Judaism*, 424: "This becomes clear once one focuses on the pattern of getting in (election) and staying in (obedience)." 이승구, 『톰 라이트에 대한 개혁신학적 반응: N. T. Wright의 신학적 기여와 그 문제점들』 (수원: 합동신학대학원출판부, 2013), 48: "샌더스에 의하면, 바울에게서도 유대교 문헌에서와 같이 선한 행위들은 (언약) 안에 머무르는 조건(the *condition* of remaining in)이지, 그것으로 구원을 얻는 것은(*earn*) 아니라는 것이다."

[44] 조병수, "바울의 새 관점이란 무엇인가", 48.

[45] Cf. 워터스, 『칭의란 무엇인가』, 104.

하지만 정말 팔레스타인 유대교가 언약적 율법주의였는가? 심지어 라이트(N. T. Wright)는 바울도 유대교가 언약적 율법주의라는 사실에 동의한다고 말한다.[46] 그러나 참으로 그러한가? NPP 사람들과 그들의 문서(유대 문서)보다 월등한 권위를 가지고 있으며 바울이 전한 바로 그 복음을 내용으로 하는 사도 요한과 요한복음은 이에 대해 무어라고 말하는가? 이 질문에 답하기 위해 우리는 요한복음에서 다음의 두 가지 내용을 확인해 볼 것이다. 첫째, 유대인들은 모두 하나님의 언약 안에 있고 또한 자동으로 하나님의 백성이 되었는가? 즉 1세기 유대교는 은혜 종교였는가? 둘째, 유대인들은 그들의 행위로 하나님의 백성의 신분을 유지했는가?

1) 1세기 유대교는 은혜 종교였는가?

먼저, 요한복음은 메시아이신 예수를 "**세상의 빛**"(ἐγώ εἰμι τὸ φῶς τοῦ κόσμου, 요 8:12; 9:5)이라고 선언한다. 예수는 빛으로 세상에 오셨다(요 12:46). 예수는 "**사람들의 빛**"(ἦν τὸ φῶς τῶν ἀνθρώπων, 요 1:4)이며, "**각 사람**을 비추는 빛"이다(φωτίζει πάντα ἄνθρωπον, 요 1:9). 이 사실은 무엇을 의미하는가? 세상의 "각 사람"(πᾶς ἄνθρωπος) 즉 "모든 사람"이 어둠에 있으며, **따라서 빛인 예수를 믿지 않고는 빛의 아들이 될 수 없다는 것이다(요 12:36). 하나님으로부터 보냄을 받은 세례자 요한(요 1:6)이든지 바리새인이자 유대인의 지도자이며

---

[46] 조병수, "바울의 새 관점이란 무엇인가", 60.

이스라엘의 선생인 니고데모(요 3:1, 10)이든지 또는 날 때부터 맹인 된 자(요 9:1)이든지 그 누구를 막론하고 그가 사람(ἄνθρωπος)인 이상 예수를 믿지 않고는 구원을 얻을 수 없다. 예수와 무관하게 '이미' 빛 안에 거하는 자는 아무도 없다. 바리새인(유대인)도 예외 없이 예수를 믿지 않으면 맹인일 뿐이며 그들의 죄도 그대로 있다(요 9:40-41). 따라서 유대인이면 하나님의 은혜로운 선택에 의해 '이미' 하나님의 백성이라는 NPP의 주장은 틀린 것이다. 1세기 유대교는 은혜 종교가 아니다.

둘째로 예수를 영접하는 자만이 하나님의 백성(자녀)이 된다.[47] 예수를 영접하는 것은 그의 이름을 믿는 것이다(요 1:12c). 달리 말하면 하나님의 백성은 하나님으로부터 출생한 자이다(요 1:13). 요한복음 1:13을 시작하는 οἵ는 이 사실을 다음과 같이 구체적으로 증언한다.

> οἵ
> οὐκ ἐξ αἱμάτων
> οὐδὲ ἐκ θελήματος σαρκὸς
> οὐδὲ ἐκ θελήματος ἀνδρὸς
> ἀλλ' ἐκ θεοῦ
> ἐγεννήθησαν

---

[47] 자세한 내용은 이복우, 『내 뒤에 오시는 이』 (수원: 합신대학원출판부, 2011), 266-267을 보라.

이 문장에서 주어(οἵ)와 동사(ἐγεννήθησαν)가 보여주듯이 하나님의 자녀(백성)는 출생을 통해서 존재하게 된다. 하나님의 자녀(백성)는 오직 하나님으로부터 출생한 자들이다.[48] 하나님의 백성은 혈통이나 인간의 의지에 의한 것이 아니라 오직 예수를 믿음으로 하나님에 의해 된다. 예수와 무관하게 은혜로 하나님의 백성이 되는 자는 아무도 없다. 그러므로 1세기 유대교는 은혜 종교가 아니다.

셋째로 요한복음은 1세기 유대인들이 영생(구원)을 얻기 위해 율법을 지켰다는 사실을 분명히 한다. 예수는 유대인을 향하여 "너희가 성경에서 영생을 얻는 줄 생각하고 성경을 연구하거니와 이 성경이 곧 내게 대하여 증언하는 것이니라"(요 5:39)고 말씀했다. 성경에서 영생을 얻는 줄 생각한다(ὑμεῖς δοκεῖτε ἐν αὐταῖς ζωὴν αἰώνιον ἔχειν)는 말씀은 유대인들이 성경 자체가 영생을 준다고 생각한다는 뜻이 아니라, 그들이 구약의 율법을 지킴으로써 영생을 얻는다고 생각한다는 뜻이다.[49] 또한 유대인들은 율법을 알지 못하는 자는 저주를 받은 자이며(요 7:49) 율법을 지킴으로써 심판을

---

[48] Andreas J. Köstenberger, and Scott R. Swain, *Father, Son and Spirit: The Trinity and John's Gospel* (Downers Grove, Illinois: Inter Varsity Press, 2008), 50: 요 1:12에서 믿는 자들은 하나님의 자녀로 불린다. 그리고 다음 구절에서 그들은 "하나님께로서 난 자"로 언급된다. 여기서 ἐκ는 하나님이 이 영적 출생의 근원이시라는 것을 가리킨다. Cf. Leon Morris, *New Testament Theology* (Grand Rapids: Zondervan Publishing House, 1986), 254.

[49] Brown, *The Gospel according to John I-XII*, 225: "In Hebrew thought, the Law was par excellence the source of life, *Pirqe Aboth* ii 8 says: 'He who has acquired the words of the Law has acquired for himself the life of the world to come'; vi 7: 'Great is the Law for it gives to those who practice it life in this world and the world to come.' Paul argues against such a view in Gal iii 21; Rom vii 10."

받지 않는다고 믿었다(요 7:51). 요한복음에서 심판은 구원의 반대어이다(요 3:17, 18; 5:24, 29; 9:39; 12:47, cf. 요 5:22; 12:31, 48; 16:11). 이것은 매우 분명하다. 이처럼 유대인들은 은혜가 아니라 율법을 지켜 구원을 받는다고 믿고 있었다. 1세기 유대교는 명백한 행위 종교였다.

결국 요한복음에 근거할 때, 유대인들이 하나님의 언약 덕분에 자동으로 하나님의 백성이 되는 것이 아니었다. 그러므로 팔레스타인 유대교가 은혜 종교라는 NPP의 논리는 철저히 부정되어야 한다.[50] 예수께서 자기 땅에 왔으나 "자기 백성"(οἱ ἴδιοι)이 그를 영접하지 않았다(요 1:11). 요한복음에는 많은 유대인이 등장하지만, 그들 중 많은 이들이 예수를 메시아로 고백하지 않고 배척했다. 그래서 그들은 그들의 죄 가운데서 죽을 것이다(요 8:21, 24).[51] 이들은 언약 밖에 있고 영생을 알지 못하는 자들이다. 만일 유대교가 은혜 종교이며 유대인들이 이미 하나님의 백성이었다면 이들이 왜 메시아이신 예수를 배척했으며, 유대인의 선생인 니고데모는 왜 거듭남과 하나님 나라에 들어감에 대해서 무지했는가? NPP는 이 질문에 정직하게 답할 수 있어야 한다.

---

[50] 워터스, 『칭의란 무엇인가』, 98. f. n. 4: "1세기 유대주의는 근본적으로 또는 본질적으로 은혜의 종교는 아니었다. 그것은 근본적으로 또는 본질적으로 공로적인 종교였다."

[51] 요 8:24b. ἐὰν γὰρ μὴ πιστεύσητε ὅτι ἐγώ εἰμι, ἀποθανεῖσθε ἐν ταῖς ἁμαρτίαις ὑμῶν.

2) 유대인들은 그들의 행위로 하나님의 백성 된 신분을 유지했는가?

NPP에 따르면, 유대인들이 언약 안에 들어가는 것은 오직 하나님의 은혜에 근거한 선택에 의한 것이며, 언약 안에 머무는 것은 율법을 지키는 순종에 의한 것이다.[52] 유대인들은 하나님의 은혜의 선택에 의해 언약에 들어가고, 율법에 대한 순종으로 언약 상태를 유지한다.[53] 즉 유대인들은 은혜로 말미암아 하나님의 구원 언약에 들어가고 행위로 말미암아 언약 안에 머무른다.[54] 이것이 소위 언약적 율법주의이다. 던(J. D. G. Dunn)은 이에 대하여 "언약은 하나님이 주도적으로 주신 것이며, 율법은 언약 안에서의 삶을 위한 틀을 제공하였다. 율법을 행하는 것은 언약 안에 머무는 수단이었지, 우선하여 언약에 들어가는 수단이 아니었다."고 말한다.[55]

그러나 요한복음에서 예수는 유대인들을 향하여 "내 말을 듣고 또 나 보내신 믿는 자는 영생을 얻었고 심판에 이르지 아니하나니 사망에서 생명으로 옮겼느니라"(요 5:24)고 단언한다. 영생을 얻고(ἔχει ζωὴν αἰώνιον, pre.) 심판에 이르지 않으며(εἰς κρίσιν οὐκ ἔρχεται,

---

[52] Sanders, *Paul and Palestinian Judaism*, 424. 이승구, 『톰 라이트에 대한 개혁신학적 반응』, 48.

[53] 조병수, "바울의 새 관점이란 무엇인가", 48.

[54] 워터스, 『칭의란 무엇인가』, 99.

[55] J. D. G. Dunn, *The Theology of Paul the Apostle* (Edinburgh: T&T Clark, 1998), 338. 조병수, "바울의 새 관점이란 무엇인가", 48에서 재인용.

pre.) 사망에서 생명으로 옮겨진 것(μεταβέβηκεν ἐκ τοῦ θανάτου εἰς τὴν ζωήν, perf.)은 믿음에 의한 것이지 행위에 의한 것이 아니다. 그리고 이것은 지속적이고 영속적이다. 은혜로 입은 구원은 인간의 행위 때문에 번복될 수 없다. 그러므로 유대인들이 자신들의 행위로 하나님의 백성의 신분을 유지했다는 언약적 율법주의는 요한복음의 구원관과 정면으로 충돌하며, 결국 바울의 구원관이 언약적 율법주의라는 NPP의 주장도 틀린 것이다.

    NPP의 주장대로 은혜로 하나님의 백성이 되지만, 그 신분이 인간의 행위로 박탈될 수 있다면 그것은 결코 참된 은혜가 아니다. 인간이 율법을 지키지 못하면 언약이 깨어지고 '머묾'에서 내쳐지는 것은 행위 종교일 뿐 은혜 종교가 아니다.[56] 만일 입양이 행위에 의한 것이 아니라 할지라도 입양 후에 행위 때문에 파양이 된다면, 이 입양은 이미 조건을 가진 것이며 행위 때문에 깨어지는 것이므로 처음부터 은혜에 의한 것이 아니었다. 그러므로 NPP의 이 주장은 "전혀 '새로운' 해석이 아니라 '오래된' 것으로서 교회와 함께 수 세기를 지내온 반(半) 펠라기우스주의의 새로운 형태일 뿐이다."[57]

    요약하면, 1세기 유대교가 언약적 율법주의이므로 그것이 행위 종교가 아니라 은혜 종교이며, 행위를 통해 하나님의 백성 된

---

   [56] 김병훈, "율법주의, 언약적 율법주의, 은혜언약", 169: "언약적 율법주의의 은혜는 곧 하나님의 선택에 의하여 그의 언약 백성이 되는 초기의 의롭게 됨을 받았으나, 율법을 불순종함으로써 종말론적 의롭게 됨을 누리지 못하는 위험성을 열어 놓는다."
   [57] 워터스, 『칭의란 무엇인가』, 120.

신분을 유지한다는 NPP의 주장은 틀렸다. 특히 바울의 율법관과 구원관이 이와 같았다고 말하는 것은 요한복음에 비추어 볼 때 도저히 받을 수 없는 주장이다. 바울의 구원과 같은 구원을 말하는 요한복음이 언약적 율법주의를 지지하지 않기 때문이다.

3. NPP의 칭의에 대한 요한복음의 평가

요한복음에는 바울 서신과 달리 칭의 교리가 명백하게 나타나지 않는다.[58] 그렇더라도 이미 앞에서 살펴본 것처럼, 바울의 칭의는 요한의 영생과 같은 것이며, 둘 다 믿음으로 얻는 구원을 가리킨다. 따라서 우리는 요한이 말하는 구원의 특징에 근거하여 바울의 칭의에 대한 전통적인 이해와 NPP의 이해를 비교 평가할 수 있다.

1) 전통적인 칭의 이해

종교개혁의 견해를 따르는 전통적인 가르침은 칭의를 죄인이 예수 그리스도를 믿을 때 그의 죄가 용서되며 '하나님의 의'가 그에

---

[58] δίκαιος(요 5:30; 7:24; 17:25), δικαιοσύνη(요 16:8, 10). Köstenberger, *A Theology of John's Gospel and Letters*, 564: "John has no explicit doctrine of justification; nor does he feature full-fledged versions of the Pauline corollaries to justification, such as reconciliation, calling, and sanctification (see, e.g., Rom 8:28-30). This, of course, should surprise no one, as it was left to Paul to flesh out these things in greater detail."

게 주어지는 것이라고 말한다(롬 3:21-26). 그러므로 칭의는 하나님께서 죄인을 '구원'하시는 방식에 관한 것이다.[59] 이에 대하여 워터스(Waters)는 다음과 같이 말한다.

> 하나님이 죄인을 은혜 가운데 의롭다고 칭하실 때, 하나님은 죄인에게 완전한 그리스도의 의를 그의 것으로 전가, 간주 또는 돌리게 하신다. 죄인은 오직 믿음으로만 그리스도의 의를 받아들인다. 오직 믿음으로 받아들인 그리스도의 전가된 의로 말미암아 우리의 죄는 용서를 받고 의로운 자로 받아들여진다. 칭의에 대한 하나님의 판결은 완전하고 종결적이며 후회가 없는 판결이다. 이렇게 의롭다 함을 받은 사람에게는 결코 다시는 정죄함이 없을 것이다.[60]

2) NPP의 칭의 이해

조병수는 NPP의 주요 학자인 던과 라이트의 칭의 이해를 다음과 같이 설명한다.

> 던은 하나님의 칭의를 어떤 사람이 하나님의 언약 안에 있다는 것을 하나님이 인정하시는 것(God's acknowledgement that someone is in the covenant)으로 이해한다. 그러므로 칭의는 하나님의 시초적

---

[59] 워터스, 『칭의란 무엇인가』, 109.
[60] 워터스, 『칭의란 무엇인가』, 93.

(initiatory) 행위가 아니다. 하나님의 칭의는 이스라엘과 처음으로 (first) 언약을 맺으시는 또는 어떤 사람을 처음으로(initially) 언약 백성으로 받아들이는 행위가 아니다. 따라서 바울에게는 칭의가 단순히 가입(entry)이나 개시(initiation) 형식으로 취급될 수 없다. … 던에게 칭의란 바울이 그의 청중에게 하나님이 언약에 신실하심을 상기시키는 용어이다.[61]

라이트(Wright)에게 칭의는 무엇인가? … 칭의는 사람이 어떻게 그리스도인이 되느냐(becomes)가 아니라 어떤 사람이 그리스도인이라(is)는 선언이다. 칭의는 은혜의 시행이 아니라 선언 그 자체이다. … 바울에게 칭의는 어떻게 언약에 들어가느냐(enter)가 아니라 이미 언약 안에(within) 있다는 선언이다.[62]

NPP는 이러한 이해에 따라 칭의를 '전가'(imputation)가 아니라 '유지'의 개념으로 사용한다.[63] 또한 라이트는 "사람을 의롭다고 칭하실 때 하나님께서는 그 사람을 하나님의 백성의 구성원이라고 선언하신다고 말한다. 그렇다면 여기에서 칭의는 한 사람의 정체성에 관한 것이지 그의 구원에 관한 것이 아니라는 말이 된다."[64] 그에게 있어서 칭의는 죄인의 죄가 용서를 받는 순간이 아

---

[61] 조병수, "바울의 새 관점이란 무엇인가", 57-58.
[62] 조병수, "바울의 새 관점이란 무엇인가", 62.
[63] 조병수, "바울의 새 관점이란 무엇인가", 41.
[64] 워터스, 『칭의란 무엇인가』, 102

니라 죄인이 이미 그의 죄를 용서받았음을 선언하는 것이며,[65] 칭의는 어떻게 언약에 들어가느냐(enter)가 아니라 이미 언약 안에 (within) 있다는 선언이다.[66] 그래서 NPP는 하나님의 의를 자기 백성에 대한 하나님의 신실하심이라고 정의한다.[67]

3) 요한복음의 영생(칭의) 이해

그러면 이제 요한복음이 종교개혁의 칭의 이해와 NPP의 칭의 이해 중 어느 것에 찬동하는지를 확인해 보자.

(1) 최초의(initial) 사건

예수 그리스도를 믿는 자가 영생을 얻는다(요 3:15, 16; 6:40, 47). 예수 그리스도를 영접하는 자, 곧 그의 이름을 믿는 자들이 하나님의 자녀가 된다(요 1:12). 그런데 이미 말했듯이 하나님의 자녀가 되는 것은 곧 하나님으로부터 출생하는 것이다(ἐγεννήθησαν, 요

---

[65] 워터스, 『칭의란 무엇인가』, 102. 각주 5.

[66] 조병수, "바울의 새 관점이란 무엇인가", 62. Robert Smith는 "Justification in 'the New Perspective on Paul,'" *The Reformed Theological Review* 58 (1999): 26에서 라이트의 말을 다음과 같이 직접 인용한다. "Justification is not, for Paul, 'how people enter the covenant', but the declaration that certain people are already within the covenant."

[67] Dunn, *Theology of Paul the Apostle*, 342: "It should be equally evident why God's *righteousness* could be understood as God's *faithfulness* to his people."; N. T. Wright, *Justification: God's Plan and Paul's Vision* (Downers Grove: IVP Academic, 2009), 99. Cf. Guy Prentiss Waters, *Justification and the New Perspectives on Paul* (Phillipsburg: P&R Publishing Company, 2004), 136: "We have above considered Wright's views on the righteousness of God, and have seen that it refers to God's faithfulness to his covenant promises, seen especially in his deliverance of his people."

1:14). 출생은 최초의 사건이다. 이것은 거듭나는 것이며, 물과 성령으로 나는 것이다. 이 출생이 있어야만 하나님 나라를 볼 수 있고 들어갈 수 있다(요 3:3, 5). 그러므로 요한의 영생(구원)을 얻음은, 다시 말해 바울의 칭의는 죄인이 하나님의 백성이 되는 최초의 사건이다. 믿음으로 의롭게 되는 것, 즉 믿음으로 영생을 얻는 것은 하나님의 백성이 되는 최초의 사건이다. 이것은 언약 밖에 있던 자가 언약 안으로 들어오는 일이며, 이미 그리스도인'이다'라는 선언이 아니라, 그리스도인이 '되는' 시작점이다. 따라서 칭의는 정체성에 관한 것이 아니라 구원에 관한 것이다. 칭의는 죄인이 '이미' 그의 죄를 용서받았다는 것을 선언하는 것이 아니라, '지금' 죄를 용서받았다는 선언이다.

(2) 대속을 통한 전가

세례자 요한은 예수를 "세상 죄를 지고 가는 하나님의 어린 양"이라고 칭한다(요 1:29, 36). 하나님은 모세가 광야에서 뱀을 든 것처럼 인자도 들리도록 하기 위해 독생자를 주셨다(ἔδωκεν)(요 3:14-16). 예수는 하늘에서 내려온 생명의 떡이다(요 6:33, 35, 48, 58). 선한 목자인 예수는 양들을 위하여 목숨을 버린다(요 10:11, 15). 가야바는 예수께서 "모든 사람"을 위해 죽을 것이라고 예언했다(요 11:49-52; 18:14). 예수는 죽어서 모든 사람을 그에게로 이끈다(요 12:32-33). 예수는 친구를 "위해"(요 15:13) 목숨을 버렸다. 예수는 유월절 양으로 죽었다(요 19:36). 이 모든 내용은 예수가 대리적 희생(vicarious sacrifice)이 되셨음을 의미한다.[68] 예수의 대리적 죽음은 특히 "…을 위하여"(ὑπέρ)의 사용에서 잘 드러난다(요 6:51c; 10:11-18; 11:49-52; 13:37ff.; 15:13; 17:19; 18:9b, 14).

또한 요한복음의 유월절 중심의 구조는 예수께서 유월절 희생제물이 되셨다는 사실을 강조한다. 요한복음은 세 번의 유월절(요 2:13; 6:4; 11:55)을 중심으로 예수의 사역을 구성하고 있다. 이것은 예수의 공생애 활동이 유월절과 밀접하게 연관되어 있음을 말하려는 것이다. 이러한 의도는 예수의 수난에서 더욱 강조하여 나타난다. 세 번째 유월절은 일주일을 중심으로 기록되어 있다. 이것은 요한복음의 약 반을 차지하는 분량으로(요 11:55-19:42) 저자는 여기서 "유월절이 가까웠다, 유월절 엿새 전, 유월절 닷새 전, 유월절 전, 유월절 준비일(19:14, 31, 41)"로 구분하고 있다. 이것은 독자의 눈과 관심이 유월절 전날에 일어난 사건으로 향하게 한다. 이날은 바로 예수께서 죽임을 당하신 유월절 예비일이다. 예수는 유월절 어린 양이 도살되는 바로 그 시간에 죽임을 당하였다. 이것은 예수의 죽음을 유월절 어린 양의 죽음과 연관시키려는 의도로 보아야 한다. 즉 이것은 예수가 유월절 희생양임을 말하는 것이다.[69] 또한 요한복음 11:55에서 임박한 유대인의 유월

---

[68] Köstenberger, Encountering John, 40; 김문경, 『요한신학』, 106.

[69] 이복우, 『내 뒤에 오시는 이』, 207-208: 요 19:28-37은 예수의 유월절 어린 양 되심을 두드러지게 강조하고 있다. 본문은 예수의 십자가 죽음을 유월절 어린 양의 죽음과 밀접히 연관시키고 있다. 첫째, 예수님이 십자가에 달린 날을 유월절 당일로 말하고 있는 공관복음(마 26:17이하; 막 14:12이하; 눅 22:7이하)과는 달리 요한은 유월절 전날, 곧 유월절 어린 양을 잡던 날이었다고 말한다(요 19:14,31). 둘째, 예수님의 옆구리로부터 피와 물이 나온 그 시간이 유월절 어린 양의 피를 그 몸으로부터 빼내는 시간과 일치한다. 그리고 예수가 죽는 순간에 옆구리로부터 피와 물이 나왔음을 기록한 것은 유월절 희생양은 피를

절을 언급하고, 이어서 베다니의 마리아가 예수의 장례를 위해 향유를 부은 사건의 도입으로 유월절을 다시 말하는 것(요 12:1)은 예수가 하나님의 백성의 대속을 위한 유월절 희생제물임을 나타내는 것이다.[70] 이처럼 요한복음은 처음부터 끝까지 예수의 죽음이 대리 속죄를 위한 죽음이었다는 사실을 강조한다.

이러한 예수의 대리 속죄의 중요한 특징은 자발성이다. 예수는 자기 뜻대로 생명을 버림으로써 다시금 이 생명을 얻을 수 있었고, 권세로써 생명을 버렸다(요 10:18). 예수께서 양 떼를 위해 자기의 생명을 내어줌은 그가 모든 백성의 구원을 위한 아버지의 뜻(요 10:29)을 이루기 위함이었다.[71] 예수는 자신의 죽음의 때를 알고(요 13:1), 어떠한 죽음, 즉 자신의 죽음의 종류까지 알고 있었고(요 12:32-34; 18:32), 자신의 생명을 드릴 권세를 가진 자로(요 10:18), 스스로 자신의 죽음에 직면했다(요 11:7, 16; 14:31). 그는 스스로 겟세마네 동산으로 향하며, 스스로 십자가를 지셨으며(요 19:17), 자신의 죽음을 구약 예언의 성취로 이해했다(요 19:29). 이러한 예수의 자발적인 대속은 그가 '영혼을 내어 주심'에서 절정

흘려야 한다는 구약 규정을 염두에 두었기 때문이다. 셋째, 이스라엘 백성이 유월절 양을 잡아먹을 때 그 뼈를 꺾지 않았나(출 12:46; 민 9:12). 그러므로 요한이 예수의 숙음과 관련하여 그의 다리가 꺾이지 않은 것이 성경을 이룬 것임을 강조하는 이유는 예수가 유월절 양임을 증언하기 위한 것이었다. 넷째, 요한복음만이 19:29에서 신 포도주를 머금은 해융을 우슬초에 매어 예수의 입에 대었다고 기록하고 있다. 이 우슬초는 유월절 어린 양의 피를 문 인방과 좌우 설주에 뿌릴 때 사용하도록 규정된 나무이다(출 12:22). 이 또한 예수를 유월절 양으로 나타내려는 의도로 볼 수 있다.

[70] Köstenberger, *A Theology of John's Gospel and Letters*, 417.

[71] Barnabas Lindars,『요한복음』, 조원경 옮김 (서울: 반석문화사, 1994), 129.

에 이르렀다(παρέδωκεν τὸ πνεῦμα, 개역개정: "영혼이 떠나가시니라", 요 19:30). 예수는 스스로 자신의 영혼을 내주었다.

그런데 이와 같은 예수 한 사람의 자발적 대속이 그를 믿는 모든 사람에게 효력을 나타낼 수 있는 이유는 무엇인가? 즉 "한 사람이 백성을 위하여 죽어서 온 민족이 망하지 않게 되는 것"(요 11:50)이 어떻게 가능한가? 그것은 바로 예수의 대속의 효력이 그를 믿는 모든 하나님의 백성에게 전가(imputation)되기 때문이다.

바울 서신도 요한복음과 동일하게 '대리적 속죄'(substitutionary atonement)를 말한다. "우리가 아직 연약한 때에 기약대로 그리스도께서 경건하지 않은 자를 위하여(ὑπέρ) 죽으셨다"(롬 5:6, cf. 롬 5:7, 고전 15:3; 고후 5:14, 15 등). 여기에 전가의 원리가 포함됨은 당연하다. "바울은 사람이 어떻게 하나님의 백성의 회원으로 인식되는지를 묘사하기 위해 '의롭게 하다' 또는 '칭의'라는 단어를 사용하지 않는다. 이 단어들은 죄인이 오직 믿음으로만 받아들여지는 주 예수 그리스도의 전가된 의 때문에 의로운 자가 되었다는 하나님의 선언을 묘사한다."[72] 이에 반해 NPP는 대리 형벌을 통한 속죄를 부정하고 의의 전가를 부정한다. 따라서 요한은 바울의 칭의에 대한 해석에서 NPP의 주장을 거절하고, 그리스도의 대속과 의의 전가를 믿는 종교개혁의 해석에 찬동한다.

---

[72] 워터스, 『칭의란 무엇인가』, 110.

(3) 교회론이 아니라 구원론

NPP는 바울의 이신칭의 교리가 개인적이라기보다는 사회적이라고 주장한다. 스텐달의 '칭의'도 교회론적인 용어이다.[73] 던에 의하면, 이신칭의 교리는 하나님에 대한 개인의 관계를 설명하는 것이 아니다.[74] 이신칭의는 신학적 교리라기보다는 오히려 사회적 교리이다.[75] 결국 NPP가 주장하는 "바울의 칭의 교리는 구원론이 아니라 교회론 문제였다."[76] 라이트에게도 "현재의 칭의는 주로 사회학이나 사회적 경계에 관한 것이다. 근본적으로 칭의는 죄인이 어떻게 구원받는가에 대한 것이 아니라는 말이다. 그것은 근본적으로 누가 하나님의 백성 안에 있으며, 누가 하나님의 백성의 구성원 밖에 있는가에 관계된 것이다. 그것은 한 사람이 교회의 구성원에 어떻게 관계되어 있는지에 관한 것이다."[77] 이처럼

---

[73] Krister Stendahl, *Paul Among Jews and Gentiles* (Philadelphia: Fortress Press, 1976), 3: "This indicates to me that the doctrine of justification is not *the* pervasive, organizing doctrinal principle or insight of Paul, but rather that it has a very specific function in his thought." Cf. 조병수, "바울의 새 관점이란 무엇인가", 45; Waters, *Justification and the New Perspectives on Paul*, 30: "Stendahl has little positively to say about justification except that it is an ecclesiological term."

[74] 조병수, "바울의 새 관점이란 무엇인가", 56.

[75] Robert Smith, "Justification in 'the New Perspective on Paul,'" *The Reformed Theological Review* 58 (1999): 23: "For Dunn (as with Stendahl), justification by faith, then, is not so much a theological doctrine (ie. a question of how a person stands in God's presence) as a sociological doctrine (ie. how Jews and Gentiles stand in each other's presence)."; 조병수, "바울의 새 관점이란 무엇인가", 48.

[76] 조병수, "바울의 새 관점이란 무엇인가", 56; 이승구, 『톰 라이트에 대한 개혁신학적 반응』, 50: "라이트는 칭의는 구원론에 대한 것이기보다는 교회론에 대한 것이며, '누가 (구원받은 자들 안에) 있느냐를 말하는 것'과 관련된 문제라고 말한다."

[77] 워터스, 『칭의란 무엇인가』, 103-104.

NPP의 칭의는 "개인적 구원론적인 것이 아니라 사회적 교회론적인 것이다."[78]

그러나 개인적 칭의(구원론)가 없는 사회적 회해(교회론)는 불가능하다. 사회는 개인의 연합이기 때문이다.[79] 개인적 칭의 없이는 사회적 칭의도 없다.[80] 또한 이신칭의 교리가 개인의 구원에 관한 것이라기보다는 교회론적인 것이라는 NPP의 주장은 매우 비논리적이다. 왜냐하면 교회는 구원받은 개인 신자들의 모임이기 때문이다. 그러므로 교회론을 말하기 위해서는 먼저 개인의 구원에 대하여 말해야 한다. 개인의 구원을 간과한 채 구원받은 개인의 연합체인 교회를 말할 수는 없는 법이다. 라이트는 이신칭의를 그리스도의 의의 전가로 인한 법정적 의미로 이해하지 않고 "그리스도 안에 있음"(being-in-Christ)로 이해한다.[81] "그러나 논리적 순서로 볼 때, 그리스도 안에 거하기 위해서는 한 개인의 죄 문제가 해결되는 사건인 칭의가 먼저 경험되어야 한다. 그러므로 칭의의 법정적 측면이 참여적 측면보다 논리적으로 앞선다."[82]

---

[78] 조병수, "바울의 새 관점이란 무엇인가", 60. 김병훈, "율법주의, 언약적 율법주의, 은혜언약", 153: "'새 관점'에서의 '이신칭의'는 구원론이 아니라 교회론적 고백이다." 박재은, 『칭의, 균형 있게 이해하기』, 87: "라이트가 이해하는 바울의 이신칭의 교리는 개인이 하나님과의 수직적인 관계 속에서 믿음으로 의에 이르는 '구원론'의 형식을 가진다기보다는, 개인이 언약 공동체 안에 머무는 것과 관련되는 '교회론'의 형식을 가진다."

[79] Cf. 조병수, "바울의 새 관점이란 무엇인가", 69.

[80] Cf. 박재은, 『칭의, 균형 있게 이해하기』, 83: "보편주의적(누구에게도 차별 없는 복음의 보편적인 성격을 의미함) 구원론의 근거는 우선으로 하나님과의 수직적 관계인 개인적 구원론이 되어야 한다."

[81] 박재은, 『칭의, 균형 있게 이해하기』, 89-90.

[82] 박재은, 『칭의, 균형 있게 이해하기』, 91.

요한복음도 구원(영생)이 교회론적이기보다 개인적인 것이라고 말한다. 메시아 예수는 "각 사람"을 비추는 빛이다(ὃ φωτίζει πάντα ἄνθρωπον, 요 1:9).[83] 하나님은 예수를 영접하는 자에게 하나님의 자녀가 되는 권세를 주되, 공동체 단위로 주는 것이 아니라 개인에게 준다(요 1:12). 어린 양 예수는 공동체 단위로 죄를 제거하는 것이 아니라 개인의 죄를 제거한다(요 1:29, 36). 예수께서 성령으로 세례를 주실 때 공동체나 사회에 주는 것이 아니라 개인에게 주신다(요 1:33). 하나님은 독생자를 믿는 공동체마다 영생을 주시는 것이 아니라 '믿는 자마다' 멸망치 않고 영생을 얻게 하신다(πᾶς ὁ πιστεύων εἰς αὐτόν, 요 3:16). 예수는 사마리아 여자 '한 사람'에게 자신이 메시아이심을 알리셨다(요 4:25). 예수의 말을 듣고 그를 보내신 이를 '믿는 자'가 영생을 얻었고 심판에 이르지 않으며 사망에서 생명으로 옮겨졌다(요 5:24). '믿는 자'는 영생을 가졌다(ὁ πιστεύων ἔχει ζωὴν αἰώνιον, 요 6:47). 예수를 먹는 '그 사람'도 예수로 말미암아 산다(ὁ τρώγων με κἀκεῖνος ζήσει δι' ἐμέ, 요 6:57). 예수는 목마른 자는 누구든지(ἐάν τις) 그에게로 와서 마시라고 초청한다(요 7:37-38). 예수는 날 때부터 맹인인 '한 사람'에게 자신이 인자이심을 알리셨다(요 9:1, 36-38). 선한 목자인 예수는 자기 양의 이름을 '각각'(κατ' ὄνομα) 불러 인도해 낸다(요 10.3). 부활이요 생명인 예수를 '믿는 자'(ὁ πιστεύων)는 죽어도 살 것이다(요 11:25). 이 외에도 요한복음에는 구원이 '개인적인 것'임을 말하는 수많은 구절

---

[83] UBS, πᾶς (1) without the article each, every (pl. all); every kind of; all, full, absolute, greatest; (2) with the article entire, whole; all.

이 있다.

요약하면, 요한복음은 바울의 칭의에 대한 해석에서도 NPP의 해석을 거절하고 종교개혁의 전통적인 해석을 지지한다. 칭의는 '있음'의 문제가 아니라 '들어감'의 문제이자 그리스도인으로 출생하는 최초의 사건이며, 그리스도의 대속의 은혜가 전가되는 것이며, 개인의 구원에 관한 것이다.

4. NPP의 현재 칭의와 미래 칭의에 대한 요한복음의 평가

NPP는 "이신칭의를 통하여 교회에 가입된 자라 할지라도 육신으로 행한 일들에 대해 율법에 따라 심판을 받는 일에서 면제를 받지 못할 것이라고 말한다. 하나님은 마지막 날에 행한 대로 율법을 따라 갚으시리라는 것이 '새 관점'의 구원론이다."[84]

1) 현재 칭의와 미래 칭의

이에 따라 라이트는 칭의를 현재 칭의와 미래 칭의로 구분한다. 그에 의하면, 미래 칭의는 '전체 삶에 근거하여'(on the basis of the entire life) 공개적으로 확증될 것이며, 현재 칭의는 이 미래 칭의를

---

[84] 김병훈, "율법주의, 언약적 율법주의, 은혜언약", 153-154.

믿음에 근거하여 (현재) 선언하는 것이다.[85] 현재 칭의는 미래 칭의의 현재적 선포이다.[86]

현재 칭의는 언약 일원이라는 배지(믿음)를 지니는 것이다. ... 이에 비하여 미래 칭의는 실행에 의해서 이루어지는 것이다. ... 미래 칭의, 곧 마지막 대 심판에서 사죄는 언제나 영위된 삶 전체에 기초해서 발생한다. 한마디로 말해서 미래 칭의란 언약에 대한 순종의 결과이다.[87]

라이트는 하나님의 칭의를 주로(mainly) 그리고 일차적으로 미래 심판으로부터 이해하므로 ... 이를 '종국적 칭의'(the final justification)라고 표현하기도 한다. ... 이를 선취하여 적용한 것을 '현재적 칭의'(the present justification)라고 한다.[88] 라이트는 무게의 중심을 미래 심판으로 보고 그로부터 현재의 칭의를 '미래에서 발생할 칭의의 현재적 선취'(the anticipation in the present of the justification which will occur in the future)로 표현하는 것이다.[89]

---

[85] N. T. Wright, *What Saint Paul Really Said: Was Paul of Tarsus the Real Founder of Christianity?* (Grand Rapids: Eerdmans, 1997), 153: "Present justification declares, on the basis of faith, what future justification will affirm publicly ... on the basis of the entire life."
[86] 박재은, 『칭의, 균형 있게 이해하기』, 93.
[87] 조병수, "바울의 새 관점이란 무엇인가", 63-64.
[88] 이승구, 『톰 라이트에 대한 개혁신학적 반응』, 51.
[89] 이승구, 『톰 라이트에 대한 개혁신학적 반응』, 54, esp. f. n. 42.

2) 현재 칭의와 미래 칭의에 대한 요한복음의 평가

하지만 라이트의 이 주장은 다음과 같은 질문을 일으킨다. 첫째, 신자의 칭의가 단번에(ἐφάπαξ) 이루어지지 않고 1, 2 단계, 즉 두 단계로 이루어지는가?[90] 둘째, 만일 그렇다면 현재 칭의와 미래 칭의는 서로 다른 것이어서 분리가 가능한가? 셋째, 인간의 행위가 칭의를 완성하는 근거가 되는가? 요한은 '영생'(구원)에 대한 설명을 통해 이 질문에 답을 준다.

(1) 영생(구원)의 기원(원천)

영생(생명)의 궁극적 원천은 하나님 아버지이시다.[91] 아버지께서 자신 속에 생명을 가지고 계신다(ὁ πατὴρ ἔχει ζωὴν ἐν ἑαυτῷ, 요 5:26a). 아버지는 영원한 생명의 진원지이시다.[92] 하나님은 생명을 본유적으로 소유하고 계시며, 이 생명을 아들에게 주셨다. "아들에게도 생명을 주어 그 속에 있게 하셨다"(τῷ υἱῷ ἔδωκεν ζωὴν ἔχειν

---

[90] 김병훈, "율법주의, 언약적 율법주의, 은혜언약," 159: "'새 관점'은 바울의 신학이 언약적 율법주의의 중요한 구원론적 특징들, (1) 곧 은혜로 최초의 의롭다 함을 받아 하나님의 언약 백성이 되고 - 유대인들은 선택에 의하여, 이방인들은 믿음에 의하여 - (2) 하나님의 자녀로서 성령님의 인도함을 따라 그리스도의 교훈에 순종함으로써 마지막 심판에서 의롭다함을 최종적으로 받는 두 단계에 걸친 의롭다 함의 구원을 전개하고 있다고 주장을 한다."

[91] G. E. Ladd, *A Theology of the New Testament* (Grand Rapids: Eerdmans, 1974), 257: "God is the ultimate source of life."

[92] Thomas, "The Meaning of the Terms 'Life' and 'Death' in the Fourth Gospel and in Paul," 204: "The epithet 'eternal' indicates the divine source and permanent nature of the life that Jesus proclaimed and preferred."

ἐν ἑαυτῷ, 요 5:26b, cf. ἐν αὐτῷ ζωὴ ἦν, 요 1:4a). 그래서 예수는 아버지와 똑같은 생명을 소유하시며 그 자신이 참된 생명이시다(요 6:35, 48; 11:25; 14:6). 그리스도는 생명이다(요 12:50). 그는 신자들에게 생명을 주시는 생명의 떡이며(요 6:35) 생명의 빛이다(요 8:12). 그리스도는 살아있는 물을 주시며(요 4:10-11) 그의 말씀은 영과 생명이며(요 6:63) 생명의 말씀이다(요 6:68). 그는 세상에 생명을 주시기 위해 오셨다(요 6:33). 예수의 신적 정체를 언급하는 "ἐγώ εἰμι" 선언에 '생명'이 등장하는 것도 이러한 연유에서이다(요 6:35, 48; 8:12; 11:25; 14:6, cf. 6:51; 10:10; 14:19).

(2) 영생(구원)을 주시는 방법

생명이신 아버지가 아들이신 예수에게 생명을 주셨다(요 5:26b, 10:29). 그리고 "영원하신 아버지의 선재하신 아들이 그의 말씀과 그의 인격으로(요 6:33; 10:10; cf. 요일 4:9) 사람들에게 생명을 주기 위해 세상에 보냄을 받았다."[93] 믿는 자에게 영생을 주기 위해 아버지로부터 예수에게 권세가 주어졌다(요 17:2). 구원의 계획이 아들을 통해서 아버지에 의해 시행된 것이다.[94] 이리하여 아버지의 생명이 예수를 통해 역사 속에서 믿는 자에게 주어진다. 예수가

---

[93] H. G. Link, "ζωή," *New International Dictionary of New Testament Theology* (*NIDNTT*) vol. 2, general editor, Colin Brown (Grand Rapids: Zondervan Publishing House, 1986), 476-483, esp. 482.

[94] D. A. Carson, R. T. France, J. A. Motyer, G. J. Wenham (eds.), 『IVP 성경주석 : 신약』, 김재영, 황영철 역 (서울: 한국기독학생회출판부, 2005), 255.

'너희'에게 생명(영생)을 주신다(요 4:10, 14; 6:27, 51; 10:28; 17:2).[95] 그 결과 신자는 하나님이 소유하신 것과 같은 생명을 가진 자가 되고, 예수가 아버지로 말미암아 사는 것 같이 신자도 예수로 말미암아 살게 된다(요 6:57). "아들이 아버지의 생명에 참여하는 것처럼 신자도 아들을 전유함으로써 그의 생명에 참여한다(요 6:57)."[96]

(3) 생명의 관계성 - 연합

예수는 신자에게 생명을 주시되, 자신의 생명을 쪼개어 분배하는 방식으로 주는 것이 아니라 신자를 하나님께 연합시킴으로써 생명을 준다. 신자가 하나님의 생명을 얻는 것은 생명의 물리적인 분배에 의해서가 아니라 신자가 생명의 원천으로 들어감으로써 이루어진다. 하나님 아버지와 아들 예수 그리스도와 신자의 연합, 즉 하나 됨이 이것을 잘 증언한다. "그 날에는 내가 아버지 안에, 너희가 내 안에, 내가 너희 안에 있는 것을 너희가 알리라"(요 14:20, cf. 요 17:21). "곧 내가 그들 안에 있고 아버지께서 내 안에 계시어 그들로 온전함을 이루어 하나가 되게 하려 함은(요 17:23)." 생명을 얻는 것은 생명의 나눔이 아니라 생명이신 하나님 안으로 들어가는 것이며, 그 생명에 소속되고 연합되는 것이다. 생명 얻음은 사망의 영역에서 나와 생명의 영역으로 들어감으로써 이루

---

[95] 또한 아버지가 '너희'에게 생명을 주신다고 말한다(요 6:32c, 33, 50, 51).

[96] Cook, "Eschatology in John's Gospel," 89.

어진다(μεταβέβηκεν ἐκ τοῦ θανάτου εἰς τὴν ζωήν, 요 5:24b, cf. 골 1:13). 신자의 영생은 신자가 하나님의 생명을 나누어 가지는 것이 아니라 생명이신 하나님께 연합되어 하나님의 생명 그 자체를 공유하는 것이다. 하나님과 신자의 생명 공유성이 바로 신자가 영생하는 이유이자 근거이다(cf. 요 15:5; 벧후 1:4). 아버지와 아들과 신자는 한 생명 안에서 연합된 관계에 있다. 그러므로 영생은 단순히 시간상으로 영원히 사는 것이 아니라 신자가 영생인 하나님과 아들에게 연합된 관계를 나타낸다. 영생은 시간적인 것을 넘어서 관계적이다. 따라서 '영생'이라는 단어는 '관계'라는 말로 대체할 수 있다.[97] 그리스도인의 생명은 신자와 예수 사이의 관계에 대한 표현(명)(manifestation)이다.[98] 영생을 소유하는 것은 그 생명을 주신 분과의 관계 안에서 사는 것이다.[99]

(4) 하나님과 신자의 생명 동일성

하나님이 생명을 소유하고 계시며, 그 생명을 예수에게 주셨다. 예수 안에 하나님의 생명이 있으며(요 1:4), 예수는 이 생명을 믿는

---

[97] Jan van der Watt, *An Introduction to the Johannine Gospel and Letters* (New York: T&T Clark, 2007), 51: "In most of the usages in John's Gospel the term 'eternal life' may be substituted by 'to be in/receive a state of being which allows participation (actions and relations) in the divine reality of and with God' (i.e. 5.40)." 나의 번역: "요한복음에서 '영생'이라는 용어는 대부분 '하나님과 함께 하나님의 신적 실재에 참여(행동과 관계)할 수 있는 존재 상태에 있는/받는 것'(예: 5:40)으로 대체할 수 있다."

[98] Cox, *The Nature of Eternal Life in the Fourth Gospel*, 1.

[99] Marinne Meye Thompson, "Eternal Life in the Gospel of John," *ExAuditu* 5 (1989): 36: "To have eternal life means to live in relationship to and dependence upon the one who gives such life."

자들에게 주신다. "내가 그들에게 영생을 주노니"(요 10:28). "당신이 그에게 주신 모든 자를, 그가 그들에게 영생을 주기 위하여"(ἵνα πᾶν ὃ δέδωκας αὐτῷ δώσῃ αὐτοῖς ζωὴν αἰώνιον, 요 17:2b). 예수는 하나님으로부터 하나님의 생명을 받아 자기 속에 소유하며, 또한 그 생명을 그를 믿는 신자들에게 주어 그들도 소유하게 한다. 믿는 자는 하나님과 예수와의 연합을 통해 하나님의 생명을 공유한다. 그러므로 신자의 생명은 하나님과 예수께서 소유하시는 바로 그 생명이다.[100] 신자가 받은 생명은 하나님의 생명보다 못한 것이 아니며 하나님의 생명과 질 다른 것도 아니다. 하나님이 신자에게 주신 생명은 하나님의 생명 그 자체이다. 신자의 생명은 하나님의 생명과 동일이다. 이런 까닭에 "영생은 그리스도 안에 있는 신자의 삶이며, 신자 안에 있는 그리스도의 삶이다(요 15:5; 갈 2:20; 엡 1:13-14)."[101]

(5) 생명의 영원 불변성

이러한 하나님과 신자의 생명의 동일성은 신자의 생명의 영원 불변성을 보증한다. 하나님이 영원히 존재하시듯이 하나님과 연합된 신자도 하나님과 같은 생명을 소유하여 하나님처럼 영원히 산다. 그분의 존재와 본질이 변질하지 않는 한 그분의 존재와 본질

---

[100] Thomas, "The Meaning of the Terms 'Life' and 'Death' in the Fourth Gospel and in Paul," 212: "He has given us life, that is his own life."

[101] D. H. Johnson, "생명/삶 Life", Alexander, T. Desmond and Rosner, Brian S. (eds.), 『IVP성경신학사전』, 권연경 외 옮김 (서울: 한국기독학생회출판부, 2004), 731. = *New Dictionary of Biblical Theology* (*NDBT*) (Leicester: Inter-Varsity Press, 2000).

로 말미암은 생명(구원)도 변할 수 없다. 하나님의 생명이 끊어질 수 있다면 신자에게 주어진 생명도 끊어질 것이다. 하지만 하나님의 생명이 영원한 생명이기에 신자의 생명도 영원하다.

신자의 생명의 영원 불멸성은 예수의 성육신에서도 분명하게 드러난다. 사람이 '육신'(σάρξ)으로는 하나님의 자녀가 될 수 없다 (요 1:13). 이 문제를 해결하기 위해 로고스인 예수가 친히 '육신'(σάρξ)이 되셨다(요 1:14). 이것이 예수의 성육신이다. 사람이 하나님께 갈 수 없기에 하나님이 사람에게 직접 오신 것이다. 사람이 "육신의 소원으로"(ἐκ θελήματος σαρκός)는 하나님의 자녀가 될 수 없기에(요 1:13), 말씀이 친히 육신(σάρξ)이 되셔서 사람으로 하나님의 자녀가 되게 하신 것이다. 즉 인간 육신이 할 수 없는 일을 하나님이 육신이 되어 이루신다. 그래서 말씀인 예수께서 '육신'이 되신 것이다.[102] 그런데 예수님의 성육신은 결코 그 무엇에 의해서도 무효가 될 수 없다. 따라서 예수의 성육신을 통해 하나님의 자녀가 되고 영생을 얻은 것은 절대로 무효가 되거나 번복될 수 없으며 무름도 없다.

또한 신자의 생명의 영원 불멸성은 예수가 주는 물(생명)에 대한 은유에서도 잘 설명된다.

Πᾶς ὁ πίνων ἐκ τοῦ ὕδατος τούτου διψήσει πάλιν·
ὃς δ' ἂν πίῃ ἐκ τοῦ ὕδατος οὗ ἐγὼ δώσω αὐτῷ,

---

[102] 이복우, 『내 뒤에 오시는 이』, 253-255.

οὐ μὴ διψήσει εἰς τὸν αἰῶνα,
ἀλλὰ τὸ ὕδωρ ὃ δώσω αὐτῷ γενήσεται ἐν αὐτῷ
πηγὴ ὕδατος ἁλλομένου εἰς ζωὴν αἰώνιον(요 4:13b-4).

사역 직역(私譯 直譯)
이 물을 마시는 자마다 다시 목마를 것이다.
그러나 누구든지 내가 그에게 줄 그 물을 마시는 자는,
그는 결코 영원히 목마르지 않을 것이다.
그러나 내가 그에게 줄 그 물은
그의 속에 영원히 솟아나는 물의 샘이 될 것이다.

이 말씀에는 예수가 주는 물(영생)의 영원성이 잘 드러난다. 첫째, '이 물'을 마시는 것은 반복적이지만(pre. ὁ πίνων) '예수가 주는 물'을 마시는 것은 단회적이다(aor. πίῃ).[103] 둘째, 예수가 주는 물은 한 번 마시면 영원히(εἰς τὸν αἰῶνα) 결코 목마르지 않는다(οὐ μὴ διψήσει). 셋째, 결코 '영원히' 목마르지 않을 것과 '영원히' 솟아날 것이 강한 역접 접속사(ἀλλά)로 연결되어 예수가 주는 생명의 영원성이 매우 강조되고 있다. 예수가 주는 물(영생)은 야곱의 우물물과 대조적인(δέ) 물이다. 예수가 주는 물은 다시 목마르지 않는 완전한 해갈을 이룬다. 그래서 믿는 자는 그 자신 안에 다함이 없는 물의

---

[103] Cox, *The Nature of Eternal Life in the Fourth Gospel*, 42: "The verbs 'eat' and 'drink' are in the aorist tense and portray a one-time action of receiving Christ." (요 6:53-54).

샘을 가지고 있다.[104] 이처럼 예수가 주는 물은 영원히 목마르지 않고 영생하도록 솟아나는 '물의 샘'(πηγὴ ὕδατος)이 된다. 하나님으로부터 난 생명은 불멸의 생명이다.[105]

요약하면, 요한은 신자의 생명(영생, 구원)이 두 단계로 되어 있다거나, 신자의 행위로 미래에 완성된다고 말하지 않는다. 신자는 예수 그리스도를 믿음으로 단번에 하나님 안에 들어가 하나님과 연합하여 하나님의 생명을 공유한다. 신자의 생명은 하나님의 생명과 똑같은 생명이다. 이것은 분리할 수 없는 완전한 생명 연합이다. 따라서 하나님의 언약 백성의 일원이 되는 현재 칭의는 예수의 죽음을 통해 언약을 이루시는 하나님의 신실성에 근거하며, 미래 칭의는 인간의 신실성에 근거한다고 하는 NPP의 주장은 요한의 지지를 받지 못한다. 그리스도를 믿음으로 얻는 영생은 단번에 종말을 넘어 영원에 이른다. 기독론 안에 종말론이 들어와 있다.

(6) 생명의 현재성과 미래성

요한도 생명의 현재성과 미래성을 강조한다. 그러나 이것은 현재 칭의와 미래 칭의로 구분하는 NPP의 칭의와는 전혀 다른 것이다.

---

[104] George R. Beasley-Murray, *John*, WBC (Waco, Texas: Word Books, 1987), 61: "the believer, then has an inexhaustible well within him."

[105] 게르하르트 킷텔 게르하르트 프리드리히 편저, 제프리 W. 브라밀라 편역, 『신약성서 신학사전』, 번역위원회 (서울: 요단출판사, 1986), 337.

① 생명의 현재성

요한복음에서 영생은 믿는 자가 현재에 소유하고 있는 것이다.[106] 생명은 요한복음에 36회 나온다. 그중 11회는 ἔχω(소유하다, 받다)의 목적어로 사용되었다(요 3:15, 16, 36; 5:24, 40; 6:40, 47, 53, 54; 10:10; 20:31). 이때 ἔχω는 모두 현재 시상(tense)이다. 이것은 생명의 소유성과 현재성을 강조하는 것이다. 영생은 현재적 실체이다.[107] "예수가 그리스도이다"라는 사실을 믿는 자는 예수의 이름 안에서 지금 생명을 가지고 있다(요 20:30-31).[108] "영생은 단지 내세에서만 아니라 예수를 통하여 이미 여기 그리고 지금 가지고 있다."[109] 예수가 주는 물은 믿는 자의 현재 이 세상의 생명 속에 흐르고 있다.[110] 영생의 현재적 성취는 예수의 십자가 죽음과 부활에 바탕을 두고 있다. 동사 "옮겨져 있다"(μεταβέβηκεν. pf., 요 5:24)는 신자가 현재에 생명을 소유하고 있다는 진리를 강조한다.

사망의 지배는 예수의 죽음과 부활로 끝났다. 그러므로 예수

---

[106] Cox, *The Nature of Eternal Life in the Fourth Gospel*, 2: "New Testament scholarship acknowledges that in John, eternal life is a present possession."

[107] Köstenberger, *A Theology of John's Gospel and Letters*, 285: "In John's eschatology, this possession of life is already a present reality. ... By believing in Jesus, people can have life –abundant life– already in the here and now(John 3:16; 10:10), having passed from death into life (5:24; 1 John 3:14). ... Nevertheless, as the Messiah and Son of God, Jesus emphatically shows that, in him, resurrection and life have already appeared."

[108] D. A. Carson, *The Gospel according to John* (Grand Rapids: Eerdmans, 1991), 202: "The kingdom of God is seen or entered, new birth is experienced, and eternal life begins, through the saving cross-work of Christ, received by faith."

[109] Köstenberger, *Encountering John*, 43.

[110] Cox, *The Nature of Eternal Life in the Fourth Gospel*, 54: "... that flows in the present earthly life of the believer."

를 믿는 자는 현재 영생을 가졌고, 사망에서 생명으로 옮겨져 있다.[111] 이 "생명은 미래의 때를 위해 보존된 것이 아니라 하나님의 아들이 그의 양들을 위해 주신 현재적 선물이다."[112] 현재의 생명은 예수의 부활로 주어졌다. 예수의 부활로 미래가 현재에 들어와 있다.[113] 그리스도는 믿는 자가 영원에서뿐 아니라 시간 안에서 영원한 생명을 누리도록 한다.[114] "믿는 자의 관점에서, 요한복음에는 구원과 심판 둘 다 그것의 현재 시제에 강조가 있다."[115] 하나님의 아들을 믿는 자는 심판을 받지 아니하는 것이요 믿지 아니하는 자는 하나님의 독생자의 이름을 믿지 아니하므로 벌써 심판을 받은 것이다(요 3:18). 그의 구원과 심판은 영원에서뿐 아니라 시간 안에서도 전달된다.[116] 요한복음의 핵심은 미래에 얻을 생명을 사람에게 보여주는 것이 아니라 그들로 하여금 이 생명을

---

[111] Thomas R. Schreiner, 『간추린 신약신학』, 김현광 옮김 (서울: CLC, 2013), 42-44.

[112] Schreiner, 『간추린 신약신학』, 45.

[113] C. S. Keener, *The Gospel of John: A Commentary*, vol. 1 (Peabody: Hendrickson Publishers, 2003), 329: "the Fourth Gospel declares that the life of the kingdom era is available to those living in the present through faith in Christ. His resurrection has already inaugurated the resurrection era."

[114] Smalley, *John : Evangelist and Interpreter*, 265: "For Christ makes eternal life available in time as well as eternity, and the believer is able by faith to share in it at any moment."

[115] Smalley, *John : Evangelist and Interpreter*, 266: "From the view-point of the believer, for example, there is a familiar emphasis in the Fourth Gospel on the present tense of both salvation and judgment."

[116] Smalley, *John : Evangelist and Interpreter*, 267: "His salvation and judgment are mediated in time as well as eternity."

이미 현재에서 경험하게 하는 것이다.[117] 오는 세대의 생명은 이미 믿는 자에게 주어졌다. 예수의 사역의 목적은 사람들이 미래의 생명을 현재에 경험하게 하는 것이다.[118]

② 생명의 미래성

또한 신자가 가진 현재의 생명은 미래적으로도 영원히 불변하며 지속한다. 영생의 미래적 차원은 육체의 부활을 포함한다. 예수는 마지막 날에 그가 영생을 준 자들을 일으킬 것이다(요 6:40, 54). 예수는 생명이요 부활이다. 그를 믿는 자는 육체적으로는 죽을지라도 마지막 날에 다시 살게 될 것이다. 왜냐하면 그는 이미 예수 안에 있는 믿음을 통하여 생명을 가지고 있어서 절대 죽지 않을 것이기 때문이다(요 11:25-26).[119]

③ 생명의 현재성과 미래성

그러므로 요한복음은 믿는 자가 가진 생명의 현재성과 미래성

---

[117] Ladd, *A Theology of the New Testament*, 257: "While eternal life is eschatological, the central emphasis of the Fourth Gospel is not to show men the way of life in the Age to Come but to bring to them a present experience of this future life."

[118] Ladd, *A Theology of the New Testament*, 257: "The purpose of Jesus' mission was to bring men a present experience of the future life (10:10)."; Köstenberger, *A Theology of John's Gospel and Letters*, 297: "John does not, as was common in Jewish thought, perceive eschatology as the future 'age to come' replacing the 'present age.' Instead, for John, in Jesus the distinction between these two ages has collapsed, so that believes in Jesus are able to experience end-time blessings already in the here and now, most notably eternal, abundant life (e.g., John 3:16; 5:24; 10:10)."

[119] Ladd, *A Theology of the New Testament*, 258.

을 동시에 강조한다. 예수는 믿고 영생을 얻은 자를 하나도 잃어 버리지 않고 '마지막 날'에 다시 살리신다(요 6:39, 40, 44, 54). 이것은 구원의 현재 시제에 대한 강조와 함께 미래에 일어날 것에 대하여 명백히 말하는 것이다. 믿는 자들은 그리스도를 통하여 현재 하나님의 생명을 공유하며 또한 그들은 '마지막 날'에 일으킴을 받을 것이다.[120] 예수는 믿는 자에게 영생을 준다. 그것은 현재적 실체이면서 또한 미래 종말론적 실체이다.[121] 이처럼 요한의 종말론은 이중 관점을 보여준다.[122] 생명의 이 두 차원(현재와 미래)은 분리할 수 없게 결합하여 있다.[123] "요한은 용해할 수 없는 접착제로 현재와 미래를 융합한다. 예수를 믿는 자는 육체적으로는 죽더라도 부활의 생명을 경험할 것이며, 영적으로 지금 생명을 가진 자 곧 예수를 믿는 자는 누구나 영원히 살 것이다(요 11:25-26). 왜냐하면 믿는 자는 지금 영생을 가지고 있고 마지막 날에 일으킴을 받을 것이기 때문이다(요 6:40)."[124] 요한복음의 영생은 내포적이고 외연적이다. 이 생명은 본래 종말론적이며 또한 현재적

---

[120] Smalley, *John : Evangelist and Interpreter*, 268: "In addition to an emphasis on the present tense of salvation, there are some passages in the Fourth Gospel which speak explicitly of what is to happen in the future. … believers can share in the present the life of God through Christ; and they will also be raised up at the 'last day.'"

[121] Cox, *The Nature of Eternal Life in the Fourth Gospel*, in Abstract.

[122] Smalley, *John : Evangelist and Interpreter*, 268: "Johannine eschatology, then, manifests an intriguing double perspective."

[123] Ladd, *A Theology of the New Testament*, 258: "These two dimension of life-present and future-are inseparably associated in Jesus' discourse about his relationship to the Father."

[124] Ladd, *A Theology of the New Testament*, 258.

이다.[125]

그러면 이 생명의 현재성과 미래성이 NPP의 현재 칭의와 미래 칭의를 의미하는 것인가? 절대로 그렇지 않다. 생명의 미래성은 현재 얻은 생명이 마지막 때까지 영속될 것을 의미한다. 미래의 생명은 현재 생명과 단절되거나 현재의 생명과 다른 생명을 가리키는 것이 아니다. 미래의 생명은 현재 소유한 생명이 마지막 날까지 지속하고 그 후에도 영속됨을 보여 주는 것이다. 또한 미래의 생명이 인간의 행위로 결정되는 것도 아니다. 영생(구원)은 오직 하나님에게서 나오며 예수 그리스도가 믿는 자에게 주시는 것이기 때문이다.

III. 맺음말

우리는 지금까지 종교개혁의 바울 해석과 그것에 반기를 든 NPP의 바울 재해석을 요한복음을 근거로 비교 평가하였다. 그리고 이 평가의 정당성을 확보하기 위해 우리는 NPP의 논증 수단과 방법을 따랐다. 그러나 이 수단과 방법은 NPP의 수단과 방법보

---

[125] Thomas, "The Meaning of the Terms 'Life' and 'Death' in the Fourth Gospel and in Paul," 203: "Life is thus viewed intensively and extensively, as transforming the present and filling the future: 'eternal life retains its original eschatological connection, but also it may equally be thought of as a present gift.'" 나의 번역: "따라서 생명은 현재를 변화시키고 미래를 채우는 것으로서 강렬하고 광범위하게 간주한다. '영생은 본래의 종말론적 연결을 유지하지만, 또한 영생은 동등하게 현재의 선물로 생각될 수 있다.'"

다 훨씬 더 권위 있는 것이다. NPP 학자들보다 사도 요한이 바울을 더 잘 이해하며, 그들이 증거 본문으로 삼은 유대 문서보다 요한복음이 훨씬 더 이른 시기에 기록되었기에 더욱 신뢰할 만하며, 유대 문서는 복음을 내용으로 하지 않지만, 요한복음은 바울서신과 같은 복음을 내용으로 하기 때문이다. 그러므로 요한과 그의 문헌인 요한복음은 NPP 학자들과 유대 문서들과는 비교할 수 없는 절대적 권위를 가진다.

특히 이 수단과 방법은 NPP가 그리도 신뢰하는 유대 문서의 기록자인 '랍비'들의 해석 방식을 따른 것이기에 더욱 신뢰할 수 있다. 랍비들은 '작은 것에서 큰 것으로'(a minori ad maius, קל וחמר 칼 바호메르) 해석하는 방식을 자주 사용했다.[126] 그러므로 랍비의 유대 문서를 신뢰하는 NPP 사람들은 랍비의 방식으로 논증한 본 논문의 내용을 받아들여야 합당하다. 즉 덜 권위적인 것(NPP 학자들, 유대 문서들)에 의한 연구 결과를 그들이 그토록 신뢰한다면, "하물며" 그것들과 비교할 수 없는 높은 권위를 가진 것(사도 요한, 요한복음)의 평가도 그들은 마땅히 수용해야 한다.

1. NPP는 바울에 대한 종교개혁의 해석을 부정하고 바울을 재해석하였다. 그들은 바울의 율법관이 언약적 율법주의이며 이것은 당시 유대교의 율법관과 같은 것이라고 주장한다. 언약적 율법주의는 주로 구원론과 관련되어 있고 그 중심에 칭의 문제가

---

[126] 조병수, 『신약성경총론』, 433: "이것은 '하물며'라는 어구를 사용하여 작은 것을 가지고 큰 것을 설명하는 해석 방식이다." Cf. "하물며"(πόσῳ 히 10:28-29), "하물며"(πόσῳ μᾶλλον 히 9:14), "하물며"(πολὺ μᾶλλον 히 12:9; 12:25).

자리하고 있으며, 1세기 유대교가 은혜 종교였다는 것이다. 그러나 1세기 유대교는 은혜 종교가 아니었다. 모든 사람은 빛이신 예수를 믿어야민 하나님의 자녀가 될 수 있다. 이 사실은 그때나 지금이나 영원토록 변함없는 진리이다. 또한 하나님의 백성은 오직 하나님으로부터 출생해야만 한다. 단순히 혈통적 언약 백성이라 하여 자동으로 하나님의 백성이 되는 것이 아니다. 나아가서 1세기 유대인들은 영생을 얻기 위해 율법을 지켰다는 것이 요한의 증언을 통해 밝혀졌다. 게다가 유대인들은 자신들의 행위로 백성된 신분을 유지할 수 있었던 것도 아니다. 그러므로 언약적 율법주의는 NPP의 잘못된 전제에서 출발한 그릇된 신학일 뿐이다.[127]

2. NPP는 대속을 통한 전가의 교리를 부정하지만, 요한은 그리스도의 대리적 속죄와 전가(imputation)를 요한복음의 구조와 사건들을 통해 반복적으로 강조한다. 물론 사도 바울도 이 교리를 한결같이 말하며 되풀이하여 강하게 증언하고 있다. 이뿐만 아니라 NPP는 칭의가 구원론이 아니라 교회론이라고 말하지만, 이 또한 요한에 의해 반박된다. 메시아를 통한 구원(영생)은 공동체로 베풀어지는 것이 아니라 '개인'이 그리스도를 믿어 주어지는 것이기 때문이다.

3. 특히 NPP는 칭의를 현재 칭의와 미래 칭의로 나누고 미래 칭의는 인간의 행위로 결정된다고 말한다. 그러나 요한복음에 나

---

[127] 김병훈, "율법주의, 언약적 율법주의, 은혜언약", 148, 151: "'언약적 율법주의'는 성경적 의미에서 '은혜의 종교'가 아니고, 신학 특성상 신인동력적(synergistic) 세미펠라기우스주의에 해당한다."

타난 영생(칭의)의 특징을 살펴보면, 이 주장이 얼마나 허무맹랑하고 허망한 것인지를 곧 알게 된다. 첫째, 영생의 원천은 오직 하나님이시며, 신자는 예수를 믿어 하나님의 생명에 연합함으로써 하나님의 생명을 전유하게 된다. 신자의 생명은 하나님의 생명과 같은 것이므로 영원하며 불변할 수밖에 없다. 따라서 신자의 생명(구원)은 신자 개인의 행위로 폐기되거나 무효가 될 수 있는 성격의 것이 아니다. 인간의 선한 행위나 삶의 방식은 칭의의 근본적 원인(root cause)이나 수단적 원인(instrumental cause)이 될 수 없다. 선한 행위는 의롭게 되기 위한 근거가 아니라 의롭게 된 자에게 나타나야 하는 결과요 증거일 뿐이다. 신자는 하나님이 기뻐하시는 일을 해야 한다. 그러나 그것이 하나님 앞에 내 세울만한 공로는 되지 못한다. 그 일 자체가 하나님의 은혜로 행해지는 것이기 때문이다.[128] 열매가 뿌리를 보전하는 것이 아니라 뿌리가 열매를 보전하는 것이다(cf. 롬 11:18). 둘째, 예수의 사명은 그를 믿는 자들에게 영생을 주는 것이다.[129] 그러므로 예수의 사명의 성취로 이루어진 구원(칭의)이 인간의 행위에 의해 중간에 단절되거나 취소될 수는 없다. 셋째, 신자의 구원(칭의)은 완성되지 않은 일련의 과정이 아니다.[130] 하나님이 예수를 통하여 신자에게 주시는 생명

---

[128] Cf. 이승구, 『톰 라이트에 대한 개혁신학적 반응』, 54.

[129] Watt, *An Introduction to the Johannine Gospel and Letters*, 51: "Jesus was sent on a mission to save the world (4.42; 1 Jn 4.14), but what is supposed to happen? What is salvation? The purpose of Jesus' mission is echoed in 20.31 or 1 Jn 5.13 where it is stated that Jesus brings eternal life to those who believe."

[130] 워터스, 『칭의란 무엇인가』, 116.

은 곧 하나님 자신의 생명이다. 하나님은 영원하시다. 그러므로 하나님의 생명으로 구원(칭의)받은 신자의 생명도 영원하다. 신자의 구원(생명, 칭의)은 단계적인 것이 아니라 그 시작부터 영원한 것이다. 신자는 믿는 순간부터 영원한 생명을 산다.

결국 요한복음은 종교개혁의 바울 해석과 NPP의 바울 해석 중 종교개혁의 손을 들어주었다. 요한복음에 의하면, 종교개혁의 전통적 칭의 이해와 구원관이 옳으며, NPP는 틀렸다.

참고 문헌

1. 본문(Text)

Aland, K. Aland, B. Karavidopoulos, K. Martini, C. M. and Metzger, B. M. (eds.). *Novum Testamentum Graece*. NA. Stuttgart: Deutsche Bibelgesellschaft, 28th edition. 2012.

Aland, K. Aland, B. Karavidopoulos, K. Martini, C. M. and Metzger, B. M. (eds.). *The Greek New Testament*. GNT. Stuttgart: Deutsche Bibelgesellschaft, 4th edition. 1993, 1994.

Elliger, K. and Rudolph, W. (eds.). *Biblia Hebraica Stuttgartensia*. Stuttgart: Deutsche Bibelgesellschaft, 1977.

Rahlfs, A. (ed.). *Septuaginta* (LXX). 2 vols. Stuttgart: Deutsche Bibelgesellschaft, 1935, 1979.

2. 사전, 문법, 구문론, 참고문헌(Bibliography)

Alexander, T. Desmond. and Rosner, Brian S. (eds.). *New Dictionary of Biblical Theology*. NDBT. Leicester: Inter-Varsity Press, 2000. = 『IVP성경신학사전』. 권연경 외 옮김. 서울: 한국기독학생회출판부, 2004.

Bauer, Walter. *A Greek-English Lexicon of the New Testament and Other Early Christian Literature*. 3th ed. BDAG. revised and edited by Frederick William Danker. Chicago: University of Chicago Press, 2000.

Belle, G. Van. *Johannine Bibliography 1966-1985: A Cumulative Bibliography on the Fourth Gospel*. BETL 82. Leuven: Leuven University Press & Uitgeverij Peeters. Brussel, 1988.

Blass, F. Debrunner, A. Funk, R. W. *A Greek Grammar of The New Testament and Other Early Christian Literature*. BDF. Chicago: University of Chicago Press, 1961.

Douglas, J. D. General Ed. *The New International Dictionary of the Christian Church*. NIDCC. Grand Rapids: Eerdmans, 1974.

_____. Organizing Editor. *New Bible Dictionary*. NBD. Grand Rapids: Eerdmans, 1962. =『새성경사전』. 나용화, 김의원 역. 서울: 기독교문서선교회, 1996.

Freedman, D. N. (ed.). *The Anchor Bible Dictionary*. ABD. New York: Doubleday, 1992.

Friberg, Timothy. Friberg, Barbara. Miller, Neva F. *Analytical Lexicon of the Greek New Testament*. Grand Rapids: Baker Books, 2000.

Green, J. B. Mcknight, S. (eds.). *Dictionary of Jesus and the Gospels*. DJG. Leicester, England: Inter-Varsity Press, 1992. =『예수 복음서 사전』. 요단출판사 번역위원회 역. 서울: 요단출판사, 2003.

Harrison, Everett F. (ed.), *Baker's Dictionary of Theology*. BDT. Grand Rapids: Baker Book House, 1983.

Kittle, G. and Friedrich, G. (eds.). *Theological Dictionary of the New Testament*. TDNT 10 vols. trans. G. W. Bromiley; Grand Rapids: Eerdmans, 1964-1976.

Liddell, Henry George. Jones, Henry Stuart. Scott, Robert. Mckenzie, Roderick. *Liddell and Scott Greek-English Lexicon*, Oxford: Clarendon Press, 1996.

Louw, J. and Nida, E. A. *Greek-English Lexicon of the New Testament Based on Semantic Domains*. 2 vols. New York: United Bible Societies, 2nd ed. 1988.

Lust, J. Eynikel. E. Hauspie, K. (eds.). *A Greek-English Lexicon of the Septuagint*. LEH. Stuttgart: Deutsche Bibelgesellschaft, 2004.

Malatesta, E. *St. John's Gospel 1920-1965: A Cumulative and Classified*

Bibliography of Books and Periodical Literature on the Four Gospel. Analecta biblica 32. Rome: Pontifical Biblical Institute, 1967.

Moulton, J. H. and Milligan, G. *The Vocabulary of the Greek New Testament.* VGNT. Peabody: Hendrickson Publishers, 1997.

Robertson, A. T. *A Grammar of the Greek New Testament in the Light of Historical Research.* Nashville: Broadman Press, 1934.

_____. *A Short Grammar of the Greek New Testament: For Students Familiar with the Elements of Greek.* New York: A. C. Armstrong and Son, 1909.

Schmoller, Alfred. *Handkonkordanz zum griechischen Neuen Testament. Pocket Concordance to the Greek New Testament.* Münster: Deutsche Bibelgesellschaft, 1994.

Scholtissek, Klaus. "Johannine Studies: A Survey of Recent Research with Special Regard to German Contributions II." *Currents in Research: Biblical Studies* 9. Sheffield: Sheffield Academic Press, 1988.

_____. "Johannine Studies: A Survey of Recent Research with Special Regard to German Contributions." *Currents in Research: Biblical Studies* 6. Sheffield: Sheffield Academic Press, 1988.

Thayer, Joseph H. *A Greek-English Lexicon of the New Testament.* Grand Rapids: Baker Book House, 1977.

Thayer, Joseph H. *Thayer's Greek-English Lexicon of the New Testament.* Peabody: Hendrickson Publishers, 2019.

Wagner, Günter. (ed.). *An Exegetical Bibliography of the New Testament: John and 1,2,3 John.* Georgia: Mercer University Press, 1987.

Wallace, Daniel B. *Greek Grammar beyond the Basics : An Exegetical Syntax of the New Testament with Scripture.* Grand Rapids: Zondervan Publishing House, 1996.

_____. *The Basics of New Testament Syntax : An Intermediate Greek Grammar*. Grand Rapids: Zondervan Publishing House, 2000.

Wigram, George V. *The Englishman's Greek Concordance*. Grand Rapids: Baker Books House, 1979.

Zerwick S. J, Maximilian. *Biblical Greek*. Rome: Editrice Pontificio Instituto Biblico, 2001.

3. 논문과 단권

Aland, Barbara. "Gnosis und Christentum." in *Rediscovery of Gnosticism*. vol. 1. Leiden: E. J. Brill, 1980.

Allison, Jr. Dale C. "The Living Water (John 4:10-14, 6:35c, 7:37-39)." *St Vladimir's Theological Quarterly* 30 (1986): 143-157.

Augustin, *On the Holy Trinity, Nicene and Post-Nicene Fathers of the Christian Church*. vol. 3. Grand Rapids: Eerdmans, 1980. =『삼위일체론』. 김종흡 역. 고양: 크리스챤다이제스트, 1993.

Baldensperger, D. W. *Der Prolog des vierten Evangeliums, Sein polemisch - apologetischer Zweck*. Freiburg: J. C. B. Mohr, 1898.

Barclay, William. "Great Themes of the New Testament, Ⅱ: John 1:1-14." *ExpT* 70 (1958-1959): 78-82.

_____. "John 1:1-14: Fully Man and Fully God." in *Great Themes of the New Testament*. Louisville: Westminster John Knox Press, 2001.

Barnes, Albert. 『반즈주석 요한복음』. 서울: 크리스챤서적, 1990.

Barrett, C. K. "The Holy Spirit in the Fourth Gospel." *JTS* 1 (1950): 1-15.

_____. "The Prologue of St. John's Gospel." in *New Testament Essay*. London: SPCK, 1972.

_____. *Paul: An Introduction to His Thought*. Louisville: Westminster/Knox, 1994.

_____. *The Gospel according to St. John*. second ed. Philadelphia: Westminster Press, 1978.

Barton, Bruce B. 외 3인, 『요한복음』. Life Application Bible Commentary. LAB. 전광규 옮김. 서울: 한국성서유니온선교회, 2009.

Bassler, Jouette M. "The Galileans: a neglected factor in Johannine community research." *CBQ* 43 (1981): 243-257.

Bauckham, Richard. (ed.). *The Gospel for All Christians: Rethinking the Gospel Audiences*. Grand Rapids: Eerdmans, 1998.

_____. *Jesus and the Eyewitnesses: The Gospel as Eyewitness Testimony*. Grand Rapids: Eerdmans Publishing Co. 2006.

Bauer, D. R. "Son of God." *Dictionary of Jesus and the Gospels*. ed. J. B. Green, S. Mcknight. England: Inter-Varsity Press, 1992.

Bavinck, H. *The Doctrine of God*. translated, edited outlined by William Hendriksen. Edinburgh: The Banner of Truth Trust, 1979. = 『개혁주의 신론』. 이승구 역. 서울: 기독교문서선교회, 1988.

Beasley-Murray, G. R. "John 3:3, 5: Baptism, Spirit and the Kingdom." *Expository Times* 97 (1986): 167-170.

_____. *Baptism in the New Testament*. London: MacMillan& Co., 1963.

_____. *John*. WBC. vol. 36. Texas: Word Books, 1987. = 『요한복음』. WBC. 이덕신 옮김. 서울: 도서출판 솔로몬, 2010.

_____. *Word Biblical Themes: John*. Dallas: Word Publishing, 1989.

Belleville, Linda. "Born of the Water and Spirit: John 3:5." *Trinity Journal* 1 (1980): 125-141.

Bennema, C. "The Character of John in the Fourth Gospel." *JETS* 52 (2009): 271-284.

_____. "The Giving of the Spirit in John's Gospel - A New Proposal?" *EQ* 74 (2002): 195-213.

Bernard, J. H. *A Critical and Exegetical Commentary of the Gospel according to St. John*. vol. 1. Edinburgh: T. & T. Clark, 1928.

Bettenson, Henry. 『초기 기독교 교부』. *The Early Christian Fathers*. 박경수 역. 서울: 크리스챤다이제스트, 1997.

Beutler, J. "Greeks Come to See Jesus (John 12, 20f)." *Biblica* 71 (1990): 333-347.

Blenkinsopp, J. "John 7:37-39: Another Note on a Notorious Crux." *NTS* 6 (1959-60): 95-98.

Blum, Edwin A. 『요한복음』. 임성빈 역. 서울: 두란노서원, 1989.

Böcher, O. "Johanneisches in der Apokalypse des Johannes." *NTS* 27 (1981): 310-321.

Boismard, M. E. *St. John's Prologue*. translated by Carisbrooke Dominicans. Maryland: Newman Press, 1957.

Borchert, Gerald L. *John 1-11*. New American Commentary 25B. Nashville: Broadman & Holman Publishing Group, 2002.

Borgen, P. "Creation, Logos and the Son: Observations on John 1:1-18 and 5:17-18." *Ex Auditu* 3 (1987): 88-97.

_____. "Logos was the True Light: Contributions to the Interpretation of the Prologue of John." *NovT* 14 (1972): 115-130.

_____. "The Prologue of John as Exposition of the Old Testament." in *Philo, John and Paul: New Perspectives on Judaism and Early Christianity*. Brown Judaic Studies 131. Atlanta: Scholars, 1987.

Bray, Gerald. "Explaining Christianity to Pagans: The Second Century Apologists." in Kevin J. Vanhoozer (ed.). *The Trinity in A Pluralistic Age: Theological Essays on Culture and Religion*. Grand Rapids: Eerdmans, 1997.

Brodie, Thomas L. *The Gospel according to John: A Literary and Theological Commentary*. Oxford: Oxford University Press, 1993.

Bromiley, G. W. *Theological Dictionary of the New Testament*. TDNT. Abridged in one volume. Grand Rapids: Eerdmans, 1985.

Brown, R. E. "Three Quotations from John the Baptist in the Gospel of John." *CBQ* 22 (1960): 292-298.
_____. *An Introduction to New Testament Christology*. New York: Paulist Press, 1994.
_____. *The Community of the Beloved Disciple*. New York: Paulist Press, 1979.
_____. *The Gospel according to John I - XII*. vol. I (2 vols). New York: Doubleday, 1966.
_____. *The Gospel and Epistles of John*. Minnesota: The Liturgical Press, 1988.
_____.『요한복음 개론』. *An Introduction to the Gospel of John*. 최흥진 옮김. 서울: CLC, 2009.
Brownlee, William H. "Whence the Gospel according to John?" in *John and Qumran*. ed. J. H. Charlesworth. London: Geoffrey Chapman, 1972.
Bruce, F. F. *The Gospel of John: Introduction, Exposition, and Notes*. Grand Rapids: Eerdmans, 1983.
Bultmann, R. "The History of Religions Background of the Prologue to the Gospel of John." in *The Interpretation of John. Issues in Religion and Theology 9*. ed. John Ashton. Philadelphia: Fortress Press, London: SPCK, 1986.
_____. *The Gospel of John*. Philadelphia: Westminster Press, 1971.
. *Theology of the New Testament I*. London: SCM Press, 1978.
Burge, Gary M. "요한복음".『베이커 성경주석: 신약편』. 정옥배 옮김. 서울: 부흥과 개혁사, 2012.
_____. "History of Interpretation." in *Interpreting the Gospel of John*. Grand Rapids: Baker Book House, 1992.
Burney, C. F. *The Aramaic Origin of the Fourth Gospel*. Oxford: Clarendon Press, 1922.

Caird, George B. "The Glory of God in the Fourth Gospel: An Exercise in Biblical Semantics." *NTS* 15 (1968-9): 265-277.

Calvin, John. *Institutes of the Christian Religion*, 1,13,17. Translated by Henry Beveridge. Grand Rapids: Eerdmans, 1997.

_____. *The Gospel according to St. John 1-10*. Calvin's New Testament Commentaries. translator T. H. L. Parker. Grands Rapids: Eerdmans Publishing Company, 1961.

Carson, D. A. "John and the Johannine Epistles." in *It is Written: Scripture Citing Scripture; Essays in Honour of Barnabas Lindars*. ed. D. A. Carson and H. G. M. Williamson. Cambridge: Cambridge University Press, 1988.

_____. "Syntactical and Text-critical Observations on John 20:30-31: One More Round on the Purpose of the Fourth Gospel." *JBL* 124/4 (2005): 693-714.

_____. *The Gospel according to John*. Grand Rapids: Eerdmans, 1991.

_____. "The Purpose of the Fourth Gospel: John 20:31 Reconsidered." *JBL* 106 (1987): 639-651.

_____. *Exegetical Fallacies*. 2th ed. Grand Rapids: Baker Academic, 1996.

Carson, D. A. France, R. T. Motyer, J. A. Wenham G. J. (eds.). *New Bible Commentary*. Leicester: Inter Varsity Press, 1994. =『IVP 성경주석 : 신약』. 김재영, 황영철 역. 서울: 한국기독학생회출판부, 2005.

Carson, D. A. Moo, D. J. edited by Andrew David Naselli. *Introducing the New Testament*. Grand Rapids: Zondervan, 2010.

Carson, D. A. Moo, D. J. Morris, L. *An Introduction to the New Testament*. Grand Rapids: Zondervan, 1992. =『신약개론』. 노진준 역. 서울: 도서출판 은성, 1993.

Carson, D. A. Moo, D. J.『신약개론』. 엄성옥 옮김. 서울: 은성출판사, 2006.

Cho, Byoung-Soo. *"Mehr als ein Prophet": Studien zum Bild Johannes des Täufers im Neuen Testament auf dem Hintergrund der Prophetenvorstellungen im zeitgenössischen Judentum*, Inaugural-Dissertation zur Er langung der Würde eines Doktors der Theologie der Evangelisch-Thelogischen Fakultät der Westfälischen Wilhelms-Universität Münster. Seoul / Münster, 1994.

Cho, Sukmin. *Jesus as Prophet in the Fourth Gospel*. NTM 15. Sheffield: Sheffield Phoenix Press, 2006.

Clark, Douglas K. "Signs in Wisdom and John." *CBQ* 45 (1983): 201-209.

Clark, Gordon H. *The Johannine Logos*. Nutley, NJ: Presbyterian and Reformed Publishing Company, 1972.

Claussen, Carsten. "Turning Water into Wine: Re-reading the Miracle at the Wedding in Cana." *Jesus Research*. Grand Rapids: Eerdmans, 2009.

Collins, Adela Yarbro. "New Testament Perspectives: The Gospel of John." *JSOT* 22 (1982): 7-53.

Collins, Raymond F. "Cana (Jn. 2:1-12) - The First of His Signs or the Key to His Signs?" *Irish Theological Quarter* 47 (1980): 79-95. = *These Things Have Been Written: Studies on the Fourth Gospel*. Grand Rapids: Eerdmans Publishing Company, 1990.

Conzelmann, H. 『신약성서신학』. 박두환 역. 서울: 한국신학연구소, 2001.

Cook, W. Robert. "Eschatology in John's Gospel." *Criswell Theological Review* 3 (1988): 79-99.

Cooper, Karl T. "The Best Wine: John 2:1-11." *WTJ* 41 (1979): 364-380.

Cox, Kevin A. *The Nature of Eternal Life in the Fourth Gospel*. A Thesis of the degree Master of Arts. New Orleans Baptist Theological Seminary. 2011(UMI 1490261).

Cullmann, Oscar. "The Theological Content of the Prologue to John in Its Present Form." in *The Conversation Continues: Studies in Paul and John in Honor of J. Louis Martyn*. ed. R. T. Fortna, and B. R. Gaventa. Nashville: Abingdon, 1990.

_____. *Early Christian Worship*. London: SCM Press, 1953.

_____. *The Christology of the New Testament*. translated by Shirley C. Guthrie and Charles A. M. Hall. Philadelphia: The Westminster Press, 1963.

Culpepper, R. A. "The Pivot of John's Prologue." *NTS* 27 (1980): 1-31.

Davey, James Ernest. *The Jesus of St. John: Historical and Christological Studies in the Fourth Gospel*. London: Lutterworth Press, 1958.

De Boer, Martinus C. De. "Jesus the Baptizer: 1 John 5:5-8 and the Gospel of John." *JBL* 107 (1988): 87-106.

Diels, Hermann and Kranz, Walther. *Die Fragmente der Vorsokratiker*. Griechisch und Deutsch von Hermann Diels, Herausgegeben von Walter Kranz. Germany: Weidmann, 1974.

Dodd, C. H. *The Interpretation of the Fourth Gospel*. Cambridge: Cambridge University Press, 1953, 1980.

Dunn, J. D. G. *Christology in the Making: A New Testament Inquiry into the Origins of the Doctrine of the Incarnation*. Philadelphia: The Westminster Press, 1980.

_____. *The Theology of Paul the Apostle*. Edinburgh: T&T Clark, 1998.

Endo, M. *Creation and Christology : A Study on the Johannine Prologue in the Light of Early Jewish Creation Accounts*. WUNT 2, 149. Tübingen: Mohr Siebeck, 2002.

Epp, Eldon J. "Wisdom, Torah, Word: The Johannine Prologue and the Purpose of the Fourth Gospel." in *Current Issues in Biblical and Patristic Interpretation: Studies in Honor of Merrill C. Tenney Presented by His Former Students*. Edited by Gerald F.

Hawthorne. Grand Rapids: Eerdmans, 1975.

Erdmann, Martin. "Mission in John's Gospel and Letters." in William J. Larkin Jr. and Joel F. Williams. editors. *Mission in the New Testament: An Evangelical Approach*. New York: Orbis Books, 1998.

Evans, G. E. "헤르메스 문서(Hermetica)". G. E. Evans ed.『초대교회의 신학자들』. 박영실 역. 서울: 그리심, 2008.

Ferguson, Everett. *Backgrounds of Early Christianity*. Grand Rapids: Eerdmans, 2003.

Ferguson, Sinclair B.『성령』. 김재성 역. 서울: IVP, 1999.

Fergusson, D. A.『불트만』. 전성용 옮김. 서울: 대한기독교서회, 2000.

Freed, E. D. "*Ego eimi* in John 1:20 and 4:25." *CBQ* 41 (1979): 288-291.

_____. "Theological Prelude to the Prologue of John's Gospel." *SJT* 32 no. 3 (1979): 257-269.

Freyne, Sean. *Galilee, Jesus and the Gospels: Literary Approaches and Historical Investigations*. Philadelphia: Fortress Press, 1988.

González, Justo L. *A History of Christian Thought*. vol. I. Nashville: Abingdon Press, 1983. =『기독교 사상사』(I) 고대편. 이형기, 차종순 역. 서울: 대한예수교장로회총회출판국, 1988.

Grigsby, Bruce H. "Washing in the Pool of Siloam: A Thematic Anticipation of the Johannine Cross." *Novum Testamentum* 27 (1985): 227-235.

Guthrie, Donald. *New Testament Introduction*. London: Inter Varsity Press, 1970. =『신약서론 상』. 김병국 정광욱 역. 서울: 크리스챤 다이제스트, 1992.

_____. *New Testament Theology*. Leicester, England; Downers Grove, Illinois: Inter-Varsity Press, 1981. =『그리스도. 그리스도의 사역』. 이중수 역. 서울: 성서유니온, 1988.

Haenchen, E. *A Commentary on the Gospel of John 1*. trans. R. W. Funk.

Philadelphia: Fortress Press, 1984.

Hahn, Ferdinand. *Mission in the New Testament*. London: SCM, 1965.

_____.『신약성서신학 I』. *Theologie des Neuen Testaments* I. 강면광 외 역. 서울: 대한기독교서회, 2007.

_____.『신약성서신학 II』. *Theologie des Neuen Testaments* II. 김문경, 김희영 옮김. 서울: 대한기독교서회, 2010.

Harris, Elizabeth. *Prologue and Gospel: The Theology of the Fourth Evangelist*. JSNTSup 107. Sheffield Academic Press, 1994. 12.

Harris, M. J. "Prepositions and Theology in the Greek New Testament." in *NIDNTT*.

Hayward, C. T. R. "The Holy Name of the God of Moses and the Prologue of St. John's Gospel." *NTS* 25 (1978-1979): 16-32.

Hendriksen, William. *The Gospel according to John*. vol. I. Grand Rapids: Baker Book House, 1953. =『요한복음 상』. 문창수 역. 서울: 아가페출판사, 1985.

Hengel, Martin. "The Interpretation of the Wine Miracle at Cana: John 2:1-11." in *The Glory of Christ in the New Testament: Studies in Christology in Memory of George Bradford Caird*. edited by L. D. Hurst and N. T. Wright. Oxford: Oxford University Press, 1987.

_____. *The Johannine Question*. Tr. John Bowden. Philadelphia: Trinity Press International, 1989.

Hill, J. R.『요한복음』. 서울: 한국성서유니온, 1992.

Hodges, Zane Clark. "Rivers of Living Water: John 7:37-39." *Bibliotheca Sacra* 136 (1979): 239-248.

Hodges, Zane Clark. "Water and Spirit - John 3:5." *Bibliotheca Sacra* 135 (1978): 206-220.

Hooker, M. D. "John the Baptist and the Johannine Prologue." *NTS* 16 (1969-1970): 354-358.

_____. "John's Baptism: A Prophetic Sign." in *Holy Spirit and Christian*

Origins: Essays in Honor of James D. G. Dunn. Grand Rapids: Eerdmans, 2004.

_____. "The Johannine Prologue and the Messianic Secret." NTS 21 (1974): 40-58.

Howard, W. F. The Fourth Gospel in Recent Criticism and Interpretation. revised by C. K. Barrett. London: The Epworth Press, 1955.

Hunter, A. M. According to John. London: SCM Press, 1968.

Iranaeus, Against Heresies

Jensen, Michael. "The Gospel of Creation." RTR 59 (2000): 130-140.

Johns Loren L. and Miller, Douglas B. "The Signs as Witnesses in the Fourth Gospel: Reexamining the Evidence." CBQ 56 (1994): 519-535.

Johnson, D. H. "Logos." in Dictionary Jesus and the Gospels. J. B. Green and S. McKnight eds. Downers Grove, Illinois: Inter Varsity, 1992. =『예수 복음서 사전』. 요단출판사 번역위원회 역. 서울: 요단출판사, 2003.

Johnson, D. H. "생명/삶 Life". Alexander, T. Desmond and Rosner, Brian S. (eds.).『IVP성경신학사전』. 권연경 외 옮김. 서울: 한국기독학생회출판부, 2004.

Johnson, Luke T. The Writings of the New Testament: An Interpretation. Philadelphia: Fortress Press, 1986. =『최신신약개론』. 채천석 역. 서울: 크리스챤다이제스트, 2002.

Jones, Larry P. The Symbol of Water in the Gospel of John. Sheffield: Sheffield Academic Press, 1997.

Käsemann, E. "Die Johannesjünger in Ephesus." in Exegetische Versuche und Besinnung. Göttingen: Vandenhoeck Ruprecht, 1964.

Keefer, Kyle.『신약 : 문학으로 읽는 신약성서』. The New Testament as Literature: A Very Short Introduction. 김학철, 이승호 옮김. 서울: ㈜타임교육, 2018.

Keener, Craig S. *The Gospel of John: A Commentary.* vol. 1. Peabody: Hendrickson Publishers, 2003.

Kim, Stephen S. "The Relationship of John 1:19-51 to the Book of Signs in John 2-12." *BSac* 165 (2008): 323-337.

_____. "The Significance of Jesus' First Sign-Miracle in John." *BSc* 167 (2010): 201-215.

Kim, Seyoon. *The Origin of Paul's Gospel.* Tübingen: J.C.B. Mohr, 1984.

Klappert, B. "λόγος." *NIDNTT.* 1081-1117.

Kleinknecht, H. "λέγω, λόγος, ῥῆμα, λαλέω." *TDNT.* 69-91.

Klink III, Edward W. *John. Exegetical Commentary on the New Testamen.* Grand Rapids: Zondervan, 2016. =『강해로 푸는 요한복음』. 정옥배 옮김. 서울: 도서출판 디모데, 2019.

Knapp, Henry M. "The Messianic Water Which Gives Life to the World." *Horizons in Biblical Theology* 19 (1997): 109-121.

Koester, Craig R. "Hearing, Seeing, and Believing in the Gospel of John." *Biblica* 70/3 (1989): 327-348.

_____. *Symbolism in the Fourth Gospel.* Minneapolis: Augsburg Forters, 1995.

_____. "The Savior of the World." *JBL* 109 (1990): 665-680.

_____. *The Word of Life: A Theology of John's Gospel.* Grand Rapids/ Cambridge: Eerdmans Publishing Company, 2008.

Kolb, Robert. "Those Who Are Sent: Christ and His Church Christology, Missiology, and Ecclesiology in the Gospel of John." *Missio Apostolica: Journal of the Lutheran Society for Missiology* 39 (2012): 11-15.

Köstenberger, A. J. "John." in ed. by G. K Beale, and D. A. Carson, *Commentary on the New Testament Use of the Old Testament.* Grand Rapids: Baker Academic, 2007.

_____. "The Challenge of a Systematized Biblical Theology of Mission:

Missiological Insights from the Gospel of John." *Missiology: An International Review* 23 (1995): 445-464.

_____. "The Place of Mission in New Testament Theology: An Attempt to Determine the Significance of Mission within the Scope of the New Testament's Message as a Whole." *Missiology: An International Review* 27 (1999): 347-362.

_____. "The Two Johannine Verbs for Sending: A Study of John's Use of Words with Reference to General Linguistic Theory." *Linguistics and New Testament: Critical Junctures.* JSNTSS 168. Sheffield: Sheffield Academic Press, 1999.

_____. *A Theology of John's Gospel and Letters.* Grand Rapids: Eerdmans, 2009.

_____. *Encountering John: The Gospel in Historical, Literary, and Theological Perspective.* Grand Rapids: Baker Books, 1999.

_____. *John.* ECNT. Grand Rapids: Baker Academic, 2008.

_____. *The Missions of Jesus and the Disciples according to the Fourth Gospel: with Implications for the Fourth Gospel's Purpose and the Mission of the Contemporary Church.* Grand Rapids: Eerdmans Publishing Company, 1998.

Köstenberger, A. J. and O'Brien, Peter T. *Salvation to the Ends of the Earth: A Biblical Theology of Mission.* NSBT 11. Downers Grove IL.: Inter Varsity Press, 2001.

Köstenberger, A. J. and Swain, Scott R. *Father, Son and Spirit: The Trinity and John's Gospel.* Downers Grove, Illinois: Inter Varsity Press, 2008.

Köstenberger, A. J. Kellum, L. Scott. Quarles, Charles L. 『신약개론: 요람·십자가·왕관』. *The Cradle, the Cross, and the Crown: An Introduction to the New Testament.* 김경식, 박노식, 우성훈 옮김. 서울: CLC, 2013.

Kruse, Colin G. "Apostle." *Dictionary of Jesus and the Gospels*. ed. by J. B. Green, S. McKnight and I. H. Marshall. Downers Grove, Inter Varsity Press, 1992.

_____. Tyndale New Testament Commentaries. Leicester: Inter-Varsity Press, 2003.

Kysar, Robert. "'As You Sent Me': Identity and Mission in the Fourth Gospel." *Word and World* 21 (2001): 370-376.

Kysar, Robert. "R. Bultmann's Interpretation of the Concept of Creation in John 1:3-4: A Study of Exegetical Method." *CBQ* 32 (1970): 77-85.

_____. "The Gospel of John in Current Research." *Religious Studies Review* 9 (1983): 314-323.

_____. *John*, Augsburg Commentary on the New Testament. Minneapolis: Augsburg, 1986.

_____. *John, the Maverick Gospel*. Atlanta: John Knox Press, 2007.

_____.『요한의 예수 이야기』. 최홍진 역. 서울: 한국장로교출판사, 1995.

Ladd, G. E. *A Theology of the New Testament*. Grand Rapids: Eerdmans, 1974.

LaMarche, Paul. "The Prologue of John (1964)." in *The Interpretation of John*. Edited by John Ashton. Issues in Religion and Theology 9. Philadelphia: Fortress, 1986.

Lee, Dorothy. "The Gospel of John and the Five Sense." *JBL* 129 (2010): 115-127.

Léon-Dufour, Xavier. "Towards a Symbolic Reading of the Fourth Gospel." *NTS* 27 (1981): 439-456.

Lightfoot, J. B. *Biblical Essays*. London: MacMillan and Company Ltd, 1893, 1904; Hendrickson Publishers, 1994.

Lincoln, Andrew T. "'We Know that His Testimony is True': Johannine Truth Claims and Historicity." in *John, Jesus, and History*. vol. 1.

Atlanta: Society of Biblical Literature; Leiden: Brill, 2007.

_____. *The Gospel according to Saint John*. New York: Hendrickson Publishers, 2005.

Lindars, B. *The Gospel of John*. Grand Rapids: Eerdmans Publishing Company, 1995.

_____. "Two Parables in John." *NTS* 16 (1970): 318-329.

_____.『요한복음』. *John*. 조원경 옮김. 서울: 반석문화사, 1994.

Link, H. G. "ζωή." *New International Dictionary of New Testament Theology*. *NIDNTT* vol. 2. general editor, Colin Brown. Grand Rapids: Zondervan Publishing House, 1986.

Love, Stuart. "The Mission of the Church in the Gospel according to John." *Leaven* 7 (1999): 14-18.

MacArthur, John.『예수의 신성』. *The Deity of Christ*. 김태곤 옮김. 서울: 아가페북스, 2018.

Machen, J. Gresham. *Origin of Paul's Religion*. London: Hodder & Stoughton, 1921.

MacLeod, D. J. "The Benefits of the Incarnation of the Word: John 1:15-18." *BSac* 161 (2004): 179-193.

_____. "The Creation of the Universe by the Word: John 1:3-5." *BSac* 160(638) (2003): 187-201.

_____. "The Incarnation of the Word: John 1:14." *BSac* 161 (2004): 72-88.

_____. "The Witness of John the Baptist to the Word: John 1:6-9." *BSac* 160 (2003): 305-320.

Macleod, Donald.『그리스도의 위격』. 김재영 역. 서울: 한국기독학생회 출판부, 2001.

Manson, T. W. *Studies in the Gospel and Epistles*. Philadelphia: The Westminster Press, 1962.

Marcus, Joel. "Rivers of Living Water from Jesus' Belly (John 7:38)." *JBL*

117 (1998): 328-330.

Marshall, I. Howard. 『신약성서 신학』. *New Testament Theology: Many Witnesses, One Gospel*. 박문재, 정용신 옮김. 서울: 크리스챤다이제스트, 2006.

Martin, R. *New Testament Foundations: A Guide for Christian Students*, vol. 1. Grand Rapids: Eerdmans Publishing Company, 1975.

Matsunaga, K. "Is John's Gospel Anti-Sacramental? A New Solution in the Light of the Evangelist's Milieu." *NTS* 27 (1981): 516-524.

May, Eric. "The Logos in the Old Testament." *CBQ* 8 (1946): 438-447.

McCabe, Robert V. "The Meaning of 'Born of Water and the Spirit' in John 3:5." *Detroit Baptist Seminary Journal* 4 (1999): 85-107.

McGrath, J. F. "Prologue as Legitimation: Christological Controversy and the Interpretation of John 1:1-18." *IBS* 19 (1997): 98-120.

McPolin, James. "Mission in the Fourth Gospel." *Irish Theological Quarterly* 36 (1969): 113-122.

Meeks, Wayne A. "Galilee and Judea in the Fourth Gospel." *JBL* 85 (1966): 159-169.

Meier, J. "John the Baptist in Matthew's Gospel." *JBL* 99 (1980): 383-405.

Menken, M. J. J. *Old Testament Quotations in the Fourth Gospel: Studies in Textual Form*. Netherlands: Kok Pharos, 1996.

Mercer, Calvin. "Jesus the Apostle: 'Sending' and the Theology of John." *JETS* 35 (1992): 457-462.

Merklinger, Harold A. "Pleroma and Christology." *Concordia Theological Monthly* 36 (1965): 739-743.

Michaels, J. Lamsey. *The Gospel of John*. NICNT. Grand Rapids: Eerdmans, 2010. =『요한복음』. 권대영, 조호영 옮김. 서울: 부흥과개혁사, 2022.

_____. "By Water and Blood: Sin and Purification in John and First John." *Dimensions of Baptism*. London; New York: Sheffield

Academic Press, 2002.

_____. 『요한복음』. *John*, Understanding the Bible Commentary Series. 전의우 옮김. 서울: 한국성서유니온선교회, 2016.

Miller, Ed. L. "The Logic of the Logos Hymn: A New View." *NTS* 29 (1983): 552-561.

_____. "The Logos of Heraclitus: Updating the Report." *HTR* 74 (1981): 161-176.

_____. "The Logos Was God." *EvQ* 53 (1981): 65-77.

Milne, Bruce. *The Message of John: Here is Your King!* Leicester: Inter-Varsity Press, 1993.

Mlakuzhyil, G. *The Christocentric Literary Structure of the Fourth Gospel*. AnBib. Rome: Pontificio Istitito Biblico, 1987.

Moloney, Francis J. *A Body Broken for a Broken people: Eucharist in the New Testament*. Massachusetts: Hendrickson Publishers, 1997.

_____. *The Gospel of John*. Sacra Pagina Series vol. 4. Minnesota: A Michael Glazier Book, 1988.

Moore, Stephen D. "Are There Impurities in the Living Water That the Johannine Jesus Dispenses? Deconstruction, Feminism, and the Samaritan Woman." *Biblical Interpretation* 1 (1993): 207-227.

Morgan, Richard. "Fulfillment in the Fourth Gospel: the Old Testament Foundations: an Exposition of John 17." *Interpretation* 11 (1957): 155-165.

Morris, Leon. *Jesus is the Christ: Studies in the Theology of John*. Grand Rapids: Eerdmans; Leicester, Engl.: Inter-Varsity Press, 1989. = 『요한신학』. 홍찬혁 역. 서울: 기독교문서선교회, 1995.

_____. *New Testament Theology*. Grand Rapids: Zondervan Publishing House, 1986. =『신약신학』. 박용성 역. 서울: 기독교문서선교회, 1990.

_____. *The Gospel according to John*. Grand Rapids: Eerdmans, 1977.
Munck, J. "The New Testament and Gnosticism." in W. Klassen and G. Snyder (eds.). *Current Issues in New Testament Interpretation*. New York: Happer & Row Publishers, 1962.
Murray, John. 『조직신학 Ⅱ』. 박문재 역. 서울: 크리스챤 다이제스트, 1991.
Need, S. W. "Re-reading the Prologue: Incarnation and Creation in John 1.1-18." *Theology* 106 (2003): 397-404.
Newbigin, L. *The Light Has Come: An Exposition of the Fourth Gospel*. Grand Rapids: Eerdmans, 1982.
Ng, Wai-yee. *Water Symbolism in John: An Eschatological Interpretation*. SBL 15. New York: Peter Lang Publishing, 2001.
Nissen, Johannes. 『신약 성경과 선교: 역사적, 해석학적 관점들』. *New Testament and Mission: Historical and Hermeneutical Perspectives*. 최동규 옮김. 서울: 기독교문서선교회, 2005.
O'Brien, Kelli S. "Written That You may Believe: John 20 and Narrative Rhetoric." *CBQ* 67 (2005): 284-302.
O'Day, Gail R. "John 6:15-21: Jesus Walking on Water as Narrative Embodiment of Johannine Christology." *Critical Readings of John* 6. Leiden: E J Brill, 1997.
Olsson, Birger. *Structure and Meaning in the Fourth Gospel: A Text-linguistic Analysis of John 2:1-11 and 4:1-42*. Lund: Gleerup, 1974.
Owens, Mark D. *Anti-Judaism, John the Baptist, and the Gospel of John*. UMI Microform 1434428. Southeastern Baptist Theological Seminary, 2006.
Painter, J. "C. H Dodd and the Christology of the Fourth Gospel." *JTSA* 59 (1987): 42-56.
_____. "Christology and the Fourth Gospel: A Study of the Prologue."

ABR 31 (1983): 45-62.

_____. "The Farewell Discourses and the History of Johannine Christianity." *NTS* 27 (1981): 525-543.

Pancaro, Severino. "'People of God' in St John's." *NTS* 16 (1970): 114-129.

Paschal, R. Wade. "Farewell Discourse." in *Dictionary of Jesus and the Gospels*. edited by Joel B. Green, Scot McKnight, and I. Howard Marshall. Downers Grove, Ill.: InterVarsity, 1992.

_____. "Sacramental Symbolism and Physical Imagery in the Gospel of John." *Tyndale Bulletin* 32 (1981): 151-176.

Pendrick, G. "μονογενής." *NTS* 41 (1995): 587-600.

Perkins, P. *Gnosticism and the New Testament*. Minneapolis: Fortress Press, 1993.

Peskett, Howard. Ramachandra, Vinoth. 『선교』. *The Message of Mission: the Glory of Christ in All Time and Space*. 한화룡 옮김. 서울: IVF, 2006.

Peterson, Robert A. *Getting to Know John's Gospel*. Phillipsburg, New Jersey: Presbyterian and Reformed Publishing Company, 1989.

Philo. *Philonis Alexandrini: Opera Qvae Svpersvnt*. vol. 1. Ed. Leopoldvs Cohn. Berolini: Typis et Impensis Georgii Reimeri, 1962.

_____. *Philonis Alexandrini: Opera Qvae Svpersvnt*. vol. 2. Ed. Paulus Wendland. Berolini: Typis et Impensis Georgii Reimeri, 1962.

_____. *Philonis Alexandrini: Opera Qvae Svpersvnt*. vol. 5. Ed. Leopoldvs Cohn. Berolini: Typis et Impensis Georgii Reimeri, 1962.

_____. *The Works of Philo: Complete and Unabridged*. tr. by C. D. Yonge. Peabody: Hendrickson Publishers, 2008. = 필로, 알렉산드리아. 『창조의 철학』. 노태성 옮김. 서울: 다산글방, 2005.

Pink, A. W. *Exposition of the Gospel of John*. Grand Rapids: Zondervan,

1975.

Potterie, Ignace de la. 『예수 수난』. 김수복 역. 서울: 성바오로출판사, 1992.

Ratzinger, J. C. "The Sign of Cana." *Communio* 33 (2006): 682-686.

Reid, Barbara E. "John 7:37-39." *Interpretation* 63 (2009): 394-396.

Ridderbos, Herman N. *The Gospel of John: A Theological Commentary*. translated by John Vriend. Grand Rapids: Eerdmans, 1997.

Ridderbos, Hermann N. "The Structure and Scope of the Prologue to the Gospel of John." *NovT* 8 (1966): 180-201.

Rishell, C. W. "Baldensperger's Theory of the Origin of the Fourth Gospel." *JBL* 20 (1901): 38-49.

Robertson, A. T. *Word Pictures in the New Testament* 5. Grand Rapids: Baker Book House, 1960.

Robinson, J. A. T. "Elijah, John and Jesus: An Essays in Detection." *NTS* 4 (1957-1958): 268-281.

_____. "The Destination and Purpose of St. John's Gospel." *NTS* 6 (1959-1960): 117-131.

_____. "The Relation of the Prologue." *NTS* 9 (1962-63): 120-129.

Robinson, J. Armitage. *The Historical Character of St. John's Gospel*. 2d ed. New York: Longmans, Green, 1929.

Ruckstuhl, E. "Johannine Language and Style. The Question of Their Unity." in *L'evangile De Jean: Sources, Redaction, Theologie*. Bibliotheca Ephemeridum Theologicarum Lovaniensium. XLIV. Leuven: Leuven University Press, 1987.

Sanders, E. P. *Paul and Palestinian Judaism: A Comparison of Patterns of Religion*. Philadelphia: Fortress Press, 1977.

Sandmel, Samuel. *Philo of Alexandria*. New York: Oxford University Press, 1979.

Sawyer, Deborah F. "Water and Blood: Birthing Images in John's Gospel."

in *Words Remembered, Texts Renewed*. Sheffield: Sheffield Academic Press, 1995.

Scaer, Peter J. "Jesus and the Woman at the Well: Where Mission Meets Worship." *Concordia Theological Quarterly* 67 (2003): 3-18.

Schlatter, A.『요한복음 강해』. 김희보 역, 서울: 종로서적, 1994. = *Das Evangelium nach Johannes*. Stuttgart: Calwer Verlag, 1979.

Schnackenburg, R. "Die Herkunft und Eigenart des joh. Logos-Begriffs." in *Das Johannesevangelium*. vol. 1. Freiburg, Basel, Wien: Herder, 1965. = "The Origin and Nature of the Johannine Concept of the Logos." in *The Gospel according to St. John*. vol. 1. London: Bruns & Oates, 1980. = "요한복음서의 로고스 : 개념의 출처와 특성에 대해서".『신학전망』100 (1993): 139-142.

_____. *Jesus in the Gospel: A Biblical Christology*. Louisville: John Knox Press, 1995.

_____. *The Gospel according to St. John*. vol. 3. New York: Crossroad, 1990.

Schreiner, Thomas R.『간추린 신약신학』. 김현광 옮김. 서울: CLC, 2013.

Segovia, F. F. "John 1:1-18 as Entrée into Johannine Reality: Representation and Ramifications." in J. Painter, R. A. Culpepper and F. F. Segovia (eds.). *Word, Theology and Community in John*. St. Louis: Chalice Press, 2002.

_____. "The Love and Hatred of Jesus and Johannine Sectarianism." *CBQ* 43 (1981): 258-272.

Senior, Donald and Stuhlmueller, Carroll. *The Biblical Foundations for Mission*. Maryknoll, N.Y.: Orbis, 1983.

Sloyan, Gerald S. *John: Interpretation - A Bible Commentary for Teaching and Preaching*. Atlanta: Westminster John Knox Press, 2009.

_____. *What Are They Saying about John?* New York: Paulist Press, 1991.

Smalley, S. S. "Salvation Proclaimed, 8: John 1:29-34." *ExpT* 93 (1982): 324-329.

_____. *John: Evangelist and Interpreter*. Downers Grove: Inter Varsity Press, 1998.

Smit, Peter-Ben. "Cana-to-Cana or Galilee-to-Galilee: A Note on the Structure of the Gospel of John." *ZNW* 98 (2007): 143-149.

Smith, D. M. *The Theology of Gospel of John*. New York: Cambridge University Press, 1995. =『요한복음 신학』. 최홍진 옮김. 서울: 한들출판사, 2001.

Smith, Robert. "Justification in 'the New Perspective on Paul'." *The Reformed Theological Review* 58 (1999): 16-30.

Snodgrass, Klyne. "That which is born from pneuma is pneuma: rebirth and spirit in John 3:5-6." *Covenant Quarterly* 49 (1991): 13-29.

Stanley, D. M. "John the Witness." *Worship* 32 (1958): 409-416.

_____. "The Feast of Tents: Jesus' Self-revelation." *Worship* 34 (1959): 20-27.

Staton, John E. A Vision of Unity-Christian Unity in the Fourth Gospel." *EQ* 69 (1997): 293-305.

Stendahl, Krister. *Paul Among Jews and Gentiles*. Philadelphia: Fortress Press, 1976.

Stott, John R. W. *Christian Mission in the Modern World*. Downers Grove, Ill.: InterVarsity, 1975.

_____. *The Contemporary Christian: Applying God's Word to Today's World*. Downers Grove, Illinois: Intervarsity Press, 1992. =『현대를 사는 그리스도인』. 한화룡, 정옥배 옮김. 서울: IVP, 1993.

_____.『신약의 메시지』. 김동규 옮김. 서울: 아바서원, 2013.

Streeter, B. H. *The Four Gospels*. London: Macmillan, 1930.

Tenney, M. C. "Topics from the Gospel of John, Part II: The Meaning of the Signs." *BSac* 132 (1975): 145-160.

_____. 『요한복음서 해석』. 김근수 역. 서울: 기독교문서선교회, 1989.

Thomas, Richard W. "The Meaning of the Terms 'Life' and 'Death' in the Fourth Gospel and in Paul." *Scottish Journal of Theology* 21 (1968): 199-212.

Thompson, Marianne Meye. "Signs and Faith in the Fourth Gospel." *Bulletin for Biblical Research* 1 (1991): 89-108.

_____. "Eternal Life in the Gospel of John." *ExAuditu* 5 (1989): 35-55.

Tobin, T. H. "The Prologue of John and Hellenistic Jewish Speculation." *CBQ* 52 (1990): 252-269.

Tolmie, D. François. "The Characterization of God in the Fourth Gospel." *JSNT* 69 (1998): 57-75.

Toussaint, Stanley D. "The Significance of the First Sign in John's Gospel." *Bibliotheca Sacra* 134 (1977): 45-51.

Trakatellis, Demetrios Metr. "Seeing and Believing: The Thomas Incident (John 20:24-29)." in *Agape and diakonia: essays in memory of Bishop Gerasimos of Abydos*. Brookline, MA: Holy Cross Orthodox Press, 1998.

Trotter, Jr., Andrew H. "Justification in the Gospel of John." *Right with God: Justification in the Bible and the World*. edited by D. A. Carson. Oregon: Wipf & Stock Publishers, 1992.

van der Merwe, D. G. "The Historical and Theological Significance of John the Baptist as He Is Portrayed in John 1." *Neot* 33 (1999): 267-292.

_____. "The Composition of the Prologue of John's Gospel: The Historical Jesus Introducing Divine Grace." *WTJ* 57 (1995): 311-332.

_____. *An Introduction to the Johannine Gospel and Letters*. New York, T&T Clark, 2007.

Van Unnik, W. C. "The Purpose of St. John's Gospel." *Studia Evagelica* 1

(1959): 382-411.

Vanhoozer, Kevin J. "Worship at the Well: From Dogmatics to Doxology (and Back Again)." *Trinity Journal* 23 (2002): 3-16.

Vistar, Jr., Deolito V. "Review of Sense Perception in the Gospel of John." *Review of Biblical Literature* 21 (2019): 319-322.

Viviano, B. T. "The Structure of the Prologue of John (1:1-18): A Note." *RevBib* 105 (1998): 176-184.

von Wahlde, U. "The Johannine Jews: A Critical Survey." *NTS* 28 (1982): 33-60.

Vos, G. "세례 요한의 사역."『구속사와 성경해석』. 이길호 원광연 역. 서울: 크리스챤다이제스트, 1998.

Waters, Guy Prentiss. *Justification and the New Perspectives on Paul*. Phillipsburg: P&R Publishing Company, 2004.

Weiss, H. "Foot Washing in the Johannine Community." *NovT* 41 (1979): 298-325.

Wells, David F. *The Person of Christ: A Biblical and History Analysis of the Incarnation*. Illinois, Westchester: Crossway Books, 1984. =『기독론』. 이승구 역. 서울: 도서출판 토라, 2008.

Westcott, B. F. *The Gospel according to St. John*. Grand Rapids: Eerdmans Publishing Company, 1881, 1981.

Wilkinson, John. "Incident of the Blood and Water in John 19:34." *SJT* 28 (1975): 149-172.

Williams, P. J. "Not the Prologue of John." *JSNT* 33(4) (2011): 375-386.

Wink, Walter. *John the Baptist in the Gospel Tradition*. New York: Cambridge University Press, 1968.

Witherington, Ben. "The Water of Birth: John 3:5 and 1 John 5:6-8." *NTS* 35 (1989): 55-160.

Witkamp, L. "Jesus' Thirst in John 19:28-30: Literal or Figurative?" *JBL* 115 (1996): 489-510.

Wright, Christopher J. H.『하나님 백성의 선교』. *The Mission of God's People*. 한화룡 옮김. 서울: IVP, 2012.

Wright, N. T. *Justification: God's Plan and Paul's Vision*. Downers Grove: IVP Academic, 2009.

_____. *What Saint Paul Really Said: Was Paul of Tarsus the Real Founder of Christianity?* Grand Rapids: Eerdmans, 1997.

Yamauchi, E. M. "Gnosticism." in *The New International Dictionary of the Christian Church*. General Ed. J. D. Douglas. Grand Rapids: Eerdmans, 1974.

_____. "The Gnostic and History." *JETS* 14 (1971): 29-40.

_____. *Pre-Christian Gnosticism*. Grand Rapids: Baker Book House, 1983.

_____. *Pre-Christian Gnosticism: A Survey of the Proposed Evidence*. Oregon: Wipf and Stock Publishers, 2003.

고병찬. "요한복음 '프롤로그'(1:1-18)의 중심축으로서의 '믿음': 복합 역교차 구조분석".「신약연구」9 (2010): 43-65.

김동수. "요한복음 프롤로그(1:1-18) : '하나님의 자녀'".『바울과 요한』. 서울: 도서출판 기쁜날, 2003.

_____. "요한복음에 나타난 선교와 '일치'".「신약논단」12 (2005): 623-643.

_____. "프롤로그: 로고스 찬양서시(요 1:1-18)".『요한신학 렌즈로 본 요한복음』. 서울: 도서출판 솔로몬, 2006.

_____.『요한신학 렌즈로 본 요한복음』. 서울: 도서출판 솔로몬, 2006.

김문경. "말씀의 성육신(요 1:1-18)".「성서마당」59 (2003): 29-32.

_____. "예수님은 누구이신가: 요 1:19-34".「성경연구」97권 1호 (2002): 44-56.

_____.『요한신학』. 서울: 한국성서연구소, 2004.

김병국.『설교자를 위한 요한복음 강해』. 서울: 도서출판 대서, 2007.

김병훈. "율법주의, 언약적 율법주의, 은혜언약: '바울의 새 관점들'의 신학적 소재(所在)?".「한국개혁신학」28 (2010): 147-191.
김성수.『태초에 말씀이 계시니라』. 용인: 마음샘, 2007.
_____.『태초에』. 용인: 마음샘, 2009.
김세윤.『바울 신학과 새 관점』. 서울: 도서출판 두란노, 2002.
_____.『요한복음 강해』. 서울: 도서출판 두란노, 2002.
김정훈. "하나님 나라의 관점에서 본 가나의 이적(요 2:1-11)".「프로 에클레시아」4/1 (2005): 99-123.
김춘기.『만남의 복음서: 요한복음 주석』. 서울: 한들출판사, 2007.
박윤선.『요한복음』. 서울: 영음사, 1981.
박재은.『칭의, 균형 있게 이해하기』. 서울: 부흥과개혁사, 2016.
박정식. "가나 혼인 잔치의 신학적 의미: 요한복음 2장을 중심으로".「광신논단」18 (2009): 51-69.
박형용.『사복음서 주해』. 수원: 합신대학원출판부, 2009.
배종수. "요한복음 1:1-18에 나타난 요한의 로고스 이해".「신학과 선교」14 (1989): 348-349.
변종길. "요한복음에 나타난 비유의 핵심은 무엇인가".「그 말씀」(1998. 7): 86-87.
_____. "요한복음에 나타난 상황성".「그 말씀」(1998. 1): 110-118.
변종길.『성령과 구속사』. 서울: 개혁주의신행협회, 1997.
서동수. "요한복음, 반유대주의 신학인가? - 요한복음 서문(1:1-18)에 비추어".「신약논단」15 (2008): 69-103.
서중석.『복음서 해석』. 서울: 대한기독교서회, 1991.
성주진.『사랑의 마그나카르타』. 수원: 합동신학대학원출판부, 2005.
유해무.『신학: 삼위일체 하나님을 향한 송영』. 서울: 성약출판사, 2007.
이복우. "NPP에 대한 요한복음의 평가".「신학정론」34 (2016): 39-80.
_____. "요한복음에 나타난 '물'의 신학적 의미와 기능".「신학정론」32 (2014): 11-58.
_____. "요한복음에 나타난 물($ὕδωρ$)의 신학적 의미와 기능 (2)".「신학정

_____. "요한복음에 나타난 예수 그리스도의 충만(πλήρωμα)". 「신학정론」 39 (2021): 287-315.
_____. "요한복음에 나타난 예수 그리스도의 충만(πλήρωμα) (2)". 「신학정론」 40 (2022): 51-81.
_____. "요한복음의 문학 장치인 '초점 맞추기'(focusing)에 관한 연구". 「신학정론」 42 (2024): 129-176.
_____. "요한복음의 세례자 요한의 정체와 역할". 「교회와 문화」 29 (2012): 133-164.
_____. "요한복음의 증언(μαρτυρία)에 대한 연구". 「신학정론」 39 (2021): 153-208.
_____. "요한복음의 첫(ἀρχή) 표적의 신학적 의미". 「신학정론」 30 (2012): 65-96.
_____. "요한복음의 프롤로그(요 1:1-18)와 '몸말'과의 관계". 「신학정론」 29 (2011): 238-416.
_____. 『내 뒤에 오시는 이』. 수원: 합동신학대학원 출판부, 2013.
_____. 『요한복음에 나타난 물의 신학적 기능과 의미』. 2002학년도 신학석사 학위청구논문. 합동신학대학원대학교.
이승구. 『톰 라이트에 대한 개혁신학적 반응: N. T. Wright의 신학적 기여와 그 문제점들』. 수원: 합동신학대학원출판부, 2013.
이필찬. 『요한복음 1: 이 성전을 허물라』. 경기도 고양시: 엔크리스토, 2008.
조병수. "요한복음을 바로 설교합시다". 「그 말씀」 (1997. 2): 143-153.
_____. "MARTURIA와 GRAPH로서의 요한복음". 「신학정론」 22권 1호 (2004, 5): 65-91.
_____. "바울의 새 관점이란 무엇인가". 「신학정론」 33 (2015): 35-65.
_____. "선지자보다 큰 이". 「목회와 신학」 (1997. 4): 166-169.
_____. "신약 성경에 나오는 구약 성경의 언약들". 「신학정론」 25권 (2007): 83-103.

_____.『요한복음』. 한국성경주석 4. 고양: 도서출판 이레서원, 2024.
_____. "요한복음의 구약 성성 인용". 『그 아들에게 입 맞추라』: 수은 윤영탁 박사 은퇴기념논문집. 수원: 합동신학대학원출판부, 2005.
_____. "요한복음의 배경, 구조, 내용, 그리고 신학". 「프로 에클레시아」 7 (2005): 10-33.
_____.『성령으로 사는 그리스도인』. 서울: 여수룬, 1996.
_____.『신약성경총론』. 수원: 합신대학원출판부, 2006, 2024.
_____.『히브리서』. 서울: 도서출판 가르침, 2005.
조석민. "로고스의 개념과 기능(요 1:1-18)". 「프로 에클레시아」 4/1 (2005): 34-57.
_____. "요한복음의 첫째 표적". 『요한복음의 새 관점』. 서울: 도서출판 솔로몬, 2008.
_____.『요한복음의 새 관점』. 서울: 도서출판솔로몬, 2008.
_____.『이해와 설교를 위한 요한복음』. 고양: 도서출판 이레서원, 2019.
최갑종.『성령과 율법』. 서울: 기독교문서선교회, 1994.
최홍진.『요한복음』. 서울: 한국장로교출판사, 2006.
탈레스 외.『소크라테스 이전 철학자들의 단편 선집』. 김인곤 외 옮김. 서울: 아카넷, 2005.
현창학.『구약 지혜서 연구』. 수원: 합신대학원출판부, 2009.
홍기영. "요한복음에 나타난 선교학적 주제들의 고찰". 「선교신학」 21 (2009): 13-48.
홍창표. "로고스, 요한복음 서론(1:1-18)". 「신학정론」 11/1 (1993): 113-134.
_____.『신약과 문화』. 수원: 합동신학대학원출판부, 1995.